Specialized Credit Finance Business Act

여신전문금융업법

이상복

박영사

머리말

이 책은 여신전문금융업법이 규율하는 신용카드업, 시설대여업(리스업), 할부금융업 및 신기술사업금융업에 관하여 다루었다. 이 책은 다음과 같이 구성되어 있다. 1편에서는 금융감독체계, 감독, 검사 및 제재, 여신전문금융협회를 다루었다. 검사 및 제재에서는 금융기관의 검사 및 제재에 관한 규정을 상세하게 반영하였다. 2편에서는 여신금융상품의 유형을 대출과 기타 여신금융상품으로 분류하였다. 기타 여신금융상품에서는 신용카드상품, 시설대여(리스)상품과 할부금융상품을 설명하였다. 신용카드상품에서는 카드상품인 신용카드, 체크카드, 직불카드, 선불카드를 다루고, 신용카드대출상품인 단기카드대출(현금서비스), 장기카드대출(카드론)을 다루었으며, 카드결제와 관련된 특약상품인 할부, 일부결제금액이월약정(리볼빙)과 채무면제·유예상품을 다루었다. 3편에서는 신용카드업자(신용카드회사), 시설대여업자·할부금융업자·신기술사업금융업자, 겸영여신업자의 업무를 다루고, 여신전문금융업자에 대한 진입규제, 자본건전성규제, 지배구조건전성규제, 영업행위규제, 신용카드범죄, 금융소비자보호법을 설명하였다.

이 책의 특징을 몇 가지 들면 다음과 같다.

첫째, 이해의 편의를 위해 법조문 순서에 구애받지 않고 법률뿐만 아니라, 시행령, 여신전문금융업감독규정, 여신전문금융업감독업무시행세칙상의 주요 내용을 반영하였다. 또한 2021년 3월 25일부터 시행되는 금융소비자보호법이 여신전문금융업법에 따른 금융상품인 신용카드, 시설대여, 연불판매, 할부금융에도 적용되는 점을 감안하여 그 내용을 반영하였다.

둘째, 이론을 생동감 있게 하는 것이 법원의 판례와 금융당국의 사례임을 고려하여 대법원 판례뿐만 아니라 하급심 판례도 반영하였으며, 금융당국의 제재사례도 최대한 반영하였다.

셋째, 실무에서 약관이 많이 이용되는 점을 감안하여 대부분의 약관을 반영하였다. 반영한 주요 약관은 선불카드 표준약관, 신용카드가맹점 표준약관, 신용카드 개인회원 표준약관, 신용카드 법인회원 연회비 부과 등에 관한 표준약관, 여신금융회사 표준 여신거래기본약관, 개인신용대출 표준약관, 자동차리스 표준약관, 자동차할부금융 표준약관, 중고자동차 대출 표준약관 등이다.

이 책을 출간하면서 큰 도움을 준 금융감독원의 정용걸 국장님과 이종오 팀장님께 감사드린다. 두 사람은 여신전문금융업법 실무를 오랫동안 다룬 분으로 바쁜 일정 중에도 초고를 읽고 조언과 논평을 해주었다. 박영사의 심성보 위원이 정성을 들여 편집해주고 김선민 이사가 제작 일정을 잡아 적시에 출간이 되도록 해주어 감사드린다. 출판계의 어려움에도 출판을 맡아 준 박영사 안종만 회장님과 안상준 대표님께 감사의 말씀을 드린다. 그리고 법률가와 학자로서의 길을 가는 동안 격려해준 아내 이은아와 딸 이가형, 아들 이지형과 함께 출간의 기쁨을 나누고 싶다.

2021년 3월

이 상 복

차 례

제2장 여신전문금융협회

제 2 편 　여신금융상품

제1장 신용공여

제2장 대출

제3장 기타 여신금융상품

제3편 여신전문금융업자

제1장 여신전문금융회사

제2장 여신전문금융업자 규제

제3장 신용카드범죄

제 1 편

여신전문금융업 감독기관과
여신전문금융협회

여신전문금융업 감독기관

제1절 금융감독체계

Ⅰ. 금융위원회

1. 설립목적

금융위원회의 설치 등에 관한 법률("금융위원회법") 제1조에 따르면 금융위원회는 "금융산업의 선진화와 금융시장의 안정을 도모하고 건전한 신용질서와 공정한 금융거래 관행을 확립하며 예금자 및 투자자 등 금융 수요자를 보호함으로써 국민경제의 발전에 이바지함"을 목적으로 설립되었는데(금융위원회법1), 금융위원회는 그 업무를 수행할 때 공정성을 유지하고 투명성을 확보하며 금융기관의 자율성을 해치지 아니하도록 노력하여야 한다(금융위원회법2).

2. 설치 및 지위

행정기관에는 그 소관사무의 일부를 독립하여 수행할 필요가 있는 때에는 법률로 정하는 바에 따라 행정위원회 등 합의제행정기관을 둘 수 있다(정부조직법5). 행정기관에 그 소관사무의 일부를 독립하여 수행할 필요가 있을 때에는 법률이 정하는 바에 의하여 행정기능과 아울러 규칙을 제정할 수 있는 준입법적 기능 및 이의의 견정 등 재결을 행할 수 있는 준사법적 기능을 가지는 행정위원회 등 합의제행정기관을 둘 수 있다(행정기관의 조직과 정원에 관한 통칙21).

이에 따라 금융정책, 외국환업무 취급기관의 건전성 감독 및 금융감독에 관한 업무를 수행하게 하기 위하여 국무총리 소속으로 금융위원회를 둔다(금융위원회법3①). 금융위원회는 중앙행정기관으로서 그 권한에 속하는 사무를 독립적으로 수행한다(금융위원회법3②). 중앙행정기관이라 함은 국가의 행정사무를 담당하기 위하여 설치된 행정기관으로서 그 관할권의 범위가 전국에 미치는 행정기관을 말한다(행정기관의 조직과 정원에 관한 통칙2(1)). 다만 업무 및 권한 등에 있어 다른 정부부처의 업무 및 권한이 정부조직법에 의해 정해지는 것과는 달리 금융위원회법, 대통령령인 「금융위원회와 그 소속기관 직제」 및 금융관련법령에 의해 정해진다.

3. 구성

금융위원회는 9명의 위원으로 구성하며, 위원장·부위원장 각 1명과 기획재정부차관, 금융감독원 원장, 예금보험공사 사장, 한국은행 부총재, 금융위원회 위원장이 추천하는 금융전문가 2명, 대한상공회의소 회장이 추천하는 경제계대표 1명의 위원으로 구성한다(금융위원회법4①). 위원장은 국무총리의 제청으로 대통령이 임명하며, 금융위원회 부위원장은 위원장의 제청으로 대통령이 임명한다(금융위원회법4② 전단). 이 경우 위원장은 국회의 인사청문을 거쳐야 한다(금융위원회법4② 후단). 위원장은 금융위원회를 대표하며, 금융위원회의 회의를 주재하고 사무를 총괄한다(금융위원회법5①). 위원장·부위원장과 임명직 위원의 임기는 3년으로 하며, 한 차례만 연임할 수 있다(금융위원회법6).

4. 운영

금융위원회의 회의는 3명 이상의 위원이 요구할 때에 위원장이 소집한다(금융위원회법11① 본문). 다만, 위원장은 단독으로 회의를 소집할 수 있다(금융위원회법11① 단서). 금융위원회의 회의는 그 의결방법에 관하여 금융위원회법 또는 다른 법률에 특별한 규정이 있는 경우를 제외하고는 재적위원 과반수의 출석과 출석위원 과반수의 찬성으로 의결한다(금융위원회법11②). 금융위원회는 심의에 필요하다고 인정할 때에는 금융감독원 부원장, 부원장보 및 그 밖의 관계 전문가 등으로부터 의견을 들을 수 있다(금융위원회법13). 위원장은 내우외환, 천재지변 또는 중대한 금융 경제상의 위기로 긴급조치가 필요한 경우로서 금융위원회를 소집할 시간적 여유가 없을 때에는 금융위원회의 권한 내에서 필요한 조치를 할 수 있다(금융위원회법14①). 금융위원회의 사무를 처리하기 위하여 금융위원회에 사무처를 둔다(금융위원회법15①).

5. 소관 사무

금융위원회의 소관 사무는 ⅰ) 금융에 관한 정책 및 제도에 관한 사항(제1호), ⅱ) 금융기관 감독 및 검사·제재에 관한 사항(제2호), ⅲ) 금융기관의 설립, 합병, 전환, 영업의 양수·양도 및 경영 등의 인가·허가에 관한 사항(제3호), ⅳ) 자본시장의 관리·감독 및 감시 등에 관한 사항(제4호), ⅴ) 금융소비자의 보호와 배상 등 피해구제에 관한 사항(제5호), ⅵ) 금융중심지의 조성 및 발전에 관한 사항(제6호), ⅶ) 제1호부터 제6호까지의 사항에 관련된 법령 및 규정의 제정·개정 및 폐지에 관한 사항(제7호), ⅷ) 금융 및 외국환업무 취급기관의 건전성 감독에 관한 양자 간 협상, 다자 간 협상 및 국제협력에 관한 사항(제8호), ⅸ) 외국환업무 취급기관의 건전성 감독에 관한 사항(제9호), ⅹ) 그 밖에 다른 법령에서 금융위원회의 소관으로 규정한 사항(제10호) 등이다(금융위원회법17).

Ⅱ. 증권선물위원회

1. 설치배경

증권 및 선물거래의 특수성을 감안하여 증권선물위원회를 금융위원회 내부에 설치하고 증권 및 선물 분야에 대하여는 별도로 심의 또는 의결할 수 있도록 하는 체계를 구축하기 위한 것이다.

2. 업무

증권선물위원회는 금융위원회 내의 위원회로서 금융위원회법 또는 다른 법령에 따라 ⅰ) 자본시장의 불공정거래 조사(제1호), ⅱ) 기업회계의 기준 및 회계감리에 관한 업무(제2호), ⅲ) 금융위원회 소관 사무 중 자본시장의 관리·감독 및 감시 등과 관련된 주요사항에 대한 사전 심의(제3호), ⅳ) 자본시장의 관리·감독 및 감시 등을 위하여 금융위원회로부터 위임받은 업무(제4호), ⅴ) 그 밖에 다른 법령에서 증권선물위원회에 부여된 업무(제5호)를 수행한다(금융위원회법19).

3. 구성

증권선물위원회는 위원장 1명을 포함한 5명의 위원으로 구성하며, 위원장을 제외한 위원 중 1명은 상임으로 한다(금융위원회법20①). 위원장이 아닌 증권선물위원회 위원의 임기는 3년으로 하며, 한 차례만 연임할 수 있다(금융위원회법20⑤).

증권선물위원회 위원장은 금융위원회 부위원장이 겸임하며, 증권선물위원회 위원은 ⅰ) 금융, 증권, 파생상품 또는 회계 분야에 관한 경험이 있는 2급 이상의 공무원 또는 고위공무원단에 속하는 일반직공무원이었던 사람, ⅱ) 대학에서 법률학·경제학·경영학 또는 회계학을 전공하고, 대학이나 공인된 연구기관에서 부교수 이상 또는 이에 상당하는 직에 15년 이상 있었던 사람, ⅲ) 그 밖에 금융, 증권, 파생상품 또는 회계 분야에 관한 학식과 경험이 풍부한 사람 중에서 금융위원회 위원장의 추천으로 대통령이 임명한다(금융위원회법20②).

4. 운영

증권선물위원회의 회의는 2명 이상의 증권선물위원회 위원이 요구할 때에 증권선물위원회 위원장이 소집한다(금융위원회법21① 본문). 다만, 증권선물위원회 위원장은 단독으로 회의를 소집할 수 있다(금융위원회법21① 단서). 회의는 3명 이상의 찬성으로 의결한다(금융위원회법21②).

Ⅲ. 금융감독원

1. 설립과 지위

금융위원회나 증권선물위원회의 지도·감독을 받아 금융기관에 대한 검사·감독 업무 등을 수행하기 위하여 금융감독원을 설립한다(금융위원법24①). 금융감독원은 무자본 특수법인으로 한다(금융위원회법24②). 무자본이란 자본금 없이 국가예산이나 기타의 분담금으로 운영된다는 의미이다. 금융감독원은 특별법인 금융위원회법에 의해 설립되고 국가 또는 지방자치단체로부터 독립하여 특정 공공사무를 수행하는 영조물법인이다.

2. 구성과 직무

금융감독원에 원장 1명, 부원장 4명 이내, 부원장보 9명 이내와 감사 1명을 둔다(금융위원회법29①). 금융감독원장("원장")은 금융위원회의 의결을 거쳐 금융위원회 위원장의 제청으로 대통령이 임명한다(금융위원회법29②). 부원장은 원장의 제청으로 금융위원회가 임명하고, 부원장보는 원장이 임명한다(금융위원회법29③). 감사는 금융위원회의 의결을 거쳐 금융위원회 위원장의 제청으로 대통령이 임명한다(금융위원회법29④). 원장·부원장·부원장보 및 감사의 임기는 3년으로 하며, 한 차례만 연임할 수 있다(금융위원회법29⑤). 원장·부원장·부원장보와 감사에 결원이 생겼을 때에는 새로 임명하되, 그 임기는 임명된 날부터 기산한다(금융위원회법29⑥).

원장은 금융감독원을 대표하며, 그 업무를 총괄한다(금융위원회법30①). 원장이 부득이한 사유로 직무를 수행할 수 없을 때에는 금융감독원의 정관으로 정하는 순서에 따라 부원장이 원장의 직무를 대행한다(금융위원회법30②). 부원장은 원장을 보좌하고 금융감독원의 업무를 분장하며, 부원장보는 원장과 부원장을 보좌하고 금융감독원의 업무를 분장한다(금융위원회법30③). 감사는 금융감독원의 업무와 회계를 감사한다(금융위원회법30④).

3. 업무

금융감독원은 금융위원회법 또는 다른 법령에 따라 ⅰ) 검사대상기관(법3 8)[1]의 업무 및 재산상황에 대한 검사(제1호), ⅱ) 검사 결과와 관련하여 금융위원 회법과 또는 다른 법령에 따른 제재(제2호), ⅲ) 금융위원회와 금융위원회법 또는 다른 법령에 따라 금융위원회 소속으로 두는 기관에 대한 업무지원(제3호), ⅳ) 그 밖에 금융위원회법 또는 다른 법령에서 금융감독원이 수행하도록 하는 업무 (제4호)를 수행한다(금융위원회법37).

원장은 업무수행에 필요하다고 인정할 때에는 검사대상기관 또는 다른 법령 에 따라 금융감독원에 검사가 위탁된 대상기관에 대하여 업무 또는 재산에 관한 보고, 자료의 제출, 관계자의 출석 및 진술을 요구할 수 있다(금융위원회법40①). 검사를 하는 자는 그 권한을 표시하는 증표를 관계인에게 내보여야 한다(금융위 원회법40②).

원장은 검사대상기관의 임직원이 ⅰ) 금융위원회법 또는 금융위원회법에 따 른 규정·명령 또는 지시를 위반한 경우(제1호), ⅱ) 금융위원회법에 따라 원장이 요구하는 보고서 또는 자료를 거짓으로 작성하거나 그 제출을 게을리한 경우(제2 호), ⅲ) 금융위원회법에 따른 금융감독원의 감독과 검사 업무의 수행을 거부·방 해 또는 기피한 경우(제3호), ⅳ) 원장의 시정명령이나 징계요구에 대한 이행을 게을리한 경우(제4호)에는 그 기관의 장에게 이를 시정하게 하거나 해당 직원의 징계를 요구할 수 있다(금융위원회법41①). 징계는 면직·정직·감봉·견책 및 경

---

1) 금융위원회법 제38조(검사대상기관) 금융감독원의 검사를 받는 기관은 다음과 같다.
   1. 은행법에 따른 인가를 받아 설립된 은행
   2. 자본시장법에 따른 금융투자업자, 증권금융회사, 종합금융회사 및 명의개서대행회사
   3. 보험업법에 따른 보험회사
   4. 상호저축은행법에 따른 상호저축은행과 그 중앙회
   5. 신용협동조합법에 따른 신용협동조합 및 그 중앙회
   6. 여신전문금융업법에 따른 여신전문금융회사 및 겸영여신업자
   7. 농업협동조합법에 따른 농협은행
   8. 수산업협동조합법에 따른 수협은행
   9. 다른 법령에서 금융감독원이 검사를 하도록 규정한 기관
   10. 그 밖에 금융업 및 금융 관련 업무를 하는 자로서 대통령령으로 정하는 자

고로 구분한다(금융위원회법40②).

원장은 검사대상기관의 임원이 금융위원회법 또는 금융위원회법에 따른 규정·명령 또는 지시를 고의로 위반한 때에는 그 임원의 해임을 임면권자에게 권고할 수 있으며, 그 임원의 업무집행의 정지를 명할 것을 금융위원회에 건의할 수 있다(금융위원회법42). 원장은 검사대상기관이 금융위원회법 또는 금융위원회법에 따른 규정·명령 또는 지시를 계속 위반하여 위법 또는 불건전한 방법으로 영업하는 경우에는 금융위원회에 ⅰ) 해당 기관의 위법행위 또는 비행(非行)의 중지, ⅱ) 6개월의 범위에서의 업무의 전부 또는 일부 정지를 명할 것을 건의할 수 있다(금융위원회법43).

Ⅳ. 상호관계

1. 금융위원회·증권선물위원회의 금융감독원에 대한 지도·감독·명령권

금융위원회는 금융위원회법 또는 다른 법령에 따라 금융감독원의 업무·운영·관리에 대한 지도와 감독을 하며, ⅰ) 금융감독원의 정관 변경에 대한 승인(제1호), ⅱ) 금융감독원의 예산 및 결산 승인(제2호), ⅲ) 그 밖에 금융감독원을 지도·감독하기 위하여 필요한 사항(제3호)을 심의·의결한다(금융위원회법18).

증권선물위원회는 업무에 관하여 금융감독원을 지도·감독한다(금융위원회법23). 금융위원회나 증권선물위원회는 금융감독원의 업무를 지도·감독하는 데 필요한 명령을 할 수 있다(금융위원회법61①). 금융위원회는 증권선물위원회나 금융감독원의 처분이 위법하거나 공익 보호 또는 예금자 등 금융 수요자 보호 측면에서 매우 부당하다고 인정하면 그 처분의 전부 또는 일부를 취소하거나 그 집행을 정지시킬 수 있다(금융위원회법61②). 증권선물위원회는 업무에 관한 금융감독원의 처분이 위법하거나 매우 부당하다고 인정할 때에는 그 처분의 전부 또는 일부를 취소하거나 그 집행을 정지시킬 수 있다(금융위원회법61③).

2. 금융감독원장의 보고의무

원장은 금융위원회나 증권선물위원회가 요구하는 금융감독 등에 필요한 자료를 제출하여야 한다(금융위원회법58). 원장은 검사대상기관의 업무 및 재산상황에 대한 검사를 한 경우에는 그 결과를 금융위원회에 보고하여야 한다. 제41조(시정명령 및 징계요구) 및 제42조(임원의 해임권고 등)의 조치를 한 경우에도 또한 같다(금융위원회법59).

금융위원회는 필요하다고 인정하는 경우에는 금융감독원의 업무·재산 및 회계에 관한 사항을 보고하게 하거나 금융위원회가 정하는 바에 따라 그 업무, 재산상황, 장부, 서류 및 그 밖의 물건을 검사할 수 있다(금융위원회법60).

제2절 감독 및 처분

Ⅰ. 감독

금융위원회는 여신전문금융회사등(여신전문금융회사와 겸영여신업자)과 부가통신업자가 여신전문금융업법("법") 또는 여신전문금융업법에 따른 명령을 지키는지를 감독한다(법53①). 금융위원회는 감독을 위하여 필요한 경우에는 여신전문금융회사등과 부가통신업자에 대하여 그 업무 및 재무상태에 관한 보고를 하게 할 수 있다(법53②).

여신전문금융업법은 예금 이외의 방법으로 자금을 조달하여 지급결제, 대출 및 보증 등 각종 결제, 여신서비스를 제공하는 성격을 갖는 4가지 업, 즉 신용카드업, 시설대여업, 할부금융업, 신기술사업금융업으로 구성된 여신전문금융업을 규율하기 위한 목적으로 제정된 법이다(법1).

Ⅱ. 검사 및 조치

1. 여신전문금융회사등과 부가통신사업자에 대한 검사

(1) 업무와 재산상황 검사

금융감독원장은 그 소속 직원으로 하여금 여신전문금융회사등과 부가통신사업자의 업무와 재산상황을 검사하게 할 수 있다(법53의2①).

(2) 증표제시

검사를 하는 자는 그 권한을 표시하는 증표를 지니고 이를 관계자에게 내보여야 한다(법53의2②).

(3) 자료제출 및 의견진술 요구

금융감독원장은 여신전문금융회사등과 부가통신업자(여신전문금융회사등이나 부가통신업자와 계약을 체결하여 여신전문금융업이나 신용카드등부가통신업의 전부 또는 일부를 위탁받은 자를 포함)에 대하여 검사에 필요한 장부·기록문서와 그 밖의 자료의 제출 또는 관계인의 출석 및 의견의 진술을 요구할 수 있다(법53의2③).

자료제출 또는 관계인의 출석 및 의견진술 요구에 따르지 아니한 자에게는 5천만원 이하의 과태료를 부과한다(법72①(10의3)).

(4) 감사인에 대한 자료제출요구

금융감독원장은 외부감사법에 따라 여신전문금융회사등이 선임한 외부감사인에게 그 여신전문금융회사등을 감사한 결과 알게 된 경영의 건전성과 관련되는 정보 및 자료의 제출을 요구할 수 있다(법53의2④).

(5) 감사인의 지정

(가) 감사인 지정사유

금융위원회는 여신전문금융회사가 ⅰ) 최근 3년간 여신전문금융업법 또는 여신전문금융업법에 따른 금융위원회의 명령을 위반한 사실이 있는 경우, ⅱ) 불건전자산(고정 이하로 분류된 자산)이 자기자본의 200%를 초과하는 경우에 해당하면 증권선물위원회의 심의를 거쳐 그 여신전문금융회사의 감사인을 지정할 수 있다(법56, 영20, 여신전문금융업감독규정38①, 이하 "감독규정").

(나) 감사인 지정요구

금융감독원장은 위의 감사인 지정사유에 해당되는 여신전문금융회사등에 대한 감사인의 지정을 증권선물위원회에 요구하여야 한다(감독규정38②). 감사인의 지정 요구에 관한 세부사항은 금융감독원장이 정한다(감독규정38③).

2. 여신전문금융업자등과 부가통신업자에 대한 조치 등

(1) 여신전문금융회사등과 부가통신업자에 대한 조치

금융위원회는 여신전문금융회사등과 부가통신업자가 [별표][2] 각 호의 어느 하나에 해당하는 경우에는 금융감독원장의 건의에 따라 ⅰ) 여신전문금융회사등과 부가통신업자에 대한 주의·경고·문책요구(제1호), ⅱ) 해당 위반행위에 대한 시정명령(제2호), ⅲ) 임원(금융회사지배구조법 제2조 제5호에 따른 업무집행책임자는 제외)의 해임권고·직무정지(제3호)의 조치를 하거나 금융감독원장으로 하여금 주의·경고(제1호) 조치를 하게 할 수 있다(법53④).

이에 따라 기관에 대한 주의·경고, 직원에 대한 문책요구는 금융감독원장이, 임원에 대한 해임권고·직무정지는 금융위원회가 조치 중이다.

(2) 여신전문금융회사등과 부가통신업자에 대한 업무 전부 또는 일부 정지

(가) 업무정지

금융위원회는 여신전문금융회사등과 부가통신업자가 다음의 어느 하나에 해당하는 경우에는 6개월의 범위에서 기간을 정하여 법 제46조 제1항[3] 제1호부터 제4호까지의 규정에 따른 업무(법13①(1): 신용카드업자의 경우 신용카드회원

---

2) [별표]는 여신전문금융회사등과 부가통신업자 및 그 임직원에 대한 처분 사유를 규정하고 있다.

3) 여신전문금융회사가 할 수 있는 업무는 다음의 업무로 제한한다(법46①).

    1. 제3조에 따라 허가를 받거나 등록을 한 여신전문금융업(시설대여업의 등록을 한 경우에는 연불판매업무를 포함)

    2. 기업이 물품과 용역을 제공함으로써 취득한 매출채권(어음 포함)의 양수·관리·회수 업무

    3. 대출(어음할인 포함)업무

    4. 제13조 제1항 제2호 및 제3호에 따른 신용카드업자의 부대업무(신용카드업의 허가를 받은 경우만 해당)

    5. 그 밖에 제1호부터 제4호까지의 규정과 관련된 업무로서 대통령령으로 정하는 업무

에 대한 자금의 융통에 따른 부대업무 포함) 또는 법 제46조 제1항 제5호에 따른 업무 중 대통령령으로 정하는 업무4)와 신용카드등부가통신업의 전부 또는 일부의 정지를 명할 수 있다(법57①).

1. 제13조(신용카드업자의 부대업무) 제1항5)에 따른 기준을 위반하여 같은 항 각 호에 따른 부대업무를 한 경우
2. 제14조(신용카드·직불카드의 발급), 제14조의2(신용카드회원의 모집), 제16조(신용카드회원 등에 대한 책임), 제17조(가맹점에 대한 책임), 제18조(거래조건의 주지의무), 제21조(가맹점의 해지의무), 제23조 제1항(가맹점 모집·이용방식의 제한), 제24조의2(신용카드업자 등의 금지행위), 제25조 제4항(공탁), 제46조(이 항 각 호 외의 부분에서 정하는 업무에 관한 규정으로 한정), 제54조의4 제2항·제3항(안전성확보의무) 또는 제54조의5(신용정보 보호)를 위반한 경우
3. 제18조의4(가맹점수수료율의 조정요구 등), 제23조 제2항(가맹점 모집·이용방식의 제한), 제24조(신용카드등의 이용한도 제한 등)·제25조 제1항(공탁), 제53조 제4항(감독), 제53조의3 제2항(건전경영의 지도)에 따른 금융위원회의 명령이나 조치를 위반한 경우
4. 금융회사지배구조법 별표[금융회사 및 임직원에 대한 조치(제34조 및 제35조 관련)] 각 호의 어느 하나에 해당하는 경우
5. 금융소비자보호법 제51조(금융상품판매업자등에 대한 처분 등) 제1항 제4호 또는 제5호6)에 해당하는 경우

---

4) "대통령령으로 정하는 업무"란 다음의 업무를 말한다(영16①).
　1. 법 제46조 제1항 제1호부터 제4호까지의 업무와 관련하여 다른 금융회사(금융위원회법 제38조 각 호의 기관)가 보유한 채권 또는 이를 근거로 발행한 유가증권의 매입업무
　2. 지급보증업무
　3. 삭제 [2016. 9. 29]
　4. 그 밖에 여신전문금융업 및 대출업무와 관련된 업무로서 총리령으로 정하는 업무
5) 신용카드업자는 대통령령으로 정하는 기준에 따라 다음에 따른 부대업무를 할 수 있다(법13①).
　1. 신용카드회원에 대한 자금의 융통
　2. 직불카드의 발행 및 대금의 결제
　3. 선불카드의 발행·판매 및 대금의 결제
6) 4. 금융위원회의 시정명령 또는 중지명령을 받고 금융위원회가 정한 기간 내에 시정하거나 중지하지 아니한 경우

6. 금융소비자보호법 제51조(금융상품판매업자등에 대한 처분 등) 제2항 각 호 외의 부분 본 문 중 대통령령으로 정하는 경우

(나) 과징금

금융위원회는 신용카드업자가 제57조 제1항 각 호의 어느 하나에 해당하는 경우에는 대통령령으로 정하는 바에 따라 업무정지처분 대신에 1억원 이하의 과징금을 부과할 수 있다(법58②).

(3) 신용카드업자 허가ㆍ등록취소

금융위원회는 신용카드업자가 ⅰ) 거짓이나 그 밖의 부정한 방법으로 허가를 받거나 등록을 한 경우, ⅱ) 제6조(허가ㆍ등록의 요건) 제1항 제2호부터 제4호[7] 까지의 어느 하나에 해당하는 자인 경우(여신전문금융회사인 경우만 해당), ⅲ) 업무의 정지명령을 위반한 경우, ⅳ) 허가요건 유지의무를 위반한 경우, ⅴ) 정당한 사유 없이 1년 이상 계속하여 영업을 하지 아니한 경우, ⅵ) 법인의 합병ㆍ파산ㆍ폐업 등으로 사실상 영업을 끝낸 경우, ⅶ) 금융소비자보호법 제51조 제1항 제4호 또는 제5호에 해당하는 경우에는 그 허가 또는 등록을 취소할 수 있다(법57②).

(4) 시설대여업자ㆍ할부금융업자ㆍ신기술사업금융업자의 등록취소

금융위원회는 시설대여업자, 할부금융업자 또는 신기술사업금융업자가 ⅰ) 거짓이나 그 밖의 부정한 방법으로 등록을 한 경우, ⅱ) 제6조 제1항 제2호부터 제4호까지의 어느 하나에 해당하는 자인 경우(여신전문금융회사인 경우만 해당), ⅲ) 금융위원회의 명령이나 조치를 위반한 경우, ⅳ) 등록을 한 날부터 1년 이내

---

5. 그 밖에 금융소비자의 이익을 현저히 해칠 우려가 있거나 해당 금융상품판매업등을 영위하기 곤란하다고 인정되는 경우로서 대통령령으로 정하는 경우

7) 여신전문금융업법 제6조(허가ㆍ등록의 요건) ① 다음의 어느 하나에 해당하는 자는 제3조에 따른 허가를 받거나 등록을 할 수 없다.
 2. 채무자회생법에 따른 회생절차 중에 있는 회사 및 그 회사의 출자자 중 대통령령으로 정하는 출자자
 3. 금융거래 등 상거래에서 약정한 날까지 채무(債務)를 변제(辨濟)하지 아니한 자로서 대통령령으로 정하는 자
 4. 허가신청일 및 등록신청일을 기준으로 최근 3년 동안 대통령령으로 정하는 금융 관계 법령("금융 관계법령")을 위반하여 벌금형 이상의 처벌을 받은 사실이 있는 자

에 등록한 업에 관하여 영업을 시작하지 아니하거나 영업을 시작한 후 정당한 사유 없이 1년 이상 계속하여 영업을 하지 아니한 경우, v) 법인의 합병·파산·폐업 등으로 사실상 영업을 끝낸 경우, vi) 금융소비자보호법 제51조 제1항 제3호부터 제5호까지의 어느 하나에 해당하는 경우에는 그 등록을 취소할 수 있다(법57③).

3. 임직원에 대한 조치

(1) 재임·재직 중인 임직원

금융위원회는 여신전문금융회사등과 부가통신업자 소속 임직원이 [별표] 각 호의 어느 하나에 해당하는 경우에는 금융감독원장의 건의에 따라 그 임직원에 대한 주의·경고·문책의 요구(제1호), 임원(금융회사지배구조법 제2조 제5호[8])에 따른 업무집행책임자는 제외)의 해임권고·직무정지(제3호)에 해당하는 조치를 하거나 금융감독원장으로 하여금 그 임직원에 대한 주의·경고·문책의 요구(제1호) 조치를 하게 할 수 있다(법53④).

(2) 퇴임·퇴직 중인 임직원

금융위원회(금융감독원장 포함)는 여신전문금융회사등과 부가통신업자의 퇴임한 임원 또는 퇴직한 직원(금융회사지배구조법 제2조 제5호에 따른 업무집행책임자를 포함)이 재임 또는 재직 중이었더라면 그 임직원에 대한 주의·경고·문책의 요구(제1호) 또는 임원의 해임권고·직무정지(제3호)에 해당하는 조치를 받았을 것으로 인정되는 경우에는 그 조치의 내용을 해당 여신전문금융회사등과 부가통신업자의 장에게 통보할 수 있다(법53⑤). 통보를 받은 여신전문금융회사등과 부가통신업자의 장은 이를 퇴임·퇴직한 해당 임직원에게 통보하고, 그 내용을 인사기록부에 기록·유지하여야 한다(법54⑥).

---

8) 5. "업무집행책임자"란 이사가 아니면서 명예회장·회장·부회장·사장·부사장·행장·부행장·부행장보·전무·상무·이사 등 업무를 집행할 권한이 있는 것으로 인정될 만한 명칭을 사용하여 금융회사의 업무를 집행하는 사람을 말한다.

4. 과징금

(1) 부과 대상과 금액

(가) 3억원 이하의 과징금

금융위원회는 여신전문금융회사가 제46조[업무(제57조 제1항 각 호 외의 부분에서 정하는 업무에 관한 규정으로 한정)]를 위반한 경우에는 3억원 이하의 과징금을 부과할 수 있다(법58①).

(나) 2억원 이하의 과징금

금융위원회는 ⅰ) 시설대여업자가 제37조9)에 따른 금융위원회의 명령을 위반한 경우(제1호), ⅱ) 할부금융업자가 제39조(거래조건의 주지 의무)나 제40조(할부금융업자의 준수사항)를 위반한 경우(제2호), ⅲ) 신기술사업금융업자가 제45조(신기술사업금융업자의 준수사항)를 위반한 경우(제3호), ⅳ) 여신전문금융회사등(신용카드업은 제외)이나 부가통신업자가 제16조의3(가맹점모집인의 등록 등), 제27조의4(신용카드 단말기의 등록), 제54조의4(안전성확보의무) 또는 제54조의5(신용정보보호)를 위반한 경우(제4호)에는 2억원 이하의 과징금을 부과할 수 있다(법58③).

(다) 1억원 이하의 과징금

금융위원회는 신용카드업자가 제57조(허가·등록의 취소 등) 제1항 각 호의 어느 하나에 해당하는 경우에는 업무정지처분 대신에 1억원 이하의 과징금을 부과할 수 있다(법58②).

(라) 위반금액에 따른 과징금 부과

금융위원회는 여신전문금융회사가 제47조(자금조달방법), 제48조(외형확대 위주의 경영제한), 제49조(부동산의 취득제한) 제1항·제4항, 제49조의2(대주주에 대한 신용공여한도 등) 제1항·제8항 또는 제50조(대주주가 발행한 주식의 소유한도 등) 제1항을 위반하거나 제49조(부동산의 취득제한) 제2항에 따른 금융위원회의 명령을 위반한 경우에는 다음의 구분에 따른 범위에서 과징금을 부과할 수 있다(법58④).

---

9) 금융위원회는 대통령령으로 정하는 바에 따라 시설대여업자에게 시설대여등의 연간 실행액의 일정 비율 이상을 중소기업(중소기업기본법 제2조에 따른 중소기업)에 대하여 운용하도록 명할 수 있다(법37①). 제1항에 따른 일정 비율은 50%를 넘을 수 없다(법37②).

1. 제47조를 위반하여 자금을 조달한 경우: 조달한 자금의 30% 이하
2. 제48조를 위반하여 자기자본 대비 총자산 한도를 초과한 경우: 초과액의 30% 이하
3. 제49조 제1항·제4항을 위반하여 부동산을 취득한 경우: 취득한 부동산 취득가액의 30% 이하
4. 제49조 제2항에 따른 금융위원회의 명령을 위반한 경우: 초과 취득한 부동산 취득가액의 30% 이하
5. 제49조의2 제1항에 따른 신용공여한도를 초과하여 신용공여를 한 경우: 초과한 신용공여액 이하
6. 제49조의2 제8항을 위반하여 신용공여를 한 경우: 신용공여액 이하
7. 제50조 제1항에 따른 주식의 소유한도를 초과하여 대주주가 발행한 주식을 소유한 경우: 초과 소유한 주식 장부가액 합계액 이하

(2) 부과절차
(가) 의견진술과 자료제출

금융위원회는 과징금을 부과하기 전에 미리 당사자 또는 이해관계인 등에게 의견을 제출할 기회를 주어야 한다(법58⑧). 당사자 또는 이해관계인 등은 금융위원회의 회의에 출석하여 의견을 진술하거나 필요한 자료를 제출할 수 있다(법58⑨).

(나) 과징금 부과 통지

금융위원회가 과징금을 부과할 때에는 그 위반행위의 종류와 해당 과징금의 금액 등을 적은 서면으로 과징금을 납부할 것을 통지하여야 한다(영22①).

(다) 납부기한과 분할납부

과징금 부과 통지를 받은 자는 20일 이내에 금융위원회가 정하는 수납기관에 과징금을 납부하여야 한다(영22② 본문). 다만, 천재지변이나 그 밖의 부득이한 사유로 그 기간에 과징금을 납부할 수 없는 때에는 그 사유가 없어진 날부터 7일 이내에 납부하여야 한다(영22② 단서). 과징금은 이를 나누어 납부할 수 없다(영22⑤).

(3) 이의신청

과징금 부과처분에 대하여 불복하는 자는 그 처분의 고지를 받은 날부터 30일 이내에 그 사유를 갖추어 금융위원회에 이의를 신청할 수 있다(법58의2①). 금융위원회는 이의신청에 대하여 60일 이내에 결정을 하여야 한다(법58의2② 본문). 다만, 부득이한 사정으로 그 기간 이내에 결정을 할 수 없을 경우에는 30일의 범위에서 그 기간을 연장할 수 있다(법58의2② 단서). 금융위원회는 결정기간을 연장하는 경우에는 지체 없이 이의를 신청한 자에게 결정기간이 연장되었음을 통보하여야 한다(법58의2③).

(4) 과징금 징수 및 체납처분

(가) 징수 및 체납처분 절차

금융위원회는 대통령령으로 정하는 바에 따라 과징금의 징수 및 체납처분에 관한 업무를 국세청장에게 위탁할 수 있다(법58⑦). 금융위원회는 과징금을 부과받은 자가 그 기한까지 납부하지 아니하면 국세 체납처분의 예에 따라 이를 징수한다(법58⑥).

(나) 체납처분의 위탁

금융위원회는 체납처분에 관한 업무를 국세청장에게 위탁할 때에는 금융위원회의 의결서, 세입징수결의서 및 고지서, 납부독촉장을 첨부한 서면으로 하여야 한다(영22의2①).

(5) 과오납금의 환급

금융위원회는 과징금 납부의무자가 이의신청의 재결 또는 법원의 판결 등의 사유로 과징금 과오납금의 환급을 청구하는 경우에는 지체 없이 환급하여야 하며, 과징금 납부의무자의 청구가 없어도 금융위원회가 확인한 과오납금은 환급하여야 한다(법58의3). 과징금을 환급하는 경우에는 과징금을 납부한 날부터 환급한 날까지의 기간에 대하여 대통령령으로 정하는 가산금 이율을 적용하여 환급가산금을 환급받을 자에게 지급하여야 한다(법58의4).

5. 과태료

여신전문금융업법 제72조는 일정한 위반행위가 있는 경우 5천만원 이하의 과태료(법72①), 3천만원 이하의 과태료(법72②), 2천만원 이하의 과태료(법72③), 1천만원 이하의 과태료(법72④)를 부과한다. 과태료의 부과기준은 [별표 4]와 같다(영26).

제3절 검사

Ⅰ. 서설

1. 검사의 의의

검사는 금융기관의 업무활동과 경영상태를 분석·평가하고 금융기관이 취급한 업무가 관계법령에 위반되지 않는지를 확인·점검하여 적절한 조치를 취하는 활동으로서, 감독정책이 시장에서 작동되도록 보장할 뿐만 아니라 검사결과 도출된 제반 정보를 반영하여 보다 실효성 있는 금융감독정책을 수립할 수 있도록 지원하는 기능도 담당한다. 이에 반해 금융감독은 사전 예방적인 감독활동과 사후교정적인 검사활동으로 구분할 수 있다. 일반적으로 감독은 금융기관의 건전경영을 유도하기 위하여 기준을 설정하고 이를 준수하도록 지도하는 행위를 말한다.[10]

금융기관에 대한 검사방식은 과거에는 사후교정적 측면을 강조하는 지적위주의 검사에서 1980년대 이후에는 금융자율화 추세에 따라 내부통제 기능 강화와 책임경영체제 확립을 도모하였고, 2000년대 이후에는 제한된 검사인력을 효율적으로 운용하기 위하여 리스크중심의 검사를 지향하고 있으며, 2008년 금융위기 이후에는 금융기관 및 금융시장의 잠재적 위험에 선제적으로 대응하여 위기의 발생을 억제하는 사전예방적 검사의 중요성이 강조되어 금융시스템에 영향이 큰 대형금융기관에 대한 현장검사의 강화 및 상시감시활동, 금융기관의 내부감사 및 내부통제 활동의 중요성이 더욱 부각되고 있다.

---

10) 금융감독원(2020), 「금융감독개론」, 금융감독원(2020. 3), 427쪽.

금융감독당국은 금융기관의 건전성 및 영업행위에 대한 검사를 통해 문제점을 적발하고, 이에 대한 심의를 거쳐 제재조치를 내리게 되는데, 검사란 제재조치의 시작점이라고 할 수 있다. 따라서 제재가 실효성을 갖기 위해서는 검사라는 첫 단추가 적절히 채워져야 할 것이다.[11]

2. 검사의 법적 근거

금융감독원은 금융위원회법 또는 다른 법령에 따라 검사대상기관의 업무 및 재산상황에 대한 검사업무를 수행한다(금융위원회법37(1)). 금융위원회법 제37조 및 동법 시행령, 금융업관련법 및 그 시행령과 기타 관계법령에 의하여 금융감독원장("감독원장")이 실시하는 검사의 방법, 검사결과의 처리 및 제재, 기타 필요한 사항을 정한 금융위원회 고시로 「금융기관 검사 및 제재에 관한 규정」("검사제재규정")이 있다. 검사는 행정조사의 일종으로서 권력적 행정조사와 비권력적 행정조사를 모두 포함한다.

3. 검사대상기관

금융감독원의 검사를 받는 기관은 은행, 금융투자업자, 증권금융회사, 종합금융회사 및 명의개서대행회사, 보험회사, 상호저축은행과 그 중앙회, 신용협동조합 및 그 중앙회, 여신전문금융회사 및 겸영여신업자, 농협은행, 수협은행이 있으며, 다른 법령에서 금융감독원이 검사를 하도록 규정한 기관도 검사대상기관이다(금융위원회법38).

검사제재규정의 적용범위는 금융감독원장이 검사를 실시하는 "금융기관"에 적용한다(검사제재규정2①). 여기서 "금융기관"이라 함은 설립·해산, 영업의 인·허가, 승인 또는 업무감독·검사 등과 관련하여 금융위원회법 및 금융업관련법의 적용을 받는 회사·관계기관·단체 등을 말한다(검사제재규정3(2)).

---

11) 이승민(2013), "금융기관 및 그 임직원에 대한 제재의 실효성 제고방안", 서울대학교 대학원 석사학위논문(2013. 12). 134쪽.

II. 검사의 종류

1. 종합검사와 부문검사

이는 운영방식에 따른 구분이다. "종합검사"란 금융기관의 업무전반 및 재산상황에 대하여 종합적으로 실시하는 검사를 말하고(검사제재규정3(3)), "부문검사"란 금융사고예방, 금융질서확립, 기타 금융감독정책상의 필요에 의하여 금융기관의 특정부문에 대하여 실시하는 검사를 말한다(검사제재규정3(4)).

2. 현장검사와 서면검사

이는 검사 실시방법에 따른 구분이다. "현장검사"란 검사원(금융감독원장의 명령과 지시에 의하여 검사업무를 수행하는 자)이 금융기관을 방문하여 실시하는 검사를 말하고(검사제재규정3(5)), "서면검사"란 검사원이 금융기관으로부터 자료를 제출받아 검토하는 방법으로 실시하는 검사를 말한다(검사제재규정3(6)).

3. 건전성검사와 영업행위검사

실시목적 기준에 따라 건전성검사와 영업행위검사로 구분된다. 건전성검사는 금융기관의 리스크관리, 경영실태평가, 지배구조 등 건전경영 유도 목적에 보다 중점을 둔 검사이며, 영업행위검사는 금융소비자에 대한 금융상품 판매행위 등 금융소비자 보호 및 금융거래질서 확립목적에 보다 중점을 둔 검사이다.[12]

4. 평가성검사와 준법성검사

중대한 법규 위반사항 적발 목적 기준에 따라 평가성검사와 준법성검사로 구분된다. 평가성검사는 컨설팅 방식으로 진행되며 미흡한 사항에 대해서는 개선권고, 경영유의, 현지조치, MOU 체결 등으로 처리하되, 중대한 법규 위반사항 발견시에는 준법성검사로 전환한다. 준법성검사는 사실관계 확인 및 위법성 검토 방식으로 진행되며, 검사결과 위법성의 경중에 따라 기관 및 개인에 대해 제재조치한다. 평가성검사와 준법성검사가 혼재된 경우 준법성검사로 구분한다.

---

12) 금융감독원(2020), 429쪽.

Ⅲ. 검사의 절차

1. 상시감시업무

"상시감시"란 금융기관에 대하어 임직원 면담, 조사출장, 영업실태 분식, 재무상태 관련 보고서 심사, 경영실태 계량평가, 기타 각종자료 또는 정보의 수집·분석을 통하여 문제의 소지가 있는 금융기관 또는 취약부문을 조기에 식별하여 현장검사 실시와 연계하는 등 적기에 필요한 조치를 취하여 금융기관의 안전하고 건전한 경영을 유도하는 감독수단을 말한다(검사제재규정3(15)).

금융기관에 대한 상시감시업무는 상시감시자료, 즉 ⅰ) 업무 또는 영업보고서(제1호), ⅱ) 금융기관 경영실태평가에 활용되고 있는 계량지표 또는 보조지표자료(제2호), ⅲ) 임직원 면담 및 조사출장 결과 자료(제3호), ⅳ) 금융기관이 검사원의 요구에 따라 제출한 자료(제4호), ⅴ) 검사원 등이 수집한 정보·건의사항(제5호), ⅵ) 기타 검사총괄담당부서장 및 검사실시부서장이 필요하다고 판단하는 자료(제6호)를 검토·분석하는 방법으로 수행한다(검사제재규정 시행세칙6①, 이하 "시행세칙"). 금융감독원장은 내부통제 및 리스크관리 강화 등이 필요하다고 판단되는 금융기관에 대하여 검사원을 일정기간 상주시키면서 상시감시업무를 수행하도록 할 수 있다(시행세칙6②).

상시감시결과 취할 수 있는 조치의 종류는 ⅰ) 경영개선권고, 금융위원회("금융위")에 경영개선요구 건의·경영개선명령 건의(제1호), ⅱ) 경영실태평가 등급 조정(제2호), ⅲ) 검사계획수립 및 중점검사항목에 반영(제3호), ⅳ) 검사실시(제4호), ⅴ) 시정계획 제출요구 또는 보고서 주기 단축 등 사후관리 강화(제5호), ⅵ) 확약서·양해각서 체결(제6호) 등이다(시행세칙7).

2. 검사계획의 수립 및 중점검사사항 운영

(1) 검사계획의 수립

검사총괄담당부서장은 다음 연도의 검사계획을 수립한다(시행세칙4①). 검사실시부서장은 각 부서별 연간검사계획을 수립하여 이를 검사총괄담당부서장에게 통보하여야 한다(시행세칙4② 전단). 검사계획의 일부를 변경 또는 조정하는 경우에도 그러하다(시행세칙4② 후단). 연간검사계획에는 검사의 종류, 검사대상점포 및 점포수, 검사실시시기, 검사동원인원, 주요 검사실시범위 등이 포함되어야 한다(시행세칙4④ 본문). 다만, 부문검사의 경우에는 이를 미리 정하지 아니할 수 있다(시행세칙4④ 단서). 금융지주회사등에 대한 연결검사를 위한 연간검사계획은 주검사부서가 자회사 및 손자회사 담당 검사실시부서와 협의하여 수립하고, 각 검사실시부서는 이를 연간검사계획에 포함하여 검사총괄담당부서장에게 통보하여야 한다(시행세칙4③ 전단). 검사계획의 일부를 변경 또는 조정하는 경우에도 그러하다(시행세칙4③ 후단). "연결검사"라 함은 금융지주회사와 그 자회사 및 손자회사("금융지주회사등")에 대한 연결기준 재무상태 및 경영성과 등 경영의 건전성 평가와 그 업무 및 재산에 대한 적정성 등을 확인하기 위해 실시하는 검사를 말한다(시행세칙2(7)).

(2) 중점검사사항 운영

중점검사사항은 기본항목과 수시항목으로 구분 운영한다(시행세칙5①). "중점검사사항 기본항목"이라 함은 주요 금융감독정책 및 검사방향 등에 따라 연중 계속적으로 중점검사하여야 할 사항을 말하고(시행세칙2(1)), "중점검사사항 수시항목"이라 함은 검사실시시기 또는 검사대상점포의 특성에 따라 중점검사하여야 할 사항을 말한다(시행세칙2(2)).

검사실시부서장은 금융환경, 업계동향 및 금융기관의 특성 등을 감안하여 중점검사사항 기본항목을 선별 운영할 수 있으며, 상시감시결과 나타난 금융기관의 경영상 취약부문 등을 중점검사사항 수시항목으로 선정하여 운영할 수 있다(시행세칙5②). 검사위탁기관이 검사위탁과 관련하여 금융감독원장에게 중점검사사항을 통보하는 경우에는 이를 당해 위탁검사대상기관에 대한 중점검사사항 기본항목으로 운영한다(시행세칙5③).

3. 검사사전준비

검사실시부서장은 검사사전준비를 위하여 금융기관의 업무 및 재산에 관한 자료, 상시감시자료, 유관부서의 확인요청 사항, 과거 사고·민원발생 내용, 정보 및 건의사항, 기타 조사 및 분석자료 및 정보를 수집·분석하여 활용하여야 한다

(시행세칙9①). 검사실시부서장은 검사사전준비를 위하여 필요한 경우 소속 검사원으로 하여금 금융기관에 임점하여 필요한 자료 등을 수집하게 할 수 있다(시행세칙11①).

검사실시부서장은 검사사전준비를 위하여 필요한 경우 검사실시전에 유관부서 등과 검사사전준비협의회를 개최할 수 있다(시행세칙10①). 검사사전준비협의회는 검사계획의 개요 및 중점검사사항, 금융기관 경영상의 주요 문제점, 금융거래자 보호 및 공정한 금융거래질서 유지와 관련한 주요 문제점, 자체감사부서의 활동상황 등을 협의한다(시행세칙10③).

4. 검사의 실시

(1) 검사실시

금융감독원장은 금융기관의 업무 및 재산상황 또는 특정부문에 대한 검사를 실시한다(검사제재규정8①). 관계법령에 의하여 금융위가 금융감독원장으로 하여금 검사를 하게 할 수 있는 금융기관에 대하여는 따로 정하는 경우를 제외하고는 금융감독원장이 검사를 실시한다(검사제재규정8②). 검사의 종류는 종합검사와 부문검사로 구분하고, 검사의 실시는 현장검사 또는 서면검사의 방법으로 행한다(검사제재규정8③). 금융감독원장은 매년 당해 연도의 검사업무의 기본 방향과 당해 연도 중 검사를 실시할 금융기관, 검사의 목적과 범위 및 검사 실시기간 등이 포함된 검사계획을 금융위에 보고하여야 한다(검사제재규정8④).

(2) 검사의 사전통지

금융감독원장은 현장검사를 실시하는 경우에는 검사목적 및 검사기간 등이 포함된 검사사전예고통지서를 당해 금융기관에 검사착수일 1주일전(종합검사의 경우 1개월전)까지 통지하여야 한다(검사제재규정8의2 본문). 다만, 검사의 사전통지에 따라 검사목적 달성이 어려워질 우려가 있는 다음의 하나에 해당하는 경우에는 그러하지 아니하다(검사제재규정8의2 단서).

1. 사전에 통지할 경우 자료·장부·서류 등의 조작·인멸, 대주주의 자산은닉 우려 등으로 검사목적 달성에 중요한 영향을 미칠 것으로 예상되는 경우
2. 검사 실시 사실이 알려질 경우 투자자 및 예금자 등의 심각한 불안 초래 등

금융시장에 미치는 악영향이 클 것으로 예상되는 경우
3. 긴급한 현안사항 점검 등 사전통지를 위한 시간적 여유가 없는 불가피한 경우
4. 기타 검사목적 달성이 어려워질 우려가 있는 경우로서 금융감독원장이 정하는 경우

(3) 금융기관 임직원의 조력을 받을 권리

현장검사 과정에서 검사를 받는 금융기관 임직원은 문답서 및 확인서 작성 시 변호사 또는 기타 전문지식을 갖춘 사람으로서 금융감독원장이 정하는 사람("조력자")의 조력을 받을 수 있다(검사제재규정8의3①). 검사원은 문답서 및 확인서 작성시 검사를 받는 금융기관 임직원과 조력자의 주요 진술내용을 충분히 반영하여 작성하고, 검사 기록으로 관리하여야 한다(검사제재규정8의3②).

(4) 자료제출요구 등

금융감독원장은 검사 및 상시감시업무를 수행함에 있어 필요한 경우에는 금융기관에 대하여 업무 또는 재산에 관한 보고 및 자료의 제출을 요구할 수 있으며, 필요한 경우에는 자본시장법, 보험업법 등 관계법령이 정하는 바에 따라 관계자 등에 대하여 진술서의 제출, 증언 또는 장부·서류 등의 제출을 요구할 수 있다(검사제재규정9①). 자료의 제출은 정보통신망을 이용한 전자문서의 방법에 의할 수 있다(검사제재규정9②).

금융감독원장은 검사 및 상시감시 업무와 관련하여 제출받은 자료·장부·서류 등에 대해, 조작이 의심되어 원본 확인이 필요한 경우 금융기관의 자료·장부·서류 등의 원본을 금융감독원에 일시 보관할 수 있다(검사제재규정9③). 일시 보관하고 있는 자료·장부·서류 등의 원본에 대하여 금융기관이 반환을 요청한 경우에는 검사 및 상시감시업무에 지장이 없는 한 즉시 반환하여야 한다(검사제재규정9④ 전단). 이 경우 금융감독원장은 자료·장부·서류 등의 사본을 보관할 수 있고, 그 사본이 원본과 다름없다는 사실에 대한 확인을 금융기관에 요구할 수 있다(검사제재규정9④ 후단).

(5) 권익보호담당역

금융감독원장은 검사업무 수행과정에서 금융기관 및 그 임직원의 권익보호를 위하여 금융기관 및 그 임직원의 권익보호업무를 총괄하는 권익보호담당역을 둔다(검사제재규정10①). 금융감독원장은 권익보호담낭역이 업무를 수행함에 있어 독립성이 보장될 수 있도록 하여야 한다(검사제재규정10②). 권익보호담당역의 임기는 3년으로 한다(검사제재규정10③). 권익보호담당역은 금융기관의 신청이 있는 경우에, 검사 과정에서 위법·부당한 검사가 진행되거나 절차상 중요한 흠결이 있다고 인정되면, 금융감독원장에게 검사중지 건의 또는 시정 건의를 할 수 있다(검사제재규정10④). 권익보호담당역은 그 업무수행 과정에서 필요한 경우, 검사원에 대한 소명요구, 검사자료 제출요구 등 검사업무 수행 과정에 대한 조사를 할 수 있다(검사제재규정10⑤).

(6) 의견진술기회 부여

검사반장은 검사결과 나타난 위법·부당행위의 관련자 또는 당해 금융기관에 대하여 의견진술의 기회를 주어야 한다(시행세칙27①). 의견진술은 의견서, 문답서 또는 질문서에 의하며, 관련자 또는 당해 금융기관이 의견제출을 하지 아니하거나 거부한 경우에는 의견이 없는 것으로 본다(시행세칙27②).

Ⅳ. 검사결과의 보고, 통보 및 조치

1. 검사결과의 보고

금융감독원장은 금융기관에 대하여 검사를 실시한 경우에는 그 결과를 종합 정리하여 금융위에 보고하여야 한다(검사제재규정13① 본문). 다만, 금융기관의 특정부문에 대하여 실시한 부문검사로서 현지조치사항만 있거나 조치요구사항이 없는 경우에는 보고를 생략할 수 있다(검사제재규정13① 단서). 금융감독원장은 시스템리스크 초래, 금융기관 건전성의 중대한 저해, 다수 금융소비자 피해 등의 우려가 있다고 판단하는 경우에는 보고와 별도로 검사 종료 후 지체없이 그 내용을 금융위에 보고하여야 한다(검사제재규정13②). 금융감독원장은 타기관에 위임 또는 위탁한 검사에 대하여도 그 검사결과를 보고받아 금융위에 보고하여야 한다(검사제재규정13③).

2. 검사결과의 통보 및 조치

(1) 검사결과의 통보 및 조치요구

(가) 의의

금융감독원장은 금융기관에 대한 검사결과를 검사서에 의해 당해 금융기관에 통보하고 필요한 조치를 취하거나 당해 금융기관의 장에게 이를 요구할 수 있으며(검사제재규정14①), 조치를 요구한 사항에 대하여 금융기관의 이행상황을 관리하여야 한다(검사제재규정14③ 본문). 다만, 현지조치사항에 대하여는 당해 금융기관의 자체감사조직의 장이나 당해 금융기관의 장에게 위임하며, 신용협동조합·농업협동조합·수산업협동조합·산림조합에 대한 조치요구사항은 당해 설립법에 의한 중앙회장에게 위임할 수 있다(검사제재규정14③ 단서).

(나) 검사결과 조치요구사항

검사서 작성 및 검사결과 조치요구사항은 아래와 같이 구분한다(검사제재규정14②). 여기서 "조치요구사항"이란 경영유의사항, 지적사항, 현지조치사항 등 금융감독원장이 금융기관에 대하여 조치를 요구하는 사항을 말한다(검사제재규정3(8)).

1) 경영유의사항

경영유의사항이란 금융기관에 대한 검사결과 경영상 취약성이 있는 것으로 나타나 경영진의 주의 또는 경영상 조치가 필요한 사항을 말한다(검사제재규정3(9)).

2) 지적사항

지적사항이란 금융기관에 대한 검사결과 나타난 위법·부당한 업무처리내용 또는 업무처리방법의 개선 등이 필요한 사항을 말하며, 이는 문책·자율처리필요·주의·변상·개선사항으로 다음과 같이 구분한다(검사제재규정3(10)).

ⅰ) 문책사항(가목): 금융기관 또는 금융기관의 임직원이 금융관련법규를 위반하거나 금융기관의 건전한 영업 또는 업무를 저해하는 행위를 함으로써 신용질서를 문란하게 하거나 당해 기관의 경영을 위태롭게 하는 행위로서 과태료·과

징금 부과, 기관 및 임원에 대한 주의적 경고 이상의 제재, 직원에 대한 면직·업무의 전부 또는 일부에 대한 정직·감봉·견책에 해당하는 제재의 경우, ii) 자율처리필요사항(나목): 금융기관 직원의 위법·부당행위에 대하여 당해 금융기관의 장에게 그 사실을 통보하여 당해 금융기관의 장이 조치대상자와 조치수준을 자율적으로 결정하여 조치하도록 하는 경우, iii) 주의사항(다목): 위법 또는 부당하다고 인정되나 정상참작의 사유가 크거나 위법·부당행위의 정도가 상당히 경미한 경우, iv) 변상사항(라목): 금융기관의 임직원이 고의 또는 중대한 과실로 금융관련법규 등을 위반하는 등으로 당해 기관의 재산에 대하여 손실을 끼쳐 변상책임이 있는 경우, ⅴ) 개선사항(마목): 규정, 제도 또는 업무운영 내용 등이 불합리하여 그 개선이 필요한 경우

3) 현지조치사항

현지조치사항이란 금융기관에 대한 검사결과 나타난 위법·부당행위 또는 불합리한 사항 중 그 정도가 경미하여 검사반장이 검사현장에서 시정, 개선 또는 주의조치하는 사항을 말한다(검사제재규정3(11)).

(2) 표준검사처리기간

금융감독원장은 표준검사처리기간 운영을 통해 검사결과가 신속히 처리될 수 있도록 노력하여야 한다(검사제재규정14⑤). 표준검사처리기간이란 검사종료 후부터 검사결과 통보까지 소용되는 기간으로서 180일 이내에서 금융감독원장이 정하는 기간을 말하는데(검사제재규정14⑤), 종합검사 180일, 부문검사 중 준법성검사 152일, 평가성검사 90일을 말하며, 세부사항은 [별표 10]의 표준검사처리기간에 의한다(시행세칙30의2①). 금융감독원장은 표준검사처리기간을 경과한 검사건에 대하여 그 건수와 각각의 지연사유, 진행상황 및 향후 처리계획을 매 반기 종료 후 1개월 이내에 금융위에 보고하여야 한다(검사제재규정14⑧ 본문).

표준검사처리기간에는 ⅰ) 관련 사안에 대한 유권해석, 법률·회계 검토에 소요되는 기간(제1호), ii) 제재대상자에 대한 사전통지 및 의견청취에 소요되는 기간(제2호), iii) 검사종료 후 추가적인 사실관계 확인을 위해 소요되는 기간(제3호), iv) 관련 소송 및 수사·조사기관의 수사 및 조사 진행으로 인하여 지연되는 기간(제4호), ⅴ) 제재심의위원회의 추가 심의에 소요되는 기간(제5호), vi) 제재

심의위원회의 최종 심의일로부터 금융위원회 의결일(금융위원회가 금융위원장에게 제재조치 권한을 위임한 경우 동 제재조치의 결정일)(제6호), vii) 기타 표준검사처리기간에 산입하지 않는 것이 제재의 공정성 및 형평성 등을 위해 필요하다고 금융감독원장이 인정하는 기간(제7호)은 산입하지 아니한다(검사제재규정14⑥). 표준검사처리기간의 운영과 관련하여 구체적인 불산입 기간 등 세부사항은 금융감독원장이 정한다(검사제재규정14⑦).[13]

(3) 조치요구사항에 대한 정리기한 및 보고

금융기관은 조치요구사항에 대하여 특별한 사유가 있는 경우를 제외하고는 검사서를 접수한 날로부터 경영유의사항은 6월 이내(제1호), 지적사항(제2호) 중 문책사항은 관련 임직원에 대한 인사조치내용은 2월 이내, 문책사항에 주의사항 또는 개선사항 등이 관련되어 있는 경우에는 나목에서 정한 기한 이내(가목), 자율처리필요·주의·변상·개선사항은 3월 이내(나목)에 이를 정리하고 그 결과를 기한종료일로부터 10일 이내에 <별지 서식>에 의하여 금융감독원장에게 보고하여야 한다(검사제재규정15①).

금융·감독원장은 검사결과 조치요구사항(경영유의사항, 자율처리필요사항 및 개

---

13) 검사제재규정 시행세칙 제30조의2(표준검사처리기간) ② 규정 제14조 제7항에 따른 표준처리기간에 산입되지 아니하는 기간으로서 금융감독원장이 정하는 기간은 다음의 각 호와 같다. 다만, 제1호, 제3호 및 제6호의 경우에는 최대 60일을 초과하여서는 아니 된다.

  1. 검사실시부서가 관련법규 소관 정부부처, 법무법인, 회계법인 및 감독원 법무·회계 관련부서에 검사처리 관련 사안에 대한 유권해석(과태료·과징금 부과건의 관련 질의를 포함한다) 또는 법률·회계 검토를 의뢰한 날로부터 회신일까지 소요기간

  2. 시행세칙 제59조 제1항의 규정에 의한 제재대상자에 대한 사전통지 및 의견청취 소요기간(사전통지일부터 의견접수일까지의 기간), 같은 조 제2항의 규정에 의한 제재대상자에 대한 공고기간, 제60조의 규정에 의한 청문절차 소요기간(청문실시 통지일부터 청문주재자의 의견서 작성일까지의 기간)

  3. 검사종료후 추가적인 사실관계 확인을 위한 후속검사 소요기간(검사총괄담당부서장이 합의하는 사전준비기간 및 집중처리기간을 포함) 및 주요 입증자료 등 징구에 소요되는 기간(자료요구일로부터 자료접수일까지의 기간)

  4. 검사결과 처리가 관련 소송 및 수사·조사기관의 수사·조사 결과에 연관된다고 금융감독원장이 판단하는 경우 동 판단시점부터 재판 확정 또는 수사 및 조사 결과 통지 등까지 소요되는 기간

  5. 제재심의위원회가 심의를 유보한 경우 심의 유보일로부터 제재심의위원회 최종 심의일까지의 소요기간

  6. 제재의 형평성을 위해 유사사안에 대한 다수의 검사 건을 함께 처리할 필요가 있는 경우 일괄처리를 위해 소요되는 기간

선사항은 제외)에 대한 금융기관의 정리부진 및 정리 부적정 사유가 관련 임직원의 직무태만 또는 사후관리의 불철저에서 비롯된 것으로 판단하는 경우에는 책임이 있는 임직원에 대하여 제재절차를 진행할 수 있다(검사제재규정15②).

(4) 자체감사결과에 따른 조치

금융기관은 자체감사결과 등으로 발견한 정직 이상 징계처분이 예상되는 직원에 대하여 다음과 같이 조치하여야 한다(검사제재규정16②).

1. 위법·부당행위가 명백하게 밝혀졌을 경우에는 지체없이 직위를 해제하되 징계확정 전에 의원면직 처리하여서는 아니된다.
2. 직원이 사직서를 제출하는 경우에는 동 사직서 제출경위를 조사하고 민법 제660조 등 관계법령에 의한 고용계약 해지의 효력이 발생하기 전에 징계조치 및 사고금 보전 등 필요한 조치를 취한다.

제4절 제재(검사결과의 조치)

Ⅰ. 서설

1. 제재의 의의

제재라 함은 금융감독원의 검사결과 등에 따라 금융기관 또는 그 임직원에 대하여 금융위원회 또는 금융감독원장이 검사제재규정에 의하여 취하는 조치를 말한다(검사제재규정3(18)). 검사결과 법규위반행위에 대하여는 제재를 하게 되는데, 제재는 금융기관 또는 그 임직원에게 영업상, 신분상, 금전상의 불이익을 부과함으로써 금융기관 경영의 건전성 확보 및 금융제도의 안정성 도모 등 금융기관 감독목적의 실효성을 확보하기 위한 사후적 감독수단이다.[14]

제재는 금융관련법령의 목적달성인 금융감독의 목적을 달성하기 위하여 검사 대상기관에 부과하는 징계벌이라는 점에서 검사 대상기관의 장이 그 소속직

---

14) 금융감독원(2020), 436쪽.

원에 대하여 취하는 면직, 정직, 감봉, 견책 등의 신분상의 조치인 징계와 구별된
다. 징계란 금융감독원장의 요구에 의하여 당해 기관의 장이 그 소속직원에 대하
여 취하는 면직, 정직, 감봉, 견책 등 신분상의 제재조치를 말한다(검사제재규정
3(19)).

2. 제재의 법적 근거

제재는 금융기관 및 그 임직원에게 새로운 의무를 부과하거나 기존의 권리
나 이익을 박탈하는 등 영업상, 신분상, 금전상의 불이익 부과를 주된 내용으로
하고 있으므로 명확한 법적 근거가 있어야 한다. 따라서 금융감독기관이 제재를
하기 위해서는 명확한 법적 근거가 요구되는데, 현행 금융기관 임직원에 대한 제
재는 금융위원회법, 여신전문금융업법, 은행법, 자본시장법, 보험업법 등의 개별
금융관련법령, 그리고 금융기관 검사 및 제재에 관한 규정 및 동 규정 시행세칙
에 그 법적 근거를 두고 있다.

금융위원회법은 금융위원회의 소관 사무 중 하나로 금융기관 감독 및 검
사·제재에 관한 사항을 규정하고 있으며(금융위원회법17(2)), 또한 금융감독원
은 금융위원회법 또는 다른 법령에 따라 검사대상기관의 업무 및 재산상황에
대한 검사업무를 수행한 검사결과와 관련하여 금융위원회법 또는 다른 법령에
따른 제재업무를 수행한다(금융위원회법37(2)).

금융감독원장은 검사 대상기관의 임직원이 ⅰ) 금융위원회법 또는 금융위원
회법에 따른 규정·명령 또는 지시를 위반한 경우(제1호), ⅱ) 금융위원회법에 따
라 원장이 요구하는 보고서 또는 자료를 거짓으로 작성하거나 그 제출을 게을리
한 경우(제2호), ⅲ) 금융위원회법에 따른 금융감독원의 감독과 검사 업무의 수행
을 거부·방해 또는 기피한 경우(제3호), ⅳ) 원장의 시정명령이나 징계요구에 대
한 이행을 게을리한 경우(제4호)에는 그 기관의 장에게 이를 시정하게 하거나 해
당 직원의 징계를 요구할 수 있다(금융위원회법41①). 징계는 면직·정직·감봉·
견책 및 경고로 구분한다(금융위원회법41②).

금융감독원장은 검사 대상기관의 임원이 금융위원회법 또는 금융위원회법
에 따른 규정·명령 또는 지시를 고의로 위반한 때에는 그 임원의 해임을 임면권

자에게 권고할 수 있으며, 그 임원의 업무집행의 정지를 명할 것을 금융위원회에 건의할 수 있다(금융위원회법42).

금융감독원장은 검사 대상기관이 금융위원회법 또는 금융위원회법에 따른 규정·명령 또는 지시를 계속 위반하여 위법 또는 불건전한 방법으로 영업하는 경우에는 금융위원회에 ⅰ) 해당 기관의 위법행위 또는 비행(非行)의 중지(제1호), 또는 ⅱ) 6개월의 범위에서의 업무의 전부 또는 일부 정지(제2호)를 명할 것을 건의할 수 있다(금융위원회법43).

Ⅱ. 제재의 종류

1. 기관제재의 종류와 사유

금융위원회법, 금융산업구조개선법 및 금융업관련법의 규정 등에 의거 금융기관에 대하여 취할 수 있는 제재의 종류 및 사유는 다음 각호와 같다(검사제재규정17①). 금융감독원장은 금융기관이 다음 각호에 해당하는 사유가 있는 경우에는 당해 금융기관에 대하여 제1호 내지 제6호에 해당하는 조치를 취할 것을 금융위원회에 건의하여야 하며, 제7호 및 제9호에 해당하는 조치를 취할 수 있다(다만, 개별 금융업관련법 등에서 달리 정하고 있는 때에는 그에 따른다. 이하 제18조 제2항, 제19조 제1항, 제21조에서 같다)(검사제재규정17②).

(1) 영업의 인가·허가 또는 등록의 취소, 영업·업무의 전부 정지(제1호)

제재 사유는 ⅰ) 허위 또는 부정한 방법으로 인가·허가를 받거나 등록을 한 경우 또는 인가·허가의 내용이나 조건에 위반한 경우(가목), ⅱ) 금융기관의 건전한 영업 또는 업무를 크게 저해하는 행위를 함으로써 건전경영을 심히 훼손하거나 당해 금융기관 또는 금융거래자 등에게 중대한 손실을 초래한 경우(나목), ⅲ) 영업·업무의 전부 또는 일부에 대한 정지조치를 받고도 당해 영업·업무를 계속하거나 동일 또는 유사한 위법·부당행위를 반복하는 경우(다목), ⅳ) 위법부당행위에 대한 시정명령을 이행하지 않은 경우(라목)이다.

(2) 영업·업무의 일부에 대한 정지(제2호)

제재 사유는 ⅰ) 금융기관의 건전한 영업 또는 업무를 저해하는 행위를 함으로써 건전경영을 훼손하거나 당해 금융기관 또는 금융거래자 등에게 재산상 손실을 초래한 경우(나목),[15] ii) 제3호의 영업점 폐쇄, 영업점 영업의 정지조치 또는 위법·부당행위의 중지조치를 받고도 당해 영업점 영업을 계속하거나 당해 행위를 계속하는 경우(다목), iii) 제7호의 기관경고를 받고도 동일 또는 유사한 위법·부당행위를 반복하는 경우(라목)이다.

(3) 영업점의 폐쇄, 영업점 영업의 전부 또는 일부의 정지(제3호)

제재 사유는 금융기관의 위법·부당행위가 제2호의 "영업·업무의 일부에 대한 정지"에 해당되나 그 행위가 일부 영업점에 국한된 경우로서 위법·부당행위의 경중에 따라 당해 영업점의 폐쇄 또는 그 영업의 전부 또는 일부를 정지시킬 필요가 있는 경우이다.

(4) 위법·부당행위 중지(제4호)

제재 사유는 금융기관의 위법·부당행위가 계속되고 있어 이를 신속히 중지시킬 필요가 있는 경우이다.

(5) 계약이전의 결정(제5호)

제재 사유는 금융산업구조개선법에서 정한 부실금융기관이 동법 제14조 제2항[16] 각호의 1에 해당되어 당해 금융기관의 정상적인 영업활동이 곤란한 경우이다.

---

15) 가목은 삭제됨<2006. 8. 31.>
16) 금융산업구조개선법 제14조(행정처분) ② 금융위원회는 부실금융기관이 다음 각 호의 어느 하나에 해당하는 경우에는 그 부실금융기관에 대하여 계약이전의 결정, 6개월 이내의 영업정지, 영업의 인가·허가의 취소 등 필요한 처분을 할 수 있다. 다만, 제4호에 해당하면 6개월 이내의 영업정지처분만을 할 수 있으며, 제1호 및 제2호의 부실금융기관이 부실금융기관에 해당하지 아니하게 된 경우에는 그러하지 아니하다.
   1. 제10조 제1항 또는 제12조 제3항에 따른 명령을 이행하지 아니하거나 이행할 수 없게 된 경우
   2. 제10조 제1항 및 제11조 제3항에서 규정하는 명령 또는 알선에 따른 부실금융기관의 합병 등이 이루어지지 아니하는 경우
   3. 부채가 자산을 뚜렷하게 초과하여 제10조 제1항에 따른 명령의 이행이나 부실금융기관의 합병 등이 이루어지기 어렵다고 판단되는 경우
   4. 자금사정의 급격한 악화로 예금등 채권의 지급이나 차입금의 상환이 어렵게 되어 예금자의 권익이나 신용질서를 해칠 것이 명백하다고 인정되는 경우

(6) 위법내용의 공표 또는 게시요구(제6호)

제재 사유는 금융거래자의 보호를 위하여 위법·부당내용을 일간신문, 정기 간행물 기타 언론에 공표하거나 영업점에 게시할 필요가 있는 경우이다.

(7) 기관경고(제7호)

기관경고의 사유는 다음과 같다.

가. 제2호 나목의 규정에 해당되나 위법·부당행위의 동기, 목적, 방법, 수단, 사후수습 노력 등을 고려할 때 그 위반의 정도가 제2호의 제재에 해당되는 경우보다 가벼운 경우

나. 위법·부당행위로서 그 동기·결과가 다음 각호의 1에 해당하는 경우

   (1) 위법·부당행위가 당해 금융기관의 경영방침이나 경영자세에 기인한 경우

   (2) 관련점포가 다수이거나 부서 또는 점포에서 위법·부당행위가 조직적으로 이루어진 경우

   (3) 임원이 위법·부당행위의 주된 관련자이거나 다수의 임원이 위법·부당행위에 관련된 경우

   (4) 동일유형의 민원이 집단적으로 제기되거나 금융거래자의 피해규모가 큰 경우

   (5) 금융실명법의 중대한 위반행위가 발생한 경우

   (6) 위법·부당행위가 수사당국에 고발 또는 통보된 사항으로서 금융기관의 중대한 내부통제 또는 감독 소홀 등에 기인한 경우

다. 최근 1년 동안 내부통제업무 소홀 등의 사유로 금융사고가 발생하여

   (1) 당해 금융기관의 최근 분기말 현재 자기자본(자기자본이 납입자본금보다 적은 경우에는 납입자본금. 이하 같다)의 100분의 2(자기자본의 100분의 2가 10억원 미만인 경우에는 10억원) 또는 다음의 금액을 초과하는 손실이 발생하였거나 발생이 예상되는 경우

     (가) 자기자본이 1조 5천억원 미만인 경우: 100억원

     (나) 자기자본이 1조 5천억원 이상 2조 5천억원 미만인 경우: 300억원

     (다) 자기자본이 2조 5천억원 이상인 경우: 500억원

   (2) 손실(예상)금액이 (1)에 미달하더라도 내부통제가 매우 취약하여 중대한 금융사고가 빈발하거나 사회적 물의를 크게 야기한 경우

(8) 기관주의(제9호)[17]

제7호에 해당되나 위법·부당행위의 동기, 목적, 방법, 수단, 사후수습 노력 등을 고려할 때 정상참작의 사유가 크거나 위법·부당행위의 정도가 제7호의 제재에 해당되는 경우보다 경미한 경우이다.

2. 임원제재의 종류와 사유

금융위원회법, 금융산업구조개선법 및 금융업관련법의 규정 등에 의거 금융기관의 임원에 대하여 취할 수 있는 제재의 종류 및 사유는 다음과 같다(검사제재규정18①). 금융감독원장은 금융기관의 임원이 제1항 각호에 해당하는 사유가 있는 경우에는 당해 임원에 대하여 제1항 제1호 및 제2호에 해당하는 조치를 취할 것을 금융위원회에 건의하여야 하며, 제1항 제3호 내지 제5호에 해당하는 조치를 취할 수 있다(검사제재규정18②). 다만, 개별 금융업관련법 등에서 달리 정하고 있는 때에는 그에 따른다(검사제재규정17②).

(1) 해임권고(해임요구, 개선요구 포함)(제1호)

제제 사유는 ⅰ) 고의로 중대한 위법·부당행위를 함으로써 금융질서를 크게 문란시키거나 금융기관의 공신력을 크게 훼손한 경우(가목), ⅱ) 금융기관의 사회적 명성에 중대한 손상이 발생하는 등 사회적 물의를 야기하거나 금융기관의 건전한 운영을 크게 저해함으로써 당해 금융기관의 경영을 심히 위태롭게 하거나 당해 금융기관 또는 금융거래자 등에게 중대한 재산상의 손실을 초래한 경우(나목), ⅲ) 고의 또는 중과실로 재무제표 등에 허위의 사실을 기재하거나 중요한 사실을 기재하지 아니하여 금융거래자등에게 중대한 재산상의 손실을 초래하거나 초래할 우려가 있는 경우 또는 위의 행위로 인하여 금융산업구조개선법에서 정한 적기시정조치를 회피하는 경우(다목), ⅳ) 고의 또는 중과실로 금융감독원장이 금융관련법규에 의하여 요구하는 보고서 또는 자료를 허위로 제출함으로써 감독과 검사업무 수행을 크게 저해한 경우(라목), ⅴ) 고의 또는 중과실로 직무상의 감독의무를 태만히 하여 금융기관의 건전한 운영을 크게 저해하거나 금융질서를 크게 문란시킨 경우(마목), ⅵ) 기타 금융관련법규에서 정한 해임권고

---

17) 제8호는 삭제됨<2004. 3. 5.>

사유에 해당하는 행위를 한 경우(바목)이다.

(2) 업무집행의 전부 또는 일부의 정지(제2호)

제재 사유는 ⅰ) 위법·부당행위가 제1호 각 목의 어느 하나에 해당되고 제1호에 따른 제재의 효과를 달성하기 위해 필요한 경우(가목), ⅱ) 위법·부당행위가 제1호 각 목의 어느 하나에 해당되나 위법·부당행위의 동기, 목적, 방법, 수단, 사후수습 노력 등을 고려할 때 정상참작의 사유가 있는 경우(나목)이다.

(3) 문책경고(제3호)

문책경고는 ⅰ) 금융관련법규를 위반하거나 그 이행을 태만히 한 경우(가목), ⅱ) 당해 금융기관의 정관에 위반되는 행위를 하여 신용질서를 문란시킨 경우(나목), ⅲ) 금융감독원장이 금융관련법규에 의하여 요구하는 보고서 또는 자료를 허위로 제출하거나 제출을 태만히 한 경우(다목), ⅳ) 직무상의 감독의무 이행을 태만히 하여 금융기관의 건전한 운영을 저해하거나 금융질서를 문란시킨 경우(라목), ⅴ) 금융관련법규에 의한 감독원의 감독과 검사업무의 수행을 거부·방해 또는 기피한 경우(마목), ⅵ) 금융위원회, 금융감독원장, 기타 감독권자가 행한 명령, 지시 또는 징계요구의 이행을 태만히 한 경우(바목), ⅶ) 기타 금융기관의 건전한 운영을 저해하는 행위를 한 경우(사목)이다.

(4) 주의적 경고(제4호)

주의적 경고는 제3호 각목의 1에 해당되나 위법·부당행위의 동기, 목적, 방법, 수단, 사후수습 노력 등을 고려할 때 정상참작의 사유가 있거나 위법·부당행위의 정도가 제3호의 제재에 해당되는 경우보다 가벼운 경우이다.

(5) 주의(제5호)

주의는 제4호에 해당되나 위법·부당행위의 동기, 목적, 방법, 수단, 사후수습 노력 등을 고려할 때 정상참작의 사유가 크거나 위법·부당행위의 정도가 제4호의 제재에 해당되는 경우보다 경미한 경우이다.

3. 직원제재의 종류와 사유

금융감독원장은 금융관련법규에 따라 ⅰ) 금융기관의 건전성 또는 금융소비자 권익을 크게 훼손하거나 금융질서를 문란하게 한 경우(제1호), ⅱ) 당해 금융기관의 내부통제체제가 취약하거나 제2항에 의한 자율처리필요사항이 과거에 부적정하게 처리되는 등 자율처리필요사항을 통보하기에 적합하지 않다고 판단되는 경우(제2호) 금융위원회에 금융기관의 직원에 대한 면직요구 등을 건의하거나 당해 금융기관의 장에게 소속 직원에 대한 면직, 정직, 감봉, 견책 또는 주의 등의 제재조치를 취할 것을 요구할 수 있다(검사제재규정19②). 다만, 개별 금융업관련법 등에서 달리 정하고 있는 때에는 그에 따른다(검사제재규정17②). 금융기관 직원에 대한 제재의 종류 및 사유는 다음과 같다(시행세칙45①).

(1) 면직(제1호)

면직 사유는 ⅰ) 고의 또는 중대한 과실로 위법·부당행위를 행하여 금융기관 또는 금융거래자에게 중대한 손실을 초래하거나 신용질서를 크게 문란시킨 경우(가목), ⅱ) 횡령, 배임, 절도, 업무와 관련한 금품수수 등 범죄행위를 한 경우(나목), ⅲ) 변칙적·비정상적인 업무처리로 자금세탁행위에 관여하여 신용질서를 크게 문란시킨 경우(다목), ⅳ) 고의 또는 중과실로 금융감독원장이 금융관련법규에 의하여 요구하는 보고서 또는 자료를 허위로 제출함으로써 감독과 검사 업무 수행을 크게 저해한 경우(라목), ⅴ) 고의 또는 중과실로 직무상의 감독의무를 태만히 하여 금융기관의 건전한 운영을 크게 저해하거나 금융질서를 크게 문란시킨 경우(마목)이다.

(2) 업무의 전부 또는 일부에 대한 정직(제2호)

업무의 전부 또는 일부에 대한 정직 사유는 위 제1호 각목의 1에 해당되나 위법·부당행위의 동기, 목적, 방법, 수단, 사후수습 노력 등을 고려할 때 정상참작의 사유가 있거나 위법·부당행위의 정도가 제1호의 제재에 해당되는 경우보다 비교적 가벼운 경우이다.

(3) 감봉(제3호)

감봉 사유는 ⅰ) 위법·부당행위를 한 자로서 금융기관 또는 금융거래자에게 상당한 손실을 초래하거나 신용질서를 문란시킨 경우(가목), ⅱ) 업무와 관련하여 범죄행위를 한 자로서 사안이 가벼운 경우 또는 손실을 전액 보전한 경우(나목), ⅲ) 자금세탁행위에 관여한 자로서 사안이 가벼운 경우(다목), ⅳ) 금융감독원장이 금융관련법규에 의하여 요구하는 보고서 또는 자료를 허위로 제출하거나 제출을 태만히 한 경우(라목), ⅴ) 직무상의 감독의무 이행을 태만히 하여 금융기관의 건전한 운영을 저해하거나 금융질서를 문란시킨 경우(마목)이다.

(4) 견책(제4호)

견책 사유는 위 제3호 각목의 1에 해당되나 위법·부당행위의 동기, 목적, 방법, 수단, 사후수습 노력 등을 고려할 때 정상참작의 사유가 있거나 위법·부당행위의 정도가 제3호의 제재에 해당되는 경우보다 비교적 가벼운 경우이다.

(5) 주의(제5호)

주의 사유는 위 위 제4호에 해당되나 위법·부당행위의 동기, 목적, 방법, 수단, 사후수습 노력 등을 고려할 때 정상참작의 사유가 크거나 위법·부당행위의 정도가 제4호의 제재에 해당되는 경우보다 경미한 경우이다.

4. 금전제재

(1) 검사제재규정

금융감독원장은 금융기관 또는 그 임직원, 그 밖에 금융업관련법의 적용을 받는 자가 금융업관련법에 정한 과징금 또는 과태료의 부과대상이 되는 위법행위를 한 때에는 금융위원회에 과징금 또는 과태료의 부과를 건의하여야 한다(검사제재규정20① 전단). 당해 위법행위가 법령 등에 따라 부과면제 사유에 해당한다고 판단하는 경우에는 부과면제를 건의하여야 한다(검사제재규정20① 후단). 과징금 또는 과태료의 부과를 금융위원회에 건의하는 경우에는 <별표2> 과징금 부과기준, <별표3> 과태료 부과기준 및 <별표6> 업권별 과태료 부과기준에 의한다(검사제재규정20③).

그러나 금융감독원장은 과징금 또는 과태료의 부과면제 사유가 다음의 어느 하나에 해당하는 경우에는 금융위원회에 건의하지 않고 과징금 또는 과태료의 부과를 면제할 수 있다(검사제재규정20②).

1. 삭제 <2017. 10. 19.>
2. <별표2> 과징금 부과기준 제6호 라목의 (1)(경영개선명령조치를 받은 경우에 한한다), (2) 또는 마목의 (2), (4)
3. <별표3> 과태료 부과기준 제5호의 (1), (2)

4. 위반자가 채무자회생법에 따른 개인회생절차개시결정 또는 파산선고를 받은 경우

(2) 과징금

과징금이란 행정법규상의 의무위반에 대하여 행정청이 그 의무자에게 부과·징수하는 금전적제재를 말한다. 과징금제도는 의무위반행위로 인하여 얻은 불법적 이익을 박탈하기 위하여 그 이익 금액에 따라 과하여지는 일종의 행정제재금의 성격을 갖는다.

(3) 과태료

과태료는 행정법규상 의무(명령·금지) 위반행위에 대하여 국가의 일반통치권에 근거하여 과하는 제재수단으로 그 위반이 행정상의 질서에 장애를 주는 경우 의무이행의 확보를 위하여 일반적으로 행정기관이 행정적 절차에 의하여 부과·징수하는 금전벌로서 이른바 행정질서벌에 속한다. 행정질서벌로서의 과태료는 과거의 행정법상 의무위반 사실을 포착하여 그에 대하여 사후에 과하는 제재수단의 의미가 강한 것이다.[18]

(4) 과징금과 과태료의 구별

과징금과 과태료는 모두 행정적 제재이고 금전제재라는 점에서는 유사하다. 그러나 과태료가 과거에 발생한 행정청에 대한 협조의무 위반이나 경미한 행정의무 위반에 대하여 사후적으로 금전적 제재를 가하는 행정질서벌로서 이미 완결된 사실관계를 규율대상으로 하여 금전적 불이익을 부과함으로써 향후 발생소지가 있는 의무불이행을 방지하는데 그 목적이 있는데 비하여 과징금은 행정상의 의무불이행이나 의무위반행위로 취득한 경제적 이익을 환수하거나 위반자의 영업정지로 인하여 관계인들의 불편을 초래하거나 국가에 중대한 영향을 미치는 사업에 대해 영업정지에 갈음한 대체적 제재로서 행정기관이 금전적 제재를 부과한다는 점에서 그 부과목적이 상이하다.[19]

---

18) 헌법재판소 1994. 6. 30. 선고 92헌바38 판결.
19) 박효근(2019), "행정질서벌의 체계 및 법정책적 개선방안", 법과 정책연구 제19권 제1호 (2019. 3), 59쪽.

5. 확약서와 양해각서

(1) 확약서

금융감독원장은 금융기관에 대한 감독·상시감시 또는 검사결과 나타난 경영상의 취약점 또는 금융기관의 금융관련법규 위반(기관주의의 사유에 한한다)에 대하여 당해 금융기관으로부터 이의 개선을 위한 확약서 제출을 요구할 수 있다(검사제재규정20의2① 본문). 다만, 금융관련법규 위반에 대한 확약서 제출 요구는 ⅰ) 행위 당시 위법·부당 여부가 불분명하였거나 업계 전반적으로 위법·부당 여부에 대한 인식 없이 행하여진 경우(제1호), ⅱ) 위법·부당행위에 고의 또는 중과실이 없는 경우로써 제재보다 확약서 이행에 의한 자율개선이 타당하다고 판단되는 경우(제2호)에 한하여 할 수 있다(검사제재규정20의2① 단서).

(2) 양해각서

금융감독원장은 금융기관에 대한 감독·상시감시 또는 검사결과 나타난 경영상의 심각한 취약점 또는 금융기관의 금융관련법규 위반(기관경고 이하의 사유에 한한다)에 대하여 당해 금융기관과 이의 개선대책의 수립·이행을 주요 내용으로 하는 양해각서를 체결할 수 있다(검사제재규정20의2② 본문). 다만, 금융관련법규 위반에 대한 양해각서 체결은 ⅰ) 행위 당시 위법·부당 여부가 불분명하였거나 업계 전반적으로 위법·부당 여부에 대한 인식없이 행하여진 경우(제1호), ⅱ) 위법·부당행위에 고의 또는 중과실이 없는 경우로써 제재보다 양해각서 체결에 의한 자율개선이 타당하다고 판단되는 경우(제2호)에 한하여 할 수 있다(검사제재규정20의2② 단서).

(3) 확약서와 양해각서 운용

금융감독원장은 금융기관이 제1항 단서 또는 제2항 단서에 따라 확약서를 제출하거나 양해각서를 체결하는 경우에는 제재를 취하지 아니할 수 있다(검사제재규정20의2③).

감독·상시감시 또는 검사결과 나타난 문제점의 경중에 따라 경미한 사항은 확약서로, 중대한 사항은 양해각서로 조치한다(시행세칙50의2①). 확약서는 금융기관의 담당 임원 또는 대표자로부터 제출받고 양해각서는 금융기관 이사회 구성원 전원의 서명을 받아 체결한다(시행세칙50의2②). 금융감독원장은 확약서·양해각서 이행상황을 점검하여 그 이행이 미흡하다고 판단되는 경우에는 기간연장, 재체결 등 적절한 조치를 취할 수 있다(시행세칙50의2③).

(4) 사후관리

확약서 및 양해각서의 효력발생일자, 이행시한 및 이행상황 점검주기는 각 확약서 및 양해각서에서 정한다(시행세칙50의3 전단). 이행상황 점검주기를 따로 정하지 않은 경우에는 금융기관은 매분기 익월말까지 분기별 이행상황을 금융감독원장에게 보고하여야 한다(시행세칙50의3 후단).

6. 기타 조치

금융감독원장은 금융기관 임직원이 위법·부당한 행위로 당해 금융기관에 재산상의 손실을 초래하여 이를 변상할 책임이 있다고 인정되는 경우에는 당해 기관의 장에게 변상조치 할 것을 요구할 수 있다(검사제재규정21①). 금융감독원장은 금융기관 또는 그 임직원의 업무처리가 법규를 위반하거나 기타 불합리하다고 인정하는 경우에는 당해 기관의 장에게 업무방법개선의 요구 또는 관련기관앞 통보를 요구할 수 있는데(검사제재규정21②), 업무방법개선의 요구는 금융기관의 업무처리가 불합리하여 그 처리기준, 절차·운영 등의 수정·보완이 필요한 경우에 하며, 관련기관앞 통보는 금융관련법규 이외의 다른 법령을 위반한 경우 또는 검사결과 관련자가 진술일 현재 퇴직한 경우로서 관련기관 등의 업무 및 감독 등과 관련하여 위법·부당사실 등을 통보할 필요가 있는 경우에 요구할 수 있다(시행세칙51).

Ⅲ. 제재의 가중 및 감면

1. 제재의 가중

(1) 기관제재의 가중

금융기관이 위법·부당한 행위를 함으로써 최근 3년 이내에 2회 이상 기관주의 이상의 제재를 받고도 다시 위법·부당행위를 하는 경우 제재를 1단계 가중할 수 있다(검사제재규정24① 본문). 다만, 금융기관이 합병하는 경우에는 합병 대상기관 중 제재를 더 많이 받았던 기관의 제재 기록을 기준으로 가중할 수 있다(검사제재규정24① 단서).

금융기관의 서로 관련 없는 위법·부당행위가 동일 검사에서 4개 이상 경합되는 경우(제17조 제1항 제7호 또는 제9호의 사유가 각각 4개 이상인 경우에 한한다)에는 제재를 1단계 가중할 수 있다(검사제재규정24② 본문). 다만, ⅰ) 제17조 제1항 제7호의 사유에 해당하는 각각의 위법행위가 금융관련법규에서 정한 영업정지 사유에 해당하지 않는 경우(제1호), ⅱ) 경합되는 위법·부당행위가 목적과 수단의 관계에 있는 경우(제2호), ⅲ) 경합되는 위법·부당행위가 실질적으로 1개의 위법·부당행위로 인정되는 경우(제3호)에는 그러하지 아니하다(검사제재규정24② 단서).

확약서 또는 양해각서의 이행이 미흡한 경우에는 다음의 어느 하나에 해당하는 제재를 취할 수 있다(검사제재규정24③).

1. 금융관련법규 위반이 기관경고 사유에 해당하는 경우 다음 각 목의 어느 하나에 해당하는 제재조치
   가. 제17조 제1항 제2호 또는 제3호(다만, 당해 위법행위가 금융관련법규에서 정하는 영업정지 사유에 해당하는 경우에 한한다)
   나. 제17조 제1항 제7호
2. 금융관련법규 위반이 기관주의 사유에 해당하는 경우 제17조 제1항 제7호 또는 제9호의 제재조치

(2) 임원제재의 가중

임원의 서로 관련 없는 위법·부당행위가 동일 검사에서 2개 이상 경합되는 경우에는 그중 책임이 중한 위법·부당사항에 해당하는 제재보다 1단계 가중할 수 있다(검사제재규정24의2① 본문). 다만, ⅰ) 가장 중한 제재가 업무집행정지 이상인 경우(제1호), ⅱ) 경합되는 위법·부당행위가 목적과 수단의 관계에 있는 경우(제2호), ⅲ) 경합되는 위법·부당행위가 실질적으로 1개의 위법·부당행위로 인정되는 경우(제3호)에는 그러하지 아니하다(검사제재규정24의2① 단서).

임원이 주된 행위자로서 주의적 경고 이상의 조치를 받고도 다시 주된 행위자로서 동일 또는 유사한 위법·부당행위를 반복하여 제재를 받게 되는 경우에는 제재를 1단계 가중할 수 있다(검사제재규정24의2②). 임원이 최근 3년 이내에 문책경고 이상 또는 2회 이상의 주의적 경고·주의를 받고도 다시 위법·부당행위를 하는 경우에는 제재를 1단계 가중할 수 있다(검사제재규정24의2③).

(3) 직원제재의 가중

직원이 최근 3년 이내에 2회 이상의 제재를 받고도 다시 위법·부당행위를 하는 경우에는 제재를 1단계 가중할 수 있다(검사제재규정25①). 직원이 다수의 위법·부당행위와 관련되어 있는 경우에는 제재를 가중할 수 있다(검사제재규정25②).

직원의 서로 관련 없는 위법·부당행위가 동일 검사에서 3개(제45조 제1항 제5호의 제재가 포함되는 경우에는 4개) 이상 경합되는 경우에는 그중 책임이 중한 위법·부당사항에 해당하는 제재보다 1단계 가중할 수 있다(시행세칙49② 본문). 다만, ⅰ) 가장 중한 제재가 정직 이상인 경우(제1호), ⅱ) 경합되는 위법·부당행위가 목적과 수단의 관계에 있는 경우(제2호), ⅲ) 경합되는 위법·부당행위가 실질적으로 1개의 위법·부당행위로 인정되는 경우(제3호)에는 그러하지 아니하다(시행세칙49② 단서).

직원이 3년 이내에 2회 이상의 주의조치를 받고도 다시 주의조치에 해당하는 행위를 한 경우에는 제재를 가중할 수 있다(시행세칙49③).

2. 제재의 감면

(1) 기관 및 임직원 제재의 감면

기관 및 임직원에 대한 제재를 함에 있어 위법·부당행위의 정도, 고의·중과실 여부, 사후 수습 노력, 공적, 자진신고 여부 등을 고려하여 제재를 감경하거나 면제할 수 있다(검사제재규정23①). 금융기관 또는 그 임직원에 대하여 과징금 또는 과태료를 부과하는 경우에는 동일한 위법·부당행위에 대한 기관제재 또는 임직원 제재는 이를 감경하거나 면제할 수 있다(검사제재규정23②).

(2) 기관제재의 감경

기관에 대한 제재를 함에 있어 금융감독원장이 당해 금융기관에 대해 실시한 경영실태평가 결과 내부통제제도 및 운영실태가 우수한 경우 기관에 대한 제재를 감경할 수 있다(시행세칙50의4 본문). 다만, 기관에 대한 제재를 감경함에 있어서는 [별표 9]의 내부통제 우수 금융기관에 대한 기관제재 감경기준에 의한다(시행세칙50의4 단서).

(3) 직원제재의 감면

직원에 대한 제재를 양정함에 있어서 ⅰ) 위법·부당행위를 감독기관이 인지하기 전에 자진신고한 자(제1호), ⅱ) 위법·부당행위를 부서 또는 영업점에서 발견하여 이를 보고한 감독자(제2호), ⅲ) 감독기관의 인지 전에 위규사실을 스스로 시정 또는 치유한 자(제3호), ⅳ) 가벼운 과실로 당해 금융기관에 손실을 초래하였으나 손실액을 전액 변상한 자(제4호), ⅴ) 금융분쟁조정신청사건과 관련하여 당해 금융기관이 금융감독원장의 합의권고 또는 조정안을 수락한 경우 그 위법·부당행위에 관련된 자(제5호), ⅵ) 규정 제23조 제2항 또는 제26조에서 정한 사유에 해당하는 경우(제6호)에 대하여는 그 제재를 감경 또는 면제할 수 있다(시행세칙50①).

제재대상 직원이 ⅰ) 상훈법에 의하여 훈장 또는 포장을 받은 공적(제1호), ⅱ) 정부 표창규정에 의하여 장관 이상의 표창을 받은 공적(제2호), ⅲ) 금융위원장, 금융감독원장 또는 한국은행총재의 표창을 받은 공적(제3호)이 있는 경우 [별표 5]에 정하는 "제재양정감경기준"에 따라 제재양정을 감경할 수 있다(시행세칙50② 본문). 다만, 동일한 공적에 의한 제재양정의 감경은 1회에 한하며 횡령, 배임, 절도, 업무와 관련한 금품수수 등 금융관련 범죄와 "주의"조치에 대하여는 적용하지 아니한다(시행세칙50② 단서).

제재양정을 감경함에 있어 ⅰ) 제재대상 직원이 "주의"조치 이외의 제재를 받은 사실이 있는 경우 그 제재 이전의 공적(제1호), ⅱ) 제재대상 직원이 소속 금융기관 입사전에 받은 공적(제2호), ⅲ) 검사종료일로부터 과거 10년 이내에 받은 것이 아닌 공적(제3호), ⅳ) 금융업무와 관련 없는 공적(제4호)은 제외한다(시행세칙50③).

3. 임직원에 대한 조건부 조치 면제

(1) 준법교육 이수 조건부 조치 면제

금융감독원장은 금융기관 임직원(제재이전 퇴직자 포함)의 행위가 제18조 제1항 제5호(제19조 제1항의 주의를 포함, 다만 감독자에 대한 주의는 제외)에 해당하는 경우에는 준법교육을 이수하는 것을 조건으로 조치를 면제할 수 있다(검사제재규정23의2①). 준법교육 실시요구를 받은 제재대상자가 요구를 받은 날로부터 90일 이내 준법교육을 이수하지 못하였을 경우에는 조치 면제는 그 효력을 상실한다(검사제재규정23의2②).

(2) 임직원에 대한 준법교육 실시 요구

준법교육 실시요구를 받은 제재대상자는 90일 이내에 지정된 교육기관에서 ⅰ) 금융관련 법령에 관한 사항(제1호), ⅱ) 과거 금융관련 법규 위반에 대한 제재사례 및 판례(제2호), ⅲ) 직무윤리, 기타 재발방지 관련 사항(제3호) 등에 관하여 3시간 이상의 교육을 받아야 한다(시행세칙50의5①). 준법교육 실시요구를 받은 제재대상자는 교육기관에 교육을 신청하여야 한다(시행세칙50의5②).

교육기관은 교육교재를 제작하여 교육을 신청한 교육대상자에게 제공하여야 한다(시행세칙50의5③). 교육기관은 적정하게 교육을 받은 교육대상자에게 수료증을 발급하여야 하고, 교육 실시 결과를 교육 후 1개 월 이내에 금융감독원장에게 보고하여야 하며, 수료증 발급대장 등 교육에 관한 기록을 3년 동안 보관·관리하여야 한다(시행세칙50의5④). 교육기관은 강사수당, 교육교재비 및 교육 관련 사무용품 구입비 등 교육에 필요한 실비를 교육을 신청한 교육대상자로부터 받을 수 있다(시행세칙50의5⑤).

4. 미등기 임원에 대한 제재

사실상 이사·감사 등과 동등한 지위에 있는 미등기 임원 등에 대한 제재의 가중에 있어서는 임원제재의 가중에 관한 규정(규정 제24조의2 제1항 내지 제3항)을 준용하고, 이 경우 해임권고·업무집행정지·문책경고·주의적경고는 각각 면직·정직·감봉·견책으로 본다(검사제재규정25④).

이사·감사와 사실상 동등한 지위에 있는 미등기 임원에 대하여는 임원에 대한 제재기준을 준용하여 제재양정을 결정하며, 직원에 대한 제재조치를 부과한다(시행세칙46의3).

5. 임직원 등에 대한 제재기준

위법·부당행위 관련 임직원 등을 제재함에 있어서는 [별표 2]의 제재양정기준과 ⅰ) 제재대상자의 평소의 근무태도, 근무성적, 개전의 정 및 동일·유사한 위반행위에 대한 제재 등 과거 제재사실의 유무(제1호), ⅱ) 위법·부당행위의 동기, 정도, 손실액규모 및 금융질서 문란·사회적 물의야기 등 주위에 미친 영향(제2호), ⅲ) 제재대상자의 고의, 중과실, 경과실 여부(제3호), ⅳ) 사고금액의 규모 및 손실에 대한 시정·변상 여부(제4호), ⅴ) 검사업무에의 협조정도 등 사후수습 및 손실경감을 위한 노력 여부(제5호), ⅵ) 경영방침, 경영시스템의 오류, 금융·경제여건 등 내·외적 요인과 귀책판정과의 관계(제6호), ⅶ) 금융거래자의 피해에 대한 충분한 배상 등 피해회복 노력 여부(제7호), ⅷ) 그 밖의 정상참작 사유(제8호) 등의 사유를 참작한다(시행세칙46①).

금융실명법을 위반한 행위 등 특정 위법·부당행위에 대한 제재는 별표 3의 금융업종별·위반유형별 제재양정기준에 의한다(시행세칙46② 본문). 다만, 여타 제재기준을 참작하여 제재를 가중하거나 감경하는 등 제재수준을 정할 수 있다(시행세칙46② 단서).

6. 경합행위에 대한 제재

이미 제재를 받은 자에 대하여 그 제재 이전에 발생한 별개의 위법·부당행위가 추가로 발견된 경우에는 다음에 따라 제재한다(시행세칙46의2).

1. 추가 발견된 위법·부당행위가 종전 검사종료 이전에 발생하여 함께 제재하였더라도 제재수준이 높아지지 않을 경우에는 제재하지 않는다. 다만, 금융사고와 관련된 경우에는 그러하지 아니하다.
2. 추가 발견된 위법·부당행위가 종전 검사종료 이전에 발생하여 제재하였더라면 종전 제재수준이 더 높아지게 될 경우에는 함께 제재하였더라면 받았

을 제재 수준을 감안하여 추가로 발견된 위법·부당행위에 대하여 제재할 수 있다.

7. 관련자의 구분

위법·부당행위를 행한 임직원에 대하여 신분상의 조치를 함에 있어서는 책임의 성질·정도 등에 따라 관련자를 ⅰ) 행위자: 위법·부당한 업무처리를 실질적으로 주도한 자(제1호), ⅱ) 보조자: 행위자의 의사결정을 보조하거나 지시에 따른 자(제2호), ⅲ) 지시자: 위법·부당행위를 지시 또는 종용한 자(사실상의 영향력을 행사하는 상위직급자 포함)(제3호), ⅳ) 감독자: 위법·부당행위가 발생한 업무를 지도·감독할 지위에 있는 자(제4호)로 구분한다(시행세칙52①).

여기서 ⅰ)의 행위자와 ⅳ)의 감독자를 판단할 수 있는 세부기준은 ⅰ) 행위자: 업무의 성질과 의사결정의 관여 정도를 고려하여 실질적인 최종 의사결정권을 가지는 자(제1호), ⅱ) 감독자: 당해 금융기관 직제를 기준으로 행위자에 대해 관리·감독할 지위에 있는 자(직제상 감독자가 아닌 경우라 하더라도 실질적으로 행위자에게 영향력을 미치는 때에도 같다)(제2호)이다(시행세칙52②).

보조자 및 감독자에 대하여는 ⅰ) 위법·부당행위의 성격과 규모(제1호), ⅱ) 감독자의 직무와 감독대상 직무와의 관련성 및 관여정도(제2호), ⅲ) 보조자의 위법·부당행위에의 관여 정도(제3호)를 감안하여 행위자에 대한 제재보다 1단계 내지 3단계 감경할 수 있다(시행세칙52③).

8. 가중 및 감경의 순서

제23조(기관 및 임직원제재의 감면), 제24조(기관제재의 가중), 제24조의2(임원제재의 가중) 및 제25조(직원제재의 가중)에 따른 가중 및 감경은 각 가중 및 감경수준의 합을 제17조(기관에 대한 제재), 제18조(임원에 대한 제재), 제19조(직원에 대한 제재)까지의 규정에 따른 제재의 수준에 가감하는 방법으로 한다(검사제재규정25의2).

9. 기타 감독기관 및 당해 금융기관 조치의 반영

금융위원회 또는 금융감독원장 외의 감독기관 또는 해당 금융기관이 금융관련법규에 의하여 제재대상자에 취한 조치가 있는 경우에는 이를 고려하여 제재의 종류를 정하거나 제재를 가중·감면할 수 있다(검사제재규정26).

10. 여신업무 관련 제재 운영

금융기관의 여신업무(자금지원적 성격의 증권 매입업무 포함)와 관련하여 ⅰ) 금융관련법규를 위반한 경우(제1호), ⅱ) 고의 또는 중과실로 신용조사·사업성검토 및 사후관리를 부실하게 한 경우(제2호), ⅲ) 금품 또는 이익의 제공·약속 등의 부정한 청탁에 따른 여신의 경우(제3호) 중 어느 하나에 해당하지 않는 한 제재하지 아니한다(검사제재규정27 전단). 여신이 부실화되거나 증권 관련 투자손실이 발생한 경우에도 또한 같다(검사제재규정27 후단).

Ⅳ. 면책특례

1. 면책 인정 사유

금융기관의 업무와 관련하여 다음에 해당하는 경우에는 제재하지 아니한다(검사제재규정27의2① 전단). 여신이 부실화되거나 증권 관련 투자손실이 발생한 경우에도 또한 같다(검사제재규정27의2① 후단).

1. 재난 및 안전관리 기본법에 따른 재난 상황에서 재난으로 피해를 입은 기업·소상공인에 대한 지원, 금융시장 안정 등을 목적으로 정부와 협의를 거쳐 시행한 대출, 보증, 투자, 상환기한의 연기 등 금융지원 업무
2. 동산채권담보법에 따른 동산·채권·지식재산권을 담보로 하는 대출
3. 기업의 기술력·미래성장성에 대한 평가를 기반으로 하는 중소기업대출
4. 중소기업창업 지원법에 따른 창업기업, 「벤처기업육성에 관한 특별조치법」에 따른 벤처 기업, 여신전문금융업법에 따른 신기술사업자 등에 대한 직접적·간접적 투자, 인수·합병 관련 업무

5. 금융혁신지원 특별법에 따른 혁신금융서비스, 지정대리인 관련 업무
6. 그 밖에 금융위원회가 금융정책·산업정책의 방향, 업무의 혁신성·시급성 등을 종합적으로 고려하여 면책심의위원회의 심의를 거쳐 지정하는 업무

금융기관 또는 그 임직원이 위 제1항 각 호의 업무를 수행함에 있어 ⅰ) 임직원과 해당 업무사이에 사적인 이해관계가 없을 것(제1호), ⅱ) 해당 업무와 관련된 법규 및 내규에 정해진 절차상 중대한 하자가 없을 것(제2호)을 모두 충족하는 경우에는 고의 또는 중과실이 없는 것으로 추정한다(검사제재규정27의2③).

2. 면책 불인정 사유

다음의 어느 하나에 해당하는 경우 면책되지 아니한다(검사제재규정27의2②).

1. 금융관련법규 위반행위에 고의 또는 중과실이 있는 경우
2. 금품 또는 이익의 제공·약속 등의 부정한 청탁에 따른 경우
3. 대주주·동일차주에 대한 신용공여 한도 등 금융거래의 대상과 한도를 제한하는 금융관련법규를 위반한 경우
4. 금융관련법규위반 행위로 인해 금융기관·금융소비자 등에게 중대한 재산상 손실이 발생하거나 금융시장의 안정·질서를 크게 저해한 경우(단, 위반행위의 목적, 동기, 당해 행위에 이른 경위 등에 특히 참작할 사유가 있는 경우는 제외)

3. 면책 신청과 회신

금융기관 또는 그 임직원이 특정 업무가 위 제1항 각 호에 해당되는지 여부에 대해 판단을 신청하고자 하는 경우 <별지 제2호 서식>에 의하여 금융위원회에 신청할 수 있다(검사제재규정27의2④). 금융위원회는 신청에 대하여 특별한 사유가 없는 한 접수일로부터 30일 이내에 회신하여야 한다(검사제재규정27의2④ 본문). 다만, 회신에 필요하여 신청인에게 추가적인 자료의 제출을 요청하거나 이해관계자로부터 의견을 청취하는 경우 이에 소요되는 기간은 처리기간에 포함하지 않으며, 합리적인 사유가 있는 경우 30일 범위에서 처리기간을 한 차례 연장

할 수 있다(검사제재규정27의2④ 단서).

4. 면책심의위원회 설치 및 구성

다음의 어느 하나에 해당하는 사항을 심의하기 위하여 금융위원회 위원장
소속 자문기구로서 면책심의위원회를 둔다(검사제재규정27의3①).

1. 제27조의2 제1항 제6호의 면책대상지정
2. 제27조의2 제4항의 금융기관 또는 그 임직원의 신청에 대한 판단(단, 신청내
   용의 사실관계가 단순하고 쟁점이 없는 경우에는 심의를 생략할 수 있다)
3. 그 밖에 면책제도 운영의 기본방향에 관한 사항

면책심의위원회는 금융위원회 상임위원 중 금융위원회 위원장이 지명하는
위원장 1인, 금융위원회 법률자문관 및 금융위원장이 위촉한 10인 범위 내에서
의 위원("위촉위원")으로 구성한다(검사제재규정27의3②).

5. 면책심의위원회 운영

위원장은 위원회의 회의를 소집하고 그 의장이 된다(검사제재규정27의4①).
위원회의 회의는 위원장과 금융위원회 법률자문관, 위원장이 위촉위원 중에서
지명하는 위원 3인으로 구성한다(검사제재규정27의4②). 위원회는 구성원 과반수
의 출석과 출석위원 과반수의 찬성으로 의결한다(검사제재규정27의4③ 전단). 이
경우 회의는 대면회의을 원칙으로 하며, 부득이하게 서면심의·의결을 하는 경우
에는 그 사유를 적시하여 시행하되 2회 연속 서면 회의는 제한한다(검사제재규정
27의4③ 후단).

Ⅴ. 고발 및 통보

1. 금융기관·임직원 제재시의 병과

금융감독원장은 금융기관 또는 그 임직원의 위법·부당행위가 금융업관련법
상 벌칙, 과징금 또는 과태료의 적용을 받게 되는 경우에는 제재와 동시에 금융

감독원장이 미리 정한 기준 및 절차에 따라 수사당국에 그 내용을 고발하거나 통보할 수 있다(검사제재규정29①).

고발대상은 사회·경제적 물의가 상대적으로 크거나 위법성의 정도가 심하다고 인정되고, 위법성·고의성 등 범죄사실에 관하여 증거자료·관련자의 진술 등 객관적인 증거를 확보한 경우이며, 통보대상은 사회·경제적 물의가 상대적으로 경미하거나 위법성 및 고의성의 혐의는 충분하나 검사권의 한계 등으로 객관적인 증거의 확보가 어렵다고 인정되는 경우이다(시행세칙32⑤).

금융감독원장은 금융기관 또는 그 임원의 위법행위에 대하여 수사당국에 고발 등의 조치를 하는 경우에 당해 위법행위와 관련된 다른 제재조치, 즉 기관 또는 임원에 대한 제재를 병과할 수 있으며, 과태료의 부과는 하지 아니할 수 있다(검사제재규정30).

2. 금융기관 또는 그 임직원의 벌칙적용대상 행위 고발·통보

금융감독원장은 금융기관 또는 그 임직원의 위법·부당행위가 금융관련법규상의 벌칙적용대상 행위로서 ⅰ) 위법·부당행위로 인한 금융사고가 사회적 물의를 야기한 경우(제1호), ⅱ) 위법·부당행위가 당해 금융기관에 중대한 손실을 초래함으로써 금융기관 부실화의 주요 요인이 된 경우(제2호), ⅲ) 고의로 위법·부당행위를 행함으로써 법질서에 배치되는 경우(제3호), ⅳ) 동일한 위법·부당행위를 반복적으로 행하여 금융질서를 저해할 위험이 있다고 인정되는 경우(제4호)에 해당되어 사법적 제재가 필요하다고 인정되는 경우이거나, 횡령, 배임, 직무관련 금품수수 등 특정경제범죄법에 열거된 죄를 범하였거나 범한 혐의가 있다고 인정되는 경우에는 수사당국에 그 내용을 고발하거나 통보("고발 등")한다(시행세칙32①).

3. 검사진행 중의 고발·통보

금융감독원장은 금융기관에 대한 검사진행 중에 제1항에서 정하는 위법·부당행위가 있다고 인정하는 경우로서, ⅰ) 증거인멸 또는 도피의 우려가 있는 경우(제1호), 또는 ⅱ) 사회적으로 논의되고 있는 사안으로서 즉시 조치가 필요하다고 판단되는 경우(제2호)에는 검사실시부서장으로 하여금 지체없이 수사당국에 고발 등의 조치를 취하게 할 수 있다(시행세칙32②).

4. 주요주주 또는 시실상 업무집행지시사에 대한 고발·통보

금융감독원장은 금융위원회가 금융산업구조개선법에 의거 부실금융기관으로 결정 또는 인정하는 경우로서 금융기관의 주요주주 또는 사실상 업무집행지시자가 부실의 주요 원인을 제공하여 관계법령에 의해 벌칙적용 대상이 되는 때에는 이들에 대해 고발 등의 조치를 취한다(시행세칙32③).

5. 금융기관에 대한 고발·통보

금융감독원장은 위 제1항 내지 제3항의 규정에 의한 고발 등의 대상이 되는 위법·부당행위가 금융관련법규상 벌칙 및 양벌규정이 적용되는 경우로서 ⅰ) 위법·부당행위가 당해 금융기관의 경영방침 또는 당해 금융기관의 장의 업무집행 행위로 발생된 경우(제1호), ⅱ) 위법·부당행위가 당해 금융기관의 내부통제의 미흡 또는 감독소홀에 기인하여 발생된 경우(제2호)에는 임직원에 대하여 고발 등의 조치를 하는 외에 당해 금융기관에 대하여도 고발 등의 조치를 할 수 있다(시행세칙32④ 전단). 이 경우에 그 임직원이 당해 금융기관의 경영방침 또는 지시 등을 거부한 사실 등이 인정되는 때에는 당해 금융기관에 대하여만 고발 등의 조치를 취할 수 있다(시행세칙32④ 후단).

Ⅵ. 제재절차

1. 의의

금융감독원장은 검사결과 적출된 지적사항에 대하여 조치내용의 적정성 등을 심사·조정하고 제재심의위원회("심의회")의 심의를 거쳐 개별 금융업관련법 등에 따라 금융위원회에 제재를 건의하거나 직접 조치한다(검사제재규정33①). 금융감독원장이 금융위원회에 건의한 제재사항에 대한 금융위원회의 심의 결과 금융감독원장이 조치해야 할 사항으로 결정된 경우에는 금융위원회의 결정대로 조치한다(검사제재규정33②).

　금융감독원의 집행간부 및 감사와 직원은 제재절차가 완료되기 전에 직무상 알게 된 조치예정내용 등을 다른 사람에게 누설하여서는 아니 된다(검사제재규정 33③ 본문). 단, 조치예정내용 등을 금융위원회에 제공하거나 금융위원회와 협의 하는 경우는 이에 해당하지 아니하며, 금융위원회 소속 공무원은 제재절차 과정 에서 직무상 알게 된 비밀을 엄수하여야 한다(검사제재규정33③ 단서).

2. 사전통지

　제재실시부서장은 제재조치를 하고자 하거나 금융위원회에 제재조치를 건 의하고자 하는 때에는 심의회 개최 전에 조치하고자 하는 내용 또는 조치를 건 의하고자 하는 내용을 10일 이상의 구두 또는 서면의 제출기간을 정하여 제재대 상자에게 사전통지하여야 한다(시행세칙59① 본문). 다만, 긴급한 조치가 필요한 경우 등 특별한 사정이 있는 경우에는 동 기간을 단축하여 운영할 수 있다(시행 세칙59① 단서).

　사전통지는 우편, 교부 또는 정보통신망 이용 등의 송달방법으로 하되 ⅰ) 제재대상자(대표자 또는 대리인 포함)의 주소·거소·영업소·사무소 또는 전자우편 주소를 통상적 방법으로 확인할 수 없는 경우(제1호), ⅱ) 송달이 불가능한 경우 (제2호)에는 관보, 공보, 게시판, 일간신문 중 하나 이상에 공고하고 인터넷에도 공고하여야 한다(시행세칙59②).

　제재실시부서장은 제재심의위원회의 심의가 필요한 경우에는 검사종료일 부터 125일 이내에 심의회 부의예정사실을 금융정보교환망(FINES) 등을 통해 제재예정대상자에게 통지하여야 한다(시행세칙59⑤ 본문). 다만, 이미 사전통지한 경우 또는 30일 내에 사전통지가 예정되어 있는 경우에는 심의회 부의예정사실 의 통지를 생략할 수 있으며, 표준처리기간에 산입하지 아니하는 사유가 있는 경우에 동 기간은 심의회 부의예정사실 통지기한에 포함하지 아니한다(시행세칙 59⑤ 단서).

3. 의견제출

사전통지를 받은 제재대상자는 지정된 기한 내에 서면으로 의견을 제출하거나 지정된 일시에 출석하여 구두로 의견을 진술할 수 있다(시행세칙59③ 전단). 이 경우에 지정된 기일까지 의견진술이 없는 때에는 의견이 없는 것으로 본다(시행세칙59③ 후단). 제재실시부서장은 제재대상자가 구두로 의견을 진술한 경우에는 그 진술의 요지를 기재하여 본인으로 하여금 확인하게 한 후 서명 또는 날인하도록 하여야 한다(시행세칙59④).

4. 제재대상자의 서류 등 열람

제재대상자("신청인")는 서면으로 금융감독원장에게 신청인과 관련한 심의회 부의예정안 및 심의회에 제출될 입증자료("서류 등")에 대한 열람을 신청하여 심의회 개최 5영업일 전부터 심의회 개최 전일까지 감독원을 방문하여 열람할 수 있다(시행세칙59의2① 본문). 다만, 금융감독원장은 신청인 이외의 제재대상자와 관련한 사항, 금융회사가 제출한 자료 중 경영상·영업상 비밀 등에 해당하는 자료 등에 대하여는 열람을 허용하지 않을 수 있다(시행세칙59의2① 단서).

5. 청문

금융감독원장은 청문을 실시하고자 하는 경우에는 청문일 10일 전까지 제재의 상대방 또는 그 대리인에게 서면으로 청문의 사유, 청문의 일시 및 장소, 청문주재자, 청문에 응하지 아니하는 경우의 처리방법 등을 통지하여야 한다(시행세칙60①). 통지를 받은 제재의 상대방 또는 그 대리인은 지정된 일시에 출석하여 의견을 진술하거나 서면으로 의견을 제출할 수 있다(시행세칙60② 전단). 이 경우 제재의 상대방 또는 그 대리인이 정당한 이유없이 기한 내에 의견진술을 하지 아니한 때에는 의견이 없는 것으로 본다(시행세칙60② 후단).

6. 제재심의위원회 심의

금융감독원장은 제재에 관한 사항을 심의하기 위하여 금융감독원장 자문기

구로서 제재심의위원회("심의회")를 설치·운영한다(검사제재규정34①). 심의회는
법상 기구는 아니며, 금융감독원 내부에 설치된 심의위원회로 제재에 관한 사항
이나 기타 금융감독원장이 정하는 사항 및 제재조치에 대한 이의신청 사항에 대
한 심의를 수행한다(검사제재규정34②).

　　제재대상 금융기관 또는 그 임직원과 제재실시부서("당사자")는 대회의에 함
께 출석하여 진술할 수 있으며, 위원장의 회의 운영에 따라 다른 당사자의 진술
에 대하여 반박할 수 있다. 당사자는 필요한 경우 관련 업계 전문가 등 참고인이
출석하여 진술할 것을 신청할 수 있고, 위원장이 그 허가 여부를 결정한다(시행세
칙57⑥ 전단). 대회의에 출석한 당사자와 참고인은 변호사의 조력을 받을 수 있으
며, 위원은 출석한 당사자와 참고인 등에게 조치대상관련 사실상 또는 법률상 사
항에 대하여 질문할 수 있다(시행세칙57⑥ 후단).

VII. 제재의 효과

1. 임원선임 자격제한

(1) 기관제재와 임원선임 자격제한

　　다음의 어느 하나에 해당하는 사람, 즉 ⅰ) 금융관계법령에 따른 영업의 허
가·인가·등록 등의 취소(가목), ⅱ) 금융산업구조개선법 제10조 제1항[20])에 따른

---

20) ① 금융위원회는 금융기관의 자기자본비율이 일정 수준에 미달하는 등 재무상태가 제2항
　　에 따른 기준에 미달하거나 거액의 금융사고 또는 부실채권의 발생으로 금융기관의 재무
　　상태가 제2항에 따른 기준에 미달하게 될 것이 명백하다고 판단되면 금융기관의 부실화
　　를 예방하고 건전한 경영을 유도하기 위하여 해당 금융기관이나 그 임원에 대하여 다음의
　　사항을 권고·요구 또는 명령하거나 그 이행계획을 제출할 것을 명하여야 한다.
　　1. 금융기관 및 임직원에 대한 주의·경고·견책 또는 감봉
　　2. 자본증가 또는 자본감소, 보유자산의 처분이나 점포·조직의 축소
　　3. 채무불이행 또는 가격변동 등의 위험이 높은 자산의 취득금지 또는 비정상적으로 높은
　　　금리에 의한 수신의 제한
　　4. 임원의 직무정지나 임원의 직무를 대행하는 관리인의 선임
　　5. 주식의 소각 또는 병합
　　6. 영업의 전부 또는 일부 정지
　　7. 합병 또는 제3자에 의한 해당 금융기관의 인수(引受)
　　8. 영업의 양도나 예금·대출 등 금융거래와 관련된 계약의 이전(이하 "계약이전"이라 한다)
　　9. 그 밖에 제1호부터 제8호까지의 규정에 준하는 조치로서 금융기관의 재무건전성을 높

적기시정조치(나목), ⅲ) 금융산업구조개선법 제14조 제2항21)에 따른 행정처분(다목)을 받은 금융회사의 임직원 또는 임직원이었던 사람으로서 해당 조치가 있었던 날부터 5년이 지나지 아니한 사람은 금융회사의 임원이 되지 못한다(금융회사지배구조법5①(6)).

여기서 임직원 또는 임직원이었던 사람은 그 조치를 받게 된 원인에 대하여 직접 또는 이에 상응하는 책임이 있는 사람으로서 "대통령령으로 정하는 사람"으로 한정한다(금융회사지배구조법5①(6)). 여기서 "대통령령으로 정하는 사람"이란 해당 조치의 원인이 되는 사유가 발생한 당시의 임직원으로서 다음의 어느 하나에 해당하는 사람을 말한다(금융회사지배구조법 시행령7①).

1. 감사 또는 감사위원
2. 법 제5조 제1항 제6호 가목 또는 다목에 해당하는 조치의 원인이 되는 사유의 발생과 관련하여 위법·부당한 행위로 금융위원회 또는 금융감독원장으로부터 주의·경고·문책·직무정지·해임요구, 그 밖에 이에 준하는 조치를 받은 임원(업무집행책임자는 제외)
3. 법 제5조 제1항 제6호 나목에 해당하는 조치의 원인이 되는 사유의 발생과 관련하여 위법·부당한 행위로 금융위원회 또는 금융감독원장으로부터 직무정지·해임요구, 그 밖에 이에 준하는 조치를 받은 임원
4. 법 제5조 제1항 제6호 각 목에 해당하는 조치의 원인이 되는 사유의 발생과 관련하여 위법·부당한 행위로 금융위원회 또는 금융감독원장으로부터 직무

이기 위하여 필요하다고 인정되는 조치

21) ② 금융위원회는 부실금융기관이 다음의 어느 하나에 해당하는 경우에는 그 부실금융기관에 대하여 계약이전의 결정, 6개월 이내의 영업정지, 영업의 인가·허가의 취소 등 필요한 처분을 할 수 있다. 다만, 제4호에 해당하면 6개월 이내의 영업정지처분만을 할 수 있으며, 제1호 및 제2호의 부실금융기관이 부실금융기관에 해당하지 아니하게 된 경우에는 그러하지 아니하다.
  1. 제10조 제1항 또는 제12조 제3항에 따른 명령을 이행하지 아니하거나 이행할 수 없게 된 경우
  2. 제10조 제1항 및 제11조 제3항에서 규정하는 명령 또는 알선에 따른 부실금융기관의 합병 등이 이루어지지 아니하는 경우
  3. 부채가 자산을 뚜렷하게 초과하여 제10조 제1항에 따른 명령의 이행이나 부실금융기관의 합병 등이 이루어지기 어렵다고 판단되는 경우
  4. 자금사정의 급격한 악화로 예금등 채권의 지급이나 차입금의 상환이 어렵게 되어 예금자의 권익이나 신용질서를 해칠 것이 명백하다고 인정되는 경우

정지요구 또는 정직요구 이상에 해당하는 조치를 받은 직원(업무집행책임자
를 포함)
5. 제2호부터 제4호까지의 제재 대상자로서 그 제재를 받기 전에 퇴임하거나
퇴직한 사람

(2) 임직원제재와 임원선임 자격제한

금융회사지배구조법 또는 금융관계법령에 따라 임직원 제재조치(퇴임 또는
퇴직한 임직원의 경우 해당 조치에 상응하는 통보를 포함)를 받은 사람으로서 조치의
종류별로 5년을 초과하지 아니하는 범위에서 "대통령령으로 정하는 기간"이 지
나지 아니한 사람(금융회사지배구조법5①(7))은 금융회사의 임원이 되지 못한다

여기서 "대통령령으로 정하는 기간"이란 다음의 구분에 따른 기간을 말한다
(영7②).

1. 임원에 대한 제재조치의 종류별로 다음에서 정하는 기간
   가. 해임(해임요구 또는 해임권고 포함): 해임일(해임요구 또는 해임권고의
       경우에는 해임요구일 또는 해임권고일)부터 5년
   나. 직무정지(직무정지의 요구 포함) 또는 업무집행정지: 직무정지 종료일
       (직무정지 요구의 경우에는 직무정지 요구일) 또는 업무집행정지 종료일
       부터 4년
   다. 문책경고: 문책경고일부터 3년
2. 직원에 대한 제재조치의 종류별로 다음에서 정하는 기간
   가. 면직요구: 면직요구일부터 5년
   나. 정직요구: 정직요구일부터 4년
   다. 감봉요구: 감봉요구일부터 3년
3. 재임 또는 재직 당시 금융관계법령에 따라 그 소속기관 또는 금융위원회·금
   융감독원장 외의 감독·검사기관으로부터 제1호 또는 제2호의 제재조치에
   준하는 조치를 받은 사실이 있는 경우 제1호 또는 제2호에서 정하는 기간
4. 퇴임하거나 퇴직한 임직원이 재임 또는 재직 중이었더라면 제1호부터 제3호
   까지의 조치를 받았을 것으로 인정되는 경우 그 받았을 것으로 인정되는 조
   치의 내용을 통보받은 날부터 제1호부터 제3호까지에서 정하는 기간

2. 준법감시인 선임 자격제한

준법감시인은 최근 5년간 금융회사지배구조법 또는 금융관계법령을 위반하여 금융위원회 또는 금융감독원장, 그 밖에 "대통령으로 정하는 기관"으로부터 문책경고 또는 감봉요구 이상에 해당하는 조치를 받은 사실이 없어야 준법감시인으로 선임될 수 있다(금융회사지배구조법26①(1)). 여기서 "대통령으로 정하는 기관"이란 ⅰ) 해당 임직원이 소속되어 있거나 소속되었던 기관(제1호), ⅱ) 금융위원회와 금융감독원장이 아닌 자로서 금융관계법령에서 조치 권한을 가진 자(제2호)를 말한다(금융회사지배구조법 시행령21①).

3. 검사제재규정

금융위원회가 기관 또는 임원에 대하여 제재조치를 취한 때에는 해당 금융기관의 장은 금융감독원장이 정하는 바에 따라 이사회 앞 보고 또는 주주총회 부의 등 필요한 절차를 취하여야 한다(검사제재규정38). 즉 금융기관의 장은 다음의 절차를 취하여야 한다(시행세칙62①).

1. 임원의 해임권고를 받은 금융기관은 이를 지체없이 상임이사 및 사외이사로 구성된 이사회에 제재통보서 사본을 첨부하여 서면보고하여야 하며, 주주총회(주주총회가 없는 금융기관은 주주총회에 상당하는 최고의사결정기구)에 부의할 때에는 위법·부당사실을 구체적으로 기재하여야 한다.
2. 금융기관 또는 그 임원이 다음 각목의 1에 해당하는 제재를 받은 때에는 당해 금융기관의 장은 이사회에 제재통보서 사본을 첨부하여 서면보고하여야 하며, 주주총회에 제출하는 감사보고서에 제재일자, 위법·부당행위의 내용, 관련임원별 위법·부당행위 및 제재내용을 구체적으로 기재하여야 한다. 다만, 외국금융기관 국내지점의 경우에는 해당국 본점에 서면보고하는 것으로 이에 갈음할 수 있다.
   가. 금융기관에 대한 제재중 영업 또는 업무의 전부 또는 일부정지, 영업점의 폐쇄, 영업점의 영업 또는 업무정지, 위법·부당행위의 중지, 계약이전의 결정, 기관경고
   나. 임원에 대한 제재중 업무집행정지, 문책경고, 주의적 경고

금융기관의 장은 위법·부당행위 관련 임원이 제재조치 전에 사임한 경우에도 위 제1항에 준하여 조치하여야 한다(규정 시행세칙62②).

Ⅷ. 제재에 대한 통제

1. 의의

금융기관 또는 그 임직원에 대하여 제재를 하는 경우에 금융감독원장은 그 제재에 관하여 이의신청·행정심판·행정소송의 제기, 기타 불복을 할 수 있는 권리에 관한 사항을 제재대상자에게 알려주어야 한다(검사제재규정36①).

2. 이의신청

금융기관 또는 그 임직원은 당해 제재처분 또는 조치요구가 위법 또는 부당하다고 인정하는 경우에 금융위원회 또는 금융감독원장에게 이의를 신청할 수 있다(검사제재규정37① 본문). 이의신청은 제재통보서 또는 검사서가 도달한 날로부터 1월 이내에 금융위원회 또는 금융감독원장에게 하여야 한다(시행세칙61①). 다만, 금융관련법규에서 별도의 불복절차가 마련되어 있는 경우에는 그에 따른다(검사제재규정37① 단서).

금융감독원장은 금융기관 또는 그 임직원의 이의신청에 대하여 다음과 같이 처리한다 (검사제재규정37③).

1. 금융위원회의 제재처분에 대하여 이의신청을 받은 경우에는 그 이의신청 내용을 금융위원회에 지체없이 통보하고, 타당성 여부를 심사하여 당해 처분의 취소·변경 또는 이의신청의 기각을 금융위원회에 건의한다. 다만, 이의신청이 이유없다고 인정할 명백한 사유가 있는 경우에는 금융감독원장이 이의신청을 기각할 수 있다.
2. 금융감독원장의 제재처분 또는 조치요구사항에 대하여는 이유가 없다고 인정하는 경우에는 이를 기각하고, 이유가 있다고 인정하는 경우에는 당해 처분을 취소 또는 변경한다.

3. 집행정지

금융감독원장은 제재를 받은 금융기관 직원(이사·감사 등과 사실상 동등한 지위에 있는 미등기 임원 제외)이 김봉 이상의 신분상 세재(금융위원회에 건의하는 제재사항은 제외하되, 금융관련법규상 제재로 인하여 준법감시인의 지위를 상실하는 경우를 포함)에 대하여 이의를 신청한 경우로서 제재조치의 집행 또는 절차의 속행으로 인하여 발생할 수 있는 회복하기 어려운 손해를 예방하기 위하여 필요하다고 인정하는 때에는 당사자의 신청에 의하여 그 제재조치의 집행 또는 절차의 속행 정지("집행정지")를 결정할 수 있다(시행세칙61의2①).

집행정지는 금융감독원장의 집행정지결정이 있는 때부터 금융감독원장의 이의신청에 대한 결정(금융위원회에 건의하는 제재사항 중 준법감시인 지위를 상실하는 경우의 이의신청에 대해서는 금융위원회의 결정)이 있는 때까지 효력이 있다(시행세칙61의2②). 금융감독원장은 이의신청을 처리하기 이전이라도 집행정지의 사유가 없어진 경우에는 제1항의 집행정지 결정을 취소할 수 있다(시행세칙61의2⑦). 집행정지 처리결과에 대하여는 이의를 제기할 수 없다(시행세칙61의2⑧).

4. 행정쟁송

금융위원회법은 "금융위원회, 증권선물위원회 및 금융감독원이 내린 위법·부당한 처분으로 권리나 이익을 침해받은 자는 행정심판을 제기할 수 있다(금융위원회법70)"고 규정하고 있다. 따라서 금융위원회, 증권선물위원회나 금융감독원으로부터 제재를 받은 금융기관 임직원은 그 제재조치가 위법·부당하다고 판단되는 경우 행정심판을 제기하여 권리구제를 받을 수 있다. 제재조치로 인해 권리에 직접적인 제한을 받는 당사자는 행정심판 이외에 직접 행정소송법상 항고소송(행정소송법4)을 통해 권리구제를 받을 수도 있다. 다만, 이러한 행정심판이나 행정소송을 통하여 권리구제를 받기 위해서는 제재조치의 처분성이 인정되어야 한다.

여신전문금융협회

제1절 설립과 지위

여신전문금융회사등(여신전문금융회사와 겸영여신업자)은 여신전문금융업의 건전한 발전을 도모하기 위하여 여신전문금융업협회("협회")를 설립할 수 있으며, 협회는 법인으로 한다(법61①②). 여신전문금융회사등이 협회를 설립하려면 창립총회에서 정관을 작성한 후 금융위원회의 허가를 받아야 한다(법61③). 협회는 정관으로 정하는 바에 따라 회장·이사·감사, 그 밖의 임원을 둔다(법61④). 협회에 대하여 여신전문금융업법에 특별한 규정이 없으면 민법 중 사단법인에 관한 규정을 준용한다(법61⑥).

협회는 여신전문금융회사등이 협회에 가입하려는 경우에 정당한 이유 없이 그 가입을 거부하거나 가입에 부당한 조건을 부과하여서는 아니 된다(법63).

제2절 업무

협회는 ⅰ) 여신전문금융업법 또는 그 밖의 법령을 지키도록 하기 위한 회원에 대한 지도와 권고, ⅱ) 회원에 대한 건전한 영업질서의 유지 및 이용자 보호를 위한 업무방식의 개선권고, ⅲ) 회원의 재무상태에 대한 분석, ⅳ) 이용자 민원의 상담·처리, ⅴ) 회원 간의 신용정보의 교환, ⅵ) 신용카드가맹점에 대한 정보 관리, ⅶ) 여신전문금융업과 여신전문금융회사의 발전을 위한 조사·연구, ⅷ) 표준약관의 제정 및 개정, ⅸ) 영세한 중소신용카드가맹점을 대상으로 하는 신용카드 단말기 지원사업에 관한 업무, ⅹ) 금융위원회로부터 위탁(법27의5⑥)받은 부가통신업자 지정 등에 관한 업무, ⅺ) 기부금관리재단의 관리 및 운영 등에 관한 업무, ⅻ) 그 밖에 협회의 목적을 달성하기 위하여 필요한 업무를 한다(법64).

제3절 협회에 대한 감독 및 검사

협회에 관하여는 위에서 살펴본 여신전문금융회사등과 부가통신사업자에 대한 감독(법53), 여신전문금융회사등과 부가통신사업자에 대한 검사(법53의2) 및 조치(법53), 여신전문금융회사등과 부가통신사업자의 임직원에 대한 조치(법53)에 관한 규정을 준용한다. 이 경우 "여신전문금융회사등과 부가통신업자"는 "협회"로 본다(법66).

제4절 기부금관리재단의 설립 및 선불카드 미사용잔액 등의 기부

Ⅰ. 기부금관리재단의 설립과 운영 재원

협회는 소멸시효가 완성된 선불카드의 사용잔액("선불카드 미사용잔액") 및 신용카드포인트[1] 등 기부금을 통한 사회 공헌 사업의 효율적인 관리 및 운용 등을 위하여 기부금관리재단("재단")을 설립할 수 있으며(법67①), 재단은 법인으로 한다(법67②). 재단에 관하여 여신전문금융업법에 특별한 규정이 없으면 민법 중 재단법인에 관한 규정을 준용한다(법67③).

재단은 신용카드업자로부터 기부받은 선불카드 미사용잔액등(법68)의 재산상 이익에 상당하는 금액, 기부금, 그 밖의 수익금을 재원으로 운영한다(법68의2).

Ⅱ. 선불카드 미사용잔액 등의 기부

1. 기부의 한도

신용카드업자는 선불카드 미사용잔액을 재단에 기부할 수 있으며, 신용카드회원의 기부 요청이 있거나 신용카드포인트가 유효기한 내에 사용되지 아니한 경우 신용카드포인트의 재산상 이익에 상당하는 금액(신용카드업자의 부담으로 적립된 금액에 한정)을 재단에 기부할 수 있다(법68①②).

2. 원권리자에 대한 기부에 관한 통지 및 원권리자의 동의

(1) 통지와 동의

신용카드업자는 선불카드 미사용잔액 및 신용카드포인트("선불카드 미사용잔

---

[1] "신용카드포인트"란 신용카드업자가 신용카드의 이용금액 등에 따라 신용카드회원에게 적립하여 재화를 구매하거나 서비스를 이용할 수 있도록 하는 경제상의 이익을 말한다(법 2(5의4)).

액등")를 기부하기로 결정한 경우에는 5만원 이상의 선불카드 미사용잔액등에 대하여 기부하기 1개월 전에 선불카드 미사용잔액등의 원권리자에게 기부에 관한 통지를 하고 동의를 얻어야 한다(법68③, 영23의2①).

(2) 통지사항

신용카드업자는 선불카드 미사용잔액등(무기명식 선불카드 미사용잔액은 제외하며, 이하 "선불카드 미사용잔액등")의 원권리자에게 기부에 관한 통지를 하는 경우 ⅰ) 기부금 액수, ⅱ) 기부예정일, ⅲ) 기부처, ⅳ) 원권리자가 기부에 관한 통지에 대하여 30일 이내에 이의를 제기하지 아니하는 경우에는 원권리자의 동의가 있는 것으로 본다는 사실, ⅴ) 그 밖에 기부에 관하여 원권리자에게 통지하여야 하는 사항으로서 금융위원회가 정하여 고시하는 사항을 포함하여 통지하여야 한다(영23의2②).

(3) 통지방법

기부에 관한 통지는 서면, 전자문서, 전자우편, 또는 전화의 방법으로 하여야 한다(영23의2③).

(4) 동의방법과 동의의제

신용카드업자는 선불카드 미사용잔액등의 원권리자에게 동의를 받는 경우에는 서명(전자서명포함), 기명날인, 녹취, 또는 전화자동응답시스템의 방법으로 한다(영23의2④ 전단). 다만, 원권리자가 기부에 관한 통지에 대하여 30일 이내에 이의를 제기하지 아니하는 경우에는 신용카드업자는 원권리자의 동의가 있는 것으로 본다(영23의2④ 후단).

제
2
편

여신금융상품

신용공여

제1절 신용공여의 의의

여신전문금융업법("법")상 신용공여란 대출, 지급보증 또는 자금 지원적 성격의 유가증권의 매입, 그 밖에 금융거래상의 신용위험이 따르는 여신전문금융회사의 직접적·간접적 거래로서 대통령령으로 정하는 것을 말한다(법2(18)). 대통령령이 정하는 신용공여의 범위는 아래와 같다.

제2절 신용공여의 범위

여신전문금융업법 시행령상 신용공여의 범위는 ⅰ) 기업구매전용카드(구매기업·판매기업 및 신용카드업자 간의 계약에 따라 구매기업이 해당 판매기업에 대한 구매대금의 지급을 목적으로 신용카드업자로부터 발급받는 신용카드 또는 직불카드)로 거래하여 발생한 채권액, ⅱ) 신용카드회원에 대한 자금의 융통 금액, ⅲ) 시설대여업자가 시설대여계약에 따라 대여시설이용자에게 넘겨준 특정물건을 취득하는 데에 든 비용 및 대여시설이용자에 대한 시설대여에 든 모든 비용, ⅳ) 연불판매액, ⅴ) 할부금융이용액(할부금융이용자가 물건매매계약에 따라 물건을 구매하는 데에는 모든 비용을 포함), ⅵ) 신기술사업자에 대한 투자액 및 융자액, ⅶ) 대출액, ⅷ) 어음할인액, ⅸ) 기업이 물품과 용역을 제공함으로써 취득한 매출채권(어음을 포함)의 매입액, ⅹ) 시행령 제16조 제1항 제1호[1]에 따른 채권 또는 유가증권의 매입액, ⅺ) 지급보증액 등을 말한다(법2(18), 영2의4①).

그러나 금융위원회는 ⅰ) 금융기관에 손실을 가져올 가능성이 극히 적은 것으로 판단되는 거래, ⅱ) 금융시장에 미치는 영향 등 해당 거래의 상황에 비추어 신용공여의 범위에 포함시키지 아니하는 것이 타당하다고 판단되는 거래에 대해서는 신용공여의 범위에 포함시키지 아니할 수 있다(영2의4②).

제3절 여신금융상품의 범위

여신전문금융업법이 정하고 있는 여신금융상품의 범위는 다음과 같다(법50의9①). 즉 ⅰ) 신용카드회원에 대한 자금의 융통(법13①(1)), ⅱ) 여신전문금융업(시설대여업의 등록을 한 경우에는 연불판매업무를 포함)(법46①(1)), ⅲ) 어음할인[2]을 포함한 대출업무(법46①(3)), ⅳ) 직불카드의 발행 및 대금의 결제와 선불카드의 발행·판매 및 대금의 결제에 관련된 신용카드업자의 부대업무(신용카드업의 허가를 받은 경우만 해당)(법46①(4)), ⅴ) 여신전문금융업에 부수하는 업무로서 소유하고 있는 인력·자산 또는 설비를 활용하는 업무(법46①(7)) 중 금융위원회가 정하여 고시하는 업무와 관련하여 취급하는 금융상품이다(법50의9①, 영19의14①(2)).

ⅴ)에서 금융위원회가 정하는 고시하는 업무는 신용카드회원으로부터 수수료를 받고 동 회원에게 사망, 질병, 실업, 자연재해 등 특정사고 발생시 회원의

---

1) 1. 법 제46조 제1항 제1호부터 제4호까지의 업무와 관련하여 다른 금융회사(금융위원회법 제38조 각 호의 기관)가 보유한 채권 또는 이를 근거로 발행한 유가증권의 매입업무

2) 어음할인은 상거래에 수반하여 차주가 취득한 진성어음과 순수 자금융통만을 목적으로 발행한 융통어음을 근거로 취급하는 대출이다.

채무(신용카드 이용과 관련된 대금의 결제와 관련한 채무에 한함)를 면제하거나 유예하는 업무를 말한다(감독규정26의5). 이는 뒤에서 살펴볼 채무면제·유예상품(DCDS)이다.

여기서는 일반 대출업무와 기타 여신금융상품으로 나누어 살펴본다.

제
2
장
/

대출

제1절 대출과 여신

Ⅰ. 대출의 의의와 특성

대출은 여신전문금융업자가 이자수취를 목적으로 원리금의 반환을 약정하고 고객(=차주, 채무자)에게 자금을 대여하는 행위를 말한다. 즉 대출은 여신전문금융업자가 자금을 필요로 하는 차입자에게 약정기한인 만기에 원리금의 상환을 약정하고 필요 자금을 일정 조건하에 빌려(대부)주는 것을 말한다. 일반적으로 이자는 매월마다 납부하도록 약정하며 이자체납의 경우에는 연체기간 동안 원금에 대해 일정 가산율의 연체이자율이 적용된다.

대출은 대출계약에 따라 직접적으로 자금을 공급하는 대표적인 여신상품이다. 자금을 직접적으로 공급하기 때문에 계약의 당사자는 여신전문금융업자와 금융소비자 양당사자 구조이다. 그러나 계약의 내용에 따라 대출금의 수령자를 제3자로 할 수 있다. 전세자금대출, 주택매매자금대출 등이 바로 그러한 예이다.

수령자가 제3자라고 하더라도 제3자가 담보물을 제공하지 않는 이상 계약의 당
사자에 해당하지는 않는다.

Ⅱ. 대출계약의 법적 성격

대출은 금전이 여신전문금융업자로부터 고객에게 이전하는 거래로서 이전
이라는 점을 중시하면 소비임치(민법702) 또는 소비대차(민법598)로 볼 수 있다.
그러나 금전의 이전이라는 거래형식뿐만 아니라 대출계약의 목적이 금전의 보관
이라는 목적이 있는 예금 등과 달리 고객이나 여신전문금융업자 모두 금전의 보
관보다는 금전의 이용과 반대급부로서의 이자수입 획득에 있다는 점을 고려하면
전형적인 대출의 법적 성격은 소비대차라고 보아야 한다.

따라서 전형적인 대출계약은 민법상 소비대차에 해당한다. 여신전문금융업
자와 차입 고객 사이의 대출 관련 권리의무는 기본적으로 대출계약의 내용에 따
른다. 여신전문금융업자는 불특정 다수의 고객과 정형화된 대출거래를 반복적으
로 행하기 때문에 대출계약의 기본적인 사항은 약관에 의하게 된다. 약관의 내용
이 약관규제법에 위반하지 않는 한 여신전문금융업자와 차입 고객 사이의 법률
관계는 약관과 이에 추가한 특약에 의하여 규율된다.

Ⅲ. 대출과 신용공여

1. 여신의 개념

여신(與信)이란 신용[1]을 거래상대방에게 주는 것으로 법적으로는 거래상대
방에게 금전채무를 부담시키는 행위를 의미한다. 현재 우리나라에서는 여신이란
금융기관이 신용을 공여하는 일체의 금융거래를 포괄적으로 나타내기 위하여 사
용하는 개념으로 채권자의 자격을 금융기관으로 제한하여 개념을 축소하고 있다.
예를 들어 ⅰ) 신용대출, 부동산담보대출 등과 같이 직접 자금을 대여하는 대출,

---

1) 경제분야에서 신용은 거래한 재화의 대가를 앞으로 치룰 수 있음을 보이는 능력 또는 빛
   이나 급부를 감당할 수 있는 지급력으로 소유한 재산의 화폐적 기능을 의미한다.

ⅱ) 자금을 대여하지 않고 신용만을 제공하는 지급보증, ⅲ) 수입신용장 개설이
나 수출환어음매입[2] 등 외국환거래 등에 신용을 부여하는 성격의 거래는 모두
포함된다고 보는 것이 일반적이다.

그러나 채권자의 자격을 금융기관으로 한정하는 위의 개념에 따르면 금융업
을 영위하지만 금융기관이 아닌 자와의 금융거래는 여신에 포함되지 않는다. 따
라서 채권자의 자격을 금융기관으로 제한할 것이 아니라 신용을 금융소비자에게
공여하는 것을 업으로 하는 자로 확장하여야 한다. 이는 자본시장법에서 금융투
자업자 및 금융상품판매업자를 정의하는 방식과 동일하다. 따라서 여신의 개념
을 정의하면, "금융을 업으로 하는 자가 금융소비자에게 신용을 공여하고, 금융
소비자는 금전채무를 부담하는 것"이라고 할 수 있다.

신용카드업 등의 거래구조를 결제대행 또는 채권의 양수가 아니라 신용카드
업 등을 영위하는 자가 물품 등의 거래대금만큼의 금전을 소비자에게 대여하는
구조로 파악하는 경우 신용카드업 등도 여신의 개념에 포함된다. 이에 따라 증표
만 없을 뿐 인증번호방식 등을 활용하여 신용카드와 동일한 기능 및 거래구조를
가지고 있는 통신과금서비스[3]도 통신과금서비스제공자[4]가 정보통신망법 제53조
(통신과금서비스제공자의 등록 등)에 따라 신용을 공여하는 것을 업으로 하고 있어
여신의 개념에 포함된다.[5]

---

2) 수출상이 신용장의 조건대로 선적을 완료하고 발행한 수출환어음 및 신용장에서 요구한
   선적서류 일체를 거래은행이 매입하여 고객에게 지급하고 그 대전을 개설은행 등을 통하
   여 수입상으로부터 추심하는 상품을 말한다.
3) "통신과금서비스"란 정보통신서비스로서 ⅰ) 타인이 판매·제공하는 재화 또는 용역("재
   화등")의 대가를 자신이 제공하는 전기통신역무의 요금과 함께 청구·징수하는 업무(가
   목), ⅱ) 타인이 판매·제공하는 재화등의 대가가 가목의 업무를 제공하는 자의 전기통신
   역무의 요금과 함께 청구·징수되도록 거래정보를 전자적으로 송수신하는 것 또는 그 대
   가의 정산을 대행하거나 매개하는 업무를 말한다(정보통신망법2①(10)).
4) "통신과금서비스제공자"란 등록을 하고 통신과금서비스를 제공하는 자를 말하고(정보통신
   망법2(11)), "통신과금서비스이용자"란 통신과금서비스제공자로부터 통신과금서비스를 이
   용하여 재화등을 구입·이용하는 자를 말한다(정보통신망법2(12)).
5) 윤민섭(2014), 「금융소비자보호관련 법제 정비방안 연구(Ⅰ): 여신상품을 중심으로」, 한국
   소비자원 정책연구보고서(2014. 8), 21쪽.

2. 법률상 용어

여신상품을 거래할 수 있는 자는 개별법에 따라 금융위원회의 인·허가를 받거나 등록을 하도록 규정하고 있어 금융업자로 인·허가를 받거나 등록하지 아니한 자의 여신행위는 제한된다.

금융과 관련된 법률인 대부업법, 은행법, 보험업법 등을 비롯한 다수의 법률에서는 여신이라는 용어뿐만 아니라 다른 용어도 혼용하여 사용하고 있다. 대부업법에서는 여신이 아닌 "대부"라는 용어를 사용하고 있으며, 여신전문금융업법, 은행법, 자본시장법, 보험업법 등에서는 신용공여라는 용어를 사용하고 있다. 은행법은 신용공여에 대한 정의에 대출, 지급보증 및 자금지원적 성격을 가지는 유가증권의 매입, 그 밖에 금융거래상의 신용위험이 따르는 은행의 직접적·간접적 거래를 포함하고 있다(은행법2①(7)). 보험업법은 은행법과 동일하게 대출 또는 자금지원적 성격을 가지는 유가증권의 매입이나 그 밖에 금융거래상 신용위험이 따르는 보험회사의 직접적·간접적 거래로서 대통령령으로 정하는 바에 따라 금융위원회가 정하는 거래를 신용공여로 포함하고 있다(보험업법2(13)).

여신전문금융업법의 경우 법률의 명칭에서 여신이라는 용어를 사용하고 있으며, 신용카드업 등 동법에서 허용하는 업무를 수행하는 자를 여신전문금융업으로 포괄적으로 정의하고 있지만, 거래방식의 형태에 따라 신용카드업, 시설대여업, 할부금융업으로, 법률에서 정하고 있는 신기술사업자에게만 융자(법41①(2))를 하는 것을 신기술사업금융업으로 분류하고 있다. 구체적인 규정에서는 신용공여라는 용어를 사용하고, "대출, 지급보증 또는 자금 지원적 성격의 유가증권의 매입, 그 밖에 금융거래상의 신용위험이 따르는 여신전문금융회사의 직접적·간접적 거래"로 정의하고 있다(법2(18)).

3. 대출과 여신

(1) 개요

대출은 여신(＝신용공여)의 한 종류이다. 은행 이외에도 보험회사(보험업법106), 여신전문금융회사(여신전문금융업법46), 상호저축은행(상호저축은행법11), 새마을금고(새마을금고법28), 신용협동조합(신용협동조합법39), 대부업자(대부업법8) 등도 개별 법률이 정한 범위 내에서 여신·대출 업무를 수행한다.

여신전문금융업자는 대출거래로 고객에게 자금을 제공함으로써 법적으로는 고객에 대한 대출 원리금 채권을 보유하지만, 고객(＝채무자)이 대출 원리금을 상환하지 못할 경우 채권을 회수하지 못할 위험을 진다. 여신전문금융업자가 고객의 주채무를 지급보증한 경우, 여신전문금융업자는 고객의 주채무 불이행시 보증채무를 이행하여야 하고 고객에 대해서는 구상채권을 보유한다. 지급보증의 고객이 구상채무를 불이행하여 지급보증인으로서 주채무를 대지급한 금액을 회수하지 못할 위험을 떠안는 것이다.

이와 같이 여신전문금융업자가 신용위험을 떠안는 행위는 대출, 지급보증 등 여러 형태로 이루어질 수 있다. 민사법적으로 대출은 소비대차계약, 지급보증은 보증계약 및 구상계약 등 계약유형이 다르고, 이에 따라 법적인 규율도 차이가 있다. 그러나 신용위험의 부담이라는 측면에서는 이들 계약의 내용이 동일·유사하다.[6)]

여신금융협회가 제정한 표준약관인 「여신금융회사 표준 여신거래기본약관」은 여신에 관한 모든 거래에 적용하도록 하고 있다. 여신전문금융업자는 표준약관에 기초하여 작성한 약관을 사용하여 여신거래를 한다. 또한 여신전문금융업자는 금융규제와 감독을 받기 때문에 여신거래의 법률관계도 여신전문금융업자와 고객 간의 사적 합의 이외에 금융규제에 따른 영향을 받는다.

여신금융협회가 표준약관을 제·개정하는 경우 사전에 금융감독원에 신고하고, 금융감독원은 사후 공정거래위원회에 통보한다.

(2) 여신상품과 약관규제법

여신상품은 상품이라는 용어가 사용되고 있지만, 그 구체적인 내용은 금융업자와 금융소비자 간 약정을 통해서 특정되기 때문에 사전에 완성된 상품이 존재하는 것으로 볼 수 없다. 그러나 금융업자가 금융소비자의 모든 개인정보에 맞춘 개별상품을 만들어서 거래하는 것은 사실상 불가능하기 때문에 금융소비자의 직업, 소득, 신용정보, 담보의 종류 등에 따라 여신상품의 한도, 금리, 부가서비

---

6) 박준·한민(2019), 「금융거래와 법」, 박영사(2019. 8), 66쪽.

스 등을 사전에 유형화하고, 금융소비자가 제공하는 정보에 따라 상품의 구체적인 내용을 정하고 있다. 여신전문금융업법, 대부업법, 은행법 등 관계 법률에서 여신상품 관련 광고에 대하여 이자율, 변제방법 등 거래에 관한 중요사항을 게시하도록 하고, 광고에 포함하도록 하는 것도 금융업자가 여신상품의 구체적인 내용에 대하여 어느 정도까지 설계할 것을 전제로 하고 있기 때문이다.[7]

여신상품은 금융업자가 금융소비자에게 신용을 공여하는 것으로 물질적인 실체가 존재하지 않고, 당사자의 계약내용으로 구현된다. 즉 금융업자가 여신상품을 설계하지만, 그 구체적인 내용은 계약서 또는 약관을 통해서 구현된다. 약관은 "그 명칭이나 형태 또는 범위에 상관없이 계약의 한쪽 당사자가 여러 명의 상대방과 계약을 체결하기 위하여 일정한 형식으로 미리 마련한 계약의 내용"이다(약관규제법2(1)). 따라서 특정 개인인 금융소비자가 아닌 추상적인 금융소비자를 대상으로 하는 여신상품의 설계는 약관규제법의 적용대상이 된다.

금융업자는 약관의 조항이 약관규제법에 위반되는지 여부에 관한 심사를 공정거래위원회에 청구할 수 있고(약관규제법19①), 금융업자 및 여신전문금융협회 등 사업자단체는 동일한 유형의 여신상품에 대해서 표준이 될 약관을 마련하여 그 내용이 약관규제법을 위반하는지 여부를 청구할 수 있다(약관규제법19의3①). 또한 공정거래위원회는 건전한 거래질서를 확립하고, 불공정한 내용의 약관이 통용되는 것을 방지하기 위하여 사업자·고객의 입장을 반영하여 당사자의 권리의무의 내용을 공정하게 정하여 놓은 일정한 거래분야의 표준이 되는 표준약관을 운용하고 있다(약관규제법19의3③).

제2절 여신전문금융회사의 대출업무

여신전문금융회사의 대출은 그 종류를 제한하고 있지 않기 때문에 신용대출 및 담보대출도 가능하다.

---

7) 윤민섭(2014), 67쪽.

Ⅰ. 여신전문금융회사의 대출

1. 대출의 의의와 범위

여신전문금융회사는 대출(어음할인 포함)업무를 할 수 있다(법46①(3)). 여신전문금융회사란 "여신전문금융업"에 대하여 금융위원회의 허가를 받거나 금융위원회에 등록을 한 자로서 여신전문금융업 및 그와 관련된 업무를 전업으로 하는 자를 말한다(법2(15)). 즉 여신전문금융회사는 수신기능 없이 여신업무만을 취급하는 금융기관이다. "여신전문금융업"이란 신용카드업, 시설대여업, 할부금융업 또는 신기술사업금융업을 말한다(법2(1)). "겸영여신업자"란 신용카드업·시설대여업·할부금융업·신기술사업금융업을 영위하되, 이들 업무를 전업으로 하지 않는 회사를 말한다(법2(16)).

여신전문금융회사 중 신용카드업자는 신용카드회원(개인회원으로 한정됨)에 대한 자금의 융통, 즉 이른바 단기카드대출(현금서비스)과 장기카드대출(카드론)이 허용되어 있다(법13①, 영6의5③). 법문의 규정만으로 보면 여신전문금융회사의 대출업무와 신용카드업자의 자금의 융통 업무 간 차이가 없다고 볼 수 있다. 그러나 여신전문금융회사의 대출업무는 신용카드회원 가입 여부에 관계없는 일반적인 대출업무이고, 신용카드업자의 자금융통은 신용카드회원이 신용카드를 활용하여 별도의 대출계약 체결 없이 자금을 융통받는 것으로 이른바 현금서비스를 말한다. 여기서는 여신전문금융회사의 일반 대출업무에 관하여 살펴보고, 단기카드대출(현금서비스)은 후술하기로 한다.

2. 대출업무 영위기준

(1) 대출 채권액의 한도

여신전문금융회사는 대출(어음할인 포함)업무를 할 수 있는데(법46①(3)), 대출업무, 그 밖에 이와 유사한 업무로서 대통령령으로 정하는 업무에 따라 발생하는 채권액은 총자산(대통령령으로 정하는 업무에 따라 발생하는 채권액은 제외)의 30%를 초과할 수 없다(법46②, 감독규정6).

이의 규제취지는 여신전문금융업자로서 허가 또는 등록한 본업 이외에 대출

업무에 집중하는 것을 방지하기 위함이다.

(2) 총자산에서 제외되는 채권액

신용카드업 및 신용카드업자의 부대업무(신용카드회원에 대한 자금의 융통, 직불카드의 발행 및 대금의 결제, 선불카드의 발행·판매 및 대금의 결제)와 관련하여 발생한 채권액은 총자산에서 제외한다(영17①). 이 경우 산정하는 채권액은 매 분기말을 기준으로 해당 분기 중 평균잔액으로 한다(영17③).

(3) 대출 채권액 산정시 제외 채권

대출업무로 인하여 발생한 채권액을 산정할 때에는 ⅰ) 기업에 대출하여 발생한 채권(다만, 대부업법에 따른 대부업자 및 대부중개업자에게 대출하여 발생한 채권은 제외), ⅱ) 채무자의 채권 재조정을 위하여 채권의 만기, 금리 등 조건을 변경하여 그 채무자에게 다시 대출하여 발생한 채권, ⅲ) 주택저당채권,[8] ⅳ) 신용카드회원에 대한 자금의 융통업무로 인하여 발생한 채권, ⅴ) 할부금융과 유사한 방식의 자동차 구입자금 대출로 인하여 발생한 채권, ⅵ) 대출 신청일 현재 개인신용평점[9]이 일정 등급 이하인 사람을 주된 대상으로 하는 개인신용대출 중 대출금리 등 금융위원회가 정하여 고시하는 기준을 충족하는 대출로 인하여 발생한 채권의 20%에 상당하는 채권은 제외한다(법46②, 영17②).

(4) 개인신용평점이 일정 등급 이하인 자를 주된 대상으로 하는 개인신용대출 기준

위 (3)의 ⅵ)에서 "금융위원회가 정하여 고시하는 기준을 충족하는 대출"이란 분기단위로 ⅰ) 개인신용평점[신용정보법 제2조 제5호 가목에 따른 개인신용평가회사(신용정보법 제5조 제1항에 따른 전문개인신용평가업을 영위하는 회사는 제외)가 산정]이 하위 50%에 해당하는 차주에 대한 대출취급액 또는 대출취급건수가 해당

---

8) "주택저당채권"이란 주택법 제2조 제1호에 따른 주택(소득세법 제89조 제1항 제3호에 따른 고가주택의 기준에 해당하는 주택은 제외)에 설정된 저당권(근저당권을 포함)에 의하여 담보된 채권으로서 다음의 어느 하나에 해당하는 대출자금에 대한 채권을 말한다(한국주택금융공사법2(3)).
  가. 해당 주택의 구입 또는 건축에 들어간 대출자금(주택의 구입 및 건축에 들어간 자금을 보전하기 위한 대출자금을 포함)
  나. 가목의 대출자금을 상환하기 위한 대출자금
9) 신용정보법 제2조 제5호 가목에 따른 개인신용평가회사가 책정한 것을 말한다.

상품 전체 취급액 또는 취급건수의 70% 이상인 경우, ii) 가중평균금리가 신용 카드업자가 취급한 대출은 11% 이하인 경우, 그리고 신용카드업자가 아닌 여신 전문금융회사가 취급한 대출은 14% 이하인 경우, iii) 최고금리가 신용카드업자 가 취급한 대출은 14.5% 미만인 경우, 그리고 신용카드업자가 아닌 여신전문금 융회사가 취급한 대출은 17.5% 미만인 경우, iv) 분기 시작 3영업일 전 여신전문 금융업협회의 인터넷 홈페이지에 앞의 i) ii) iii)의 요건을 모두 충족시키는 방 향으로 운용되는 상품임을 공시한 경우를 모두 충족하는 개인에 대한 신용대출 상품의 해당 분기 대출을 말한다(감독규정5의6 본문).

다만, 종료되지 않은 분기 중에 취급한 대출의 경우 해당 분기 종료까지는 위의 i)부터 iv)까지의 요건을 충족하지 않은 것으로 본다(감독규정5의6 단서).

(5) 적합한도 충족의무

여신전문금융회사는 채권액의 증가 없이 총자산이 감소하여 총자산 대비 채 권액의 비율이 30%를 초과하는 경우에는 그때부터 1년 이내에 30%에 적합하도 록 하여야 한다(영17④).

3. 대출업무 운용 원칙

여신전문금융회사는 대출업무를 수행함에 있어서 차주의 차입목적, 소요자 금규모 등에 대한 종합적인 심사 및 분석을 통한 적정한 대출의 취급과 대출 실 행 이후 용도외 유용방지 등을 통해서 대출의 건전성이 확보될 수 있도록 노력 하여야 한다(감독규정15의2).

4. 여신금융회사 표준 여신거래기본약관

여신금융회사 표준 여신거래기본약관("약관")의 주요 내용을 살펴본다. 이 약관에서 정하지 않은 사항이 있을 경우에는 부속약관에 따르기로 한다(약관1④).

(1) 적용범위

약관은 여신금융회사("금융회사")와 채무자(리스이용자·할부금융이용자·차주· 할인 신청인·지급보증신청인 등 금융회사에 대하여 채무를 부담하는 사람) 사이의 시 설대여(리스), 할부금융, 대출, 팩토링, 어음할인, 지급보증, 외국환, 기타의 여신에 관한 모든 거래에 적용된다(약관1①).

(2) 이자등과 지연배상금

(가) 이자율 등

리스료 · 할부금 · 이자 · 할인료 · 보증료 · 수수료등("이자등")의 율 · 계산방법 · 지급시기 및 방법에 관하여는, 채무자는 법령이 허용하는 한도 내에서 금융회사와 채무자 간의 약정에 따른다(약관3①).

(나) 지연배상금

채무자가 금융회사에 대한 채무의 이행을 지체한 경우에는 곧 지급하기로 한 금액에 대하여 법령이 정하는 제한 내에서 금융회사와 채무자 사이에 약정한 율로, 1년을 365일(윤년은 366일)로 보고 1일 단위로 계산한 지체일수에 해당하는 지연배상금을 지급하기로 하되, 금융사정의 변화 그 밖의 상당한 사유로 인하여 법령에 의하여 허용되는 한도 내에서 율을 변경할 수 있다. 다만, 외국환거래에 있어서는 국제관례 · 상관습 등에 따른다(약관3⑤).

(다) 지연배상금률

지연배상금률은 대부업법 등 관련 법규에 따라 "약정이자율"에 "연체가산이자율"을 더하는 방식으로 계산된다. 약정이자율이 없는 경우 상법 제54조에 따른 상사법정이율 또는 한국은행법 제86조에 따라 한국은행에서 매월 발표하는 가장 최근의 비은행 금융기관 가중평균대출금리(신규취급액 기준) 중 상호금융 가계자금대출금리 중 높은 금리를 적용한다(약관3⑨).

(3) 비용의 부담

(가) 채무자의 비용 부담

채무자는 채무불이행 또는 기한이익 상실사유 발생에 따라 발생하는 채무자 · 보증인 또는 물상보증인에 대한 금융회사의 채권 · 담보권 등의 권리의 행사 · 보전(해지 포함)에 관한 비용, 담보목적물 조사 · 추심 · 처분에 관한 비용, 그리고 채무이행 지체에 따른 독촉을 위한 통지비용을 부담한다(약관4①).

(나) 약정이자 등 부대비용 통지의무

금융회사는 여신약정시 채무자가 사전에 알 수 있도록 약정이자(시설대여의 경우 리스료를 말함), 기한 도래일 전 상환수수료 및 담보대출로 인하여 채무자가 부담하기로 한 부대비용의 항목과 금액을 알려주어야 한다(약관4③).

(4) 대출계약 철회

(가) 철회기한

채무자(개인에 한함)는 계약서류를 발급받은 날(계약서류를 발급받은 날보다 대출금의 지급이 늦게 이루어진 경우에는 대출 실행일)로부터 14일("철회기한") 이내에 서면, 전화, 컴퓨터통신으로 대출계약 철회의 의사를 표시할 수 있다(약관4의2①).

(나) 철회 제외 사유

그러나 ⅰ) 대출금액이 4천만원을 초과하는 신용대출, ⅱ) 대출금액이 2억원을 초과하는 담보대출, ⅲ) 시설대여(리스), 단기카드대출(현금서비스) 및 일부결제금액이월약정(리볼빙), ⅳ) 외부기관 위탁대출 및 기타 협약대출(다만 한국주택금융공사 유동화 대상 대출 등 금융회사가 별도로 정하는 대출은 제외)의 경우에는 대출계약을 철회할 수 없다(약관4의2②).

(다) 효력발생시기

대출계약 철회는 채무자가 철회기한 이내에 원금, 이자, 금융회사로부터 받은 재화, 용역(일정한 시설을 이용하거나 용역을 제공받을 수 있는 권리를 포함) 및 다음의 부대비용을 전액 반환한 때에 그 효력이 발생한다(약관4의2③). 부대비용은 ⅰ) (근)저당권설정계약서에 따라 금융회사가 부담하거나 지급한 비용, ⅱ) 해당 대출과 관련하여 금융회사에서 지급한 인지세 등 제세공과금, ⅲ) 해당 대출과 관련하여 금융회사에서 지급한 보증료 또는 보험료, ⅳ) 해당 대출과 관련하여 금융회사에서 제3자에게 지급한 채무자의 자동화기기 이용수수료를 말한다.

(라) 지급수수료 등의 반환

금융회사는 대출계약 철회의 효력이 발생한 날로부터 3영업일 이내에 해당 대출과 관련하여 채무자로부터 지급받은 수수료 등을 반환한다(약관4의2④).

(마) 손해배상금 또는 위약금 등 청구금지

금융회사는 채무자에게 대출계약 철회에 따른 손해배상금 또는 위약금 등을 청구하지 않는다(약관4의2⑤).

(바) 대출계약 철회 제한

금융회사는 ⅰ) 해당 금융회사를 대상으로 1년 이내에 2회 초과하여 대출계약을 철회하는 경우, ⅱ) 은행 등 전체 금융회사를 대상으로 1개월 이내에 1회 초과하여 대출계약을 철회하는 경우 채무자의 대출계약 철회를 제한할 수 있다 (약관4의2⑥).

(사) 대출계약철회 의사표시 불명확과 금융회사 설명 및 확인의무

금융회사는 채무자의 대출계약 철회의 의사표시가 명확하지 않을 경우 대출 계약철회에 대해 채무자에게 설명하고 채무자의 의사를 확인하여 처리한다(약관4 의2⑦).

(5) 자금의 용도 및 사용

채무자는 여신신청시 자금의 용도를 명확하게 제시하고 금융회사와의 여신 거래로 받은 자금을 그 거래 당초에 정해진 용도 이외에 다른 용도로 사용할 수 없다. 지급보증 기타 금융회사로부터 받은 신용의 경우에도 또한 같다(약관5).

(6) 연대보증인

(가) 연대보증의 금지

금융회사는 채무자와 여신거래를 할 경우 연대보증인(명칭 또는 방식 여하를 불문하고 실질적으로 이와 유사한 채무를 부담하는 사람을 포함)을 요구할 수 없다(약 관7①).

(나) 연대보증의 허용

그러나 다음의 경우에는 예외적으로 연대보증이 성립할 수 있다(약관7②). ⅰ) 개인사업자에 대한 여신의 경우 사업자등록증상 공동대표, ⅱ) 법인에 대한 여신의 경우에는 다음의 자 중 1인에 한한다. 다음의 자란 최대주주, 지분 30% 이상 대주주, 과점주주 이사, 본인과 배우자, 4촌 이내 혈족·인척이 보유한 지분 을 합산하여 30% 이상인 주주, 대표이사 또는 대표자(단, 고용임원 제외), 무한책 임사원을 말하는데, 대표이사 또는 대표자는 2인 이상이 가능하다. ⅲ) 자동차구 입과 관련된 여신(리스, 할부, 오토론 포함)으로서 장애인의 차량구입시 공동명의 로 등록하는 경우와 영업목적(택시, 승합, 화물, 특수자동차, 건설기계 등)의 차량구 입을 하는 경우, ⅳ) 제3자 명의 예·적금을 담보로 제공하는 경우 그 제3자 및 건물신축자금 대출시 토지소유자, 건축주, 시행사 및 시공사의 대표자 등 건물신 축과 관련된 자(다만, 건물후취담보 취득시 연대보증계약 해지)의 경우, 분양계약자에 대한 이주비·중도금·입주자금 대출시 시행사·시공사의 대표자의 경우, 법인격 없는 단체(조합 등)에 대한 여신취급시 그 구성원(조합원)의 경우, ⅴ) 법인이 연대보증인으로 입보하는 경우에는 예외적으로 연대보증이 성립할 수 있다.

(7) 기한 전의 채무변제의무

(가) 기한이익의 상실 사유: 채권 가압류·압류명령 등

채무자에 관하여 ⅰ) 금융회사에 대한 채권에 대하여 가압류·압류명령이나 체납처분 압류통지가 도달된 때 또는 기타의 방법에 의한 강제집행 개시나 체납처분 착수가 있는 때(다만 담보재산이 존재하는 채무의 경우에는 채권회수에 중대한 지장이 있는 때에만 가압류를 사유로 기한의 이익을 상실한다)(제1호), ⅱ) 채무자가 제공한 담보재산(제1항 제1호의 금융회사에 대한 채권은 제외)에 대하여 압류명령이나 체납처분 압류통지가 도달된 때 또는 기타의 방법에 의한 강제집행 개시나 체납처분 착수가 있는 때(제2호), ⅲ) 파산, 회생, 개인회생 절차개시의 신청이 있거나, 채무불이행자명부 등재 신청이 있는 때(제3호), ⅳ) 조세공과에 관하여 국세징수법 제14조 또는 지방세법 제26조에 의한 납기전 징수 처분을 받거나, 어음교환소의 거래정지처분이 있는 때(제4호), ⅴ) 폐업, 도피 기타의 사유로 지급을 정지한 것으로 인정된 때(제5호), ⅵ) 채무자의 과점주주나 실질적인 기업주인 포괄근보증인의 금융회사에 대한 채권에 대하여 제1호의 명령이나 통지가 도달된 때(제6호), ⅶ) 채무자가 생업에 종사하기 위하여 외국에 이주하는 경우와 외국인과의 결혼 및 연고 관계로 인하여 이주하는 때(제7호), ⅷ) 여신거래와 관련하여 허위, 위·변조 또는 고의로 부실자료를 제출하여 금융회사의 채권보전의 중대한 손실을 유발한 때에는 금융회사로부터의 독촉·통지 등이 없어도, 채무자는 당연히 금융회사에 대한 모든 채무의 기한의 이익을 즉시 상실하여(지급보증거래에 있어서의 사전구상채무 발생을 포함) 곧 이를 갚아야 할 의무를 진다. 이 경우 금융회사는 채무자에게 서면으로 사유 및 사유 발생 즉시 기한의 이익을 상실하였다는 사실을 함께 통지하여야 한다(약관8①).

(나) 기한이익의 상실 사유: 이자 등 지급 지체 등

채무자에 관하여 ⅰ) 이자 등(원금분할상환 또는 원리금분할상환 형식의 리스료 및 할부금 제외)을 지급하기로 한 때부터 계속하여 기업인 경우에는 14일간 지체

한 때 기업이 아닌 경우에는 30일(가계에 대한 주택담보대출의 경우 2개월)간 지체
한 때(제1호), ⅱ) 분할상환금 또는 분할상환 원리금의 지급을 2회(가계에 대한 주
택담보대출의 경우 3회) 이상 연속하여 지체한 때(제2호), ⅲ) 할부거래에 관한 법
률에 적용받는 할부금융거래의 경우에는 할부금을 연속하여 2회 이상 지급하지
아니하고 그 지급하지 아니한 금액이 할부가격의 10분의 1을 초과하는 요건이
충족한 때(제3호) 채무자는 당연히 당해 채무의 기한의 이익을 상실하여 곧 이를
갚아야 할 의무를 진다. 이 경우 금융회사는 기한의 이익상실일 3영업일(채무자가
가계인 경우 7영업일) 전까지 채무이행 지체 사실과 이에 따라 기한의 이익이 상실
된다는 사실(채무자가 가계인 경우 대출잔액 전부에 대하여 연체료가 부과될 수 있다는
사실)을 채무자·연대보증인·담보제공자(단 담보제공자가 화물자동차운수사업법에
따른 화물운송사업자인 경우에는 제외)에게 서면으로 통지하여야 하며, 기한의 이익
상실일 3영업일(채무자가 가계인 경우 7영업일) 전까지 통지하지 않은 경우 실제 통
지가 도달한 날부터 3영업일(채무자가 가계인 경우 7영업일)이 경과한 날에 기한의
이익을 상실하여 채무자는 곧 이를 갚아야 할 의무를 진다(약관8②).

(다) 기한이익의 상실 사유: 약정 위반 등

채무자에 관하여 ⅰ) 금융회사에 대한 수 개의 채무 중 하나라도 기한에 변
제하지 아니하거나 제2항, 제3항 또는 제4항에 의하여 기한의 이익을 상실한 채
무를 변제하지 아니한 때(제1호), ⅱ) 제1항 제1호 및 제2호 외의 재산에 대하여
압류·체납처분이 있는 때(제2호), ⅲ) 채무자의 제1항 제1호 외의 재산에 대하여,
민사소송법상의 담보권실행등을 위한 경매개시가 있거나 가압류 통지가 발송되
는 경우로서, 채무자의 신용이 현저하게 악화되어 채권회수에 중대한 지장이 있
을 때(제3호), ⅳ) 제5조, 제22조에서 정한 약정을 위반하여 건전한 계속거래 유
지가 어렵다고 인정된 때(제4호), ⅴ) 청산절차 개시, 결손회사와의 합병, 노사분
규에 따른 조업중단, 휴업, 관련기업의 도산, 회사경영에 영향을 미칠 법적분쟁
발생 등으로 현저하게 신용이 악화되었다고 인정된 때(제5호), ⅵ) 신용정보관리
규약상 신용거래정보중 연체정보, 대위변제·대지급정보·부도정보·관련인정보·
금융질서문란정보, 공공기록정보등 등록된 때 금융회사의 채권보전에 현저한 위
험이 예상될 경우, 금융회사는 서면으로 변제, 압류 등의 해소, 신용의 회복 등을

독촉하고, 그 통지의 도달일부터 10일 이상으로 금융회사가 정한 기간이 경과하면, 채무자는 금융회사에 대한 모든 채무의 기한의 이익을 상실하여, 곧 이를 갚아야 할 의무를 진다(약관8③).

(라) 기한이익의 상실 사유: 보험가입의무 등의 불이행

채무자에 관하여 ⅰ) 제6조 제1항, 제18조에서 정한 약정을 이행하지 아니한 때(제1호), ⅱ) 리스물건이나 담보물에 대한 보험 가입의무를 이행하지 아니한 때, 금융회사를 해할 목적으로 담보물건을 양도하여 금융회사에 손해를 끼친 때, 주택자금대출을 받아 매입 또는 건축한 당해주택, 또는 시설자금을 받아 설치·완공된 기계·건물 등의 담보제공을 지체하는 때, 기타 금융회사와의 개별약정을 이행하지 아니하여 정상적인 거래관계 유지가 어렵다고 인정된 때(제2호), ⅲ) 연대보증인에 대하여 제1항 각 호에 해당하는 사유가 발생하는 경우로써 상당한 기간 내에 보증인을 교체하지 아니할 때(제3호) 금융회사는 서면으로 독촉하고, 그 통지의 도달일 부터 10일 이상으로 금융회사가 정한 기간이 경과하면 채무자는 금융회사에 대해 당해채무 전부의 기한의 이익을 상실하여, 곧 이를 갚아야 할 의무를 진다(약관8④).

(마) 기한의 이익 부활

제1항 내지 제4항에 의하여 채무자가 금융회사에 대한 채무의 기한의 이익을 상실한 경우라도, 금융회사의 명시적 의사표시가 있거나, 분할상환금·분할상환원리금·이자·지연배상금의 수령 등 정상적인 거래의 계속이 있는 때에는, 그 채무 또는 금융회사가 지정하는 채무의 기한의 이익은 그때부터 부활된다(약관8⑤).

Ⅱ. 개인신용대출

1. 의의

개인신용대출은 담보나 보증인 없이 본인의 신용만으로 받는 대출을 말한다. 여신전문금융회사는 신용대출 대상의 직업, 소득, 해당 금융기관과의 거래실적, 인적사항, 재산상태, 자동이체 항목 수 등을 개인신용평가제도(CSS: Credit Scoring System)에 따라 종합적으로 분석한 후 대출 여부와 대출한도를 결정한다.

2. 개인신용대출 표준약관

개인신용대출 표준약관("표준약관")의 주요 내용을 살펴본다. 이 약관은 여신거래기본약관의 부속약관으로 여신금융회사("금융회사")와 신용대출을 받고자 하는 개인("채무자") 간의 대출계약에 있어서 권리와 의무에 관한 사항을 정하고 있다(표준약관1). 이 약관에 규정하지 아니한 사항에 관하여는 여신거래기본약관을 따른다.

(1) 대출조건

채무자의 대출금, 이자, 수수료, 대출기간, 상환방법 등 대출조건은 대부업법 등 관련법령이 허용하는 한도 내에서 금융회사와 채무자 사이의 약정에 따라 정하기로 하며, 금융회사는 이를 대출실행 이전에 채무자에게 설명하기로 한다(표준약관2).

(2) 대출의 실행

이 약정에 의한 대출은 금융회사가 대출금을 채무자가 지정한 대출실행계좌(별도 지정이 없을 경우 자동이체 계좌)에 입금함으로써 실행된 것으로 한다(표준약관3①). 금융회사는 대출금액에서 채무자부담의 인지세를 입금 전 공제할 수 있다(표준약관3③). 금융회사는 대출금액, 만기, 금리 등 대출실행내역(신규, 만기연장, 대환 등)을 단문메시지서비스(SMS), 이메일, 우편 등을 통해 채무자에게 통보한다(표준약관3②).

(3) 이자 및 지연배상금

이자·분할상환금·분할상환원리금을 그 기일에 지급하지 아니한 때에는 지급하기로 한 금액에 대하여, 대부업법 등 관련 법규가 정하는 한도 내에서 여신전문금융회사와 채무자 간의 약정에 따라 정한 지연배상금률에 의한 지연배상금을 지급한다(표준약관4②). 대출기간 만료일에 채무를 이행하지 아니하거나, 여신거래기본약관에 따른 기한의 이익을 상실한 때에는, 그때부터 대출금 잔액에 대하여, 곧 지연배상금을 지급한다(표준약관4③).

(4) 비용 및 인지세 부담

채무자는 대부업법 등 관련 법규가 허용하는 한도 내에서 금융회사에서 정한 기준에 따라 채무자의 요구에 따라 발급하는 제증명서·확인서 등의 소요비용과 기타 법령상 고객이 부담하는 것으로 인정된 비용을 부담한다(표준약관5①). 인지세는 채무자와 금융회사가 각 50%씩 부담한다(표준약관5②).

(5) 대출금의 기한도래 전 상환 및 중도상환수수료

채무자는 대출기간 중도에 잔여 대출금의 일부 또는 전부를 상환할 수 있으며 이 경우 중도상환일 현재까지 아직 상환하지 않은 금액(당월대출금, 연체금 등)을 모두 상환하여야 한다(표준약관7①). 이 경우 채무자는 대부업법 등 관련 법규가 정하는 한도 내에서 금융회사와 채무자 사이의 약정에 따라 중도상환수수료를 별도로 납부한다(표준약관7②). 중도상환수수료는 특별한 사정이 없는 한, 실제 대출 사용기간이 길어짐에 따라 증가하여서는 아니되며, 기한의 이익상실 사유에 해당되어 금융회사가 기한 전에 대출금을 회수하는 경우에는 이를 면제하기로 한다(표준약관7③).

(6) 채권양도

금융회사는 이 약정서상의 채권을 민법, 자산유동화법 등 관련 법령에서 정한 바에 따라 제3자에게 양도할 수 있다(표준약관11).

3. 중금리신용대출

중금리신용대출이란 중간 정도 신용을 가진 고객 대상(신용등급 4-6등급)으로 운영되는 신용대출상품이다. 즉 평균금리 및 최고금리 기준[10]을 충족하며 외부 신용등급 기준 4-10등급인 차주에게 70% 이상을 실행[11]하고, 중금리 대출로 사전공시한 가계신용대출상품을 말한다(여신금융상품공시기준 <별표2>).

4. 가계신용대출 금리 및 연체이자율

여기서는 「카드대출 금리체계의 합리성 제고를 위한 모범규준」("모범규준")상의 대출금리의 산정 및 운용 등에 관한 주요 내용을 살펴본다.

---

10) 카드회사의 경우는 평균금리 11.0% 이하, 최고금리 14.5% 미만. 카드회사 이외의 여신전문금융회사의 경우는 평균금리 14.0% 이하, 최고금리 17.5% 미만인 경우이다.

11) 차주수 기준(대출상품 판매고객 중 4-10등급 해당하는 인원)과 신규실행액 기준(4-10등급 해당하는 인원에게 판매한 대출금액) 중 어느 한 기준 이상을 충족한 경우이다.

(1) 목적 및 적용범위

이 모범규준은 신용카드업자의 카드대출 금리[일부결제금액이월약정(리볼빙) 결제 수수료 포함] 및 연체이자율의 산정 및 운용에 관한 모범관행(best practice)을 제시함으로써 신용카드업자가 자율적으로 카드대출 금리체계의 합리성을 제고하는 것을 목적으로 한다(모범규준1). 이 모범규준은 신용카드 개인회원에 대하여 적용된다(모범규준3 본문). 다만, 법인회원의 경우에도 리스크관리 목적상 개인회원과 유사한 방식으로 관리하는 경우 이 모범규준을 준용할 수 있다(모범규준3 단서).

(2) 대출금리의 산정

(가) 공통사항

대출업무와 무관한 비용, 산정근거를 합리적으로 설명할 수 없는 비용, 수익의 기간귀속을 위해 회계상 발생하는 비용 등은 대출금리 원가에 반영하지 않는다(모범규준4①). 비용은 원가항목별로 중복하여 반영하지 않는다(모범규준4②).

(나) 대출금리의 산정

대출금리의 기본원가는 신용원가,[12] 업무원가,[13] 조달원가[14] 및 자본원가[15] 등으로 구분하여 각 여신금융업자 자율적으로 합리적인 기준에 따라 체계적으로 산정한다(모범규준5①). 기준금리는 기본원가에 목표이익률[16] 등을 감안하여 산정한다(모범규준5②). 약정금리는 고객에게 실제 적용되는 가격으로서 기준금리에 프로모션 등에 의한 조정금리 등을 반영하여 산정한다(모범규준5③).

(다) 신용원가 및 업무원가의 산정

신용원가는 차주의 예상부도율(PD)과 부도시 손실률(LGD) 등을 감안하여

---

12) "신용원가"란 회원의 신용등급 또는 개인신용평점, 대출상품의 종류, 대출만기 등에 따라 향후 평균적으로 발생할 수 있는 예상손실비용 등을 말한다(모범규준2(1)).
13) "업무원가"란 여신전문금융업자의 가계신용대출업무 영위에 따른 영업비용 등을 말한다(모범규준2(2)).
14) "조달원가"란 차입금, 사채 발행, 자산 매각 등 자금조달에 따른 비용 등을 말한다(모범규준2(3)).
15) "자본원가"란 예상치 못한 손실에 대비하여 보유해야 하는 필요자본의 기회비용 등을 말한다(모범규준2(4)).
16) "목표이익률"이란 여신전문금융업자가 목표이익 확보를 위해 결정한 이익률을 말한다(모범규준2(5)).

합리적으로 산정한다(모범규준6). 업무원가는 가계신용대출과 관련된 영업비용 등을 평잔 등 수익비용 대응원칙에 부합되는 합리적인 원가배분 방식에 따라 배분하여 산정한다(모범규준7).

(라) 조달원가 및 자본원가의 산정

조달원가는 자금조달수단별 금리 등을 감안하여 합리적으로 산정한다. 다만, 합리적으로 결정된 내부이전가격이 있는 경우 조달원가로 사용할 수 있다(모범규준8). 자본원가는 신용위험자본율과 자기자본조달비용 등을 감안하여 합리적으로 산정한다(모범규준9).

(마) 목표이익률의 설정

신용카드업자는 목표이익률을 과도하게 설정하거나 특정 가격등급에 편중되도록 설정하지 아니한다(모범규준10①). 목표이익률의 설정에 관한 산정기준·절차 등 구체적인 내부 운영기준을 마련한다(모범규준10②).

(바) 조정금리의 산출

조정금리의 산출방법과 수준 등에 대해서는 시장의 과당경쟁을 야기하지 않고 건전경영을 해치지 않는 범위 내에서 여신전문금융업자가 합리적인 기준에 따라 자율적으로 정한다(모범규준11①). 조정금리 적용에 관한 전결권한의 범위 등을 구체적으로 마련하여 내부 운영기준에 반영한다(모범규준11②). 조정금리를 회원에게 적용하는 경우에는 적용근거를 구체적으로 기록·유지한다(모범규준11③).

(사) 리스크등급

리스크등급은 신용평점 등을 활용하여 산정한다(모범규준12①). 신용카드업자는 내부 신용평점만을 활용하여 리스크등급을 산출하는 경우 객관성에 대하여 합리적으로 설명할 수 있어야 한다(모범규준12②).

(3) 대출금리의 운용

(가) 목표이익률의 조정

신용카드업자는 경영환경의 급변 등 특별한 사유가 있는 경우를 제외하고는 신규 대출(만기연장, 대환 포함)에 대한 목표이익률을 과도하게 인상하지 않도록 한다(모범규준13).

(나) 연체이자율

연체이자율은 약정이자율에 연체가산금리를 합산하여 산정한다(모범규준 14).

(4) 대출금리 및 연체이자율의 산정·운용에 대한 내부통제

(가) 내부통제기준

신용카드업자는 대출금리의 기본원가 및 목표이익률, 조정금리, 연체이자율 등을 합리적으로 산정·운용하기 위하여 임직원이 직무를 수행할 때 따라야 할 기본적인 절차와 기준("내부통제기준")을 수립하고 내규에 반영하여야 한다(모범규준15①).

내부통제기준은 대출금리 및 연체이자율의 산정·운용업무와 관련한 업무분장 및 조직구조에 관한 사항, 산출기준에 관한 사항, 내부 심사위원회의 설치 및 운영에 관한 사항, 내부통제절차, 신용평가결과의 운영가격 적정 반영기준을 포함한 금리산정체계의 합리성에 대한 검증절차, 조정금리의 과도한 변경에 대한 점검절차에 관한 사항 등을 포함한다(모범규준15②).

(나) 내부 심사위원회 심사

대출금리의 기본원가 및 목표이익률, 조정금리, 연체이자율 등과 관련한 중요사항을 변경(조정, 신설을 포함)하는 경우에는 내부 심사위원회에서 변경 사유 등의 합리성과 타당성을 심사한다(모범규준16①). 내부 심사위원회 위원에는 리스크관리담당 임원(또는 부서장)을 포함한다(모범규준16②).

내부 심사위원회는 대출금리, 연체이자율 산출 및 운영의 적정성을 주기적으로 점검(최소 반기별 1회 이상)하고 필요시 적절한 조치를 취한다(모범규준16③). 내부 심사위원회는 제3항에 따른 적정성 점검을 위한 구체적인 기준, 방법, 절차 등을 마련한다(모범규준16④).

(5) 회원의 권익강화

(가) 대출상품금리 비교공시

회원이 다른 신용카드업자의 대출상품 등과의 금리비교를 통해 자신에게 가장 적합한 대출상품을 선택할 수 있도록 여신금융협회가 「여신금융상품 공시기준」에서 정한 기준에 따라 대출상품금리를 여신금융협회 인터넷 홈페이지 등에 공시한다(모범규준18①).

신용카드업자는 공시자료의 정확성 및 적정성을 자체 점검하여 소비자가 정확한 금리 정보를 확인할 수 있도록 한다(모범규준18②).

(나) 금리인하요구권

"금리인하요구권"이란 대출거래 약정 당시와 비교하여 신용상태의 개선 등 일정한 요건을 충족하는 회원이 신용카드업자가 정하는 절차에 따라 카드대출 금리 인하를 요구할 수 있는 권리를 말한다(모범규준2(9)).

신용카드업자는 회원의 금리인하요구가 적절히 반영될 수 있도록 금리인하요구 및 인정 등에 관하여 구체적인 내부 기준과 절차를 마련한다(모범규준19①). 신용카드업자는 금리인하요구 접수·처리·통보내역을 기록·보관하여야 하며, 금리인하요구 처리결과 및 불수용사유를 금리인하요구권을 행사한 회원에게 안내한다(모범규준19②).

신용카드업자는 금리인하요구권을 행사한 회원이 신용도 개선으로 신용카드업자가 정한 금리인하요건에 해당하는 경우 합리적인 근거 없이 조정금리 등을 조정하지 않는다(모범규준19③). 금리인하요구 사유는 신용카드업자가 관련 법령과 상품별 특성 등을 감안하여 자율적으로 정할 수 있다(모범규준19④). 금리인하요구권의 내용 및 이용절차 등은 홈페이지 등을 통해 안내한다(모범규준19⑤).

(다) 대출실행내역 통지

신용카드업자는 장기카드대출(카드론) 및 신용대출에 대해 신규대출(만기연장, 대환 포함)을 취급한 경우에는 대출금액, 만기, 대출금리 수준 등 대출실행 내역을 SMS, 이메일, 우편 등 회원이 선택한 수단을 통해 통지한다(모범규준20①). 이에 따른 통지시 대출계약철회권 및 금리인하요구권, 추후 만기연장을 신청하는 경우 대출금리가 기존 대비 인상되거나 만기연장이 불가능할 수 있음을 안내한다(모범규준20②). "대출계약철회권"이란 대출(단기카드대출(현금서비스 제외)) 실행일로부터 14일 이내에 대출금을 상환시 대출계약을 철회할 수 있는 권리를 말한다(모범규준2(10)).

(라) 대출금리 산정내역서

신용카드업자는 장기카드대출(카드론) 및 신용대출에 대해 신규(갱신·연장을 포함)로 대출을 취급한 경우 및 회원의 금리인하요구 수용에 따라 운영가격이 변경된 경우 기준가격, 조정금리, 운영가격을 일정한 서식("대출금리 산정내역서")에 따라 SMS, 이메일, 우편 등 회원이 선택한 수단을 통해 회원에게 제공한다(모범규준21① 본문). 다만, 회원이 원하지 않는 경우에는 그러하지 아니한다(모범규준21① 단서).

대출금리 산정내역서를 제공받은 회원이 금리 변동사유의 안내를 요구할 경우 신용카드업자는 신용등급 또는 개인신용평점의 변동, 조정금리 적용항목의 변경 등 주요한 변동사유를 안내한다(모범규준21②).

(마) 불합리한 차별방지

신용카드업자는 대출금리를 산정함에 있어 합리적인 이유 없이 성별, 장애, 나이, 출신국가, 혼인여부, 학력 등을 이유로 차별행위를 하여서는 아니 된다(모범규준22①). 신용카드업자는 만기연장만을 이유로 회원에게 불리한 대출금리를 적용하여서는 아니 된다(모범규준22②).

Ⅲ. 주택담보대출

1. 주택담보대출등의 의의

"주택담보대출"이라 함은 여신전문금융회사가 주택[17]을 담보로 취급하는 가계대출(자산유동화된 대출을 포함)을 말한다. 분양 주택에 대한 중도금대출 및 잔금대출 또는 재건축·재개발(리모델링 포함, 이하 여신전문금융업감독규정 별표 3에서 같다) 주택에 대한 이주비대출, 추가분담금에 대한 중도금대출 및 잔금대출은 주택담보대출로 본다(감독규정 별표 3).

"주택할부금융"이라 함은 주택의 매매계약에 대하여 할부금융업자가 매도인 및 매수인과 각각 약정을 체결하여 매수인에게 융자한 주택의 구매자금을 매도인에게 지급하고 매수인으로부터 그 원리금을 분할하여 상환받는 방식의 금융을 말한다(감독규정 별표 3).

---

[17] "주택"이라 함은 주택법 제2조 제1호에서 정하는 주택을 말하며, 분양권 및 재건축·재개발 지분(조합원 입주권) 등을 포함한다(감독규정 별표 3).

2. 여신전문금융회사의 담보인정비율 등 준수의무

여신전문금융회사는 주택관련 담보대출 및 주택할부금융("주택담보대출등") 취급시 법 제53조의3 및 시행령 제19조의20의 규정에 따라 경영의 건전성이 유지되도록 <별표 3>에서 정하는 담보인정비율(LTV, Loan-To-Value ratio), 총부채상환비율(DTI, Debt-To-Income ratio), 기타 주택담보대출 등의 취급 및 만기연장에 대한 제한 등을 준수하여야 한다(감독규정11의2①).

담보인정비율(LTV, Loan-To-Value ratio)이라 함은 주택담보대출 취급시 담보가치에 대한 대출취급가능금액의 비율을 말하고(별표 3), 총부채상환비율(DTI, Debt-To-Income ratio)이라 함은 차주의 연간 소득에 대한 연간 대출 원리금 상환액의 비율을 말한다(별표 3).

3. 금융감독원장의 담보인정비율 등 가감조정과 보고의무

금융감독원장은 여신전문금융회사의 경영건전성 등을 감안하여 긴급하다고 인정하는 경우 <별표 3>에서 정한 담보인정비율 및 총부채상환비율을 10퍼센트포인트 범위 이내에서 가감조정할 수 있다. 이 경우 금융감독원장은 그 내용을 지체 없이 금융위원회에 보고하여야 한다(감독규정11의2②).

4. 담보인정비율 등 산정방법 등

담보인정비율 및 총부채상환비율의 산정방법 및 적용대상의 세부판단기준, 주택담보대출등의 취급 및 만기연장 제한 등과 관련한 세부적인 사항은 금융감독원장이 정하는 바에 따른다(감독규정11의2③).

Ⅳ. 부동산PF 대출

1. 부동산PF 대출의 의의와 범위

"부동산PF 대출"이라 함은 특정 부동산 사업에 필요한 자금을 그 사업에서 발생하는 현금흐름을 상환재원으로 하여 취급하는 대출을 말하며 ⅰ) 부동산PF

대출 및 대출채권의 매입, ii) 부동산PF 대출 관련 유동화증권 또는 수익증권의 취득, iii) 부동산PF 대출채권을 기초자산으로 하는 장외파생상품계약의 체결, iv) 부동산PF 대출 관련 유동화증권의 인수계약 또는 매입보장약정의 체결, v) 그 밖에 여신금융회사에 익스포져를 발생시키는 모든 부동산PF 대출 관련 행위 등을 포함한다(여신금융회사의 부동산PF 리스크관리 모범규준2①, 이하 "모범규준").

"익스포져(Exposure)"란 부동산PF 대출 투자 결과 노출 또는 발생될 수 있는 위험의 비중 또는 금액을 의미한다(모범규준2②).

2. 부동산PF 대출과 여신성 자산의 한도

여신전문금융회사는 부동산PF 관련 대출채권 및 채무보증 취급잔액의 합계액이 여신성 자산의 30%를 초과할 수 없다(감독규정11의3①). 채무보증이라 함은 명칭의 여하를 불문하고 타인의 채무이행을 직접 또는 간접으로 보장하기 위하여 행하는 보증·배서·담보제공·채무인수·추가투자의무·매입보장약정·유동성공급계약·신용파생상품에서의 보장의 매도, 그 밖에 이에 준하는 것을 말한다(감독규정2①(11)). 여신성 자산이란 채권, 리스자산, 카드자산, 여신성가지급금을 말한다(감독규정11의3②).

(1) 채권

"채권"이라 함은 대출금(명칭 등 형식에 불구하고 경제적 실질이 이자수취 등을 목적으로 반환을 약정하고 자금을 대여하여 발생한 대출채권 및 대지급금 등의 구상채권), 할인어음, 할부금융, 팩토링, 지급보증대지급금, 단기대여금을 말한다(감독규정2①(1)).

(2) 리스자산

"리스자산"이라 함은 운용리스자산, 금융리스채권, 선급리스자산, 렌탈자산, 관련 미수금을 말한다(감독규정2①(2)).

(3) 카드자산

"카드자산"이라 함은 신용카드회원·직불카드회원 또는 선불카드 소지자가 신용카드·직불카드 또는 선불카드를 이용함에 따라 발생하는 채권으로 i) 신용판매자산: 신용카드로 물품을 구입하거나 용역을 제공받는 등으로 인하여 발생한 채권 중 다목을 제외한 채권(가목), ⅱ) 카드대출자산: 단기카드대출(현금서비스), 장기카드대출(카드론) 등 신용카드회원에 대한 자금의 융통으로 인하여 발생한 채권 중 다목을 제외한 채권(나목), ⅲ) 일부결제금액이월약정자산(리볼빙자산): 신용카드회원이 신용기드업자와 별도 약정에 따라 신용카드 이용대금의 일부만 결제하고 잔여금액에 대한 결제를 이월함에 따라 발생하는 채권(다목), ⅳ) 그 밖의 카드자산: 직불카드회원 또는 선불카드 소지자가 직불카드 또는 선불카드를 이용함에 따라 발생하는 채권 및 가목부터 다목까지의 어느 하나에 해당하지 않는 카드자산(라목)을 말한다(감독규정2①(3)).

(4) 여신성가지급금

"여신성가지급금"이라 함은 위의 채권, 리스자산, 카드자산, 투자와 관련하여 발생한 가지급금 중 거래처가 부담하여야 하는 금액을 말한다(감독규정2①(5)). 여기서 투자라 함은 투자증권(자본시장법 제4조의 증권을 말하며, 파생결합증권 및 증권예탁증권을 제외)을 말한다(감독규정2①(4)).

3. 부동산PF 대출 익스포져 한도

여신금융회사는 부동산PF 대출 리스크관리를 위해 익스포져 한도를 설정하여야 하며, 한도를 초과하지 않도록 관리절차와 정책을 마련하여야 한다(모범규준5①). 여신금융회사는 익스포져 한도를 설정할 경우 부동산PF 대출 취급잔액 한도를 여신성자산의 30% 이내로 제한하여야 한다(모범규준5②). 익스포져 한도에는 직접 익스포져뿐만 아니라 시공사의 신용보강 등 간접 익스포져도 포함되어야 한다(모범규준5④).

제
3
장
/

기타 여신금융상품

제1절 의의

여신전문금융업법에 따르면 앞에서 살펴본 대출 이외의 기타 여신금융상품은 신용카드상품, 금융리스(시설대여), 할부금융 등으로 구분할 수 있다. 통신과금서비스의 경우 금융관련법률에서 규정하고 있지 않지만, 후술하는 바와 같이 기능상 여신상품에 해당하고, 과학기술정보통신부장관에게 통신과금서비스사업자로 등록하여야 하기 때문에 행정기관에 등록한 금융업자에 해당한다.

제2절 신용카드상품

Ⅰ. 신용카드 발급요건

1. 발급신청인의 자격요건

신용카드업자는 신용카드발급신청을 받아야만 신용카드를 발급할 수 있다

(법14①). 이때 신용카드업자는 결제능력이 있으며, 신용한도 설정이 가능한 신청인에게만 신용카드를 발급할 수 있다(법14②). 여신전문금융업법과 동법 시행령에서 정하고 있는 발급신청인의 자격요건은 신용한도 산정요건과 연령요건 등을 들 수 있다.

2. 신용한도 산정요건

신용한도 산정요건(법14②(2) 및 ③(1))은 다음의 사항을 기준으로 신용한도 산정이 가능한 자이어야 한다. 즉 신용한도 산정요건은 ⅰ) 소득과 재산에 관한 사항, ⅱ) 타인에 대한 지급보증에 관한 사항, ⅲ) 신용카드이용대금을 결제할 수 있는 능력에 관한 사항, ⅳ) 신청인이 신용카드 발급 당시 다른 금융기관으로부터 받은 신용공여액에 관한 사항, ⅴ) 신용카드의 발급신청인이 그 신용카드업자나 다른 금융기관(금융산업구조개선법 제2조에 따른 금융기관)에 상환 기일 내에 상환하지 못한 채무("연체채무")의 존재 여부, ⅵ) 채무가 상환되거나 변제된 경우에는 그 상환방법이나 변제방법을 말한다(영6의7①).

3. 연령요건

연령요건(법14③(2) 및 영6의7②)은 다음의 하나를 충족한 자이어야 한다. ⅰ) 만 19세 이상인 자, ⅱ) 아동복지법 제38조[1]에 따른 자립지원 등 국가 또는 지방자치단체의 정책적 필요에 따라 불가피하게 신용카드를 발급받아야 하는 자, ⅲ) 만 18세 이상으로 재직증명이 가능한 자, ⅳ) 만 12세 이상으로 직불카드와 신용카드의 기능을 동시에 갖추고 있는 신용카드로서 대중교통의 육성 및 이용

---

1) 아동복지법 제38조(자립지원) ① 국가와 지방자치단체는 보호대상아동의 위탁보호 종료 또는 아동복지시설 퇴소 이후의 자립을 지원하기 위하여 다음에 해당하는 조치를 시행하여야 한다.
　 1. 자립에 필요한 주거·생활·교육·취업 등의 지원
　 2. 자립에 필요한 자산의 형성 및 관리 지원("자산형성지원")
　 3. 자립에 관한 실태조사 및 연구
　 4. 사후관리체계 구축 및 운영
　 5. 그 밖에 자립지원에 필요하다고 대통령령으로 정하는 사항
　 ② 제1항에 따른 자립지원의 절차와 방법, 지원이 필요한 아동의 범위 등에 필요한 사항은 대통령령으로 정한다.

촉진에 관한 법률 제2조 제6호2)에 따른 교통카드 기능을 이용할 목적으로 발급
받아야 하는 자이어야 한다.

4. 약관 등 거래조건 제공의무

신용카드업자는 위 자격요건 두 가지를 모두 충족한 발급신청인에게만 신용
카드를 발급할 수 있다. 이는 발급조건이기는 하지만 사실상 신용카드업자가 신
용카드를 설계할 때 고려하여야 할 사항이다. 또한 신용한도 산정요건의 경우 신
용카드업자가 정하는 산정기준에 따르기 때문에 신용카드업자는 신용한도 산정
기준을 사전에 마련하여야 한다.

신용카드업자는 신용카드나 직불카드를 발급하면서 약관과 함께 신용카드
회원이나 직불카드회원의 권익을 보호하기 위하여 연회비, 이자율, 수수료, 이용
한도,3) 결제방법, 결제일, 신용카드 유효기간 및 개인신용평점 등 거래조건 등을
제공하여야 하고(법14⑤, 영6의7⑦), 모집자는 신용카드회원을 모집할 때 신용카
드의 거래조건에 대해서 설명하여야 하기 때문에 신용카드업자는 신용한도 산정
기준뿐만 아니라 거래조건 등에 관한 설계를 하여야 한다.

5. 신용카드상품의 종류

신용카드상품은 카드상품, 신용카드대출상품, 카드결제와 관련한 특약상품
으로 구분할 수 있다. 카드상품은 신용카드, 체크카드, 직불카드, 선불카드 등으
로 나뉘며, 신용카드대출상품은 단기카드대출(현금서비스)과 장기카드대출(카드론)
로 나뉘고, 카드결제와 관련한 특약상품은 할부, 일부결제금액이월약정(리볼빙),
채무면제·유예상품(DCDS) 등으로 나뉜다.

신용카드업자는 신용카드회원과 자금의 융통을 할 수 있으며(법13①(1)), 금
융위원회는 신용질서를 유지하고 소비자를 보호하기 위하여 신용카드에 의한 현
금융통의 최고한도를 정할 수 있다(법24(1)). 신용카드업자는 신용카드회원을 모

---

2) 6. "교통카드"란 교통요금을 전자적으로 지급·결제하는 카드나 그 밖의 매체를 말한다.
3) "이용한도"라 함은 신용카드업자가 회원에게 부여하는 신용한도로서 일시불, 할부, 단기
   카드대출(현금서비스) 및 일부결제금액이월약정(리볼빙) 결제에 대하여 통합 적용되는 한
   도를 말한다(신용카드 발급 및 이용한도 부여에 관한 모범규준2(4)).

집할 때 자금의 융통을 권유하는 경우에는 대출금리, 연체료율 및 취급수수료 등의 거래조건을 감추거나 왜곡하지 아니하고, 이해할 수 있도록 설명하여야 한다(영6의8①(8)).

Ⅱ. 카드상품

1. 신용카드

(1) 신용카드의 의의

(가) 신용카드의 개념

여신전문금융업법상 신용카드란 "이를 제시함으로써 반복하여 신용카드가맹점에서 결제할 수 있는 증표로서 신용카드업자(외국에서 신용카드업에 상당하는 영업을 영위하는 자를 포함)가 발행한 것"을 말한다(법2(3)). 즉 신용카드란 카드회원의 가입신청에 따라 카드회사가 카드를 발행하고, 카드회원은 그 발급받는 카드를 이용하여 현금을 지급함이 없이 계속적·반복적으로 가맹점에서 상품을 구매하거나 서비스를 제공받을 수 있음은 물론 카드회사 또는 제3자로부터 신용을 제공받을 수 있음을 증명하는 하나의 자격증권을 말한다.[4] 신용카드는 카드회원이 물품의 구입이나 용역의 제공을 받기 위해 대금결제수단으로 사용하는 현금, 수표에 이은 "제3의 통화"라 불린다.

(나) 신용카드로 결제할 수 없는 사항

신용카드로 결제할 수 없는 사항은 ⅰ) 금전채무의 상환, ⅱ) 자본시장법 제3조 제1항에 따른 금융투자상품 또는 예금, 적금 및 부금, ⅲ) 게임산업진흥에 관한 법률 제2조 제1호의2[5])에 따른 사행성게임물의 이용 대가 및 이용에 따른

---

[4] 1858년 미국에서 세계 최초로 발행된 신용카드는 1968년도에 한국에 도입되었으며, 제3의 화폐로써 우리나라 경제소비의 주축을 이루고 있다. 그러나 2002년 이후 국내 가계부채가 연평균 8%를 넘어서고 있으며, 그 중심에는 신용카드의 시장포화 현상과 사용금액 증가 등이 가계부채를 더욱 증가시키고 있는 실정이다. 2018년 집계된 자료에 의하면, 신용카드 발매수가 1억 5백만 건을 넘어섰으며, 이용금액 또한 724조원에 이르고 있다. 2019년 2분기에 승인된 신용카드의 승인 건수는 33.2억 건으로 전년 대비 10.7% 증가하였으며, 승인금액 또한 166.9조원으로 전년 대비 5.5% 증가하였다(정병국(2019), "체크카드에 대한 대학생의 사용패턴과 브랜드디자인의 중요성에 관한 연구", 한국디자인리서치 제4권 제3호(2019. 9), 270쪽).

금전의 지급,6) ⅳ) 관광진흥법에 따른 카지노의 이용 대가 및 이용에 따른 금전의 지급[다만, 외국인(해외이주법 제2조에 따른 해외이주자 포함)이 관광진흥법에 따라 허가받은 카지노영업소에서 외국에서 신용카드업에 상당하는 영업을 영위하는 자가 발행한 신용카드로 결제하는 것은 제외], ⅴ) 경륜·경정법 제2조 제1호 및 제2호에 따른 경륜 및 경정의 이용 대가 및 이용에 따른 금전의 지급, ⅵ)「사행행위 등 규제 및 처벌특례법」제2조 제1항 제1호에 따른 사행행위의 이용 대가 및 이용에 따른 금전의 지급, ⅶ)「전통소싸움경기에 관한 법률」제2조 제2호에 따른 소싸움 경기의 이용 대가 및 이용에 따른 금전의 지급, ⅷ) 한국마사회법 제2조 제1호에 따른 경마의 이용 대가 및 이용에 따른 금전의 지급, ⅸ) 신용카드업자와 상품권 신용카드거래 계약[상품권 발행자(발행자와 상품권 위탁판매계약을 맺은 자를 포함)가 신용카드회원에게 신용카드를 사용한 거래에 의하여 발행자가 발행한 상품권을 제공하는 계약]을 체결하지 아니한 발행자가 발행한 상품권의 구입에 따른 금전의 지급, ⅹ) 개인 신용카드회원이 월 1백만원의 이용한도[선불카드 금액, 전자금융거래법 제2조 제14호에 따른 선불전자지급수단("선불전자지급수단") 금액 및 상품권 금액을 합하여 산정]를 초과한 선불카드, 선불전자지급수단 및 상품권(신용카드업자와 상품권 신용카드거래 계약을 체결한 발행자가 발행한 상품권으로 한정)의 구입에 따른 금전의 지급 등이다(법2(3), 영1의2②).

(다) 신용카드가 전자지급수단인 이유

전자금융거래법은 신용카드를 전자지급수단으로 규정하고 있다(전자금융거래법2(11)).7) 신용카드가 전자지급수단인 이유는 신용카드사와 회원이 카드단말

---

5) 1의2. "사행성게임물"이라 함은 다음에 해당하는 게임물로서, 그 결과에 따라 재산상 이익 또는 손실을 주는 것을 말한다.
    가. 베팅이나 배당을 내용으로 하는 게임물
    나. 우연적인 방법으로 결과가 결정되는 게임물
    다.「한국마사회법」에서 규율하는 경마와 이를 모사한 게임물
    라.「경륜·경정법」에서 규율하는 경륜·경정과 이를 모사한 게임물
    마.「관광진흥법」에서 규율하는 카지노와 이를 모사한 게임물
    바. 그 밖에 대통령령이 정하는 게임물
6) 다만, 외국인(해외이주법 제2조에 따른 해외이주자를 포함)이 관광진흥법에 따라 허가받은 카지노영업소에서 외국에서 신용카드업에 상당하는 영업을 영위하는 자가 발행한 신용카드로 결제하는 것은 제외한다(법2(3) 다목 단서).
7) "전자지급수단"이라 함은 전자자금이체, 직불전자지급수단, 선불전자지급수단, 전자화폐,

기(전자적 장치)와 카드(접근매체)를 통하여 전자적으로 거래이용의 신청과 승인과정이 비대면으로 이루어지기 때문이다(가맹점 종사자는 금융회사 종사자가 아니다). 또한 카드회원의 거래서명도 핀패드에 전자적으로 하고 있으며 결제정보도 신용카드VAN(Valucd Added Network) 또는 신용카드PG(전자지급결제대행)를 통하여 전송되므로 서면거래에도 해당하지 않는다. 따라서 신용카드거래는 전자금융거래법 제2조 제1호에서 정의하고 있는 전자금융거래의 요건(전자적 장치를 통한 비대면, 비서면거래)을 충족하고 있다고 할 수 있다. 이는 신용카드사가 발급하는 선불카드, 직불카드의 거래에 있어서도 동일하다.[8]

(라) 신용카드의 결제구조

신용카드는 물품 등의 구매 등에 사용되는 지급수단으로서, 신용카드회사가 가맹점의 구매자에 대한 매출채권을 양수하거나 구매자 대신 가맹점에 지급하고, 구매자(소비자)는 일정한 신용기간이 지난 후에 대금채무의 변제를 신용카드회사에 대하여 함으로써 지급이 이루어지게 된다. 이와 같은 신용카드에 의한 지급의 구조를 시장에서는 "신용카드결제"라고 부른다. 물품의 매매계약을 예로 든다면 목적물의 구매에 대한 계약과 대금채무의 변제에 대한 계약이 분리되어 체결된다는 점과 구매자는 일정기간 신용카드회사로부터 신용을 제공받는다는 점에 신용카드결제의 특징이 있다. 신용카드결제가 성립하기 위해서는 3당사자 간에 우선 두 가지 기본계약이 체결되어 있어야 한다. 카드회사와 가맹점 간의 가맹점계약과, 카드회사와 소비자 간의 카드이용계약이다.[9]

신용카드는 여신전문금융업법에 의하여 허가받은 신용카드업자가 가맹점에서 물품 등을 구매한 금융소비자를 대신하여 대금을 지급하고, 사전에 약정한 날짜에 대신 지급한 금액을 청구하는 구조를 가지고 있어, 대금결제수단으로 일정 금액을 먼저 지급하는 선불카드나 결제 즉시 대금이 계좌이체 등의 방식을 통해 즉시 지급되는 직불카드와 상이하다. 이러한 신용카드의 거래구조는 신용카드업

신용카드, 전자채권, 그 밖에 전자적 방법에 따른 지급수단을 말한다(전자금융거래법 2(11)).

8) 김시홍(2015), "전자지급수단의 법적 규제방안", 가천대학교 대학원 박사학위논문(2015. 12), 21쪽.

9) 서희석(2016), "한국에서 전자지급결제에 대한 법적 규제의 현황: 핀테크와 규제완화의 관점에서", 소비자법연구 제2권 제2호(2016. 9), 158쪽.

자, 카드회원인 금융소비자, 가맹점의 3당사자 구조를 가지고 있다.[10]

신용카드업자가 금융소비자에게 제공하는 단기카드대출(현금서비스) 또는 장기카드대출(카드론) 등은 신용카드업자와 금융소비자 간 양당사자 구조인데, 이는 신용카드의 사용이 아닌 앞서 살펴본 대출에 해당한다.

(마) 신용카드의 이용도 및 발급매수

국내 신용카드의 이용도 및 발급매수는 다른 국가에 비해 상당히 높은 수준이다. 여신전문금융업협회의 신용카드업 현황(2019. 12월 31일 기준)에 따르면 우리나라 경제활동인구 1인당 3.9매의 신용카드를 소지하고 있는 것으로 조사되었다. 신용카드 이용액에 대한 소득공제 부여 및 확대 등을 통해 지급결제의 수단으로 신용카드 이용을 장려한 결과이기도 하다. 그러나 2019년 상반기 신용카드의 발급매수와 신용카드이용액이 여전히 증가하고 있음에도 수익은 전년 동기 대비 감소하는 등 수익성 악화가 진행되고 있는 것으로 나타났다.[11]

(2) 신용카드의 분류

(가) 회원 구분에 따른 신용카드 분류

1) 본인회원카드와 가족회원카드

가) 본인회원카드

본인회원이란 이 약관을 승인하고 ○○카드(주)에 카드 발급을 신청하여 카드사로부터 카드를 발급받은 사람을 말하고, 가족회원이란 본인회원이 지정하고 대금의 지급 및 기타 카드이용에 관한 책임을 본인회원이 부담할 것을 승낙한 사람으로서, 이 약관을 승인하고 카드사로부터 카드를 발급받은 사람을 말한다(신용카드 개인회원 표준약관2②③. 이하 "표준약관"). 본인회원이 발급받은 카드가 본인회원카드이다.

나) 가족회원카드

가족회원카드란 본인회원의 가족이 발급받는 카드로서 본인회원이 대금의

---

10) 실제로 자금이 결제되는 구조를 살펴보면 통신서비스를 제공하는 VAN업자 등 다양한 당사자들이 존재하지만, 이들은 신용카드회사의 이행보조자의 지위에 있을 뿐 자금결제의 거래관계에서는 3당사자구조만이 존재한다.

11) 김정렬(2019), "가맹점수수료 인하와 간편결제 확대가 신용카드사에 미치는 영향 분석", 신용카드리뷰 제13권 제4호(2019. 12), 2쪽.

지급 및 기타 카드이용에 관한 책임을 부담할 것을 승낙한 경우를 말한다. 가맹점 입장에서 볼 때 본인회원카드와 가족회원카드 간 특별한 차이는 없다. 아래서는 가족카드 발급에 관해 살펴본다.

ⅰ) 본인회원의 신청

본인회원은 카드사에 가족카드 발급(갱신·대체발급을 포함)을 신청할 수 있으며, 카드사는 관련 법규 등에 따라 본인회원의 신용상태, 가족관계, 가족의 동의 등을 확인하여 가족카드를 발급할 수 있다(표준약관3의2①).

ⅱ) 발급대상

가족카드는 본인회원의 배우자, 직계존속·비속(배우자 포함), 형제자매 및 배우자의 직계존속·비속, 형제자매에게 발급된다(표준약관3의2②).

ⅲ) 상품설명서 명시사항과 안내

카드사는 가족카드 발급과 관련하여 가족카드 연회비 및 가족카드 발급 가능매수, 가족카드 부가서비스 이용조건 및 제공 범위, 가족카드 연말정산 관련 사항, 휴대폰 메시지 및 카드대금 청구서 제공사실 및 방법, 가족카드 포인트 양도방법, 이혼, 사망, 파양 등 가족관계 변동시 본인회원 및 가족회원의 카드사 신고방법 및 처리절차, 가족관계 변동이 되었음에도 가족카드를 정지시키지 않는 경우 의도하지 않는 카드사용 및 책임이 발생할 수 있다는 사실, 본인회원이 요청할 경우 가족회원의 동의없이 가족카드가 한도감액·정지·해지될 수 있다는 사실, 기타 가족카드 이용정지 및 해지 등에 관한 사항을 상품설명서에 명시하고 카드를 발급할 경우 본인회원과 가족회원에게 안내한다(표준약관3의2③).

ⅳ) 본인회원의 책임과 입증책임

본인회원은 본인회원이 발급을 신청하지 않은 가족카드 사용금액에 대해서는 책임을 부담하지 않는다. 본인회원이 발급을 신청했다는 사실에 대한 입증책임은 카드사가 진다(표준약관3의2④).

ⅴ) 본인회원의 한도감액·정지·해지 요청

본인회원은 가족회원의 동의 없이 가족카드의 한도감액·정지·해지를 카드사에 요청할 수 있으며 카드사는 본인회원의 요청에 따라 가족카드 한도감액·정지·해지 조치를 한 경우에는 즉시 그 사실을 본인회원과 가족회원에게 알린다

(표준약관3의2⑤).

  vi) 미상환 채무의 추심

카드사는 가족회원에게 본인회원의 미상환 채무를 추심할 수 없다(표준약관3
의2⑥).

  vii) 본인회원의 가족카드 이용대금 자동이체결제계좌로 지정 요청

본인회원은 카드사가 정하여 카드사의 홈페이지 등에 게시하는 절차에 따라
가족회원 명의의 계좌를 가족카드 이용대금 자동이체결제계좌로 지정해 줄 것을
카드사에 요청할 수 있으며, 이 경우 카드사는 가족회원의 동의를 받아 처리한다
(표준약관3의2⑦).

  2) 개인카드와 법인카드

  가) 개요

개인카드는 개인 명의로 발급받는 카드를 말한다. 법인(신용)카드라 함은 법
인 등 부가가치세법 등에 의한 사업자등록을 한 사업자에게 발급된 신용카드를
말한다(감독규정2(9)). 「신용카드 법인회원 연회비 부과 등에 관한 표준약관」("표
준약관")에 의하면 법인카드란 법인회원이 사용하는 카드(회원에 소속된 임직원 명
의로 발급되는 카드를 포함)를 말한다(표준약관2②). 여기서 법인회원이란 이 표준약
관의 적용을 승인하고 ○○카드(주)에 카드를 신청하여 신용카드사("카드사")로부
터 가입승인을 받은 법인, 기업, 기관, 협회, 사업자, 기타 이에 준하는 단체("회
원")를 말한다(표준약관2①). 법인카드는 다시 무기명 법인카드, 기명식 법인카드
로 나뉜다. 기명식 법인카드 중에 개인카드의 성질을 갖는 것으로 개인형 법인카
드라는 것이 있다. 이는 사용금액에 대하여 해당 법인과 법인카드에 기명된 자가
연대채무를 지는 경우를 말한다.[12] 아래서는 「신용카드 법인회원 연회비 부과
등에 관한 표준약관」("표준약관")의 주요 내용을 살펴본다.

  나) 연회비 부과

  ⅰ) 기본연회비와 제휴연회비

연회비는 카드사가 발급, 이용명세서 발송 등 회원관리비용을 충당하기 위

---

12) 석일홍(2018), "신용카드가맹점의 법적 쟁점에 관한 연구: 결제대행가맹점을 포함하여",
    고려대학교 대학원 박사학위논문(2018. 6), 38–39쪽.

하여 부과하는 기본연회비와 카드별로 제공하는 부가서비스 비용을 충당하기 위하여 부과하는 제휴연회비로 구성된다. 기본연회비는 회원별 혹은 카드별로, 제휴연회비는 카드별로 부과되며 카드발급시점을 기준으로 1년 단위로 청구된다(표준약관3①).

ⅱ) 연회비 매년 납부 및 우선청구

회원은 카드사에 카드 연회비를 매년 납부하여야 하며, 카드사는 카드이용대금에 우선하여 연회비를 청구할 수 있다(표준약관3②).

ⅲ) 최초년도 연회비 면제 여부

최초년도 연회비는 면제되지 않는다(표준약관3③ 본문). 다만, 다른 법령 등에서 연회비를 부과하지 않도록 규정한 경우, 갱신발급시 카드사의 연회비 면제조건을 충족하거나 회원의 기업분할·합병, 기업명 변경 등으로 일괄적으로 교체·대체 또는 신규 발급하는 경우, 국가·지방자치단체·공공기관을 대상으로 카드를 발급하거나 공공사업을 목적으로 회원에게 카드를 발급한 경우, 여신전문금융업법 시행령 제2조의4 제1항 제1호의 기업구매전용카드를 발급한 경우에는 최초년도 연회비를 면제받을 수 있다(표준약관3② 단서).

ⅳ) 연회비 청구기준 및 청구금액 안내

카드사는 회원을 모집하는 경우 회원에게 연회비 청구기준 및 청구금액 등을 안내한다(표준약관3④).

ⅴ) 연회비 부과 제외

카드사는 연회비 부과 시점을 기준으로 1년 이상 사용하지 않은 카드에 대한 연회비는 부과하지 않는다(표준약관3⑤).

다) 연회비 반환

ⅰ) 반환금액 산정

회원이 유효기한이 도래하기 전에 카드를 해지하는 경우 연회비 반환금액은 회원이 카드사와 계약을 해지한 날부터 일할 계산(회원의 카드이용이 가능하게 된 날을 기준으로 계산)하여 산정한다. 이 경우 회원이 이미 납부한 연회비에 반영된 카드의 발행·배송 등 카드 발급(신규로 발급된 경우로 한정)에 소요된 비용, 카드이용시 제공되는 추가적인 혜택 등 부가서비스 제공에 소요된 비용은 반환금액 산정에서 제외된다(표준약관4①).

ⅱ) 반환기간

카드사는 회원이 계약을 해지한 날부터 10영업일 이내에 산정된 연회비 반환금액을 반환하여야 한다(표준약관4② 본문). 다만, 부가서비스 제공내역 확인에 시간이 소요되는 등의 불가피한 사유로 계약을 해지한 날부터 10영업일 이내에 연회비 반환금액을 반환하기 어려운 경우에는 계약을 해지한 날부터 3개월 이내에 반환할 수 있다(표준약관4② 단서).

ⅲ) 반환금액 산정방식 통지

카드사는 연회비 반환금액을 반환할 때에는 그 연회비 반환금액의 산정방식을 함께 해당 카드사와의 계약을 해지한 자에게 알려야 한다(표준약관4③).

ⅳ) 반환지연사유 및 반환 예정일 통지

카드사는 제2항 단서에 따른 사유로 계약을 해지한 날부터 10영업일 이내에 연회비 반환금액을 반환하기 어려운 경우에는 그 10영업일이 지나기 전에 반환지연사유 및 반환 예정일을 계약을 해지한 자에게 알려야 한다(표준약관4④).

(나) 발행회사의 국적에 따른 분류

1) 국내발행 카드

국내발행 카드는 여신전문금융업법에 따라 신용카드업 허가(유통계 겸영카드의 경우 등록)를 받은 회사가 국내에서 발행하는 카드이다. 국내발행 카드는 다시 외국에서 사용이 가능한 카드와 국내 전용 카드로 나뉜다. 신용카드회사가 해외에서 가맹점을 모집하는 것이 여신전문금융업법령상 금지되지는 않으나 국내 신용카드회사는 해외 네트워크사(예: Visa · MasterCard)와의 제휴에 따라 해외 네트워크사의 가맹점망을 통하여 해외 사용이 가능한 신용카드를 발행하고 있다. 해외 네트워크사와 제휴하지 않고 발행된 신용카드는 국내 전용 카드이며 해외 사용이 불가능하다.[13]

2) 외국발행 카드

외국발행 카드도 인정된다. 여신전문금융업법은 여신전문금융업법에 따라 신용카드업 허가를 받은 회사가 발행한 신용카드뿐 아니라, "외국에서 신용카드

---

13) 석일홍(2018), 39쪽.

업에 상당하는 영업을 영위하는 자"가 발행한 신용카드에 대하여도 적용이 된다 (법2(3)). 국내 금융관련법령상 다른 국가의 금융상품에 대하여 국내법을 적용하는 것은 국제간 거래가 흔한 신용카드의 성질을 반영한 것으로 보인다.

(다) 대금지급시기에 따른 분류

1) 일시불 방식(일반 신용)

일시불(convenience) 방식이다. 사용대금 전액을 대금지급일(다음 달 특정일)에 일시불로 상환하는 방식을 말한다. 회원은 이자를 지급하지 않는다.

2) 할부구매 방식(할부 신용)

할부구매 방식이다. 이는 구매금액을 구매시에 결정한 개월 수로 나누어 균등하게 상환하는 방식이다. 이연되는 금액에 대하여는 이자가 붙는다.

3) 리볼빙(revolving) 방식(회전 신용)

리볼빙(revolving) 방식이다. 이는 사전에 약정된 신용한도 범위 내에서 카드회원이 월간 이용금액 중 사전에 약정한 최소금액 이상을 일시불로 갚고 나머지는 매월 할부방식으로 원금과 이자를 갚아나가는 방식을 말한다(감독규정2(3) 다목). 이연되는 금액에 대해서는 이자가 붙는다.

4) 결어

회원은 카드회사와의 약정에 따라 일시불 방식, 할부구매 방식, 리볼빙 방식으로 대금을 납입할 수 있다. 회원이 어느 방식을 선택했는지에 따라 여신전문금융업법상으로는 가맹점에게 차이는 없다. 다만 회원이 신용카드로 물품·용역을 구매하면서 할부거래법 제2조 제1호 나목에 따른 간접할부계약 요건을 충족하는 경우, 가맹점은 동법에 따른 할부거래업자에 해당하게 되고 철회권(할부거래법8)·항변권(할부거래법16)의 대상이 되어, 불안정한 지위에 놓이게 된다. 간접할부계약은 "소비자가 신용제공자에게 재화등의 대금을 2개월 이상의 기간에 걸쳐 3회 이상 나누어 지급하고, 재화등의 대금을 완납하기 전에 사업자로부터 재화등의 공급을 받기로 하는 계약"을 말한다(할부거래법2(1) 나목).

(라) 기타 여전법령상 특수한 신용카드

1) 유통계 겸영카드(백화점 카드)

가) 의의

유통계 겸영카드(백화점 카드)이다. 신용카드를 발급하기 위하여는 금융위원회로부터 신용카드업 허가를 받아야 하나, "유통산업발전법 제2조 제3호에 따른 대규모점포를 운영하는 자" 또는 "계약에 따라 같은 업종의 여러 도매·소매 점포에 대하여 계속적으로 경영을 지도하고 상품을 공급하는 것을 업으로 하는 자"의 경우에는 등록만으로 신용카드를 발급할 수 있다(법3①, 법③(2), 영3②).

나) 특징

다만 해당 신용카드의 가맹점의 범위는 ⅰ) 해당 업자의 영업장에서 영업행위를 하는 사업자, ⅱ) 해당 업자와 판매대리점 계약을 체결한 사업자, ⅲ) 경영위탁계약 등에 따라 해당 업자의 상호, 상표 및 경영기법을 도입하여 영업하는 사업자로 제한된다(법23①, 영7). 즉 백화점 카드라고 불리는 이러한 종류의 카드는 위 특정 조건을 충족하는 판매상만이 가맹점계약을 체결할 수 있으며, 이러한 조건에 해당하지 않는 판매상은 해당 유통계 겸영카드의 가맹점이 될 수 없다. 어디서든 가맹점 모집이 가능한 일반 신용카드와는 그 범용성에서 크게 차이가 있다.14)

2) 신용체크카드(하이브리드카드)

가) 의의

신용체크카드(하이브리드카드)이다. 법령상으로 신용체크카드라는 명칭이 정해진 것은 아니나, 한국신용정보원이 제정한 일반신용정보관리규약에서 신용체크카드라는 표현을 쓰고 있다(일반신용정보관리규약5⑤). 그러나 통상 실무상 또는 거래상으로는 하이브리드카드라고 불린다. 신용카드를 발급받기 위하여는 ⅰ) 개인신용평점이 상위 93%에 해당하거나, 또는 ⅱ) 장기연체가능성이 1만분의 65 이하에 해당하여야 하는데(법14③(3), 영6의7③(1), 감독규정24①), "직불카드와 신용카드의 기능을 동시에 갖추고 있는 카드로서 카드회원에게 이용 편의를 제공할 목적으로 30만원 이내의 신용카드 이용한도가 부여"된 카드는 이러한 요건

---

14) 석일홍(2018), 42-44쪽.

충족 없이도 발행이 가능하다(영6의7③(1) 나목, 감독규정24②).

나) 특징

하이브리드카드는 통상 체크카드 기반을 말하는데, 신용카드 기반의 하이브리드카드도 있다. 신용카드 기반의 하이브리드카드는 회원이 지정한 일정 금액 이하의 거래는 체크카드로 결제되고, 일정 금액 초과 거래는 신용카드로 결제되는 구조이다. 다만 이는 별도상품으로 출시되는 것은 아니고, 통상 기존 신용카드에 체크결제서비스를 부여하는 형태로 운영되고 있다.

하이브리드카드는 결제능력이 없는 학생·무직자 등에게도 일정한도 내에서는 신용카드를 허용해 주겠다는 취지와 지하철·버스 등에서 사용되는 교통요금이 후불방식만 가능한 전산시스템으로 되어 있어, 통상의 직불카드로는 교통요금 결제가 불가능하게 된 점에 기인하여 도입된 것이다. 직불카드 가맹점수수료율과 신용카드 가맹점수수료율은 다른데, 가맹점 입장에서는 동일한 하이브리드카드의 사용시에 해당 카드가 직불카드로 사용된 경우와 신용카드로 사용된 경우에 각각 다른 가맹점수수료를 지급하여야 한다.

3) 기업구매전용카드

가) 의의

기업구매전용카드란 "구매기업·판매기업 및 신용카드업자 간의 계약에 따라 구매기업이 해당 판매기업에 대한 구매대금의 지급을 목적으로 신용카드업자로부터 발급받는 신용카드"를 말한다(영2의4①(1)). 한편 세법에서는 "기업구매전용카드란 구매기업이 구매대금을 지급하기 위하여 여신전문금융업법에 따른 신용카드업자로부터 발급받는 신용카드 또는 직불카드로서 일반적인 신용카드가맹점에서는 사용할 수 없고, 구매기업·판매기업 및 신용카드업자 간의 계약에 의하여 해당 판매기업에 대한 구매대금의 지급만을 목적으로 발급하는 것"을 말한다고 규정하고 있는데(조세특례제한법7의2③(5)), 이에 해당되는 경우 일정한 세제혜택을 주고 있다(조세특례제한법7의2, 7의4, 144).

기업구매전용카드는 물품 및 용역을 구매하는 기업이 여신전문금융업법에 의한 카드회사와 체결한 약정에 따라 카드회사로부터 부여받은 카드번호에 의하여 특정 판매기업에 대한 물품 등 구매대금의 결제를 요청하면 카드회사가 이를

판매기업에 선지급하고 구매기업은 나중에 그 결제대금과 수수료 등을 카드회사
에 상환하는 방식으로 이루어지는 일종의 전자상거래 수단으로서, 일반적인 신
용카드처럼 실물 카드가 발급되는 것이 아니라 구매회사가 그 카드거래계약에
의한 대금결제를 할 수 있도록 하는 카드번호만을 부여하는 형태의 지급결제수
단이다.[15]

나) 특징

기업 간 거래의 경우 구매기업은 이자를 부담하더라도 대금지급시기를 늦출
유인이 있어 그간 어음으로 대금지급을 갈음하는 경우가 많았으나, 어음의 경우
판매기업은 항상 부도위험에 처하게 된다. 구매기업이 기업구매전용카드로 결제
하는 경우 판매기업은 카드회사로부터 확정적 지급을 받게 되므로 많은 이점이
있고, 정부는 이를 장려하기 위해 세제혜택을 주고 있다.

다) 신용카드와의 차이점

기업구매전용카드는 통상의 신용카드와 차이점이 있다. ⅰ) 통상의 신용카
드는 불특정 다수의 회원이 불특정 다수의 가맹점에서 사용이 가능하다는 범용
성이 있으나, 기업구매전용카드는 특정 구매기업과 특정 판매기업이 기업구매전
용카드를 사용한다는 합의가 있는 경우에만 사용이 가능하다. ⅱ) 통상의 신용카
드의 경우 회원과 가맹점은 카드회사가 정해 놓은 표준약관에 따라 대금지급시
기·수수료율 등이 일률적으로 정해져 있으나, 기업구매전용카드의 경우 신용카
드회사는 구매기업(회원에 해당)·판매기업(가맹점에 해당)과의 개별 계약을 통하
여 구매기업과는 카드대금 지급시기·이자 등을 정하고, 판매기업과는 대금수령
시기·가맹점수수료율을 정하게 된다.[16]

(3) 구별개념

(가) 직불전자지급수단과 선불전자지급수단

1) 의의

직불카드·선불카드가 여신전문금융업법상의 신용카드회사만이 발행할 수
있는 데 반하여, 직불전자지급수단·선불전자지급수단은 전자금융거래법에 따라

---

15) 대법원 2013. 8. 22. 선고 2011도15577 판결.
16) 석일홍(2018), 44쪽.

금융위원회에 허가를 받거나 등록한 전자금융업자[17]가 발행하는 지급수단이다(전자금융거래법28②(2)(3)).

가) 직불전자지급수단의 개념

"직불전자지급수단"이라 함은 이용자와 가맹점 긴에 전자적 방법에 따라 금융회사의 계좌에서 자금을 이체하는 등의 방법으로 재화 또는 용역의 제공과 그 대가의 지급을 동시에 이행할 수 있도록 금융회사 또는 전자금융업자가 발행한 증표 또는 그 증표에 관한 정보를 말한다(전자금융거래법2(13)). 이는 이용자가 가맹점에서 재화 또는 용역을 제공받고 직불카드단말기에서 직불전자지급수단을 이용하여 그 대가를 동시에 지급하는 전자지급거래라고 할 수 있다. 직불전자지급수단은 전자식 카드(증표) 형태 이외에도 네트워크(온라인)상에서 사용되는 "그 증표에 관한 정보"까지 확대 적용하고 있다. 직불전자지급수단에는 자금을 융통받을 수 있는 증표가 제외된다(법2(13)). 이에는 현금인출카드, 현금서비스카드, 대출카드 등이 해당한다.

현재 직불전자지급수단으로는 은행이 발행하는 직불카드와 증권회사,[18] 상호저축은행(중앙회), 신용협동조합(중앙회), 새마을금고(연합회), 우체국 등이 발행하는 체크카드가 있다. 은행 직불카드(debit카드)는 예전부터 은행이 자체적으로 모집한 직불카드 가맹점에서만 사용할 수 있는 것인데, 지금은 거의 사장되었다. 이것을 제외하고 증권회사, 저축은행중앙회, 신협중앙회, 새마을금고, 우체국 등이 전자금융거래법에 따라 발행하는 직불카드(실무에서는 체크카드로 부른다)는 거의 모두 BC카드가 프로세싱 업무를 대행해 주고 있다.

은행 직불카드 서비스는 상품이나 서비스 구매시 이용대금이 고객의 예금계좌에서 실시간으로 인출되어 판매자의 예금계좌로 입금되도록 하는 지급수단이다.[19] 예금계좌의 잔고범위 및 이용한도(1일, 1회) 내에서 이용할 수 있으며

---

17) "전자금융업자"라 함은 전자금융거래법 제28조(전자금융업의 허가와 등록)의 규정에 따라 허가를 받거나 등록을 한 자(금융회사는 제외)를 말한다(전자금융거래법2(4)).

18) 증권회사가 독자적으로 체크카드를 발급할 수 있게 된 것은 2013년 7월 전자금융거래법이 개정되면서부터이다. 증권회사의 CMA 체크카드는 여신전문금융업법의 적용을 받지 않고 전자금융거래법이 적용된다.

19) 실제로는 실시간 이체되지 않고 금융결제원 금융공동망을 통해 D＋1일에 이체된다. 최근에는 추심이체 방식으로 실시간 가맹점계좌로 이체하는 실시간 출금 방식을 이용하고

CD/ATM을 이용하여 입출금, 잔액조회 및 계좌이체도 가능하다.[20]

나) 선불전자지급수단의 개념

선불전자지급수단은 이전 가능한 금전적 가치를 전자적 방법으로 저장하여 발행된 증표(카드형) 또는 그 증표에 관한 정보(네트워크형)로서 발행인 외의 제3자로부터 2개 업종 이상의 재화 또는 용역의 구입 대가를 지급하는데 사용[21]되는 전자지급수단이다(전자금융거래법2(14) 본문). 다만, 전자화폐를 제외한다(전자금융거래법2(14) 단서). 전자금융거래법은 전자화폐와 선불전자지급수단을 이원화해서 별도 구성하고 있다. 따라서 동일한 선불형 전자지급수단이지만, 선불전자지급수단 개념에서 전자화폐는 제외하고 있다.

전자화폐는 현금과 유사한 정도로 일정 기준 이상의 지역·가맹점에서 유통될 뿐만 아니라, 구입할 수 있는 재화와 용역에 제한이 없고(범용성), 현금 또는 예금과 1:1교환(환금성) 및 잔액에 대한 100% 환급(환급성)이 보장되는 특성을 지닌 선불형 전자지급수단이라 할 수 있다.[22]

여신전문금융업법상 선불카드와 전자금융거래법상 선불전자지급수단의 한도는 기명식과 무기명식의 한도가 다르다. 선불카드(기프트카드)의 경우 기명식은 500만원, 무기명식은 50만원(재난지원금 등은 300만원)(영7의2①)이고, 선불전자지급수단 기명식은 200만원, 무기명식은 50만원(전자금융감독규정 별표 3 참조)이다.

2) 특징

직불전자지급수단·선불전자지급수단의 발행업자는 개별적으로 판매상과 가맹점계약을 체결하여 자신이 발행한 직불전자지급수단·선불전자지급수단을 통한 결제가 가능하도록 하고 있다. 따라서 신용카드가맹점에 통용이 되는 직불카드·선불카드에 비하면 그 범용성에 있어서 큰 차이가 있다.[23]

있다.

[20] 김시홍(2015), 19쪽.

[21] 선불전자지급수단은 구입할 수 있는 재화 또는 용역의 범위가 2개 업종 이상의 범용성을 가져야 한다(전자금융거래법2(14) 나목). 따라서 단일한 특정 재화와 용역만 구입할 수 있는 것은 선불전자지급수단이 아닌 상품권에 해당한다. 재화 또는 용역을 구입할 수 있는 업종의 기준은 통계청장이 고시하는 한국표준산업분류의 중분류상의 업종을 적용한다.

[22] 김시홍(2015), 12쪽.

[23] 석일홍(2018), 49쪽.

3) 여신전문금융회사 표준 전자금융거래 기본약관

「여신전문금융회사 표준 전자금융거래 기본약관」("기본약관")의 주요 내용을 살펴본다.

가) 적용되는 거래

기본약관은 여신전문금융회사("금융회사")와 이용자[24] 사이에 이루어지는 ⅰ) 현금자동지급기, 자동입출금기, 지급용단말기에 의한 거래, ⅱ) 컴퓨터에 의한 거래, ⅲ) 전화기에 의한 거래, ⅳ) 기타 전자적 장치에 의한 거래 등의 전자금융거래[25]에 적용된다(기본약관3).

나) 전자금융거래계약의 체결 및 해지

이용자가 전자금융거래를 하고자 하는 경우에는 사전에 금융회사와 별도의 전자금융거래계약을 체결하여야 한다. 다만, ⅰ) 결제대금, 승인내역 등 단순조회, ⅱ) 현금자동지급기, 자동입출금기, 지급용단말기에 의한 거래의 경우에는 그러하지 아니하다(기본약관4①).

전자금융거래 계약을 해지하고자 하는 경우에는 이용자 본인 또는 정당한 대리권을 가진 자가 전자금융거래에 관한 개별약관에 정한 바에 따라 서면 또는 전자적 장치 등에 의하여 금융회사에 해지신청을 하여야 한다(기본약관4②).

(나) 통신과금서비스

1) 의의

통신과금서비스란 정보통신서비스[26]로서 ⅰ) 타인이 판매·제공하는 재화 또는 용역("재화등")의 대가를 자신이 제공하는 전기통신역무의 요금과 함께 청구·징수하는 업무와 ⅱ) 타인이 판매·제공하는 재화등의 대가가 전기통신역무의 요금과 함께 청구·징수되도록 거래정보를 전자적으로 송수신하는 것 또는 그 대가의 정산을 대행하거나 매개하는 업무를 말한다(정보통신망법2(10)).

---

24) "이용자"라 함은 전자금융거래를 위하여 금융회사와 체결한 계약("전자금융거래계약")에 따라 전자금융거래를 이용하는 자를 말한다(기본약관2(3)).

25) "전자금융거래"라 함은 금융회사가 전자적 장치를 통하여 제공하는 금융상품 및 서비스를 이용자가 전자적 장치를 통하여 비대면·자동화된 방식으로 직접 이용하는 거래를 말한다(기본약관2(1)).

26) "정보통신서비스"란 전기통신사업법 제2조 제6호에 따른 전기통신역무와 이를 이용하여 정보를 제공하거나 정보의 제공을 매개하는 것을 말한다(정보통신망법2①(2)).

통신과금서비스는 유·무선전화요금 결제라고도 하며 재화 및 용역의 대가를 익월 전화요금에 합산하여 청구하고 징수하는 것을 말한다.[27] 이를 중간에서 정산·중계·매개하는 업체가 통신과금서비스제공자(결제대행업체)이며 일부에서는 유무선결제사업자, 모바일 PG, 폰빌(Phone bill)사업자라고도 한다.[28] 이들 통신과금서비스제공자는 전자금융거래법상의 전자지급결제대행업체와 유사한 기능과 역할을 한다. 통신과금서비스의 종류로는 휴대폰 지급결제 외에도 ADSL요금결제, 케이블요금결제, 유선전화(060, 070)결제 등 다양하다. 정보통신망법에서 규율하고 있는 통신과금서비스는 "서비스"라고 불리지만 실질적 기능은 후불형 전자지급수단에 해당한다고 볼 수 있다.[29]

2) 형태

이러한 정보통신망법상 통신과금서비스는 단일의 형태로 존재하는 것이 아니라 다음의 세 가지 형태로 존재한다. 첫째는 일체형 통신과금서비스로 사업자와의 계약을 통하여 사업자의 대금을 자신의 전기통신요금에 합산하여 소비자에게 청구 및 징수하는 업무를 말한다. 둘째는 정보제공형 통신과금서비스로 사업자를 대신하여 그 거래정보를 전기통신사업자에게 전자적으로 송·수신하는 것을 말한다. 셋째는 대행 또는 매개형 통신과금서비스로 그 대가의 정산을 대행하거나 매개하는 것을 말한다. 일체형 통신과금서비스의 경우 사업자와 통신과금서비스 제공자만이 존재하지만, 두 번째와 세 번째의 경우는 이들간에 정보제공자 또는 대금정산대행업자가 존재하게 된다. 또한 정보제공형과 대행 또는 매개형 통신과금서비스 제공자는 대금을 수령하지 않거나 수령하더라도 소비자로부

---

27) 통신과금서비스는 통신요금의 지급청구시에 상품대금의 청구가 통합되어 이루어지도록 하는 지급서비스이다(흔히 "휴대폰결제"라 불린다). 매달 일정요금이 통신요금으로 지급 청구되는 것에 착안한 지급서비스로서 주로 온라인(PC기반) 전자상거래나 모바일 전자상거래에서 디지털콘텐츠나 일상용품의 구매 등 소액결제에 많이 활용되고 있다. 이와 같은 서비스는 보통 통신회사(SKT, KT, LGU+)를 통하여 이루어지나 가맹점과 통신회사와의 사이에서 통신요금과 함께 결제대금의 청구징수가 함께 이루어지도록 거래정보를 송수신하거나 대가의 정산을 대행하는 일종의 PG사업자가 존재하는 경우도 있다. 정보통신망법은 이 양자(통신회사, PG사업자)를 모두 "통신과금서비스제공자"로 등록하도록 하고 일정한 규제를 하고 있다(서희석(2016), 162쪽).

28) 이들 결제대행업자들의 업무영역은 꼭 모바일서비스에만 국한되지 않으므로 명칭은 정보통신망법의 용어인 통신과금서비스제공자로 사용하는 것이 정확할 것이다.

29) 김시홍(2015), 21쪽.

터 직접 지급받지 않지만, 일체형 통신과금서비스 제공자는 소비자로부터 직접 대금을 수령한다는 점에서 차이가 있다. 이러한 차이점은 통신과금서비스 제공자의 법적 지위를 비롯하여 소비자가 청약철회권을 행사하였을 경우 그 대금반환의무의 부담에 있어서 차이로 나타난다.[30]

3) 특징

통신과금서비스는 신용카드 대신에 통신요금청구서에 부과되는 방식으로 정산을 처리하는 주체가 신용카드회사가 아닌 이동통신사업자인 점이 다르다.

통신과금서비스제공자는 이동통신사업자 스스로가 될 수 있으며, 결제대행업체가 될 수도 있다. 통신과금서비스는 i) 특정 건이 아닌 다수의 소액 재화 및 용역의 구매대금 결제를 목적으로 하고, ii) 익월 통신요금 결제일까지 단기간의 신용을 공여한다는 점에서 신용카드와 매우 유사하다. 특히 모바일 신용카드결제의 경우 신용카드 정보에 더하여 본인확인 수단(예를 들어 핸드폰을 통한 승인번호 입력 행위)이 필요한 데 반해, 통신과금서비스는 전화번호와 핸드폰을 통한 승인번호 입력만으로 결제가 진행되는 등 그 절차가 간편하여 현재 빠르게 확산 중이다.[31]

통신과금서비스를 규율하는 정보통신망법은 여신전문금융업법에 비하여 사업자규제, 영업행위규제, 소비자보호 등 각종 규제가 완화되어 있어 업종간 형평성 문제가 제기되고 있다.

4) 신용카드와의 차이

신용카드거래와 통신과금서비스는 후불형 전자지급수단인 점에서는 동일한 성격을 가지고 있지만 발행주체, 신용공여주체, 채권의 성격 등에서 차이가 있다. 즉 i) 지급수단 발행자의 경우 신용카드는 신용카드사이고, 통신과금서비스는 통신과금서비스제공자이다. ii) 신용공여 주체의 경우 신용카드는 신용카드사이고, 통신과금서비스는 CP(가맹점) 등 재화·용역의 공급자이다. iii) 대상채권 성격의 경우 신용카드는 신용카드채권이고, 통신과금서비스는 외상매출채권이다.[32]

---

30) 고형석(2014), "통신과금서비스와 소비자보호에 관한 연구", 동북아법연구 제8권 제2호 (2014. 10), 355쪽.

31) 석일홍(2018), 51쪽.

32) 김시홍(2015), 21-22쪽.

ⅳ) 대금지급시기의 경우 통신과금서비스는 소비자가 재화등의 대금지급이 계약 체결 후에 이루어진다는 점에서 신용카드와 동일하나 대금지급시기에 있어 차이점이 존재한다. ⅴ) 대금지급구조의 경우 신용카드는 신용카드업자가 사업자에게 대금을 선지급하고, 소비자로부터 대금을 수령받는 형식이다. 반면 통신과금서비스는 이동통신사가 소비자로부터 대금을 수령한 후 이를 정산하여 결제대행업체에 지급하고, 정산받은 결제대행업체는 사업자에게 다시 정산하는 구조를 가지고 있다.

5) 거래구조

통신과금서비스는 휴대폰을 이용한 결제방식으로 이동통신사업자 등이 정보통신망법에 따라 이동통신 이용자에게 제공하는 결제서비스이다(정보통신망법 제53조부터 제61조까지). 통신과금서비스는 소비자가 판매업체(CP)로부터 물품 등을 구매하면서 휴대폰 결제를 신청하면, 판매업체(CP)는 결제대행업체(PG)에게 결제요청을 하고, 결제대행업체는 이동통신사에게 가입자 인증을 요청한다. 이동통신사의 인증결과를 받은 결제대행업체(PG)가 승인을 하면 판매업체는 소비자가 대금을 결제한 것으로 처리한다.[33]

통신과금서비스제공자는 이동통신사업자와 가맹점(CP: Contents Provider)간 지급결제정보의 송·수신 및 자금의 이동·정산에 관여하는 전자지급결제대행 (PG) 역할을 수행한다. 신용카드 PG는 다음 날 신용카드사로부터 받은 결제자금을 가맹점에게 즉시 정산하거나 일정기간 운용할 수 있으나, 통신과금서비스제공자는 이동통신사로부터 결제자금을 받은 당일 CP에게 자금을 정산한다. 이동통신사업자가 결제자금을 부과·수금하는데 30일-60일 정도 기간이 필요하다. 최근 일부 통신과금서비스제공자의 경우 이동통신사업자로부터 결제자금을 받기 전 가맹점(CP)에 대하여 자신의 자금으로 선정산하기도 한다.

(다) 상업신용장

상업신용장과 신용카드는 신용상태가 불분명한 매수인의 신용을 신용장 개설은행 또는 카드발행회사가 매도인을 위하여 대체하며, 3당사자 사이에 3개의 계약이 성립한다는 점에서는 유사하다. 그러나 상업신용장에 의한 거래에 있어

---

33) 윤민섭(2014), 43-44쪽.

서는 당사자의 명백한 의사표시가 없는 한 3개의 계약에서 발생한 채무는 각각 독립적이며 신용장거래의 독립추상적인 성격으로 인해 매수인은 매도인에 대한 항변사유로써 신용장 개설은행에 대항할 수 없다. 그러나 신용카드거래의 경우 매수인이 매도인에 대한 항변사유로써 가드발행인에게 대항하는 것이 약관상 인정되고 있다는 점에서 차이가 있고, 상업신용장은 매 거래시마다 개설되나 신용카드는 유효기간 내에는 반복하여 사용될 수 있다는 점도 양자가 구별되는 점이다.[34]

(4) 신용카드 개인회원 표준약관

신용카드 개인회원 표준약관("표준약관")의 주요 내용을 살펴본다.

(가) 카드의 발급

1) 발급절차

카드를 발급받고자 하는 신청인이 카드사에 카드발급을 신청하면 카드사는 내부 기준에 따른 심사 및 발급관련 절차 등을 거쳐 발급한다(표준약관3①).

2) 자금융통 권유와 대출금리 등 거래조건 설명의무

카드모집자가 카드회원을 모집할 때 자금의 융통을 권유하는 경우에는 대출금리, 연체료율 및 취급수수료 등의 거래조건을 감추거나 왜곡하지 아니하고, 이해할 수 있도록 설명한다(표준약관3②).

3) 약관과 연회비 등 고지의무

카드사는 신용카드 이용계약을 체결할 경우 신청인에게 카드에 대한 약관과 연회비 등 카드의 거래조건 및 연회비 반환사유, 반환금액 산정방식, 반환금액의 반환기한 등을 알려야 한다(표준약관3③).

(나) 카드의 유효기한 및 재발급

1) 유효기간

카드의 유효기한은 카드표면에 기재된다(표준약관4①).

2) 분실 및 훼손과 재발급

카드사는 회원이 카드의 분실 및 훼손 등의 사유로 재발급을 요청하는 경우 카드의 잔여 유효기한까지는 재발급한다(표준약관4②).

---

34) 석일홍(2018), 51쪽.

3) 유효기간 도래와 재발급

카드사는 유효기한이 도래한 카드에 대해서는 회원에 대한 심사를 거쳐 갱신발급 요건을 충족하는 회원에 대해 카드를 갱신 발급하며, 요건을 충족하지 못한 회원에 대해서는 갱신이 거절될 수 있다(표준약관4③).

4) 발급·거절예정사실의 통보

갱신 또는 대체발급, 거절예정일전 6개월 이내에 카드를 사용한 적이 있는 회원은 카드사가 갱신 또는 대체발급, 거절예정일부터 1개월 이전에 회원에게 서면, 전화, 전자우편(E-MAIL), 휴대폰 메시지(모바일 메시지 서비스의 경우 회원의 사전동의를 받아야 하며, 데이터 비용 발생사실 등을 안내하여야 한다. 또한, 유효하게 전달되지 못한 경우 휴대폰 문자메시지(SMS 등)로 대체전송된다), 팩스(FAX), 이용대금명세서 중 2가지 이상의 방법으로 발급·거절예정사실을 통보하고 통보 후 20일 이내에 회원으로부터 이의제기가 없는 경우 새로운 유효기한이 기재된 카드를 갱신 또는 대체발급하거나, 갱신 또는 대체발급이 거절된다(표준약관4④).

5) 동의와 갱신 또는 대체발급

갱신 또는 대체발급예정일전 6개월 이내에 카드를 사용하지 않은 회원의 경우에는 회원이 서면, 전자문서(전자문서 및 전자거래기본법 제2조 제1호에 따른 전자문서) 또는 전화로 동의한 경우에만 갱신 또는 대체발급한다. 회원은 동의없는 갱신 또는 대체발급된 카드의 사용으로 인한 책임을 부담하지 않는다. 회원이 동의했다는 사실에 대한 입증책임은 카드사가 진다(표준약관4⑤).

(다) 카드의 관리

1) 본인 서명과 본인 이외의 자의 이용금지

회원은 카드를 발급받는 즉시 카드서명란에 본인이 직접 서명하여야 하며, 본인 이외의 배우자, 가족 등 다른 사람이 카드를 이용하게 하여서는 아니 된다(표준약관5①).

2) 카드의 소유권과 제3자 대여·양도·담보 금지

카드의 소유권은 카드사에 있으므로 회원은 카드를 제3자에게 대여, 양도 또는 담보의 목적으로 이용할 수 없으며 선량한 관리자로서의 주의를 다하여 카드를 이용·관리하여야 한다(표준약관5②).

3) 구카드의 이용금지와 폐기

회원은 유효기한이 지난 카드 및 갱신·대체·재발급으로 인한 구카드를 이용할 수 없고, 이를 즉시 카드사에 반환하거나 이용이 불가능하도록 절단하여 분리해서 폐기하여야 한다(표준약관5③).

4) 회원의 책임

제1항 내지 제3항을 위반 또는 이행을 태만히하여 발생하는 모든 책임은 회원에게 있다(표준약관5④).

(라) 연회비 청구

1) 기본연회비와 제휴연회비

연회비는 카드사가 발급, 이용대금명세서 발송 등 회원관리비용을 충당하기 위하여 부과하는 기본연회비와 카드별로 제공하는 부가서비스 비용을 충당하기 위하여 부과하는 제휴연회비로 구성된다. 기본연회비는 회원별 혹은 카드별로, 제휴연회비는 카드별로 청구된다(표준약관6①).

2) 연회비의 우선 청구 및 분납 청구

카드사는 카드이용대금에 우선하여 연회비를 청구할 수 있으며, 연회비는 카드발급 시점을 기준으로 원칙적으로 1년 단위로 청구됩니다(표준약관6② 본문). 다만, ⅰ) 제1회차의 분납회비가 카드발행 및 배송에 소요되는 금액보다 큰 경우와 ⅱ) 회원이 카드를 해지하더라도 카드발행 및 배송에 소요되는 비용 이외에 회원에게 바우처 등 부가서비스에 대한 상환 청구금액이 없는 경우의 2가지 요건을 모두 충족하는 경우 월납 등 분납 청구도 가능하다(표준약관6② 단서).

3) 연회비 면제 여부

최초년도 연회비는 면제되지 않는다. 다만, 다른 법령 등에서 연회비를 부과하지 않도록 규정한 경우와 갱신발급시 카드사의 연회비 면제조건을 충족한 경우에 한하여 최초년도 연회비를 면제받을 수 있다(표준약관6③).

4) 연회비 청구기준 등 안내의무

카드사는 카드회원을 모집하는 경우 회원에게 연회비 청구기준 및 청구금액 등을 안내한다(표준약관6④).

5) 연회비 부과 제외

카드사는 연회비 부과 시점을 기준으로 1년 이상 사용하지 않은 카드에 대한 연회비는 부과하지 않는다(표준약관6⑤).

(마) 계약해지에 따른 연회비 반환

1) 연회비 반환금액의 산정

회원이 유효기한이 도래하기 전에 카드를 해지하는 경우 연회비 반환금액은 회원이 카드사와 계약을 해지한 날부터 일할 계산(회원의 카드이용이 가능하게 된 날을 기준으로 계산한다)하여 산정한다. 이 경우 회원이 이미 납부한 연회비에 반영된 ⅰ) 카드의 발행·배송 등 카드 발급(신규로 발급된 경우로 한정)에 소요된 비용, ⅱ) 카드이용시 제공되는 추가적인 혜택 등 부가서비스 제공에 소요된 비용은 반환금액 산정에서 제외된다(표준약관6의2①).

2) 연회비 반환기간

카드사는 회원이 계약을 해지한 날부터 10영업일 이내에 산정된 연회비 반환금액을 반환하여야 한다. 다만, 부가서비스 제공내역 확인에 시간이 소요되는 등의 불가피한 사유로 계약을 해지한 날부터 10영업일 이내에 연회비 반환금액을 반환하기 어려운 경우에는 계약을 해지한 날부터 3개월 이내에 반환할 수 있다(표준약관6의2②).

3) 연회비 산정방식의 통지

카드사는 연회비 반환금액을 반환할 때에는 그 연회비 반환금액의 산정방식을 함께 해당 카드사와의 계약을 해지한 자에게 알려야 한다(표준약관6의2③).

4) 반환지연 사유 및 반환 예정일의 통지

카드사는 제2항 단서에 따른 사유로 계약을 해지한 날부터 10영업일 이내에 연회비 반환금액을 반환하기 어려운 경우에는 그 10영업일이 지나기 전에 반환지연 사유 및 반환 예정일을 계약을 해지한 자에게 알려야 한다(표준약관6의2④).

(바) 카드이용 정지

1) 회원의 귀책사유와 이용정지

카드사는 회원이 ⅰ) 회원으로 가입시 약정 서류에 필수 기재사항 및 카드 발급 자격 관련 정보 등 중요 기재사항을 허위로 작성하여 회원의 신용상태가 현저히 악화되었거나, 계약을 지속하기 어려운 경우(제1호), ⅱ) 다른 채무로 인하여 (가)압류, 가처분, 경매, 기타 강제집행을 당한 경우(제2호), ⅲ) 카드이용대금(단기카드대출(현금서비스) 포함), 장기카드대출(카드론) 대금 또는 다른 금융기관에 대한 채무를 연체한 경우(제3호), ⅳ) 다른 금융기관에서의 연체, 파산 및 개인회생 신청, 기타 사유로 회원의 신용상태가 현저히 악화된 경우(제4호), ⅴ) 미성년자인 회원의 법정대리인이 카드사에 거래정지를 요청한 경우(제5호), ⅵ) 카드에 의한 거래가 부정사용 또는 비정상거래로 판단되는 상당한 이유가 있는 경우(제6호), ⅶ) 이민, 구속, 사망 등으로 회원의 채무변제가 불가능하거나 현저히 곤란하다고 판단되는 경우(제7호), ⅷ) 회원의 고의·중과실로 여신전문금융업법 등 관계법령을 위반하거나 이 약관에 기재된 회원의 의무를 위반하여 계약의 목적달성이 어려운 경우(제8호) 회원의 카드이용을 정지할 수 있으며, 제7호를 제외한 나머지 사유로 이용 정지하는 경우에는 휴대폰 메시지 서비스 또는 전화로 이용정지 예정사실을 회원에게 미리 알려야 한다(카드사가 과실 없이 회원의 휴대폰 번호를 알지 못하거나, 통신사의 사정 등에 따라 휴대폰 메시지 서비스가 전송되지 않을 경우에는 이용정지 당일에 전자우편(E-MAIL)으로 통지하거나 서면으로 발송). 다만, 제6호의 경우에는 사전 고지 없이 카드이용이 정지될 수 있다(사유 발생 당일 고지)(표준약관7①).

2) 회원의 피해 발생 우려와 이용정지

카드사 또는 회원이 이용한 업체의 전산망이 외부로부터 해킹 등을 당하여 회원에게 피해가 발생될 우려가 있는 경우 회원의 카드이용을 정지할 수 있다(표준약관7②).

3) 회원의 일시정지 요청

회원은 카드사에 대하여 카드사용의 일시정지를 요청할 수 있으며 카드사는 회원이 서면, 전화, 인터넷 홈페이지 등을 통하여 카드사용의 일시정지를 할 수 있도록 한다. 카드사는 회원의 요청에 따라 카드사용이 정지된 이후 해외에서 카드사의 승인 없이 전표가 매입되는 거래("해외 무승인매입")가 발생한 경우 매출전표가 매입된 날로부터 3영업일 이내에 회원에게 서면, 전화, 전자우편(E-MAIL), 휴대폰 메시지, 팩스(FAX) 중 1가지 이상의 방법으로 해외 무승인매입에 따른 카드이용대금 청구예정 사실을 안내한다(표준약관7③).

4) 이용정지 상태 해소 사유와 통지

카드사는 회원의 카드이용 정지 상태가 해소되는 경우 사유 발생 당일에 서면, 전화, 전자우편(E-MAIL), 휴대폰 메시지, 팩스(FAX) 중 1가지 이상의 방법으로 회원에게 알린다(표준약관7④).

(사) 카드의 한도감액

카드사는 회원이 ⅰ) 회원으로 가입시 약정 서류에 필수 기재사항 및 카드 발급 자격 관련 정보 등 중요 기재사항을 허위로 작성한 경우(제1호), ⅱ) 다른 채무로 인하여 (가)압류, 가처분, 경매, 기타 강제집행을 당한 경우(제2호), ⅲ) 카드이용대금(단기카드대출(현금서비스) 포함), 장기카드대출(카드론) 대금 또는 다른 금융기관에 대한 채무를 연체한 경우(제3호), ⅳ) 다른 금융기관에서의 연체, 파산 및 개인회생 신청, 기타 사유로 회원의 신용상태가 현저히 악화된 경우(제4호), ⅴ) 카드에 의한 거래가 부정사용 또는 비정상거래로 판단되는 상당한 이유가 있는 경우(제5호), ⅵ) 구속 등으로 회원의 채무변제가 불가능하거나 현저히 곤란하다고 판단되는 경우(제6호)에는 회원의 이용한도를 감액할 수 있으며, 이 경우 휴대폰 메시지 서비스 또는 전화로 한도감액 예정사실을 회원에게 미리 알린다(카드사가 과실 없이 회원의 휴대폰 번호를 알지 못하거나, 통신사의 사정 등에 따라 휴대폰 메시지 서비스가 전송되지 않을 경우에는 한도감액 당일에 전자우편(E-MAIL)으로 통지하거나 서면으로 발송). 다만, 제5호의 경우에는 사전 고지 없이 이용한도가 감액될 수 있다(사유 발생 당일 고지)(표준약관7의2).

(아) 카드의 해지

1) 해지사유와 해지사유의 고지

카드사는 회원이 ⅰ) 회원으로 가입시 약정 서류에 필수 기재사항 및 카드 발급 자격 관련 정보 등 중요 기재사항을 허위로 작성하여 회원의 신용상태가 현저히 악화되었거나, 계약을 지속하기 어려운 경우(제1호), ⅱ) 파산, 개인회생 신청 등의 사유로 회원의 신용상태가 현저히 악화된 경우(제2호), ⅲ) 이민, 사망으로 회원의 채무변제가 불가능하거나 현저히 곤란하다고 판단되는 경우(제3호), ⅳ) 회원의 고의·중과실로 여신전문금융업법 등 관계법령을 위반하거나 이 약관에 기재된 회원의 의무를 위반하여 계약의 목적달성이 현저히 어려운 경우(제4호) 10영업일 전에 카드이용계약이 해지될 수 있음을 알려드리며, 10영업일이 경과할 경우 카드이용계약을 해지할 수 있다. 다만, 제3호의 경우 카드사는 별도의 안내 없이 카드이용계약을 해지할 수 있다(표준약관7의3①).

2) 회원의 해지 요청

회원은 카드사에 대하여 카드사용의 해지를 요청할 수 있으며 카드사는 회원이 서면, 전화, 인터넷 홈페이지 등을 통하여 카드사용의 해지요청을 할 수 있도록 한다. 카드사는 회원의 요청에 따라 카드사용이 해지된 이후 해외 무승인매입이 발생한 경우 매출전표가 매입된 날로부터 3영업일 이내에 회원에게 서면, 전화, 전자우편(E-MAIL), 휴대폰 메시지, 팩스(FAX) 중 1가지 이상의 방법으로 해외 무승인매입에 따른 카드이용대금 청구예정 사실을 안내한다(표준약관7의3②).

3) 카드의 반납과 채무 전액 변제요구

제1항 내지 제2항의 사유로 카드이용계약이 해지된 경우에는 회원은 즉시 카드를 반납하고, 카드사는 그날까지의 채무 전액 변제를 요구할 수 있다(표준약관7의3③).

(자) 카드의 이용

1) 카드 제시와 매출전표 서명

회원이 카드로 상품을 구매하거나 서비스를 제공받고자 할 때에는 국내의 경우에는 카드사 또는 카드사와 제휴한 기관의 가맹점("국내가맹점"), 국외의 경우에는 카드사와 제휴하고 있는 외국기관의 가맹점("해외가맹점")에 카드를 제시하고 매출전표에 카드상의 서명과 동일한 서명을 하여야 한다. 다만, 전자상거래, 통신판매 등 비대면거래에 있어서 가맹점이 본인확인을 할 수 있는 다른 방법이 있는 경우이거나 카드의 제시와 서명 생략으로 입을 수 있는 회원의 피해를 카드사 및 가맹점이 부담하는 경우에는 이를 생략할 수 있다(표준약관8①).

2) 위장 현금융통 등 금지

회원은 카드를 이용하여 상품구매 또는 서비스 이용 등을 위장한 현금융통 기타 부당한 행위를 하여서는 아니 된다(표준약관8②).

3) 카드사용 또는 이용한도 제한

카드사는 회원 및 가맹점의 신용도, 법령 규정, 감독기관의 지시 등을 고려하여 회원의 특정가맹점(국내 및 해외가맹점 포함)에 대한 카드사용 또는 이용한도를 제한할 수 있다(표준약관8③).

4) 카드의 해외이용

카드를 해외에서 이용하거나 또는 무역외 경비의 지급을 위하여 이용하고자 할 경우에는 외국환 거래규정 등에서 정한 사항을 준수하여야 한다(표준약관9①). 회원의 해외매출에 대한 이의신청 및 책임에 대해서는 해외카드사의 규약에 따르며, 카드사는 회원의 해외매출에 대한 이의를 신청할 경우 동 규약을 안내한다(표준약관9②).

5) 국내 및 해외사용 겸용카드의 사용

회원은 국내 및 해외사용 겸용으로 발급된 카드의 경우 해외가맹점에서 사용할 수 있다. 단, IC칩 비밀번호("PIN번호")가 등록되지 않은 카드 및 일부 해외가맹점에서는 이용이 제한될 수 있다(표준약관9③).

(차) 카드의 이용한도

1) 이용한도 산정과 통보

카드 이용한도는 신규가입을 할 경우 회원이 신청한 금액과 카드사의 심사기준을 종합적으로 반영하여 산정한 후 회원에게 별도로 통보한다(표준약관10①).

2) 갱신발급과 이용한도 조정

카드사는 카드의 유효기한 이내 및 유효기한 경과 후 카드를 갱신하여 발급할 경우 회원의 월평균 결제능력, 신용도와 이용실적 등을 바탕으로 매년 1회 이상 정기적으로 회원의 이용한도 적정성을 평가한 후 이용한도를 조정할 필요가 있다고 판단되는 경우 이용한도를 조정하여 서면, 전화, 전자우편(E-MAIL), 휴대폰 메시지, 팩스(FAX), 이용대금명세서 중 1가지 이상의 방법으로 회원에게 통지한다(표준약관10②).

3) 이용한도 증액

카드사는 이용한도 증액시 회원이 요청하는 경우를 제외하고는 회원의 동의를 얻은 후에 증액하고 회원에게 이용한도의 증액을 신청하도록 권유하여서는 아니 된다(회원이 사전에 이용한도 증액이 가능할 경우 이를 안내하여 줄 것을 카드사에 신청한 경우는 제외). 다만, 종전 이용한도 또는 회원이 과거 신청한 이용한도까지 증액하는 경우에는 서면, 전화, 전자우편(E-MAIL), 휴대폰 메시지, 팩스(FAX), 이용대금명세서 중 1가지 이상의 방법으로 회원에게 통지한 후 증액할 수 있디(표준약관10③).

4) 이용한도 감액

제2항에 따라 이용한도를 감액하는 경우 회원이 요청하는 경우를 제외하고 적용예정일로부터 14일 이전에 서면, 전화, 전자우편(E-MAIL), 휴대폰 메시지, 팩스(FAX), 이용대금명세서 중 2가지 이상의 방법으로 통지한다(표준약관10④).

5) 이용한도 통지

카드사는 이용한도를 이용대금명세서 등을 통하여 통지하도록 하고, 인터넷 홈페이지, 자동응답서비스(ARS), 안내전화 등을 통하여 회원이 수시로 확인할 수 있도록 한다(표준약관10⑤).

(카) 기한이익의 상실

1) 기한의 이익상실 사유: 회원 사망 등

회원에게 ⅰ) 사망으로 회원의 채무변제가 불가능(90일까지는 지연배상금 미부과)한 경우, ⅱ) 생업에 종사하기 위하여 또는 외국인과의 결혼, 연고관계, 기타 사유 등으로 인하여 외국으로 이주하는 경우, ⅲ) 파산, 개인회생절차 개시의 신청이 있거나, 채무불이행자 명부 등재 신청이 있는 경우에는 회원은 당연히 카드사에 대한 모든 채무의 기한의 이익을 상실하여 곧 이를 갚아야 할 의무를 진다. 이 경우, 카드사는 회원에게 서면으로 위의 3가지 사유 및 이에 따라 위의 가지 사유 발생 즉시 기한의 이익을 상실하였다는 사실을 함께 통지하여야 한다(표준약관29①).

2) 기한의 이익상실 사유: 채무이행 지체 등

회원에게 ⅰ) 할부금을 연속하여 2회 이상 지급하지 아니하고, 그 지급하지 아니한 금액이 총 할부금액의 10분의 1을 초과하는 경우, ⅱ) 일부결제금액이월약정(리볼빙)의 최소결제금액을 연속하여 2회차 이상 결제하지 않는 경우, ⅲ) 장기카드대출(카드론) 이자(원금분할상환 또는 원리금분할상환 형식 제외)를 지급하여야 할 때부터 1개월간 지체한 경우, ⅳ) 장기카드대출(카드론) 분할상환금 또는 분할상환원리금의 지급을 2회 이상 연속하여 지체한 경우, ⅴ) 회원의 고의·중과실로 카드에 의한 거래가 부정사용 또는 비정상적 거래로 확인된 경우에는 당연히 당해 채무의 기한의 이익을 상실하며, 회원은 곧 이를 갚아야 할 의무를 진다. 이 경우 카드사는 기한이익 상실일 7영업일 전까지 채무이행 지체 사실과 이에 따라 기한의 이익이 상실된다는 사실을 회원에게 서면으로 통지하여야 하며, 기한이익의 상실일 7영업일 전까지 통지하지 않은 경우 회원은 실제 통지가 도달한 날로부터 7영업일이 경과한 날에 기한의 이익이 상실되어 곧 이를 갚아야 할 의무를 진다(표준약관29②).

3) 기한의 이익상실 사유: 다른 채무로 인한 가압류 등

회원에게 ⅰ) 제2항에 의하여 기한의 이익을 상실한 채무를 변제하지 아니한 때, ⅱ) 다른 채무로 인하여 압류, 경매, 기타 강제집행을 당한 경우, ⅲ) 카드이용대금(단기카드대출(현금서비스) 포함), 장기카드대출(카드론) 대금 또는 다른 금융기관에 대한 채무를 연체한 경우로 카드사의 채권보전에 현저한 위험이 예상될 경우, 카드사는 서면으로 변제, 압류 등의 해소, 신용의 회복 등을 독촉하고 그 사유가 해소되지 않을 경우 카드사에 대한 모든 채무의 기한의 이익이 상실된다는 사실을 명시하여 통지하여야 한다. 통지 도달일로부터 10일 이상으로 카드사가 정한 기간이 경과하면, 회원은 카드사에 대한 모든 채무의 기한의 이익을 상실하여 곧 이를 갚아야 할 의무를 진다(표준약관29③).

4) 기한의 이익 부활

제2항 및 제3항에 의하여 회원이 카드사에 대한 채무의 기한의 이익을 상실한 경우라도 카드사의 명시적 의사표시가 있거나, 카드사가 분할상환금·분할상환원리금·이자·지연배상금을 받는 등 정상적인 거래의 계속이 있는 때에는 그 채무 또는 카드사가 지정하는 채무의 기한의 이익은 그때부터 부활된다(표준약관29④).

2. 체크카드

(1) 의의

체크카드는 VISA의 오프라인 직불카드 명칭이 VISA Check Card인데서 "체크카드"라는 명칭이 유래한 것으로 알려져 있으며 국내 법제상으로는 용어에 대한 정의가 없다. 체크카드는 신용카드사가 발행하는 직불카드라고 할 수 있다. 고객의 예금계좌에서 익일 인출되는 직불카드와 유사한 서비스이다. 발행사에 따라 일정 규모의 신용이 제공되기도 한다.

체크카드는 카드회원이 사용하는 즉시 예금계좌의 잔액 범위 내에서 카드이용대금이 결제되고 통상적으로 신용카드업자에 의한 신용제공이나 자금융통이 이루어지지 않으므로 여신전문금융업법상 직불카드에 해당한다.[35]

정부는 체크카드의 사용을 권장하기 위하여 2011년도에 체크카드의 소득공제 혜택을 신용카드의 5%보다 높은 25%로 높여 더욱 활성화하고자 하였다. 현재 신용카드 소득공제율이 15%인데 반하여, 체크카드 소득공제율은 30%이다. 체크카드는 과거의 직불카드의 단점인 적은 가맹점 수와 제한된 이용시간 및 결제기능을 보완하고, 신용카드가 가지고 있는 편리한 결제수단의 기능과 각종 혜택도 가지고 있으면서 과소비와 같은 신용카드의 문제점을 해결할 수 있는 결제수단 중의 하나이기 때문에 그 수는 점점 증가하는 추세이다.

2014년 12월을 기준로 체크카드의 발급 수는 신용카드를 추월하였으며, 2018년도 자료에 의하면 발급된 카드 수가 1억 1천 1백만 장에 이른다고 한다. 이용금액 또한 2005년 최초 발급된 시점에 비해 약 23배 증가하였다. 특히 2016년 K뱅크와 카카오뱅크 등 인터넷전문은행이 카드업계, 특히 체크카드시장에 진출하면서 기존 카드사와의 그 경쟁구도는 더욱 치열해질 것으로 예상된다.[36]

(2) 특징

체크카드는 직불카드와 신용카드의 기능을 혼합한 카드로 기존에 존재하였던 직불카드의 단점인 은행공동망이 가동되는 시간에만 사용가능한 단점을 보완

---

35) 대법원 2017. 2. 3. 선고 2016다254924 판결.
36) 정병국(2019), 270쪽.

하고 있다. 또한 결제계좌의 잔액 범위 내에서만 사용할 수 있어 신용불량이 발생하지 않는다는 장점을 살리려는 취지에서 도입되었다. 즉 전국의 모든 신용카드가맹점에서 24시간 사용할 수 있고, 전자상거래나 해외에서도 사용할 수 있도록 함으로써 직불카드의 이용 불편을 해소하고, 신용카드의 현금서비스 및 할부기능을 없앰으로써 신용불량자가 발생할 요소를 예방할 수 있는 카드이다.[37]

체크카드는 불확실한 미래수입을 담보로 신용거래를 하는 것이 아니며 연체료도 발생하지 않기 때문에 20대 연령층과 대학생들의 이용률이 높다.[38] 체크카드는 신용카드회사가 발급하고, 신용카드가맹점에서 사용할 수 있으며, 예금잔액이내(필요시 30만원 이내 신용한도 부여 가능)에서 이용할 수 있고, 구매 즉시 결제가 이루어지며, 할부·현금서비스가 불가능하다.[39]

3. 직불카드

(1) 의의

직불카드란 "직불카드회원과 신용카드가맹점 간에 전자적 또는 자기적 방법으로 금융거래계좌에 이체하는 등의 방법으로 결제가 이루어질 수 있도록 신용카드업자가 발행한 증표(자금을 융통받을 수 있는 증표는 제외)"를 말한다(법2(6)). 직불카드회원이란 신용카드업자와의 계약에 따라 그로부터 직불카드를 발급받은 자를 말한다(법2(7)). 여신전문금융법상 신용카드업자가 부대업무로서 발행하는 직불카드는 신용카드사가 발행하여 신용카드가맹점에서만 유통되는 것에 한정되며, 이 경우 여신전문금융업법이 우선 적용된다. 직불카드는 전자금융거래법상의

---

37) 강경민·이한비·진미주·최예설·박철용(2020), "대학생의 체크카드 사용실태와 만족도에 미치는 영향요인에 대한 연구", 한국데이터정보과학회지 제31권 제2호(2020. 3), 367쪽.

38) 정병국(2019), 271쪽.

39) 신용카드 및 체크카드의 발급매수는 지속적으로 증가하고 있다. 2019년 6월말 기준 신용카드 발급매수(누적)는 1억 870만 매로 2018년 6월말 대비 644만 매(6.3%) 증가하였다. 2018년 말에 비해서도 280만 매가 증가한 것으로 나타났다. 2019년 6월말 기준 체크카드 발매수는 1억 1,178만 매로 2018년 6월말 대비 30만 매(0.3%)가 증가하였다. 2019년 상반기 중 신용카드 및 체크카드 이용액은 426.1조원으로 2018년 상반기 중 이용액 405.6조원 대비 20.5조원(5.1%) 증가하였다. 2019년 상반기 중 이용액을 신용카드와 체크카드로 구분하여 살펴보면 신용카드 이용액은 341.4조원으로 2018년 상반기 중 이용액 323.3조원 대비 18.1조원(5.6%)이 증가하였고, 체크카드 이용액은 84.7조원으로 2018년 상반기 중 이용액 82.3조원 대비 2.4조원(2.9%)이 증가하였다(김정렬(2019), 5쪽).

직불전자지급수단과 동일한 개념과 기능을 하며 두 전자지급수단 간의 관계는 뒤에서 살펴볼 선불카드에서와 같은 설명이 가능하다.[40]

직불카드는 신용카드가 담당하지 못하는 소액거래시장을 커버하고 소비자에게는 지불편의를 제공함은 물론 과세당국에 대해서는 거래내역서를 통한 과세자료 확보를 가능하게 할 수 있다는 차원에서 도입되었다. 직불카드는 요구불예금과 같은 기존의 서비스 및 금융상품에 부가가치를 더한 상품으로 기능이 확장된 현금카드라 할 수 있으며, 거래시점에서 회원 본인이 카드를 이용하여 결제계좌에 접근함으로써 물품 또는 서비스 구입대금 지급이 가능하며, 일정한 여신을 바탕으로 물건 등을 먼저 구입해서 추후 금융기관에 대금을 결제하는 신용카드와는 달리 현재 남아 있는 예금잔액 한도 내에서 직접 예금잔고를 확인한 뒤 물건을 구입한 후 즉시 본인의 대금으로 결제하는 전자적 금융상품이다.[41]

직불카드는 고객이 상품이나 서비스를 구입할 때 점포(가맹점)에 설치된 고객의 비밀번호를 확인할 수 있는 단말기를 통하여 대금을 자기의 은행계좌로부터 점포의 계좌로 자동이체하여 결제하는 것을 주된 기능으로 하는 카드이다. 직불카드가 신용카드와 다른 점은 신용카드는 상품 구입 후 대금결제까지 50~60일까지 신용기간을 부여받을 수 있는데 반하여 직불카드는 유예기간이 없이 즉시 결제된다는 점이다.

(2) 특징

여신전문금융업법상 직불카드는 신용카드업자가 부대업무로 발행할 수 있고, 직불카드 가맹점에서 사용이 가능하며, 금융거래계좌에 이체하는 방법이어야 하고, 예금잔액 이내에서 이용할 수 있으며, 구매 즉시 결제가 이루어지며, 할부·현금서비스가 불가능하다.

직불카드를 이용할 경우 i) 해당 은행은 여러 가지 이점이 있다. 먼저 은행은 카드 수수료 등으로 새로운 수익을 얻을 수 있으며, 직불카드에 의한 거래가 이루어지는 요식업소나 소매상과 같은 새로운 시장을 개척할 수 있다. 또한 직불카드 사용이 일반화되면 현금 및 수표 거래가 감소할 것이므로 은행은 현금 및

---

40) 김시홍(2015), 20쪽.
41) 이석정(2002) "조세부담의 공평화를 위한 신용카드 및 직불카드의 사용유인에 관한 연구", 고려대학교 경영대학원 석사학위논문(2002. 12), 8쪽.

수표 처리비용을 절감할 수 있다. 나아가 직불카드가 고객의 예금계좌와 직접 연결되어 있어 고객의 기호나 구매형태에 관한 정보를 파악할 수 있으므로 은행은 고정고객을 확보할 수 있게 된다.[42]

　ⅱ) 은행고객의 입장에서는 직불카드를 사용할 경우 현금거래시의 분실위험 등을 줄일 수 있고, 현금을 찾으려고 은행이나 ATM에 가야 하는 불편함을 피할 수 있다.

　ⅲ) 업소의 입장에서도 직불카드에 의한 거래는 도난위험을 방지할 수 있고, 결제를 위한 시간과 비용을 절약할 수 있는 이점이 있다.

4. 선불카드

(1) 의의

　선불카드란 이용고객이 전자적 또는 자기적인 방법에 의해 일정 금액이 저장(충전)되어 있는 카드를 카드 발급자로부터 구입하여 물품 구매 또는 서비스 이용시 저장된 금액이 자동적으로 차감 지급되도록 한 카드를 의미한다. 여신전문금융업법은 선불카드를 "신용카드업자가 대금을 미리 받고 이에 해당하는 금액을 전자적 또는 자기적 방법에 따라 발행한 증표로서 선불카드소지자가 신용카드가맹점에 제시하여 그 카드에 기록된 금액의 범위에서 결제할 수 있게 한 증표"로 정의하고 있으며(법2(8)), 이에 따라 신용카드업자는 부대업무로서 선불카드의 발행·판매 및 대금의 결제업무를 영위할 수 있다(법13①(3)).

　선불카드는 돈을 미리 지불(입금)하고 사용하는 카드이다. 신용카드 사업을 하기 위해서는 막대한 자본이 필요하지만, 고객이 먼저 돈을 입금하고 사용하는 선불카드는 카드사 입장에서 유일한 수신상품이며 이자도 주지 않는 상품이다. 또한 선불카드는 회원을 쉽게 모을 수 있어 인터넷 비즈니스가 가능한 상품이다.[43]

---

42) 함상문(1995), "직불카드의 의의 및 활성화 방안", 한국금융연구원 기타보고서(1995. 3), 49-50쪽.
43) 김성조(2008), "記名式 先拂카드 活性化에 관한 硏究", 단국대학교 경영대학원 석사학위 논문(2008. 12), 2쪽.

(2) 특징

선불카드(prepaid card)는 고객이 미리 지불한 일정 금액의 카드 잔액 범위 내에서 수시로 소액의 물품이나 용역을 구입할 수 있는 카드이다. 이에 비해 신용카드(credit card)는 사용 후 일정한 기간이 지나 대금이 결제되는 후불식 카드이고, 직불카드(debit card)는 사용과 동시에 대금이 통장에서 빠져나가는 카드이다.

(3) 종류

대부분의 신용카드회사는 일정 금액이 충전되어 사용 한도가 미리 정해져 있으며, 그 범위 내에서 일반 신용카드처럼 물건이나 서비스를 구매할 수 있고 재충전도 가능한 기명식 선불카드 또는 무기명식 선불카드(기프트카드)를 발행하고 있다.

선불카드 표준약관("표준약관")에 따르면, "기명식 선불카드"란 회원이 카드회사에 신청하여 발급받은 선불카드로서 카드 실물에 회원의 성명이 인쇄되어 있거나 카드회사 전산에 기명식 회원으로서의 정보가 존재하는 카드를 의미하고 발급 이후 양도가 불가능한 카드를 말한다(표준약관2④). "무기명식 선불카드"란 고객이 카드회사에 신청하여 구매한 선불카드로서 카드 실물에 성명이 미인쇄되어 있으며 카드회사 전산에 기명식 회원으로서의 정보가 존재하지 않고 양도가 가능한 선불카드를 말한다(표준약관2⑤).

(4) 전자금융거래법과의 관계

여신전문금융업법에서의 선불카드와 전자금융거래법에서의 선불전자지급수단은 그 기능이나 개념에 있어 유사하다. 다만 발급주체와 형태(증표식)에서 차이가 있다. 선불카드는 신용카드업자가 증표식(전자식 카드)으로 발행하며 선불전자지급수단은 발행주체에 제한이 없고 증표식 이외 정보형태(네트워크형)로도 발급이 가능하다. 따라서 전자금융거래법상의 선불전자지급수단이 여신전문금융업법의 선불카드보다 넓은 개념이라 할 수 있다. 다만 최근에는 증표 개념에 정보형태를 포함하는 것으로 넓게 해석하는 것이 실무의 다수의견이고, 여신전문금융업감독규정에서 신용카드사도 전자금융거래법상의 선불전자지급수단을 부수업무로 영위할 수 있도록 허용함에 따라(별표 1의3) 두 전자지급수단 간의 차이점이

더욱 모호해지고 있다. 다만, 카드거래 처리방식, 수수료 등에 있어서는 차이가 있다.[44]

(5) 선불카드 표준약관

선불카드 표준약관("표준약관")의 주요 내용을 살펴본다. 이 표준약관은 신용카드사("카드사")의 기명식 선불카드를 발급받은 회원 및 무기명식 선불카드를 구매 또는 양도받아 사용하는 소지자("회원 등")가 선불카드를 사용함에 있어, 회원 등과 카드사간의 권리·의무 등 제반 사항을 규정하고 있다(표준약관1).

(가) 선불카드의 발급 및 구매

회원[45] 등이 기명식 선불카드의 발급 또는 무기명식 선불카드의 구매를 희망할 경우 지정판매처 등을 통해 카드사가 정한 방법으로 신청할 수 있으며, 선불카드의 발급매수 및 발급자격은 카드사가 별도로 정할 수 있다(표준약관3①). 회원 등이 선불카드의 발급 및 구매를 신청할 경우 카드사는 별도의 제작비용을, 배송이 필요한 경우 별도의 배송료를 청구할 수 있다(표준약관3②).

선불카드에 대한 별도의 연회비는 없으며, 선불카드를 발급(재발급)받는 경우 카드사는 선불카드의 발급에 우선하여 발급수수료 등을 받을 수 있다(표준약관3③). 카드사는 선불카드를 발급하거나 판매하는 경우 회원 등에게 부가서비스, 이용한도, 부대비용, 사용불가·제한 가맹점명 및 거래유형에 관한 목록, 인터넷 사용등록·소득공제의 방법 등 중요사항에 대해 설명한다(표준약관3④).

(나) 선불카드와 소멸시효

기사용 선불카드의 잔액은 최종사용월로부터, 미사용 선불카드의 잔액은 판매월(또는 충전[46]월)로부터 5년이 경과하면 소멸된다. 다만, 소멸시효기간은 5년보다 길게 정할 수 있다(표준약관5①).

카드사는 소멸시효가 완성된 선불카드의 미사용 잔액을 여신전문금융업협회가 설립한 기부금관리재단에 기부할 수 있다(표준약관5② 본문). 다만, 카드사는

---

44) 김시홍(2015), 16쪽.
45) "회원"이란 이 약관을 승인하고 카드사에 기명식 선불카드 발급을 신청하여, 카드사로부터 기명식 선불카드를 발급받아 사용하는 자를 말한다(표준약관2①).
46) "충전"이란 선불카드로 구매행위를 하기 위해 권면금액 또는 관계법령 및 이 약관이 정한 범위 내에서 회원 등이 원하는 만큼의 금액을 카드사 영업점, 홈페이지 등을 통해 카드사가 정한 방법에 의하여 사용 가능한 상태로 바꾸는 것을 말한다(표준약관2⑥).

5만원 이상의 기명식 선불카드 미사용 잔액을 기부하는 경우 기부하기 1개월 전까지 기부금 액수, 기부예정일, 기부처 등 기부 관련 결정 사항을 포함하여 회원에게 서면, 전자문서, 전자우편(E-MAIL), 전화, 휴대폰 문자메시지 서비스 중 하나의 방법으로 통지한다(표준약관5② 단서).

(다) 선불카드의 이용

선불카드는 일시불 구매용으로만 사용이 가능하며, 회원 등이 선불카드로 상품을 구매하거나 서비스를 제공받고자 할 때에는 국내의 경우에는 카드사 또는 카드사와 제휴한 기관의 가맹점("국내가맹점"), 국외의 경우에는 카드사와 제휴하고 있는 외국기관의 가맹점("해외가맹점")에서 사용할 수 있다(표준약관6①).

선불카드 회원 등은 충전된 선불카드 잔액 범위 내에서 사용할 수 있다(표준약관6②). 회원 등이 선불카드 사용시 카드사는 해당 선불카드의 충전금액에서 결제금액만큼을 즉시 차감한다(표준약관6③).

기명식 선불카드 회원은 선불카드를 제시하고 매출전표에 선불카드상의 서명과 동일한 서명을, 무기명식 선불카드 소지자[47]는 선불카드를 제시하고 매출전표에 본인의 서명을 하여야 한다(표준약관6④).

(라) 선불카드의 소득공제

회원 등이 선불카드 사용금액에 대해 소득공제를 받고자 할 경우 카드사 홈페이지, 영업점 등을 통해 소득공제 등록 절차를 이행하여야 연말소득공제 혜택을 받을 수 있다(표준약관11 본문). 다만, 소득공제 등록 이전 선불카드 이용금액, 환불금액, 관련 법령에 의해 공제 불가한 선불카드 이용금액의 경우에는 소득공제가 적용되지 않는다(표준약관11 단서).

(마) 기명식 선불카드의 관리

회원은 발급받은 기명식 선불카드를 수령한 즉시 카드 서명란에 본인이 직접 서명하여야 하며 회원 본인 이외의 제3자로 하여금 선불카드를 보관 또는 소지하게 하거나 이용하게 하여서는 안된다(표준약관19①). 회원은 기명식 선불카드를 제3자에게 대여하거나 양도 또는 담보의 목적으로 이용할 수 없으며, 선량한

---

47) "소지자"란 이 약관을 승인하고 카드사에 무기명식 선불카드의 구매를 신청한 후 카드사로부터 무기명식 선불카드를 구매하여 소지하거나, 구매한 무기명식 선불카드를 사용하는 자를 말한다(표준약관2②).

관리자로서의 주의를 다하여 선불카드를 이용·관리하여야 한다(표준약관19②).

(바) 무기명식 선불카드의 관리

무기명식 선불카드의 발행권면금액 또는 충전된 금액을 모두 이용한 이후 매출취소를 할 경우에는 카드실물이 필요하므로 소지자는 카드실물을 일정기간 보관한 후 폐기하여야 한다(표준약관20 본문). 다만, 카드실물 없이 영수증 등을 통해 매출취소를 요청하는 경우, 취소 대상 매출 발생시 정당한 선불카드 소지자임이 확인되면 매출취소가 가능하다(표준약관20 단서).

소지자는 선불카드를 카드사의 가맹점에서 별도의 비밀번호 없이 사용할 수 있으나, 인터넷을 이용한 전자상거래시에는 사전에 카드사 홈페이지 등을 통해 인터넷 사용등록 후 이용하여야 한다(표준약관21).

Ⅲ. 신용카드대출상품

1. 단기카드대출(현금서비스)

(1) 의의

단기카드대출(현금서비스)은 현금지급기에서 현금서비스를 받기 위한 신용카드[48]의 사용이다(감독규정2①(3) 나목 및 25의8 참조). 단기카드대출(현금서비스)은 신용카드회사에서 각 회원의 신용카드 한도 내에서 별도로 신용공여 한도와 금리를 적용하여 현금을 인출할 수 있는 서비스로, 개인의 신용공여기간 동안 이용할 수 있도록 하여 익월 카드결제대금과 함께 상환하는 신용카드 대출서비스이다. 단기카드대출(현금서비스)은 신용카드를 이용하여 현금을 출금하거나 계좌이체, 또는 해당 카드의 결제대금 납부가 가능하도록 제공되고 있다.[49]

(2) 특징

단기카드대출(현금서비스)은 카드회사의 홈페이지, ARS, 현금지급기(CD/ATM

---

48) 신용카드에는 대금결제기능 외에도 지급유예기능·할부기능·현금서비스기능과 같은 신용기능이 있다. 직불카드에는 대금결제기능(직불기능)은 있으나, 지급유예기능·할부기능·현금서비스기능과 같은 신용기능은 없다.

49) 황혜선·조연행(2013), "소비자의 신용카드 대출서비스 이용유형과 이용의도: 현금서비스와 리볼빙서비스를 중심으로", 소비자정책교육연구 제9권 제4호(2013. 4), 138쪽.

기)를 통해서 미리 부여된 한도 이내에서 별도 서류 구비없이 이용할 수 있는 단기(회원이 카드가입시 신청) 금융상품을 말한다. 대출기간은 1~2개월, 신용공여한도는 신용카드 한도 내(1만원부터 신청 가능)이며, 수수료율은 5% 중반부터 23%대까지 분포하며, 일반대출보다 편리한 반면, 수수료율이 더 높다.[50]

(3) 신용카드 개인회원 표준약관

신용카드 개인회원 표준약관("표준약관") 중 단기카드대출 관련 내용을 살펴본다.

(가) 카드회원 가입시 회원의 신청

단기카드대출(현금서비스)은 회원의 카드회원 가입시 단기카드대출(현금서비스) 이용을 신청한 경우에 한하여 이용할 수 있다(표준약관14① 본문). 다만, 단기카드대출(현금서비스) 이용을 신청하지 않은 회원이 단기카드대출(현금서비스)을 이용하고자 하는 경우에는 카드사가 정하여 홈페이지 등에 게시한 절차에 따라 단기카드대출(현금서비스)을 이용할 수 있다(표준약관14① 단서).

(나) 대출방법

회원은 카드사가 부여한 단기카드대출(현금서비스) 한도 내에서 자동화기기, 전화, 인터넷 등 카드사가 정한 방법에 따라 단기카드대출(현금서비스)을 받을 수 있으며(표준약관14②), 단기카드대출 거래를 이용할 경우에 회원이 카드회사에 신고한 비밀번호와 단기카드대출(현금서비스) 신청시 입력한 비밀번호가 같을 경우에 한하여 단기카드대출(현금서비스) 신청금액을 즉시 지급하거나 카드회사에서 따로 정한 기일 내에 회원의 카드결제계좌(또는 회원이 지정한 회원명의의 계좌)에 입금한다(표준약관14③).

(다) 수수료율 인상과 금리인하요구

카드사는 자금조달비용의 상승, 회원의 신용등급 하락, 금융회사 대출 연체 등으로 인한 신용도 변동, 국가경제·금융사정의 급격한 변동 등을 종합적으로

---

50) 2019년 상반기 중 카드대출(현금서비스 및 카드론) 이용액은 52.3조원으로 2018년 상반기 중 이용액 52.9조원 대비 0.6조원(−1.1%) 감소하였다. 2019년 상반기 중 이용액을 현금서비스와 카드론로 구분하여 살펴보면 현금서비스 이용액은 29.3조원으로 2018년 상반기 중 이용액 30.2조원 대비 0.9조원(−3.0%)이 감소하였고, 카드론 이용액은 23.0조원으로 2018년 상반기 중 이용액 22.7조원 대비 0.3조원(1.3%)이 증가하였다(김정렬(2019), 6쪽).

평가하여 단기카드대출(현금서비스) 수수료율을 인상할 수 있으며, 회원은 취업, 소득증가, 신용등급 상승 등 기타 신용상태가 호전된 경우 전화, 서면, 인터넷 홈페이지 등을 통해 카드사에 금리 인하를 요구할 수 있다(표준약관14④).

(라) 이용수수료 부담

회원이 자동화기기, 전화, 인터넷 등을 통해 단기카드대출(현금서비스)을 받는 경우 회원은 수수료 외에 카드사 또는 카드사 제휴기관 등이 정하는 이용수수료를 부담하여야 한다(표준약관14⑤).

2. 장기카드대출(카드론)

(1) 의의

신용카드회원 본인의 신용도와 카드이용 실적에 따라 카드회사에서 대출해주는 장기(2개월 이상) 금융상품을 말한다(감독규정2(3) 나목 참조). 신용카드 개인회원 표준약관("표준약관")에 따르면 장기카드대출(카드론)이란 단기카드대출(현금서비스) 외에 카드회사가 본인회원에게 제공하는 자금융통으로서 일정기간 동안 일정 이자율에 따라 원리금을 상환하는 서비스를 말한다(표준약관16).

가맹점수수료율 인하에 따른 수익 감소 부분을 보완하기 위해 신용카드사들은 카드론을 확대하고 있다. 연 2%대의 채권을 발행해 자금조달을 한 후 10% 이상의 금리로 대출을 하면 높은 수익을 올릴 수 있기 때문이다.[51] 그러나 카드론 증가와 함께 카드대출 연체율도 상승하고 있는 것으로 나타나 자산건전성에 관한 우려가 높아지고 있다. 신용카드사의 카드대출은 전적으로 신용대출이라는 특성이 있어 신용위험을 제대로 관리하지 못하면 수익성에 부정적 영향을 줄 수 있기 때문이다. 대출성 자산의 확대에 따라 연체율 등 리스크관리도 강화되어야 함을 시사하고 있다.[52]

---

[51] 가맹점수수료율 인하가 계속되자 신용카드사는 대출사업을 확대하고 있는 것으로 보인다. 신용카드사들은 2% 정도의 금리로 자금을 조달한 후 평균 14.5%의 금리로 대출해 높은 수익을 올리는 것으로 보인다. 2019년 4월 말 현재 7개 신용카드사의 신용등급별 카드론 대출자의 76.8%가 중신용(4등급~6등급) 이용자인 것으로 나타났다

[52] 김정렬(2019), 2쪽.

(2) 특징

카드이용 실적이 많고 연체 없이 결제할수록, 더 많은 한도와 낮은 이자율이 결정되고, 대출기간은 2-36개월이고, 대출금액은 신용카드 한도와 별도로 산정하며, 이용방법은 카드회사 및 제휴기관 본점·지점, ATM, 전화, 인터넷, 모바일 등이고, 수수료율은 4% 후반부터 23%대까지 분포하며, 신용도 및 장기카드대출 이용기간에 따라 이자율이 차등 적용된다.

(3) 신용카드 개인회원 표준약관

여기서는 신용카드 개인회원 표준약관 중 장기카드대출 관련 내용을 살펴본다.

(가) 장기카드대출(카드론) 동의 및 동의방법

1) 사전 동의

장기카드대출(카드론)은 회원이 카드회원 가입시 장기카드대출(카드론) 이용을 동의한 경우에 한하여 이용할 수 있다. 다만, 장기카드대출(카드론) 이용에 동의하지 않은 회원이 장기카드대출(카드론)을 이용하고자 하는 경우 동의를 한 후 장기카드대출(카드론)을 이용할 수 있다(표준약관17①).

2) 동의방법

동의는 서면, 전자서명법 제2조 제2호(서명자의 실지명의를 확인할 수 있는 것을 말한다)에 따른 전자서명이 있는 전자문서에 의한 동의, 유무선 통신으로 개인비밀번호를 입력하거나 유무선 통신에 의한 방법(이 경우 본인 여부 및 동의내용 답변 녹음 등 증거자료 확보·유지) 중 1가지 이상의 방법으로 이행하여야 한다(표준약관17②).

(나) 이용계약의 성립

1) 신청과 승낙

장기카드대출(카드론) 이용계약은 장기카드대출(카드론) 이용에 동의한 회원이 장기카드대출(카드론)을 신청하고 카드사가 이를 승낙함으로써 성립한다(표준약관18①).

2) 이자율 등 대출내용 설명의무

카드사는 이자율, 대출기간, 상환방법 등 대출의 주요 내용과 신용변동 가능성을 대출 실행 이전에 회원이 이해할 수 있는 방법으로 설명하여야 한다(표준약관18②).

3) 상품설명서 또는 대출계약서 통지의무

장기카드대출(카드론) 이용계약 성립 이후 카드사는 이자율, 대출기간, 상환
방법 등 대출의 주요 내용이 포함된 상품설명서 또는 대출계약서를 전자우편
(E-MAIL), 서면, 이용대금명세서 등 회원과 협의한 1가지 이상의 방법으로 통지
하여야 한다(표준약관18③).

(다) 장기카드대출(카드론) 신청 방법

회원은 ⅰ) 카드사의 본·지점 또는 카드사와 제휴 또는 위임한 기관의
본·지점을 방문하여 신분증을 제출하는 방법, ⅱ) 카드사가 별도로 정하는 자
동음성응답시스템(ARS), 고객센터상담원을 통하여 회원 본인의 고유식별정보
또는 카드번호와 비밀번호를 입력하거나 회원 개인정보(명세서 수령 주소, 휴대
폰 번호 등)를 통한 본인확인하는 방법, ⅲ) 인터넷, 모바일을 통하여 ID번호와
비밀번호 입력 또는 전자문서로서 공인전자서명이 있는 전자문서에 의한 동의
방법, ⅳ) 자동화기기: 회원의 카드를 실물 투입 또는 리더기를 통과하거나 제3
호에 정한 방법으로 본인확인절차를 거쳐 휴대폰을 통하여 받은 일회성 비밀번
호를 자동화기기에 입력하는 방식 등 카드사가 별도로 정하는 방식으로 인증하
고 회원의 비밀번호 입력(이 경우 회원은 기기 이용수수료를 부담)하는 방법으로 본
인확인 절차를 거쳐 장기카드대출(카드론)을 신청할 수 있다(표준약관19①).

(라) 장기카드대출(카드론) 대출가능금액

1) 대출가능금액 부여

카드사는 장기카드대출(카드론) 이용에 동의한 회원에 대하여 가처분소득,
장기카드대출(카드론) 이용기간, 신용상태 등을 고려하여 카드사의 내부기준에
따라 장기카드대출(카드론) 대출가능금액을 부여한다(표준약관20①).

2) 대출가능금액 산정

카드사는 장기카드대출(카드론) 대출가능금액을 부여하는 경우 장기카드대
출(카드론) 월 채무원리금 상환액이 장기카드대출(카드론) 이용신청일 이전 회원
의 3개월 평균 카드 이용가능한도[53] 미사용금액 이내에서 장기카드대출(카드론)

---

53) "이용가능한도"라 함은 신용카드업자가 회원에게 부여할 수 있는 최대 신용한도로서 일시

대출가능금액을 산정한다(표준약관20②).

3) 대출가능금액 범위

회원은 카드사가 산정한 장기카드대출(카드론) 대출가능금액 범위 내에서 장기카드대출(카드론)을 이용할 수 있다(표준약관20③).

(마) 대출금 상환방식

장기카드대출(카드론)은 카드사가 정한 기준에 따라 회원이 선택하여 원금(원리금)균등분할 상환방식, 거치 후 원금(원리금)균등분할 상환방식, 만기일시상환방식, 마이너스방식 등으로 상환할 수 있다(표준약관21①).

1) 원금(원리금)균등분할 상환방식

원금균등분할 상환방식은 매월 균등한 원금과 대출 잔액에 따른 이자를 회원이 카드사와 약정한 결제일에 상환한다(표준약관21②). 원리금균등분할 상환방식은 매월 원금과 이자를 합하여 균등한 금액을 회원이 카드사와 약정한 결제일에 상환한다(표준약관21③).

2) 거치 후 원금(원리금)균등분할 상환방식

거치후 원금균등분할 상환방식은 일정기간(거치기간)에 이자만 납입하다가 이후 매월 균등한 원금과 대출잔액에 따른 이자를 결제일에 상환한다(표준약관21④). 거치후 원리금균등분할 상환방식은 일정기간(거치기간)에 이자만 납입하다가 이후 매월 원금과 이자를 합하여 균등한 금액을 결제일에 상환한다(표준약관21⑤).

3) 만기일시상환방식

만기일시상환방식은 원금은 대출 기간이 끝나는 날에 전액상환하며, 매월 결제일에 이자금액을 상환한다(표준약관21⑥).

4) 마이너스방식

마이너스방식은 대출 기간 내에서 차용과 상환을 자유롭게 하되, 대출 기간이 끝나는 날에 전액을 상환하며, 이자는 카드사가 정한 매월 결산일에 마이너스방식 거래계좌에서 상환한다(표준약관21⑦).

불, 할부, 단기카드대출(현금서비스) 및 일부결제금액이월약정(리볼빙) 결제에 대하여 통합 적용되는 한도를 말한다(신용카드 발급 및 이용한도 부여에 관한 모범규준2(4)).

(바) 장기카드대출(카드론) 이자 등과 지연배상금

1) 이자 등의 법령상 제한 및 변경 여부

장기카드대출(카드론) 이자·수수료 등("이자 등")의 율·계산방법·지급의 시기 및 방법에 관해 카드사는 법령이 허용하는 한도 내에서 정할 수 있으며, 약정 체결 후에는 변경할 수 없음을 원칙으로 한다. 다만, 채무이행 완료 전에 국가경제·금융사정의 급격한 변동 등으로 계약 당시에 예상할 수 없는 현저한 사정변경이 생긴 때에는 카드사는 회원에 대한 개별통지에 의하여 그 율을 인상·인하할 수 있다. 이 경우 변경요인이 해결되어 없어지는 때에는 카드사는 해결되어 없어진 상황에 일치하도록 변경하여야 한다(표준약관22①).

2) 계약체결 전 확인

회원이 해당 사항을 계약 체결 전에 홈페이지 등에서 확인할 수 있도록 한다(표준약관22②).

(사) 장기카드대출(카드론) 금리인하요구권

1) 금리인하요구

회원은 취업, 승진, 재산 증가 또는 개인신용평점 상승 등 신용상태 개선이 나타났다고 인정되는 경우 전화, 서면, 인터넷 홈페이지 등을 통해 카드사에 금리 인하를 요구할 수 있다(표준약관23①).

2) 금리인하 심사결과 통보

카드사는 회원이 대출금리 인하를 요구하는 경우 자체 심사를 거쳐 10영업일 이내(금리인하요구자에게 자료의 보완을 요구하는 경우, 그 보완을 요구한 날부터 자료가 제출되는 날까지의 기간은 포함하지 않는다)에 회원에게 금리인하 심사결과 등을 전화, 서면, 휴대폰 문자메시지, 전자우편(E-MAIL), 팩스(FAX) 또는 그 밖에 이와 유사한 방법으로 통보해야 한다(표준약관23②).

3) 수용 여부 판단

카드사는 금리인하요구자의 신용상태 개선이 금리 산정에 영향을 미쳤는지 여부 등을 고려하여 수용 여부를 판단하며, ⅰ) 계약체결시 회원의 신용상태가 금리 산정에 영향을 미치지 않은 경우, ⅱ) 신용상태의 개선이 경미하여 금리 재산정에 영향을 미치지 않는 경우에는 금리인하요구를 수용하지 않을 수 있다(표준약관23③).

4) 신용상태 변동 입증서류 제출

회원은 카드사의 요청이 있는 경우 채무자의 신용상태 변동 등을 입증할 수 있는 서류를 제출해야 한다(표준약관23④).

5) 금리인하요구 요건 등 고지

카드사는 금리인하요구권과 관련하여 금리인하요구 요건, 신청 및 통지절차 등을 마련하여 홈페이지 등에 별도로 고지한다(표준약관23⑤).

(아) 장기카드대출(카드론) 계약 철회

1) 철회기한

회원은 계약서류를 발급받은 날(계약서류를 발급받은 날보다 대출금의 지급이 늦게 이루어진 경우에는 장기카드대출(카드론) 실행일)로부터 14일("철회기한") 이내에 서면, 전화, 컴퓨터통신으로 장기카드대출(카드론) 계약 철회의 의사를 표시할 수 있다(표준약관24①).

2) 철회 제한 대출금액

장기카드대출(카드론) 금액이 4천만원을 초과하는 경우에는 장기카드대출(카드론) 계약을 철회할 수 없다(표준약관24②).

3) 철회의 효력발생시기

장기카드대출(카드론) 계약 철회는 회원이 철회기한 이내에 원금, 이자 및 카드사가 제3자에게 지급한 회원의 자동화기기 이용수수료를 전액 반환한 때에 그 효력이 발생한다(표준약관24③).

4) 손해배상금 또는 위약금 청구금지

카드사는 회원에게 장기카드대출(카드론) 계약 철회에 따른 손해배상금 또는 위약금 등을 청구하지 않는다(표준약관24④).

5) 철회제한 사유

카드사는 ⅰ) 해당 카드사를 대상으로 1년 이내에 2회 초과하여 대출 계약을 철회하는 경우, ⅱ) 은행 등 전체 금융회사를 대상으로 1개월 이내에 1회 초과하여 대출 계약을 철회하는 경우 회원의 장기카드대출(카드론) 계약 철회를 제한할 수 있다(표준약관24⑤).

6) 계약철회 의사표시 불명확과 설명 및 확인의무

카드사는 회원의 장기카드대출(카드론) 계약 철회의 의사표시가 명확하지 않을 경우 대출계약 철회에 대해 회원에게 설명하고 회원의 의사를 확인하여 처리한다(표준약관24⑥).

(자) 중도상환과 대출기간 연장

1) 중도상환 방법

상환기간이 끝나기 전에 장기카드대출(카드론)을 상환할 경우에는 카드사 영업점을 방문하여 직접 상환하거나 장기카드대출(카드론) 결제계좌 또는 카드사가 회원에게 부여하는 가상계좌에 해당 금액을 입금한 뒤 카드사에 상환의사를 표시하여 상환할 수 있다. 다만, 대출당일에 상환할 경우에는 1일의 정상이자가 부과될 수 있다(표준약관25)

2) 대출기간 연장

대출만기 도래시 대출기간의 연장은 기존 약정내용 및 회원의 신청에 따라 이루어진다(표준약관26①).

대출기간 연장 신청시 카드사는 개인신용평점, 연체정보 등 카드사가 정하는 심사기준에 따라 대출 연장 가능 여부를 심사할 수 있으며, 대출기간 연장이 확정된 경우 대출조건(이자율, 상환방식, 대출기간, 대출금액 등)이 변경될 수 있다. 다만, 카드사의 심사기준에 의해 대출기간 연장이 불가한 때에는 만기일에 원금 및 이자를 전액 상환하여야 한다(표준약관26②).

Ⅳ. 특약상품

1. 할부

(1) 할부구매 방식(할부 신용)

할부구매(할부신용)은 구매금액을 구매시에 결정한 개월 수로 나누어 균등하게 상환하는 방식이다. 이연되는 금액에 대하여는 이자가 붙는다.

(2) 신용카드 개인회원 표준약관

신용카드 개인회원 표준약관("표준약관")의 할부 관련 주요 내용을 살펴본다.

(가) 할부구입

1) 할부가능금액

신용카드회원은 카드회사로부터 할부판매를 지정받은 국내가맹점에서 카드회사가 정한 할부가능금액에 대하여 할부구매를 할 수 있다(표준약관11①).

2) 할부기간

할부기간은 카드회사가 정하여 통보한 최장기간 이내에서 회원이 지정한 기간으로 하며, 다만, 구매상품 또는 제공받은 서비스의 대금을 2월 이상의 기간에 걸쳐 3회 이상 분할하여 납부하는 할부계약에 한하여 철회권 및 항변권을 행사할 수 있으며, 할부기간은 가맹점에 따라 일부 제한될 수 있다(표준약관11②).

3) 할부금과 할부수수료율

회원은 현금가격의 분할대금에 월간 수수료를 가산한 할부금을 할부기간 동안 결제하여야 하고(표준약관11③), 최초 할부금에는 분할잔여액을 포함하여 청구할 수도 있으며, 카드회사는 연간 할부수수료율 및 100원당 부담하는 할부개월별 수수료를 이용대금명세서를 통하여 통지하도록 하고, 인터넷 등을 통하여 회원이 수시로 확인할 수 있도록 하여야 하고, 카드회사는 카드회사 자금조달비용의 상승, 회원의 개인신용평점 하락, 금융회사 대출 연체 등으로 인한 신용도 변동, 국가경제·금융사정의 급격한 변동 등을 종합적으로 평가하여 할부수수료율을 인상할 수 있다(표준약관11④⑤⑥).

(나) 할부철회권

1) 할부계약 철회 기간

회원은 할부계약서를 교부받은 날 또는 계약서를 교부받지 않은 경우에는 상품 또는 서비스를 제공받은 날부터 7일 이내에 할부계약을 철회할 수 있다(표준약관12① 본문).

2) 할부계약 철회의 예외

ⅰ) 사용에 의하여 그 가치가 현저히 감소될 우려가 있는 자동차, 냉장고, 세탁기, 낱개로 밀봉된 음반·비디오물 및 소프트웨어를 사용한 경우, ⅱ) 설치에 전문인력 및 부속자재 등이 요구되는 냉동기, 전기 냉방기(난방겸용인 것을 포함), 보일러를 설치한 경우, ⅲ) 구매한 상품 또는 서비스가 20만원 미만인 경우, ⅳ)

회원의 책임있는 사유로 해당 상품이 멸실 또는 훼손된 경우, ⅴ) 회원이 상행위를 위하여 상품 또는 서비스를 구매한 경우, ⅵ) 일부결제금액이월약정(리볼빙) 이용금액에 해당하는 경우 회원은 할부철회권을 행사할 수 없다(표준약관12① 단서).

3) 할부계약 철회 통지

회원이 할부계약을 철회하고자 하는 때에는 위의 7일 이내에 철회의 의사가 기재된 서면을 발송하여야 한다(표준약관12②).

(다) 할부항변권

1) 할부금 지급거절 사유

회원은 할부로 구매한 상품 또는 서비스의 대가가 20만원 이상이고, ⅰ) 할부계약이 불성립·무효·취소·해제 또는 해지된 경우, ⅱ) 상품 및 서비스의 전부 또는 일부가 회원에게 인도 또는 제공되어야 할 시기까지 인도 또는 제공되지 않은 경우, ⅲ) 가맹점이 하자담보책임을 이행하지 아니한 경우, ⅳ) 기타 가맹점의 채무불이행으로 인하여 할부계약의 목적을 달성할 수 없는 경우, 또는 ⅴ) 소비자분쟁해결기준(공정거래위원회 고시)에 규정된 할부항변권 요건에 해당되는 경우 할부금의 지급을 거절할 수 있다(표준약관13① 본문).

2) 할부금 지급거절의 예외

일부결제금액이월약정(리볼빙) 이용금액, 20만원 미만의 거래, 회원의 상행위를 위한 거래, 할부금을 이미 완납한 거래 등은 제외된다(표준약관13① 단서).

3) 할부금 지급거절 금액

회원이 할부항변권을 행사하여 카드사에 지급을 거절할 수 있는 금액은 지급기일이 지나지 않은 나머지 할부금에 한한다(표준약관13②).

4) 항변권 불수용 통지

카드사는 서면으로 접수된 소비자의 항변권에 대하여 수용할 수 없는 경우 7영업일 이내에 서면으로 그 사유를 통지하여야 하고, 통지를 하지 아니한 경우에는 소비자의 나머지 할부금 지급 거절의사를 수용한 것으로 본다(표준약관13③).

5) 불이익 행위 금지

카드사는 소비자가 나머지 할부금의 지급을 거절한 경우 항변권 관련 분쟁이 해결될 때(소송중이거나 항변권 대상이 아닌 경우 제외)까지 해당 소비자를 채무를 변제하지 아니한 자로 처리하는 등 불이익을 주는 행위를 하지 않는다(표준약관13④).

2. 일부결제금액이월약정(리볼빙)

(1) 의의

신용카드회원이 신용카드업자와 별도 약정에 따라 신용카드 이용대금의 일부만 결제하고 잔여금액에 대한 결제를 이월하는 상품이다(감독규정2(3) 다목). 신용카드 개인회원 표준약관("표준약관")에 따르면 일부결제금액이월약정(리볼빙)이란 회원이 카드이용대금 중 카드회사와 회원이 미리 약정한 약정(최소)결제비율 이상을 결제하면 다음 달 결제월에 잔여결제금액과 일부결제금액이월약정(리볼빙) 수수료를 합산하여 납부하는 결제방식이다(표준약관31①). 즉 신용카드대금 중 일정금액(5만원 이상, 이용금액의 10% 이상의 최소결제비율 이상) 이상만 결제하면 잔여대금에 대한 상환이 자동으로 연장되고 잔여 이용한도 내에서는 신용카드를 계속 이용할 수 있게 되는 결제방식이다.

약정결제비율이란 일부결제금액이월약정(리볼빙) 이용금액 중 카드회사와 회원이 결제일에 결제를 원하는 비율을 의미하며 회원은 이용금액의 10-100% 이내의 범위에서 약정조건에 따라 최소결제비율 이상으로 원하는 비율을 선택할 수 있다(표준약관31②). 최소결제비율이란 회원이 결제일에 결제하여야 할 최소결제금액을 산정하는 비율을 의미하며 최소결제비율은 10% 이상으로 회원의 신용상태 등에 따라 차등 적용된다. 최소결제비율은 복수의 카드를 소지한 경우라도 회원단위로 동일하게 적용된다(표준약관31③). 일부결제금액이월약정(리볼빙) 수수료란 일부결제금액이월약정(리볼빙)의 이용과 관련하여 회원에게 부과되는 수수료를 의미한다(표준약관31④).

(2) 특징

리볼빙서비스는 카드로 물품의 대금을 결제한 후 결제해야 하는 대금의 일정금액, 주로 5-10%만 결제하면 나머지는 상환이 연장되고 잔여이용 한도 내에서 계속해서 카드를 이용할 수 있다. 카드대금을 연체하지 않고 정상적으로 카드를 이용할 수 있다는 점, 연체로 인한 신용등급 하락의 위험을 피할 수 있다는 점에서 소비자에게 유용하게 받아들여지고 있으나 평균금리가 연 20%를 웃도는 고금리라는 점에서 사실상 소비자의 채무를 가중시키는 결과를 낳고 있다. 리볼빙서비스의 경우 매월 최소결제금액을 제외한 나머지 금액이 이월되고 이에 대한 이자가 붙는 방식인데, 이때 매월 이월된 원금과 이자를 합한 금액에 다시 이자가 붙기 때문에 조금씩 갚아가더라도 상환해야 하는 금액이 크게 불어날 수 있는 구조를 가지고 있다.[54]

(3) 신용카드 개인회원 표준약관

(가) 일부결제금액이월약정(리볼빙)의 신청 및 성립

1) 신청과 승낙

일부결제금액이월약정(리볼빙)은 카드 발급시 또는 카드를 발급받은 회원이 본인확인절차를 거쳐 일부결제금액이월약정(리볼빙)을 신청하고 카드사가 이를 승낙함으로써 성립한다(표준약관32①).

2) 수수료율 등 설명의무와 안내문 교부의무

카드사는 회원과 일부결제금액이월약정(리볼빙) 체결시 수수료율, 최소결제비율 및 약정결제비율, 일시상환 방법 등 주요 내용과 일부결제금액이월약정(리볼빙)을 이용하여 잔액이 발생한 경우 신용도가 하락할 수 있음을 회원이 이해할 수 있는 방법으로 설명하고, 약정체결 후 여신금융협회의 일부결제금액이월약정(리볼빙) 안내문을 회원에게 교부한다(표준약관32②).

3) 수수료율 등 통지방법

회원의 일부결제금액이월약정(리볼빙) 체결 이후 카드사는 수수료율, 최소결제비율 및 약정결제비율 등의 내용에 대해 서면, 전화, 전자우편(E-MAIL), 이용대금명세서, 휴대폰 메시지 서비스 등 회원과 협의한 2가지 이상의 방법으로 통지한다(표준약관32③).

4) 카드이용대금명세서 등을 통한 총수수료금액 등 안내

카드사는 회원의 일부결제금액이월약정(리볼빙) 이용에 따라 잔액이 발생한 경우 카드이용대금명세서 등을 통해 추가적인 카드이용이 없다는 가정하에 약정

---

54) 황혜선·조연행(2013), 138쪽.

(최소)결제비율에 따라 상환을 완료할 때까지 걸리는 기간(수수료가 부과되는 첫 번째 월부터 상환이 완료되는 마지막 월을 포함하여 개월수로 표시), 총 수수료금액(해당 회원에게 적용한 최근 월의 수수료율을 적용), 총 원금잔액(총 이월잔액)에 대해 별도로 안내한다(표준약관32④).

5) 금리인하요구

회원은 일부결제금액이월약정(리볼빙)의 수수료율에 대해서도 제23조에서 규정한 금리인하요구권과 같이 카드사에 금리인하를 요구할 수 있다(표준약관32⑤).

(나) 적용대상

1) 심사기준 충족

회원이 일부결제금액이월약정(리볼빙)을 신청할 경우 카드사는 신청회원의 이용실적, 신용상태, 월평균결제능력 등을 종합적으로 심사하여 일부결제금액이월약정(리볼빙)의 대상여부를 결정하며, 동 심사기준을 충족하지 못할 경우 일부결제금액이월약정(리볼빙)을 이용할 수 없다(표준약관33①).

2) 이용금액

일부결제금액이월약정(리볼빙)을 할 경우 일부결제금액이월약정(리볼빙)이 허용된 카드 또는 회원이 보유한 모든 카드(가족카드 포함) 중 카드사가 정하는 조건에 부합하는 국내·외 일시불 이용금액에 한하여 일부결제금액이월약정(리볼빙)의 이용이 가능하다. 다만, 단기카드대출(현금서비스) 및 할부 이용금액 등은 제외한다(표준약관33②).

(다) 약정기간

1) 약정 해지

일부결제금액이월약정(리볼빙)은 회원이 이용을 신청한 시점부터 해당 카드의 유효기간까지 이용(최장 5년)할 수 있다. 이 경우 카드사는 일부결제금액이월약정(리볼빙)을 실제로 이용하지 않고 약정만 체결한 회원에 대해 18개월마다 동 약정을 해지할 수 있고 해지에 따른 불이익이 없음을 서면, 전화, 전자우편(E-MAIL), 휴대폰 메시지, 팩스(FAX), 이용대금명세서 중 2가지 이상의 방법으로 안내하여야 하며, 안내시 회원이 인터넷 홈페이지 등을 통해 간편하게 해지할 수 있도록 서비스를 제공한다. 약정이 연장된 경우에도 같다(표준약관34①).

2) 약정기간 만료 예정사실 등 개별통보

카드사는 약정기간이 도래한 회원에 대하여 약정기간 만료일로부터 1개월 이전에 약정기간 만료 예정사실[일부결제금액이월약정(리볼빙) 연장가능 회원의 경우에는 일부결제금액이월약정(리볼빙)의 연장 예정 사실 및 연장기간 포함], 수수료율 등 주요 내용을 주요 내용을 서면, 전화, 전자우편(E-MAIL), 휴대폰 메시지, 팩스(FAX), 이용대금명세서 중 2가지 이상의 방법으로 개별 통보한다(표준약관34②).

3) 기간의 연장

연장가능 회원에게는 카드사의 통보 후 1개월 이내에 별도 약정해지 의사표시를 하지 않는 경우 약정연장에 동의한 것으로 본다는 내용을 명시하여 통지한다. 회원이 이 기간 중 이의제기하지 않는 경우 회원이 선택한 기존약정 기간 단위로 일부결제금액이월약정(리볼빙)의 기간이 연장된다(표준약관34③).

(라) 결제금액

1) 청구원금과 수수료 등

일부결제금액이월약정(리볼빙) 이용회원의 결제금액은 약정(최소)결제비율에 따른 일부결제금액이월약정(리볼빙) 청구원금, 일부결제금액이월약정(리볼빙) 수수료 및 일부결제금액이월약정(리볼빙) 비대상 금액의 합계액으로 한다. 단, 일부결제금액이월약정(리볼빙)의 청구원금이 5만원 미만인 경우 전액 청구한다(표준약관35①).

2) 최소결제금액

결제일에 회원이 최소결제금액 미만으로 결제할 경우에는 연체로 처리되며, 이 경우 회원은 최소결제금액 중 결제하지 못한 금액(이자 제외)에 대하여 지연배상금을 추가로 지급하여야 한다(표준약관35②).

3) 일부결제금액이월약정(리볼빙) 전환과 고지

약정결제비율을 100%로 정한 회원이 결제일에 총 청구금액을 결제하지 않고 최소결제금액 이상을 결제한 경우 일부결제금액이월약정(리볼빙)으로 전환되며 일부결제금액이월약정(리볼빙) 수수료가 부과된다(표준약관35③). 이 경우 카드사는 회원에게 일부결제금액이월약정(리볼빙)으로 전환된 이월금액 및 선결제 가능 사실을 휴대폰 메시지 서비스 또는 전화 등으로 고지한다(표준약관35④).

(마) 수수료율과 최소결제비율 변경

1) 수수료율 또는 연체료율

일부결제금액이월약정(리볼빙) 수수료율 또는 연체료율에 대해 카드사는 회원의 신용상태 등을 고려하어 법령이 허용하는 한도 내에서 정할 수 있으며, 일부결제금액이월약정(리볼빙)의 체결 후 적용 수수료율 등은 회원에게 안내한다(표준약관36①).

카드사는 회원의 신용변동, 카드사의 조달금리 및 업무처리비용 등 금융환경의 변화 등에 따라 회원에게 개별통지에 의하여 그 율을 인상·인하 할 수 있으며, 변경내용을 회원에게 개별 통지한다(표준약관36②).

2) 최소결제비율 변경

일부결제금액이월약정(리볼빙)의 체결 이후 회원의 연체 등의 사유로 신용상태가 악화되었을 경우 최소결제비율을 상향할 수 있으며, 이 경우 변경된 최소결제비율이 최근 이용 중인 약정결제비율 이상으로 변경될 경우 회원은 변경된 최소결제비율로 결제하여야 한다(표준약관37).

(바) 계약해지

회원이 ⅰ) 회원의 계약해지 요청, ⅱ) 회원의 탈회 또는 갱신 탈락 등의 경우, ⅲ) 제29조(기한이익의 상실)에 해당하는 경우 일부결제금액이월약정(리볼빙) 이용계약이 해지된다(표준약관38①). 이 경우 카드사는 회원에게 이용금액의 전액을 청구할 수 있고 회원은 카드사의 청구를 받은 즉시 결제하여야 한다(표준약관38②).

3. 채무면제·유예상품(DCDS)

(1) 의의

채무면제·유예상품(DCDS)이란 "신용카드회원으로부터 수수료를 받고 동 회원에게 사망, 질병, 실업, 자연재해 등 특정사고 발생시 회원의 채무(신용카드 이용과 관련된 대금의 결제와 관련한 채무에 한함)를 면제하거나 유예하는 상품"을 말한다(법50의9①, 영19의14①, 감독규정26의5).

여신금융상품공시기준에 따르면 채무면제·유예상품(DCDS)은 신용카드회사

가 매월 회원으로부터 일정률의 수수료(채무잔액의 일정비율)를 받고 회원에게
사망, 질병 등 사고가 발생하였을 때 카드채무를 면제하거나 결제를 유예해 주
는 상품이다(여신금융상품공시기준). 즉 DCDS란 여신금액에 대해 수수료를 추가
로 납부한 고객이 사망 등의 사유로 채무변제가 불가능해졌을 때 해당 채무를
면제·유예하는 제도로, 현재 국내에서는 전업 신용카드회사에게만 판매가 허용
된다. 이에 대한 수수료는 매월 카드결제금액 대비 일정률(일반적으로 0.5% 내외)
로 적용된다.

(2) 연혁

우리나라에서는 2005년경부터 카드사와 할부금융회사들이 채무면제·유예
약정상품을 취급하기 시작하였는데, 이에 대한 규제는 뚜렷한 근거 없이 금융감
독원이 제정한 "채무면제 및 채무유예 서비스 소비자 보호 가이드라인"에 따라
할부금융회사의 취급을 금지하고, 카드사에 대해서만 그 취급을 허용하고 있었
다. 그러나 2016년 9월 30일 여신전문금융업감독규정 제26조의5가 신설됨에 따
라 "신용카드회원으로부터 수수료를 받고 동 회원에게 사망, 질병, 실업, 자연재
해 등 특정사고 발생 시 회원의 채무를 면제하거나, 유예하는 업무"도 여신전문
금융업법 제46조 제1항 제7호가 규정하고 있는 여신전문금융업의 부수업무에 포
함되었다. 이에 의해 신용카드업자의 채무면제·유예약정상품 취급근거는 마련
되었다. 다만 여신전문금융업감독규정에 따르더라도 신용카드업자 이외에 시설
대여업자, 할부금융업자, 신기술사업금융업자 등 다른 여신금융업자가 동 상품을
취급할 수 있는지에 대해서는 여전히 공백상태이다. 또한 은행이나 보험사가 취
급하는 대출상품에 연동된 채무면제·유예약정상품에 대해서도 규정이 없는 상
태이다.[55]

DCDS 판매 허용에 관한 논의와 입법 추진이 은행과 보험회사를 중심으로
있었으나, 모두 불발되어 DCDS의 허용 및 불허를 명시한 법률은 최종 입법되지
않았다. 2009년 은행과 신용카드회사에 DCDS 판매를 허용하는 은행법·여신전
문금융업법 개정안이 발의되었으나 폐기되었고, 2010년 DCDS를 보험으로 규정

---

55) 하상석(2019), "채무면제·유예상품의 교훈을 통한 소비자신용보험 활용방안", 상사법연구
   제38권 제3호(2019. 12), 380-381쪽.

하는 보험업법 개정안이 발의되었지만 폐기되었다.[56]

(3) 신규판매 중단과 기존계약 유지

채무면제·유예상품(DCDS)의 불완전판매가 사회적 지탄을 받게 되면서, 2016년 5월 금융감독원은 불완전판매 피해가 확인된 13만 명에게 수수료 141억 원을 환급하도록 하고, 해당 상품에 대한 감독을 강화하는 조치를 취하였다.[57] 그리고 카드사들은 금융감독원과 불합리한 영업관행개선에 관한 업무협약(MOU)을 체결하면서, 채무면제·유예상품의 불완전판매를 시정하고, 대출금리산정 및 운영체계의 합리화, 고객정보 관리강화, 불합리한 카드모집 관행 등을 개선하기로 하였다. 그러나 2016년 7월부터 하나카드사, BC카드사 등이 동상품의 신규가입을 중단하기 시작하여, 2016년 8월에는 모든 카드사가 채무면제·유예상품의 신규가입을 중단하였다. 우리카드를 제외한 국민, 롯데, 삼성, 신한, 하나, 현대, BC카드 등 7개 카드사가 채무면제·유예상품을 판매하였으나, 금융감독원의 감독강화 조치로 2016년 8월경 7개 카드사 전체가 동 상품의 신규가입을 중단하였다.[58]

(4) 구별개념

신용카드회사는 계약상 책임보험(CLIP: Contractual Liability Insurance Policy)에 가입함으로써 신용카드회원의 채무면제나 유예로 인한 자사의 손실위험을 손해보험회사에 이전하고 있다. DCDS는 금융회사와 고객 간의 계약과 금융회사와 보험회사 간의 계약으로 구성되어 고객과 보험회사 간에는 직접적인 계약관계가 없다. DCDS와 유사한 기능을 수행하는 신용보험은 신용카드회원, 신용카드회사, 그리고 보험회사 간 3당사자 계약이다.[59]

(가) 신용보험

신용보험은 금융회사로부터 대출을 받은 고객이 사망 등의 사유로 채무변제를 이행할 수 없는 경우를 보험사고로 인식하여 보험회사가 금융회사에 대출잔

---

56) 송윤아·마지혜(2016), "보험유사 부가서비스 규제방향: DCDS 운영사례", 보험연구원 포커스 제406권(2016. 11), 3쪽.
57) 금융감독원(2016), "카드사의 불합리한 영업관행 개선, 금융감독원 여신전문검사실"(2016. 5. 16), 보도자료.
58) 하상석(2019), 369-370쪽.
59) 송윤아·마지혜(2016), 3-4쪽.

액을 변제하는 보험이다. 주요 담보는 사망, 상해 또는 질병으로 인한 장기입원, 비자발적 실업, 화재손해담보 등이다. 개인신용보험의 경우 채무자가 보험계약자 이지만, 신용보험을 대출실행 금융회사가 단체보험 형태로 판매할 경우에는 보험계약자는 채권자가 되며 피보험자는 채무자가 된다. DCDS와 신용보험은 신용위험 보장이라는 동일한 금융기능을 가지고 있으므로, 신용카드회원의 입장에서 DCDS는 보험으로 인식될 수 있다.

(나) 보증보험

보증보험은 지급보험금 전액을 구상한다는 점에서 신용보험 또는 DCDS와 상이하다. 보증보험은 지급보험금에 대하여 전액 구상을 전제로 하기 때문에 보증보험의 보험료는 위험의 대가라기보다는 취급수수료의 성격이 강한 반면, 신용보험의 보험료는 일반 손해보험과 마찬가지로 대수의 법칙에 기초한 예정원가의 성격을 띠고 있다.

제3절 자동차금융상품

Ⅰ. 서설

1. 자동차금융상품의 의의 및 유형

(1) 자동차금융상품의 의의

자동차금융이란 소비자가 자동차를 구입하는데 부족한 자금을 금융회사를 통하여 빌리는 것을 말하며, 여기서 "자동차"란 원동기에 의하여 육상에서 이동할 목적으로 제작한 용구 또는 이에 견인되어 육상을 이동할 목적으로 제작한 용구("피견인자동차")를 말한다(자동차관리법2(1) 본문). 다만 건설기계관리법에 따른 건설기계, 농업기계화 촉진법에 따른 농업기계, 군수품관리법에 따른 차량, 궤도 또는 공중선에 의하여 운행되는 차량, 의료기기법에 따른 의료기기는 제외한다(자동차관리법2(1) 단서, 동법 시행령2). "원동기"란 자동차의 구동을 주목적으로 하는 내연기관이나 전동기 등 동력발생장치를 말한다(자동차관리법2(1의2)). 따라서 자동차란 일반 개인승용차 및 화물차 등의 상용차로 한정되고, 이륜차 등은 포함되지 않는다.

자동차금융상품은 신차 금융상품과 중고차 금융상품으로 나뉜다. 자동차금융은 은행(오토론) 및 여신전문금융회사(오토론, 할부금융, 리스 등) 등에서 취급하고 있다.

(2) 자동차금융상품의 유형
(가) 자동차대출(오토론)

자동차대출(오토론)은 소비자가 금융회사로부터 융통한 자금으로 직접 자동차를 구입한 후, 계약기간 동안 원금과 이자를 금융회사에 상환하는 상품이다. 이 상품은 여신전문금융회사와 일부 은행이 취급하고 있다.[60]

은행의 경우 상대적으로 낮은 금리가 장점인데, 여신전문금융회사에 비해 자금조달비용이 낮기 때문이다. 그러나 소비자의 신용등급이 높아야(주로 5등급 이상) 대출이 가능하며, 자동차매매계약서, 보증보험회사의 보증서 발급을 위한 서류 등을 제출하여야 한다.

여신전문금융회사는 신용등급이 낮아(7등급 이하도 가능)도 대출이 가능하며 은행에 비해 서류제출 부담이 적고, 금융회사를 방문하지 않고도 자동차 매매계약과 동시에 대출계약까지 처리할 수 있다. 그러나 은행보다 높은 금리가 적용되며, 대출가능 한도가 낮을 경우 차량을 담보로 제공하여야 한다.

(나) 자동차할부금융

자동차할부금융이란 소비자·판매자·할부금융회사 3자 간의 할부금융계약에 따라, 자동차 구입대금을 금융회사가 판매자에게 지급한 후 구입자가 금융회사에 계약기간 동안 원리금을 나누어 상환하는 상품을 말한다. 이 상품은 여신전문금융회사가 취급한다.

자동차할부금융은 고객(소비자)-판매자(딜러)-할부금융회사의 3자 간 계약이라는 점에서 자동차대출(고객과 금융회사 간 양자계약)과 다르며, 중고차할부금융의 경우 판매자(딜러)와 여신전문금융회사 사이에서 "할부제휴점"[61]이 대출모

---

60) 금융감독원(2013), "금융소비자리포트 제2호 자동차금융", 금융감독원(2013. 1), 3-4쪽.

집인의 역할을 수행하고 있다.

신차 할부금융상품은 자동차판매(제조)사가 비용을 부담하는 무이자 또는 저금리 판매촉진 활동 등의 영향으로 자동차대출(오토론)보다 평균 금리수준이 낮은 경우가 있으며, 중고차 할부금융상품은 대부분 이용자의 신용등급이 낮은 데다 신차와 달리 고객과 여신전문금융회사 사이에 "할부제휴점"이 개입되기 때문에 금리수준이 자동차대출(오토론) 및 신차 할부금융상품에 비해 상당히 높다. 이에 관하여는 후술한다.

(다) 자동차리스

자동차리스는 금융과 임대차의 장점을 고루 결합시킨 금융상품이다. 이에 관하여는 후술한다.

2. 자동차금융시장의 현황 및 특징

(1) 자동차금융시장의 현황

자동차금융시장의 규모는 국내 금융시장에서 그 중요도가 나날이 높아지고 있다. 기존에 높은 수익률을 담보하던 부동산PF, 주택담보대출과 같은 금융상품들이 치열한 시장경쟁을 유도하던 중, 2008년 금융위기를 맞아 그 성장률이 급격히 위축되고, 그 후 딱히 새로운 수익창출 상품을 모색하지 못하던 금융회사들이 수익가능성이 보장된 틈새시장으로 자동차금융에 눈을 돌리기 시작한 것이다. 여신전문금융회사는 소비자의 기호에 맞춘 다양한 자동차금융상품과 편리한 상환방식을 개발, 공격적으로 자동차구매 소비자를 공략하고 있다.[62)63)]

그러나 지속적으로 성장하던 자동차금융시장은 경쟁 심화로 인한 수익성 저하와 성장세 둔화에 직면한 상황이다. 또한 자동차금융의 근간이 되는 자동차시

---

61) 여신전문금융회사 등 영업망이 취약한 금융회사에서 업무를 위탁받고 대출계약서 접수, 대금지급처리, 담보설정 등의 업무를 일괄처리하며, 여신전문금융회사 등으로부터 대출금을 송금받아 판매자(딜러)에게 지급한다.

62) 김나래·정순희(2015), "자동차금융상품에 대한 소비자인지에 관한 연구", Financial Planning Review 제8권 제2호(2015. 5), 22쪽.

63) 여신금융협회 자료에 의하면, 리스업의 경우 주요 취급 분야 중 산업기계는 2015-2018년 4년 동안 연평균 △9.5% 역성장하였고, 반면 자동차는 연평균 6.5% 성장하여 자동차금융에 대한 의존도가 지속적으로 높아져 왔다.

장은 팬데믹(pandemic) 이후 구조 변화가 가속화되고 있다. 코로나19 확산에도 불구, 2020년 상반기 자동차 판매 증가로 자동차금융의 실적 타격은 제한적이었다. 자동차금융은 2020년 1분기 국산차 판매 부진으로 실적이 다소 저조했으나, 2분기 회복하여 상반기 전체로는 전년 대비 소폭 성장하였다. 1분기 국내 자동차 판매가 6.1% 감소한 가운데, 자동차할부금융 실적은 11.6% 감소한 반면, 리스 실적은 17.8% 증가하여 총 4.4% 감소하였다.[64]

할부금융회사(캐피탈사)가 주도하던 시장에 은행, 카드사 등의 진입으로 경쟁이 심화되고 수익성이 저하될 가능성이 있다. 국내 자동차시장 규모는 76조원대로 추산되며, 캐피탈사가 이 중 약 80%를 차지하고, 카드사(12%), 은행(7%) 순이다. 이에 금융사들은 수익성이 높은 중고차금융 비중을 늘리고, 상품 및 부가서비스의 다양화, 상품 가입 채널의 디지털화, 자체 플랫폼 구축 등을 통해 대응 중이다.

한편 코로나19 장기화로 자동차금융의 근간이 되는 자동차산업의 구조 변화가 가속화되고 있다. 즉 모빌리티에 대한 관점 및 행태 변화, 친환경 자동차시장 확대, 디지털 판매채널 확대 가능성 등이다. 이에 자동차금융업계에서도 자동차산업의 변화에 따라 경쟁방식의 변화가 진행 중인데, 자동차금융은 금융사, 핀테크, 자동차 제조사 등이 구축한 다수의 O2O 플랫폼이 경쟁 중이며, 역경매(딜러간 가격 경쟁) 등 생태계 주도권이 소비자로 이동 중이다.

(2) 자동차금융시장의 특징

자동차금융상품은 할부금융회사와 리스회사의 전용시장에서 이제는 상호저축은행, 은행권까지 취급하는 상품이 되었다. 지난 10년간 저금리 환경에서 적극적으로 자산을 운용할 수 있는 마땅한 영역을 찾기 어려웠고, 자동차금융이 부실채권(무수익여신, Non Performing Loan)[65]이 많이 발생하지 않는 안전자산이라는

---

64) 이수영(2020), "포스트 코로나, 자동차금융의 변화와 대응", 하나금융 포커스 제10권 19호 (2020. 9), 4-5쪽.

65) 보통 3개월 이상 채무자가 대출계약서상의 원리금상환의무를 지체한 경우 부실채권(무수익여신, Non Performing Loan)으로 분류한다. 3월 이상 연체대출금을 보유하고 있는 거래처에 대한 자산 중 회수예상가액 해당 부분은 "고정" 단계로, 3월 이상 12월 미만 연체대출금을 보유하고 있는 거래처에 대한 자산 중 회수예상가액 초과부분은 "회수의문" 단계로 구분한다. 부실채권시장에 대한 매각대상은 "고정" 단계부터이다.

인식이 있었기 때문이다. 그런데 저금리 지속 현상의 영향, 시장경쟁 심화, 대부업법의 대출취급 수수료 제한 및 취급금리 인하정책(대부업법 시행령 개정에 따른 대부이자율 하향) 등으로 인하여 취급금리는 계속 하향되었고, 신차 할부금융·오토론에 대한 금리는 은행 대출금리 수준과 거의 같은 수준이다.

자동차금융의 계약기간(원리금 변제기간)은 최소 36개월로 장기간이고, 매월 변제기가 도래하는 회귀채무이다.[66] 장기간 신용제공이므로 개인 신용능력에 대한 정교한 예측능력이 필요하고, 사후관리능력 증진을 위한 시스템 투자와 관리비용이 소요된다.[67]

시장경쟁 심화, 그로 인한 취급고객 질 저하,[68] 장기대출 등으로 대출자산의 "자산건전성 관리"가 이익 창출의 핵심이며, 자동차 여신의 사후관리는 전적으로 대출목적물의 회수·처분 여부에 성패가 달려있다. 연체로 인한 기한이익이 상실될 때 채무자가 자동차에 대한 회수·처분에 협조를 해준다면 문제가 없겠지만, 그렇지 않은 경우에는 집행권원을 획득한 후 민사집행법규에 따라 자동차 인도집행을 진행하여 매각절차를 밟아야 한다. 그러나 현행 자동차 집행제도는 오랜 시간이 걸리고 많은 비용의 지출을 요구하고 있어 집행하는 채권자, 그 상대방인 채무자 모두에게 손해만 발생하는 구조이다. 자동차 점유가 무단으로 전전되면, 현행 민사집행제도에서는 인도집행 등 강제집행 자체가 불가능한 실정이다.

---

66) 장래로 연기된 대금은 나누어 지급하고, 분할하여 지급하는 기간형태에 따라 일부(日賦), 주부(週賦), 월부(月賦), 연부(年賦)로 구별되는데, 우리나라는 근로자 임금이 주로 월급 형태로 지급되기 때문에 月賦의 모습을 띠고 있다.
67) 김인범(2018), "自動車金融의 法的問題에 관한 研究: 擔保目的物確保및 執行節次改善을 中心으로", 동국대학교 대학원 박사학위논문(2018. 7), 2-4쪽.
68) 대부업법에서 정한 대출취급 수수료 이상은 지급하지 못하므로 타사 대비 높은 지급수수료로 차별화를 하지 못하게 되었다. 경쟁력 강화를 위하여 대출취급 신용조건 완화, 승인 속도 제고, 많은 대출한도 부여, 저신용 등급고객 취급 등으로 차별화를 도모한 결과이다.

Ⅱ. 자동차금융의 특징과 대부업법의 적용 여부

1. 자동차금융의 특징

(1) 자동차금융의 주요 특징

ⅰ) 개인에 대한 신용분석만을 기초로 최소 36개월 이상의 기간으로 대출을 실행하여 상당히 장기간 동안의 신용위험을 부담한다. 자동차에 근저당권을 설정하는 비율은 약 30% 선이다. 자동차저당권[69]을 설정하여도 자동차의 이동과 은닉의 편의성, 점유자의 근거 없는 점유권원을 인정하여 담보물 확보에 상당한 어려움이 있어서 담보로서의 기능은 완전하지 못하다. 일부 관련 입법 미비, 후순위 담보 제공, 저신용자에 대한 대출의 관대함, 자동차 관련 사기와 금융융통 수단화로 인한 가장명의자동차(이른바 "대포차") 발생 등이 원인이다. 할부금융 개념을 매우 다양하게 활용하여 원리금변제 방식을 인도금 유예 할부, 중고차 담보 할부, 원금청구 일부 유예, 거치기간 후 원리금 균등 변제 등으로 다양하게 구성한다.[70]

---

69) 자동차저당권 설정은 신용제공자인 캐피탈사와 지방자치단체가 자동차 온라인등록에 관한 업무협약을 체결하여 시행한다. 지방자치단체가 시스템 운영회사에 위탁을 하고 시스템 운영회사가 개별 캐피탈사와 사전협의를 한 후 지방자치단체와 캐피탈사가 업무협약을 체결하는 과정을 거친다. 지방자치단체는 자동차근저당권 온라인등록을 신청할 수 있는 시스템(인-카스 등)을 캐피탈사에 제공하여 운영하고, 캐피탈사는 지방자치단체가 제공한 시스템을 이용하여 자동차저당권 온라인등록을 신청하여야 한다. 온라인등록 신청서류는 자동차저당권 설정등록 신청서, 자동차저당권 설정계약서, 인감증명서(설정자 또는 채무자가 법인일 경우 법인인감증명서) 등이다. 자동차저당권 설정등록 신청서는 캐피탈사가 지방자치단체 제공 시스템을 통하여 직접 온라인등록을 신청한 것으로 갈음한다. 그리고 자동차저당권 설정계약서와 인감증명서는 기초자치단체와 캐피탈사가 협의하여 간소화할 수 있도록 되어 있다. 캐피탈사는 기초자치단체가 제공한 시스템을 통하여 자동차저당권 설정에 필요한 서류를 전자문서 및 파일로 제공한다. 캐피탈사는 자동차저당권 등록 완료 건에 대하여 등록면허세 및 등록수수료를 기초자치단체가 지정한 계좌에 영업일 마감 전 지급하여야 한다. 캐피탈사는 자동차저당권 신청서류는 자동차등록원부상 저당권자, 저당권설정자 및 자동차 최종소유자, 을부의 채무자 간 상호 의사표시가 있는 것으로 간주하며, 신청서류 작성에 행위가 있는 경우 캐피탈사가 모든 민형사상의 책임을 지도록 규정하고 있다. 실무에서는 먼저 캐피탈사가 자동차저당권 설정등록 신청서를 제출하고, 그 외의 첨부서류는 사후에 제출한다. 위와 같은 계약이 가능한 이유는 지방자치단체는 자동차저당권 설정등록으로 세원을 확보하고, 시스템 개발사는 지방자치단체로부터 위탁수수료 수입이 발생하며, 캐피탈사는 자동차저당권 설정등록 업무를 간편하고 신속하게 처리할 수 있는 등 이해관계가 같기 때문이다.

70) 김인범(2018), 39-41쪽.

ⅱ) 대금의 전부 또는 일부 지급을 장래로 연기하는 후불식이며, 장래로 지급이 연기된 대금은 분할하여 지급한다. 이 부분에서 장래로 연기된 대금 전액을 일시에 지급하는 외상매매와 구별된다. 매매의 목적물인 자동차는 신용제공자가 매도인에게 대출금을 송금하면 바로 매수인에게 인도하고 소유권을 이전하는 것이 원칙이다. 소유권유보부매매는 일부 직접할부금융에서만 남아 있고, 신용제공자(캐피탈사)를 이용한 간접할부금융은 소유권유보부매매가 아님을 유의하여야 한다. 매수인은 매수시점에 완전한 소유권을 취득한다. 할부거래는 매수인에게는 구매력 증대 수단이 되고, 매도인에게는 판매촉진 수단이 되지만, 변제능력에 맞지 않는 충동구매 등이 발생하는 단점은 여전히 남아 있다.

(2) 건전성 비용관리

자동차금융시장에 대하여 자산운용의 목적, 안전자산이라는 인식으로 많은 금융업자가 진출하고 있지만, 지금까지는 여신전문금융회사의 영역이 70% 이상이다. 여신전문금융회사는 은행권과 같이 최상위고객층만을 상대할 수 없으므로 정상등급인 Green등급(신용등급 1-3등급)과 요주의 등급인 Yellow등급(신용등급 4-6등급)을 주로 취급하고 정책적으로 경고등급인 Red등급(신용등급 7등급 이하)도 취급하기도 한다. 따라서 여신전문금융회사 이익의 원천은 고객심사능력과 사후관리능력에 달려있는데, 사후관리 중 채권추심능력이 크게 좌우한다. 금융회사의 건전성 비용은 과거 일정기간 동안의 경험손상률과 미래에 예측되는 손상률을 합하여 산정하기 때문에 경험손상률을 떨어트리고 현재 연체가 발생 중인 채권의 정상화(무연체화)를 시키는 채권추심능력이 중요하다. 또한 연체를 발생시켰다고 하더라도 고객(매수인)들이 매수한 자동차를 현재 소유 또는 점유를 이전하지 않고 운행하고 있는 비중도 중요하다.[71]

자동차금융의 사후관리 핵심은 연체가 발생하여 기한이익을 상실한 채무자로부터 대출 목적물인 자동차 점유를 정당한 절차로 확보하여 채무자 동의하의 민간 자동차경매업체를 통한 매각, 세법상의 공매, 민사집행법상의 경매를 얼마나 원활하게 진행할 수 있는가이다. 그러나 이것은 채권금융회사만의 의지로 되는 것은 아니고 민사집행법규의 내용, 발급받은 집행권원에 대한 적극적 집행 의

---

71) 김인범(2018), 44-45쪽.

지, 사회적 규제환경의 영향을 많이 받는다. 민사소송의 이상과 같이 경제적이고 신속한 집행이 되어야 채권금융회사와 채무자의 손실을 줄일 수 있다.

(3) 할부제휴점 영업

(가) 자동차금융시장 참여자

자동차금융의 시장참여자는 할부거래법 적용 여부와 관계없이 매도인, 매수인, 신용제공자, 할부제휴점(대출중개모집인)으로 구성되어 있다. 자동차금융시장은 당사자 간의 직접거래로 이루어지는 비중은 낮으며, 매도인과 신용제공자 사이에 연결을 시켜주는 할부제휴점 알선의 비중이 여전히 크다. 이러한 대출알선거래를 실무에서는 채널영업이라고 한다. 현재 자동차금융 중 캐피탈업권은 90% 이상, 은행권은 70% 이상이 대출모집을 전담하는 채널을 통하여 이루어지고 있다. 할부제휴점은 캐피탈사 등 신용제공자로부터 대출을 받아 자동차를 매수하려는 고객을 자동차 판매영업 조직으로부터 소개받아 캐피탈사 등에게 알선하고, 대출이 정상적으로 이루어지면 대부업법 제11조2 제3항, 시행령 6조의8 제2항[72)]에 따라 최대 4% 이하의 중개수수료를 받는다.

(나) 할부제휴점의 역할

할부제휴점의 역할은 판매조직으로부터 신용제공을 받아 자동차를 구매하려는 고객들의 본인확인을 하고 대출 가능 여부(신용정보조회에 대한 매수인의 사전동의를 전제로 한다)를 신용제공자(주로 캐피탈사, 카드사)에게 문의하여 대출한도를 확인한 후 매수인으로부터 대출 관련 서류를 징구하여 신용제공자에게 제출하고 대출실행을 완결하는 역할을 한다. 신차구매자금대출은 신용제공자가 바로 매도인의 계좌로 송금하지만, 중고차의 경우에는 일단 할부제휴점이 신용제공자로부터 자동차구매자금을 송금받아 중고차매매상사(매도인)에게 전달하는 역할도 수행한다.[73)]

---

72) 대부금액이 500만원 이하인 경우에는 중개수수료 금액은 4%이고, 대부금액이 500만원을 초과하는 경우에는 중개수수료 금액은 20만원+5백만원을 초과하는 금액의 3%이다(대부업법 시행령6의8②).

73) 김인범(2018), 46-47쪽.

2. 대부업법의 적용 여부

대부업법("법")은 제2조와 제3조에서 여신전문금융회사를 그 규제대상에 포함하고 있다. 대부이자율, 중개수수료, 손해배상책임 등 여신전문금융회사에 적용되는 주요 내용을 살펴본다.

(1) 대부업자의 이자율 제한

대부업자가 개인이나 소기업(중소기업기본법 제2조 제2항에 해당하는 법인)에 대부하는 경우 대부이자율은 연 24% 이내이어야 하며(대부업법8①, 영5②),[74][75] 이자율을 월 또는 일 기준으로 적용하는 경우에는 연 24%를 단리로 환산한다(영5③). 이자율을 산정할 때 사례금, 할인금, 수수료, 공제금, 연체이자, 체당금 등 그 명칭이 무엇이든 대부와 관련하여 대부업자가 받는 것은 모두 이자로 본다(법8② 본문). 다만, 해당 거래의 체결과 변제에 관한 부대비용으로서 담보권 설정비용, 신용조회비용(신용정보법에 따른 개인신용평가회사, 개인사업자신용평가회사 또는 기업신용조회회사에 거래상대방의 신용을 조회하는 경우만 해당)은 제외한다(영5④).[76]

---

74) 종전 이자율은 연 27.9%이었으며, 현행 이자율은 2017년 8월 29일에 개정 시행되었다. 이자제한법 제2조 제1항의 최고이자율에 관한 규정은 2007년 6월 30일부터 최고이자율은 연 24%로 한다고 규정하고 있으며, 미등록대부업체의 이자 상한선의 역할을 하였는데, 이제는 등록업체, 미등록업체의 이자율이 동일하게 되었다.

75) 대법원 2017. 9. 12. 선고 2016도12834 판결(구 이자제한법 제8조 제1항 시행 전에 금전소비대차약정을 체결하였더라도 위 규정 시행 이후에 발생되는 이자에 관하여 같은 법 제2조 제1항에서 정한 제한이자율을 초과하는 이자를 받은 경우, 같은 법 제8조 제1항에 따라 처벌된다).

76) 대법원 2014. 11. 13. 선고 2014다24785, 24792, 24808 판결(구 대부업 등의 등록 및 금융이용자 보호에 관한 법률(2012. 12. 11. 법률 제11544호로 개정되기 전의 것, 이하 "구 대부업법"이라 한다) 제8조 제2항의 취지는 대부업자가 사례금·할인금·수수료·공제금·연체이자·선이자 등의 명목으로 채무자로부터 금전을 징수하여 위법을 잠탈하기 위한 수단으로 사용되는 탈법행위를 방지하는 데 있으므로, 명목 여하를 불문하고 대부업자와 채무자 사이의 금전대차와 관련된 것으로서 금전대차의 대가로 볼 수 있는 것이라면 이자로 간주되고, 따라서 대부업자가 이를 대부금에서 미리 공제하는 것은 선이자의 공제에 해당하는바, 채무자가 직접 대부중개업자에게 중개의 대가(이하 "중개수수료"라 한다)를 지급한 경우라도 그것이 대부업자와 전혀 무관하게 지급되었다는 등의 특별한 사정이 없고 오히려 대부업자가 대부중개업자로 하여금 채무자로부터 직접 중개수수료를 지급받도록 하고 자신은 대부중개업자에게 아무런 중개수수료를 지급하지 않았다면, 이러한 중개수수료는 대부업자 자신이 지급하여야 할 것을 채무자에게 전가시킨 것으로서 대부업자와 채무자 사이의 금전대차와 관련된 대가라고 할 것이어서, 구 대부업법 제8조 제2항에서 정하

대부업자가 연 24% 이자율에 위반하여 대부계약을 체결한 경우 이자율을 초과하는 부분에 대한 이자계약은 무효로 한다(법8④). 채무자가 대부업자에게 연 24%를 초과하는 이자를 지급한 경우 그 초과 지급된 이자 상당금액은 원본에 충당되고,[77] 원본에 충당되고 남은 금액이 있으면 그 반환을 청구할 수 있다(법8⑤).

(2) 대부조건의 게시와 광고

대부업자는 등록증, 대부이자율, 이자계산방법, 변제방법, 연체이자율, 그 밖에 대통령령으로 정하는 중요사항을 일반인이 알 수 있도록 영업소마다 게시하여야 한다(법9①). 대부업자가 대부조건 등에 관하여 표시광고법에 따른 표시·광고를 하는 경우에는 대부이자율(연 이자율로 환산한 것을 포함) 및 연체이자율, 이자 외에 추가비용이 있는 경우 그 내용, 채무의 조기상환수수료율 등 조기상환조건 등을 포함하여야 한다(법9②).[78]

는 이자에 해당하고, 대부업자가 그만큼의 선이자를 사전에 공제한 것으로 보아야 한다. 그리고 공증료는 채권자가 채무자의 채무불이행에 대비하여 강제집행을 위한 집행권원을 미리 확보해 놓는 데 드는 비용으로서 채무자가 당연히 부담해야 할 성질의 것도 아니고 담보권 설정비용으로 볼 수도 없으므로, 구 대부업법 제8조 제2항 등의 취지에 비추어 볼 때 채무자로부터 공증료를 받았다면 이 역시 구 대부업법 제8조 제2항에서 정하는 이자에 해당하고, 대부업자가 그만큼의 선이자를 사전에 공제한 것으로 보아야 한다).

77) 대법원 2015. 1. 15. 선고 2014다223506 판결(구 이자제한법(2011. 7. 25. 법률 제10925호로 개정되기 전의 것, 이하 같다) 제2조 제1항, 제3항, 제4항 및 구 「이자제한법 제2조 제1항의 최고이자율에 관한 규정」(2014. 6. 11. 대통령령 제25376호로 개정되기 전의 것)에 의하면, 금전대차에 관한 계약상의 최고이자율은 연 30%이고, 계약상의 이자로서 최고이자율을 초과하는 부분은 무효이며, 채무자가 최고이자율을 초과하는 이자를 임의로 지급한 경우에는 초과 지급된 이자 상당 금액은 원본에 충당되고, 이러한 초과 지급된 이자 상당 금액에 대하여 준소비대차계약 또는 경개계약을 체결하더라도 그 금액 부분에 대하여는 효력이 발생하지 아니한다).

78) 헌법재판소 2013. 7. 25. 선고 2012헌바67 결정(심판대상조항 중 "대부"와 "광고"의 의미에 관하여 대부업법에서 정의한 내용, "조건"과 "등"의 일반적 의미, 대부업법의 입법취지 및 관련규정 등을 종합적으로 고려하면, 심판대상조항의 "대부조건 등"은 대부업자가 자신의 용역에 관한 대부계약을 소비자와 체결하기에 앞서 내놓는 중요한 사항과 대부계약 체결 시 거래의 상대방을 보호하기 위하여 대부업자에게 요구해야 할 중요한 사항을 가리키는 것으로, 어느 경우든 "대부계약"을 전제하고 있다고 해석되므로, 심판대상조항의 "대부조건 등에 관한 광고"는 "대부계약에 대한 청약의 유인으로서의 광고"를 의미한다고 합리적으로 해석할 수 있으므로 심판대상조항은 명확성원칙에 위배되지 않는다).

(3) 여신금융기관의 이자율 제한

여신금융기관은 대부업체와 마찬가지로 시행령 제9조 제1항, 제2항에 따라 연 24%를 초과하여 대부금에 대한 이자를 받을 수 없다. 다른 사항은 대부업체 관련 규정을 준용한다. 다만 대부업체와 달리, 담보권 설정비용과 신용조회비용 이외에 만기가 1년 이상인 대부계약의 대부금액을 조기상환함에 따라 발생하는 비용으로서 조기상환 금액의 1%를 초과하지 아니하는 금액을 중도상환수수료로 수취할 수 있다(영9③). 여신금융기관은 대부자금의 조달비용, 연체금의 관리비용, 연체금액, 연체기간, 금융업의 특성 등을 고려하여 금융위원회가 각 금융업 및 대부계약의 특성 등을 반영하여 정하는 연체이자율인 연 24%를 초과할 수 없다(법15③).

(4) 중개수수료 제한 등

대부중개업자 및 대출모집인과 미등록대부중개업자는 수수료, 사례금, 착수금 등 그 명칭이 무엇이든 대부중개와 관련하여 받는 대가("중개수수료")를 대부를 받는 거래상대방으로부터 받아서는 아니 되며(법11의2②), 대부중개업자는 미등록대부업자에게 대부중개를 할 수 없다(법11의2①). 대부업자가 개인이나 소규모 법인에 대부하는 경우 대부중개업자등에게 지급하는 중개수수료는 해당 대부금액의 5% 범위에서 대부업법 시행령 제6조의8 제2항에서 정한 율을 초과할 수 없으며, 이 규정은 여신금융기관에게도 준용된다(법11의2④). 대부중개업자등은 대부업자 또는 여신금융기관으로부터 위 율을 초과하는 중개수수료를 지급받을 수 없다(법11의2⑥).

(5) 대부중개를 위탁한 대부업자 또는 여신금융기관의 배상책임

대부업자 또는 여신금융기관은 대부중개업자등이 그 위탁받은 대부중개를 하면서 대부업법을 위반하여 거래상대방에게 손해를 발생시킨 경우에는 그 손해를 배상할 책임이 있다(법11의3① 본문). 다만 대부업자 또는 여신금융기관이 대부중개업자등에게 대부중개를 위탁하면서 상당한 주의를 하였고 이들이 대부중개를 하면서 거래상대방에게 손해를 입히는 것을 막기 위하여 노력한 경우에는 그러하지 아니하다(법11의3① 단서). 이 규정은 해당 대부중개업자등에 대한 대부업자 또는 여신금융기관의 구상권 행사를 방해하지 아니한다(법11의3②).

Ⅲ. 자동차금융상품 공시

여신전문금융업협회장은 공시자료 제출절차, 제출방법 등과 관련한 세부적인 사항을 정할 수 있다(감독규정 시행세칙17②). 이에 따라 협회는 여신금융상품 공시기준(2016. 7. 12. 제정)을 시행하고 있는데, 이 공시기준에 따른 공시의 일반원칙을 살펴본다.

1. 자동차금융(국산-신차)

공시의 일반원칙은 ⅰ) 공시대상은 국내승용자동차로 한다. ⅱ) 자동차금융은 할부금융 및 오토론을 포함한다. ⅲ) 금리는 운영기준으로 작성하며 소수점 이하 둘째자리(소수점 이하 셋째자리에서 반올림)까지만 표시하도록 한다. ⅳ) 전분기 실제평균금리는 직전분기에 실제 취급한 상품금리를 말하며, 최저·최고금리의 구간이 2% 이상일 경우 작성한다(전분기 동안 해당 상품의 취급실적이 없는 경우, 공시 제외). ⅴ) 금리 등의 최저값과 최고값이 같을 경우 동일값을 기재하기로 한다. ⅵ) 중도상환수수료율(중도상환수수료율이 없는 경우, 0.00을 기입) 및 연체이자율은 최저-최고로 작성한다. ⅶ) 기준일자에는 해당 상품의 공시 기준일을 YYYYMMDD의 형식으로 기재한다. ⅷ) 대출기간(개월)은 12, 24, 36, 48, 60개월로 한다.

2. 자동차금융(국산-중고차)

중고차 금융상품정보와 관련된 일반원칙은 위의 자동차 금융(국산-신차)의 경우와 동일하다. 그 이외에 중고차 적용금리대별 분포 현황에 관한 일반원칙은 ⅰ) 공시대상은 국내승용자동차로 한다(수입차, 상용차 제외). ⅱ) 자동차금융은 할부금융 및 오토론을 포함한다. ⅲ) 매월 직전 3개월 동안의 신규 취급실적(추가 대출, 기간연장 미포함)을 기준으로 작성한다. ⅳ) 중도상환 등을 고려하지 않은 약정 신용공여 기간으로 적용한다. ⅴ) 취급 비중은 소수점 이하 둘째자리(셋째자리에서 반올림)까지만 표시한다.

3. 자동차금융(수입-신차, 중고차)

공시의 일반원칙은 ⅰ) 공시대상은 수입 신차 및 중고차로 한다. ⅱ) 자동차금융은 할부금융 및 오토론을 포함한다. ⅲ) 금리는 운영기준으로 작성하며 소수점 이하 둘째자리(소수점 이하 셋째자리에서 반올림)까지만 표시하도록 한다. ⅳ) 전분기 실제평균금리는 직전분기에 실제 취급한 상품금리를 말하며, 최저·최고금리의 구간이 2% 이상일 경우에만 작성하고, 가중평균금리로 산출하여 기입한다(전분기 동안 해당 상품의 취급 실적이 없는 경우, 공시 제외). ⅴ) 금리의 최저값과 최고값이 같을 경우 동일값을 기재한다. ⅵ) 중도상환수수료율(중도상환수수료율이 없는 경우, 0.00을 기입). ⅶ) 기준일자에는 해당 상품의 공시 기준일을 YYYYMMDD의 형식으로 기재한다.

4. 기타 할부금융(주택, 가전제품, 기계류, 기타 상품)

공시의 일반원칙은 ⅰ) 공시대상은 주택, 가전제품, 기계류, 기타 상품으로 한다. ⅱ) 이자율, 연체이자율 및 중도상환수수료율(중도상환수수료율이 없는 경우, 0.00을 기입)은 연이자율(최저-최고)로 작성하며 소수점 이하 둘째자리(소수점 이하 셋째자리에서 반올림)까지 기재한다. ⅲ) 비고란에는 상품의 특징[상환방식, 금리종류(변동, 고정, 혼합), 대출기간(최고) 등]을 기재한다. ⅳ) 주택할부금융상품의 경우, 분기중 신규 취급 상품에 대해 취급액이 큰 대표상품만 공시한다. ⅴ) 가전제품, 기계류, 기타 상품의 경우, 상품명에 할부거래의 대상이 되는 재화 또는 용역의 이름을 기재하고 매분기 말 취급잔액(관리자산 기준)을 기준으로 상위 3개 상품을 공시한다(다만, 취급상품이 3개 미만일 경우에는 취급상품만 공시). ⅵ) 기계류의 경우 일반산업기계, 동력이용기계, 공작기계를 기재하며, 기타상품의 경우 상품명에 운수운반기기(건설기계, 상용차, 오토바이 등) 또는 기타 상품을 기재한다. 여기서 건설기계는 건설업에 사용되는 기계(지게차·포클레인·불도저·레미콘 등이 해당)이다.

Ⅳ. 중고자동차 대출 표준약관

중고자동차 대출 표준약관("표준약관")의 주요 내용을 살펴본다. 여신전문금융업자("금융회사")는 이 약관을 모든 영업점 및 전자금융매체에 비치·게시하고, 이용자("채무자")는 이를 열람하거나 그 교부를 청구할 수 있다. 이 표준약관은 그 명칭이나 형태, 거래구조에도 불구하고 실질적으로 중고자동차 대출에 해당되는 모든 거래에 적용된다(표준약관1).

1. 용어의 정의

"자동차"란 자동차관리법 제2조에서 정의하는 자동차로서 승용자동차, 승합자동차, 화물자동차, 특수자동차 등을 말한다(표준약관2(1)). "중고자동차("중고차")"란 신규로 제조된 자동차(新造車)가 아닌 자동차로서 자동차관리법 제12조에 따라 이전등록을 필요로 하는 자동차를 말한다(표준약관2(2)). "중고차 대출("대출")"이란 금융회사가 자동차관리법 제2조 제7호의 자동차매매업자 등으로부터 중고차를 구입하려는 채무자에게 신용공여를 제공("대출금")하는 것을 말한다(표준약관2(3)).

"중고차 판매직원"이란 그 명칭 등에 관계없이 자동차매매업자 또는 자기의 계산으로 중고차를 판매하는 자를 말한다. 중고차 판매직원이 제5호와 같이 금융회사와 업무 위·수탁계약을 체결하고 대출상품 알선 또는 대출 관련 서류 수령 등의 업무를 수행하는 경우 "제휴점" 직원으로 본다(표준약관2(4)). "제휴점"이란 영리를 목적으로 금융회사와 업무 위·수탁계약을 체결하고 대출상품 알선 또는 대출 관련 서류 수령 등의 업무를 수행하는 자를 말한다(표준약관2(5)).

"해피콜"이란 금융회사가 채무자에게 대출금의 지급 등 중고차 대출에 관한 제반의 사항을 채무자 본인에게 유선으로 설명하는 것을 말한다(표준약관2(6)). "지연배상금"이라 함은 채무자가 금융회사에 대출금 등 금전채무를 지급일까지 지급하지 않았을 경우 제10조에 따라 지급해야 하는 금액을 말한다(표준약관2(7)). "중도상환수수료"라 함은 채무자가 대출기간 중 중도에 잔여 대출금의 일부 또는 전부를 상환하고자 할 때 제13조에 따라 금융회사에 지급해야 하는 금액을 말한다(표준약관2(8)).

2. 대출의 신청 등

(1) 대출신청서 작성의무

중고차 대출신청서 작성 등은 서면으로 해야 하며 이용자("채무자")는 인감 또는 인감증명서 없이 "채무자 본인의 자필서명"으로 대출신청을 진행한다(표준 약관3① 본문). 다만, 채무자가 법인이거나 채무자가 인감사용을 원하는 경우에는 제외되며 여신전문금융업자("금융회사")는 채무자의 동의를 받아 전자문서(전자문 서법 제2조 제1호에 따른 전자문서) 또는 채무자 본인과 직접 통화하여 대출신청을 진행할 수 있다(표준약관3① 단서).

(2) 신분증 사본 등 금융회사 직원의 직접수령

대출신청에 필요한 신분증 사본, 주민등록등본 등은 금융회사 직원이 채무 자로부터 직접 수령하는 것을 원칙으로 한다. 이 경우 대출신청에 필요한 서류를 제휴점 또는 중고차 판매직원(제2조 제4호에 따라 제휴점 직원으로 볼 수 있는 경우에 한한다)이 수령하여 발생하는 손실은 금융회사가 부담한다(표준약관3②).

(3) 채무자의 대출서류 기재사항

금융회사 및 제휴점 직원 등은 채무자의 대출서류에 ⅰ) 중고차 판매자·채 무자의 성명 및 주소, ⅱ) 대상 중고차의 세부내용 및 인도 등의 시기, ⅲ) 이자 율, 지연배상금율, 중도상환수수료 등 각종 요율, ⅳ) 중고차 구입가격, 대출금, ⅴ) 월 원리금의 금액·지급횟수 및 시기를 반드시 기재토록 한다(표준약관3③).

(4) 금융회사 및 제휴점 직원의 설명·확인의무

금융회사 및 제휴점 직원은 대출신청시 채무자에게 여신전문금융업법 제50 조의11에 따라 대출조건 및 그와 관련한 사항을 채무자에게 반드시 설명하여야 하며 채무자가 금융회사의 설명을 이해하였음을 채무자 본인의 자필서명, 녹취, 우편, 이메일, 전화자동응답시스템 등으로 확인하여야 한다. 이 경우 금융회사는 대출조건 등에 대한 설명내용을 해피콜을 통해 다시 한번 안내하고 확인해야 한 다(표준약관3④).

(5) 대출계약 체결과 정보제공의무

금융회사는 대출계약이 체결된 경우 제휴점 및 제휴점 직원의 정보(제휴점명, 제휴점 주소, 제휴점 전화번호, 제휴점 직원의 성명, 전화번호, 이메일 주소 등)를 여신금융협회가 정하는 서식에 따라 채무자에게 서면, 우편, 팩스, 이메일, 휴대폰 메시지 등으로 제공하여야 한다(표준약관3⑤).

(6) 대출계약서 사본 등 서류 교부의무

금융회사는 대출계약이 체결된 경우 대출계약서 사본 등 대출계약 관련 서류 일체(본조와 제4조 제1항의 서류를 포함)와 중고자동차 대출 표준약관 및 표준여신거래기본약관을 서면, 우편, 팩스, 이메일, 휴대폰 메시지 등을 통해 고객이 선택한 방법으로 즉시 또는 5영업일 내에 채무자에게 교부(제3조 제1항 단서에 의한 경우도 포함)해야 한다(표준약관3⑥).

3. 대출금의 지급 등

(1) 대출금의 본인계좌 입금 및 제휴점 등에 대한 직접 지급

금융회사는 대출금을 채무자 본인 계좌로 입금한다. 다만, 금융회사가 ⅰ) 채무자로부터 대출금의 수령을 제휴점 또는 자동차 판매직원에게 위임한다는 서면 동의(전자문서법에 따른 전자문서에 의한 동의를 포함한다. 이 경우 금융회사는 여신전문금융업법 및 정보관련 법령 일체를 준수해야 하며 정보통신망법에 따른 본인확인 절차를 통해 본임임을 확인해야 한다)를 받고 대출금을 지급하기 전에 대출금 입금사실 및 입금처(예금주, 은행 등 회사명, 계좌번호 등) 등을 채무자에게 유선, 휴대폰 메시지 등으로 안내한 경우, ⅱ) 채무자가 중고차 판매직원 등으로부터 중고차를 인도받았다는 여신금융협회의 "중고차 인수증"을 금융회사가 수령(전자문서에 의한 방식을 포함하며, 대출금 지급과 중고차 인도는 동시이행의 관계)한 경우에는 제휴점 또는 중고차 판매직원 또는 채무자가 지정하는 금융회사에 직접 지급할 수 있다(표준약관4①).

(2) 금융회사의 손해배상

금융회사가 대출금을 채무자 본인 계좌로 입금하지 아니한 것이 원인이 되어 발생한 채무자의 손실은 모두 금융회사가 배상한다(표준약관4②).

(3) 대출금의 한도

대출금의 한도는 금융회사의 내부 심사를 거쳐 정해지며 중고차 구입비용과 이전등록 비용, 보험료 등 각종 부대비용에 한한다(표준약관4③).

4. (근)저당권의 설정과 (근)저당권 해지

(1) (근)저당권의 설정

금융회사는 대출채권 확보를 위해 채무자의 중고차에 (근)저당권을 설정할 수 있다(표준약관5①).

(2) (근)저당권 해지 안내와 해지비용

금융회사는 (근)저당권이 설정된 대출 상환이 완료될 경우 대출상환이 완료된 날로부터 5영업일 이내에 서면, 전화, 팩스, 이메일, 휴대폰 메시지 등으로 (근)저당권 해지에 필요한 서류 및 해지방법, 미해지시 불편한 점 등에 대해 안내해야 한다. 이 경우 근저당권 해지비용은 채무자가 부담하며 금융회사는 채무자가 (근)저당권 해지 대행을 요청할 경우 별도의 수수료를 부과할 수 있다(표준약관5②).

5. 대출계약의 취소

채무자는 ⅰ) 금융회사 또는 제휴점(제2조 제4호에 따른 제휴점 직원으로 볼 수 있는 경우를 포함)이 대출이자율 및 대출원리금 등 대출조건을 허위로 안내하는 경우, ⅱ) 대출신청이 완료된 후 채무자에게 즉시 또는 5영업일 이내에 대출관련 서류 등을 교부하지 않은 경우 별도의 수수료 등 부담 없이 10영업일 내에 대출계약을 취소할 수 있다(표준약관7).

6. 소유권행사의 제한

채무자는 이 계약서류에 기재된 대출금 변제를 완료할 때까지 금융회사의 승낙 없이 당해 자동차를 양도, 대여, 등록말소(행정기관의 말소를 포함) 등의 임의 처분을 하거나 (근)질권 또는 (근)저당권 설정 등을 할 수 없다(표준약관8).

7. 연대보증

금융회사는 채무자가 대출을 신청할 경우 연대보증인(명칭 또는 방식 여하를 불문하고 실질적으로 이와 유사한 채무를 부담하는 사람을 포함)을 요구할 수 없다(표준약관9①). 그러나 장애인의 차량구입시 공동명의로 등록하거나 영업목적(택시, 승합, 화물, 특수자동차 등)의 차량구입을 하는 경우에는 예외적으로 연대보증이 요구할 수 있다(표준약관9②). 제1항 및 제2항 외에 연대보증과 관련된 사항은 관계 법규 및 표준 여신거래기본약관에 따른다(표준약관9③).

8. 기한이익의 상실

채무자에 대하여 여신거래기본약관 제8조(기한 전의 채무변제의무)의 사유가 발생한 경우 각 사유별로 정해진 절차에 따라 채무를 상환하기로 한다(표준약관 11①). 채무자가 제1항 이외에 제8조의 임의처분, (근)질권 또는 (근)저당권 설정 행위를 한 경우 여신거래기본약관 제8조 제4항에서 정한 절차에 따라 채무를 상환하기로 한다(표준약관11②).

V. 중고차금융 영업 관행 가이드라인

여신전문금융업협회의 「중고차금융 영업 관행 개선을 위한 가이드라인」("가이드라인")은 건전한 중고차금융시장 조성 및 금융소비자의 권익보호를 위해 여신전문금융회사("금융회사")가 지켜야 할 사항을 정하고 있다(가이드라인1). 이 가이드라인은 그 명칭이나 형태, 거래구조에도 불구하고 실질적으로 중고 승용 자동차 대출에 해당되는 모든 거래에 적용된다(가이드라인2). 이 가이드라인은 2019년 9월 2일 제정되어 같은 날부터 시행한다. 가이드라인의 주요 내용을 살펴본다.

1. 용어의 정의

"중고자동차("중고차")"란 신규로 제조된 자동차가 아닌 자동차로서 자동차

관리법 제12조에 따라 이전등록을 필요로 하는 자동차를 의미한다(가이드라인 3(1)). "중고차 대출("대출")"이란 금융회사가 자동차관리법 제2조 제7호의 자동차 매매업자 등으로부터 중고차를 구입하려는 채무자에게 신용공여를 제공("대출금")하는 것을 의미한다(가이드라인3(2)).

"중고차 시세 DB"란 판매시세, 수급현황, 선호도 등 중고차시장의 각종 정보를 바탕으로 도출된 중고차 가격 자료를 말한다(가이드라인3(3)). "중고차 판매직원"이란 그 명칭 등에 관계없이 자동차매매업자 또는 자기의 계산으로 중고차를 판매하는 자를 의미한다. 중고차 판매직원이 제5호와 같이 금융회사와 업무 위·수탁계약을 체결하고 금융상품 알선 또는 관련 서류수령 등의 업무를 수행하는 경우 "제휴점" 직원으로 본다(가이드라인3(4)). "제휴점"이란 영리를 목적으로 금융회사와 업무 위·수탁계약 체결 후 금융상품 알선 또는 관련 서류수령 등의 업무를 수행하는 자를 의미한다(가이드라인3(5)).

2. 중개수수료 지급

(1) 중개수수료 상한제 준수

(가) 중개수수료 제한

금융회사는 대부업법령에서 정하는 상한을 초과하여 중개수수료를 지급하여서는 아니된다(가이드라인4①). 금융회사는 해당 대출건과 직접 결부되어 있지 않더라도 중고차판매직원 및 제휴점("제휴점등")에게 제공하는 각종 편익의 대출중개 업무와의 관련성 및 대가성을 고려하여 중개수수료 포함 여부를 판단하여야 한다(가이드라인4②).

(나) 편익제공과 중개수수료

금융회사가 제휴점등에게 제공한 각종 편익의 명칭이 무엇이든 중개수수료에 해당할 경우에는 대출건의 대출금액별로 비례하여 안분한 후 중개수수료를 계산하여야 한다(가이드라인4③). 가이드라인 [붙임1]은 편익제공 사례별 중개수수료 포함 여부를 규정하고 있으며, [붙임2]는 중개수수료 계산 방식을 규정하고 있다.

(다) 중개수수료 상한제 준수 여부 점검

금융회사는 직접 및 간접수수료를 구분·산정할 수 있는 전산시스템을 구축하여 중개수수료 상한제 준수 여부를 사전에 점검하여야 한다. 다만, 금융회사의 인력·규모 등을 감안하여 전산시스템 구축이 어려운 경우에는 다른 대체 수단을 마련·운영할 수 있다(가이드라인4④).

(2) 금융상품 건전성 확보

금융회사는 건전성을 저해하거나 다른 상품에 부실이 전가되지 않도록 상품 취급시 수익성분석을 통해 제휴점등에게 과도한 경제적 편익을 제공하지 않는다(가이드라인5①). 금융회사는 중고차매매업자 등에 대한 거액여신 취급시 회사 내 여신심사위원회 또는 리스크관리위원회 등 엄격한 심사절차를 거쳐야 한다(가이드라인5②).

3. 대출한도 및 중고차시세 정보

(1) 대출한도 산정

(가) 중고차 시세의 적정성

금융회사는 과다대출 방지를 위해 자체 중고차 시세DB를 활용하되, 국토교통부가 운영하는 "자동차365서비스"의 실거래가격과 비교하여 중고차 시세의 적정성을 검증하고 관련 자료를 보관하여야 한다(가이드라인6①).

(나) 대출한도의 설정

대출한도는 중고차 구입비용 및 이전등록비용, 보험료 등 부대비용을 포함하여 금융회사 중고차 시세DB의 최대 110% 이내에서 산정하여야 한다. 다만, 중고차의 특성(옵션, 튜닝 등)을 반영하여 시세 이상의 대출을 취급할 경우에는 중고차 실사 등 금융회사의 객관적인 별도 내부절차를 거쳐 대출한도를 달리 설정할 수 있다(가이드라인6②).

(다) 대출금 세부내역의 대출약정서 기재와 확인

금융회사는 제휴점 등으로 하여금 고객이 차량 구입비용, 부대비용 등 대출금 세부내역을 대출약정서에 기재(전자문서법에 따른 전자문서인 경우, 전자서명법에 따른 전자서명과 전자서명의 효력이 있는 전자문서에 의한 동의 및 정보통신망법에 따른 본인확인절차를 이용한 전자적 수단에 의한 동의를 통해 진행할 수 있다)하도록 하고, 적정한 대출이 이루어졌는지 해피콜, 온라인 등을 통해 확인하여야 한다(가이드라인6③).

(라) 대출 세부내역 안내

금융회사는 제3항 이외에 대출실행 시 대출 세부내역을 고객에게 휴대폰 문자메시지로 안내하여야 한다(가이드라인6④).

(2) 중고차 시세정보 관리

금융회사는 중고차 시세정보의 정확성과 최신성 유지를 위해 최소한 분기 1회 이상 중고차 시세정보 DB를 업데이트하여야 한다(가이드라인7①). 여신금융협회는 금융소비자가 중고차 구입 전 다양한 중고차 시세를 참고할 수 있도록 협회 홈페이지에 중고차 시세조회 사이트를 안내하여야 한다(가이드라인7②).

(3) 매매계약서 징구

금융회사는 대출 취급시 중고차 매매계약서를 징구하여 거래의 진정성 및 대출금액의 적정성을 확인하여야 한다(가이드라인8).

4. 제휴점과의 표준위탁계약

(1) 업무위탁계약 포함사항

금융회사는 제휴점과 금융상품 취급업무 등에 대한 위탁계약을 체결하는 경우 ⅰ) 취급 금융상품의 종류 및 업무위탁의 내용, ⅱ) 제휴점 준수사항, ⅲ) 제휴점 교육에 관한 사항, ⅳ) 수수료 지급에 관한 사항, ⅴ) 약정기간, 약정의 변경 및 해지, ⅵ) 자료제출 요청에 대한 협조, ⅶ) 고객정보의 보호 및 비밀유지, ⅷ) 손해배상 등 기타 필요사항을 포함하여야 한다(가이드라인9①).

(2) 위탁범위의 명확화와 제휴점의 의무사항 점검

금융회사는 제휴점과 업무위탁계약 체결시 업무위탁 범위를 명확히 하여야 하며, 제휴점이 대출조건 설명, 대출신청서류 징구, 약정서 자필서명 등 고객 보호를 위한 각종 의무사항들을 성실히 이행하고 있는지 여부를 점검하여야 한다(가이드라인9②).

(3) 위탁 약정의 체결

금융회사는 [붙임3]의 표준 업무위탁계약서를 준용하여 제휴점과의 위탁 약정을 체결하되, 금융법규 및 동 가이드라인 취지를 훼손하지 않는 범위 내에서 금융회사별 상황에 맞게 일부 수정하여 사용할 수 있다(가이드라인9③).

5. 금융소비자보호

(1) 대출사고 예방

(가) 중고차 인수증의 수령과 직접 지급

금융회사는 대출금을 고객 본인 계좌로 입금하되, 영업인프라가 부족한 금융회사의 현실을 반영하여 채무자의 서면동의(전자서명법에 따른 전자서명과 전자서명의 효력이 있는 전자문서에 의한 동의 및 정보통신망법에 따른 본인확인절차를 이용한 전자적 수단을 통한 동의를 포함)가 있고, 채무자가 중고차를 인도받았다는 "중고차 인수증"을 금융회사가 수령한 경우에는 제휴점, 중고차 판매직원 또는 채무자가 지정하는 금융회사에 직접 지급할 수 있다(가이드라인10①).

(나) 고객본인외 계좌 입금과 대출종류 안내

금융회사가 고객본인 외 계좌로 대출금을 입금할 경우에는 휴대폰 문자메시지(표준 스크립트 활용) 등을 통해 대출종류 및 대출 실행사실을 안내하여야 한다(가이드라인10②).

(2) 불완전판매 예방

금융회사는 별도 서면계약서가 없는 모바일 대출상품 취급시 일반대출 계약 서류 양식에 준하여 관련 서류를 휴대폰 메시지, 전자우편 등으로 고객에게 교부하여야 한다(가이드라인11①).

금융회사는 불완전판매 예방 및 건전한 중고차금융 질서 확립을 위해 협회에서 운영중인 사이버 제휴점 교육을 활용하는 등 제휴점 직원들을 대상으로 연 1회 이상 교육을 실시하여야 한다(가이드라인11②).

(3) 개인정보관리

금융회사 및 제휴점은 고객의 개인정보를 수집·이용목적 외로 사용하여서는 아니 되며, 목적달성 및 이용기간이 경과한 개인정보는 관계법령에 따라 즉시 파기하여야 한다(가이드라인12①).

금융회사는 고객의 개인정보 삭제요구가 있을 경우, 개인정보보호법 등 관계 법령에서 정하는 절차에 따라 필요한 조치를 지체 없이 하여야 한다(가이드라인12②).

(4) 소비자권익보호 조치

금융회사는 대출계약 체결과정에서 제휴점 등이 고객에게 별도의 수수료 요구 및 이면약정 등을 요구했는지 여부를 해피콜 등을 통해 확인하여야 한다(가이드라인13①).

금융회사는 소비자의 권익을 침해할 수 있는 중고차금융 관련 사기사례(리스승계 전문업체와의 이면계약, 중고차매매상의 집단 사기 대출 등) 발생시에는 금융회사 홈페이지에 경고문을 게시하는 등 고객이 사전에 유의할 수 있도록 조치하여야 한다(가이드라인13②).

제4절 시설대여(리스)상품

Ⅰ. 서설

1. 리스의 의의

(1) 리스의 개념

시설대여(리스)란 리스회사가 "특정물건"을 새로 취득하거나 대여받아 거래상대방(리스이용자)에게 내용연수의 20%에 해당하는 기간(다만, 부동산을 시설대여하는 경우에는 3년) 이상 사용하게 하고, 그 사용기간 동안 일정한 대가(리스료)를 정기적으로 나누어 지급받으며, 그 사용 기간이 끝난 후의 물건의 처분에 관하여는 당사자 간의 약정으로 정하는 방식의 금융을 말한다(법2(10), 영2④). 즉 금융업자가 구매자에게 직접 구매자금을 융통하여 주는 대신에 직접 구매자가 이용

하고자 하는 물건을 취득하여 제공하는 물적 금융이다.[79]

(2) 특정물건

리스의 개념 정의에서 "특정물건"이란 i) 시설, 설비, 기계 및 기구(제1호), ii) 건설기계, 차량, 선박 및 항공기(제2호), iii) 앞의 i) 및 ii)의 물건에 직접 관련되는 부동산 및 재산권(제3호), iv) 중소기업(중소기업기본법 제2조에 따른 중소 기업)에 시설대여하기 위한 부동산으로서 금융위원회가 정하여 고시하는 기준을 충족하는 부동산(제4호)을 말한다(영2①).

(3) 중소기업의 업무용 부동산 시설대여기준

(가) 시설대여기준 충족 요건

위 제4호에서 "금융위원회가 정하여 고시하는 기준을 충족하는 부동산"이란 시설대여업자가 다음의 기준을 충족하여 중소기업(시설대여업자의 대주주 및 특수 관계인은 제외)에 업무용부동산으로 시설대여한 부동산을 말한다(감독규정2의2①). 다음의 기준은 i) 중소기업은 업무용부동산 시설대여기간 중 업무용부동산 면 적 전체를 사용해야 한다. 다만, 경영합리화 등 불가피한 사유에 따라 해당 업무 용부동산 면적 전체를 사용하지 못하게 되는 경우에는 해당 업무용부동산 면적 전체의 50 이상을 사용하여야 한다. ii) 중소기업이 토지를 사용함에 있어서 그 지상의 건축물과 함께 사용하여야 한다. 이 경우 토지의 내용연수는 토지상의 건축물의 내용연수를 준용한다. iii) 시설대여업자가 중소기업에 대한 시설대여 목적으로 취득한 부동산은 그 시설대여업자의 대주주 및 특수관계인으로부터 취득한 것이 아니어야 한다. iv) 시설대여업자가 시설대여 목적으로 부동산을 취득하는 시점의 직전 회계연도말 기준으로 시행령 제2조 제1항 제1호 내지 제 3호 기재 물건(다만, 차량은 제외)에 대한 시설대여 잔액은 총자산의 30% 이상이 어야 한다.

---

79) 대법원 1997. 11. 14. 선고 97다6193 판결(시설대여(리스)란 대여시설이용자가 선정한 특 정물건을 시설대여회사가 새로이 취득하거나 대여받아 그 물건에 대한 직접적인 유지·관 리책임을 지지 아니하면서 이용자에게 일정 기간 사용하게 하고 그 기간 종료 후 물건의 처분에 관하여는 당사자 간의 약정을 정하는 계약이다).

(나) 시설대여기간 중 중소기업 요건 상실

중소기업이 업무용부동산 시설대여기간 중 중소기업기본법 제2조(중소기업자의 범위)에 따른 중소기업에 해당하지 않게 되는 경우 해당 중소기업은 중소기업으로 보지 아니한다(감독규정2의2②).

(다) 시설대여기간이 중도해지되거나 종료되는 경우

시설대여업자는 중소기업에 대한 시설대여 목적으로 취득한 부동산의 전부 또는 일부에 대한 시설대여기간이 중도해지되거나 종료되는 경우 1년 이내에 매각하거나 다른 중소기업의 업무용부동산으로 시설대여하여야 한다. 다만, 부동산시장 상황 악화 등 불가피한 사유가 있는 경우 1년의 범위 안에서 1회에 한하여 그 매각 또는 시설대여기한을 연장할 수 있으며, 이 경우 금융감독원장이 정하는 바에 따라 금융감독원장에게 매각 또는 시설대여 기한연장에 관한 사항을 사전신고하여야 한다(감독규정2의2④).

2. 리스의 거래구조

리스업은 기계·설비와 같은 유형자산을 취득·사용하고자 하는 기업 등에 자금을 대출하는 대신 리스회사가 자산을 취득하여 이를 리스이용자에게 대여해 주고, 리스회사는 리스이용자로부터 대여기간 동안 리스료[80]를 정기적으로 분할하여 지급받으며, 그 기간 종료 후의 물건의 처분에 관하여는 당사자 간에 정한 약정에 따르도록 되어 있는 물적 금융으로서 그 거래구조는 기본적으로 리스이용자, 리스물건 공급자 및 리스회사의 3당사자 간 거래로 이루어진다.

---

[80] 대법원 2001. 6. 12. 선고 99다1949 판결(이른바 금융리스에 있어서 리스료는, 리스회사가 리스이용자에게 제공하는 취득자금의 금융편의에 대한 원금의 분할변제 및 이자·비용 등의 변제의 기능을 갖는 것은 물론이거니와 그 외에도 리스회사가 리스이용자에게 제공하는 이용상의 편익을 포함하여 거래관계 전체에 대한 대가로서의 의미를 지닌다. 따라서 리스료 채권은 그 채권관계가 일시에 발생하여 확정되고 다만 그 변제방법만이 일정기간 마다의 분할변제로 정하여진 것에 불과하기 때문에(기본적 정기금채권에 기하여 발생하는 지분적 채권이 아니다) 3년의 단기 소멸시효가 적용되는 채권이라고 할 수 없고, 한편 매회분의 리스료가 각 시점별 취득원가분할액과 그 잔존액의 이자조로 계산된 금액과를 합한 금액으로 구성되어 있다 하더라도, 이는 리스료액의 산출을 위한 계산방법에 지나지 않는 것이므로 그중 이자 부분만이 따로 3년의 단기 소멸시효에 걸린다고 할 것도 아니다).

3. 리스의 분류

리스는 리스이용자가 리스를 이용하는 목적이 금융에 있는지 또는 물건 자체의 사용에 있는지에 따라 금융리스와 운용리스로 나뉜다.

(1) 금융리스

금융리스(Finance Lease)란 리스업자가 리스물건에 대한 유지·관리책임을 지지 않으면서 리스이용자에게 사용하게 하는 물적 금융을 말한다. 금융리스는 리스이용자가 기계·설비 등을 필요로 하는 경우에 리스회사가 그 자금을 대여해 주는 대신에 공급자로부터 이를 취득하여 리스이용자에게 이용하게 하는 것이다.

리스회사가 리스이용자에게 구입대금을 직접 대출하여 주지 아니하고 리스계약을 체결하는 이유는 대부분의 리스이용자는 자본력이 없어 리스회사에 제공할 담보가 부족한데, 리스물건의 소유권을 리스회사가 보유함으로써 담보적 기능을 수행할 수 있기 때문이다.

(2) 운용리스

운용리스(Operating Lease)란 금융리스 이외의 리스를 총칭하며, 리스물건 자체의 이용에 목적이 있는 리스를 말한다. 범용성이 있는 물건[81] 자체의 이용에 목적이 있는 점에서 조달자금의 융통을 목적으로 하는 금융리스와 구별된다.[82]

치과의사가 의료기기를 리스하는 경우 금융리스를 주로 이용하고, 일반인들이 자동차를 리스하는 경우 운용리스를 주로 이용한다.

(3) 상법과 여신전문금융업법

리스계약은 금융리스가 중심이 되고 있으며, 상법상 전형적인 상행위이다. 상법 제46조 제19호에서는 금융리스가 기본적 상행위("기계, 시설, 그 밖의 재산의 금융리스에 관한 행위")로 규정되어 있다. 금융리스이용자가 선정한 기계, 시설, 그 밖의 재산("금융리스물건")을 제3자("공급자")로부터 취득하거나 대여받아 금융리스이용자에게 이용하게 하는 것을 영업으로 하는 자를 금융리스업자라 한다(상법

---

81) 자동차 등 보편적으로 사용되는 물건은 범용성이 있는 물건이며, 특수제작된 기계설비 등이 범용성이 없는 대표적인 물건이다.

82) 김건호(2015), "자동차 리스계약에서의 소유권 귀속에 관한 연구: 대법원 2000. 10. 27. 선고 2000다40025 판결을 중심으로", 유통법연구 제2권 제2호(2015. 12), 188–189쪽.

168의2). 상법은 금융리스업자와 금융리스이용자의 의무(상법168의3), 공급자의
의무(상법168의4), 금융리스계약의 해지(상법168의5)를 규정하고 있다. 한편 여신
전문금융업법에서는 리스를 "시설대여"로 표현하고 있다.

Ⅱ. 리스의 특성과 리스시장

1. 리스의 특성

리스는 주로 산업기계설비 등에 대한 금융을 지원하는 상품으로 물건 자체
가 담보역할을 하는 신용 위주의 물적 금융이다. 불특정다수인으로부터의 수신
기능 없이 여신업무만을 전문으로 하는 업종 중 소비자금융으로 분류할 수 있는
신용카드업 및 할부금융업과는 달리 장기 기업설비금융업무를 취급한다. 시설임
대를 전문으로 하는 사업주체가 일정한 설비를 구입하여 그 이용자에게 일정기
간 대여하고 그 사용료(리스료)를 받는 것을 목적으로 하는 물적 금융의 특징을
갖는다.[83]

2. 리스시장

리스산업의 발달에 따라 리스 목적물도 다변화하여 산업기계기구, 운수·운
반기기, 의료기기, 교육·과학기술용기기, 통신기기, 유통용 산업기기, 기타 용도
로 활용되고 있으며, 자동차리스, 일반산업기계리스, 의료기기리스가 우위를 차

---

[83] 대법원 2008. 4. 24. 선고 2007다1715 판결(일반적으로 리스계약에 있어서는 리스물건의
소유권이 리스회사에게 유보되는 것 자체가 리스이용자의 리스회사에 대한 계약상의 채
무이행을 담보하는 기능을 가지고 있는바, 리스회사의 리스물건 소유권 중 리스이용자의
리스회사에 대한 리스계약상의 채무 이행을 담보하는 기능에 상응하는 부분(이는 리스회
사의 리스물건 소유권 중 리스계약 당시부터 리스계약 종료시의 잔존가치로 산정된 부분
을 제외한다는 것을 의미한다. 이하 리스회사의 리스물건 소유권 중 리스이용자의 리스회
사에 대한 리스계약상의 채무이행을 담보하는 기능에 상응하는 부분을 편의상 "담보기능
지분"이라고 한다)은 규정손실금채무의 담보에 관한 권리에 속한다고 봄이 상당하므로,
리스이용자의 리스료 연체 등 리스계약상 채무불이행이 있어서 리스보증보험의 보험자가
리스보증보험계약에 따른 보험금으로 리스회사에게 리스계약에서 정한 규정손실금 상당
액을 지급하면 리스보증보험의 보험자는 변제자대위의 법리에 따라 리스회사의 리스물건
에 대한 담보기능지분을 행사할 수 있다고 보아야 할 것이다(대법원 2000. 1. 21. 선고 97
다1013 판결 등 참조)).

지하고 있다.[84] 한편 리스계약의 대상물은 동산뿐만 아니라 건물이나 독립적인
건물의 일부분 또는 다른 부동산 재화일 수 있다. 즉 리스회사가 토지 또는 건물
을 리스이용자에게 일정기간 동안 사용할 수 있는 권리를 이전하고, 리스이용자
는 그 대가로 리스료를 지급하는 부동산리스거래가 가능하다. 그런데 우리나라
의 리스시장은 자동차 등 일부 품목에 편중되어 있고 부동산리스거래는 전무에
가까운 실정이다.

　여신전문금융업법은 여신전문금융회사가 부동산리스를 취급할 수 있는 범
위를 확대하여 규정하고 있음에도 불구하고 부동산리스시장의 상황은 개선될 기
미가 보이지 않는다. 반면 해외의 경우 부동산리스거래가 매우 빈번하게 활용되
고 있다. 유럽의 리스산업에서는 자동차리스보다 설비리스나 부동산리스가 활발
하게 이루어지고 있다.[85]

Ⅲ. 리스의 기능과 법적 규제

1. 리스의 기능

　금융리스는 리스이용자가 선정한 특정물건을 리스회사가 새로이 취득하거
나 대여받아 리스물건에 대한 직접적인 유지·관리책임을 지지 아니하면서 리스
이용자에게 일정 기간 사용하게 하고 대여 기간 중에 지급받는 리스료에 의하여
리스물건에 대한 취득 자금과 이자, 기타 비용을 회수하는 거래 관계로서, 그 본
질적 기능은 리스이용자에게 리스물건의 취득자금에 대한 금융 편의를 제공하는
데에 있다.[86]

---

84) 여신금융협회의 리스금융업 현황(2019. 12월말 기준)에 따르면, 리스실행기준 실적(단위
억원)은 총 137,896억원 가운데, 산업기계기구(12,065), 운수·운반기기(104,453: 자동차
103,526), 의료기기(10,991), 교육·과학기술용기기(6,643), 통신기기(55), 유통산업기기
(2), 기타(3,687)이다.
85) 고상현(2016), "부동산리스계약에 관한 법적 고찰", 토지법학 제32권 제1호(2016. 6),
266-267쪽.
86) 대법원 2013. 7. 12. 선고 2013다20571 판결; 대법원 1997. 11. 28. 선고 97다26098 판결.

2. 리스의 법적 규제

(1) 법적 성격

리스계약은 그 실질이 금융인가, 리스물건에 대한 효익과 위험이 실질적으로 리스이용자에게 이전하는가에 따라 법적 성격을 달리한다.

금융리스는 그 법적 성격을 비전형계약으로 보아 상법에서 규율하고, 운용리스는 그 법적 성격을 임대차로 보아 민법의 임대차 규정을 적용한다. 따라서 리스계약의 종류에 따라 그 법적 성격이 다르고 적용법규도 다르다.

시설대여(금융리스)는 시설대여회사가 대여시설이용자가 선정한 특정물건을 새로이 취득하거나 대여받아 그 물건에 대한 직접적인 유지·관리책임을 지지 아니하면서 대여시설이용자에게 일정기간 사용하게 하고 그 기간종료 후에 물건의 처분에 관하여는 당사자 간의 약정으로 정하는 계약으로서, 형식에서는 임대차계약과 유사하나 그 실질은 물적 금융이며 임대차계약과는 여러 가지 다른 특질이 있기 때문에 시설대여(리스)계약은 비전형계약(무명계약)이고, 따라서 이에 대하여는 민법의 임대차에 관한 규정이 바로 적용되지 아니한다.[87]

(2) 법적 규제

(가) 금융리스

금융리스계약은 리스업자, 리스이용자, 공급자 사이의 3당사자 간 계약으로 리스이용자가 선정한 물건을 리스업자가 리스공급자로부터 새로 취득 또는 대여하여 리스이용자가 사용할 수 있도록 하는 것으로 상법의 금융리스 규정(상법 제168조의 2 내지 제168조의 5)이 적용된다.

상법은 리스이용자에게 공급자와 계약관계가 없음에도 공급자를 상대로 한 물건인도청구권과 손해배상청구권을 부여하고, 이러한 권리의 행사에 리스업자도 협력하도록 하고 있다(상법168의4). 리스이용자가 물건수령증을 발급한 경우에는 적합한 금융리스물건이 수령된 것으로 추정하고, 이후의 리스물건 유지·관리책임은 리스이용자에게 부담시키고 있다(상법168의3). 물건수령증이 발급된 이후

---

87) 대법원 1994. 11. 8. 선고 94다23388 판결.

에는 리스업자는 리스물건의 하자에 대해 담보책임을 지지 않는다.[88]

금융리스는 주로 범용성이 없는 물건을 대상으로 하므로, 중도해지시 리스업자의 리스물건 처리상 손실 발생 가능성을 고려하여, 리스이용자의 중도해지를 제한하고, 리스업자에게 잔존리스료 상당액의 일시 지급 또는 금융리스물건 반환 관련 청구권을 인정하며, 손해배상청구권까지 인정하고 있다(상법168의5).

(나) 운용리스

운용리스는 리스업자가 새로 취득 또는 대여받은 물건을 리스이용자에게 대여하는 것으로 민법의 임대차 규정(민법 제618조 내지 제654조)이 적용된다. 민법상 임대차 관련 규정을 적용함에 따라 임대인인 리스업자는 계약이 존속하는 동안 임차인인 리스이용자가 리스물건을 사용·수익할 수 있도록 필요한 상태를 유지하여야 하고(민법623), 리스업자는 리스이용자가 지출한 필요비와 유익비의 상환의무도 부담하며(민법626), 보관의무는 리스이용자가 부담한다(민법374). 또한 리스물건에 대한 하자담보책임은 리스업자가 부담한다(민법567).

운용리스의 경우 통상 약관에 리스물건 하자에 대한 리스업자의 책임 배제 규정을 두고 있다. 판례는 리스회사의 하자담보책임을 제한한 약정조항은 약관규제법상 무효라고 보기 어렵다고 판시하고 있다.[89]

---

88) 대법원 1996. 8. 23. 선고 95다51915 판결(시설대여계약서상 시설대여회사가 물건 인도시 물건이 정상적인 성능을 갖추고 있는 것을 담보하도록 되어 있으나, 다만 대여시설이용자가 물건 인도인수확인서를 발급하였을 때는 물건의 상태 및 성능이 정상적인 것을 확인한 것으로 간주한다고 되어 있는 경우, 시설대여계약은 그 실질이 대여시설의 취득자금에 관한 금융의 편의 제공에 있음에 비추어 시설대여회사의 담보책임은 대여시설이 공급자로부터 이용자에게 인도될 당시에서의 대여시설의 성능이 정상적임을 담보하되, 이용자가 별다른 이의 없이 리스물건 인도인수확인서를 발급하면 시설대여회사의 하자담보의무는 충족된 것으로 보는 범위 내에서의 책임이라고 봄이 상당하다).
89) 대법원 1996. 8. 23 선고 95다51915 판결(시설대여계약은 법적 성격이 비전형계약으로서 민법의 임대차에 관한 규정이 적용되지 아니하는 점 및 시설대여 제도의 본질적 요청(금융적 성격) 등에 비추어, 시설대여 회사의 하자담보책임을 제한하는 약정조항은 약관의 규제에 관한 법률 제7조 제2호, 제3호에 해당하지 아니한다).

Ⅳ. 연불판매

1. 연불판매의 의의

연불판매란 특정물건을 새로 취득하여 거래상대방에게 넘겨주고, 그 물건의 대금·이자 등을 1년 이상 동안 정기적으로 나누어 지급받으며, 그 물건의 소유권 이전 시기와 그 밖의 조건에 관하여는 당사자 간의 약정으로 정하는 방식의 금융을 말한다(법2(11)). 즉 연불판매는 금융소비자가 구매하고자 하는 물건90)의 소유권을 연불판매업자가 취득하고, 해당 물건의 점유를 금융소비자에게 이전하고, 소유권의 이전 시기 등에 관한 조건 등은 당사자 간 약정으로 정하는 것을 말한다. 연불판매는 앞서 살펴본 금융리스와 후술하는 할부금융의 중간적 형태이다.

연불판매의 경우 그 거래구조가 금융업자에 의한 할부거래이기 때문에 연불판매업자는 할부거래법상 할부거래업자에 해당한다.

2. 연불판매의 거래구조

연불판매와 금융리스와의 차이점을 살펴보면 다음과 같다. ⅰ) 금융리스는 금융리스업자가 해당 물건의 소유권을 취득하지 않고 임대를 하여도 되지만, 연불판매는 연불판매업자가 소유권을 반드시 취득하여야 한다. ⅱ) 금융리스는 금융소비자가 해당 물건의 소유권을 금융리스업자로부터 취득하는 것은 선택사항이지만, 연불판매에서 금융소비자는 소유권을 연불판매업자로부터 이전받아야 한다. ⅲ) 금융소비자가 금융리스업자에게 지급하는 리스료는 일정 기간 동안 물건을 사용하는 데 따른 사용료이지만, 연불판매업자에게 지급하는 정기 지급금액은 물건의 구입대금과 이자의 분할상환금이다.91)

할부금융과의 차이점을 살펴보면 연불판매업자는 물건의 생산자 또는 공급자로부터 연불판매업자가 소유권을 이전받아 금융소비자와 약정한 시기에 금융

---

90) 연불판매의 대상 물건은 금융리스와 동일하기 때문에 자동차를 중심으로 B2C거래가 가능하다
91) 윤민섭(2014), 40-41쪽.

소비자에게 소유권을 이전하여야 하지만, 할부금융은 물건의 소유권은 생산자 등으로부터 금융소비자로 직접 이전한다.

3. 연불판매의 법적 성격

연불판매는 대상 물건의 소유권이 생산자 또는 공급자로부터 연불판매업자로, 연불판매업자에서 금융소비자로 이전된다. 따라서 연불판매업자와 금융소비자 간 체결되는 계약은 매매계약이다. 계약의 형식만으로 판단하면 연불판매는 여신상품이 아닌 금융업자에 의한 할부거래로 보아야 한다. 그러나 금융리스에서 살펴본 바와 같이 그 본질적인 기능은 자금이 부족한 금융소비자에게 대상 물건의 취득에 필요한 금융편의를 제공하는 데 있다. 따라서 연불판매는 연불판매업자가 금융소비자에게 물건 등의 구입대금을 대여하는 대신에 금융소비자가 필요로 하는 물건을 구입하여 제공하는 물건의 융통인 물적 금융의 성격을 가지고 있다.

4. 적용법규

여신전문금융업법은 연불판매를 금융리스업에 포함되는 업무로 규정(법28)하고 있기 때문에 금융리스에 관한 규정이 적용된다.

(1) 할부거래법의 적용

연불판매는 금융업자에 의한 할부거래이기 때문에 할부거래법상 할부거래업자에 적용하는 규정도 적용할 수 있다. 이에 따르면 할부거래업자는 할부계약을 체결하기 전에 ⅰ) 재화등의 종류 및 내용, ⅱ) 현금가격, ⅲ) 할부가격, ⅳ) 각 할부금의 금액·지급횟수 및 지급시기, ⅴ) 할부수수료의 실제연간요율, ⅵ) 계약금, ⅶ) 지연손해금 산정시 적용하는 비율 등을 사전에 표시하여야 한다(할부거래법5). 또한 연불판매업자는 할부거래법에 따라 청약철회가 제한되는 재화 등에 대하여는 그 사실을 재화등의 포장이나 그 밖에 소비자가 쉽게 알 수 있는 곳에 분명하게 표시하거나 시용(試用) 상품을 제공하는 등의 방법으로 소비자가 청약을 철회하는 것이 방해받지 아니하도록 조치하여야 한다(할부거래법8⑥).

(2) 대부업법 및 이자제한법 적용 여부

대부업법은 금전의 대부를 하는 대부업자 및 여신전문금융기관에 대해서 적용되는 법률로서 여신전문금융기관을 다른 법령에 따라 인가 또는 허가 등을 받아 대부업을 하는 금융기관으로 정의하고 있다(대부업법2(4), 영2의2). 따라서 금전의 대부가 아닌 물적 금융을 업으로 하는 금융리스, 연불판매에는 대부업법이 적용되지 아니한다. 따라서 금융리스업자 및 연불판매업자의 경우 대부업법상 이자율 제한을 받지 않는다. 또한 금융리스업자 및 연불판매업자는 여신전문금융업법상 금융기관이기 때문에 이자제한법상 적용대상도 아니다(이자제한법7).

Ⅴ. 자동차리스상품

1. 자동차리스의 의의와 구조

(1) 자동차리스의 의의

자동차리스란 자동차를 리스의 목적물로 하는 리스계약을 말한다. 자동차리스 표준약관(여신거래기본약관 부속약관, 이하 "표준약관")에 따르면 "자동차 시설대여("리스")"라 함은 고객이 직접 선정한 자동차를 자동차 판매사("매도인")로부터 여신금융회사가 취득하거나 대여받아 고객에게 일정기간 이상을 사용하게 하고, 그 대가를 정기적으로 나누어 지급받으며, 사용기간이 끝난 후 물건의 처분에 관하여는 당사자 간 약정으로 정하는 여신전문금융업법상의 시설대여 행위를 말한다(표준약관2(1)).

(2) 자동차리스의 구조

자동차리스는 할부금융이나 오토론처럼 자동차 구입자금에 대한 대출금 상환이 아니라 차량사용에 따른 리스료를 지급한다. 즉 고객이 원하는 자동차를 리스회사가 대신 구입하고 고객은 매월 리스료(사용료)를 리스회사에 지급함으로써 정해진 기간 동안 저렴한 비용으로 원하는 자동차를 사용할 수 있는 금융상품이다. 리스기간이 종료되면 리스 차량은 반납, 구매, 재리스할 수 있는 다양한 옵션이 주어질 수 있다.

(3) 자동차리스계약 체결과 계약기간 만료

자동차리스계약의 체결과정에서 중요한 것은 리스 종류에 대한 명확한 의사표시와 확인, 리스회사의 계약내용에 대한 상세한 설명의무의 이행, 자동차인수증의 교부, 그리고 만기시의 잔가처리, 제비용 처리 등이다.

(가) 리스계약 체결과 물건수령증

물건수령증은 리스계약에서 리스이용자가 리스물건 공급자로부터 적합한 리스물건을 수령하였음을 확인한 서면으로, 통상적으로 리스이용자가 리스업자에게 물건수령증을 발급하여 주면 리스업자는 공급자에게 리스물건 대금을 송금한다. 리스계약에서 리스이용자가 리스업자에게 물건수령증을 발급한 경우 리스이용자는 더 이상 리스업자를 상대로 리스물건 하자에 대해 항변할 수 없고, 이후의 리스물건 유지·관리책임은 리스이용자가 부담하게 되므로 리스계약에서 큰 의미를 가진다.[92) 리스물건 이용자가 정당한 이유 없이 리스 목적물의 검수 및 인수를 거절하고 물건수령증을 발급하지 아니한 경우에는, 신의성실의 원칙상 물건수령증이 발급된 것과 같이 보아 리스물건 공급자로서는 리스회사에 대한 자신의 의무를 모두 이행한 것으로 봄이 상당하므로, 특별한 사정이 없는 한 리스회사는 리스물건의 매매·발주계약에 따라 리스물건 공급자에게 대금을 지급할 의무가 있다.[93)

---

92) 대법원 1997. 11. 14. 선고 97다6193 판결(리스에 있어서는 이용자가 물건의 공급자와 직접 교섭하여 물건의 기종·규격·수량·가격·납기 등의 계약조건을 결정하고 리스회사는 위와 같이 결정된 계약조건에 따라 공급자와 사이에 매매계약 등 물건공급계약을 체결하되, 물건은 공급자가 직접 이용자에게 인도하기로 하고, 리스회사는 이용자로부터 물건수령증서를 발급받고 공급자에게 물건대금을 지급하기로 하는 것이 일반적이라 할 것인바, 이처럼 리스회사가 이용자로부터 물건수령증을 발급받는 이유는 이용자와의 관계에서는 리스기간의 개시 시점을 명확히 하고자 하는 것이고, 공급자와의 관계에서는 그 물건을 인도받기로 되어 있는 이용자로부터 물건공급계약에 따른 물건의 공급이 제대로 이행되었음을 증명받고자 함에 있다 할 것이므로, 공급자가 이용자에게 물건공급계약에 따른 물건을 공급한 이상 리스회사에 대하여 물건대금을 청구할 수 있는 것이고, 다만 리스회사로서는 이용자로부터 물품수령증을 발급받지 못하였음을 들어 공급자에 대하여 그 물건대금의 지급을 거절할 수 있을 뿐이라고 할 것이며, 이용자의 리스회사에 대한 물품수령증 발급의무와 리스회사의 공급자에 대한 물품대금 지급의무는 특단의 사정이 없는 한 동시이행의 관계에 있다고 봄이 상당하다).
93) 대법원 1999. 9. 21. 선고 99다24706 판결.

(나) 리스기간 만료와 잔존가치 처리방법

자동차리스계약 기간의 만료시에 리스자동차의 잔존가치의 처리방법으로는 Closed-end Lease방식과 Open-end Lease방식이 있다.

ⅰ) Closed-end Lease방식은 리스기간 만료시점에 중고차 매각대금(시장거래가격)과 리스계약 체결시에 약정한 잔존가액을 정산하지 않는 방식으로서 리스자동차의 잔존상태로서의 처분손익을 리스회사가 전적으로 부담하는 방식이다. 리스자동차의 중고자동차로서의 잔존물에 대한 처분이익은 리스회사가 가지며 잔존가치에 대한 위험부담은 전적으로 리스회사에게 귀속하는 형태이다. 리스회사는 손실방지를 위하여 주로 대형 중고차매매상사와 잔가에 대한 선물계약을 체결하여 해결한다.

ⅱ) Open-end Lease방식은 리스기간 만료시점에 리스자동차의 중고자동차로서의 실제 매각가격과 리스계약 체결시에 약정한 잔존가액의 차액을 리스이용자가 정산하는 방식이다. 이 경우 리스계약 만료시에 리스이용자는 계약 당시에 약정한 잔존가액을 리스회사에 납부하고 리스자동차를 인수하는 방식으로서 리스회사가 일반적으로 이용하고 있는 방식이다.[94]

2. 자동차리스의 종류와 특징

(1) 자동차리스의 종류

자동차리스도 금융리스와 운용리스로 나뉘는데, 대부분 운용리스이다. 금융리스와 운용리스를 불문하고 리스자동차에 대한 유지·관리책임의 귀속형태에 따라 단순(금융·운용)리스와 유지관리리스(Maintenance Lease)로 나뉜다.

ⅰ) 단순리스는 자동차 본체만의 리스로서 리스물건에 대한 유지·관리책임을 리스이용자에게 부담시키는 방식이며, ⅱ) 유지관리리스는 자동차 본체 이외에 자동차의 유지·관리책임, 즉 부품교환, 세금·보험료 납부 등 광범위한 서비스를 리스회사가 직접 부담하는 계약방식이다. 유지관리리스는 보통 운용리스의 형태에 부합하는 계약의 유형이지만, 금융리스나 운용리스를 불문하고 이와 같은 서비스를 리스회사가 제공하는 형식의 계약은 가능하다.

---

94) 김인범(2018), 37-38쪽.

(2) 자동차리스의 특징

(가) 금융과 임대차의 결합상품

자동차리스는 금융과 임대차의 장점을 고루 결합시킨 금융상품으로, 법인과 전문직 사업자를 중심으로 선호도가 높다. 리스료는 필수항목(차량가격, 취·등록세)과 선택항목(공채, 자동차세, 보험료, 차량정비서비스 요금 등)으로 구성되고, 선택항목은 리스이용자가 원하는 항목만 맞춤 형태로 이용할 수 있다.[95]

리스이용자의 월 리스료 수준은 리스기간, 선납금 또는 보증금 규모, 잔존가치, 선택항목 개수, 금융회사별 적용금리 등에 따라 다르다. 선납금 및 보증금은 리스회사가 고객의 채무이행을 담보하기 위하여 리스료의 일부를 미리 수령하는 것으로, 차량가격 및 신용등급 등에 따라 달라질 수 있다. 선납금은 리스기간 종료 후 고객에게 반환되지 않지만, 보증금은 반환되는 점이 다르다. 또한 리스회사는 판매자(딜러)에게 지급하는 중개수수료(평균 차량가격의 5% 수준)를 월 리스료 산정에 반영하는 경우도 있다.

(나) 자동차리스의 특수성

일반적으로 자동차리스계약 그 자체는 법률상 일반 기계·설비 등의 리스계약과 큰 차이가 없다. 그러나 자동차리스의 특수성을 살펴보면 다음과 같다. ⅰ) 중기·선박·항공기 등과 같이 등록제도 등 행정법규의 대상이 되는 점(법33), ⅱ) 일정한 설치장소가 없이 이동을 주된 기능으로 하는 물건으로 자동차손해배상보장법에 따른 특별한 손해배상면제제도가 있는 점, ⅲ) 중고차시장의 영업으로 리스기간 만료시에 중고차의 처분수익이 보장되어있는 점, ⅳ) 자동차리스는 대부분이 유리관리리스를 이용하고 있는 점, ⅴ) 자동차리스는 리스이용자가 선정한 물건으로 장기대여가 되지만, 자동차렌트는 기간이 하루나 이틀 또는 1주일 등으로 짧고 비용이 사용시간이나 거리로 산정되는 점에서 차이가 있다.

자동차리스가 급성장하는 구체적 이유를 살펴보면 다음과 같다. ⅰ) 자동차의 구입·등록·납세 등의 일체의 사무처리를 리스회사가 대행하고, ⅱ) 자동차의 유지·보수·관리책임을 리스회사가 부담하며(유지관리리스의 경우), ⅲ) 리스회사의 차량구입시 전문능력과 중고차의 처분능력으로 인하여 저렴한 리스료의

---

95) 금융감독원(2013), 48-50쪽.

적용이 가능하고, ⅳ) 일반적으로 리스를 이용하는 것이 자동차의 할부구입보다 값이 싸고 별도의 보증금의 지급이 없어 100% 융자효과가 있으며, ⅴ) 리스기간의 조절로 자동차의 노후화를 방지할 수 있고, ⅵ) 리스를 이용함으로써 불필요한 재산구입에 따른 관리 및 경비를 절감할 수 있으며, ⅶ) 자동차에 수반되는 모든 업무를 리스회사가 대행하기 때문에 다량의 자동차를 필요로 하는 법인이나 개인사업자도 독자적인 차량구입부서를 유지할 필요가 없으며, ⅷ) 수리·정비 등에 소요되는 시간을 절약할 수 있고, ⅸ) 자동차리스를 이용함으로써 리스이용자의 운용자금의 효율을 높일 수 있으며, ⅹ) 해당 자동차의 사고 발생시 리스회사의 지원을 받을 수 있어서 사고처리가 용이한 점 등이 있다.[96]

(다) 리스자동차의 소유권등록

여신전문금융업법 제33조 제1항은 "시설대여업자가 건설기계나 차량의 시설대여 등을 하는 경우에는 건설기계관리법 또는 자동차관리법에도 불구하고 대여시설이용자의 명의로 등록할 수 있다"고 규정하여 리스계약의 구체적 내용에 불구하고, 리스이용자의 명의로 리스자동차에 대한 소유권등록이 가능하도록 하였다.[97]

따라서 리스이용자는 리스회사로부터 자동차를 리스받아 자신의 명의로 등록하여 직접 점유하고 사용·수익할 수 있다. 이 경우에 리스물건의 소유권이 형식상 리스회사에 없다 할지라도 리스물건의 법적 소유권은 대내외적으로 리스회사에 있으며,[98] 다만 현실적·경제적 필요에 따라 자동차의 유지관리에 관한 각

---

96) 소건영(2011), "리스자동차의 유지·관리책임에 관한 *私法的* 고찰", 사법발전재단 사법 제1권 제18호(2011. 11), 227-228쪽.

97) 대법원 2013. 6. 13. 선고 2012다100890 판결(리스회사가 리스물건인 자동차의 구입대금 중 일부를 리스이용자에게 금융리스의 형태로 제공하고 리스회사 명의로 자동차소유권등록을 해 둔 다음 공여된 리스자금을 리스료로 분할 회수하는 리스계약관계에서, 리스이용자가 그 자동차를 제3자에게 매도하고 리스계약관계를 승계하도록 하면서 매매대금과 장래 리스료 채무의 차액 상당을 매수인으로부터 지급받은 경우, 그 리스이용자는 리스회사와의 리스계약관계에서는 탈퇴하지만 매수인에 대한 소유권이전의무 및 매도인으로서의 담보책임은 여전히 부담한다).

98) 대법원 2000. 10. 27. 선고 2000다40025 판결(시설대여이용자의 명의로 등록된 차량에 대한 소유권은 대내적으로는 물론 대외적으로도 시설대여회사에게 있으므로 리스자동차에 대하여 리스이용자의 채권자에 의한 강제집행 등이 있을 경우에 리스회사는 제3자이의의 소를 제기할 수 있다).

종 행정상의 의무와 사고발생시의 손해배상책임은 리스이용자가 부담하도록 그 편의를 위한 특례규정이므로,[99] 단지 리스이용자는 리스자동차를 직접 점유하여 사용·수익하는 채권적 권리만을 갖는다.

(라) 리스회사의 저당권등록

건설기계나 자동차리스에서 리스목적물의 등록을 리스이용자가 자신의 명의로 등록하고 직접 점유·사용·수익하기 때문에, 이러한 권리외관을 악용하여 리스이용자가 리스목적물을 제3자에게 무단양도 내지 담보제공하거나 제3자의 강제집행 등을 사전에 방지하기 위하여, 리스회사는 리스물건에 저당권을 설정한 후 리스이용자의 명의로 등록하도록 하고 있다.[100]

현재 실무는 자동차리스계약을 체결하고 리스자동차의 소유권등록을 리스이용자 명의로 하는 때에는 예외 없이 리스회사가 저당권자로서 저당권을 등록하고 있다. 리스회사는 리스이용자가 리스료 등의 지급을 연체하는 때에는 리스자동차를 점유하는 채무자나 제3자에 대하여 저당권을 행사하여 자동차 점유를 인도받을 수 있다(결국 외양은 할부금융과 다를 바가 없다). 따라서 리스이용자 명의로 리스자동차에 대한 소유권이전등록이 된 자동차에 대하여서는 리스회사(채권자)는 저당권에 기한 임의경매절차를 통하여 민사집행규칙 제113조(강제경매신청 전의 자동차인도명령) 및 제111조(강제경매개시결정)에 기한 자동차인도명령을 신청하여야 할 것이다.[101]

3. 자동차리스상품 공시

여신금융상품공시기준(2016. 7. 12. 제정)에 따른 자동차리스상품 공시의 일반원칙은 다음과 같다.

(1) 공시대상 상품

공시대상 상품은 국산·수입 신규 등록 승용자동차로 한다(상용차 제외, 운용리스만 해당).

(2) 공시차종

---

99) 대법원 2000. 10. 27. 선고 2000다40025 판결.
100) 소건영(2011), 226쪽.
101) 김인범(2018), 34쪽.

공시차종(모델)은 한국자동차산업협회(국산) 및 한국수입자동차협회(수입)의 승용자동차 내수판매 현황을 근거로 하여 각 10종 이상 15종 이내로 선정하되, 차종은 업계 실무작업반에서 변경(연 1회, 4분기 중)할 수 있다.

(3) 공시대상 회사

공시대상 회사는 상기 차종을 취급하는 회사만 공시한다. 다만, 전 분기 동안 해당 상품의 취급이 없는 경우에는 공시하지 않는다.

(4) 리스 이용기간과 리스료

리스 이용기간은 36개월로 하되, 리스료는 최저에서 최고 리스료로 하며 아래의 ⅰ) 및 ⅱ) 기준으로 각각 작성하여 공시한다. 즉 ⅰ) 리스보증금 및 무보증 잔존가치의 적용률을 차량가액에 각 30%를 적용하여 최저-최고리스료를 산정하고, ⅱ) 리스보증금 및 무보증 잔존가치의 적용률을 차량가액에 각 회사의 실질 운영률을 적용하여 최저-최고리스료를 산정한다.

(5) 리스료 포함 비용

리스료에 포함되는 비용은 중개수수료, 취득세 등 각종부대비용을 포함하며, 고객(리스이용자)의 신용도 및 회사별 리스상품운영 조건(리스보증금 및 무보증 잔존가치 등)에 따라 변동될 수 있다.

4. 자동차리스 표준약관

자동차리스 표준약관("표준약관")은 여신거래기본약관의 부속약관으로 리스이용자("고객")가 직접 선정한 자동차를 시설대여업자("금융회사")가 새로 취득하거나 대여받아 고객에게 사용하게 하는 시설대여계약에서 금융회사와 고객 간의 권리와 의무에 관한 사항을 규정한다(표준약관1). 그 주요 내용을 살펴본다.

(1) 리스의 종류

자동차리스는 리스자산의 소유에 따른 모든 위험과 편익이 고객에게 이전되는 리스는 금융리스, 그 외의 리스는 운용리스로 구분할 수 있다(표준약관3).

(2) 약정서 필수 기재사항

리스 약정서에는 ⅰ) 고객정보, 금융회사정보, 자동차정보, ⅱ) 리스종류, 리스료,[102] 리스기간, 등록명의 구분, 이자율(금융리스의 경우에 한함), ⅲ) 규정손해배상금,[103) 중도해지손해배상금,[104) 지연배상금,[105) 반환지연금,[106) 승계수수료 등 고객이 부담하는 산정요율, iv) 보증금, 선납금, 잔존가치, 계약주행거리를 기재하여야 한다(표준약관4).

(3) 금융회사 및 고객의 주요 준수사항

(가) 계약조건 등 설명·확인의무

금융회사는 리스계약 체결과 관련하여 고객에게 여신전문금융업법 제50조의11에 따라 리스계약 조건 및 그와 관련한 사항을 고객에게 반드시 설명하여야 하며 고객이 금융회사의 설명을 이해하였음을 고객 본인의 자필서명, 녹취, 우편, 이메일, 전화자동응답시스템 등으로 확인하여야 한다. 이 경우 금융회사는 고객이 리스계약의 주요 내용에 대한 설명을 듣고 이해하였음을 해피콜[107) 등을 통해 다시 한번 확인해야 한다(표준약관5①).

(나) 리스계약서사본 등 교부의무

금융회사는 리스계약이 체결된 경우 리스계약서사본, 계약사실증명원 등 리스계약관련 서류 일체와 자동차리스 표준약관 및 표준 여신거래기본약관을 서면, 우편, 팩스, 이메일 등을 통해 리스계약일 즉시 또는 10영업일 내에 고객에게 교부(전자문서를 통한 계약의 경우에는 전자문서로 교부 가능)해야 한다. 다만, 계약사실증명원 등 리스실행일 이후에 교부가 가능한 문서는 고객에게 이를 설명한 후에

---

102) "리스료"라 함은 운용리스의 경우 고객이 금융회사에게 사용료로서 지급하는 금액을 의미하며, 금융리스의 경우 원금에 대한 분할 상환금액 및 이자로서 지급되는 금액을 의미한다(표준약관2(11)).
103) "규정손해배상금"이라 함은 고객이 계약의 중도해지를 이유로 자동차를 매입하고자 할 때 제23조에 따라 금융회사에 발생한 손해를 배상하기 위하여 지급해야 하는 금액을 말한다(표준약관2(5)).
104) "중도해지손해배상금"이라 함은 고객이 계약의 중도해지를 이유로 자동차를 반환하고자 할 때 제24조에 따라 금융회사에 발생한 손해를 배상하기 위하여 지급해야 하는 금액을 말한다(표준약관2(6)).
105) "지연배상금"이라 함은 고객이 금융회사에 리스료 등이 약정에 따라 지급하여야 할 금액을 지급기일까지 지급하지 않았을 경우 제29조 제1항에 따라 지급해야 하는 금액을 말한다(표준약관2(7)).
106) "반환지연금"이라 함은 리스계약 종료시 계약에 따라 고객이 자동차를 반환할 의무가 있으나 이를 지체한 경우, 제29조 제4항에 따라 고객이 금융회사에 지급해야 하는 금액을 말한다(표준약관2(8)).
107) "해피콜"이라 함은 금융회사가 리스계약 내용에 관한 사항을 계약자 본인에게 유선으로 설명하는 것을 말한다(표준약관2(12)).

리스실행일 10영업일 이내에 서면 또는 전자문서로 교부할 수 있다(표준약관5②).

(다) 자동차 하자담보책임

고객은 자신이 이용할 자동차의 종류, 규격, 성능 등을 선정할 수 있으며, 자동차를 인수한 후에는 선량한 관리자의 주의로 자동차를 유지 및 관리하여야 하며, 금융회사는 자동차의 하자담보책임을 부담하지 않는다(표준약관5③).

(라) 소유권과 사용수익권

리스한 자동차에 대한 소유권은 금융회사에 있으며 고객은 사용수익권만을 가진다(표준약관5④).

(마) 리스이용자의 자동차 인수 및 등록의무

고객은 자동차의 중대한 하자가 없는 한 자동차의 인수 및 등록의무를 다하여야 하며, 자동차를 인도받은 후 운행과 관련하여서는 각종 의무를 다하기로 한다(표준약관5⑤).

(바) 리스회사의 소유 표지 부착

금융회사는 자동차가 회사의 소유임을 표시하는 표지를 자동차에 부착할 수 있으며 고객은 이에 적극 협조하기로 한다. 이 경우 고객은 리스기간이 종료될 때까지 이 표지를 임의로 제거할 수 없다(표준약관5⑥).

(4) 리스계약의 성립 및 실행

(가) 리스계약의 성립

리스계약은 고객의 청약과 금융회사의 승낙에 의해 성립하며(표준약관6①), 리스기간은 고객이 이 약정서에 따라 자동차를 리스하여 사용하는 기간("리스기간")이며, 리스실행일은 고객이 자동차를 인도받은 날로 한다(표준약관6②).

(나) 자동차 인수 확인

금융회사는 자동차 인수증(전자문서 포함), 녹취 중 고객과 합의한 어느 하나의 방식으로 고객이 자동차를 인수하였음을 확인함으로써 자동차를 인도한 것으로 추정한다(표준약관6③). 표준약관 제21조의 사유(계약의 중도해지)로 인하여 리스기간 도중에 당해 계약이 해지 또는 종료되는 경우 그 날짜에 리스기간도 종료된 것으로 본다(표준약관6④).

(다) 인지세 부담

고객은 계약체결 및 관련 증명서 등과 관련하여 고객의 요구에 따라 발생하는 제증명·확인서 등의 소요비용과 리스계약 체결 관련 인지세의 50% 금액(금융회사가 나머지 50% 금액 부담)을 부담한다(표준약관6⑤).

(5) 리스료 및 기타지급금

고객은 금융회사에게 약정서에 기재된 리스료 및 기타 자동차운행과 관련하여 발생한 금액을 계약에 따라 지급하기로 한다(표준약관7①). 그러나 매도인의 가격인상, 정부정책 등으로 리스료가 변동된 경우 금융회사는 고객에게 변동된 리스료를 개별통지하며, 고객은 자동차 출고 이전까지 리스계약을 취소할 수 있다(표준약관7②).

고객이 자동차를 인수받은 후 자동차의 사용과 관련하여 범칙금 또는 과태료 등을 부과받을 경우, 금융회사는 ⅰ) 관계기관에 이의신청을 통한 납부자 변경신청, ⅱ) 범칙금 등 부과 후 최초 도래하는 리스료 등에 별도 부과, ⅲ) 범칙금 등을 납부하도록 고객에게 즉시 통보의 방법으로 고객이 이를 납부하도록 할 수 있다(표준약관7③).

(6) 자동차의 인수 및 등록

(가) 자동차 인수 사실 확인

고객은 자동차 인수시 대리인을 선정할 수 있으며, 고객 또는 고객으로부터 권한을 위임받은 대리인은 매도인으로부터 자동차를 인도받은 즉시 자동차에 대한 하자 유무를 검사하고 금융회사에 제6조 제3항에 따른 방법으로 자동차인수 사실을 확인해주기로 한다(표준약관8①). 고객이 자동차 인수 사실을 확인해준 경우 자동차를 인수한 것으로 추정한다(표준약관8②).

(나) 자동차 명의 등록

금융회사는 자동차가 출고된 즉시 자동차를 금융회사의 명의로 등록하되, 금융회사가 동의할 경우 고객의 명의로 등록할 수 있다(표준약관8③).

(다) 취득세 등의 부담

자동차등록에 소요되는 취득세 등 제비용은 금융회사가 납부하기로 한다. 다만, 고객의 고의·과실로 인한 사유로 취득세가 축소·지연 납부되는 경우 발생하는 추가 제세공과금 및 가산금은 고객이 부담하기로 한다. 또한 고객 명의로 등록하는 경우에도 취득세는 금융회사가 금융회사의 명의로 납부하여야 하며, 고객의 고의·과실로 인해 취득세가 지연 납부되는 경우 발생하는 추가 제세공과금 및 가산금은 고객이 부담하기로 한다(표준약관8④).

(라) 고객 명의 등록과 금융회사의 근저당권 설정

고객의 명의로 자동차를 등록하는 경우 고객은 등록과 동시에 금융회사를 제1순위로 하는 근저당권을 설정하여야 하며 설정비용은 금융회사가 부담하기로 한다(표준약관8⑤).

(마) 고객 명의 등록과 양도 등의 금지

고객 명의로 자동차를 등록하는 경우라도 금융회사의 승낙 없이 당해 자동차를 양도, 대여하는 등의 임의처분을 하거나 저당권 설정 등을 할 수 없다. 리스계약이 종료되어 고객이 자동차를 금융회사에게 반납하더라도 임의로 설정된 저당권을 말소하기 위한 비용은 고객이 부담하기로 한다(표준약관8⑥).

(7) 자동차의 인도지연 또는 하자

(가) 인도지연 또는 하자와 매도인에 대한 손해배상

고객은 자동차의 인도지연 또는 하자 등으로 인하여 손해가 발생했을 경우 매도인에게 직접 손해배상을 청구할 수 있다(표준약관9①). 이 경우 금융회사는 매도인에게 채권양도를 통지함으로써 매도인에 대해 가지고 있는 손해배상 및 하자담보청구권 등 모든 권리를 고객에게 양도하기로 한다(표준약관9②).

(나) 채무이행책임

고객은 따라 자동차 인수 사실을 확인해준 경우 이로써 자동차를 인수한 것으로 추정되므로, 달리 정당한 반증사유가 없는 한 약정서에 기재된 채무이행 책임을 진다. 다만, 금융회사가 사전에 인도지연 또는 하자 등을 알았거나 모르는데 과실이 있는 경우 금융회사는 그 사유가 해소되는 시점까지 고객에게 리스료를 청구할 수 없다(표준약관9③).

(다) 매도인의 과실과 리스료 정산

금융회사의 과실 없는 사유로 인한 인도지연 및 하자발생의 경우 고객은 매도인에게 직접 손해배상청구 하기로 하며, 금융회사는 매도인의 과실이 확정된

날로부터 인도지연 또는 하자가 해소되는 시점까지 고객이 지급한 리스료를 정
산하기로 한다. 다만, 정산금액은 제세공과금, 보험료, 범칙금 등 금융회사가 지
출한 비용으로서 고객이 부담하여야 할 금액이 있는 경우 이를 공제한 금액으로
한다(표준약관9④).

제5절 할부금융상품

Ⅰ. 할부거래

1. 할부거래의 의의 및 기능

(1) 할부거래의 의의

할부거래는 재화 또는 용역("목적물")의 대금 중 전부 또는 일부를 일정기간
동안 분할 납부하며, 대금의 완납 이전에 목적물의 점유를 이전하는 거래방식을
의미한다. 예를 들어 동산 매매의 경우 매도인은 목적물 대금을 수회에 분할하여
일정기일 경과할 때마다 매수인으로부터 계속적으로 지급받는 것을 조건으로 목
적물을 매수인에게 인도한다. 따라서 할부거래는 대금 지급이 일정기간 동안 분
할하여 수회에 걸쳐서 이루어지는 것이 특징이다.[108]

할부거래는 일반의 매매계약과 마찬가지로 낙성·유상·쌍무·불요식계약이
다. 따라서 할부거래는 매매계약의 일종으로 여겨지지만 대금의 분할납부라는
조건이 특약되어 있어 그 권리의무관계가 민법상 전형계약과는 상이하기 때문에
비전형계약(특수한 매매)으로 분류된다.

(2) 할부거래의 특징

할부거래는 일반 매매와 다르게 취급되는 다음과 같은 특징이 있다. ⅰ) 할
부거래는 대금을 목적물과 동시에 전액을 지급하는 것이 아니라 "분할"로 지급
한다. 따라서 대금의 지급을 장래로 연기하지만 일시불로 지급하는 외상거래와

---

108) 배사라(2014), "間接割賦去來에 관한 硏究: 消費者保護의 觀點에서", 명지대학교 대학원
석사학위논문(2014. 2), 5-6쪽.

구별된다. 할부의 기간 측면에서 우리나라에서는 근로자의 급여가 월급의 형태
이기 때문에 주로 월부로 이루어진다. 외국의 경우에는 일부, 주부, 연부 등 다양
하게 할부의 기간을 정하기도 한다.[109]

　ⅱ) 대금의 지급이 일정기간 수회에 걸쳐 "장래로 연기"된다는 점이다. 민법
상 일반 계약은 이행상의 견련성을 가짐으로써 당사자 일방은 상대방이 그 채무
이행을 제공할 때까지 자기의 채무이행을 거절할 수 있는 동시이행의 항변권(민
법536①)을 가진다. 그러나 이것은 모든 계약에서 인정되는 것이 아니고, 계약의
성질상 양 당사자의 의무이행의 시기가 달라질 경우에는 이 항변권이 인정되지
않을 수 있는데, 할부거래가 이에 해당한다. 매도인이 동시이행의 항변권을 행사
하지 못한다는 의미는 매수인에게 먼저 목적물을 인도한 채, 그 대금회수에 대한
불안정성 및 위험을 부담한다는 것이다. 이것은 매도인은 대금회수에 대한 위험
을 지게 되고, 매수인은 위험의 크기(목적물의 가액 및 그 이자)만큼 신용이 주어졌
음을 의미한다. 따라서 할부거래는 "신용"거래의 한 유형이며, 일방당사자가 소
비자인 경우가 다수이므로 "소비자신용"거래의 한 유형이기도 하다.[110]

　ⅲ) 할부거래를 목적물 측면에서 살펴보면, 내구성이 있고, 어느 정도 이상
고가이고, 표준화되어 양산되고 있지만 상품으로서의 독자성이 있으며, 이동성이
있는 상품들이 주로 할부거래의 대상이 된다. 그러나 할부거래의 대상이 되는 상
품이 특정 상품에 제한되는 것은 아니다. 동산 재화뿐만 아니라 부동산도 불문하
며, 용역을 대상으로 한 거래도 당연히 포함된다. 다만 정책적으로 법에서 특정
한 상품에 관한 할부거래를 규제대상에서 배제하는 경우는 가능할 것이다.

　ⅳ) 할부거래의 목적물은 할부계약의 성립과 동시에 매수인에게 인도된다.
따라서 할부대금의 완납 후 목적물이 인도되는 형태는 소비자신용으로서의 의미

---

109) 배사라(2014), 6-7쪽.
110) 소비자신용이란 소비자의 소비 자금을 충당하기 위해 제공되는 모든 금융행위를 의미하
　　는 것으로서, 신용제공자가 소비자에게 소비생활에 필요한 자금을 대출하거나 매매대금
　　의 지급을 유예함으로써 신용을 제공하고, 소비자는 추후에 그 대금을 수수료 또는 이자
　　와 함께 변제하는 것을 말한다. 소비자신용은 "자금을 대출"하는 대출신용(소비자금융,
　　consumer finance)과 목적물 대금의 "지급을 유예"하는 판매신용(sales credit)의 두 가지
　　경우로 나뉘는데, 할부거래의 경우에는 대금지급을 유예하므로 후자인 판매신용에 해당
　　한다.

가 없으므로 엄밀한 의미에서의 할부거래에 해당되지 않는다. 한편 동산의 경우 목적물 인도 후 대금지급 기간 동안 그 소유권자가 누구인지가 문제되는데, 많은 경우에 그 소유권은 매도인에게 유보되어 있다는 특징이 있다. 그러나 언제나 소유권유보부 계약이 체결되는 것은 아니고 할부기간의 경과 전에 매수인에게 소유권을 이전해 주는 경우도 있다.

(3) 할부거래의 기능

(가) 긍정적 기능

할부거래는 매수인인 소비자의 대금 지급의 무능력을 해소시켜줄 뿐 아니라, 거래활성화를 유도하여 경제성장에도 긍정적 영향을 미친다.[111]

긍정적 기능을 구체적으로 살펴보면, ⅰ) 판매자에게는 고가의 재화 등 쉽게 구매할 수 없는 제품에 대한 소비자의 접근성을 높여줌으로써 재고에 대한 부담이 없어진다. ⅱ) 소비자에게는 당장 필요한 목적물이지만 일시불로 지불할 능력이 없는 경우 거래 당시의 지불무능력을 해소할 수 있으며, 값비싼 목적물의 대금을 3회 이상으로 나누어 지불하게 되므로 대금상환 도래시에 액수에 대한 부담이 경감된다. ⅲ) 신용제공자 입장에서는 소비자에게 신용을 목적물의 구매시 제공하게 되는데, 이러한 구매는 여타의 이자를 요하는 소비대차 거래시스템보다도 널리 사용되므로, 용이하게 이자를 획득할 것으로 보인다.

생산의 기계화로 인하여 대량생산이 가능해졌지만 그에 대한 유효수요가 존재하지 않는다면 그 상품은 재고가 될 수밖에 없으며, 재고는 기업들의 도산 또는 생산의지의 저하를 가져오게 되므로, 이와 같은 현상이 되풀이되면 결국 경제는 쇠퇴하게 된다. 결국 할부거래는 매수인에게는 구매력 증대의 수단이 되고 매도인에게는 판매촉진의 수단이 되어 국가 경제적인 입장에서 소비 활성화 및 경제성장에 이바지하는 제도라고 볼 수 있다.

(나) 부정적 기능

긍정적 기능에도 불구하고 할부거래는 거래상 문제가 야기되고 있다. ⅰ) 할부거래는 매수인으로 하여금 충동구매를 하게 하는 요인으로 작용하고 있다. 특히 수요를 창출해야 하는 매도인의 입장에서 구매를 선동하는 경우가 적지 않

---

111) 배사라(2014), 14-15쪽.

으며, 판매자들의 이러한 행위로 인하여 매수인은 불필요한 소비생활을 하거나 낭비가 조장될 위험이 있다. 이와 관련한 또 하나의 문제는 매도인 또는 신용제공자의 매수인에 대한 과도한 신용부여이다. 매도인과 신용제공자가 할부거래를 과도하게 유인하는 것은 매수인의 신용제공을 과도하게 유인하는 것과 마찬가지이다. 우리나라의 신용카드거래의 활성화가 결국 신용불량자 양산과 "신용카드대란"의 사회적 문제로 이어진 예에서 알 수 있듯이, 구매능력을 초과한 신용의 제공은 소비자에게 상환불가능한 부채의 늪에 빠뜨려 신용생활을 저해하는 역효과가 발생한다.

　ii) 매수인은 매도인 또는 신용제공자와 계약체결시 약관을 이용하는데, 이 약관의 내용을 정확하게 파악하고 계약하는 경우가 드물다. 뿐만 아니라 설령 자신에게 불리한 내용이 있다는 것을 안다고 하더라도 계약상 그것을 수정할 위치에 있지 않다. 따라서 불리한 약관의 내용을 수용할 수밖에 없게 된다.

　iii) 매도인은 대금을 완납하기 전에 목적물을 매수인에게 인도하기 때문에 대금채권의 확보에 불안을 느끼게 된다. 따라서 매매계약 체결시 매도인은 매수인에게 소유권유보의 조건을 붙인다든지, 채무불이행에 대한 과도한 부담을 요구하기도 한다.

　할부거래의 부정적인 기능들은 주로 매도인이 매수인에 대하여 가지고 있는 거래상 우월한 지위, 즉 매수인의 소비자적인 지위로 인한 문제이므로 이러한 부정적 기능을 해결하기 위한 소비자보호가 요구된다.

2. 할부거래의 유형

(1) 분할지급 방식에 따른 분류

　i) 할부거래는 분할일수에 따라 "일부", "주부", "월부", "연부" 할부거래로 나뉜다. 유럽 및 미국에서는 주부할부거래가 일반적이지만 우리나라에서는 월부할부거래가 일반적이다.[112)]

　ii) 할부금의 상환방식에 따라 "일반(균등) 방식", "리볼빙 방식"의 할부거래로 나뉜다. 일반(균등) 방식 할부거래는 보편적으로 사용하고 있는 방식으로 매

---

112) 배사라(2014), 16쪽.

회의 할부금액을 동일하게 나누어 상환하는 것이다. 반면 리볼빙 방식은 주로 신용카드에서 이용되는 상환방식으로 카드이용대금 상환일에 카드이용대금 총액의 최소비율 이상만 상환하면 잔여대금의 상환이 다음 달로 연장되는 방식으로, 카드회원은 계속해서 신용카드 한도의 범위 내에서 매월 카드를 사용하면서 원하는 만큼 변제할 수 있다. 리볼빙 방식 할부거래는 마이너스 대출 또는 한도 대출 등과 유사한 형태로 일시불 거래, 현금서비스에 의한 카드이용대금에 대해서도 사용할 수 있는 사용방식이며, 소비자에게 미결제금액을 일정한 범위 내에서 장기적으로 이월시킬 수 있다는 장점이 있다.[113] 현재는 신규로 현금서비스를 리볼빙 방식으로 결제하는 것은 금지되어 있다. 기존에 이미 약정한 회원은 사용이 가능하나, 2012년 10월 이후 현금서비스에 대해서는 리볼빙 방식의 결제를 허용하지 않는다.

　　iii) 목적물 지급시기에 따라서 "후불식 할부거래"[114]와 "선불식 할부거래"로 구분할 수 있다. 후불식 할부거래는 목적물을 먼저 선인도받고 후에 대금지급을 하는 것이다. 이와 반대로 대금의 지급을 할부로 선지급하고 할부대금의 완납과 함께 또는 완납 후에 목적물을 인도받기로 약정하는 경우가 있는데, 이것을 선불식 할부거래라고 한다. 선불식 할부거래는 엄밀한 의미에서 할부거래의 범주에 속하지는 않지만 다수의 소비자 문제를 야기시켜 현행 할부거래법에 포함된 정책적 유형이라 할 수 있다.

(2) 신용제공자에 따른 분류

　　신용제공자가 소비자에게 소비생활에 필요한 자금을 대출해주거나, 매매대금의 지급을 장래로 연기시켜줌으로써 신용을 제공하고 수수료나 이자를 덧붙여 그 대금을 회수하는 일련의 방법을 소비자신용이라고 하며, 할부거래는 이러한 소비자신용 거래의 한 유형으로서 그중에서도 매매대금의 지급을 유예시키는 "판매신용"에 해당한다.[115]

---

113) 한편으로는 균등식 할부거래에 비하여 높은 이자를 부담하여야 하며, 그에 따른 신용문제가 발생할 수 있다. 이에 미국과 일본에서는 리볼빙 할부결제로부터 소비자를 보호하기 위하여 각각 소비자신용보호법(Consumer Credit Protect Act), 할부판매법(割賦販賣法)에서 리볼빙 규제를 실시하고 있다.
114) 후불식 할부거래라는 용어가 가끔 쓰이기는 하지만 법률용어는 아니고, 단지 선불식 할부거래와 대별되는 개념으로 이해하여야 한다.

이러한 판매신용을 거래당사자 중 누가 제공하는지에 따라, 즉 매도인인 사업자가 직접 신용을 제공하는지 여부에 따라서 할부거래를 "직접할부거래"와 "간접할부거래"로 구분할 수 있다.

(가) 직접할부거래

직접할부거래는 매도인 자신이 판매계약을 대금을 분할하여 일정기간 후불로 지급받을 것을 용인한 2당사자 간 계약을 말한다. 즉 매도인이 목적물의 판매뿐만 아니라 "신용"까지 제공해주는 거래형태이다. 따라서 매도인은 사업자(판매자)인 동시에 신용제공자의 역할도 함께 담당한다.

(나) 간접할부거래

직접할부거래와 달리 목적물 제공과 신용제공의 담당이 1인에게 귀속하지 않은 거래형태가 간접할부거래이다. 목적물의 판매는 매도인이, 신용의 공여는 제3자인 "신용제공자"가 담당하게 된다. 따라서 신용제공자 또한 매도인 및 매수인과 함께 거래당사자로서 지위를 갖으며, 그 형태는 개인보다는 자금 확보가 용이한 금융기관일 가능성이 높다. 신용제공자가 어떻게 신용을 제공하느냐에 따라서 일반 매매형, 리스형, 팩토리형 할부거래로 구분된다. 이에 관하여는 아래서 살펴본다.

(3) 계약형태에 따른 분류

간접할부거래의 경우 계약의 형태에 따라 신용제공자와의 대금결제방식 및 신용제공자의 관여 형태가 달라진다. 간접할부거래의 계약형태에 따른 종류에 관하여 살펴보면 론(Loan)식 할부거래 및 티켓(Ticket)식 할부거래로 나누는 것이 일반적이다. 론식 할부거래는 목적물 대금을 신용제공자로부터 차입하여 물건을 구입한 후 나중에 그 대차금을 분할하여 상환하는 방식이며, 티켓식 할부거래는 소비자가 할부거래알선업자(신용제공자)를 통해 티켓을 할부로 구입하여 이 티켓을 상품과 교환하고, 상품판매처는 티켓을 모아 할부거래 알선업자에게 제출하면 알선업자가 대금을 지급하는 형식이다.

그러나 최근에는 티켓식 할부거래의 빈도가 낮아져 사용하는 경우가 드물고, 대체로 론식 할부거래가 이용되고 있다. 론식 할부거래는 매수인이 매도인과

---

115) 배사라(2014), 17쪽.

관계없이 금융기관으로부터 직접 대출하는 비제휴방식과 금융기관과 매도인 사이에 제휴하여 특정 매도인의 상품을 구입하기 위해서만 대출을 받는 제휴방식으로 나뉜다. 비제휴방식의 경우에는 할부거래와 같은 효과를 얻을 수 있지만 실질적 의미에서 할부거래는 될 수 없으며, 대부분의 신용제공자들이 매도인과 제휴를 맺고 직접 대금을 지급하는 형태를 띠고 있기 때문에 여기서는 제휴방식을 기초로 그 거래내용에 따라 일반 매매형, 리스형, 팩토링형으로 구분한다.[116)]

(가) 일반 매매형 할부거래

일반 매매형 할부거래는 매수인의 대금지급 의무를 신용제공자가 대신하기로 하는 일반적인 할부거래계약이다. 여신전문금융업법에서 정하는 신용카드와 할부금융이 일반 매매의 대표적인 형태이다.

신용카드는 매수인과 신용카드사 간의 신용카드 이용계약을 통해 발급받는 것으로서 현금에 갈음한 대금지급의 수단이다. 신용카드는 물건을 구입할 때 일정기간 대금의 지급을 유예시켜주는 판매신용을 제공하기도 하고, 신용카드를 통하여 대출을 받을 수 있는 대출신용을 제공하기도 한다. 따라서 신용카드의 사용이 일반 매매형으로서의 할부거래에 해당하려면 신용카드회사와 가맹점계약을 맺은 점포에서 일정기간에 걸쳐 분할지급하기로 하고 목적물을 대금의 완납 전에 인도받는 경우이어야만 한다.

할부금융은 신용제공자가 매도인과 매수인 간의 목적물 매매계약에 대하여 그 목적물 대금을 매도인에게 지급하고 매수인으로부터 분할하여 상환받는 방식을 말한다. 우리나라 할부금융사는 제조업체, 건설업체 등이 설립한 경우가 많고, 할부금융사가 취급하는 품목은 주로 자동차·가전제품·주택·기계 등과 같은 고가품이다.

(나) 리스형 할부거래

리스거래는 계약구조에 따라 금융리스와 운용리스로 구분된다. 금융리스는 리스업자가 매수인이 지정한 특정물건을 취득하거나 대여하여 매수인에게 사용하게 하고, 매수인은 그 사용 기간만큼 정기적으로 분할하여 물건의 사용료를 지급한다. 그리고 리스기간이 종료되면 목적물의 소유권을 매수인이 가질 것인지

---

116) 배사라(2014), 18-21쪽.

에 관하여, 즉 물건의 처분에 관하여 당사자 간 약정으로 정하게 된다. 반면 운용리스란 리스업자가 매수인에게 물건 또는 설비를 임대하여 주고 그에 대한 대가를 지급받기로 하는 계약을 말한다. 이것은 리스업자와 매수인으로만 구성된 2당사자 간 계약이며, 리스업자는 물건의 공급의무를 부담하게 된다. 계약구조가 민법상 임대차에 해당되어 일반적·전형적인 리스라고 하면 금융리스를 뜻하며, 리스계약에 관한 논의는 주로 금융리스에 관하여 이루어진다.

따라서 금융리스계약 중 목적물의 소유권을 매수인에게 귀속시키기로 약정한 경우 간접할부거래에 해당할 것이며, 이때의 리스료는 할부대금으로 볼 수 있다. 반면 목적물의 소유권이 리스회사에 귀속되는 금융리스 및 운용리스는 임대차에 불과하다.

(다) 팩토링형 할부거래

팩토링회사는 판매업자인 기업의 매출채권을 매입하는 형식으로 자금을 대출하는 금융기관이다. 팩토링 할부거래란 매수인인 Customer가 매도인인 Client로부터 상품의 신용구입을 하고 그 목적물 대금을 제3자인 팩토링회사에 양도하여 매수인의 팩토링회사에 그 목적물 대금을 일정기간 분할하여 지급하고, 목적물은 대금완납 이전에 Client로부터 제공받는 계약이다. 팩토링 할부거래를 다른 일반 매매와 다르게 취급하는 것은, 매수인이 신용제공자와 직접 계약을 체결하는 것이 아니라 매도인을 통해 신용제공을 받게 된다는 점에 근거한다.

(4) 거래주체에 따른 분류

(가) 매수인 측면: 소비자계약과 비소비자계약

거래 주체의 측면에서 계약의 종류를 거래 당사자에 소비자가 참가하는 "소비자계약"과 그렇지 않은 "비소비자계약"으로 구분할 수 있다. 매매의 주체는 일반 개인이 주를 이루지만 법인, 비법인 사단, 영리법인, 비영리법인, 공공단체 등도 민법상 권리주체가 되므로 매매의 주체가 된다. 거래주체들은 각기 다른 목적을 가지고 거래에 임하게 되는데, 일반적으로 개인은 자신의 일상 소비생활을 영위하기 위하여 거래(최종소비자)를 하고, 법인 등의 단체는 자신의 사업·업무상 또 다른 부가가치를 창출하고자 거래(상행위)를 한다고 생각하기 쉽다. 그러나 개인이 세탁소를 운영하려고 재봉틀을 구매하려는 경우처럼 상행위를 목적으로 거래에 참여하는 경우가 있는가 하면, 법인 등의 단체가 무조건 상행위를 목적하여 거래를 하는 것은 아니다. 따라서 그 주체의 외관을 불문하고 거래당사자의 거래 참여 목적을 파악하여 소비자 지위에 있는지 여부를 구분하여야 할 것이다.[117]

할부거래도 소비자의 유무에 따라 소비자계약과 비소비자계약으로 구분할 수 있다. 할부거래에서의 소비자 참가의 중요성은 소비자가 참가하지 않는 경우보다 법적 보호의 실익이 있기 때문이다. 할부거래는 매수인에게 구매력을 증대시켜주는 긍정적인 측면도 있지만, 할부거래에 참여하는 매도인의 매수인에 대한 영리적 목적 때문에 문제가 발생하기도 한다. 따라서 중요한 정보를 공시하지 않거나 약관을 사업자에게 유리한 방향으로 계약하는 등 이익극대화의 목적으로 판매량을 늘리려는 매도인에 대한 규제 및 소비자의 법적 보호가 필요하다. 물론 소비자가 단지 약자로서 보호의 대상이라기보다는 하나의 주체로서 인식되어야 한다는 점에 이론은 없지만, 경제주체 사이의 경쟁 및 지위에 있어서 소비자가 약자의 지위에 있음은 간과해서는 안될 것이다. 따라서 할부거래 중에서도 소비자가 참가하는 할부거래는 법에 의한 보호 필요성이 충분한 것으로 보아야 할 것이다.

(나) 신용제공자 측면: 할부금융거래과 비할부금융거래

할부거래는 신용제공자가 금융기관인지 여부에 따라 "할부금융거래" 또는 "비할부금융거래"로 나눌 수 있다. 직접할부거래의 경우에는 매도인이 신용제공자가 되므로 비할부금융거래에 속할 것이다. 반면 간접할부거래의 경우에는 매도인이 아닌 제3자가 신용을 제공하게 되므로 간접할부거래의 신용제공자는 일반인이 될 수도 있고 금융기관이 될 수도 있다. 다만 일반적으로 개인의 신용을 평가하고 자금을 확보하기에 용이한 금융기관에 의해 이루어지는 경우가 대부분이다. 따라서 간접할부거래는 신용제공자의 성격에 따라 할부금융거래인지 비할부금융거래인지 여부가 결정된다.

여기서 말하는 "할부금융거래"란 여신전문금융업법 제2조 제13호에서 정의하고 있는 할부거래의 방식으로서 할부금융(업)과는 다른 것으로 할부거래시 정부로부터 등록 또는 허가된 금융기관에 의해 신용을 제공받은 거래를 통칭한

---

117) 배사라(2014), 21–22쪽.

다.118) 우리나라의 경우 할부금융거래를 할 수 있는 금융기관은 신용카드사, 할부금융사, 시설대여사(리스)로 여신전문금융업법에서 그 종류와 허가·등록의 방법을 정하고 있다.

따라서 간접할부거래가 "할부금융거래"에 해당될 경우에는 할부거래법뿐만 아니라 여신전문금융업법이 적용된다. 비할부금융거래와 달리 할부금융거래에 대하여 거래질서법적인 의미를 할부거래법 외에 산업규제법적인 성격의 여신전문금융업법에 의한 규제도 받는 이유는 신용제공계약에 있어서 금융기관의 안정성과 같은 규제 목적이 추가될 수밖에 없기 때문이다.119)

Ⅱ. 할부금융의 의의와 거래구조

1. 할부금융의 의의와 기능

(1) 의의

할부금융은 소비자가 일시불로 구입하기 어려운 고가의 내구재나 주택 등을 구입하고자 할 때 할부금융회사가 소비자에게 구입자금의 전부 또는 일부를 대여해주고, 소비자는 할부금융회사에 일정한 수수료를 내고 원금과 이자의 분할상환이 가능하도록 하는 금융상품을 말한다. 이는 소비자에게 자금을 대여해 준다는 점에서 "소비자신용"으로 분류된다. 할부금융의 거래당사자는 소비자, 공급자(판매자) 그리고 할부금융회사이다.120) 즉 할부금융이란 소비자가 일시불로 구

---

118) 여신전문금융업법 제2조 제13호에서 정의하고 있는 "할부금융"은 재화와 용역의 매매계약에 대하여 매도인 및 매수인과 각각 약정을 체결하여 매수인에게 융자한 재화와 용역의 구매자금을 매도인에게 지급하고 매수인으로부터 그 원리금을 나누어 상환받는 방식의 금융을 말한다. 그러나 대부분의 학술적 논의에서의 "할부금융"은 간접할부거래의 의미로 사용되는 것으로 보인다. 특히 할부거래의 신용제공이 대부분 금융기관에 의해 이루어지므로 금융기관에 의한 할부거래를 "금융할부", "금융부할부", "할부금융" 등의 표현으로 간접할부거래와 동일한 개념으로 사용한다.
119) 여신전문금융업법에서는 할부금융거래에 속하는 금융기관에 대해서만 규제하지만 할부거래법은 할부금융거래와 비할부금융거래를 불문하고 거래가 할부거래에 해당하면 규제한다. 따라서 할부거래법에서의 간접할부거래를 할부금융(거래)와 동일하게 여겨서는 안 될 것이다.
120) 박원주·정운영(2019). "소비자관점에서 본 할부금융의 문제점 및 개선방향", 소비자정책동향 제98호(2019. 6), 3쪽.

204 제 2 편 여신금융상품

입하기 어려운 고가의 내구소비재(자동차, 가전제품 등)나 주택을 구입하고자 할 때, 할부금융회사가 신용에 특별한 이상이 없는 소비자를 대상으로 그 구입자금을 할부금융기관 및 판매자와의 계약에 의하여 구매를 조건으로 필요한 자금을 대여해주고, 할부금융회사에 일정한 수수료를 내고 원금과 이자를 분할상환하는 제도이다.

여신전문금융업법은 할부금융을 "재화와 용역의 매매계약에 대하여 매도인 및 매수인과 각각 약정을 체결하여 매수인에게 융자한 재화와 용역의 구매자금을 매도인에게 지급하고 매수인으로부터 그 원리금을 나누어 상환받는 방식의 금융"으로 정의하고 있다(법2(13)). 또한 할부거래법은 할부금융을 "소비자가 신용제공자에게 재화등의 대금을 2개월 이상의 기간에 걸쳐 3회 이상 나누어 지급하고, 재화등의 대금을 완납하기 전에 사업자로부터 재화등의 공급을 받기로 하는 계약"으로 정의(법2(1)(나))하면서 간접할부계약이라는 용어를 사용하고 있다.

여신전문금융업법 및 할부거래법의 규정을 살펴보면, 할부금융은 금융소비자가 구매한 물건 등의 대금을 할부금융업자가 금융소비자에게 융자하고, 융자금은 금융소비자가 아닌 해당 물건 등의 매도인에게 지급하는 거래구조를 가지고 있다. 금융소비자는 융자받은 금액을 할부금융업자에게 분할하여 상환한다. 할부금융은 물권 등의 소유권 등이 매도인에게서 금융소비자로 직접 이전한다는 점에서 앞서 살펴본 금융리스 및 연불판매와 다르다. 또한 매도인을 가맹점으로 제한하지 않고, 대금상환이 분할하여 이루어진다는 점이 다르다.[121]

(2) 기능

할부금융거래의 3당사자인 소비자, 제조·판매자, 할부금융사, 할부금융업을 관리 감독하는 국가의 차원으로 할부금융업이 수행하는 각각의 기능과 특징을 살펴볼 수 있다. ⅰ) 소비자 측면에서 할부금융업은 대금을 분할납입함으로써 고가의 소비재 구매기회 확대에 따라 다양한 소비생활을 누릴 수 있을 뿐 아니라, 계획성 있는 소비생활을 유지할 수 있다. ⅱ) 제조·판매회사 입장에서 할부금융업은 현금거래 방식으로 적합하지 못한 내구성 소비재나 생산재의 보급을 가능하게 하여 소비자들의 구매기회 및 시장확대 기능을 담당하며 판매촉진의 효과

---

121) 윤민섭(2014), 42쪽.

가 있을 수 있다. 또한 판매시점에서 물품대금 전액을 회수할 수 있어 자금조달, 대금회수, 대손위험 등 자금부담을 모두 할부금융회사로 이전함으로써 기업의 효율성 유지 및 금융비용 절감효과를 얻을 수 있다. iii) 할부금융사 입장에서는 높은 금리로 높은 수익성을 얻을 수 있으며, 동계열사 할부 취급시 혜택 부여로 판매량 증대 효과도 거둘 수 있다. iv) 국가경제 측면에서는 목돈 부담 없는 생활필수품 구입을 통한 서민들의 삶의 질 향상, 제조업자의 판매대금지원을 통한 자금부담 완화, 자동차, 전자, 내구재의 구매를 통해 국내 내수판매 활성화 및 경기불황기에는 국가경제 회복에 기여함으로써 정책적 효과가 크다고 할 수 있다.

그러나 할부금융을 이용하는 소비자의 입장에서는 할부금융이 일반금융기관의 대출보다 금리가 높고 자금부담이 크며 선소비 후지급의 방법 때문에 과소비를 조장할 우려가 제기될 수 있다. 또한 할부금융사의 경우 신용을 조건으로 거래하기 때문에 자금회수에 대한 위험부담이 클 수밖에 없으며, 은행이나 보험회사로부터 자금을 차입하기 어려운 신용위험을 보유한 소비자들이 이용할 가능성이 높기 때문에 전통적인 금융기관에 비해 법에 의한 엄격한 규제와 감독이 소홀할 수 있어 고수익·고위험의 특징을 가진다.122)

2. 할부금융의 법적 성격과 거래구조

(1) 법적 성격

할부금융은 금융소비자가 부담하는 매매대금을 할부금융업자가 지급한다는 점에서 신용카드와 유사하다. 따라서 할부금융의 법적 성격도 채무인수설, 채권양도설, 제3자를 위한 계약설 등으로 나뉜다. 그러나 할부금융은 여신전문금융업법 제2조 제13호에서 "매수인에게 융자한 재화와 용역의 구매자금을 매도인에게 지급"하는 것으로 규정하고 있기 때문에 할부금융업자와 금융소비자 간에는 금융소비자로부터 해당 채무를 인수하는 채무인수설이 타당하다.

(2) 거래구조

할부금융약정 및 대금결제방식의 흐름을 살펴보면 ⅰ) 할부금융회사와 물품

122) 이은희·이영애·조홍제(2013), "아주캐피탈의 소비자중심경영 사례연구", 소비자정책교육연구 제9권 3호(2013. 9), 129-130쪽.

판매자가 상호 업무제휴 약정을 체결하고, ii) 소비자가 판매자로부터 물품을 구입하면서 대출약정서를 작성하며, iii) 할부금융회사는 신용조회 등 대출심사 완료 후 판매자에게 대금을 지급하고, iv) 소비자는 약정기간 동안 할부금융사에 할부금을 상환하는 구조이다.[123]

할부금융은 소비자가 주택, 자동차 등 고가의 내구성 소비재와 같은 일시불이 어려운 물품구입시 소비자를 위해 물품대금을 융자해주고 향후 일정기간 동안 대금을 분할납부하도록 하는 금융제도로서 기본적으로 할부금융회사, 소비자및 제조판매자(공급자)의 3당사자 간 거래로 이루어진다.

(3) 중고차할부금융 판매구조

할부금융회사는 대출을 받는 고객과 직접 대면하는 직접 영업방식보다 중고차 매매를 담당하는 매매상(딜러)을 할부금융회사와 연결해주는 중개인인 할부제휴점을 통한 간접 영업방식을 취하고 있다.

할부금융회사는 중고차할부금융 고객을 소개받는 대가로 할부제휴점에게 총대출금액의 일정 비율을 중개수수료(인센티브)로 지급한다. 할부제휴점은 할부금융회사로부터 지급받은 중개수수료의 일정액을 다시 중고차 매매상(딜러)에게 리베이트로 지급하게 된다. 중고차 할부제휴점은 대부분 다수의 할부금융회사와 중복하여 업무제휴계약을 체결하고 상황에 따라 가장 많은 수익(중개수수료)을 올릴 수 있는 금융회사로 고객을 안내하는 경향이 있다.[124]

우리나라의 중고차 매매시장은 레몬 시장(Market for Lemons)[125]의 특성상

---

123) 한국소비자원(2011), "중고차 할부금융 실태 및 개선방안 조사연구", 조사보고서(2011. 12), 10쪽.
124) 한국소비자원(2011), 30–31쪽.
125) 레몬 시장(The Market for Lemons) 또는 개살구 시장은 경제학에서 재화나 서비스의 품질을 구매자가 알 수 없기 때문에, 불량품만이 나돌아다니게 되는 시장 상황을 말한다. 영어에서 레몬(lemon)은 속어로 "불쾌한 것", "불량품"이라는 의미가 있다. 이는 폴크스바겐(Volkswagen)의 비틀(Beetle) 차량 가운데 유독 1965년에 생산된 레몬 색깔 차량에서 잦은 고장이 발생해 중고차시장으로 많이 유입되었는데, 이때부터 미국인들에게 레몬은 결함 있는 중고차를 지칭하는 은어로 사용되기 시작하였다. 중고차의 경우처럼 실제로 구입해 보지 않으면, 진짜 품질을 알 수 없는 재화가 거래되고 있는 시장을 레몬 시장이라고 한다. 레몬 시장이라는 개념을 처음 제시한 사람은 미국의 경제학자 조지 애거로프이다. 애거로프는 1970년에 미국의 계량경제학 잡지 "Quarterly Journal of Economics"에서 "레몬의 시장: 품질의 불확실성과 시장 메커니즘"(The Market for Lemons: Quality

중고차매매상(딜러)이 중고차와 관련한 모든 정보를 독점하고 있을 뿐 아니라, 차량 구입자금 마련과 관련한 할부금융 이용 등 금융회사 선택에서도 막대한 영향을 미치고 있다. 중고차매매상이 중고차 구입 고객 및 할부금융회사와의 협상에 있어 우월한 교섭력을 갖고 있기 때문에, 할부금융회사는 할부금융 물건확보를 위하여 중개수수료를 인상할 수밖에 없게 되고, 이러한 수수료 인상 경쟁은 결국 판매비용 증가로 이어져 금리를 상승시키는 주요 요인으로 작용하게 된다.126)

Ⅲ. 할부금융상품의 종류

1. 개요

할부금융상품은 크게 내구소비재, 주택, 기계 등으로 나눌 수 있다. ⅰ) 내구소비재에는 신차·중고차·건설기계·특수자동차 등을 포함하는 자동차 품목, 컴퓨터·통신기기, 냉난방기, 음향기기, 사무기기, 생활·주방 기기 등을 포함하는 전자제품 품목과 가구·침구 같은 기타 내구소비재로 나눌 수 있다. ⅱ) 주택은 할부조건이 신규 완공주택이나 주택건설사업자가 건설 중인 주택의 계약금납부를 완료하면 중도금이나 잔금의 대출이 가능하다. ⅲ) 기계는 건설기계, 의료기계, 섬유기계, 공작기계, 인쇄기계 등을 포함한다. ⅳ) 기타 용역·서비스 관련 품목은 의료비용, 예식비용, 장의비용, 인테리어 공사비용 등이 있다.

여신금융협회 할부금융업 현황(2019. 12월말 기준)에 따르면 할부금융업이 취급하는 주요 금융상품은 내구재(자동차, 가전, 기타), 주택, 기계류로서, 자동차금융이 압도적으로 많은 비중을 차지하고 있는데, 자동차금융 편중 현상이 해를 거듭할수록 심해지고 있다.

Uncertainty and the Market Mechanism)이라는 논문을 발표하여, 중고차 시장에서 구입한 중고차가 잘 고장나는 현상의 메커니즘을 분석하였다.
126) 한국소비자원(2011), 29-30쪽.

2. 자동차할부금융

할부금융시장에서 자동차금융이 차지하는 비중은 압도적으로 높다. 이는 소비자가 필요로 하는 재화 중 자동차가 주택 다음으로 목돈이 소요되는 고가의 재화이기 때문이기도 하다. 주택구입에 따른 부족 자금의 융통은 1차적으로 은행이 담당하므로 할부금융시장에서 차지하는 주택금융 비중은 매우 낮다.

할부금융업의 대표적 회사인 캐피탈사는 수신기능이 없는 여신전문금융회사로서 산업용 기계나 건설장비 등을 취급하는 기업금융과 자동차 및 내구재 등을 취급하는 소매금융을 담당하고 있다. 수신기능이 없어 자금조달은 은행 대출이나 회사채 발행을 통해서 이루어지며, 이에 은행권에 비해 높은 금리를 적용하고 있다.

자동차금융에 적용되는 금리는 신용등급에 따라 달리 적용되나 신차 금리는 최저 2.4%에서 최고 7.99% 수준이며, 중고차 금리는 은행 4-5%대, 카드회사 5-6%대, 할부금융회사(캐피탈사)가 11-16%대로 캐피탈사의 중고차 금리는 매우 높은 수준이다. 중고차 금리가 높은 이유는 대출 연계를 도운 중개인이나 딜러에게 지급하는 수수료가 금리에 포함되기 때문인데, 중고차거래에서는 소비자를 캐피탈사와 연결시켜 주는 딜러의 역할이 중요하기 때문에 법정수수료 외에 간접 수수료를 제공하는 회사도 있다. 이 경우 소비자는 더 높은 금리를 부담할 수밖에 없다. 캐피탈사의 비약적인 성장은 자동차금융에의 집중을 통해서 가능했으며, 신차시장의 치열한 경쟁으로 인해 점차 중고차시장 비중을 늘려가고 있다.

신차 및 중고차의 자동차금융이 증가하고, 정부의 중고차거래 활성화 및 세제 혜택 등의 이유로 캐피탈사의 수익전망에 긍정적 측면도 있으나, 기준금리 인상으로 인한 조달금리 상승, 은행, 카드 등 경쟁사의 자동차금융 활성화, 은행, 카드사에 비해 상대적으로 높은 저신용 차주 비중에 의한 연체율 상승 등 수익전망에 부정적 측면도 많다. 특히 중고차금융 비중을 높이는 캐피탈사 입장에서 저신용 차주 비중의 증가는 캐피탈사의 여신건전성 악화와 순이익 감소로 이어질 수 있는 상황이다.[127]

---

127) 박원주·정운영(2019), 6쪽.

3. 자동차 이외의 내구재금융

할부금융시장에서 자동차 이외의 내구재금융이 차지하는 비중은 매우 낮다. 내구재 할부금융에서 취급하는 품목은 가전제품, 주방용품, 통신기계, 오토바이, 가구, 미용용품, 악기, 보일러 등으로 비교적 고가의 재화이다. 소비자는 자동차 이외의 가전제품과 같은 내구재를 주로 카드회사 할부결제 방식을 이용하여 구입하는데, 이때 할부이용에 따른 수수료가 부가되고, 이는 할부결제 기간이 길어질수록, 신용등급이 낮을수록 높게 책정된다.

또한 카드사용은 한도규제에 따른 사용제약을 받을 수 있다. 이에 고가의 내구재를 자동차처럼 대출을 통해 구매하면서, 카드 할부수수료에 비해 낮은 수수료, 카드 할부기간에 비해 긴 대출금 상환기간이란 이점이 있는 캐피탈사의 내구재 할부금융을 이용하는 경우가 조금씩 늘어나고 있다(카드회사 최장 할부기간 최대 36개월, 캐피탈사 대출금상환기간 최대 60개월).

은행, 카드회사 등 경쟁사의 적극적 진출로 캐피탈사의 자동차금융시장이 레드오션시장의 양상을 띠자, 캐피탈사는 내구재 할부금융으로의 사업다각화를 시도하고 있다. 그러나 현대 소비생활의 특징적인 흐름이라 할 수 있는 "소유에서 사용으로"라는 패러다임 전환과 맥을 같이하는 렌탈사업의 활성화로 내구재 할부금융시장은 채 성장하기도 전에 점점 그 비중이 축소되고 있는 상황으로 보인다.128)

Ⅳ. 할부금융상품의 공시

1. 거래조건의 주지 의무

할부금융업자는 할부금융계약을 체결한 재화와 용역의 매수인("할부금융이용자")에게 ⅰ) 할부금융업자가 정하는 이자율, 연체이자율 및 각종 요율(이 경우 각종 요율은 취급수수료 등 그 명칭이 무엇이든 할부금융이용자가 할부금융업자에게 지급하는 금액이 포함되도록 산정하여야 한다)(제1호), ⅱ) 할부금융에 의한 대출액("할부금융자금")의 변제방법(제2호), ⅲ) 그 밖에 총리령으로 정하는 사항(제3호) 등이

---

128) 박원주·정운영(2019), 7-8쪽.

적힌 서면을 내주어야 한다(법39 본문). 다만, 할부금융이용자의 동의가 있으면 팩스나 전자문서로 보낼 수 있다(법39 단서).

2. 감독규정에 따른 공시

할부금융업자는 이자율, 연체이자율 및 각종 요율을 여신전문금융업협회 인터넷 홈페이지에 게시하여야 한다(감독규정23의2①). 금융감독원장은 할부상품의 종류, 공시 내용·주기 등 제1항에 따른 게시와 관련하여 필요한 사항을 정할 수 있다(감독규정23의2②). 이에 따라 금융감독원장이 정하는 할부상품의 종류, 상품별 공시내용, 공시내용 변경주기 등은 <별표 9>와 같다(감독규정 시행세칙17①, 이하 "시행세칙").

아래서는 감독규정 시행세칙 제17조 제1항의 <별표 9> 할부금융상품 공시기준의 주요 내용을 살펴본다.

(1) 공시대상

할부금융업자는 자동차, 주택, 가전제품 및 기계류 할부금융상품 관련 사항을 공시하여야 한다.

(2) 상품별 공시내용

할부금융상품별 공시내용은 다음과 같다.

ⅰ) 자동차는 상품명, 금리, 취급수수료, 실제연율, 연체이자율, 중도상환수수료, 전분기 평균 실제연율[129](다만, 실제연율 공시상의 최저치 및 최고치의 차이가 2%p 미만인 경우는 제외할 수 있다), 기타 중요사항을 공시하여야 한다.

ⅱ) 주택, 가전제품, 기계류의 경우는 상품명, 금리, 취급수수료, 실제연율, 연체이자율, 중도상환수수료, 기타 중요사항을 공시하여야 한다.

(3) 공시내용 변경주기

할부금융상품별 공시내용 변경주기는 자동차는 수시로 하고, 주택, 가전제품, 기계류는 매분기 1회 이상 공시하여야 한다.

(4) 공시사항 이행 여부 기록·관리의무

할부금융업자는 내부감사부서를 통하여 공시사항의 이행 여부를 정기적으

---

129) 직전분기 동안 동일조건의 고객이 실제 적용받은 평균 실제연율을 의미한다.

로 점검하고 그 결과를 기록·관리하여야 한다(시행세칙17③).

V. 자동차할부금융 표준약관

자동차할부금융 표준약관("표준약관")의 주요 내용을 살펴본다. 이 약관은 여신거래기본약관의 부속약관으로 할부금융업자("금융회사")와 자동차를 매수하면서 할부금융을 이용하는 자("채무자") 간의 할부금융계약에 있어서 권리와 의무에 관한 사항을 규정한다(표준약관1).

1. 정의규정

"할부금융"이라 함은 금융회사가 매매계약에 대하여 매도인 및 채무자와 각각 약정을 체결하여 채무자에게 대출한 재화 및 용역의 구매자금을 매도인에게 지급하고 채무자로부터 그 원리금을 나누어 상환받는 방식의 금융을 의미한다(표준약관2(1)).

"할부금융자금"이라 함은 금융회사가 채무자를 대신하여 매도인에게 지급한 할부금융에 의한 대출금액을 의미한다(표준약관2(2)). "할부금"이라 함은 채무자가 금융회사에 상환하여야 할 할부금융에 의한 대출금액 및 이자액의 총 합계액을 의미한(표준약관2(3)).

2. 약정서 필수기재사항

할부금융 약정서에는 ⅰ) 매도인·채무자 및 금융회사의 성명 및 주소, ⅱ) 대상물건의 세부내용 및 인도등의 시기, ⅲ) 이자율, 연체이자율, 중도상환수수료 등 채무자가 부담하는 각종 요율, ⅳ) 물건가격, 할부금융자금, ⅴ) 월 할부금의 금액·지급횟수 및 시기, ⅵ) 채무자가 부담하는 이자율 등의 실제연간요율을 반드시 기재한다(표준약관3).

3. 거래조건의 주지 의무

금융회사는 채무자에게 ⅰ) 금융회사가 정하는 이자율, 연체이자율 및 각종

요율(이 경우 각종 요율은 그 명칭이 무엇이든 채무자가 금융회사에 지급하는 금액이 포함되도록 산정), ⅱ) 할부금의 변제방법이 적힌 서면을 교부한다(표준약관4 본문). 다만, 채무자의 동의가 있으면 팩스나 전자문서(전자문서 및 전자거래기본법 제2조 제1호에 따른 전자문서)로 보낼 수 있다(표준약관4 단서).

4. 할부금융의 신청 및 지급위탁계약

채무자가 자동차구입대금의 전부 또는 일부를 매도인에게 지급하기 위하여 금융회사에 할부금융을 신청하는 경우 금융회사는 채무자를 대신하여 할부금융 자금을 매도인에게 직접 지급하기로 한다(표준약관5).

5. 소유권행사의 제한

채무자는 이 약정서상 기재된 할부금의 완제시까지 금융회사의 승낙없이 당해 자동차를 양도, 대여 등의 임의처분을 하거나 질권 또는 저당권설정 등을 할 수 없다(표준약관6).

6. 초회납입 및 지연배상금

채무자는 금융회사가 운영하는 결제일 중에 채무자가 선택하는 대출기일 이내에 도래하는 상환일을 초회납입일로 하며, 초회차 상환금액은 매월 납부해야 할 할부원금에 당해 대출일로부터 초회차 납입일까지의 기간이자를 가산하여 납입한다(표준약관7①).

채무자가 월 할부금 등 금융회사에 지불하기로 한 금액을 그 기일에 지급하지 아니한 때에는 지급하기로 한 금액에 대하여, 대부업법 등 관련 법규가 정하는 한도내에서 금융회사와 채무자 간의 약정에 따라 정한 지연배상금율에 의한 지연배상금을 지급하기로 한다(표준약관7②).

할부금융 대출기간 만료일에 채무를 이행하지 아니하거나 여신거래기본약관 제8조에 의하여 기한의 이익을 상실한 때에는, 그때부터 할부금융자금 잔액에 대하여 지연배상금률에 의한 지연배상금을 산출하여 지급하기로 한다(표준약관7③).

7. 기한이익의 상실

채무자에 대하여 여신거래기본약관 제8조(기한전의 채무변제의무)의 사유가 발생한 경우 각 사유별로 정해진 절차에 따라 채무자는 금융회사에 대한 모든 채무 또는 당해 채무를 즉시 상환하기로 한다(표준약관8①). 채무자가 제1항 이외에 제6조의 양도, 대여 등의 임의처분을 하거나, 질권 또는 저당권 설정 행위를 한 경우 여신거래기본약관 제8조 제4항에서 정한 절차에 따라 채무를 상환하기로 한다(표준약관8②).

8. 항변권

채무자는 ⅰ) 매도인과의 자동차 할부매매 계약이 무효·취소 또는 해제된 경우, ⅱ) 매도인이 자동차를 약정한 인도시기까지 채무자에게 인도하지 않는 경우, ⅲ) 매도인이 하자담보책임을 이행하지 아니한 경우, ⅳ) 그 밖에 매도인의 채무불이행으로 인하여 자동차 할부계약의 목적을 달성할 수 없는 경우 금융회사에게 할부금 지급을 거절할 수 있다(표준약관10①).

채무자가 지급거절을 항변함에 있어서는 금융회사에 대하여 그러한 취지를 통지하기로 하며, 금융회사에 지급거절을 할 수 있는 금액은 지급기일이 지나지 않은 나머지 할부금에 한한다(표준약관10②).

채무자가 상행위를 목적으로 자동차 할부매매계약을 체결한 경우에는 항변권을 행사할 수 없다(표준약관10④).

여신전문금융업자

여신전문금융회사

제1절 서설

Ⅰ. 여신전문금융회사의 의의

1. 개요

여신전문금융업법("법")상 여신전문금융회사란 여신전문금융업에 대하여 금융위원회의 허가를 받거나 금융위원회에 등록을 한 자로서 고유업무, 겸영업무, 부수업무(법46조① 각호)를 전업으로 하는 자를 말한다(법2(15)). 여신전문금융회사는 수신기능 없이 여신업무만을 취급하는 금융기관이다.

여신전문금융업법에 따른 여신전문금융회사가 아닌 자는 그 상호에 여신·신용카드·시설대여·리스·할부금융 또는 신기술금융과 같거나 비슷한 표시를 하여서는 아니 된다(법51). 이에 위반한 자는 1년 이하의 징역 또는 1천만원 이하의 벌금에 처한다(법70④(7)).

2. 신용카드업자

신용카드업자란 신용카드업의 허가를 받거나 등록을 한 자를 말한다(법2(2의2) 본문). 다만, 일정한 요건에 해당하는 자가 일정한 업무를 하는 경우에는 그 업무에 관하여만 신용카드업자로 본다(법2(2의2) 단서).

3. 시설대여업자 · 할부금융업자 · 신기술사업금융업자

시설대여업자란 시설대여업에 대하여 금융위원회에 등록한 자를 말하고(법2(10의2)), 할부금융업자란 할부금융업에 대하여 금융위원회에 등록한 자를 말하며(법2(13의2)), 신기술사업금융업자란 신기술사업금융업에 대하여 금융위원회에 등록한 자를 말한다(법2(14의3)).

4. 겸영여신업자

겸영여신업자란 여신전문금융업에 대하여 금융위원회의 허가를 받거나 금융위원회에 등록을 한 자로서 여신전문금융회사가 아닌 자를 말한다(법2(16)). 즉 겸영여신업자란 신용카드업 · 시설대여업 · 할부금융업 · 신기술사업금융업을 영위하되, 이들 업무를 전업으로 하지 않는 금융기관을 말한다.

Ⅱ. 여신전문금융회사의 업무

1. 고유업무

(1) 고유업무의 내용

여신전문금융회사가 할 수 있는 업무로 ⅰ) 허가를 받거나 등록을 한 여신전문금융업(시설대여업의 등록을 한 경우에는 연불판매업무를 포함)(제1호), ⅱ) 기업이 물품과 용역을 제공함으로써 취득한 매출채권(어음을 포함)의 양수 · 관리 · 회수업무(제2호), ⅲ) 대출(어음할인 포함)업무(제3호), ⅳ) 신용카드업자의 부대업무(신용카드업의 허가를 받은 경우만 해당)인 직불카드의 발행 및 대금의 결제와 선불카드의 발행 · 판매 및 대금의 결제(제4호), ⅴ) 앞의 4가지 업무와 관련하여 다른 금융회사(금융위원회법 제38조 각 호의 검사대상기관)가 보유한 채권 또는 이를 근거로 발행한 유가증권의 매입업무 및 지급보증업무(제5호), vi) 제1호부터 제4호까지의 업무와 관련된 신용조사 및 그에 따르는 업무(제6호)를 말한다(법46①, 영16①).

(2) 대출 채권액의 한도

대출업무 및 대출업무와 관련하여 다른 금융회사가 보유한 채권 또는 이를 근거로 발행한 유가증권의 매입업무에 따라 발생하는 채권액은 총자산의 30%를 초과해서는 아니 된다(법46②, 감독규정6). 다만 신용카드업 및 신용카드업자의 부대업무(법13)와 관련하여 발생한 채권액은 총자산에서 제외한다(법46②, 영17①).

(3) 대출 채권액 산정시 제외 채권

대출업무로 인하여 발생한 채권액을 산정할 때에는 i) 기업에 대출하여 발생한 채권(다만, 대부업법에 따른 대부업자 및 대부중개업자에게 대출하여 발생한 채권은 제외), ii) 채무자의 채권 재조정을 위하여 채권의 만기, 금리 등 조건을 변경하여 그 채무자에게 다시 대출하여 발생한 채권, iii) 주택저당채권(한국주택금융공사법2(3)), iv) 신용카드회원에 대한 자금의 융통업무로 인하여 발생한 채권, v) 할부금융과 유사한 방식의 자동차 구입자금 대출로 인하여 발생한 채권, vi) 대출 신청일 현재 개인신용평점(신용정보법에 따른 개인신용평가회사가 책정한 것)[1]이 일정 등급 이하인 사람을 주된 대상으로 하는 개인신용대출 중 대출금리 등 금융위원회가 정하여 고시하는 기준을 충족하는 대출로 인하여 발생한 채권의 20%에 상당하는 채권은 제외한다(영17②).

(4) 채권액의 기준 시점

채권액은 매 분기 말을 기준으로 해당 분기 중 평균잔액으로 한다(영17③).

(5) 적합한도 충족의무

여신전문금융회사는 채권액의 증가 없이 총자산이 감소하여 총자산 대비 채권액의 비율이 30%를 초과하는 경우에는 그때부터 1년 이내에 30%에 적합하도록 하여야 한다(영17④).

---

1) "개인신용평점"이라 함은 개인신용평가회사에서 개인고객에 대해 신용도를 평가하여 금융기관 등에 제공하는 신용평점을 말한다(신용카드 발급 및 이용한도 부여에 관한 모범규준2(2)).

(6) 위반시 제재

금융위원회는 여신전문금융회사가 제46조(제57조 제1항 각 호 외의 부분에서 정하는 업무에 관한 규정으로 한정)를 위반한 경우에는 대통령령으로 정하는 바에 따라 3억원 이하의 과징금을 부과할 수 있다(법58①).[2]

2. 겸영업무

(1) 의의

여신전문금융회사는 그 업무를 함께하여도 금융이용자 보호 및 건전한 거래질서를 해할 우려가 없는 업무로서 집합투자업, 투자자문업, 신탁업, 투자중개업, 경영참여형 사모집합투자기구의 업무집행사원 업무, 보험대리점 업무, 외국환업무, 유동화자산 관리업무, 전자금융업, 산업발전법 제20조(기업구조개선 경영참여형 사모집합투자기구의 등록 등)에 따른 기업구조개선 경영참여형 사모집합투자기구의 업무집행사원 업무, 대출의 중개 또는 주선 업무를 할 수 있다(법46①(6의2), 영16②).

(2) 겸영업무의 회계처리

신용카드업자는 겸영업무의 직전 사업연도 매출액이 ⅰ) 가맹점수수료 수익, ⅱ) 카드자산과 관련한 이자 및 수수료 수익, ⅲ) 연회비 수익의 합계액의 5% 이상인 경우에는 해당 업무의 수익·비용을 신용카드업과 구분하여 회계처리하여야 한다(법46의3, 영17의3).

(3) 위반시 제재

금융위원회는 여신전문금융회사가 제46조(제57조 제1항 각 호 외의 부분에서 정하는 업무에 관한 규정으로 한정)를 위반한 경우에는 대통령령으로 정하는 바에 따라 3억원 이하의 과징금을 부과할 수 있다(법58①).

---

2) 여신전문금융회사의 업무 취급범위 위반: 구 여신전문금융업법 제46조 등에 의하면 여신전문금융회사는 동법상 규정된 업무에 한하여 수행할 수 있으며, 공모주식 청약대행업무를 수행할 수 없는데도, 포커스투자자문㈜과 엔에이치농협캐피탈㈜가 배정받는 공모주를 일정 대가를 받고 양도할 것을 사전에 약정한 후 2011. 10. 5.-2014. 8. 7. 기간 중 공모주 수요예측에 참여하여 배정받은 주식(61건, 48억 99백만원 상당)을 포커스투자자문에게 양도하고 3억30백만원 상당의 수수료 수익 등을 취득함으로써 여신전문금융업법상 업무범위를 위반하여 과징금 등의 제재를 받았다.

3. 부수업무

(1) 의의

여신전문금융회사는 여신전문금융업에 부수하는 업무로서 소유하고 있는 인력·자산 또는 설비를 활용하는 업무를 할 수 있다(법46①(7)).

(2) 부수업무의 신고 및 공고

여신전문금융회사가 부수업무를 하려는 경우에는 그 부수업무를 하려는 날의 7일 전까지 이를 금융위원회에 신고하여야 한다(법46의2① 본문). 금융위원회가 부수업무를 신고 받은 경우에는 신고일부터 7일 이내에 ⅰ) 해당 여신전문금융회사의 명칭, ⅱ) 신고일, ⅲ) 신고한 업무의 내용, ⅳ) 신고한 업무의 개시 예정일 또는 개시일 등을 인터넷 홈페이지에 공고하여야 한다(영17의2②).

(3) 신고불요 업무(부수업무 신고의 예외)

(가) 의의

ⅰ) 금융이용자 보호 및 건전한 거래질서를 해할 우려가 없는 업무로서 "금융위원회가 정하는 업무"를 하는 경우, ⅱ) 공고된 다른 여신전문금융회사와 같은 부수업무(제한명령 또는 시정명령을 받은 부수업무는 제외)를 하려는 경우에는 신고를 하지 아니하고 그 부수업무를 할 수 있다(법46의2① 단서).

여기서 "금융위원회가 정하는 업무"로 금융위원회에 신고하지 아니하고 영위할 수 있는 업무란 <별표 1의3>에 해당하는 업무로 아래와 같다(감독규정7)

(나) 신용카드업자

통신판매[3] 및 여행업, 카드(전자지급수단) 발급대행 및 결제시스템 제공, 업무용 부동산의 임대,[4] 상품권, 복권 등의 판매대행 및 소유설비 등을 활용한 광

---

[3] 신용카드회사는 부수업무로서 인터넷쇼핑몰을 운영하는 경우가 많은데, 가맹점수수료를 내야 하는 일반 쇼핑몰에 비하여 유리하게 쇼핑몰 운영이 가능하다(석일홍(2018), 80쪽).

[4] 다만, 임대부동산은 ⅰ) 도시계획, 도시미관 등의 이유로 일정층수 이상의 신축을 조건으로 건축 허가하는 행정관청의 건축행정에 따라 불가피하게 건축된 경우와 ⅱ) 이미 소유 또는 임차하여 사용하는 부동산 중 자산인수, 합병 및 경영합리화를 위한 영업장 폐쇄·축소 등으로 인하여 잉여부동산이 발생한 경우로서 매각 또는 임차계약 해지시까지 임대하는 경우를 제외하고는 여신전문금융회사가 직접 사용하고 있어야 하며, 임대하고자 하는 부분은 직접 사용면적의 9배 이내여야 한다.

고대행, 업무와 관련된 전산시스템 및 소프트웨어 판매·대여, 업무와 관련된 교육, 간행물 및 도서출판, 다음에 해당하는 렌탈업,5) 즉 리스 취급 중인 물건에 대한 렌탈업6) 및 리스 취급 중인 물건 이외의 물건에 대한 렌탈업,7) 기업의 경영지도 등에 관한 용역 및 경영관리 업무, 업무와 관련하여 취득한 디자인권 및 상표권에 대한 실시권 또는 사용권의 설정, 업무와 관련하여 취득한 정보의 분석·제공 및 이를 활용한 자문업무,8) 다른 신용카드업자가 신고한 후 시행령 제17조의2 제2항에 따라 공고된 업무와 동일한 업무는 금융위원회에 신고하지 아니하고 영위할 수 있다.

(다) 시설대여업자

위의 신용카드업자의 업무 중 업무용 부동산의 임대, 상품권, 복권 등의 판매대행 및 소유설비 등을 활용한 광고대행, 업무와 관련된 전산시스템 및 소프트웨어 판매·대여, 업무와 관련된 교육, 간행물 및 도서출판, 다음에 해당하는 렌탈업, 즉 리스 취급 중인 물건에 대한 렌탈업 및 리스 취급 중인 물건 이외의 물건에 대한 렌탈업, 기업의 경영지도 등에 관한 용역 및 경영관리 업무, 업무와 관련하여 취득한 디자인권 및 상표권에 대한 실시권 또는 사용권의 설정, 업무와 관련하여 취득한 정보의 분석·제공 및 이를 활용한 자문업무는 신고를 하지 아니하고 할 수 있고, 또한 다른 시설대여업자가 신고한 후 시행령 제17조의2 제2항에 따라 공고된 업무와 동일한 업무는 금융위원회에 신고하지 아니하고 영위할 수 있다.

---

5) 다만, 기준내용연수의 20%에 미달하는 기간 동안의 단기 대여는 대여중인 물건이 정비, 수선 등의 사유로 사용이 곤란한 경우에 한하며, 전체 렌탈자산의 분기중 평균잔액(미상각잔액)은 전체 리스자산의 분기중 평균잔액(금융리스채권잔액과 운용리스자산의 미상각잔액의 합계액)을 초과하지 못한다.

6) 다만, 물건별 렌탈자산의 분기중 평균잔액(미상각잔액)은 해당 리스자산의 분기중 평균잔액(금융리스채권잔액과 운용리스자산의 미상각잔액의 합계액)을 초과하지 못한다.

7) 다만, 법인세법 제2조 제1호 내지 제4호의 어느 하나에 해당하는 법인 또는 소득세법 제1조의2 제5호에 따른 사업자를 대상으로 하는 경우로서 중소 렌탈시장 침해 방지 등을 위해 여신전문금융업협회가 정한 품목·업종 및 취급규모 등 취급기준에 따라 여신전문금융업협회의 적정성 심의를 통과한 품목·업종에 한한다.

8) 신용카드회사의 수익원 다각화를 위하여 매출액 정보를 지역·업종 등으로 가공하여 중소기업을 자문하고 이에 따른 대가를 받는 것을 말한다(금융위원회(2013), "여신전문금융업법 시행령 및 감독규정 개정"(2013. 9. 11), 보도자료).

(라) 할부금융업자

위의 신용카드업자의 업무 중 업무용 부동산의 임대, 상품권, 복권 등의 판매대행 및 소유설비 등을 활용한 광고대행, 업무와 관련된 전산시스템 및 소프트웨어 판매·대여, 업무와 관련된 교육, 간행물 및 도서출판, 다음에 해당하는 렌탈업, 즉 리스 취급 중인 물건에 대한 렌탈업 및 리스 취급 중인 물건 이외의 물건에 대한 렌탈업, 기업의 경영지도 등에 관한 용역 및 경영관리 업무, 업무와 관련하여 취득한 디자인권 및 상표권에 대한 실시권 또는 사용권의 설정, 업무와 관련하여 취득한 정보의 분석·제공 및 이를 활용한 자문업무는 신고를 하지 아니하고 할 수 있고, 다른 할부금융업자가 신고한 후 시행령 제17조의2 제2항에 따라 공고된 업무와 동일한 업무는 금융위원회에 신고하지 아니하고 영위할 수 있다.

(마) 신기술사업금융업자

기술신용보증기금법 시행령 제3조 제1항 각호의 사업을 영위하는 외국기업에 대한 투자(이 경우 투자규모는 신기술사업금융업자의 자기자본 범위 이내로 한다), 위의 신용카드업자의 업무 중 업무용 부동산의 임대, 상품권, 복권 등의 판매대행 및 소유설비 등을 활용한 광고대행, 업무와 관련된 전산시스템 및 소프트웨어 판매·대여, 업무와 관련된 교육, 간행물 및 도서출판, 다음에 해당하는 렌탈업, 즉 리스 취급 중인 물건에 대한 렌탈업 및 리스 취급 중인 물건 이외의 물건에 대한 렌탈업, 기업의 경영지도 등에 관한 용역 및 경영관리 업무, 업무와 관련하여 취득한 디자인권 및 상표권에 대한 실시권 또는 사용권의 설정, 업무와 관련하여 취득한 정보의 분석·제공 및 이를 활용한 자문업무는 신고를 하지 아니하고 할 수 있고, 다른 신기술사업금융업자가 신고한 후 시행령 제17조의2 제2항에 따라 공고된 업무와 동일한 업무는 금융위원회에 신고하지 아니하고 영위할 수 있다.

(4) 신고필요 업무와 제한·시정 명령

금융위원회는 부수업무의 내용이 ⅰ) 여신전문금융회사의 경영건전성을 저해하는 경우, ⅱ) 금융이용자 보호에 지장을 초래하는 경우, ⅲ) 금융시장의 안정성을 저해하는 경우, ⅳ) 부수업무의 내용이 「대·중소기업 상생협력 촉진에 관한 법률」제2조 제11호⁹⁾에 따른 중소기업 적합업종에 해당하는 경우, ⅴ) 그 밖에 부수업무의 내용이 여신전문금융회사가 영위하는 것이 바람직하지 아니하다고 인정되는 업무로서 금융위원회가 정하여 고시하는 업무에 해당하는 경우에는 부수업무를 하는 것을 제한하거나 시정할 것을 명할 수 있다(법46의2②, 영17의2①).

(5) 제한명령 또는 시정명령의 형식

제한명령 또는 시정명령은 그 내용 및 사유가 구체적으로 적힌 문서로 하여야 한다(법46의2③).

(6) 제한명령 또는 시정명령의 공고

금융위원회가 제한명령 또는 시정명령을 한 경우에는 명령일부터 7일 이내에 해당 명령의 내용과 사유를 인터넷 홈페이지에 공고하여야 한다(영17의2③).

(7) 부수업무의 회계처리

신용카드업자는 부수업무의 직전 사업연도 매출액이 ⅰ) 가맹점수수료 수익, ⅱ) 카드자산과 관련한 이자 및 수수료 수익, ⅲ) 연회비 수익의 합계액의 5% 이상인 경우에는 해당 업무의 수익·비용을 신용카드업과 구분하여 회계처리하여야 한다(법46의3, 영17의3).

(8) 위반시 제재

법 제46조의2 제1항을 위반하여 부수업무의 신고를 하지 아니한 자에게는 5천만원 이하의 과태료를 부과한다(법72①(5의3)).

Ⅲ. 자금조달방법

1. 자금조달방법의 제한

여신전문금융회사는 ⅰ) 다른 법률에 따라 설립되거나, 금융위원회의 인가 또는 허가를 받거나, 금융위원회에 등록한 금융기관으로부터의 차입, ⅱ) 사채나

---

9) 11. "중소기업 적합업종·품목"("적합업종")이란 중소기업의 경영안정을 위하여 대·중소기업 간의 합리적 역할분담을 통하여 중소기업의 형태로 사업을 영위하는 것이 적합한 업종·품목을 말한다.

어음의 발행, iii) 보유하고 있는 유가증권의 매출, iv) 보유하고 있는 대출채권의 양도, v) 외국환거래법 제8조에 따라 외국환업무취급기관으로 등록하여 행하는 차입 및 외화증권의 발행, vi) 법 제46조 제1항 제1호부터 제4호까지의 업무와 관련하여 보유한 채권의 양도, vii) 법 제46조 제1항 제1호부터 제4호까지의 업무와 관련하여 보유한 채권을 근거로 한 유가증권의 발행으로만 자금을 조달할 수 있다(법47①, 영18①).

2. 사채 또는 어음발행 등의 제한 및 제한의 예외

(1) 사채 또는 어음발행 등의 제한

여신전문금융회사는 i) 개인에 대한 발행 또는 매출, ii) 공모, 창구매출, 그 밖의 이와 유사한 방법에 의한 불특정 다수의 법인에 대한 발행 또는 매출의 방법으로 사채나 어음을 발행하거나 보유하고 있는 유가증권을 매출해서는 아니된다(영19①). 이는 자금조달방법 중 사채나 어음의 발행 및 보유하고 있는 유가증권의 매출은 그 방법에 따라 수신행위가 될 소지가 있으므로 방법을 제한한 것이다.

(2) 사채 또는 어음발행 등의 제한의 예외

다만 i) 투자매매업의 인가를 받은 자의 인수에 의한 사채의 발행, ii) 종합금융회사 또는 투자매매업자·투자중개업자의 인수, 할인 또는 중개를 통한 어음의 발행의 경우에는 제한을 받지 않는다(영19②).

3. 차입금과 사채발행

여신전문금융회사는 주로 차입금과 사채발행을 통해 자금을 조달하고 있다. 차입금은 경제적 실질이 있는 담보를 제공하거나 신용으로 일정기간 동안 또는 동 기간 종료시 원리금의 반환을 약정하고 자금을 차입하는 경우로서 자금차입의 형태 등에 따라 원화차입금, 외화차입금, 콜머니 등이 있다. 사채는 여신전문금융업법 및 상법 등에 따라 장기 안정적인 자금조달 또는 재무구조 개선 등을 위하여 발행하는 채권으로 일반사채, 전환사채, 신주인수권부사채 등이 있다. 자금운용은 허가를 받거나 등록한 고유업무를 중심으로 이루어지고 있다.

4. 위반시 제재

금융위원회는 여신전문금융회사가 법 제47조를 위반하여 자금을 조달한 경우 조달한 자금의 30% 이하의 범위에서 과징금을 부과할 수 있다(법58④(1)).

제2절 신용카드업자(신용카드회사)

Ⅰ. 신용카드업의 허가 및 등록

1. 신용카드업의 정의

(1) 신용카드업(기본업무)

신용카드업이란 ⅰ) 신용카드의 발행 및 관리, ⅱ) 신용카드 이용과 관련된 대금의 결제, ⅲ) 신용카드가맹점의 모집 및 관리 업무 중 대금의 결제업무를 포함한 2개 이상의 업무를 업으로 하는 것을 말한다(법2(2)).

(2) 신용카드업자의 부대업무

(가) 부대업무 범위 및 대행

1) 부대업무의 범위

신용카드업 허가를 받은 경우에만 부대업무를 영위할 수 있다. 신용카드업자는 기본업무인 신용카드업과 함께 ⅰ) 신용카드회원에 대한 자금의 융통, ⅱ) 직불카드의 발행 및 대금의 결제, ⅲ) 선불카드의 발행·판매 및 대금의 결제와 같은 부대업무를 할 수 있다(법13①).

다만 금융위원회 등록만으로 신용카드업의 등록을 한 겸영여신업자는 부대업무를 할 수 없다(영6의5①).

2) 대행이 허용되는 부대업무의 범위

신용카드업자는 ⅰ) 직불카드 및 선불카드의 발행업무, ⅱ) 선불카드의 판매업무(환불업무 포함), ⅲ) 직불카드 및 선불카드 이용대금의 결제업무(거래의 승인업무 포함)를 제3자에게 대행하게 할 수 있다(영6의5④).

(나) 부대업무 취급한도

신용카드업자는 매 분기 말을 기준으로 신용카드회원에 대한 자금의 융통으로 인하여 발생한 채권(신용카드업자가 신용카드회원에 대한 채권 재조정을 위하여 채권의 만기, 금리 등 조건을 변경하여 그 신용카드회원에게 다시 자금을 융통하여 발생한 채권은 제외)의 분기 중 평균잔액이 ⅰ) 신용카드회원이 신용카드로 물품을 구입하거나 용역을 제공받는 등으로 인하여 발생한 채권(기업구매전용카드로 거래하여 발생한 채권액은 제외)의 분기 중 평균잔액과 ⅱ) 직불카드회원의 분기 중 직불카드 이용대금의 합계액을 초과하도록 해서는 아니 된다(영6의5②).

또한 신용카드업자는 법인 신용카드회원을 상대로 신용카드회원에 대한 자금의 융통과 관련된 자금융통거래를 할 수 없다(영6의5③ 본문). 다만, 법인 신용카드회원이 비밀번호 사용을 약정하여 해외에서 현금융통을 하는 경우는 그러하지 아니하다(영6의5③ 단서).

(3) 신용카드업자

(가) 의의

신용카드업자란 신용카드업의 허가를 받거나 등록을 한 자를 말한다(법2(2의2) 본문). 다만, 은행, 농협은행, 수협은행, 한국산업은행, 중소기업은행, 한국수출입은행, 종합금융회사, 금융투자업자(신기술사업금융업을 하려는 경우만 해당), 상호저축은행중앙회, 상호저축은행(할부금융업을 하려는 경우만 해당), 신용협동조합중앙회, 새마을금고연합회가 ⅰ) 직불카드의 발행 및 대금의 결제업무, ⅱ) 선불카드의 발행·판매 및 대금의 결제업무를 하는 경우에는 그 업무에 관하여만 신용카드업자로 본다(법2(2의2) 단서).

(나) 위반시 제재

여신전문금융업법에 따른 신용카드업자가 아니면 그 상호에 신용카드 또는 이와 비슷한 명칭을 사용하지 못한다(법27). 이에 위반한 자는 1년 이하의 징역 또는 1천만원 이하의 벌금에 처한다(법70④(7)).

2. 신용카드업의 허가

신용카드업을 하려는 자는 금융위원회의 허가를 받아야 한다(법3① 본문).

3. 신용카드업의 등록

경영하고 있는 사업의 성격상 신용카드업을 겸하여 경영하는 것이 바람직하다고 인정되는 자로서 대규모점포를 운영하는 자 또는 계약에 따라 같은 업종의 여러 도매·소매점포에 대하여 계속적으로 경영을 지도하고 상품을 공급하는 것을 업으로 하는 자는 금융위원회에 등록하면 신용카드업을 할 수 있다(법3① 단서, 법3③, 영3②).

4. 신용카드거래의 법률관계

신용카드거래의 법률관계는 기본적으로 신용카드를 이용하는 신용카드회원, 신용카드업자 및 신용카드가맹점에 의하여 전개된다. 따라서 신용카드 이용의 법률관계는 신용카드업자와 신용카드회원 간의 법률관계(회원계약), 신용카드업자와 신용카드가맹점 간의 법률관계(가맹점계약), 그리고 신용카드회원과 신용카드가맹점 간의 법률관계(매매계약)인 3면의 법률관계로 성립한다.

5. 신용카드시장의 특성과 신용카드거래

신용카드시장은 양면적 시장(two-sided market)과 다중 접속의 특성을 갖고 있어 카드 고객의 확보를 위한 지나친 경쟁으로 발생하는 비용이 가맹점에 전가된다고 한다. 양면적 시장이란 하나의 기업이 판매자와 구매자 간의 플랫폼 같은 연결고리 역할을 해서 거래가 이루어지는 시장이다. 신용카드업자는 플랫폼 역할을 하면서 카드 고객(신용카드회원)과 가맹점에 서비스를 제공하며 수익을 창출하는데 카드 고객에게는 카드이용에 대한 연회비 등의 추가적인 비용을 지급하지 않게 하고, 가맹점에게 카드대금에 대한 결제수수료를 받아 카드 고객으로부터 발생되는 비용을 전가시킨다. 이와 같이 카드 고객의 비용을 가맹점으로 전가하여도 카드 고객이 일정 부분 증가하면 그 비용보다 더 큰 수익을 얻을 수 있는 망외부성[10]이 존재한다는 것이다. 또한 신용카드 서비스의 다중 접속(multi-homing)으로 카드 고객과 가맹점은 다수의 카드와 카드사를 선택할 수 있고, 이러한 경쟁구조로 신용카드업자들은 공격적인 판매전략을 취하게 되고 매우 높은 영업비용이 발생할 수 있다는 것이다. 2002년 신용카드 대란 당시 신용위험에 대한 평가없이 많은 고객을 가입자로 유치한 것은 이러한 이유에 기인한 것이었다. 이로 인해 발생된 신용불량자 수는 372만 명에 달하였고, 이들을 구제하기 위하여 투입된 공적자금은 6조원에 이르는 등 심각한 사회문제와 비용이 발생하였다.[11]

Ⅱ. 신용카드업자와 신용카드회원 간의 관계

"신용카드회원"이란 신용카드업자와의 계약에 따라 그로부터 신용카드를 발급받은 자를 말한다(법2(4)).

1. 회원계약(신용카드회원과 신용카드업자)

신용카드회원과 신용카드업자(신용카드발행회사)의 법률관계는 회원계약을 통해 형성되며, 신용카드의 유효기간 동안 회원계약이 존속하는 일종의 계속적 채권계약이다. 회원계약은 신용카드발행회사가 제시하는 회원계약에 신용카드회원이 카드 발급신청을 하고 이를 승낙함으로써 성립되는 보통거래약관에 의한 계약이다. "신용카드 개인회원 표준약관"은 카드의 발급, 카드의 유효기한 및 재발급, 카드의 관리, 연회비 청구, 계약해지에 따른 연회비 반환, 카드이용 정지, 카드의 한도감액, 카드의 해지, 카드의 이용한도, 할부구입, 할부철회권, 할부항변권, 단기카드대출(현금서비스), 장기카드대출(카드론), 대금결제, 기한이익의 상실, 일부결제금액이월약정(리볼빙), 카드이용대금에 대한 이의신청 및 책임, 카드

---

10) 망외부성((網外部性)이란 상품의 가치가 그 상품의 사용자 수에 영향을 받는 현상을 말한다. 예를 들어 전화기의 사용자가 늘어날수록 전화기의 가치가 증가하는 현상을 가리킨다.

11) 남승오(2018), "신용카드 가맹점수수료에 대한 카드 고객의 지불의사액", 지급결제학회지 제10권 제2호(2018. 12), 132-133쪽.

의 분실·도난신고와 보상, 위·변조카드 사용 등에 대한 책임, 개인정보보호 등
을 규정하고 있다.

2. 모집인의 등록 및 등록취소

(1) 모집인의 등록

(가) 등록주체

신용카드업자는 소속 모집인이 되고자 하는 자를 금융위원회에 등록하여야
한다(법14의3①).

(나) 모집인 부적격자

다음의 어느 하나에 해당하는 자, 즉 ⅰ) 피성년후견인 또는 피한정후견인
(제1호), ⅱ) 파산선고를 받고 복권되지 아니한 자(제2호), ⅲ) 여신전문금융업법
또는 금융소비자보호법에 따라 벌금 이상의 실형을 선고받고 그 집행이 끝나거
나(집행이 끝난 것으로 보는 경우를 포함) 집행이 면제된 날부터 2년이 지나지 아니
한 자(제3호), ⅳ) 모집인의 등록이 취소(이 항 제1호 또는 제2호에 해당하여 등록이
취소된 경우는 제외)된 후 2년이 지나지 아니한 자(제4호), ⅴ) 영업에 관하여 성년
자와 같은 능력을 가지지 아니한 미성년자로서 그 법정대리인이 제1호부터 제4
호까지의 어느 하나에 해당하는 자(제5호), ⅵ) 법인 또는 법인이 아닌 사단이나
재단으로서 그 임원이나 관리인 가운데 제1호부터 제4호까지의 어느 하나에 해
당하는 자가 있는 자(제6호)는 모집인이 될 수 없다(법14의3②).

(다) 모집인 등록업무의 협회 위탁

금융위원회는 모집인의 등록에 관한 업무를 여신전문금융업협회("협회")의
장에게 위탁한다(법14의3③). 이에 따라 협회는 「신용카드 모집인 운영규약」, 「신
용카드 모집인 등록업무 처리지침」, 「신용카드 불법모집 신고 포상제 운영지침」
을 두고 있다.

(라) 모집인운영협의회

여신전문금융업협회는 모집인의 등록·관리, 건전한 모집질서 유지 및 신용
카드회원등의 보호 등을 위하여 모집인운영협의회를 둘 수 있다(법14의3④). 이에
따라 협회는 「신용카드 모집인 운영협의회 규약」을 두고 있다.

(2) 모집인의 등록취소 등

(가) 임의적 업무정지명령 또는 등록취소

금융위원회는 모집인이 ⅰ) 여신전문금융업법에 따른 명령이나 처분을 위반한 경우, ⅱ) 모집에 관한 여신전문금융업법의 규정을 위반한 경우, ⅲ) 금융소비자보호법 제51조 제1항 제3호부터 제5호[12]까지의 어느 하나에 해당하는 경우, ⅳ) 금융소비자보호법 제51조 제2항 각 호 외의 부분 본문 중 대통령령으로 정하는 경우(업무의 정지를 명하는 경우로 한정)에 해당하면 6개월 안의 기간을 정하여 그 업무의 정지를 명하거나 그 등록을 취소할 수 있다(법14의4①).

(나) 필요적 등록취소

금융위원회는 모집인이 ⅰ) 모집인 부적격자(법14의3②에 해당하게 된 경우), ⅱ) 등록 당시 모집인 부적격자에 해당하는 자이었음이 밝혀진 경우, ⅲ) 거짓이나 그 밖의 부정한 방법으로 모집인 등록을 한 경우, ⅳ) 신용카드회원을 모집할 때 알게 된 발급신청인의 개인식별정보 또는 신용정보 및 사생활 등 개인적 비밀을 업무 목적 외의 목적으로 누설하거나 이용한 경우(법14의5②(4)), ⅴ) 거짓이나 그 밖의 부정한 수단 또는 방법으로 취득하거나 제공받은 개인식별정보 또는 신용정보를 모집에 이용한 경우(법14의5②(5)), ⅵ) 정당한 사유 없이 건전한 모집질서의 확립을 위한 금융위원회의 조사(법14의5④)를 거부하는 경우에 해당하면 그 등록을 취소하여야 한다(법14의4②).

(다) 의견제출기회 부여

금융위원회는 업무의 정지를 명하거나 등록을 취소하려면 모집인에게 해명을 위한 의견제출의 기회를 주어야 한다(법14의4③).

(라) 업무정지명령 또는 등록취소의 통지

금융위원회는 모집인의 업무의 정지를 명하거나 등록을 취소한 경우에는 지체 없이 이유를 적은 문서로 그 뜻을 모집인에게 알려야 한다(법14의4④).

---

12) 3. 업무의 정지기간 중에 업무를 한 경우
4. 금융위원회의 시정명령 또는 중지명령을 받고 금융위원회가 정한 기간 내에 시정하거나 중지하지 아니한 경우
5. 그 밖에 금융소비자의 이익을 현저히 해칠 우려가 있거나 해당 금융상품판매업등을 영위하기 곤란하다고 인정되는 경우로서 대통령령으로 정하는 경우

3. 신용카드업자의 신용카드회원등에 대한 책임

(1) 분실 · 도난 시의 책임

(가) 신용카드업자의 책임

신용카드업자는 신용카드회원이나 직불카드회원으로부터 그 카드의 분실 · 도난 등의 통지를 받은 때부터 그 회원에 대하여 그 카드의 사용에 따른 책임을 진다(법16①). 신용카드업자는 통지를 받은 경우에는 즉시 통지의 접수자, 접수번호, 그 밖에 접수 사실을 확인할 수 있는 사항을 그 통지인에게 알려야 한다(법16④).

(나) 통지 전 사용과 신용카드업자의 책임 제한

신용카드업자는 통지 전에 생긴 신용카드의 사용에 대하여 분실 · 도난 등의 통지를 받은 날부터 60일 전까지의 기간의 범위에서 책임을 진다(법16②, 영6의9①).

(다) 계약내용에 따른 신용카드회원의 책임

신용카드업자는 신용카드의 분실 · 도난 등에 대하여 그 책임의 전부 또는 일부를 신용카드회원이 지도록 할 수 있다는 취지의 계약을 체결한 경우에는 그 신용카드회원에 대하여 그 계약내용에 따른 책임을 지도록 할 수 있다(법16③ 본문). 다만, 저항할 수 없는 폭력이나 자기 또는 친족의 생명 · 신체에 대한 위해 때문에 비밀번호를 누설한 경우 등 신용카드회원의 고의 또는 과실이 없는 경우에는 그러하지 아니하다(법16③ 단서).

여기서 계약은 서면으로 한 경우에만 효력이 있으며, 신용카드회원등의 중대한 과실은 계약서에 적혀 있는 것만 해당한다(법16⑦).

(2) 위조 · 변조된 신용카드등의 사용책임 등

(가) 신용카드업자의 책임

신용카드업자는 신용카드회원등에 대하여 ⅰ) 위조되거나 변조된 신용카드등의 사용(제1호), ⅱ) 해킹, 전산장애, 내부자정보유출 등 부정한 방법으로 얻은 신용카드등의 정보를 이용한 신용카드등의 사용(제2호), ⅲ) 다른 사람의 명의를 도용하여 발급받은 신용카드등의 사용(신용카드회원등의 고의 또는 중대한 과실이 있는 경우는 제외)(제3호)으로 생기는 책임을 진다(법16⑤).

(나) 계약내용에 따른 신용카드회원의 책임

다만 신용카드업자가 신용카드등의 사용에 대하여 그 신용카드회원등의 고의 또는 중대한 과실을 증명하면 그 책임의 전부 또는 일부를 신용카드회원등이 지도록 할 수 있다는 취지의 계약을 신용카드회원등과 체결한 경우에는 그 신용카드회원등이 그 계약내용에 따른 책임을 지도록 할 수 있다(법16⑥). 여기서 계약은 서면으로 한 경우에만 효력이 있으며, 신용카드회원등의 중대한 과실은 계약서에 적혀 있는 것만 해당한다(법16⑦).

(3) 보험가입 등

신용카드업자는 신용카드업자의 책임(제1항), 통지 전 사용과 신용카드업자의 책임 제한(제2항), 위조·변조된 신용카드등의 사용책임(제5항) 및 가맹점에 대한 책임(법17)을 이행하기 위하여 보험이나 공제에 가입하거나 준비금을 적립하는 등 필요한 조치를 하여야 한다(법16⑧).

(4) 고의 또는 중대한 과실의 범위

법 제16조 제5항 제3호, 제6항 및 제7항에 따른 신용카드회원등의 고의 또는 중대한 과실의 범위는 ⅰ) 고의 또는 중대한 과실로 비밀번호를 누설하는 경우, ⅱ) 신용카드나 직불카드를 양도 또는 담보의 목적으로 제공하는 경우, ⅲ) 전자금융거래법 제9조 제2항 제1호[13] 및 같은 법 시행령 제8조 각 호[14]의 어느

---

13) 1. 사고 발생에 있어서 이용자의 고의나 중대한 과실이 있는 경우로서 그 책임의 전부 또는 일부를 이용자의 부담으로 할 수 있다는 취지의 약정을 미리 이용자와 체결한 경우

14) 1. 이용자가 접근매체를 제3자에게 대여하거나 그 사용을 위임한 경우 또는 양도나 담보의 목적으로 제공한 경우(법 제18조에 따라 선불전자지급수단이나 전자화폐를 양도하거나 담보로 제공한 경우를 제외한다)
  2. 제3자가 권한 없이 이용자의 접근매체를 이용하여 전자금융거래를 할 수 있음을 알았거나 쉽게 알 수 있었음에도 불구하고 접근매체를 누설하거나 노출 또는 방치한 경우
  3. 금융회사 또는 전자금융업자가 법 제6조 제1항에 따른 확인 외에 보안강화를 위하여 전자금융거래 시 요구하는 추가적인 보안조치를 이용자가 정당한 사유 없이 거부하여 법 제9조 제1항 제3호에 따른 사고가 발생한 경우
  4. 이용자가 제3호에 따른 추가적인 보안조치에 사용되는 매체·수단 또는 정보에 대하여 다음 각 목의 어느 하나에 해당하는 행위를 하여 법 제9조 제1항 제3호에 따른 사고가 발생한 경우
    가. 누설·노출 또는 방치한 행위
    나. 제3자에게 대여하거나 그 사용을 위임한 행위 또는 양도나 담보의 목적으로 제공한 행위

하나에 해당하는 경우(이 경우 "금융회사 또는 전자금융업자"는 "신용카드업자"로, "이용자"는 "신용카드회원등"으로 본다)로 한다(법16⑨, 영6의9②).

(5) 이용금액에 대한 이의제기

신용카드회원이 서면으로 신용카드의 이용금액에 대하여 이의를 제기할 경우 신용카드업자는 이에 대한 조사를 마칠 때까지 그 신용카드회원으로부터 그 금액을 받을 수 없다(법16⑩).

4. 계약해지에 따른 연회비 반환

(1) 의의

신용카드업자는 신용카드회원이 신용카드업자와의 계약을 해지하는 경우 연회비를 반환하여야 한다(법16의5①).

(2) 반환사유

연회비 반환사유는 신용카드회원이 신용카드업자와의 계약을 해지하는 경우로 한다(영6의11①).

(3) 반환금액

연회비 반환금액은 신용카드회원이 신용카드업자와의 계약을 해지한 날부터 일할계산(日割計算)하여 산정한다(영6의11② 전단). 이 경우 신용카드회원이 이미 납부한 연회비에 반영된 ⅰ) 신용카드의 발행·배송 등 신용카드 발급(신규로 발급된 경우로 한정)에 소요된 비용과, ⅱ) 신용카드 이용시 제공되는 추가적인 혜택 등 부가서비스 제공에 소요된 비용은 반환금액 산정에서 제외된다(영6의11② 후단).

(4) 반환시기

신용카드업자는 신용카드회원이 신용카드업자와의 계약을 해지한 날부터 10영업일 이내에 산정된 연회비 반환금액을 반환하여야 한다(영6의11③ 본문). 다만, 부가서비스 제공내역 확인에 시간이 소요되는 등의 불가피한 사유로 계약을 해지한 날부터 10영업일 이내에 연회비 반환금액을 반환하기 어려운 경우에는 계약을 해지한 날부터 3개월 이내에 반환할 수 있다(영6의11③ 단서).

(5) 반환금액의 산정방식 등의 통지

신용카드업자는 연회비 반환금액을 반환할 때에는 그 연회비 반환금액의 산

정방식을 함께 해당 신용카드업자와의 계약을 해지한 자에게 알려야 한다(영6의
11④). 신용카드업자는 부가서비스 제공내역 확인에 시간이 소요되는 등의 불가
피한 사유로 계약을 해지한 날부터 10영업일 이내에 연회비 반환금액을 반환하
기 어려운 경우에는 그 10영업일이 지나기 전에 반환지연 사유 및 반환 예정일
을 해당 신용카드업자와의 계약을 해지한 자에게 알려야 한다(영6의11⑤).

(6) 위반시 제재

법 제16조의5를 위반하여 연회비를 반환하지 아니한 자에게는 5천만원 이
하의 과태료를 부과한다(법72①(4의2)).

5. 거래조건의 주지의무

(1) 주지내용

신용카드업자는 ⅰ) 신용카드업자가 정하는 이자율·할인율·연체료율·가
맹점수수료율 등 각종 요율, ⅱ) 신용카드·직불카드 이용금액의 결제방법, ⅲ)
신용카드회원등에 대한 책임, ⅳ) 신용카드가맹점에 대한 책임과 신용카드가맹
점의 준수사항, ⅴ) 신용카드업자의 신용카드회원에 대한 자금융통업무의 종류
별 수수료 등 수입비율(분기 중 발생한 이자·수수료 등의 총수입액이 분기 중 융통한
자금의 총액에서 차지하는 비율을 연율로 환산한 것), ⅵ) 신용카드회원에게 적용되는
신용등급의 분포현황, ⅶ) 자금을 융통한 신용카드회원의 신용등급별 분포현황
및 이자율 분포현황, ⅷ) 휴면신용카드의 수, 총 신용카드 수 대비 휴면신용카드
수의 비중, 휴면신용카드의 해지절차를 신용카드회원·직불카드회원 또는 선불
카드소지자("신용카드회원등")에 알려야 한다(법18, 시행규칙3②).

(2) 주지방법

신용카드업자는 다음의 구분에 따른 방법으로 신용카드회원등(신용카드회원·
직불카드회원 또는 선불카드소지자)에 알려야 한다(시행규칙3①).

(가) 신용카드업자가 정하는 이자율·할인율·연체료율·가맹점수수료율 등
각종요율("각종요율")은 다음의 방법에 따른 방법으로 알려야 한다(제1호).

ⅰ) 신용카드업자가 신용카드회원이나 직불카드회원의 신용등급, 개인신용
평점 및 연체기간 등에 따라 적용하는 각종요율의 경우 각종요율을 연율(年率)로

환산하여 해당 신용카드업자 및 여신전문금융업협회("협회")의 인터넷 홈페이지에 게시하여야 한다(가목).

ⅱ) 신용카드를 신규로 발급하거나 그 이용대금을 청구하는 경우에 해당 신용카드회원에게 적용되는 신용등급 또는 개인신용평점 및 연율로 환산된 각종요율의 경우 신용카드회원에게 개별 통보하여야 한다(나목).

ⅲ) 협회가 정하는 구분에 따른 신용카드가맹점 수수료의 경우 매 분기 종료 후 1개월 이내에 해당 신용카드업자 및 협회의 인터넷 홈페이지에 게시하여야 한다(다목).

(나) 신용카드·직불카드 이용금액의 결제방법, 신용카드회원등에 대한 책임, 그리고 신용카드가맹점에 대한 책임과 신용카드가맹점의 준수사항은 다음의 방법 중 ⅰ)의 방법을 포함한 2개 이상의 방법으로 알려야 한다. ⅰ) 신용카드회원등과 신용카드가맹점에 개별 통보하여야 한다. ⅱ) 전국적으로 보급되는 일간신문에 공고하여야 한다. ⅲ) 신용카드업자의 영업장 및 인터넷 홈페이지에 게시하여야 한다(제2호).

(다) 신용카드업자의 신용카드회원에 대한 자금융통업무의 종류별 수수료 등 수입비율(분기 중 발생한 이자·수수료 등의 총수입액이 분기 중 융통한 자금의 총액에서 차지하는 비율을 연율로 환산한 것), 신용카드회원에게 적용되는 신용등급의 분포현황, 그리고 휴면신용카드의 수, 총 신용카드 수 대비 휴면신용카드 수의 비중, 휴면신용카드의 해지절차는 매 분기 종료 후 1개월 이내에, 자금을 융통한 신용카드회원의 신용등급별 분포현황 및 이자율 분포현황은 매월 종료 후 1개월 이내에 해당 신용카드업자 및 협회의 인터넷 홈페이지에 게시하여야 한다(제3호).

6. 결제능력 심사기준 및 이용한도 책정시 준수사항

(1) 결제능력 심사기준 포함사항

신용카드업자가 신용카드 회원 및 신용카드 발급신청자("회원등")의 결제능력을 심사하기 위하여 정하는 기준에는 ⅰ) 소득, 재산, 채무 등 결제능력 심사시 반영할 사항(제1호), ⅱ) 소득·재산과 채무 등을 고려하여 산정한 처분가능소득에 따른 월평균 결제능력 평가 기준에 관한 사항(제2호), ⅲ) 소득, 재산, 채

무 등 결제능력 심사시 반영할 사항 및 법 제14조 제2항의 신용카드 발급신청에
관한 사항을 확인하는 방법이 포함되어야 한다(감독규정24의5①).

(2) 결제능력 심사기준 운용시 준수사항

신용카드업자는 회원등의 결제능력 심사기준을 운용함에 있어 ⅰ) 소득, 재
산, 채무 등을 객관적인 자료에 근거하여 확인하여야 하고, ⅱ) 소득, 재산, 채무
등을 합리적으로 반영하여 회원등의 결제능력을 평가하여야 하며, ⅲ) 회원 등이
자기의 결제능력 변동에 관한 자료를 제출할 경우 적극 반영하여야 한다(감독규
정24의5②).

(3) 신용카드 이용한도 책정시 준수사항

신용카드업자는 회원의 신용카드 이용한도를 책정함에 있어 과도한 이용한
도 책정으로 인하여 신용카드가 남용되지 않도록 ⅰ) 회원등이 신청한 범위 내
에서 이용한도를 책정하고, 회원에게 이용한도의 증액을 신청하도록 권유하지
아니하여야 한다. 다만, 회원이 이용한도 증액이 가능할 경우 이를 안내하여 줄
것을 사전에 신용카드업자에게 신청한 경우에는 그러하지 아니하다. ⅱ) 평가한
회원등의 월평균 결제능력과 신용도와 이용실적 등을 종합적으로 심사한 후 적
정한 범위 내에서 이용한도를 책정하고 매년 1회 이상 정기적으로 이용한도의
적정성을 점검하여야 한다. ⅲ) 이용한도 책정에 관한 심사기록과 자료를 보관하
여야 한다(감독규정24의5③).

(4) 신용카드 이용대금 결제능력 심사기준 제정·변경 보고

신용카드업자는 신용카드 이용대금 결제능력 심사기준을 제정 또는 변경한
경우에는 그 내용을 즉시 금융감독원장에게 보고하여야 한다(감독규정24의5④).
금융감독원장은 보고받은 신용카드이용대금 결제능력 심사기준이 제1항의 준수
사항을 위반하는 경우 변경을 요구할 수 있다(감독규정24의5⑤).

7. 신용정보 보호

(1) 신용에 관한 자료·정보의 유출금지 등

신용카드업자는 신용카드회원등의 신용에 관한 자료 또는 제반 정보가 업무
외의 목적에 사용되거나 외부에 유출되지 아니하도록 하여야 한다(감독규정24의7

①).

(2) 신용정보제공동의서

신용카드업자는 신용카드회원등의 신용정보를 제3자에게 제공하기 위하여 신용정보법 제23조 및 제24조 제1항 제1호에서 정하는 동의를 얻고자 할 경우 신용카드회원등으로부터 신용카드등발급신청서와 분리된 신용정보제공동의서에 신용정보의 제공목적별로 각각 신용카드회원등의 동의를 얻어야 한다(감독규정24의7②).

(3) 신용정보제공 부동의와 발급거절 금지

신용카드업자는 신용카드회원등이 신용정보제공동의서에 신용정보법 제2조의 신용정보업자 및 신용정보집중기관 이외의 제3자에 대한 신용정보제공 동의를 하지 않을 경우 동 거절을 사유로 신용카드등의 발급을 거절하여서는 아니된다(감독규정24의7③).

8. 채권추심시 금지사항

(1) 금지행위

신용카드업자는 채권을 추심함에 있어서 ⅰ) 폭행 또는 협박을 가하거나 위계 또는 위력을 사용하는 행위, ⅱ) 채무자의 채무에 관한 사항을 채무이행 의무가 있는 경우 등 정당한 사유 없이 그의 관계인(채무자의 보증인, 채무자의 친족 및 약혼자, 채무자와 동거하거나 생계를 같이하는 자, 채무자가 근무하는 장소에 함께 근무하는 자)에게 알리는 행위, ⅲ) 채무자 또는 그의 관계인에게 채무에 관한 허위사실을 알리는 행위, ⅳ) 채무자가 결제능력증빙서류 등을 위조 또는 허위로 제출하여 신용카드업자를 적극적으로 기망하지 아니하였음에도 사기죄로 고소하겠다고 위협하거나 고소하는 행위, ⅴ) 심야(오후 9시부터 오전 8시까지)에 방문 또는 전화하는 행위, ⅵ) 기타 비정상적인 방법으로 채권을 추심하여 채무자 또는 그의 관계인의 사생활 또는 업무의 평온을 해치는 행위를 하여서는 아니된다(감독규정24의8①).

(2) 채권양수인의 준수의무

신용카드업자는 채권을 양도할 경우 양수받은 자가 위 금지사항을 준수할 수 있도록 하여야 한다(감독규정24의8②).

Ⅲ. 신용카드업자와 신용카드가맹점 간의 관계

1. 신용카드가맹점의 의의

여신전문금융업법상 신용카드가맹점(“가맹점”)은 2가지가 있다. 신용카드가맹점은 신용카드업자, 신용카드회원과 각각 계약을 체결하여 각각의 계약상 계약당사자로서의 지위를 갖는다.

(1) 일반가맹점

일반가맹점은 “신용카드업자와의 계약에 따라 신용카드회원·직불카드회원 또는 선불카드소지자(“신용카드회원등”)에게 신용카드·직불카드 또는 선불카드(“신용카드등”)를 사용한 거래에 의하여 물품의 판매 또는 용역의 제공 등을 하는 자”(법2(5) 가목)를 말한다. 이는 금융위원회에 등록이나 신고 등의 절차를 밟지 않고, 신용카드업자와의 가맹점계약을 체결하면 신용카드가맹점 지위를 갖게 된다.

(2) 결제대행업체(PG사)

결제대행업체는 “신용카드업자와의 계약에 따라 신용카드회원등에게 물품의 판매 또는 용역의 제공 등을 하는 자를 위하여 신용카드등에 의한 거래를 대행하는 자”(“결제대행업체”)(법2(5) 나목)를 말한다. 신용카드 결제대행 업무를 하는 자를 결제대행업체라고 한다. 신용카드업계에서는 보통 “PG(Payment Gateway)업체”라는 용어로 통용되고 있다.[15] 현재 결제대행의 많은 부분은 결제대행업체가 맡고 있다. 결제대행업체가 되기 위하여는 신용카드회사와 통상의 가맹점계약에 추가하여 결제대행업체 계약을 체결하여야 한다.

결제대행업체는 신용카드가맹점의 한 종류로서, 여신전문금융업법의 가맹점 관련 조항 및 신용카드가맹점 표준약관의 적용을 받는다. 다만 신용카드가맹

---

15) 인터넷 전자상거래의 경우 인터넷쇼핑몰들이 직접 신용카드사와 가맹점 계약을 체결하고 신용카드거래를 발생시킬 수 있는 인프라를 갖추기 어려운 것이 현실이다. 이러한 영세 인터넷쇼핑몰들을 위하여 신용카드결제 과정을 대행해 주고 인터넷쇼핑몰로부터 일정액의 수수료를 받는 지불대행업체가 바로 PG사이다.

점이 물품·용역을 판매하는 자인 반면, 결제대행업체는 스스로 판매행위를 하지 않고 판매상을 위한 결제대행업무만을 한다는 점에서 일반 신용카드가맹점과 업무의 본질이 다르다. 또한 결제대행업체는 전자금융거래법에 따른 전자지급결제대행업에 해당하므로, 동법에 따라 전자지급결제대행업 등록(전자금융거래법28② (4))을 하여야 하며 동법의 적용을 받는다.16)

(3) 수기특약가맹점

여신전문금융업법에서 사용되는 용어는 아니지만, 대다수의 카드사들이 "수기특약가맹점" 제도를 운영하고 있다. 수기특약가맹점이란, 예약 및 통신판매 등의 업종에서 카드실물의 압인 또는 접촉 없이 승인을 받은 후 신용카드 매출전표17)에 카드번호 및 유효기간 등 필수기재사항을 수기로 작성하고 회원의 서명이 생략된 신용카드 매출전표를 정상적으로 작성된 신용카드매출전표로 인정하여 처리하도록 신용카드회사와 계약을 체결한 신용카드가맹점을 말한다(여신전문금융업협회 홈페이지).

일반적으로 호텔, 항공사 등 예약 매출이 많은 신용카드가맹점 및 통신판매·인터넷쇼핑몰 등에서 수기특약을 체결하여 운영하고 있다. 수기특약은 신용카드 실물 없이 발생하는 매출이므로, 신용카드회원의 의사와 상관없이 부정한 방법에 의한 매출이 발생할 위험성이 있어, 신용카드회사는 신용카드가맹점에 매출한도를 설정하거나 담보물 제공을 요구하는 경우도 있다.

2. 가맹점계약(신용카드업자와 신용카드가맹점)

신용카드업자와 신용카드가맹점 간의 법률관계는 가맹점 계약을 통해 형성되며 계속적인 채권계약 관계로 볼 수 있다. 이러한 가맹점계약은 신용카드업자와 신용카드가맹점 간의 "신용카드가맹점 표준약관"에 의하여 규율된다. 신용카드업자와 신용카드가맹점 간 계약은 상인 간 계약이라는 점에서 신용카드업자와 회원간 계약 또는 가맹점과 회원간 계약과 구별된다.

신용카드가맹점 표준약관은 신용판매 관련 카드거래 한도, 신용판매 방법,

---

16) 석일홍(2018), 91쪽.
17) "신용카드 매출전표"란 신용카드거래에 대하여 신용카드업체로부터 정상승인 응답을 수신받은 경우 출력되는 증빙자료를 말한다.

신용판매시 준수사항, 할부거래, 할부거래의 철회 및 항변, 매출전표의 접수, 가맹점수수료율, 신용판매대금의 지급, 신용판매대금 지급주기, 대금의 환입 및 상계, 대금의 지급 보류, 카드부정사용에 대한 책임, 가맹점 거래정지 및 계약해지, 신용정보의 제공·이용, 정보유출금지, 계약 및 변경사항의 통보 등을 규정하고 있다.

3. 가맹점의 모집 등

(1) 신용카드가맹점을 모집할 수 있는 자

신용카드가맹점을 모집할 수 있는 자는 ⅰ) 해당 신용카드업자의 임직원, ⅱ) 가맹점모집인이다(법16의2①).

(2) 신용카드가맹점을 모집하는 자의 준수사항

신용카드가맹점을 모집하는 자는 신용카드가맹점을 모집할 때 ⅰ) 신용카드가맹점이 되려는 자에게 자신이 신용카드가맹점을 모집할 수 있는 사람임을 알려야 하고, ⅱ) 신용카드가맹점이 되려는 자의 사업장을 방문하여 영업 여부 등을 확인하여야 하며,[18] ⅲ) 신용카드가맹점이 되려는 자에게 신용카드가맹점에 대한 약관과 신용카드가맹점에 대한 책임과 신용카드가맹점의 준수사항을 설명하여야 하고, ⅳ) 다른 사람으로 하여금 신용카드가맹점의 모집을 대신하게 하거나 다른 사람에게 그 모집을 위탁하지 아니하여야 하며, ⅴ) 대형신용카드가맹점이 되려는 자에게 자기와 거래하도록 부당하게 보상금등을 제공(제공하겠다는 약속을 포함)하지 아니하여야 하고, ⅵ) 그 밖에 건전한 가맹점 모집질서의 확립을 위하여 필요하다고 인정하는 사항으로서 금융위원회가 정하여 고시하는 사항을 지켜야 한다(법16의2②, 영6의10①).

(3) 금융위원회의 조사

금융위원회는 조사를 위하여 필요하다고 인정되는 경우에는 신용카드가맹점을 모집하는 자에 대하여 ⅰ) 조사사항에 대한 사실과 상황에 대한 진술서의 제출, ⅱ) 조사에 필요한 장부·서류와 그 밖의 물건의 제출을 요구할 수 있다(법16의2③, 영6의10②). 조사를 하는 사람은 그 권한을 표시하는 증표를 지니고 관계

---

18) 현재 신용카드가맹점 방문 및 모집업무의 대부분은 카드사와 은행 등과 가맹점 간의 전산중계를 통한 금융서비스를 제공하는 VAN(Value Added Network)사가 수행한다.

인에게 보여 주어야 한다(영6의10③).

(4) 위반시 제재

법 제16조의2 제3항에 따른 조사를 거부한 자에게는 5천만원 이하의 과태료를 부과한다(법72①(4)).

4. 가맹점모집인의 등록 및 등록취소

(1) 가맹점모집인의 의의와 업무

(가) 가맹점모집인의 의의

가맹점모집인이란 신용카드업자를 위하여 가맹점계약의 체결을 중개 또는 대리하고 부가통신업자를 위하여 신용카드 단말기를 설치하는 자로서 금융위원회에 등록을 한 자를 말한다(법2(5의3)). 여기서 부가통신업자란 신용카드등부가통신업에 대하여 금융위원회에 등록을 한 자를 말한다(법2(8의3)). "신용카드등부가통신업"이란 신용카드업자 및 신용카드가맹점과의 계약에 따라 단말기 설치, 신용카드등의 조회 · 승인 및 매출전표 매입 · 자금정산 등 신용카드등의 대금결제를 승인 · 중계하기 위한 전기통신서비스 제공을 업으로 하는 것을 말한다(법2(8의2)).

(나) 가맹점모집인의 업무

가맹점모집인은 "가맹점계약의 체결을 중개 또는 대리하는 업무"와 "부가통신업자를 위하여 단말기를 설치하는 업무"를 하는 자를 말한다. 2개의 업무 중 어느 하나만 하더라도 가맹점모집인에 해당하고 등록대상이 된다.

가맹점모집인의 2가지 업무, 즉 "가맹점계약의 체결을 중개 또는 대리하는 업무"와 "신용카드 단말기 설치업무"는 성격이 다른 별개의 업무로서, 전자는 카드회사로부터 위탁을 받은 업무이고 후자는 밴(VAN)사로부터 위탁을 받은 업무라는 점에서 구분된다. 특히 단말기 설치업무를 가맹점모집인이라고 부르는 것은 이상하나, 통상 동일인이 동시에 양 업무를 수행하는 현실을 반영하고, 양 업무 모두 규제의 필요성이 있다는 점에서 양 업무 중 어느 하나만 영위해도 가맹점모집인이라고 통칭하게 된 것이다.[19]

---

19) 석일홍(2018), 122쪽.

가맹점모집인은 후자의 업무, 즉 부가통신업자(밴사)로부터 위탁을 받은 업무를 수행한다는 점에서 밴대리점이라고도 불린다.

(2) 가맹점모집인의 등록

(가) 등록 및 위탁

1) 등록주체

부가통신업자는 소속 가맹점모집인이 되려는 자를 금융위원회에 등록하여야 한다(법16의3①). 따라서 가맹점모집인이 스스로 등록하는 것은 금지되고 부가통신업자와의 계약을 통해 부가통신업자에 의해 등록되어야 한다.

2) 협회 위탁

금융위원회는 가맹점모집인의 등록에 관한 업무를 여신전문금융업협회의 장("여신전문금융업협회장")에게 위탁한다(법16의3④). 이에 따라 협회는 「가맹점모집인 등록 및 관리 규정」을 두고 있다.

(나) 가맹점모집인 부적격자

다음의 어느 하나에 해당하는 자, 즉 ⅰ) 피한정후견인 또는 피성년후견인(제1호), ⅱ) 파산선고를 받고 복권되지 아니한 자(제2호), ⅲ) 여신전문금융업법에 따라 벌금 이상의 실형을 선고받고 그 집행이 끝나거나(집행이 끝난 것으로 보는 경우 포함) 집행이 면제된 날부터 2년이 지나지 아니한 자(제3호), ⅳ) 여신전문금융업법에 따라 가맹점모집인의 등록이 취소(제1호 또는 제2호에 해당하여 등록이 취소된 경우는 제외)된 후 2년이 지나지 아니한 자(제4호), ⅴ) 영업에 관하여 성년자와 같은 능력을 가지지 아니한 미성년자로서 그 법정대리인이 제1호부터 제4호까지의 어느 하나에 해당하는 자(제5호), ⅵ) 법인 또는 법인이 아닌 사단이나 재단으로서 그 임원이나 관리인 가운데 제1호부터 제4호까지의 어느 하나에 해당하는 자가 있는 자(제6호)는 가맹점모집인이 될 수 없다(법16의3②).

(다) 가맹점모집인의 사업자등록

가맹점모집인이 되려는 자는 관할 세무서장에게 사업자등록을 한 사업자이어야 한다(영6의10④).

(라) 가맹점모집인의 영업기준

가맹점모집인의 영업기준은 ⅰ) 신용카드가맹점에 금융위원회에 등록된 신용카드 단말기를 설치하여야 하고, ii) 신용카드가맹점의 사업장을 방문하는 등의 방법으로 신용카드가맹점이 실제로 영업을 하는지 여부 및 설치된 신용카드 단말기를 사용하는지 여부를 확인하여야 하며, iii) 업무상 알게 된 타인의 신용정보 및 사생활 등 개인적 비밀("개인비밀")을 업무 목적 외에 누설하거나 이용하여서는 아니 된다(영6의10⑤).

(마) 위반시 제재

금융위원회는 부가통신업자가 제16조의3를 위반한 경우에는 2억원 이하의 과징금을 부과할 수 있다(법58③(4)).[20]

(3) 가맹점모집인의 등록취소

(가) 임의적 업무정지명령 또는 등록취소

금융위원회는 가맹점모집인이 i) 여신전문금융업법에 따른 명령이나 처분을 위반한 경우, ii) 가맹점모집에 관한 여신전문금융업법의 규정을 위반한 경우에 해당하면 6개월 이내의 기간을 정하여 그 업무의 정지를 명하거나 그 등록을 취소할 수 있다(법16의4①).

(나) 필요적 등록취소

금융위원회는 가맹점모집인이 i) 정당한 사유 없이 금융위원회의 조사(법16의2③)를 거부하는 경우, ii) 거짓이나 그 밖의 부정한 방법으로 가맹점모집인 등록을 한 경우, iii) 가맹점모집인 부적격자(법16의3②)에 해당하게 된 경우, iv) 등록 당시 가맹점모집인 부적격자에 해당하는 자이었음이 밝혀진 경우에 해당하면 그 등록을 취소하여야 한다(법16의4②).

(다) 의견제출기회 부여

금융위원회는 업무의 정지를 명하거나 등록을 취소하려면 가맹점모집인에게 해명을 위한 의견제출의 기회를 주어야 한다(법16의4③, 법14의4③).

---

20) 여신전문금융업법 제16조의3에 의하면 부가통신업자는 소속 가맹점모집인이 되려는 자를 금융위원회에 등록하여야 하는데도, ㈜스마트로는 2016. 7. 13.–2018. 5. 24. 기간 중 소속 가맹점모집인인 ㈜ㅁㅁㅁ 등 8개사를 금융위원회에 등록하지 아니한 사실[검사 착수 (2019. 12. 3.) 전 자진 등록하여 시정 완료]이 있어 과징금 과징금 2,600만원의 제재를 받았다.

(라) 업무정지명령 또는 등록취소의 통지

금융위원회는 가맹점모집인의 업무의 정지를 명하거나 등록을 취소한 경우에는 지체 없이 이유를 적은 문서로 그 뜻을 모집인에게 알려야 한다(법16의4③, 법14의4④).

5. 신용카드업자의 가맹점에 대한 책임

(1) 신용카드업자의 책임

신용카드업자는 ⅰ) 잃어버리거나 도난당한 신용카드를 사용한 거래, ⅱ) 위조되거나 변조된 신용카드를 사용한 거래, ⅲ) 해킹, 전산장애, 내부자정보유출 등 부정한 방법으로 얻은 신용카드등의 정보를 이용하여 신용카드등을 사용한 거래, ⅳ) 다른 사람의 명의를 도용하여 발급받은 신용카드등을 사용한 거래에 따른 손실을 신용카드가맹점이 부담하도록 할 수 없다(법17① 본문).

(2) 계약내용에 따른 가맹점의 책임

다만, 신용카드업자가 그 거래에 대한 그 신용카드가맹점의 고의 또는 중대한 과실을 증명하면 그 손실의 전부 또는 일부를 신용카드가맹점이 부담하도록 할 수 있다는 취지의 계약을 신용카드가맹점과 체결한 경우에는 그러하지 아니하다(법17① 단서). 이 계약은 서면으로 한 경우에만 효력이 있으며, 신용카드가맹점의 중대한 과실은 계약서에 적혀 있는 사항만 해당한다(법17②).[21]

---

21) 대법원 2014. 11. 27. 선고 2012다40639 판결(가. 여신전문금융업법 제17조 제1항은 "신용카드업자는 분실하거나 도난당한 신용카드를 사용한 거래에 따른 손실을 신용카드가맹점이 부담하도록 할 수 없다. 다만, 신용카드업자가 그 거래에 대한 그 신용카드가맹점의 고의 또는 중대한 과실을 증명하면 그 손실의 전부 또는 일부를 신용카드가맹점이 부담하도록 할 수 있다는 취지의 계약을 신용카드가맹점과 체결한 경우에는 그러하지 아니하다"고 규정하고 있다.
　그런데 원고와 피고 사이에 체결된 이 사건 수기판매특약 제10조 제2항 제1호 및 제5호는, 그 특약에 따른 비대면 방식의 신용카드거래에 있어서 "원고의 귀책사유로 인하여 신용카드회원 본인이 아닌 제3자의 부정사용에 의한 거래가 발생한 경우" 및 "원고가 취급하는 해외신용카드 거래에 의해서 해외신용카드 발급사로부터 부도가 접수되어 피고에게 손해가 발생한 경우"에는 원고가 그 손해를 배상하도록 규정하고 있는바, 위 특약조항을 문언 그대로 분실하거나 도난당한 신용카드를 신용카드회원 본인이 아닌 제3자가 부정사용한 거래로 인하여 피고에게 손해가 생긴 때에는 원고에게 경과실이 있는 경우에도 원고가 그 손해를 배상하여야 한다거나, 해외신용카드를 사용한 거래에서 해외신용카드 발급사로부터 부도반환 요청이 있는 경우에는 원고에게 아무런 과실이 없거나 경과실이 있는

경우에도 원고가 그로 인한 피고의 손해를 배상하여야 한다고 해석하게 되면, 위 특약조
항은 앞서 본 여신전문금융업법 제17조 제1항의 취지에 비추어 볼 때 신의성실의 원칙을
위반하여 공정을 잃은 조항으로서 약관의 규제에 관한 법률 제6조 제1항에 의하여 무효라
고 볼 수밖에 없으므로, 위 특약조항은 위와 같은 무효인 경우를 제외하고 해외신용카드
를 사용한 거래에서 해외신용카드 발급사로부터 부도반환 요청이 있는 경우를 포함하여
분실하거나 도난당한 신용카드를 사용한 거래에 관하여는 신용카드가맹점인 원고에게 고
의 또는 중과실이 있는 경우에만 원고에게 그 거래로 인한 손해의 배상책임을 부담시킨
것이라고 제한하여 해석하여야 한다.

나아가 여신전문금융업법 제17조 제2항 후단은 "신용카드가맹점의 중대한 과실은 계약서
에 적혀 있는 사항만 해당한다"고 규정하고 있는데, 이 사건 수기판매특약에 분실하거나
도난당한 신용카드를 사용한 거래에 대한 원고의 중대한 과실에 관하여 규정하고 있지
않지만, 원고와 피고 사이를 규율하는 기본계약으로서 이 사건 수기판매특약에 따른 비대면
신용카드 거래에 적용되는 이 사건 가맹점규약 제4조 제2항 각 호에는 분실하거나 도난당
한 신용카드를 사용한 거래에서 신용카드가맹점에게 중대한 과실이 있다고 보는 경우가
규정되어 있으므로, 위 각 호의 규정 중 비대면 신용카드거래의 특수성에 반하지 않는 규
정들은 그대로 위 특약에 따라 비대면 신용카드거래를 하는 원고의 경우에도 중대한 과실
이 있는지 여부를 판단하는 기준이 될 수 있다고 봄이 상당하다.

나. 원심 판결이유에 의하면, ① 원고는 2009. 7 하순경부터 2009. 9. 하순경까지 소외인
이라는 우간다(Uganda)국 사람으로부터 이메일을 통하여 랩탑컴퓨터와 모니터를 주문받
고 그 대금결제를 위하여 이메일로 총 175개의 신용카드 정보를 송부받은 사실, ② 위 신
용카드들은 미국, 영국, 독일, 네덜란드 등 우간다가 아닌 세계 각국의 신용카드사 또는
은행이 발급한 것들로서 그 명의인이 소외인이 아니었던 사실, ③ 원고는 위와 같이 송부
받은 신용카드 정보를 토대로 피고를 통하여 총 203건의 거래승인을 신청하였는데 이 중
154건(미화 540,694달러 상당)은 승인거절되고 49건(미화 185,330달러 상당)만이 승인된
사실, ④ 원고는 거래승인된 49건 중 26건(미화 105,425달러 상당)에 대한 수기매출전표
를 작성하여 피고로부터 그에 대한 신용카드대금을 지급받았고 피고는 해외 신용카드 발
급사들로부터 그 대금을 지급받았는데, 이후 위 신용카드의 명의인들이 "본인미사용거래"
임을 이유로 이의를 함으로써 해외 신용카드 발급사들이 피고에 대하여 이미 지급한 대금
에 대하여 부도반환(Chargeback) 요청을 하였고, 피고가 재청구(Representment) 조치를
취하여 이 중 8건에 대한 부도반환 요청은 철회되었으나, 결국 나머지 18건(미화 69,425
달러 상당)에 대하여는 피고가 해외 신용카드 발급사들에게 그 대금을 반환한 사실을 알
수 있다.

위와 같은 사실관계를 앞서 본 법리에 비추어 살펴보면, 신용카드는 신용카드회원 본인만
이 사용할 수 있고 이를 제3자에게 양도 또는 대여하는 것은 물론 일시적으로 이용할 수
있도록 위임하는 것도 허용되지 아니하므로(여신전문금융업법 제15조 등 참조), 신용카드
가맹점이 신용카드를 사용하여 거래를 하는 사람이 신용카드회원 본인이 아님을 알면서
거래를 한 경우에는 그 자체로 신용카드가맹점의 중대한 과실이 인정된다고 할 것이고,
이 사건 가맹점규약 제4조 제2항 제1호의 "카드의 실제사용자가 당해 카드의 명의인이 아
님을 알고서도 거래한 경우"가 이를 규정한 것이라고 할 것인데, 원고는 소외인 이 이 사
건 거래에 사용된 신용카드들의 신용카드회원이 아님을 알면서도 이 사건 거래를 하였고
그로 말미암아 피고가 해외신용카드 발급사들에게 이미 지급받은 신용카드대금을 반환하
는 손해를 입게 되었으므로, 원고는 이 사건 수기판매특약 제10조 제2항 제1호, 제5호 및

6. 거래조건의 주지의무

(1) 주지내용

신용카드업자는 ⅰ) 신용카드업자가 정하는 이자율·할인율·연체료율·가맹점수수료율 등 각종 요율(料率), ⅱ) 신용카드·직불카드 이용금액의 결제방법, ⅲ) 신용카드회원등에 대한 책임, ⅳ) 신용카드가맹점에 대한 책임과 신용카드가맹점의 준수사항, ⅴ) 신용카드업자의 신용카드회원에 대한 자금융통업무의 종류별 수수료 등 수입비율(분기 중 발생한 이자·수수료 등의 총수입액이 분기 중 융통한 자금의 총액에서 차지하는 비율을 연율로 환산한 것), ⅵ) 신용카드회원에게 적용되는 신용등급의 분포현황, ⅶ) 자금을 융통한 신용카드회원의 신용등급별 분포현황 및 이자율 분포현황, ⅷ) 휴면신용카드의 수, 총 신용카드 수 대비 휴면신용카드 수의 비중, 휴면신용카드의 해지 절차를 신용카드가맹점에 알려야 한다(법18, 시행규칙3②).

(2) 주지방법

신용카드업자는 다음의 구분에 따른 방법으로 신용카드가맹점에 알려야 한다(시행규칙3①).

(가) 신용카드업자가 정하는 이자율·할인율·연체료율·가맹점수수료율 등 각종요율("각종요율")은 다음의 방법에 따른 방법으로 알려야 한다(제1호).

ⅰ) 신용카드업자가 신용카드회원이나 직불카드회원의 신용등급, 개인신용평점 및 연체기간 등에 따라 적용하는 각종요율의 경우 각종요율을 연율(年率)로 환산하여 해당 신용카드업자 및 여신전문금융업협회("협회")의 인터넷 홈페이지에 게시하여야 한다(가목).

ⅱ) 신용카드를 신규로 발급하거나 그 이용대금을 청구하는 경우에 해당 신용카드회원에게 적용되는 신용등급 또는 개인신용평점 및 연율로 환산된 각종요율의 경우 신용카드회원에게 개별 통보하여야 한다(나목).

ⅲ) 협회가 정하는 구분에 따른 신용카드가맹점 수수료의 경우 매 분기 종

이 사건 가맹점규약 제4조 제2항 제1호에 따라 이 사건 거래로 인하여 피고에게 발생한 손해를 배상할 책임이 있다).

료 후 1개월 이내에 해당 신용카드업자 및 협회의 인터넷 홈페이지에 게시하여
야 한다(다목).

　　(나) 신용카드·직불카드 이용금액의 결제방법, 신용카드회원등에 대한 책
임, 그리고 신용카드가맹점에 대한 책임과 신용카드가맹점의 준수사항은 다음의
방법 중 ⅰ)의 방법을 포함한 2개 이상의 방법으로 알려야 한다. ⅰ) 신용카드회
원등과 신용카드가맹점에 개별 통보하여야 한다. ⅱ) 전국적으로 보급되는 일간
신문에 공고하여야 한다. ⅲ) 신용카드업자의 영업장 및 인터넷 홈페이지에 게시
하여야 한다(제2호).

　　(다) 신용카드업자의 신용카드회원에 대한 자금융통업무의 종류별 수수료
등 수입비율(분기 중 발생한 이자·수수료 등의 총수입액이 분기 중 융통한 자금의 총액
에서 차지하는 비율을 연율로 환산한 것), 신용카드회원에게 적용되는 신용등급의
분포현황, 그리고 휴면신용카드의 수, 총 신용카드 수 대비 휴면신용카드 수의
비중, 휴면신용카드의 해지절차는 매 분기 종료 후 1개월 이내에, 자금을 융통한
신용카드회원의 신용등급별 분포현황 및 이자율 분포현황은 매월 종료 후 1개월
이내에 해당 신용카드업자 및 협회의 인터넷 홈페이지에 게시하여야 한다(제3호).

7. 가맹점단체 설립 등

(1) 가맹점 단체 설립기준

　　소상공인이면서 연간매출액이 2억원 이하인 신용카드가맹점은 신용카드업
자와 가맹점수수료 등 거래조건과 관련하여 합리적으로 계약을 체결·유지하기
위하여 단체를 설립할 수 있다(법18의2①, 영6의12①).

(2) 연간매출액 2억원 이하 의제

　　다음의 어느 하나에 해당하는 개인 또는 법인 신용카드가맹점은 연간매출액
이 2억원 이하인 것으로 본다(감독규정25의3①).

　　ⅰ) 가맹점 단체 설립 당시 부가가치세법에 따라 신고한 직전 2회 과세기간
의 과세표준의 합이 2억원 이하인 신용카드가맹점, ⅱ) 가맹점 단체 설립 당시
부가가치세법에 따라 신고한 직전 과세기간의 과세표준만 있는 경우로서 직전
과세기간의 과세표준이 1억원 이하인 신용카드가맹점, ⅲ) 부가가치세법 제61조

에 따른 간이과세자인 신용카드가맹점, ⅳ) 부가가치세법 제26조에 따라 부가가치세를 면제받는 개인사업자로서 가맹점 단체 설립 당시 직전년도의 소득세법 제19조 및 제24조에 따른 사업소득에 대한 총수입금액이 2억원 이하인 신용카드가맹점, ⅴ) 부가가치세법 제26조에 따라 부가가치세를 면제받는 법인사업자로서 가맹점 단체 설립 당시 직전 사업년도 중 발생한 매출액이 2억원 이하인 신용카드가맹점

위 ⅰ)부터 ⅴ)까지 관련하여 과세자료가 없는 신용카드가맹점의 경우에는 가맹점 단체 설립일이 속하는 달로부터 그 이전 1년 동안의 신용카드등 매출액의 합계액이 1억 5천만원 이하이면 연간매출액이 2억원 이하인 것으로 본다(감독규정25의3②).

(3) 연간매출액 산정기준 등

연간매출액(신용카드등 매출액을 포함) 산정시 개인 또는 법인이 2 이상의 신용카드가맹점을 소유하고 있는 경우에는 각 신용카드가맹점의 연간매출액을 합산한다(감독규정25의3③). 위 제1항 및 제2항에서 정한 기간 중에 신규로 사업을 개시한 신용카드가맹점에 대하여는 사업 개시전의 기간을 제외한 잔여기간에 대한 과세표준, 총수입금액, 매출액, 신용카드등 매출액의 합계액을 제1항 및 제2항에서 규정한 기간으로 환산한 금액을 기준으로 한다. 이 경우 1개월 미만의 단수가 있을 때에는 이를 1개월로 한다(감독규정25의3④).

(4) 자료제출요구

금융위원회는 신용카드업자가 신용카드가맹점과의 거래조건과 관련하여 합리적으로 계약을 체결·유지하고 있는지 여부를 확인하기 위하여 신용카드업자에게 필요한 자료의 제출을 요구할 수 있다(법18의2②).

(5) 자료제공요청

금융위원회는 신용카드업자가 신용카드가맹점과의 거래조건과 관련하여 합리적으로 계약을 체결·유지하고 있는지 여부를 확인함에 있어서 신용카드가맹점 매출규모 조사 등 업무상 필요하다고 인정하는 경우에는 국가기관·지방자치단체에 대하여 필요한 자료의 제공을 요청할 수 있다(법18의2③ 전단). 이 경우 자료의 제공을 요청받은 국가기관·지방자치단체는 정당한 사유 없이 이를 거부하

여서는 아니 된다(법18의2③ 후단).

8. 가맹점수수료율의 차별금지 등

(1) 가맹점수수료의 의의

가맹점수수료란 가맹점이 신용카드회원의 물품·용역 구매대금을 신용카드
회사로부터 지급받고 이에 대한 대가로 신용카드회사에 지급하는 금액을 말한다.
일반적인 물품·용역의 거래는 소비자가 구매의사를 표시한 후 물품·용역을 제
공받음과 동시에 대금을 지급하면 거래가 이루어진다. 그러나 신용카드에 의한
거래는 신용카드회원이 가맹점에서 물품·용역을 구매하고자 하는 의사를 밝히
고 신용카드로 결제하면, 신용카드회사는 소정기한이 지난 후 총 거래대금에서
일정비율의 가맹점수수료를 선취하고 난 금액을 가맹점에 지급하고 있다.[22]

(2) 가맹점수수료 체계 및 인하의 추이

(가) 가맹점수수료 체계

현재의 신용카드 가맹점수수료 체계는 2012년에 개정된 여신전문금융업법
의 신가맹점수수료체계에 따라 기존 업종별 수수료 체계에서 수수료의 적정원가
(적격비용)에 기반한 수수료 체계로 변경되었다. 신용카드사는 가맹점수수료율을
정할 때 카드결제에 수반되는 적정원가를 고려해야 하며, 일정규모 이하의 영세
한 중소가맹점에 대해 우대수수료율을 적용해야 한다. 영세한 중소가맹점의 범
위는 여신전문금융업법 시행령에서 정하며 우대수수료율은 금융위원회가 정하고
있다. 대형가맹점의 경우에는 우월적 지위를 이용하여 신용카드사에 부당한 요
구를 하지 못하도록 되어 있다. 카드시장 환경의 변화를 반영하기 위해 3년마다
원가분석 작업을 시행하며 이를 기반으로 하며 가맹점수수료를 조정하도록 하고
있다. 우대수수료율 등은 감독규정 변경만으로 조정이 가능함에 따라 신용카드
사 수수료율은 지속적으로 인하되어왔다. 우대가맹점 확대 및 수수료율 인하의
방식으로 신용카드가맹점의 수수료율이 지속적으로 인하됨에 따라 신용카드사의
수익성이 악화되고 있다.[23]

---

22) 석일홍(2018), 128쪽.
23) 김정렬(2019), 3쪽.

(나) 인하의 추이

취업자 대비 자영업자 비율이 높은 구조에서 수수료의 가맹점으로의 일방적 전가는 영세한 자영업자의 소득 수준을 낮추어 향후 급격한 경기변동과 같은 충격에 영세 자영업자의 대규모 몰락으로 이어질 수 있다. 이러한 이유로 2007년 카드수수료 체계 합리적 조정, 2008년 서민생활 밀접업종 수수료율 인하, 2009년 전통시장 가맹점수수료율 인하, 2011년 체크카드 수수료 인하, 2012년 신가맹점 수수료 체계 도입, 2016년 원가 재산정을 통한 수수료 인하, 2017년 영세한중소 가맹점 범위 확대, 2018년 수수료 상한 인하 등으로 꾸준히 가맹점수수료율을 낮추어왔다.[24] 최근의 추이를 살펴보면 아래와 같다.

2016년 이후 신용카드 가맹점수수료율의 변화 추이를 살펴보면, 먼저 2016년 2월 연매출 2억원 이하의 가맹점의 신용카드 가맹점수수료율을 1.5%에서 0.8%로 인하하고, 3억원 이하는 2.0%에서 1.3%로 인하, 5억원 이하는 2.15%에서 1.85%로 인하하였다. 상한수수료율도 2.7%에서 2.5%로 0.2%p 인하하였고, 국세 납부대행 수수료율도 기존 1.0%에서 0.8%로 0.2%p 인하하는 등 수수료율이 전반적으로 인하되었다.[25]

2017년 6월에는 우대가맹점 확대 조치 및 가맹점수수료율 상한선 인하가 다시 발표되었다. 발표된 여신전문금융업법 시행령에서 영세가맹점 기준을 기존 2억원에서 3억원으로 확대시켰고, 중소가맹점 매출액 기준도 2억원-3억원 이하에서 3억원-5억원 이하로 확대시켰다. 영세한중소가맹점 분류기준의 변화로 인해 가맹점수수료가 각각 연매출 2억원-3억원 이하인 경우 1.3%에서 0.8%로, 3억원-5억원 이하인 경우 1.3%로 인하되었다.

2018년 8월에는 VAN 수수료 부과체계를 기존 정액제에서 정률제로 변경하였다. 정액제는 카드 1건당 VAN 수수료가 동일한 반면, 정률제는 결제금액에 비례해 VAN 수수료가 부과되는 방식이다. 이와 같은 VAN 수수료 부과체계의 변화로 소액 결제의 수수료 부담이 감소한 반면, 고액결제의 수수료 부담은 증가하였다. 이와 함께 신용카드 수수료율 상한선도 2.5%에서 2.3%로 0.2%p 인하시키

---

24) 남승오(2018), 133쪽.
25) 김정렬(2019), 4-5쪽.

는 조치가 있었다.

2018년 11월 26일 새로운 가맹점수수료 개편안이 발표되었는데 적격비용 추정 결과 수수료 인하가 가능하게 되므로 그에 따른 수수료율 인하 조치, 마케팅비용 절감 권고 등의 개선안을 제시하고 있다. 우대수수료 적용 범위가 연매출 5억원 이하에서 연매출 30억원 이하로 확대되어 전체 가맹점(269만 개)의 93%로 늘어났다. 정부는 신용카드의 경우 연매출 5억원-10억원 이하 가맹점의 우대가맹점의 우대수수료율은 2.05%에서 1.4%로 약 0.65%p 인하하도록, 연매출 10억원-30억원 이하는 약 2.21%에서 1.6%로 약 0.61%p 인하하도록 하였다. 평균수수료율이 적용되는 일반가맹점의 경우 연매출 30억원-100억원 이하는 약 2.2%에서 1.9%로 평균 0.3%p 인하하도록, 100억원-500억원 이하는 약 2.17%에서 1.95%로 평균 0.22%p 인하하도록 하였다. 한편 일반가맹점과 대형가맹점 등 가맹점들의 마케팅비용 산정방식을 마케팅 혜택에 상응하도록 개선하였다. 이에 따라 수익자부담 원칙을 실현하고 일반가맹점과 대형가맹점 간 마케팅 혜택 차이와 수수료율 역진성이 해소되기를 기대하였다.

2019년 7월에는 2018년 12월부터 시행 중인 신규 신용카드가맹점에 대한 수수료 환급을 시행한다고 밝혀 신규 신용카드가맹점 수수료 환급은 매 반기 기준 영세한중소가맹점으로 선정되는 새로운 신용카드가맹점(반기 중 폐업한 가맹점 포함)에 대해 기존의 일반수수료율에서 우대수수료율의 차액만큼 카드사가 환급하는 방안으로, 2019년 상반기 신규 개점한 연매출 30억원 이하 가맹점에 대해 우대수수료율을 소급 적용하는 것이다.

(3) 부당한 차별금지

신용카드업자는 신용카드가맹점과의 가맹점수수료율을 정함에 있어서 공정하고 합리적으로 정하여야 하며 부당하게 가맹점수수료율을 차별하여서는 아니된다(법18의3①).

(4) 가맹점수수료율 산정시 준수사항

신용카드업자가 가맹점수수료율을 정함에 있어서 준수하여야 할 사항은 다음과 같다(감독규정25의4①).

ⅰ) 신용카드가맹점이 부담하는 것이 합당한 비용("적격비용")만을 가맹점수

수료율 산정에 반영하여야 하며 신용카드가맹점이 제공받는 서비스와 관련 없는 비용을 가맹점이 부담하지 않도록 하여야 한다(제1호). ⅱ) 특정한 신용카드가맹 점에 대한 혜택 제공을 위해 소요되는 비용은 해당 가맹점이 부담하도록 하여야 한다(제2호). ⅲ) 객관적으로 공정·타당하다고 인정되는 근거자료를 바탕으로 가 맹점수수료율을 정하여야 한다(제3호). ⅳ) 법 제18조의3 제4항에서 금지하고 있 는 대형신용카드가맹점("대형가맹점")의 요구를 수용하거나 제1호부터 제3호까지 에서 정한 사항 중 어느 하나를 위반하여 대형가맹점에게 부당하게 낮은 가맹점 수수료율을 적용하지 않도록 하여야 한다(제4호).

위 제1호에 따른 적격비용은 <별표 4>[26)]에서 정하는 바에 따른다(감독규 정25의4② 본문). 다만, 신용카드업자는 <별표 5>[27)]에서 정하는 경우와 관련되 는 신용카드가맹점에 대해서는 해당 가맹점의 특수성을 고려하여 적격비용을 차 감 조정할 수 있다(감독규정25의4② 단서).

(5) 영세한 중소신용카드가맹점 우대수수료율 적용
(가) 영세한 중소신용카드가맹점 기준

영세한 중소신용카드가맹점("영세중소가맹점")이란 연간 매출액(사업기간이 1 년 미만인 경우에는 그 기간 동안의 매출액을 12개월로 환산하며, 개인 또는 법인이 2개 이상의 신용카드가맹점을 소유하고 있는 경우에는 각 신용카드가맹점의 연간 매출액을 합산한 금액)이 30억원 이하인 개인 또는 법인 신용카드가맹점을 말한다(법18의3 ③, 영6의13①).

---

26) 적격 비용으로 인정되는 것은 1. 자금조달비용, 2. 위험관리비용, 3. 거래승인·매입정산 등 비용, 4. 마케팅비용, 5. 일반관리비, 6. 조정비용 등 6가지 항목에 한한다(별표 4).
27) <별표 5> 신용카드가맹점의 특수성을 고려하여 적격 비용을 차감 조정할 수 있는 경우 (제25조의4 제2항 관련)
 1. 국가·지방자치단체가 신용카드업자와 직접 계약을 체결한 경우
 2. 행정기관이 행정서비스의 이용대금 등을 신용카드등으로 결제 받으면서 법령·행정규 칙·자치법규 등에 신용카드등에 대한 거래조건을 명시하여 이에 따라야 하는 경우. 다 만, 행정기관의 장은 관련 규정을 제정·개정하기 전에 미리 금융위원회와 협의하여야 한다.
 3. 제공되는 재화 또는 용역이 국민생활에 필수불가결한 것으로서 공공성을 갖는 경우
 4. 그 밖에 제1호부터 제3호에 준하는 경우로서 신용카드업자가 객관적이고 합리적인 근 거를 기초로 적격비용을 차감 조정할 필요가 있다고 인정하는 경우

(나) 영세한 중소신용카드가맹점의 구분

금융위원회는 우대수수료율을 정할 때에는 영세중소가맹점을 ⅰ) 연간 매출액이 3억원 이하인 신용카드가맹점(제1호), ⅱ) 3억원을 초과하고 5억원 이하인 신용카드가맹점(제2호), ⅲ) 5억원을 초과하고 10억원 이하인 신용카드가맹점(제3호), ⅳ) 10억원을 초과하고 30억원 이하인 신용카드가맹점(제4호)으로 구분하여 그 우대수수료율을 달리 정할 수 있다(영6의13②).

(다) 영세한 중소신용카드가맹점의 의제

1) 연간매출액이 3억원 이하인 신용카드가맹점(제1호)

다음의 어느 하나에 해당하는 개인 또는 법인 신용카드가맹점, 즉 ⅰ) 매 반기 종료일 현재 부가가치세법에 따라 신고한 직전 2회 과세기간의 과세표준의 합이 3억원 이하인 개인 또는 법인 신용카드가맹점(제1호), ⅱ) 매 반기 종료일 현재 부가가치세법에 따라 신고한 직전 과세기간의 과세표준만 있는 경우로서 직전 과세기간의 과세표준이 1억 5천만원 이하인 개인 또는 법인 신용카드가맹점(제2호), ⅲ) 부가가치세법 제26조에 따라 부가가치세를 면제받는 개인사업자로서 ㉠ 매 상반기 종료일 현재 소득세법 제78조에 따른 사업장현황신고서의 직전 연도 수입금액이 3억원 이하인 개인 신용카드가맹점, 또는 ㉡ 매 하반기 종료일 현재 소득세법 제19조 및 제24조에 따른 사업소득에 대한 직전 연도 총수입금액이 3억원 이하인 개인 신용카드가맹점(제3호), ⅳ) 부가가치세법 제26조에 따라 부가가치세를 면제받는 법인사업자로서 직전 사업년도 중 발생한 매출액이 3억원 이하인 법인 신용카드가맹점(제4호), ⅴ) 부가가치세법 제61조에 따른 간이과세자인 개인 신용카드가맹점(제5호)은 연간 매출액이 3억원 이하인 신용카드가맹점으로 본다(감독규정25의5① 본문). 다만, 제1호부터 제5호에 해당하는 개인 또는 법인 신용카드가맹점 중 여신전문금융업협회가 관리하고 있는 「가맹점 매출거래정보 통합조회 시스템」에서 조회되는 연간(제1호부터 제5호에서 정한 과세자료 산정기간과 동일한 기간) 신용카드등 매출액의 합계액이 3억원(제2호의 경우에는 1억 5천만원)을 초과하는 경우에는 그러하지 아니하다(감독규정25의5① 단서).

2) 3억원을 초과하고 5억원 이하인 신용카드가맹점(제2호)

다음의 어느 하나에 해당하는 개인 또는 법인 신용카드가맹점, 즉 ⅰ) 매 반기 종료일 현재 부가가치세법에 따라 신고한 직전 2회 과세기간의 과세표준의 합이 3억원을 초과하고 5억원 이하인 개인 또는 법인 신용카드가맹점(제1호), ⅱ) 매 반기 종료일 현재 부가가치세법에 따라 신고한 직전 과세기간의 과세표준만 있는 경우로서 직전 과세기간의 과세표준이 1억 5천만원을 초과하고 2억 5천만원 이하인 개인 또는 법인 신용카드가맹점(제2호), ⅲ) 부가가치세법 제26조에 따라 부가가치세를 면제받는 개인사업자로서 ㉠ 매 상반기 종료일 현재 소득세법 제78조에 따른 사업장현황신고서의 직전 연도 수입금액이 3억원을 초과하고 5억원 이하인 개인 신용카드가맹점, 또는 ㉡ 매 하반기 종료일 현재 소득세법 제19조 및 제24조에 따른 사업소득에 대한 직전연도 총수입금액이 3억원을 초과하고 5억원 이하인 개인 신용카드가맹점(제3호). ⅳ) 부가가치세법 제26조에 따라 부가가치세를 면제받는 법인사업자로서 직전 사업년도 중 발생한 매출액이 3억원을 초과하고 5억원 이하인 법인 신용카드가맹점(제4호)은 연간 매출액이 3억원을 초과하고 5억원 이하인 신용카드가맹점으로 본다(감독규정25의5② 본문). 다만, 제1호부터 제4호까지에 해당하는 개인 또는 법인 신용카드가맹점 중 제1항에 따른 영세가맹점에 해당하거나, 연간(제1호부터 제4호에서 정한 과세자료 산정기간과 동일한 기간) 신용카드등 매출액의 합계액이 5억원(제2호의 경우에는 2억 5천만원)을 초과하는 경우에는 그러하지 아니하다(감독규정25의5② 단서).

　3) 5억원을 초과하고 10억원 이하인 신용카드가맹점(제3호)

　다음의 어느 하나에 해당하는 개인 또는 법인 신용카드가맹점, 즉 ⅰ) 매 반기 종료일 현재 부가가치세법에 따라 신고한 직전 2회 과세기간의 과세표준의 합이 5억원을 초과하고 10억원 이하인 개인 또는 법인 신용카드가맹점(제1호), ⅱ) 매 반기 종료일 현재 부가가치세법에 따라 신고한 직전 과세기간의 과세표준만 있는 경우로서 직전 과세기간의 과세표준이 2억 5천만원을 초과하고 5억원 이하인 개인 또는 법인 신용카드가맹점(제2호), ⅲ) 부가가치세법 제26조에 따라 부가가치세를 면제받는 개인사업자로서 ㉠ 매 상반기 종료일 현재 소득세법 제78조에 따른 사업장현황신고서의 직전 연도 수입금액이 5억원을 초과하고 10억원 이하인 개인 신용카드가맹점, 또는 ㉡ 매 하반기 종료일 현재 소득세법 제19조 및 제24조에 따른 사업소득에 대한 직전연도 총수입금액이 5억원을 초과하고

10억원 이하인 개인 신용카드가맹점(제3호), ⅳ) 부가가치세법 제26조에 따라 부
가가치세를 면제받는 법인사업자로서 직전 사업년도 중 발생한 매출액이 5억원
을 초과하고 10억원 이하인 법인 신용카드가맹점(제4호)은 연간 매출액이 5억원
을 초과하고 10억원 이하인 신용카드가맹점으로 본다(감독규정25의5③ 본문). 다
만, 제1호부터 제4호까지에 해당하는 개인 또는 법인 신용카드가맹점 중 제1항
에 따른 영세가맹점, 제2항에 따른 중소가맹점에 해당하거나, 연간(제1호부터 제4
호에서 정한 과세자료 산정기간과 동일한 기간) 신용카드등 매출액의 합계액이 10억
원(제2호의 경우에는 5억원)을 초과하는 경우에는 그러하지 아니하다(감독규정25의5
③ 단서).

　　4) 10억원을 초과하고 30억원 이하인 신용카드가맹점(제4호)

　　다음의 어느 하나에 해당하는 개인 또는 법인 신용카드가맹점, 즉 ⅰ) 매 반
기 종료일 현재 부가가치세법에 따라 신고한 직전 2회 과세기간의 과세표준의
합이 10억원을 초과하고 30억원 이하인 개인 또는 법인 신용카드가맹점, ⅱ) 매
반기 종료일 현재 부가가치세법에 따라 신고한 직전 과세기간의 과세표준만 있
는 경우로서 직전 과세기간의 과세표준이 5억원을 초과하고 15억원 이하인 개인
또는 법인 신용카드가맹점, ⅲ) 부가가치세법 제26조에 따라 부가가치세를 면제
받는 개인사업자로서 ㉠ 매 상반기 종료일 현재 소득세법 제78조에 따른 사업장
현황신고서의 직전 연도 수입금액이 10억원을 초과하고 30억원 이하인 개인 신
용카드가맹점, 또는 ㉡ 매 하반기 종료일 현재 소득세법 제19조 및 제24조에 따
른 사업소득에 대한 직전연도 총수입금액이 10억원을 초과하고 30억원 이하인
개인 신용카드가맹점(제3호), ⅳ) 부가가치세법 제26조에 따라 부가가치세를 면
제받는 법인사업자로서 직전 사업년도 중 발생한 매출액이 10억원을 초과하고
30억원 이하인 법인 신용카드가맹점(제4호)은 연간 매출액이 10억원을 초과하고
30억원 이하인 신용카드가맹점으로 본다(감독규정25의5④ 본문). 다만, 제1호부터
제4호까지에 해당하는 개인 또는 법인 신용카드가맹점 중 제1항에 따른 영세가
맹점, 제2항에 따른 중소가맹점, 제3항에 따른 중소가맹점에 해당하거나, 연간(제
1호부터 제4호에서 정한 과세자료 산정기간과 동일한 기간) 신용카드등 매출액의 합계
액이 30억원(제2호의 경우에는 15억원)을 초과하는 경우에는 그러하지 아니하다(감

독규정25의5④ 단서).

5) 연간매출액 의제

과세자료가 없는 개인 또는 법인 신용카드가맹점의 경우에는 매 반기 종료일이 속하는 달로부터 그 이전 1년 동안의 신용카드등 매출액의 합계액에 따라 ⅰ) 합계액이 2억 2천5백만원 이하인 경우는 연간매출액이 3억원 이하(제1호), ⅱ) 합계액이 2억 2천5백만원을 초과하고, 3억 7천5백만원 이하인 경우는 연간매출액이 3억원을 초과하고 5억원 이하(제2호), ⅲ) 합계액이 3억 7천5백만원을 초과하고, 7억 5천만원 이하인 경우는 연간매출액이 5억원을 초과하고 10억원 이하(제3호), ⅳ) 합계액이 7억 5천만원을 초과하고, 22억 5천만원 이하인 경우는 연간매출액이 10억원을 초과하고 30억원 이하의 연간매출액으로 본다(감독규정25의5⑤).

6) 연간매출액 산정기준 등

연간매출액(신용카드등 매출액을 포함) 산정시 개인 또는 법인이 2 이상의 신용카드가맹점을 소유하고 있는 경우에는 각 신용카드가맹점의 연간매출액을 합산한다(감독규정25의5⑥). 제1항부터 제5항까지에서 정한 기간 중에 신규로 사업을 개시한 개인 또는 법인 신용카드가맹점에 대하여는 신용카드 매출이 발생한 이후의 기간에 대한 과세표준, 총수입금액, 매출액, 신용카드등 매출액의 합계액을 제1항부터 제5항까지에서 규정한 기간으로 환산한 금액을 기준으로 한다. 이 경우 1개월 미만의 단수가 있을 때에는 이를 1개월로 한다(감독규정25의5⑦). 전자지급결제대행하위사업자 및 결제대행개인택시사업자의 연간매출액에 대해서는 제25조의5 제1항부터 제7항까지를 준용한다(감독규정25의5⑧).

(라) 우대수수료율의 의의

"우대수수료율"이란 ⅰ) 연간매출액이 3억원 이하인 가맹점은 0.8 이하, ⅱ) 3억원을 초과하고 5억원 이하인 가맹점은 1.3 이하, ⅲ) 5억원을 초과하고 10억원 이하인 가맹점은 1.4 이하, ⅳ) 10억원을 초과하고 30억원 이하인 가맹점은 1.6 이하에 해당하는 가맹점수수료율을 말한다(감독규정25의6①).

(마) 우대수수료율의 적용

신용카드업자는 여신전문업감독규정 제25조의5 제1항부터 제5항에 해당하

는 신용카드가맹점에 대해 특별한 사정이 없는 한 매 반기 종료일로부터 1개월
이내에 같은 조 제1항에 따른 우대수수료율을 적용하여야 한다(감독규정25의6④
본문). 다만, 제25조의5 제7항에 해당하는 신용카드가맹점이 제25조의5 제1항부
터 제5항까지에 해당될 경우, 우대수수료율을 적용한 날 이전까지 발생한 신용
카드 매출액에 대해 우대수수료율을 적용한 날로부터 45일 이내에 같은 조 제1
항에 따른 우대수수료율을 적용하여야 한다(감독규정25의6④ 단서).

(바) 영세한 중소신용카드가맹점의 의제와 우대수수료율의 적용

신용카드업자는 ⅰ) 전자금융거래법 제28조 제2항 제4호에 따라 금융위원
회에 등록하여 전자지급결제대행에 관한 업무를 수행하는 자("전자지급결제대행업
자")가 결제를 대행하는 자로서「전자상거래 등에서의 소비자보호에 관한 법률」
제2조 제1호[28])의 전자상거래의 방법으로 물품의 판매 또는 용역의 제공 등을 하
고 부가가치세법 제8조에 따른 사업자등록을 한 자("전자지급결제대행하위사업자"),
또는 ⅱ)「택시운송사업의 발전에 관한 법률」에 따른 개인택시운송사업자로서
신용카드업자와 교통운임 정산 관련 계약을 체결한 결제대행업체를 통해 이용요
금을 정산하는 자("결제대행개인택시사업자")의 연간매출액이 제25조의5 제1항부
터 제5항까지에 해당하는 경우 해당 거래를 대행하는 신용카드가맹점을 그 거래
에 한해 영세한 중소신용카드가맹점으로 보아 우대수수료율을 적용하여야 한다
(감독규정25의4③).

(사) 우대수수료율의 공시

신용카드업자 및 여신전문금융업협회는 모든 신용카드업자의 직전 연도 평
균 가맹점수수료율과 우대수수료율 등을 인터넷 홈페이지에 매년 1월 31일까지
공시하여야 한다(감독규정25의6②). 여기서 직전 연도 평균 가맹점수수료율 산출
은 <별표 6>에서 정하는 방법에 따른다(감독규정25의6③).

<별표 6>은 직전 연도 평균 가맹점수수료율 산출 방법(제25조의6 제2항 관
련)을 규정하고 있는데, 평균 신용카드 가맹점수수료율, 평균 직불카드 가맹점수
수료율, 그리고 평균 선불카드 가맹점수수료율을 정하고 있다.

---

28) 1. "전자상거래"란 전자거래(「전자문서 및 전자거래 기본법」 제2조 제5호에 따른 전자거
래)의 방법으로 상행위(商行爲)를 하는 것을 말한다.

(6) 대형신용카드가맹점의 우월적 지위 이용금지

(가) 대형신용카드가맹점의 기준

대형신용카드가맹점("대형가맹점")이란 직전 연도 1년 동안의 매출액(직전 연도의 사업기간이 1년 미만인 경우에는 그 기간 동안의 매출액을 12개월로 환산한 금액)이 3억원(개인 또는 법인이 2개 이상의 신용카드가맹점을 소유하고 있는 경우에는 각 신용카드가맹점의 연간매출액을 합산한 금액)을 초과하는 개인 또는 법인 신용카드가맹점을 말한다(영6의14①).

(나) 대형신용카드가맹점의 의제

다음의 어느 하나에 해당하는 과세자료가 있는 개인 또는 법인 신용카드가맹점, 즉 ⅰ) 매 반기 종료일 현재 부가가치세법에 따라 신고한 직전 2회 과세기간의 과세표준의 합이 3억원을 초과하는 개인 또는 법인 신용카드가맹점(제1호), ⅱ) 매 반기 종료일 현재 부가가치세법에 따라 신고한 직전 과세기간의 과세표준만 있는 경우로서 직전 과세기간의 과세표준이 1억 5천만원을 초과하는 개인 또는 법인 신용카드가맹점(제2호), ⅲ) 부가가치세법 제26조에 따라 부가가치세를 면제받는 개인사업자로서 ㉠ 매 상반기 종료일 현재 소득세법 제78조에 따른 사업장현황신고서의 직전 연도 수입금액이 3억을 초과하는 개인 신용카드가맹점, 또는 ㉡ 매 하반기 종료일 현재 소득세법 제19조 및 제24조에 따른 사업소득에 대한 직전 연도 총수입금액이 3억원을 초과하는 개인 신용카드가맹점(제3호), ⅳ) 부가가치세법 제26조에 따라 부가가치세를 면제받는 법인사업자로서 직전 사업년도 중 발생한 매출액이 3억원을 초과하는 법인 신용카드가맹점(제4호), ⅴ) 제1호부터 제4호까지에 해당되지 않는 개인 또는 법인 신용카드가맹점 중 여신전문금융업협회가 관리하고 있는 「가맹점 매출거래정보 통합조회 시스템」에서 조회되는 신용카드등 매출액의 합계액이 3억원(제2호의 경우에는 1억 5천만원)을 초과하는 개인 또는 법인 신용카드가맹점(제5호)은 대형신용카드가맹점으로 본다(감독규정25의7①).

위 제1항 제1호부터 제4호까지의 과세자료가 없는 개인 또는 법인 신용카드가맹점의 경우에는 매 반기 종료일이 속하는 달로부터 그 이전 1년 동안의 신용카드등 매출액의 합계액이 2억 2천 5백만원을 초과하는 경우 대형가맹점으로 본다(감독규정25의7②).

(다) 연간매출액 의제

제1항 내지 제2항에 따라 직전 연도 1년 동안의 매출액을 산정하는 경우 제25조의5 제4항 및 제5항을 준용한다(감독규정25의7③).

(라) 우월적 지위 이용 금지

대형가맹점은 거래상의 우월적 지위를 이용하여 ⅰ) 신용카드업자에게 부당하게 낮은 가맹점수수료율을 정할 것을 요구하는 행위(제1호), ⅱ) 신용카드와 관련한 거래를 이유로 부당하게 보상금, 사례금 등 명칭 또는 방식 여하를 불문하고 대가("보상금등")를 요구하거나 받는 행위(제2호)를 하여서는 아니 된다(법18의3④).

(마) 대형신용카드가맹점 공시

금융위원회는 매년 대형 신용카드가맹점을 공시할 수 있다(영6의14②). 여신전문금융업협회장은 대형가맹점의 기준 요건을 충족하는 법인을 매년 1월 31일과 7월 31일까지 인터넷 홈페이지 등을 이용하여 2회 공시하여야 한다(감독규정25의7④).

(바) 여신전문금융업협회장의 확인의무

여신전문금융업협회장은 신용카드업자와 부가통신업자가 자신과 거래하거나 거래하고자 하는 신용카드가맹점이 대형가맹점인지 여부에 대한 확인을 요청하는 경우에는 즉시 확인해 주어야 한다(감독규정25의7⑤).

(7) 위반시 제재

법 제18조의3 제4항 제2호를 위반한 자는 5년 이하의 징역 또는 3천만원 이하의 벌금에 처한다(법70②). 법 제18조의3 제4항 제1호를 위반한 자는 1년 이하의 징역 또는 1천만원 이하의 벌금에 처한다(법70④(3의2)).

9. 가맹점수수료율의 조정요구 등

금융위원회는 신용카드업자와 신용카드가맹점이 법 제18조의3(가맹점수수료율의 차별금지 등) 제1항(신용카드업자의 부당한 차별금지)·제3항(우대수수료율 적용) 또는 제4항(대형가맹점의 우월적 지위 이용금지)을 위반하는 경우 이를 조정하도록 요구하거나 관계기관 통보 등 필요한 조치를 할 수 있다(법18의4).

10. 가맹점계약의 해지

(1) 법률상 해지사유

신용카드업자는 신용카드가맹점이 제19조 또는 제20조 제1항을 위반하여 형을 선고받거나 관계 행정기관으로부터 같은 규정의 위반사실에 대하여 서면통보를 받는 등 대통령령으로 정하는 사유에 해당하는 경우에는 특별한 사유가 없으면 지체 없이 가맹점계약을 해지하여야 한다(법21).

이에 따라 신용카드업자는 ⅰ) 신용카드가맹점이 법 제19조(가맹점의 준수사항) 제4항·제5항 또는 제20조(매출채권의 양도금지 등) 제1항을 위반하여 형을 선고받은 경우, ⅱ) 신용카드가맹점이 법 제19조 제1항·제4항·제5항·제7항 및 제20조 제1항을 위반한 사실에 관하여 세무관서로부터 서면통보를 받은 경우, ⅲ) 신용카드가맹점이 법 제19조 제3항을 위반하여 과태료를 부과받은 사실에 관하여 금융위원회로부터 서면통보를 받은 경우(다만, 신용카드가맹점이 서면통보를 받은 이후 1개월 이내에 위반 사유를 해소한 경우는 제외), ⅳ) 세무관서로부터 신용카드가맹점의 폐업사실을 서면으로 통보받은 경우에는 신용카드가맹점과 체결한 가맹점계약을 해지하여야 한다(법21, 영6의17, 시행규칙4).

(2) 표준약관상 해지사유

신용카드가맹점 표준약관("표준약관")에 의하면 카드사는 가맹점에 ⅰ) 가맹점 신청서류의 기재사항을 허위로 작성한 경우, ⅱ) 제15조 제2항에서 정한 가맹점의 고의 또는 중대한 과실로 카드사 또는 회원에게 상당한 손해가 발생한 경우, ⅲ) 거래한 회원으로부터 민원이 빈발하거나 1년 이상 카드거래가 없어 가맹점으로 부적당하다고 인정되는 경우, ⅳ) 카드사가 신용판매대금에 대하여 압류명령이나 체납처분 압류통지 등 기타의 방법에 의한 강제집행이나 체납처분을 송달받은 경우, ⅴ) 가맹점의 연체정보가 신용정보기관에 등록되는 등의 사유로 가맹점의 신용상태가 현저히 악화된 경우, ⅵ) 가맹점이 채무자회생법의 회생신청, 파산신청 또는 어음교환소의 거래정지처분 및 이에 준하는 경영상 변동이 발생한 경우 및 가맹점과 연락이 불가한 경우, ⅶ) 여신전문금융업법 등 관계법령 또는 이 약관을 위반하여 계약의 목적달성이 어려운 경우 가맹점자격을 일시적으로 정지하거나 가맹점계약을 해지할 수 있다(표준약관17①).

11. 가맹점 모집·이용방식의 제한

(1) 겸영여신업자의 신용카드가맹점의 범위

신용카드업의 등록을 한 겸영여신업자가 모집할 수 있는 신용카드가맹점의 범위는 ⅰ) 해당 겸영여신업자의 영업장에서 영업행위를 하는 사업자, ⅱ) 해당 겸영여신업자와 판매대리점 계약을 체결한 사업자, ⅲ) 경영위탁계약 등에 따라 해당 겸영여신업자의 상호, 상표 및 경영기법을 도입하여 영업하는 사업자이다(법23①, 영7).

(2) 신용카드가맹점의 공동이용

금융위원회는 신용카드 이용의 편의와 신용카드업자의 업무 효율화를 위하여 신용카드업자(겸영여신업자 제외)에 대하여 다른 신용카드업자의 매출전표를 상호 매입하거나 접수 및 대금지급을 대행하는 등의 방법으로 신용카드가맹점을 공동으로 이용할 것을 명할 수 있다(법23②). 금융위원회는 신용카드가맹점을 공동으로 이용하도록 명하는 경우에는 가맹점수수료율이 각 신용카드업자에 의하여 자율적으로 결정되고 신용카드업자 간에 지급되는 대가가 적정한 수준으로 결정되도록 하는 등 신용카드업자 간의 공정한 경쟁이 제한되지 아니하도록 하여야 한다(법23③).

Ⅳ. 신용카드회원과 신용카드가맹점 간의 관계

1. 매매계약(신용카드회원과 신용카드가맹점)

신용카드거래에서 구매자와 가맹점의 법률관계는 기본적으로 일반적인 매매계약 또는 용역 제공계약이나, 동 계약에 신용카드 사용 계약이 혼재된 계약을 맺게 된다. 양 계약이 시차가 발생되는 경우도 있으나 통상의 카드거래 구매에서는 양 계약이 동시에 체결된다. 양 계약을 동시에 체결하는 통상의 경우 가맹점은 신용카드회원에 대하여 매출전표의 서명과 물품 및 용역의 제공 관계에서 동

시이행의 항변권이 인정되나, 이용대금의 청구에서 신용카드발행회사에 대해서
는 이러한 권리가 인정되지 아니하는 특수한 매매계약의 성질을 갖는다고 볼 수
있다. 신용카드회원이 현금 없이 물품 및 용역을 제공받을 수 있는 것은 가맹점
이 가맹점계약에 따른 의무를 이행하기 때문이다. 회원과 가맹점 간의 관계에서
는 특히 가맹점이 신용카드 사용을 거부할 수 있는지와 신용카드로 결제할 경우
가격을 달리 정할 수 있는지가 중요하다.[29]

2. 가맹점의 준수사항

(1) 신용카드가맹점의 준수사항
(가) 신용카드결제 거절 금지의무 및 차별금지의무

신용카드가맹점은 신용카드로 거래한다는 이유로 신용카드결제를 거절하거
나 신용카드회원을 불리하게 대우하지 못한다(법19①).[30] 신용카드로 결제하는
경우와 현금으로 결제하는 경우를 구별하여 가격을 다르게 받는 신용카드가맹점
이 있는데, 이러한 행위는 신용카드회원을 불리하게 대우하는 것으로 처벌의 대
상이 된다.

---

29) 석일홍(2018), 78쪽.
30) 헌법재판소 2014. 3. 27. 선고 2011헌마744 전원재판부[여신전문금융업법 제19조 제1항
위헌확인](이 사건 법률조항은 국민의 금융편의를 도모하고 거래의 투명화를 통한 탈세를
방지함으로써 국민경제의 발전에 이바지하기 위한 것으로 입법목적이 정당하다. 그리고
신용카드가맹점에 대하여 신용카드 수납의무 및 차별금지의무를 부과하는 것은 입법목적
달성에 효과적인 수단이므로 수단의 적합성도 인정된다. 신용카드가맹점 계약에 관한 세
법상의 규율에도 불구하고, 사업자는 그 의사에 따라 신용카드가맹점으로 편입된 것이고,
거래 편의, 매출기회 확보를 위해 신용카드 수납의무 및 차별금지의무를 수인한 것으로
볼 수 있다. 가맹점수수료에 대한 지속적인 인하 정책, 2012년 3월 중소신용카드가맹점에
대한 우대수수료율제도 등의 도입, 일정 요건을 갖춘 소규모 사업자들에 대한 카드매출액
세액공제제도 등을 고려하면, 이 사건 법률조항은 침해의 최소성 원칙에도 반하지 아니한
다. 아울러 이 사건 법률조항에 의하여 달성하려는 공익은 신용카드가맹점이 영업활동을
함에 있어 결제수단을 자유로이 선택하지 못하거나 결제수단별로 차별취급하지 못함으로
인하여 제한되는 사익보다 중대하므로 이 사건 법률조항은 법익의 균형성도 갖추고 있다.
그러므로 이 사건 법률조항은 과잉금지원칙에 반하여 직업수행의 자유를 침해하지 아니
한다).

(나) 본인확인의무

1) 의의 및 제도적 취지

신용카드가맹점은 신용카드로 거래를 할 때마다 그 신용카드를 본인이 정당하게 사용하고 있는지를 확인하여야 한다(법19②). 이는 분실 또는 도난된 신용카드의 부정사용을 방지하기 위한 것이다. 본인확인의무 위반시 신용카드가맹점이 형사적 처벌을 받는 것은 아니지만, 본인확인은 법적 의무일 뿐만 아니라 신용카드회사와의 가맹점계약에 따른 의무이기도 하다.[31]

2) 가맹점의 본인확인방법

신용카드업자는 신용카드가맹점과 계약체결 등을 통하여 신용카드가맹점이 신용카드에 의한 거래를 할 때마다 신용카드상의 서명과 매출전표 상의 서명이 일치하는지를 확인하는 방법, 비밀번호 입력장치 등을 통해 비밀번호 등을 입력하는 방법 또는 여신전문금융업협회장이 정하는 기준에 적합한 인증수단 등을 통해 신용카드 이용자의 생체정보를 확인하는 방법 등의 방법을 통해 본인확인을 하도록 하여야 한다(감독규정24의6① 본문). 다만, 전자상거래의 경우 신용카드업자는 가맹점이 전자인증, 비밀번호 등을 통해 본인확인을 할 수 있도록 하여야 한다(감독규정24의6① 단서).

3) 본인확인의무의 면제

신용카드에 의한 거래금액이 5만원 이하로서 신용카드업자가 신용카드의 부정사용에 따른 책임을 부담하기로 신용카드가맹점에 통지한 경우에는 본인확인을 하지 아니하게 할 수 있다(감독규정24의6②).

즉 카드회사가 특정 가맹점에 "부정사용에 따른 책임을 신용카드회사가 부담할테니 5만원 이하의 거래에 대해서는 본인확인할 필요가 없다"는 통지를 하는 경우에는 해당 가맹점은 본인확인 의무가 면제된다. 통상의 대면거래에서 본인확인은 서명을 통해서 이루어지고 있는데, 동 조항에 따라 본인확인의무가 면

---

31) 대법원 1991. 4. 23. 선고 90다15129 판결(남자 회원의 신용카드를 부정사용한 자가 여자인 경우에 있어 카드 앞면의 회원 주민등록번호 뒷부분의 첫 숫자가 1이면 남자를 의미하므로 가맹점이 카드의 앞면을 살펴보기만 하면 카드상의 회원이 남자임을 알 수 있어 위여자가 그 카드의 회원이 아님을 쉽게 판별할 수 있는데도 가맹점의 직원들이 상품판매에만 급급하여 카드의 이용자가 회원 본인인지를 제대로 확인하지 아니한 가맹점의 과실을 참작하여 회원의 책임을 감액한 원심의 조치는 정당하다).

제되면 서명할 필요가 없으므로 동 제도를 "무서명제도"라고도 부른다.32) 이 제도의 취지는 가맹점수수료 인하를 위하여는 카드회사가 밴사에 지급하는 밴수수료의 절감이 필요하고 밴수수료의 절감을 위해서는 밴사가 수행하는 종이 전표 수거(서명패드에 의하는 경우 전자식 서명 수거) 작업을 없앨 필요가 있기 때문이다.

4) 내부관리규정 마련과 보안대책 수립

법 제24조 제7호에 따라 신용카드업자는 신용정보법 제20조 제1항에서 정하는 내부관리규정을 마련하고 신용카드가맹점으로 하여금 신용카드등의 거래에 의해 얻은 신용카드회원등의 제반 정보(결제대행업체가 신용카드회원등으로부터 직접 수집·저장한 신용카드등에 관한 정보는 제외)가 업무 외의 목적에 사용되거나 외부에 유출되는 등의 위험에 대해 처분·소거 또는 폐기 등 기술적·물리적 보안대책을 수립하도록 하여야 한다(감독규정24의6③).

(다) 등록된 단말기 사용의무

신용카드가맹점은 신용카드회원의 정보보호를 위하여 금융위원회에 등록된 신용카드 단말기를 설치·이용하여야 한다(법19③).

(라) 가맹점수수료 부담금지의무

신용카드가맹점은 가맹점수수료를 신용카드회원이 부담하게 하여서는 아니된다(법19④).

(마) 가장거래행위 금지의무

1) 금지의무의 내용

신용카드가맹점은 ⅰ) 물품의 판매 또는 용역의 제공 등이 없이 신용카드로 거래한 것처럼 꾸미는 행위(제1호), ⅱ) 신용카드로 실제 매출금액 이상의 거래를 하는 행위(제2호), ⅲ) 다른 신용카드가맹점의 명의를 사용하여 신용카드로 거래하는 행위(제3호), ⅳ) 신용카드가맹점의 명의를 타인에게 빌려주는 행위(제4호), ⅴ) 신용카드에 의한 거래를 대행하는 행위(제5호)를 하여서는 아니 된다(법19⑤ 본문).

---

32) 석일홍(2018), 183쪽.

2) 물품의 판매 또는 용역의 제공 등이 없이 신용카드로 거래한 것처럼 꾸미는
   행위(제1호)

이러한 행위는 속칭 "카드깡"이라는 용어로 알려져 있다. 통상 신용카드가맹점이 긴급자금을 필요로 하는 신용카드회원에게 금전대출을 하면서 마치 신용카드로 물품을 판매한 것처럼 허위 신용카드매출전표를 작성하고 신용카드회사에 대금을 청구하여 가맹점 대금을 입금받는 행태로 행해진다.

보통 가장거래가 행하여질 때에 신용카드가맹점은 고리의 이자 및 수수료를 공제한 일정액을 신용카드회원에게 대출해주면서 신용카드가맹점 명의의 신용카드 매출전표에 대출금과 이자·수수료를 합산한 금액을 기재하여 거래를 발생, 신용카드회사로부터 매출대금을 지급받는 방법을 사용한다. 이러한 가장거래행위는 일반적인 신용카드가맹점에서의 거래뿐만 아니라 인터넷전자상거래를 이용한 경우에도 금지하고 있다. 이러한 행위는 건전한 금융질서를 저해하는 결과를 초래하므로 법에서 엄격히 금지하고 있다. 이를 위반한 경우 형사처벌하고 있다.

3) 신용카드로 실제 매출금액 이상의 거래를 하는 행위(제2호)

예를 들어 실제 거래금액은 50만원인데, 마치 100만원의 거래가 있었던 것처럼 가장하여 신용카드거래를 일으키고 매출전표를 작성하는 경우이다. 이러한 행위는 신용카드회원에게 금전대출을 위한 수단으로 이용되고 있다. 이를 위반한 경우 형사처벌하고 있다.

4) 다른 신용카드가맹점의 명의를 사용하여 신용카드로 거래하는 행위(제3호) 및
   신용카드가맹점의 명의를 타인에게 빌려주는 행위(제4호),

예를 들어 A라는 신용카드가맹점에서 카드거래가 발생하였으나 B라는 신용카드가맹점에서 거래가 발생한 것처럼 매출전표를 작성하는 경우, A는 다른 신용카드가맹점 명의로 신용카드거래를 한 것이고, B는 자신의 신용카드가맹점 명의를 A에게 빌려준 것이다. 이는 주로 세율이 높은 업종을 운영하는 가맹점주가 탈세의 수단으로 세율이 낮은 업종을 운영하는 가맹점주와 공모하여 이루어지는 경우가 많다. 이 경우 신용카드가맹점 명의를 빌려준 B는 1년 이하의 징역 또는 1천만원 이하의 벌금형(법70④(6))에, 다른 신용카드가맹점 명의로 신용카드거래를 한 A는 3년 이하의 징역 또는 2천만원 이하의 벌금형(법70③(3))에

처한다.

(2) 대형가맹점의 부가통신업자에 대한 부당한 보상금 등 요구·수령 금지

대형가맹점 및 ⅰ) 대형가맹점이 개인인 경우는 대표자의 배우자(사실상의 혼인관계에 있는 사람을 포함), ⅱ) 대형가맹점이 법인인 경우는 대주주 또는 임원, 계열회사와 계열회사의 대주주 또는 임원 등은 신용카드부가통신서비스 이용을 이유로 부가통신업자에게 부당하게 보상금등을 요구하거나 받아서는 아니 된다 (법19⑥, 영6의15).

밴(VAN)사가 대형가맹점에게 보상금을 지급하는 경우 해당 비용을 카드회사로부터 받는 수수료로써 보전하게 되고, 카드회사는 다시 가맹점수수료에 전가할 수밖에 없어, 결국 가맹점수수료 인상요인이 된다. 또한 이러한 보상금은 대형가맹점에게만 집중될 수밖에 없어, 대형가맹점과 중소영세가맹점 간 경쟁력 차이를 불러오게 되므로 이를 금지한 것이다.33)

보상금 요구·수령 금지는 대형가맹점이 직접 요구·수령한 경우뿐 아니라, 대형가맹점의 대리인 사용인, 종업원이 요구·수령한 경우 이들에게도 적용된다 (법71 본문). 이 경우 해당 가맹점(개인가맹점의 경우 가맹점주, 법인가맹점의 경우 해당 법인)도 같이 처벌됨이 원칙이나, 그 위반행위를 방지하기 위하여 상당한 주의와 감독을 게을리하지 아니한 경우에는 해당 가맹점은 처벌되지 않는다(법71 단서).

(3) 결제대행업체의 준수사항

(가) 결제대행업체의 금지의무

결제대행업체(PG사)에게는 ⅰ) 물품을 판매하거나 서비스를 제공하지 않고 신용카드에 의한 거래가 있는 것처럼 가장하는 행위, ⅱ) 신용카드가맹점 명의를 타인에게 빌려주는 행위, ⅲ) 신용카드에 의한 거래를 대행하는 행위를 적용하지 않는다(법19⑤ 단서).

PG사는 업무 성격상 사고의 개연성이 높기 때문에 보다 엄격한 감독이 필요하므로 법에서 별도의 준수사항을 정하고 있다. 즉 결제대행업체는 ⅰ) 물품의 판매 또는 용역의 제공 등을 하는 자의 신용정보 및 신용카드등에 따른 거래를

---

33) 석일홍(2018), 153쪽.

대행한 내용을 신용카드업자에게 제공하여야 하고,[34] ii) 물품의 판매 또는 용역의 제공 등을 하는 자의 상호 및 주소를 신용카드회원등이 알 수 있도록 하여야 하며,[35] iii) 신용카드회원등이 거래 취소 또는 환불 등을 요구하는 경우 이에 따라야 하고,[36] iv) 그 밖에 신용카드회원등의 신용정보보호 및 건전한 신용카드거래를 위하여 대통령령으로 정하는 사항을 지켜야 한다(법19⑦).

(나) 결제대행업체의 손해배상책임

결제대행업체가 카드회원등으로부터 직접 수집·저장한 신용카드등에 관한 정보가 업무 외의 목적에 사용되거나 외부에 유출되는 등으로 인해 카드회원등이 손해를 입을 경우 결제대행업체는 해당 카드회원등에게 손해배상의 책임을 진다(감독규정24의6④).

(4) 위반시 제재

(가) 형사제재

법 제19조 제6항을 위반한 자는 5년 이하의 징역 또는 3천만원 이하의 벌금에 처한다(법70②).

법 제19조 제5항 제3호를 위반하여 다른 신용카드가맹점의 명의를 사용하여 신용카드로 거래한 자(3호),[37] 제19조 제5항 제5호를 위반하여 신용카드에 의

---

34) PG사는 물품의 판매 또는 용역의 제공 등을 하는 자(PG사와 신용카드거래 대행계약을 맺은 하위가입점 또는 하위가맹점)의 신용정보 및 신용·직불·선불카드에 의한 거래의 대행 내역을 신용카드회사에 제출하여야 한다.

35) PG사는 하위가입점(인터넷쇼핑몰)의 상호 및 주소를 신용·직불카드회원 또는 선불카드 소지자가 알 수 있도록 표시하여야 한다.

36) PG사는 신용·직불카드회원 및 선불카드 소지자가 주문·취소·환불 등을 요구할 경우에는 이에 응할 의무가 있다.

37) 대법원 2012. 1. 12. 선고 2011도2158 판결(구 여신전문금융업법(2009. 2. 6. 법률 제9459호로 개정되기 전의 것. 이하 같다) 제70조 제2항 제4호, 제19조 제4항 제3호 위반죄는 신용카드가맹점이 다른 신용카드가맹점 명의로 신용카드에 의한 거래를 하는 경우에 성립한다. 원심은, 피고인이 "나르샤골프스쿨"이라는 신용카드가맹점을 운영하는 이○○과 함께 2008. 12. 1.경부터 위 신용카드가맹점 명의로 허위 매출전표를 작성하여 자금을 융통하여 왔던 사실 등 그 판시와 같은 사정에 비추어 보면, 피고인이 공소사실 기재와 같이 위 신용카드가맹점 명의를 이용한 행위가 신용카드가맹점이 다른 신용카드가맹점 명의로 신용카드에 의한 거래를 한 경우에 해당한다고 보기 어렵다는 취지에서, 이 부분 공소사실을 무죄로 판단한 제1심판결을 그대로 유지하고 있다. 위 법리와 기록에 비추어 살펴보면, 원심의 판단은 정당하고, 거기에 상고이유로 주장하는 바와 같은 구 여신전문금융업법 제70조 제2항 제4호, 제19조 제4항 제3호 위반죄에 관한 법리오해 등의 위법이 없다).

한 거래를 대행한 자(4호)[38]는 3년 이하의 징역 또는 2천만원 이하의 벌금에 처한다(법70③).

법 제19조 제1항을 위반하여 신용카드로 거래한다는 이유로 물품의 판매 또는 용역의 제공 등을 거절하거나 신용카드회원을 불리하게 대우한 자(4호), 제19조 제4항을 위반하여 가맹점수수료를 신용카드회원이 부담하게 한 자(5호), 제19조 제5항 제4호를 위반하여 신용카드가맹점의 명의를 타인에게 빌려준 자(6호)[39]는 1년 이하의 징역 또는 1천만원 이하의 벌금에 처한다(법70④).

(나) 과태료

법 제19조 제3항·제7항을 위반한 자에게는 5천만원 이하의 과태료를 부과한다(법72①(5)).

3. 수납대행가맹점의 준수사항

(1) 수납대행가맹점의 의의

"수납대행가맹점"이란 신용카드업자와의 별도의 계약에 따라 다른 신용카드가맹점을 위하여 신용카드등에 의한 거래에 필요한 행위로서 ⅰ) 신용카드에 의

---

38) 대법원 2016. 9. 8. 선고 2016도9740 판결(원심이 유지한 제1심이 적법하게 채택한 증거들에 의하면, 피고인은 속칭 카드깡 조직의 공범들과 공모하여 위장 신용카드가맹점을 개설하고 그 가맹점의 신용카드 단말기를 유흥주점 등 업주에게 제공한 다음, 유흥주점 등에서 그 단말기를 통하여 신용카드 결제가 이루어지면 결제대금 상당액에서 일정 수수료를 공제한 금액을 곧바로 그 업주에게 지급하고 자신은 추후 신용카드업자로부터 입금되는 신용카드대금을 지급받은 사실을 알 수 있다. 이러한 피고인의 행위는 자신이 신용카드회원에게 물품의 판매 또는 용역의 제공 등을 하지 아니하였으면서 이를 한 신용카드가맹점을 대신하여 신용카드회원과 사이에 신용카드에 의한 거래를 행한 것으로서 구 여신전문금융업법(2015. 1. 20. 법률 제13068호로 개정되기 전의 것, 이하 같다) 제19조 제4항 제5호의 "신용카드에 의한 거래를 대행하는 행위"에 해당한다. 따라서 원심이 이 사건 공소사실 중 여신전문금융업법위반의 점이 유죄로 인정된다고 판단한 것은 정당하고, 거기에 상고이유의 주장과 같이 구 여신전문금융업법 제19조 제4항 제5호의 "신용카드에 의한 거래를 대행하는 행위" 또는 제70조 제2항 제4호의 "신용카드에 의한 거래를 대행한 자"에 관한 법리를 오해하는 등의 위법이 없다).

39) 대법원 2016. 4. 29. 선고 2014도9050 판결(구 여신전문금융업법(2010. 3. 12. 법률 제10062호로 개정되기 전의 것, 이하 "여신전문금융업법"이라고 한다) 제19조 제4항 제4호가 정하는 "신용카드가맹점의 명의를 타인에게 빌려주는 행위"는 여신전문금융업법의 목적과 전체적인 규정취지에 비추어 신용카드가맹점 명의로 거래가 이루어지게 된 동기 및 경위, 명의대여의 반복, 계속된 정도와 기간 등에 비추어 신용카드가맹점 명의자가 아닌 자가 실질적인 신용카드가맹점 주체라고 볼 수 있는 정도에 이르러야 한다).

한 거래시 그 신용카드를 본인이 정당하게 사용하고 있는지를 확인하는 행위,
ii) 신용카드에 의한 거래시 신용카드회원이 제시하는 신용카드의 전자금융거래
정보를 신용카드업자에게 전송하기 위하여 「전자금융거래법」 제2조 제8호에 따
른 전자적 장치를 이용하는 행위를 대행하는 신용카드가맹점을 말한다(법2(5의2),
영1의2③).

예를 들어 편의점과 같이 접근성이 쉬운 가맹점이 지방자치단체·대학교와
의 계약을 통해 공과금, 대학등록금을 수납대행하는 경우를 말한다. 이 경우 편
의점에서 신용카드로 결제를 하여도 해당 점포명 및 해당 점포의 가맹점번호가
아닌 지방자치단체·대학교 등의 명의, 가맹점번호로 신용카드결제가 이루어지
게 된다.[40]

(2) 준수사항

수납대행가맹점의 경우에는 i) 다른 신용카드가맹점의 명의를 사용하여 신
용카드로 거래하는 행위, ii) 신용카드에 의한 거래를 대행하는 행위를 적용하지
않는다(법19⑤ 단서). 적용하지 않는 행위는 대행하는 행위에 한한다.

수납대행가맹점은 i) 신용카드회원등의 신용정보 등이 업무 외의 목적에
사용되거나 외부에 유출되게 하지 아니하여야 하고, ii) 신용카드를 본인이 정당
하게 사용하고 있는지를 확인하여야 하며, iii) 시행령 제1조의2 제3항 각 호의
어느 하나에 해당하는 사항("수납")을 대행한 내역 및 수납을 위탁한 신용카드가
맹점의 신용정보를 신용카드업자에게 제출하여야 하고, iv) 수납을 위탁한 신용
카드가맹점의 상호 및 주소를 신용카드회원등(법 제2조 제5호 가목의 신용카드회원
등)이 알 수 있도록 하여야 하며, v) 신용카드회원등이 거래 취소 또는 환불 등
을 요구할 경우 이에 따라야 하고, vi) 수납대행가맹점, 신용카드업자 및 수납을
위탁한 신용카드가맹점 상호간에 신용카드회원등의 신용정보 전송·처리를 위하
여 이용되는 정보통신망 및 제1조의2 제3항 제2호에 따른 전자적 장치의 안전성
과 신뢰성을 확보하기 위하여 금융위원회가 정하여 고시하는 사항을 준수하여야
한다(법19의2, 영6의16).

---

40) 석일홍(2018), 82쪽.

(3) 위반시 제재

법 제19조의2를 위반한 자에게는 5천만원 이하의 과태료를 부과한다(법72①(5)).

제3절 시설대여업자(리스회사)

Ⅰ. 서설

1. 의의

시설대여업자(리스회사)란 시설대여업(리스업)에 대하여 금융위원회에 등록한 자로서(법2(10의2)) 시설대여(리스) 방식으로 기업 설비자금을 공급하는 금융기관이다. 시설대여업이란 "시설대여"(리스)를 업으로 하는 것을 말한다(법2((9)).

여신전문금융업법은 시설대여거래의 사법(私法)상 법리를 규율하기 위해 입법된 것이 아니라 시설대여업에 대한 금융감독이나 규제의 목적에서 입법된 것이므로 사법(私法)적 문제에 대한 전반적인 해결수단이 되지 못한다. 그러나 여신전문금융업법 이외에는 특별히 이를 규율하는 법이 없다. 따라서 실무상으로는 대부분 시설대여업자(리스회사)가 작성한 약관에 의하여 계약이 체결된다.

2. 리스회사의 업무

리스회사는 시설대여업과 연불판매업무를 취급하고 있다(법28). 이에 관하여는 앞에서 살펴보았다.

Ⅱ. 리스이용자의 의무와 책임에 관한 특례규정

여신전문금융업법은 리스물건의 소유권은 리스회사에 있음에도 불구하고 리스회사가 부담할 각종 의무와 책임을 리스이용자가 부담하는 특례규정을 두고 있다.

1. 대외무역법상의 특례

시설대여업자(리스회사)가 시설대여등(리스)을 한 특정물건이 외화획득용 시설기재인 경우에는 대여시설이용자(리스이용자)가 대외무역법 제16조[41] 제3항 본문에 따른 "그 수입에 대응하는 외화획득"을 하여야 한다(법30).

2. 의무이행상의 특례

대여시설이용자(리스이용자)가 특정물건의 시설대여등을 받아 사용하는 경우에는 다른 법령에 따라 특정물건의 소유자에게 부과되는 검사 등 그 물건의 유지·관리에 관한 각종 의무를 대여시설이용자(리스이용자)가 당사자로서 이행하여야 한다(법34①). 이에 따른 의무를 지게 된 시설대여업자는 지체 없이 이를 대여시설이용자에게 알려야 한다(법34②).

3. 자동차 등의 손해배상책임

대여시설이용자(리스이용자)가 건설기계나 차량의 시설대여 등을 받아 운행하면서 위법행위로 다른 사람에게 손해를 입힌 경우에는 자동차손해배상보장법 제3조[42]를 적용할 때 시설대여업자(리스회사)를 자기를 위하여 자동차를 운행하

---

41) 대외무역법 제16조(외화획득용 원료·기재의 수입 승인 등) ① 산업통상자원부장관은 원료, 시설, 기재(機材) 등 외화획득을 위하여 사용되는 물품등("원료·기재")의 수입에 대하여는 제11조 제6항을 적용하지 아니할 수 있다. 다만, 국산 원료·기재의 사용을 촉진하기 위하여 필요한 경우에는 그러하지 아니하다.
② 산업통상자원부장관은 제1항에 따른 원료·기재의 범위, 품목 및 수량을 정하여 공고할 수 있다.
③ 제1항에 따라 원료·기재를 수입한 자와 수입을 위탁한 자는 그 수입에 대응하는 외화획득을 하여야 한다. 다만, 제17조에 따라 산업통상자원부장관의 승인을 받은 경우에는 그러하지 아니하다.
42) 자동차손해배상 보장법 제3조(자동차손해배상책임) 자기를 위하여 자동차를 운행하는 자는 그 운행으로 다른 사람을 사망하게 하거나 부상하게 한 경우에는 그 손해를 배상할 책임을 진다. 다만, 다음 각 호의 어느 하나에 해당하면 그러하지 아니하다.
 1. 승객이 아닌 자가 사망하거나 부상한 경우에 자기와 운전자가 자동차의 운행에 주의를 게을리 하지 아니하였고, 피해자 또는 자기 및 운전자 외의 제3자에게 고의 또는 과실이 있으며, 자동차의 구조상의 결함이나 기능상의 장해가 없었다는 것을 증명한 경우

는 자로 보지 아니한다(법35).[43]

Ⅲ. 리스이용자의 자격요건과 리스회사 자격 의제 특례규정

물건의 실질적인 사용자가 리스이용자라는 점에 착안하여 리스이용자가 관련법령상 자격요건을 구비한 경우 리스회사가 이를 구비한 것으로 의제하는 특례규정을 두고 있다.

1. 각종 자금의 이용

대여시설이용자(리스이용자)가 기업의 설비투자를 지원하기 위하여 운용되는 자금의 융자대상자인 경우에는 시설대여업자(리스회사)가 그 대여시설이용자(리스이용자)를 위하여 그 자금을 융자받아 특정물건을 취득하거나 대여받아 시설대여 또는 연불판매("시설대여등")를 할 수 있다(법28).

자금을 융자받으려는 시설대여업자(리스회사)는 대여시설이용자(리스이용자)가 그 자금의 융자대상자임을 증명하는 서류와 시설대여등(리스)의 계약서를 융자취급기관에 제출하여야 한다(영10①). 이 경우 시설대여업자(리스회사)는 융자취급기관과 협의하여 융자금액 및 사용조건등을 포괄적으로 정하는 방식으로 융자를 받을 수 있다(영10②).

---

2. 승객이 고의나 자살행위로 사망하거나 부상한 경우
43) 대법원 2000. 10. 27. 선고 2000다40025 판결(특정물건의 소유권은 시설대여회사에게 남겨두고 시설이용자에게 일정 기간 대여하는 방식을 통하여 담보의 목적을 달성하고자 하는 시설대여(리스)의 특성과 시설대여산업을 육성하고자 하는 구 시설대여업법(1997. 8. 28. 법률 제5374호 여신전문금융업법 부칙 제2조로 폐지)의 입법취지를 염두에 두고 같은 법 제13조의2 제1항, 제13조의3 제1항, 제13조의4, 자동차관리법 제6조, 제8조 제1항, 자동차등록령 제18조의 각 조항들을 종합하여 보면, 차량의 시설대여의 경우에도 대여 차량의 소유권은 시설대여회사에 유보되어 있음을 전제로 하고, 다만 현실적·경제적 필요에 따라 차량의 유지·관리에 관한 각종 행정상의 의무와 사고발생시의 손해배상책임은 시설대여이용자로 하여금 부담하도록 하면서 그 편의를 위하여 차량등록을 소유자인 시설대여회사 아닌 시설대여이용자 명의로 할 수 있도록 자동차관리법에 대한 특례규정을 둔 것으로 해석함이 상당하고, 따라서 구 시설대여업법(1997. 8. 28. 법률 제5374호 여신전문금융업법 부칙 제2조로 폐지) 제13조의2에 의하여 시설대여이용자의 명의로 등록된 차량에 대한 소유권은 대내적으로는 물론 대외적으로도 시설대여회사에게 있는 것으로 보아야 한다).

2. 의료기기법상의 특례

시설대여업자(리스회사)는 시설대여등(리스)의 목적으로 수입하는 특정물건인 의료기기에 대하여 보건복지부장관이 지정하는 자의 시설과 기구를 이용하여 시험검사를 하는 경우에는 의료기기법 제15조 제4항[44])에도 불구하고 그 의료기기를 수입할 수 있다(법31①). 이에 따라 시설대여업자(리스회사)는 수입한 특정물건인 의료기기를 의료기기법 제17조 제1항[45])에도 불구하고 신고하지 아니하고 양도할 수 있다(법31②).

특정물건인 의료기기를 수입하기 위하여 약사법 제42조 제1항[46])에 따른 허가를 받거나 신고를 하려는 시설대여업자(리스회사)는 신청서나 신고서에 시설대여등의 계약서를 첨부하여야 한다(영11).

---

44) 의료기기법 제15조(수입업허가 등) ① 의료기기의 수입을 업으로 하려는 자는 식품의약품안전처장의 수입업허가를 받아야 한다.
② 제1항에 따라 수입업허가를 받은 자("수입업자")는 수입하려는 의료기기에 대하여 다음의 구분에 따라 수입허가 또는 수입인증을 받거나 수입신고를 하여야 한다.
1. 인체에 미치는 잠재적 위해성이 낮아 고장이나 이상이 발생하더라도 생명이나 건강에 위해를 줄 우려가 거의 없는 의료기기로서 식품의약품안전처장이 정하여 고시하는 의료기기: 품목류별 수입허가, 수입인증 또는 수입신고
2. 제1호 외의 의료기기: 품목별 수입허가, 수입인증 또는 수입신고
③ 제1항에 따른 수입업허가를 신청할 때에는 제2항 각 호에 따른 1개 이상의 수입허가 또는 수입인증을 함께 신청하거나 1개 이상의 수입신고를 함께 하여야 한다.
④ 제1항에 따라 수입업허가를 받으려는 자 및 제2항에 따라 수입허가 또는 수입인증을 받거나 수입신고를 하려는 자는 총리령으로 정하는 바에 따라 품질검사를 위하여 필요한 시설과 제조 및 품질관리체계를 미리 갖추어 허가 또는 인증을 신청하거나 신고하여야 한다. 다만, 품질관리를 위한 시험을 위탁하는 등 총리령으로 정하는 경우에는 그러하지 아니하다.
45) 의료기기법 제17조(판매업 등의 신고) ① 의료기기의 판매를 업으로 하려는 자("판매업자") 또는 임대를 업으로 하려는 자("임대업자")는 영업소마다 총리령으로 정하는 바에 따라 영업소 소재지의 특별자치시장·특별자치도지사·시장·군수·구청장(자치구의 구청장)에게 판매업신고 또는 임대업신고를 하여야 한다.
46) 약사법 제42조(의약품등의 수입허가 등) ① 의약품등의 수입을 업으로 하려는 자는 총리령으로 정하는 바에 따라 식품의약품안전처장에게 수입업 신고를 하여야 하며, 총리령으로 정하는 바에 따라 품목마다 식품의약품안전처장의 허가를 받거나 신고를 하여야 한다. 허가받은 사항 또는 신고한 사항을 변경하려는 경우에도 또한 같다.

3. 행정처분상의 특례

시설대여업자(리스회사)가 시설대여등(리스)의 목적으로 특정물건을 취득·수입하거나 대여받으려는 경우에 앞서 본 대외무역법상의 특례와 의료기기법상의 특례 외에 법령에 따라 받아야 할 허가·승인·추천, 그 밖에 행정처분에 필요한 요건을 대여시설이용자(리스이용자)가 갖춘 경우에는 시설대여업자(리스회사)가 해당 요건을 갖춘 것으로 본다(법32).

행정처분상의 특례를 적용받으려는 시설대여업자(리스회사)는 시설대여등(리스)의 계약서와 대여시설이용자(리스이용자)가 해당 처분에 필요한 요건을 갖추고 있음을 증명하는 서류를 제출하여야 한다(영12).

4. 등기·등록상의 특례

시설대여업자(리스회사)가 건설기계나 차량의 시설대여등(리스)을 하는 경우에는 건설기계관리법 또는 자동차관리법에도 불구하고 대여시설이용자(연불판매의 경우 특정물건의 소유권을 취득한 자는 제외)의 명의로 등록할 수 있다(법33 ①).[47][48] 이는 자동차리스에서 등록에 관한 특례규정이다.

---

47) 대법원 2018. 10. 4. 선고 2017다244139 판결(여신전문금융업법에 의하면, 시설대여란 시설대여회사가 특정물건을 새로 취득하거나 대여받아 이를 일정기간 동안 대여시설이용자에게 사용하게 하는 대신 그 대가를 정기적으로 지급받고, 사용 기간 후 물건의 처분에 관하여는 당사자 간의 약정으로 정하는 방식의 금융이다(여신전문금융업법 제2조 제10호). 시설대여업자는 차량의 시설대여를 하는 경우에는 자동차관리법에도 불구하고 대여시설이용자 명의로 등록할 수 있고(여신전문금융업법 제33조 제1항), 대여시설이용자는 자동차관리법 제43조에서 정한 검사명령 등 차량의 유지·관리에 관한 각종 의무를 부담하며(여신전문금융업법 제34조 제1항), 대여시설이용자가 시설대여한 차량을 운행하면서 타인에게 손해를 입힌 경우에는 자동차손해배상 보장법 제3조를 적용할 때 시설대여업자를 자기를 위하여 자동차를 운행하는 자로 보지 않는다(여신전문금융업법 제35조). 여신전문금융업법상 이러한 시설대여는 특정물건의 소유권을 시설대여회사에게 남겨둠으로써 담보의 목적을 달성한다는 특성을 가진다. 차량의 시설대여에 관한 위 조항들은 차량의 소유권을 새로 취득하여 시설대여하는 경우 그 차량의 소유권은 시설대여회사에 유보되어 있음을 전제로 하고, 다만 현실적·경제적 필요에 따라 차량의 유지·관리에 관한 각종 행정상의 의무와 사고 발생 시의 손해배상책임은 대여시설이용자로 하여금 부담하도록 하면서 그 편의를 위하여 차량등록을 소유자인 시설대여회사 아닌 대여시설이용자 명의로 할 수 있도록 자동차관리법에 대한 특례를 규정한 것으로 해석함이 상당하다. 따라서 여신전문금융업법 제33조 제1항에 의하여 대여시설이용자의 명의로 등록된 차량에 대한

시설대여업자(리스회사)가 시설대여등(리스)의 목적으로 그 소유의 선박이나 항공기를 등기·등록하려는 경우 대여시설이용자(리스이용자)가 선박법 제2조[49] 또는 항공안전법 제10조[50]에 따라 등기·등록에 필요한 요건을 갖추고 있는 경우에는 그 이용 기간 동안 시설대여업자(리스회사)가 그 요건을 갖추고 있는 것으로 본다(법33②).

이에 따라 그 소유의 선박 또는 항공기를 등기·등록하려는 시설대여업자(리스회사)는 신청서에 시설대여등(리스)의 계약서와 대여시설이용자(리스이용자)가 등기·등록에 필요한 요건을 갖추고 있음을 증명하는 서류를 첨부하여야 한다(영13).

소유권은 대내적으로는 물론 대외적으로도 시설대여회사에게 있는 것으로 보아야 한다 (1997. 8. 28. 여신전문금융업법 부칙 제2조로 폐지된 구 시설대여업법에 관한 대법원 2000. 10. 27. 선고 2000다40025 판결 참조)).

48) 대법원 2010. 12. 9. 선고 2010도4946 판결(시설대여업자인 甲회사와 시설대여계약을 체결한 乙이 甲회사 소유의 자동차를 인도받아 사용하던 중 甲회사의 자동차검사업무 담당자 丙이 구청장 명의의 정기검사 명령서를 수령하고도 乙에게 알려주지 아니하여 검사명령이 이행되지 않은 사안에서, 위 검사명령 이행의무를 부담하는 자는 대여시설이용자인 乙이라는 이유로, 甲회사와 丙에 대한 구 자동차관리법 위반의 공소사실을 모두 무죄로 인정한 원심판결을 정당하다고 한 사례).

49) 선박법 제2조(한국선박) 다음의 선박을 대한민국 선박("한국선박")으로 한다.
  1. 국유 또는 공유의 선박
  2. 대한민국 국민이 소유하는 선박
  3. 대한민국의 법률에 따라 설립된 상사법인(商事法人)이 소유하는 선박
  4. 대한민국에 주된 사무소를 둔 제3호 외의 법인으로서 그 대표자(공동대표인 경우에는 그 전원)가 대한민국 국민인 경우에 그 법인이 소유하는 선박

50) 제10조(항공기 등록의 제한) ① 다음 각 호의 어느 하나에 해당하는 자가 소유하거나 임차한 항공기는 등록할 수 없다. 다만, 대한민국의 국민 또는 법인이 임차하여 사용할 수 있는 권리가 있는 항공기는 그러하지 아니하다.
  1. 대한민국 국민이 아닌 사람
  2. 외국정부 또는 외국의 공공단체
  3. 외국의 법인 또는 단체
  4. 제1호부터 제3호까지의 어느 하나에 해당하는 자가 주식이나 지분의 2분의 1 이상을 소유하거나 그 사업을 사실상 지배하는 법인
  5. 외국인이 법인 등기사항증명서상의 대표자이거나 외국인이 법인 등기사항증명서상의 임원 수의 2분의 1 이상을 차지하는 법인
  ② 제1항 단서에도 불구하고 외국 국적을 가진 항공기는 등록할 수 없다.

Ⅳ. 시설대여등의 표시

1. 특정물건의 표시의무

시설대여업자는 시설대여등(연불판매에서 특정물건의 소유권을 이전한 경우는 제외)을 하는 특정물건에 총리령으로 정하는 바에 따라 시설대여등을 나타내는 표지(標識)를 붙여야 한다(법36①). 이에 따라 따라 특정물건에 붙이는 표지는 별지 서식에 따른다(시행규칙8① 본문). 다만, 다른 법령에 따라 등기·등록의 대상이 되는 특정물건에 대해서는 그러하지 아니하다(시행규칙8① 단서). 이 표지는 알아보기 쉬운 곳에 붙이고, 손상되지 아니하도록 하여야 한다(시행규칙8②).

2. 제3자의 특정물건의 표시 손괴 등 금지의무

해당 특정물건의 시설대여등을 한 시설대여업자 외의 자는 표지를 손괴 또는 제거하거나 그 내용 또는 붙인 위치를 변경하여서는 아니 된다(법36②).

3. 위반시 제재

법 제36조 제2항을 위반한 자는 500만원 이하의 벌금에 처한다(법70⑤).

Ⅴ. 중소기업에 대한 지원

1. 중소기업에 대한 운용 비율

금융위원회는 대통령령으로 정하는 바에 따라 시설대여업자에게 시설대여등의 연간 실행액의 일정 비율 이상을 중소기업에 대하여 운용하도록 명할 수 있다(법37①). 여기서 일정 비율은 50%를 넘을 수 없다(법37②). 여기서 대통령령으로 정하는 중소기업에 대한 시설대여의 비율은 ⅰ) 공공기관운영법에 따른 공공기관과 비영리단체에 대한 시설대여등, ⅱ) 대여시설이용자에 대하여 시설대여등을 하도록 하기 위하여 다른 시설대여업자에 대하여 하는 시설대여등, ⅲ) 승용자동차의 시설대여등, ⅳ) 중소기업이 생산한 물건의 시설대여등을 제외한 시설대여등의 연간 실행액의 30% 이상으로 한다(영13의2).

2. 위반시 제재

시설대여업자가 제37조에 따른 금융위원회의 명령을 위반한 경우에는 대통령령으로 정하는 바에 따라 2억원 이하의 과징금을 부과할 수 있다(법58③(1)).

제4절 할부금융업자(할부금융회사)

Ⅰ. 서설

1. 의의

할부금융업자란 "할부금융업"에 대하여 금융위원회에 등록한 자(법2(13의2))로서 할부금융 이용자에게 재화와 용역의 구매자금을 공여하는 소비자금융[51]을 취급하는 금융기관이다. 여기서 "할부금융"이란 재화와 용역의 매매계약에 대하여 매도인 및 매수인과 각각 약정을 체결하여 매수인에게 융자한 재화와 용역의 구매자금을 매도인에게 지급하고 매수인으로부터 그 원리금을 나누어 상환받는 방식의 금융을 말한다(법2(13)).

2. 업무

할부금융은 할부금융회사가 재화와 용역의 매도인 및 매수인과 각각 약정을 체결하여 재화와 용역의 구매자금을 매도인에게 지급하고 매수인으로부터 그 원리금을 분할상환받는 방식의 금융이다.[52] 따라서 할부금융회사는 할부금융의 대

---

51) 물품 대금이 일시에 생산자 또는 제품 판매자에게 직접 지급되어 생산자도 실질적인 수혜자이므로 이들에 대한 유통금융의 일종이라고도 할 수 있다.

52) 할부금융은 물건의 구매대금을 분할하여 상환한다는 점에서 리스 및 연불판매와 유사하다. 할부금융과 리스 및 연불판매의 주된 차이점은 형식상 리스는 이용자에게 물건의 소유권이 반드시 이전되지 않을 수도 있으나 할부금융과 연불판매는 소유권이 물건의 인도시 또는 당사자 간의 약정에 의해 반드시 이전된다는 점에 있다. 또한 할부금융은 주로 내구소비재를 대상으로 하는 반면 리스는 시설장비를 대상으로 한다는 점에서 차이가 있

상이 되는 재화 및 용역의 구매액을 초과하여 할부금융 자금을 대출할 수 없다. 또한 할부금융 자금은 목적 이외의 전용을 방지하기 위해 매도인에게 직접 지급한다. 그 밖에 할부금융회사는 기업의 외상판매로 발생한 매출채권을 매입함으로써 기업에 자금을 빌려주고 동 채권의 관리·회수 등을 대행하는 팩토링업무와 가계의 학자금, 결혼자금, 전세자금 등을 신용이나 담보 조건으로 대여하는 가계 대출업무를 영위한다.53)

Ⅱ. 거래조건의 주지 의무

1. 주지 의무

(1) 이자율 등 기재 서면 교부 등

할부금융업자는 할부금융계약을 체결한 재화와 용역의 매수인("할부금융이용자")에게 ⅰ) 할부금융업자가 정하는 이자율, 연체이자율 및 각종 요율이 적힌 서면을 내주어야 한다. 이 경우 각종 요율은 취급수수료 등 그 명칭이 무엇이든 할부금융이용자가 할부금융업자에게 지급하는 금액이 포함되도록 산정하여야 한다. ⅱ) 할부금융에 의한 대출액("할부금융자금")의 변제방법이 적힌 서면을 내주어야 한다. ⅲ) 그 밖에 총리령으로 정하는 사항이 적힌 서면을 내주어야 한다(법 39 본문). 다만, 할부금융이용자의 동의가 있으면 팩스나 전자문서(「전자문서 및 전자거래 기본법」 제2조 제1호에 따른 전자문서)로 보낼 수 있다(법39 단서).

(2) 협회 공시

여신전문금융업감독규정은 할부금융업자로 하여금 이자율, 연체이자율 및 각종 요율을 여신전문금융업협회 인터넷 홈페이지에 게시하여야 한다고 규정하고 있다(감독규정23의2①). 여신전문금융업감독업무시행세칙 제17조 제1항에 따른 별표 9는 상품별 공시내용을 규정하고 있다. 이에 따르면 할부금융업자는 이자율 등 각종 요율을 사전에 설계하여야 한다. 이에 관하여는 앞에서 살펴보았다.

을 수 있으나 주요 선진국의 경우 이러한 대상 물건의 차이는 명확하지 않은 편이다.
53) 한국은행(2018), 「한국의 금융제도」, 한국은행(2018. 12), 300-301쪽.

(3) 할부거래법 적용

할부금융업자는 할부거래법상 신용제공자로서 동법의 적용을 받는다. 따라서 할부거래법 제7조에 따라 동법 시행령 별표 1에서 정하는 바에 따라 할부수수료의 실제 연간요율을 산정하여야 한다. 이때 연간요율의 최고한도는 이자제한법에서 정한 이자의 최고한도를 범위로 규정하고 있다(할부거래법7). 신용제공자의 경우 금융업자로서 이자제한법의 적용대상이 아니기(이자제한법7) 때문에 법적용의 문제가 발생할 수 있으나, 할부거래법 제4조에서 다른 법률과 경합하는 경우 할부거래법을 우선 적용하도록 규정하고 있어 신용제공자도 이자제한법상 최고한도를 기준으로 한다.

2. 위반시 제재

할부금융업자가 제39조를 위반한 경우에는 대통령령으로 정하는 바에 따라 2억원 이하의 과징금을 부과할 수 있다(법58③(2)).

Ⅲ. 할부금융업자의 준수사항

1. 대출제한

할부금융업자는 할부금융이용자에게 할부금융의 대상이 되는 재화 및 용역의 구매액(그 구매에 필요한 부대비용 포함) 이상으로 할부금융자금을 대출할 수 없다(법40①).

2. 직접지급의무

할부금융자금을 할부금융의 대상이 되는 재화 및 용역의 매도인에게 직접 지급하여야 한다(법40②).

3. 위반시 제재

할부금융업자가 제40조를 위반한 경우에는 대통령령으로 정하는 바에 따라 2억원 이하의 과징금을 부과할 수 있다(법58③(2)).

제5절 신기술사업금융업자(신기술사업금융회사)

Ⅰ. 서설

1. 신기술사업금융업자의 의의

(1) 개념

신기술사업금융업자란 "신기술사업금융업"에 대하여 금융위원회에 등록한 자(법2(14의3))로서 기술력과 장래성은 있으나 자본과 경영기반이 취약한 기업에 대하여 자금지원, 경영·기술지도 등의 서비스를 제공하고 수익을 추구하는 금융회사이다. "신기술사업금융업"이란 신기술사업자에 대한 투자·융자·경영 및 기술의 지도, 신기술사업투자조합의 설립, 그리고 신기술사업투자조합 자금의 관리·운용 업무를 종합적으로 업으로서 하는 것을 말한다(법2(14)).

신기술사업금융업은 장래성이 있지만 자본과 경영기반이 취약한 기업에 대하여 기업주와 공동으로 위험을 부담하면서 자금관리, 경영관리, 기술지도 등 종합적인 지원을 제공함으로써 높은 자본이득을 추구하는 금융활동으로서 일반적으로 벤처캐피탈(Venture Capital)로 알려진 위험부담자본을 운용하는 금융업이다. 또한 창업하는 신분야 개척기업(Venture Business)은 물론 기존의 중소·중견기업을 망라하여 통상적으로 위험이 높다고 인식되어 투자가 잘 이루어지지 않은 분야를 전문가적인 안목으로 발굴하여 투자하는 금융업이다. 투자업체가 본 궤도에 오른 후 지분을 매각하거나 증권시장에 상장함으로써 투자자본을 회수할 수 있게 되는데, 이 경우 신기술사업금융업자의 지원을 믿고 증권회사도 적극적으로 동 지분의 인수를 주선하게 되는 효과를 얻을 수 있다. 따라서 기업주의 입장에서는 여타 금융기관으로부터의 대출이 현실적으로 불가능하고 사업의 성공 여부가 불확실한 단계에서 신기술사업금융업자가 제공하는 벤처캐피탈과의 합작을 통해 자신의 아이디어를 사업화할 수 있다.

(2) 현황

여신전문금융협회 신기술금융업 현황(2019. 12월말 기준)에 따르면 2019년 신기술사업금융업자("신기사")의 신규 투자액은 3조 2,501억원으로 전년 대비 7,569억원 증가하고(18년 2조 4,932억원 → 19년 3조 2,501억원, 30.4% 증가), 투자잔액은 7조 852억원으로 전년(4조 9,599억원) 대비 2조 1,252억원(42.9%) 증가하였다. 투자실적 증가 주요인으로는 ⅰ) 진입요건 완화에 따른 신기사의 증가, ⅱ) 제2벤처붐 확산에 따른 기대심리 확대에 기인한 것으로 분석된다.

2. 신기술사업자 및 신기술투자조합의 의의

(1) 신기술사업자의 의의

(가) 신기술사업자의 범위

"신기술사업자"란 기술보증기금법 제2조 제1호에 따른 신기술사업자와 기술 및 저작권·지적재산권 등과 관련된 연구·개발·개량·제품화 또는 이를 응용하여 사업화하는 사업("신기술사업")을 영위하는 중소기업기본법 제2조(중소기업자의 범위)에 따른 중소기업, 중견기업 성장촉진 및 경쟁력 강화에 관한 특별법 제2조 제1호에 따른 중견기업 및 외국환거래법 제3조 제15호에 따른 비거주자를 말한다(법2(14의2) 본문). 아래서 구체적으로 나누어 살펴본다.

1) 기술보증기금법상 신기술사업자

신기술사업자란 "기술을 개발하거나 이를 응용하여 사업화하는 중소기업"(중소기업기본법 제2조에 따른 중소기업) 및 "대통령령으로 정하는 기업"과 산업기술연구조합 육성법에 따른 산업기술연구조합을 말한다(법2(14의2) 본문, 기술보증기금법2(1)).

여기서 "기술을 개발하거나 이를 응용하여 사업화하는 중소기업"이란 ⅰ) 제품개발 및 공정 개발을 위한 연구사업, ⅱ) 연구·개발의 성과를 기업화·제품화하는 사업, ⅲ) 기술도입 및 도입기술의 소화(消化)·개량사업, ⅳ) 다른 법령에 규정된 기술개발사업으로서 별표 1에서 정하는 사업, ⅴ) 그 밖에 생산성 향상, 품질향상, 제조원가 절감, 에너지 절약 등 현저한 경제적 성과를 올릴 수 있는 기술을 개발하거나 응용하여 기업화·제품화하는 사업 중 어느 하나에 해당하는 사업("신기술사업")을 영위하는 중소기업을 말한다(기술보증기금법 시행령3①).

또한 "대통령령으로 정하는 기업"이란 위의 신기술사업을 영위하는 기업으로서 상시 사용하는 종업원이 1천 명 이하이고, 총자산액이 1천억원·이하인 기업을 말한다(기술보증기금법 시행령3②).

2) 중소기업기본법상 중소기업

신기술사업자란 기술 및 저작권·지적재산권 등과 관련된 연구·개발·개량·제품화 또는 이를 응용하여 사업화하는 사업("신기술사업")을 영위하는 중소기업기본법 제2조(중소기업자의 범위)에 따른 중소기업을 말한다(법2(14의2) 본문).

3) 중견기업법상 중견기업

"중견기업"이란 ⅰ) 중소기업기본법 제2조에 따른 중소기업이 아니고, ⅱ) 공공기관운영법 제4조에 따른 공공기관, 지방공기업법에 따른 지방공기업 등 대통령령으로 정하는 기관이 아니며,54) ⅲ) 그 밖에 지분 소유나 출자관계 등이 대통령령으로 정하는 기준에 적합한 기업55)의 요건을 모두 갖춘 기업을 말한다(법

---

54) "공공기관운영법 제4조에 따른 공공기관, 지방공기업법에 따른 지방공기업 등 대통령령으로 정하는 기관"이란 다음의 기관을 말한다(중견기업법 시행령2①).
  1. 공공기관운영법 제4조에 따른 공공기관
  2. 지방공기업법에 따른 지방공기업
55) "지분 소유나 출자관계 등이 대통령령으로 정하는 기준에 적합한 기업"이란 다음의 요건을 모두 갖춘 기업을 말한다(중견기업법 시행령2②).
  1. 소유와 경영의 실질적인 독립성이 다음의 어느 하나에 해당하지 아니하는 기업일 것
    가. 공정거래법 제14조 제1항에 따른 상호출자제한기업집단에 속하는 기업
    나. 공정거래법 시행령 제21조 제2항에 따른 상호출자제한기업집단 지정기준인 자산총액 이상인 기업 또는 법인(외국법인을 포함)이 해당 기업의 주식(상법 제344조의3에 따른 의결권 없는 주식은 제외) 또는 출자지분("주식등")의 30% 이상을 직접적 또는 간접적으로 소유하면서 최다출자자인 기업. 이 경우 최다출자자는 해당 기업의 주식등을 소유한 법인 또는 개인으로서 단독으로 또는 다음의 어느 하나에 해당하는 자와 합산하여 해당 기업의 주식등을 가장 많이 소유한 자로 하며, 주식등의 간접소유비율에 관하여는 「국제조세조정에 관한 법률 시행령」 제2조 제2항을 준용한다.
      1) 주식등을 소유한 자가 법인인 경우: 그 법인의 임원
      2) 주식등을 소유한 자가 개인인 경우: 그 개인의 친족
  2. 통계법 제22조에 따라 통계청장이 고시하는 한국표준산업분류에 따른 다음의 어느 하나에 해당하는 업종을 영위하는 기업(공정거래법 제8조의2 제2항 제5호에 따른 일반지주회사는 제외)이 아닐 것
    가. 금융업
    나. 보험 및 연금업

2(14의2) 본문, 중견기업법2(1)).

4) 외국환거래법상 비거주자

신기술사업자란 외국환거래법 제3조 제15호에 따른 비거주자를 말한다(법 2(14의2) 본문). 여기서 "비거주자"란 거주자 외의 개인 및 법인을 말한다. 다만, 비거주자의 대한민국에 있는 지점, 출장소, 그 밖의 사무소는 법률상 대리권의 유무에 상관없이 거주자로 본다(외국환거래법3(15)). "거주자"란 대한민국에 주소 또는 거소를 둔 개인과 대한민국에 주된 사무소를 둔 법인을 말한다(외국환거래법 3(14)).

(나) 신기술사업자 제외

다음의 어느 하나에 해당하는 업종을 영위하는 자는 신기술사업자에서 제외 한다(법2(14의2) 단서).

1) 금융 및 보험업

통계법 제22조 제1항[56)]에 따라 통계청장이 고시하는 한국표준산업분류에 따른 금융 및 보험업은 신기술사업자에서 제외한다(가목 본문). 다만, 동 분류에 따른 금융 및 보험관련 서비스업으로서 대통령령으로 정하는 업종[영2의2① = 기 타 금융지원 서비스업(1호)과 보험 및 연금 관련 서비스업(2호)]은 신기술사업자이다 (가목 단서).

2) 부동산업

통계법 제22조 제1항에 따라 통계청장이 고시하는 한국표준산업분류에 따른 부동산업은 신기술사업에서 제외한다(나목 본문). 다만, 동 분류에 따른 부동산관 련 서비스업으로서 대통령령으로 정하는 업종[영2의2② = 부동산 관리업(제1호)과 부동산 중개, 자문 및 감정평가업(제2호)]은 신기술사업자이다(나목 단서).

3) 유흥주점업 등

그 밖에 신기술사업과 관련이 적은 업종으로서 대통령령으로 정하는 업종은

다. 금융 및 보험 관련 서비스업

3. 민법 제32조에 따라 설립된 비영리법인이 아닐 것

56) 통계법 제22조(표준분류) ① 통계청장은 통계작성기관이 동일한 기준에 따라 통계를 작성 할 수 있도록 국제표준분류를 기준으로 산업, 직업, 질병·사인(死因) 등에 관한 표준분류 를 작성·고시하여야 한다. 이 경우 통계청장은 미리 관계기관의 장과 협의하여야 한다.

신기술사업자에서 제외한다(다목). 여기서 "대통령령으로 정하는 업종"이란 ⅰ) 일반 유흥주점업(제1호), ⅱ) 무도 유흥주점업(제2호), ⅲ) 경주장 및 동물 경기장 운영업(제3호), ⅳ) 기타 사행시설 관리 및 운영업(제4호), ⅴ) 무도장 운영업(제5호)을 말한다. 이 경우 업종의 분류는 통계법 제22조 제1항에 따라 통계청장이 고시하는 한국표준산업분류에 따른다(영2의2③).

(2) 신기술사업금융전문회사

"신기술사업금융전문회사"란 신기술사업금융업자로서 신용카드업·시설대여업·할부금융업, 한국표준산업분류에 따른 금융 및 보험업을 함께 하지 아니하는 자를 말한다(법2(14의4), 영2의3 본문). 다만 신기술사업금융업, 경영참여형 사모집합투자기구의 업무집행사원 업무, 기업구조개선 경영참여형 사모집합투자기구의 업무집행사원 업무는 제외한다(영2의3 단서).

(3) 신기술투자조합

(가) 의의

"신기술사업투자조합"이란 신기술사업자에게 투자하기 위하여 설립된 조합으로서 ⅰ) 신기술사업금융업자가 신기술사업금융업자 외의 자와 공동으로 출자하여 설립한 조합(제1호), ⅱ) 신기술사업금융업자가 조합자금을 관리·운용하는 조합(제2호)을 말한다(법2(14의5)).

(나) 현황

여신전문금융협회 신기술금융업 현황(2019. 12월말 기준)에 따르면 2019년 신규 신기술투자조합 결성금액은 3조 6,285억원으로 전년 대비 8,906억원 증가하고(18년 2조 7,379억원 → 19년 3조 6,285억원, 32.5% 증가), 운용 중인 신기술투자조합 규모는 10조 9,156억원으로 전년(7조 8,847억원) 대비 3조 309억원(38.4%) 증가하였다. 운영 중인 조합 수는 799개로 17년 대비 3배 이상 증가했으며, 조합 규모(금액) 역시 약 11조에 달하는 등 17년 대비 2배 이상 증가하였다. 다만, 조합 수 증가에 따라 조합당 결성금액은 감소하였다.

2019년 신기술사업금융회사가 운용 중인 신기술투자조합의 출자 비중은 일반법인이 34.6%로 가장 높고, 금융회사가 25.3%, 여신전문금융회사 17.7% 순이다. 신기술금융업권은 창업투자업권 대비 정책기관보다 민간출자자인 일반법인,

금융회사(여신금융회사 포함) 비중이 높다.

II. 업무

1. 업무범위

(1) 기본업무

(가) 개요

신기술사업금융업자는 ⅰ) 신기술사업자에 대한 투자(제1호), ⅱ) 신기술사업자에 대한 융자(제2호), ⅲ) 신기술사업자에 대한 경영 및 기술의 지도(제3호), ⅳ) 신기술사업투자조합의 설립(제4호), ⅴ) 신기술사업투자조합 자금의 관리·운용 업무(제5호)⁵⁷⁾를 한다(법2(14) 및 41①). 신기술사업자에 대한 투자는 주식인수나 전환사채·신주인수권부사채 등 회사채 인수를 통해 이루어진다. 신기술사업자에 대한 융자는 일반융자 또는 조건부융자 방식으로 이루어진다. 조건부융자는 계획한 사업이 성공하는 경우에는 일정기간 사업성과에 따라 실시료를 받지만 실패하는 경우에는 대출원금의 일부만을 최소 상환금으로 회수하는 방식이다.

신기술사업금융회사는 다른 여신전문금융회사와 마찬가지로 금융기관 차입, 회사채 또는 어음 발행, 보유 유가증권 매출, 보유 대출채권 양도 등을 통해 자금을 조달한다. 이 밖에 공공자금관리기금, 신용보증기금 등 정부기금으로부터 신기술사업 투·융자에 필요한 자금을 차입할 수 있다.⁵⁸⁾

(나) 신기술사업자에 대한 투자

1) 주식투자

투자대상은 기술신용보증기금법에 의한 신기술사업자가 발행한 주식을 대상으로 통상 보통주 중심으로 투자한다. 투자금 회수는 투자기업의 상장 또는 장

---

57) "신기술사업 투자조합 자금의 관리·운용"이라 함은 신기술사업자(기술신용보증기금법 시행령 제3조 제1항 각 호의 사업을 영위하는 외국기업 포함)에 대한 투자, 특허권, 실용신안권, 디자인권 등 기술 관련 자산의 인수, 기타 신기술사업투자조합의 설립목적 달성에 필요한 자금의 관리·운용을 말한다(감독규정2(10)).
58) 한국은행(2018), 306쪽.

외등록시 장내매각, 보유주식 제3자 매각, 대주주 환매 등을 통한 회수방법이 있으나, 현실적으로는 상장에 의한 장내매각을 이용한다. 부실투자자산의 처리는 주식투자평가손실로 상각처리하게 된다.

2) 사채인수

투자대상은 전환사채나 신주인수권부사채 등에 투자한다. 기간은 일반적으로 2-3년으로 하며, 금리는 대출 대비 저리로 운용한다.

3) 조건부융자

계획사업의 성공시에는 약정기간 동안 계획사업 매출액의 일정 비율을 실시료로 받으며, 실패시에는 융자금 상환을 일부 감면할 수 있는 금융 방식으로 그 명칭에 관계없이 본질을 감안하여 투자로 분류한다.

(다) 신기술사업자에 대한 융자

자금의 종류는 원화나 외화, 자금의 용도는 시설자금, 운영자금, 기술개발자금 등으로 이용하며, 대출 기간의 경우 시설자금은 장기, 운영자금 및 기술개발자금은 중기 또는 단기로 운용된다. 시설자금 등 장기대출의 경우 거치기간(총대출기간의 1/3 이내)이 부여되며, 상환방법은 할부상환이나 정기상환이 활용되며, 채권보전은 담보부 또는 신용(무담보)를 활용한다.

(2) 부수업무

여신전문금융업법 제46조 제1항 및 동법 시행령 제16조에 따라 타 여신전문금융업자와 동일한 업무를 부수적으로 수행한다. 신용대출 또는 담보대출 업무(기업 및 소비자 대상), 어음할인업무(융통어음 포함), 기업이 물품 및 용역의 제공에 의하여 취득한 매출채권의 양수·관리·회수업무(팩토링), 지급보증업무, 타 여신전문금융업자 및 겸영여신업자가 보유한 채권 또는 이를 근거로 하여 발행한 유가증권의 매입업무, M&A 등 기업구조조정업무(CRC) 지원, 위의 업무 및 부대업무와 관련된 신용조사 및 부수업무 등을 수행한다.

신기술사업금융회사도 여신전문금융회사로서 법 제46조 제1항에서 정한 대출업무 등을 영위할 수 있다. 다만, 신기술금융만 전문으로 하는 "신기술사업전문금융회사"의 경우에는 가능한 업무가 특정되어 있다(영2의2 참조). 즉 신기술금융업과 PEF GP 업무 등만 가능하고, 대출업무는 영위할 수 없다.

2. 업종별 투·융자 비중

여신전문금융협회 신기술금융업 현황(2019. 12월말 기준)에 따르면 2019년 신기사의 업종별 투자비중은 바이오·의료(23.7%), ICT서비스(16.5%), ICT제조(13.5%), 기타(12.9%) 순으로 바이오, ICT 관련 업종 투자 비중이 높다. 신기술금융업권은 창업기술투자업권 대비 신기술사업과 연계된 제조 업종에 투자 비중이 높다.

2019년 신기술금융회사의 융자 잔액은 약 660억원으로 업종별 비중은 기타-에너지자원(600억원, 91%), 전기·기계·장비(52억원, 8%) 2개 업종 비중이 높다.

3. 업력별 투·융자 비중

여신전문금융협회 신기술금융업 현황(2019. 12월말 기준)에 따르면 2019년 신기사의 업력별 신규 투자 비중은 후기기업(7년 이상) 55.8%, 중기기업(3-7년) 25.1%, 초기기업(3년 미만) 19.1%를 각각 기록하고 있다. 전년 대비 후기기업 및 중기기업에 대한 신규투자 비중은 2.2%p, 2.9%p 증가한 반면, 초기기업에 대한 신규투자 비중은 5.1%p 감소하였다.

2019년 신기술금융회사의 업력별 융자 비중은 중기단계(3년-7년 이하) 83.5%, 후기단계(7년 초과) 16.5% 순으로, 중기단계의 융자 비중이 높다.

Ⅲ. 자금의 차입과 세제상의 지원

1. 자금의 차입

신기술사업금융업자는 법 제47조 제1항에도 불구하고 정부 또는 「벤처기업 육성에 관한 특별조치법」 제4조 제1항에 따른 기금으로부터 신기술사업자에 대한 투자·융자에 필요한 자금을 차입할 수 있다(법42, 영14).

2. 세제상의 지원

정부는 신기술사업금융업의 발전을 위하여 신기술사업금융업자, 신기술사

업금융업자에게 투자한 자, 신기술사업투자조합 및 그 조합원에 대하여 「조세특
례제한법」으로 정하는 바에 따라 세제상의 지원을 할 수 있다(법43).

Ⅳ. 신기술사업투자조합

　신기술사업투자조합("조합")의 규약에는 ⅰ) 신기술사업금융업자가 그 조합
의 자금을 관리·운용한다는 내용이 포함되어야 한다. 이 경우 신기술사업금융업
자는 조합과의 계약에 따라 조합자금 운용업무의 전부 또는 일부를 신기술사업
금융업자 외의 자에게 위탁할 수 있다. ⅱ) 조합의 자금은 신기술사업자에게 투
자한다는 내용이 포함되어야 한다(법44①).

　조합은 그 자금을 관리·운용함에 따라 생긴 투자수익의 20%를 넘지 아니
하는 범위에서 규약으로 정하는 바에 따라 조합의 업무를 집행하는 신기술사업
금융업자에게 그 업무집행에 대한 대가로서 투자수익의 일부를 배분할 수 있다
(법44②). 조합은 그 자금을 관리·운용함에 따라 투자손실이 생긴 경우에는 규약
으로 정하는 바에 따라 신기술사업금융업자 외의 자에게 유리하도록 손실의 분
배비율을 정할 수 있다(법44③).

Ⅴ. 공모신기술투자조합에 관한 특례

　자본시장법 제11조부터 제16조까지(인가요건 및 절차), 제30조부터 제32조까
지(경영건전성 감독), 제34조부터 제36조까지(대주주와의 거래제한 등), 제40조부터
제43조까지, 제50조부터 제53조까지, 제56조, 제58조, 제61조부터 제65조까지,
제80조부터 제83조까지, 제85조 제2호·제3호 및 제6호부터 제8호까지, 제86조
부터 제88조까지, 제90조, 제92조부터 제95조까지, 제181조, 제183조, 제184조
제1항·제2항·제5항부터 제7항까지, 제185조부터 제187조까지, 제218조부터 제
223조까지, 제229조부터 제249조까지, 제249조의2부터 제249조의22까지, 제250
조, 제251조까지, 제415조부터 제425조까지, 금융소비자보호법 제11조, 제12조,
제14조, 제16조, 제22조 제6항, 제24조부터 제28조까지, 제44조, 제45조, 제47조

부터 제66조까지 및 금융회사지배구조법」(제24조부터 제26조까지의 규정은 제외)은 공모신기술투자조합(자본시장법 제9조 제19항에 따른 사모집합투자기구에 해당하지 아니하는 신기술투자조합) 및 신기술사업금융업자(공모신기술투자조합이 아닌 신기술투자조합만을 설립하여 그 자금을 관리·운용하는 신기술사업금융업자를 제외)에 대하여는 적용하지 아니한다(법44의2).

Ⅵ. 신기술사업금융업자의 융자한도

1. 투자액 제한

신기술사업금융업자는 신기술사업자에 대한 융자업무를 하는 경우에 총리령으로 정하는 융자한도를 넘겨서는 아니 된다(법45). 이에 따라 신기술사업자에 대한 투자액(신기술사업투자조합이 한 투자를 포함)이 자기자본에 미치지 못하는 경우에는 신기술사업금융업자의 신기술사업자에 대한 연간 융자순증액(법 제42조에 따라 차입한 자금으로 융자하는 금액은 제외)은 신기술사업자에 대한 연간 투자액의 15배를 초과할 수 없다(시행규칙9).

2. 위반시 제재

신기술사업금융업자가 법 제45조를 위반한 경우에는 대통령령으로 정하는 바에 따라 2억원 이하의 과징금을 부과할 수 있다(법58③(3)).

제
2
장
/

여신전문금융업자 규제

제1절 진입규제

Ⅰ. 영업의 허가 · 등록

1. 신용카드업 허가 · 등록

(1) 신용카드업 허가

신용카드업을 하려는 자는 금융위원회의 허가를 받아야 하며(법3① 본문), 허가를 받을 수 있는 자는 여신전문금융회사이거나 여신전문금융회사가 되려는 자(법3③ 본문) 또는 다른 법률에 따라 설립되거나 금융위원회의 인가 또는 허가를 받은 금융기관으로서 은행, 농협은행, 수협은행, 한국산업은행, 중소기업은행, 한국수출입은행, 종합금융회사, 금융투자업자(신기술사업금융업을 하려는 경우만 해당), 상호저축은행중앙회, 상호저축은행(할부금융업을 하려는 경우만 해당), 신용협동조합중앙회, 새마을금고연합회(법3③(1) 및 영3①)는 신용카드업을 영위할 수 있다(법3③(1)). 다만 위의 금융기관이 "직불카드의 발행 및 대금의 결제"와 "선불카드의 발행·판매 및 대금의 결제"(법13①(2)(3)) 업무를 하는 경우에는 그 업무에 관하여만 신용카드업자로 본다(법2(2의2) 단서).

여신전문금융협회의 신용카드 사업자 현황(2019. 12월말 기준)에 따르면 전업카드사로는 은행계(신한카드, 우리카드, 하나카드, KB국민카드), 기업계(롯데카드, 비씨카드, 삼성카드, 현대카드) 각각 4개로 전업카드사는 8개사이다. 겸영은행은 경남은행, 광주은행, 부산은행, 수협은행, 씨티은행, 전북은행, 제주은행, DGB대구은행, IBK기업은행, NH농협은행, SC제일은행 11개사이다.

(2) 신용카드업 등록

경영하고 있는 사업의 성격상 신용카드업을 겸하여 경영하는 것이 바람직하다고 인정되는 자로서 ⅰ) 유통산업발전법 제2조 제3호[1])에 따른 대규모점포를 운영하는 자, 또는 ⅱ) 계약에 따라 같은 업종의 여러 도매·소매점포에 대하여 계속적으로 경영을 지도하고 상품을 공급하는 것을 업으로 하는 자(겸영여신업자)(법3(2), 영3②)는 금융위원회에 등록하면 신용카드업을 할 수 있다(법3① 단서).

신용카드업의 등록신청 수리업무는 금융감독원장에게 위탁되어 있다(영23의3①(1)).

여신전문금융업협회의 신용카드 사업자 현황(2019. 12월말 기준)에 따르면 유통계 겸영 신용카드업자는 현대백화점, 갤러리아백화점 2개사이다. 신용카드 사업자는 전체 21개사이다.

(3) 위반시 제재

법 제3조 제1항에 따른 허가를 받지 아니하거나 등록을 하지 아니하고 신용카드업을 한 자(제7호),[2]) 또는 거짓이나 그 밖의 부정한 방법으로 제3조 제1항에

---

1) 3. "대규모점포"란 다음 각 목의 요건을 모두 갖춘 매장을 보유한 점포의 집단으로서 별표에 규정된 것을 말한다.
   가. 하나 또는 대통령령으로 정하는 둘 이상의 연접되어 있는 건물 안에 하나 또는 여러 개로 나누어 설치되는 매장일 것
   나. 상시 운영되는 매장일 것
   다. 매장면적의 합계가 3천제곱미터 이상일 것
2) 대법원 2009. 3. 26. 선고 2008도8351 판결(여신전문금융업법 제3조 제1항, 제70조 제1항 제7호에서 금지 및 처벌하는 무허가 혹은 무등록의 신용카드업은 신용카드업자, 그와 회원계약 혹은 가맹점계약을 체결한 카드회원, 신용카드가맹점의 세 당사자 사이에 이루어지는 신용카드거래에 한정된다. 이러한 법리는 유통업자의 지위를 겸하는 겸영여신업자가

따른 허가를 받거나 등록을 한 자(제8호)는 7년 이하의 징역 또는 5천만원 이하의 벌금에 처한다(법70①).

2. 시설대여업·할부금융업·신기술사업금융업의 등록

(1) 금융감독원장에 위탁

시설대여업·할부금융업 또는 신기술사업금융업을 하고 있거나 하려는 자로서 여신전문금융업법을 적용받으려는 자는 업별로 금융위원회에 등록하여야 한다(법3②). 시설대여업·할부금융업 또는 신기술사업금융업의 등록신청의 수리, 등록 여부의 통보 및 등록말소는 금융감독원장에 위탁되어 있다(영23의3①(1)).

여신전문금융업협회의 리스금융업 현황(2019. 12월 31일 기준)에 따르면 리스금융업 등록 현황은 다음과 같다. 리스금융사는 25개사,[3] 신용카드사는 6개사,[4]

영위하는 신용카드업의 경우에도 달리 볼 것은 아니다. 한편, 무허가 혹은 무등록의 신용카드업에 대한 규제의 취지는 신용카드업자가 카드회원과의 회원가입계약에 따라 발행한 신용카드에 기초하여 다수의 신용카드가맹점들이 카드회원과 위 신용카드를 이용한 물품의 판매 혹은 용역의 제공이라고 하는 2차적 신용거래관계를 형성하게 되는 점을 고려하여, 만약 신용카드업자가 위 법 제5조, 제6조에서 정한 자격요건 혹은 자본력을 구비하지 못한 경우에는 카드회원 및 신용카드업자의 신용부실이 다수의 신용카드 가맹점들에게 전가되어 일반 상거래안전을 위협할 위험이 있기 때문에 이를 방지하기 위한 것이다. 그러므로 위 규제대상이 되는 신용카드거래는 신용카드가맹점이 신용카드업자로부터 독립한 영업주체로서 법률상 혹은 계약상 그의 의무로 규정된 신용카드를 이용한 물품의 판매나 용역의 제공에 관한 거래관계를 카드회원과 사이에 직접 맺음으로써 그에 수반되는 신용위험을 신용카드가맹점이 직접 인수하게 되는 경우를 의미한다. 따라서 그와 달리 유통업자의 지위를 겸한 겸영여신업자에게 후불 정산제로 물품을 공급하고 카드회원은 위 겸영여신업자와 사이에 신용카드거래를 하는 경우에는, 그 공급업체가 비록 카드회원의 신용부실로 말미암아 간접적인 영향을 받게 되는 관계에 있다 하더라도 위 법에서 정한 신용카드가맹점의 지위에 있다고 볼 수는 없고, 물품공급업체가 겸영여신업자와의 계약에 따라 그 유통 매장에 판촉직원을 파견, 입점하는 형식을 취한다고 하여 달리 볼 수도 없다. 그러므로 위 겸영여신업자의 영업행위는 신용카드가맹점을 통한 카드회원의 신용거래와 그에 대한 신용카드업자의 결제 등을 요소로 하는 위 법 제3조 제3항 단서 제2호, 제3조 제1항 단서에서 정한 무등록 "신용카드업"에는 해당하지 아니한다).
3) BNK캐피탈, DGB캐피탈, KB캐피탈, 데라게란덴, 도이치파이낸셜, 롯데오토리스, 메이슨캐피탈, 무림캐피탈, 비엠더블유파이낸셜, 산은캐피탈, 스타파이낸셜서비스, 신한캐피탈, 애큐온캐피탈, 에이제이캐피탈파트너스, 오릭스캐피탈, 오케이캐피탈, 중동파이넨스, 토요타파이낸셜, 폭스바겐파이낸셜, 한국캐피탈, 한국투자캐피탈, 현대커머셜, 홈앤캐피탈, 효성캐피탈, CNH캐피탈.
4) 삼성카드, 신한카드, 우리카드, 하나카드, 현대카드, KB국민카드.

할부금융사는 20개사,[5] 신기술금융사는 7개사[6]로 총 사업자수 58개사가 등록되어 있다.

여신전문금융업협회의 할부금융업 현황(2019. 12월 31일 기준)에 따르면 할부금융업 등록 현황은 다음과 같다. 할부금융사는 23개사,[7] 신용카드사는 8개사,[8] 리스금융사는 22개사,[9] 신기술금융사는 5개사,[10] 타업권인 저축은행은 7개사[11]로 총 사업자는 65개사가 등록되어 있다.

여신전문금융협회 신기술금융업 현황(2019. 12월말 기준)에 따르면 신기술사업금융업 등록회사 수는 113개사로 전년 대비 9개사 증가하였는데, 전업 신기술사업금융업자 58개사, 겸업여신전문금융회사 34개, 겸영금융투자업자 21개사이다.

(2) 위반시 제재

거짓이나 그 밖의 부정한 방법으로 제3조 제2항에 따른 등록을 한 자는 3년 이하의 징역 또는 2천만원 이하의 벌금에 처한다(법70③(1)).

3. 허가를 받거나 등록을 할 수 있는 자

(1) 여신전문금융회사

신용카드업의 허가를 받거나 시설대여업·할부금융업 또는 신기술사업금융

---

5) DB캐피탈, JB우리캐피탈, SPC캐피탈, 롯데캐피탈, 메르세데스벤츠파이낸셜, 메리츠캐피탈, 스카니아파이낸스, 아주캐피탈, 에코캐피탈, 볼보파이낸셜, RCI파이낸셜서비스, SY오토캐피탈, NH농협캐피탈, 엠파크캐피탈, JT캐피탈, 코스모캐피탈, 하나캐피탈, 하이델베르그프린트파이낸스, 한국자산캐피탈, 현대캐피탈.
6) 미래에셋캐피탈, 아주IB투자, 우리기술투자, 제니타스인베스트먼트, 포스코기술투자, IBK캐피탈, 키움캐피탈.
7) 엠파크캐피탈, 롯데캐피탈, 메르세데스벤츠파이낸셜, 메리츠캐피탈, 스카니아파이낸스, 아주캐피탈, 에코캐피탈, 웰릭스캐피탈, 코스모캐피탈, 하나캐피탈, 하이델베르그프린트파이낸스, 한국자산캐피탈, 현대캐피탈, DB캐피탈, JB우리캐피탈, JT캐피탈, NH농협캐피탈, RCI파이낸셜서비스, SPC캐피탈, SY오토캐피탈, JM캐피탈, 볼보파이낸셜, 케이카캐피탈.
8) 롯데카드, 삼성카드, 신한카드, 우리카드, 하나카드, 현대카드, BC카드, KB국민카드.
9) 데라게란덴, 도이치파이낸셜, 롯데오토리스, 메이슨캐피탈, 무림캐피탈, 산은캐피탈, 스타파이낸셜, 신한캐피탈, 애큐온캐피탈, 오릭스캐피탈, 토요타파이낸셜, 폭스바겐파이낸셜, 한국캐피탈, 현대커머셜, 홈앤캐피탈, 효성캐피탈, BMW파이낸셜, BNK캐피탈, DGB캐피탈, KB캐피탈, OK캐피탈 / CNH캐피탈.
10) IBK캐피탈, 우리기술투자, 포스코기술투자, 에이스투자금융, 미래에셋캐피탈.
11) OSB저축은행, JT저축은행, 인성저축은행, 웰컴저축은행, 조은저축은행, SBI저축은행, 오케이저축은행.

업의 등록을 할 수 있는 자는 여신전문금융회사이거나 여신전문금융회사가 되려는 자로 제한한다(법3③ 본문).

(2) 겸영여신업자

다만, 겸영여신업자에 해당하는 자는 제외된다(법3③ 단서). 겸영여신업자란 여신전문금융업에 대하여 ⅰ) 다른 법률에 따라 설립되거나 금융위원회의 인가 또는 허가를 받은 금융기관으로서 은행, 농협은행, 수협은행, 한국산업은행, 중소기업은행, 한국수출입은행, 종합금융회사, 금융투자업자(신기술사업금융업을 하려는 경우만 해당), 상호저축은행중앙회, 상호저축은행(할부금융업을 하려는 경우만 해당), 신용협동조합중앙회, 새마을금고연합회(영3①), ⅱ) 경영하고 있는 사업의 성격상 신용카드업을 겸하여 경영하는 것이 바람직하다고 인정되는 자로서 유통산업발전법 제2조 제3호에 따른 대규모점포를 운영하는 자 또는 계약에 따라 같은 업종의 여러 도매·소매점포에 대하여 계속적으로 경영을 지도하고 상품을 공급하는 것을 업무로 하는 자(영3②)로서 여신전문금융회사가 아닌 자를 말한다(법2(16)).

Ⅱ. 허가 · 등록요건

1. 허가 · 등록 부적격자

다음에 해당하는 자는 신용카드업 허가를 받거나 시설대여업·할부금융업 또는 신기술사업금융업의 등록을 할 수 없다(법6①).

(1) 등록이 말소되거나 허가 · 등록이 취소된 날부터 3년이 지나지 아니한 법인 등

신청에 의한 등록의 말소 또는 허가·등록의 취소된 날부터 3년이 지나지 아니한 법인 및 그 말소 또는 취소 당시 그 법인의 대주주(최대주주의 특수관계인인 주주 포함)이었던 자로서 말소되거나 취소된 날부터 3년이 지나지 아니한 자(법6①(1), 영4①)는 허가를 받거나 등록을 할 수 없다.

(2) 회생절차 중에 있는 회사 등

채무자회생법에 따른 회생절차 중에 있는 회사 및 그 회사의 출자자 중 대주주(최대주주의 특수관계인인 주주 포함)(법6①(2), 영4②)는 허가를 받거나 등록을 할 수 없다.

(3) 채무를 변제하지 아니한 자 등

금융거래 등 상거래에서 약정한 날까지 채무를 변제하지 아니한 자로서 신용정보법 시행령 제2조 제3항 제1호, 제3호, 제4호 및 제5조 제1항 제1호부터 제18호까지의 기관에 대손상각채권을 발생시켜 종합신용정보집중기관에 이에 대한 신용정보가 집중관리·활용되는 자로서 그 집중관리·활용되는 날부터 3년이 지나지 아니한 자(법6①(3), 영5)는 허가를 받거나 등록을 할 수 없다.

(4) 금융관계법령 위반자

허가신청일 및 등록신청일을 기준으로 최근 3년 동안 금융회사지배구조법 시행령 제5조에 따른 법령("금융관계법령")12)을 위반하여 벌금형 이상의 처벌을 받은 사실이 있는 자(법6①(4), 영6)는 허가를 받거나 등록을 할 수 없다.

(5) 재무건전성기준에 미치지 못하는 자(허가의 경우만 해당)

다음의 구분에 따른 재무건전성기준에 미치지 못하는 자(법6①(5))는 허가를 받거나 등록을 할 수 없다. 신용카드업의 허가에 필요한 재무건전성기준은 다음의 구분에 따른다(영6의2①).

　　1. 허가신청자가 금융위원회법 제38조13)에 따라 금융감독원으로부터 검사를 받

---

12) 공인회계사법, 퇴직급여법, 금융산업구조개선법, 금융실명법, 금융위원회법, 금융지주회사법, 금융혁신지원 특별법, 자산관리공사법, 기술보증기금법, 농림수산식품투자조합 결성 및 운용에 관한 법률, 농업협동조합법, 담보부사채신탁법, 대부업법, 문화산업진흥 기본법, 벤처기업육성에 관한 특별조치법, 보험업법, 감정평가 및 감정평가사에 관한 법률, 부동산투자회사법, 사회기반시설에 대한 민간투자법, 산업발전법, 상호저축은행법, 새마을금고법, 선박투자회사법, 소재·부품·장비산업 경쟁력강화를 위한 특별조치법, 수산업협동조합법, 신용보증기금법, 신용정보법, 신용협동조합법, 여신전문금융업법, 예금자보호법, 외국인투자 촉진법, 외국환거래법, 유사수신행위법, 은행법, 자본시장법, 자산유동화법, 전자금융거래법, 전자증권법, 외부감사법, 주택법, 중소기업은행법, 중소기업창업 지원법, 채권추심법, 특정금융정보법, 한국산업은행법, 한국수출입은행법, 한국은행법, 한국주택금융공사법, 한국투자공사법, 해외자원개발 사업법(금융회사지배구조법 시행령5).

13) 금융감독원의 검사를 받는 기관은 은행, 금융투자업자, 증권금융회사, 종합금융회사 및 명의개서대행회사, 보험회사, 상호저축은행과 그 중앙회, 신용협동조합 및 그 중앙회, 여신전문금융회사 및 겸영여신업자, 농협은행, 수협은행, 다른 법령에서 금융감독원이 검사를 하도록 규정한 기관, 그 밖에 금융업 및 금융 관련 업무를 하는 자로서 대통령령으로 정하는 자이다(금융위원회법38).

는 기관인 경우: 해당 기관의 설립·운영 등에 관한 법령에서 정하는 경영건
전성에 관한 기준 등을 고려하여 금융위원회가 정하는 재무건전성기준에 적
합할 것
2. 허가신청자가 제1호 외의 자인 경우: 해당 기업[대주주가 공정거래법 제2조
제2호에 따른 기업집단(같은 법 시행령 제17조 제1항 제1호 및 제2호에 해
당하는 기업집단은 제외)에 속하는 기업인 경우에는 금융업이나 보험업을
경영하는 회사를 제외한 기업집단을 포함]의 자기자본에 대한 부채총액의
비율이 200%의 범위에서 금융위원회가 정하는 비율 이하일 것

(6) 일정한 법인

위 (1)부터 (5)까지의 어느 하나에 해당하는 자가 대주주(최대주주의 특수관계
인인 주주 포함)인 법인(법6①(6), 영6의2②)은 허가를 받거나 등록을 할 수 없다.

(7) 이해상충방지체계를 갖추지 아니한 자

신기술사업금융업자와 투자자 간, 특정 투자자와 다른 투자자 간의 이해관
계의 충돌을 방지하기 위한 체계를 갖추지 아니한 자(제44조의2에 따른 공모신기술
투자조합을 결성하려는 신기술사업금융업자만 해당)(법6①(7))는 허가를 받거나 등록
을 할 수 없다.

2. 신용카드업 허가요건

신용카드업의 허가를 받으려는 자는 다음의 요건을 모두 갖추어야 한다(법6
②).

(1) 신청인 요건

신청인 및 신청인의 대주주는 허가 부적격자(법 제6조 제1항에서 정한 결격요
건)에 해당하지 않아야 하고, [별표 3]에서 정한 재무건전성 기준을 충족하여야
한다(여신전문금융업 인허가지침 제3장12.나. 이하 "인허가지침").

(2) 자본금 요건

여신전문금융업의 허가를 받아 여신전문금융회사가 될 수 있는 자는 주식회
사로서 자본금이 다음의 구분에 따른 금액 이상인 자로 제한한다(법5①). ⅰ) 신
용카드업을 하려는 경우로서 시설대여업·할부금융업 또는 신기술사업금융업을

함께 하지 아니하거나 그중 1개 업을 함께 하려는 경우 200억원(제1호), ii) 신용카드업을 하려는 경우로서 시설대여업·할부금융업 또는 신기술사업금융업 중 2개 이상의 업을 함께 하려는 경우 400억원(제2호) 이상의 자본금을 보유하여야 한다(법6②(1)).

(3) 인력 및 물적시설 요건

신용카드업의 허가를 받으려는 자는 거래자를 보호하고 취급하려는 업무를 하기에 충분한 전문인력과 전산설비 등 물적 시설을 갖추어야 한다(법6②(2)). 신용카드업에 관한 전문성을 갖춘 전문인력과 전산요원 등 필요한 인력을 갖추어야 하고, 물적 설비는 신용카드업을 하는 데에 필요한 전산설비를 구축하고 점포 등을 확보하여야 한다(영6의3①).

인가시점에 확보가능하여야 한다. 다만, 전자금융거래(전자금융거래법 제2조 제1호[14]에 따른 거래)의 방법으로 은행업을 영위하는 은행이 신용카드업을 영위하는 경우에는 예외로 할 수 있다.

ii) 신용카드업 영위에 적합한 30개 이상의 점포를 확보하고 있거나 인가시점에 확보가능하여야 한다. 다만, 전자금융거래(전자금융거래법 제2조 제1호에 따른 거래)의 방법으로 은행업을 영위하는 은행이 신용카드업을 영위하는 경우에는 예외로 할 수 있다.

iii) 신용카드업을 원활히 영위하는데 필요한 전산기기의 보유 및 전산장애 발생시 전산자료 손실에 대비한 백업(backup)장치를 구비하여야 한다.

iv) 신용카드업의 원활한 영위를 위한 각종 프로그램의 보유, 전산자료 보호 등을 위한 적절한 전산시스템 관리방안의 확보 및 보안시스템 등 감시운영체계를 구축하여야 한다.

v) 전산실 등의 구조 및 내장, 설비 등의 안전성 확보 및 적절한 보안대책을 수립하여야 한다.

---

14) 1. "전자금융거래"라 함은 금융회사 또는 전자금융업자가 전자적 장치를 통하여 금융상품 및 서비스를 제공("전자금융업무")하고, 이용자가 금융회사 또는 전자금융업자의 종사자와 직접 대면하거나 의사소통을 하지 아니하고 자동화된 방식으로 이를 이용하는 거래를 말한다.

(4) 사업계획의 타당성과 건전성 요건

신용카드업의 허가를 받으려는 자는 사업계획이 타당하고 건전하여야 한다(법6②(3)). 사업계획은 ⅰ) 신용카드업을 원활하게 하는 데에 필요한 신용카드회원 및 신용카드가맹점 확보계획이 타당하고 실현 가능성이 있어야 하고(제1호), ⅱ) 신용카드 이용과 관련된 대금을 신속하게 결제할 수 있는 자금의 조달계획이 타당하고 실현 가능성이 있어야 하며(제2호), ⅲ) 수입·지출 전망이 타당하고 실현 가능성이 있어야 하며(제3호), ⅳ) 건전한 금융질서를 해칠 우려가 없어야(제4호) 한다(영6의3②).

인허가지침 제3장12.라.에 따르면 ⅰ) 영업개시후 3개년간 추정재무제표 및 수익전망이 동종업계의 과거 수익상황 등에 비추어 타당성이 있고 그 내용이 당해 신청회사의 영업계획에 부합하여야 하고, ⅱ) 영위하는 영업내용·규모에 맞게 리스크관리, 내부통제 및 여신심사체제의 구축이 적정하고, 리스크관리, 여신심사 등 특정 부문에 있어서 전문인력의 확보계획이 적정하여야 하며, ⅲ) 신용카드업을 원활히 영위하는 데 필요한 회원확보계획이 구체적이고 타당하며 실현 가능성이 있거나 또는 [별표 4]에서 정하는 금융거래고객 확보요건을 충족하여야 하고, ⅳ) 가맹점 공동이용망 가입 등을 통해 회원이 신용카드를 사용하는 데 불편이 없는 수준의 가맹점을 확보할 수 있어야 하며, ⅴ) 신용카드 이용과 관련된 결제대금 및 전산시설 등의 구비에 필요한 자금조달계획이 구체적이고 타당하며 실현가능성이 있거나 또는 허가신청일 현재 자체자금을 800억원 이상(전산시설 등을 구비하고 있을 경우에는 400억원 이상) 확보하고 있어야 하며, ⅵ) 금융기관과의 신용공여한도 설정 등 자금 차입계획과 회사채 발행계획이 타당하고 이행가능 하여야 하며, ⅶ) 영위하고자 하는 영업의 내용이 법령에 위반되지 아니하고 투자자보호나 건전한 금융질서를 저해할 우려가 없어야 하며, ⅷ) 향후 조직 및 인력 운영계획이 적정하여야 한다.

(5) 대주주 요건

신용카드업의 허가를 받으려는 자는 대주주가 충분한 출자능력, 건전한 재무상태 및 사회적 신용을 갖추어야 한다(법6②(4)). 대주주에는 최대주주의 특수관계인인 주주를 포함하며, 최대주주가 법인인 경우에는 그 법인의 주요 경영사항에 대하여 사실상의 영향력을 행사하고 있는 주주로서 ⅰ) 최대주주인 법인의 최대주주(최대주주인 법인의 주요 경영사항을 사실상 지배하는 자가 그 법인의 최대주주와 명백히 다른 경우에는 그 사실상 지배하는 자를 포함), ⅱ) 최대주주인 법인의 대표자를 포함한다(법6②(4), 영6의3③).

또한 대주주는 [별표 1]에 따른 요건에 적합하여야 한다(영6의3④). [별표 1]은 ⅰ) 대주주가 금융기관인 경우, ⅱ) 대주주가 금융기관이 아닌 내국법인인 경우, ⅲ) 대주주가 내국인으로서 개인이 경우, ⅳ) 대주주가 외국법인인 경우, ⅴ) 대주주가 경영참여형 사모집합투자기구 또는 투자목적회사인 경우로 구분하여 대주주 요건을 달리 정하고 있다(별표1).

인허가지침 제3장12.마.에 따르면 대주주는 시행령 제6조의3 제4항에 따른 [별표 1]과 이 지침 [별표 5]의 요건을 충족하여야 하며, 신용카드회사의 주식취득으로 대주주가 되고자 하는 자는 시행령 제6조의3 제5항에 따른 [별표 1의2]와 이 지침 [별표 5의2]의 요건을 충족하여야 한다.

3. 등록요건

(1) 신용카드업 등록요건

(가) 자본금 요건

경영하고 있는 사업의 성격상 신용카드업을 겸하여 경영하는 것이 바람직하다고 인정되는 자로서 유통산업발전법 제2조 제3호에 따른 대규모점포를 운영하는 자 또는 계약에 따라 같은 업종의 여러 도매·소매점포에 대하여 계속적으로 경영을 지도하고 상품을 공급하는 것을 업으로 하는 자(영3②)로서 여신전문금융회사가 아닌 자(법3③(2))인 겸영여신업자로서 신용카드업의 등록을 할 수 있는 자는 주식회사로서 자본금과 자기자본이 20억원 이상인 자로 제한한다(법5②).

(나) 신청인 및 대주주 요건

신청인 및 대주주가 등록 부적격자(법 제6조 제1항 각호)에 해당하지 아니하여야 한다(법6①).

(2) 시설대여업 · 할부금융업 · 신기술사업금융업의 등록요건

(가) 신청인 요건

등록을 하여 여신전문금융회사가 될 수 있는 자는 주식회사이어야 한다(법5①).

(나) 자본금 요건

ⅰ) 시설대여업 · 할부금융업 또는 신기술사업금융업 중 어느 1개 또는 2개 이상의 업을 하려는 경우로서 신용카드업을 하지 아니하는 경우는 200억원 이상 이어야 하고, ⅱ) 신기술사업금융업을 하려는 경우로서 신기술사업금융전문회사가 되려는 경우는 100억원 이상의 자본금을 보유하여야 한다(법5①(3)(4)).

(다) 신청인 및 출자자 요건

신청인 및 출자자는 등록 부적격자(법 제6조 제1항 각호)에 해당하지 아니하여야 한다(법6①).

Ⅲ. 허가 · 등록절차

1. 신용카드업 허가절차

(1) 허가의 신청 및 심사

(가) 허가신청서 제출

신용카드업 허가를 받으려는 자는 ⅰ) 상호 및 주된 사무소의 소재지, ⅱ) 자본금 및 출자자(시행규칙2조 = 여신전문금융회사 또는 여신전문금융회사가 되려는 법인의 의결권 있는 발행주식 총수의 1% 이하의 주식을 소유하는 자인 소액출자자는 제외)의 성명 또는 명칭과 그 지분율, ⅲ) 임원의 성명, ⅳ) 경영하려는 여신전문금융업, ⅴ) 여신전문금융회사가 되려는 자는 그 취지, ⅵ) 겸영여신업자가 되려는 자는 경영하고 있는 사업의 내용을 적은 허가신청서에 일정한 서류를 첨부하여 금융위원회에 제출하여야 한다(법4).

신용카드업의 허가를 받으려는 자는 신청서(전자문서로 된 신청서를 포함)에 ⅰ) 정관, ⅱ) 자본금 납입을 증명하는 서류, ⅲ) 업무개시 후 3년간의 사업계획서(추정재무제표 및 예상수지계산서를 포함), ⅳ) 재무제표와 그 부속서류, ⅴ) 대주주가 법인인 경우에는 그 법인의 재무제표 및 그 부속서류, vi) 허가신청자가 여신전문금융회사 또는 겸영여신업자인 경우에는 여신실적 및 거래자 수 등 영업현황을 나타내는 서류, vii) 임원의 이력서 및 경력증명서를 첨부하여 금융위원회에 제출하여야 한다(영3의2① 전단). 이 경우 담당 직원은 전자정부법 제36조 제1항 또는 제2항[15]에 따른 행정정보의 공동이용을 통하여 법인등기부 등본을 확인하여야 한다(영3의2① 후단).

(나) 허가신청서 심사

금융위원회는 허가신청서를 제출받은 날부터 3개월 안에 허가 여부를 결정하여 신청인에게 통보하여야 하고(법7①), 허가에 조건을 붙일 수 있으며(법3④), 제출받은 서류에 잘못되거나 부족한 부분이 있으면 서류를 제출받은 날부터 10일 안에 보완을 요청할 수 있다(법7③ 전단). 이 경우 보완에 걸린 기간은 위 3개월의 기간에 넣어 계산하지 아니한다(법7③ 후단).

(2) 허가의 공고

금융위원회는 허가를 한 경우 지체 없이 그 내용을 관보에 공고하고 인터넷 홈페이지 등을 이용하여 일반인에게 알려야 한다(법11).

(3) 예비허가와 본허가

본허가를 받으려는 자는 미리 금융위원회에 예비허가를 신청할 수 있다(법8①). 금융위원회는 예비허가 여부를 결정할 때 예비허가를 받으려는 자가 본허가 요건을 모두 충족할 수 있는지를 확인하여야 하고(법8②), 예비허가에 조건을 붙일 수 있으며(법8③), 예비허가를 받은 자가 본허가를 신청하는 경우에는 예비허가 조건을 이행하였는지와 본허가 요건을 모두 충족하는지를 확인한 후 본허가 여부를 결정하여야 한다(법8④).

---

15) 전자정부법 제36조(행정정보의 효율적 관리 및 이용) ① 행정기관등의 장은 수집·보유하고 있는 행정정보를 필요로 하는 다른 행정기관등과 공동으로 이용하여야 하며, 다른 행정기관등으로부터 신뢰할 수 있는 행정정보를 제공받을 수 있는 경우에는 같은 내용의 정보를 따로 수집하여서는 아니 된다.
② 행정정보를 수집·보유하고 있는 행정기관등("행정정보보유기관")의 장은 다른 행정기관등과 은행법 제8조 제1항에 따라 은행업의 인가를 받은 은행 및 대통령령으로 정하는 법인·단체 또는 기관으로 하여금 행정정보보유기관의 행정정보를 공동으로 이용하게 할 수 있다.

(4) 허가요건의 유지

허가를 받아 신용카드업을 하고 있는 자는 인적·물적 설비 요건을 신용카드업의 허가를 받은 이후에도 계속 유지하여야 한다(법6의2 본문). 다만, 해당 회사의 경영건전성 확보, 거래자 등의 이익 보호를 위하여 ⅰ) 개인정보의 보호에 차질이 없고, ⅱ) 신용카드 서비스 제공의 지연 등으로 신용카드회원, 신용카드가맹점의 이익을 저해할 우려가 없으며, ⅲ) 금융회사지배구조법 제24조 제1항[16])에 따른 내부통제기준 준수에 차질이 없는 경우로서 금융위원회의 승인을 받는 경우에는 인적·물적 설비 요건을 유지하지 아니할 수 있다(법6의2 단서, 영6의3⑥). 금융위원회는 승인을 함에 있어 승인신청일로부터 60일 내에 위 ⅰ) ⅱ) ⅲ)의 요건을 충족하는지 여부를 확인한 후 승인 여부를 결정하고 그 결과를 승인 신청인에게 통지하여야 한다(감독규정4의2 본문). 다만, 통지기간 산정시 승인신청 내용에 보완이 필요하여 소요된 기간은 산입하지 아니한다(감독규정4의2 단서).

2. 시설대여업 · 할부금융업 · 신기술사업금융업 등록절차

(1) 등록의 신청 및 검토
(가) 등록신청서 제출

시설대여업·할부금융업 또는 신기술사업금융업을 하고 있거나 하려는 자로서 여신전문금융업법을 적용받으려는 자는 업별로 금융위원회에 등록하여야 하는데, 등록을 하려는 자는 ⅰ) 상호 및 주된 사무소의 소재지, ⅱ) 자본금 및 출자자(시행규칙2조 = 여신전문금융회사 또는 여신전문금융회사가 되려는 법인의 의결권 있는 발행주식 총수의 1% 이하의 주식을 소유하는 자인 소액출자자는 제외)의 성명 또는 명칭과 그 지분율, ⅲ) 임원의 성명, ⅳ) 경영하려는 여신전문금융업, ⅴ) 여신전문금융회사가 되려는 자는 그 취지, ⅵ) 겸영여신업자가 되려는 자는 경영하고 있는 사업의 내용을 적은 등록신청서에 일정한 서류를 첨부하여 금융위원회에 제출하여야 한다(법4).

시설대여업, 할부금융업 또는 신기술사업금융업의 등록을 하려는 자는 등록

---

16) ① 금융회사는 법령을 준수하고, 경영을 건전하게 하며, 주주 및 이해관계자 등을 보호하기 위하여 금융회사의 임직원이 직무를 수행할 때 준수하여야 할 기준 및 절차("내부통제기준")를 마련하여야 한다.

신청서에 ⅰ) 정관, ⅱ) 자본금 납입을 증명하는 서류, ⅲ) 재무제표와 그 부속서류, ⅳ) 허가신청자가 여신전문금융회사 또는 겸영여신업자인 경우에는 여신실적 및 거래자 수 등 영업현황을 나타내는 서류, ⅴ) 임원의 이력서 및 경력증명서를 첨부하여 금융위원회에 제출하여야 한다(영3의2② 전단). 이 경우 담당 직원은 전자정부법 제36조 제1항 또는 제2항에 따른 행정정보의 공동이용을 통하여 법인등기부 등본을 확인하여야 한다(영3의2② 후단).

(나) 등록신청서의 검토

금융위원회는 등록신청서를 제출한 자가 자본금 요건(제5조)와 등록요건(제6조)에 맞는 경우에는 지체 없이 등록을 하고 그 사실을 신청인에게 통보하여야 한다(법7②). 금융위원회는 제출받은 서류에 잘못되거나 부족한 부분이 있으면 서류를 제출받은 날부터 10일 안에 보완을 요청할 수 있다(법7③).

(2) 등록의 공고

금융위원회는 등록을 한 경우 지체 없이 그 내용을 관보에 공고하고 인터넷 홈페이지 등을 이용하여 일반인에게 알려야 한다(법11).

Ⅳ. 허가·등록취소

1. 신용카드업자의 허가·등록취소

(1) 허가·등록취소 사유

금융위원회는 신용카드업자가 ⅰ) 거짓이나 그 밖의 부정한 방법으로 제3조 제1항에 따른 "허가"(신용카드업자)를 받거나 "등록"(겸영여신업자)을 한 경우, ⅱ) 제6조 제1항 제2호부터 제4호까지의 어느 하나에 해당하는 자인 경우(여신전문금융회사인 경우만 해당), ⅲ) 제57조 제1항에 따른 업무의 정지명령을 위반한 경우, ⅳ) 허가요건 유지의무를 위반한 경우, ⅴ) 정당한 사유 없이 1년 이상 계속하여 영업을 하지 아니한 경우, ⅵ) 법인의 합병·파산·폐업 등으로 사실상 영업을 끝낸 경우에는 그 허가 또는 등록을 취소할 수 있다(법57②).

(2) 허가·등록취소와 대금결제업무

신용카드업자는 허가 또는 등록이 취소된 경우에도 그 처분 전에 행하여진 신용카드에 의한 거래대금의 결제를 위한 업무를 계속할 수 있다(법60).

(3) 청문

금융위원회는 허가 또는 등록을 취소하려면 청문을 하여야 한다(법61).

(4) 허가 · 등록취소의 공고

금융위원회는 허가 또는 등록을 취소한 경우 지체 없이 그 내용을 관보에 공고하고 인터넷 홈페이지 등을 이용하여 일반인에게 알려야 한다(법11(3)).

2. 시설대여업자 · 할부금융업자 · 신기술사업금융업자의 등록취소

(1) 등록취소 사유

금융위원회는 시설대여업자, 할부금융업자 또는 신기술사업금융업자가 ⅰ) 거짓이나 그 밖의 부정한 방법으로 시설대여업·할부금융업 또는 신기술사업금융업 등록을 한 경우, ⅱ) 제6조 제1항 제2호부터 제4호까지의 어느 하나에 해당하는 자인 경우(여신전문금융회사인 경우만 해당), ⅲ) 제53조 제4항 또는 제53조의3 제2항에 따른 금융위원회의 명령이나 조치를 위반한 경우, ⅳ) 등록을 한 날부터 1년 이내에 등록한 업에 관하여 영업을 시작하지 아니하거나 영업을 시작한 후 정당한 사유 없이 1년 이상 계속하여 영업을 하지 아니한 경우, ⅴ) 법인의 합병·파산·폐업 등으로 사실상 영업을 끝낸 경우에는 그 등록을 취소할 수 있다(법57③).

(2) 청문

금융위원회는 등록을 취소하려면 청문을 하여야 한다(법61).

(3) 등록취소의 공고

금융위원회는 등록을 취소한 경우 지체 없이 그 내용을 관보에 공고하고 인터넷 홈페이지 등을 이용하여 일반인에게 알려야 한다(법11(3)).

Ⅴ. 신용카드등부가통신업의 등록 등

1. 신용카드등부가통신업의 등록

(1) 신용카드등부가통신업의 의의

(가) 신용카드등부가통신업

신용카드등부가통신업이란 신용카드업자 및 신용카드가맹점과의 계약에 따라 단말기 설치, 신용카드등의 조회·승인 및 매출전표 매입·자금정산 등 신용카드등의 대금결제를 승인·중계하기 위한 전기통신서비스 제공을 업으로 하는 것을 말한다(법2(8의2)).

2020. 8. 31. 현재 신용카드등부가통신업 등록 현황은 27개사가 등록되어 있다.

(나) 부가통신업자

부가통신업자란 신용카드등부가통신업에 대하여 제27조의2에 따라 금융위원회에 등록(금융감독원 위탁)을 한 자를 말한다(법2(8의3)). 즉 "부가통신업자 (Value Added Network, "VAN"사)"는 신용카드업자 및 신용카드가맹점과의 계약에 따라 단말기 설치, 신용카드 등의 조회·승인 및 매출전표 매입·자금정산 등 신용카드 등의 대금결제를 승인·중계하기 위한 전기통신서비스 제공하는 업체로 금융위원회에 등록한 업체를 말한다. 통상 밴(VAN)사로 불린다.

VAN사는 신용카드회사와 가맹점 양자와 각각 계약을 체결하는데, 신용카드회사와는 "업무대행서비스계약"을 체결하여 동 계약에서 위임된 업무(승인 및 매입 프로세싱 업무, 승인대행 업무, 단말기 판매/설치/AS 등 가맹점서비스 업무 등)를 수행하고, 가맹점과는 단말기 매매(또는 임대차)계약·밴서비스 이용계약을 체결하게 된다.[17]

VAN사는 가맹점으로부터의 카드승인 요청시 대상 카드가 블랙리스트에 올라 있는 도난카드인지 여부를 검증한 후 카드승인에 필요한 결제정보를 신용카드사로 전달하며, 신용카드사가 카드결제를 승인할 경우 이를 다시 가맹점에 전달하는 승인·중계 서비스를 제공하고 있다. 이후 가맹점이 카드사로부터 카드결

---

17) 석일홍(2018), 115쪽.

제대금을 받기 위해서는 승인받은 거래 중에서 카드결제대금 지급을 신청하고자 하는 거래를 확정하여 만든 청구데이터(청구목록)를 카드사에 전송하는 매입절차를 진행하여야 하는데, 국내 VAN사는 이러한 매입업무를 대행하고 있다.[18]

(2) 등록요건

(가) 시설 · 장비 및 기술능력 요건

신용카드등부가통신업을 하려는 자는 시설 · 장비 및 기술능력을 갖추어 금융위원회에 등록하여야 하는데, 시설 · 장비 및 기술능력은 ⅰ) 인력 요건: 경영하려는 신용카드등부가통신업에 관한 전문성과 기술능력을 갖춘 정보기술부문의 전문가 등 필요한 인력을 적절하게 갖추어야 하고, ⅱ) 물적 시설 및 장비 요건: 경영하려는 신용카드등부가통신업을 수행하기에 필요한 전산설비와 사무장비, 전산설비 등의 물적 설비를 안전하게 보호할 수 있는 보안설비, 그리고 정전 · 화재 등의 사고가 발생할 경우에 업무의 연속성을 유지하기 위하여 필요한 보완설비와 보완장비를 갖추어야 한다(법27의2①, 영9의2①).

시설 · 장비 및 기술능력에 관한 세부기준은 [별표 1의2]와 같다(감독규정5의2①). 즉 ⅰ) 신청 당시 정보기술부문 전공자 또는 신용카드등부가통신업에 3년 이상 종사한 경력이 있는 임직원을 10명 이상 확보하고 있거나 등록 시점에 확보가능하여야 하고, ⅱ) 신용카드등부가통신업을 원활히 영위하는데 필요한 전산기기를 보유하여야 하며, ⅲ) 전산장애 발생시 전산자료 손실에 대비한 백업(backup)장치를 구비하여야 하고, ⅳ) 신용카드등부가통신업의 원활한 영위를 위한 각종 프로그램을 보유하여야 하며, ⅴ) 전산자료보호 등을 위한 적절한 정보처리시스템 관리방안을 확보하고 정보보호시스템 등 감시운영체제를 구축하여야 하고, ⅵ) 전산실 등의 구조 및 내장, 설비 등의 안전성을 확보하고 적절한 보안대책을 수립하여야 한다.

(나) 자본금 요건

신용카드등부가통신업의 등록을 할 수 있는 자는 법인으로서 자본금이 20억원 이상인 자로 한다(법27의2② 본문). 다만, 단말기 설치 및 신용카드등의 대금

---

18) 이재연(2017), "VAN 수수료 체계의 문제점 및 개선방안", 한국금융연구원 주간금융브리프 26권 3호(2017. 2), 1쪽.

결제를 승인·중계하기 위한 전기통신서비스의 제공을 내용으로 하는 계약을 3만 개 이하의 신용카드가맹점과 체결하려는 자는 법인으로서 자본금이 10억원 이상인 자로 한다(법27② 단서, 영9의2②).

(다) 등록 자격요건(신청인 및 대주주에 관한 요건)

다음의 어느 하나에 해당하는 자, 즉 ⅰ) 등록이 말소되거나 등록이 취소된 날부터 3년이 지나지 아니한 법인 및 그 말소 또는 취소 당시 그 법인의 대통령령으로 정하는 출자자[19]이었던 자로서 말소되거나 취소된 날부터 3년이 지나지 아니한 자(제1호), ⅱ) 채무자회생법에 따른 회생절차 중에 있는 회사 및 그 회사의 출자자 중 대통령령으로 정하는 출자자(제2호), ⅲ) 금융거래 등 상거래에서 약정한 날까지 채무를 변제하지 아니한 자로서 대통령령으로 정하는 자(제3호),[20] ⅳ) 등록신청일을 기준으로 최근 3년 동안 금융관계법령을 위반하여 벌금형 이상의 처벌을 받은 사실이 있는 자(제4호), ⅴ) 제1호부터 제4호까지의 어느 하나에 해당하는 자가 출자자인 법인으로서 대통령령으로 정하는 법인(제5호)[21]은 등록을 할 수 없다(법27의2③).

---

19) 법 제27조의2 제3항 제1호 및 제2호에서 "대통령령으로 정하는 출자자"란 다음의 어느 하나에 해당하는 주주를 말한다(영9의4).
  1. 부가통신업자의 의결권 있는 발행주식 총수를 기준으로 본인 및 특수관계인이 누구의 명의로 하든지 자기의 계산으로 소유하는 주식을 합하여 그 수가 가장 많은 경우의 그 본인
  2. 누구의 명의로 하든지 자기의 계산으로 부가통신업자의 의결권 있는 발행주식 총수의 10% 이상의 주식을 소유하는 자
  2의2. 임원의 임면 등의 방법으로 그 부가통신업자의 주요 경영사항에 대하여 사실상의 영향력을 행사하는 주주로서 다음 각 목의 어느 하나에 해당하는 자
    가. 혼자서 또는 다른 주주와의 합의·계약 등에 따라 대표이사 또는 이사의 과반수를 선임(選任)한 주주
    나. 부가통신업자의 경영전략·조직변경 등 주요 의사결정이나 업무집행에 지배적인 영향력을 행사한다고 인정되는 자로서 금융위원회가 정하는 주주
  3. 제1호에서 정하는 자의 특수관계인인 주주
20) "대통령령으로 정하는 자"란 신용정보법 시행령 제2조 제18항 제1호, 제3호, 제4호 및 제5조 제2항 제1호부터 제18호까지의 규정에서 정하는 기관에 대손상각채권을 발생시켜 신용정보법 제25조 제2항 제1호에 따른 종합신용정보집중기관에 이에 대한 신용정보가 집중관리·활용되는 자로서 그 집중관리·활용되는 날부터 3년이 지나지 아니한 자를 말한다(영9의5).
21) "대통령령으로 정하는 법인"이란 제9조의4 각 호의 어느 하나에 해당하는 주주인 법인을 말한다(영9의6).

(3) 등록절차 등

(가) 등록절차

신용카드등부가통신업의 등록을 하고자 하는 자는 별지 제1호의 등록신청서(첨부서류를 포함)를 금융감독원장에게 제출하여야 한다(감독규정5의2②). 등록신청서를 제출한 자가 법 제27조의2 제1항부터 제3항까지의 규정에 위배되지 아니하는 경우에는 금융감독원장은 지체 없이 등록을 하고 그 사실을 신청인에게 통보하여야 한다(감독규정5의2③).

(나) 변경등록

등록한 사항을 변경하려는 때에는 대통령령으로 정하는 바에 따라 변경등록을 하여야 한다(법27의2④). 법 제27조의2 제4항의 규정에 의하여 변경등록을 신청하려는 자는 별지 제2호의 변경등록신청서(첨부서류를 포함)를 금융감독원장에게 제출하여야 한다(감독규정5의2④). 변경등록신청서를 제출하고, 금융감독원장이 이에 따라 변경등록을 한 경우에는 그 사실을 신청인에게 통보하여야 한다(감독규정5의2⑤).

(다) 등록말소

등록한 자는 대통령령으로 정하는 바에 따라 그 등록의 말소를 신청할 수 있다. 이 경우 금융위원회는 지체 없이 그 등록을 말소한다(법27의2⑤). 등록말소를 신청하려는 자는 별지 제3호에 의한 등록말소신청서를 금융감독원장에게 제출하여야 한다(감독규정5의2⑥). 등록말소신청서를 제출한 경우에는 금융감독원장은 지체 없이 등록을 말소하여야 한다(감독규정5의2⑦).

(4) 임원 결격사유 등

(가) 임원 결격사유

금융회사지배구조법 제5조 제1항 각 호[22])의 어느 하나에 해당하는 사람은

---

22) 금융회사지배구조법 제5조(임원의 자격요건) ① 다음의 어느 하나에 해당하는 사람은 금융회사의 임원이 되지 못한다.
  1. 미성년자·피성년후견인 또는 피한정후견인
  2. 파산선고를 받고 복권(復權)되지 아니한 사람
  3. 금고 이상의 실형을 선고받고 그 집행이 끝나거나(집행이 끝난 것으로 보는 경우를 포함한다) 집행이 면제된 날부터 5년이 지나지 아니한 사람
  4. 금고 이상의 형의 집행유예를 선고받고 그 유예기간 중에 있는 사람

부가통신업자의 임원이 될 수 없으며, 임원이 된 후에 이에 해당하게 된 경우(같은 법 제5조 제1항 제7호에 해당하는 사람으로서 대통령령으로 정하는 경우는 제외)에는 그 직(職)을 잃는다(법27의2⑥).

(나) 임원 선임 · 해임의 보고

부가통신업자는 임원을 선임하거나 해임한 경우 선임하거나 해임한 날부터 7일 이내에 그 사실을 금융위원회에 보고하여야 한다(법27의2⑦, 영9의9②).

(5) 위반시 제재

(가) 형사제재

법 제27조의2 제1항에 따른 등록을 하지 아니하고 신용카드등부가통신업을 한 자 및 거짓이나 그 밖의 부정한 방법으로 제27조의2 제1항에 따른 등록을 한 자는 3년 이하의 징역 또는 2천만원 이하의 벌금에 처한다(법70③(7)(8)).

(나) 과태료

법 제27조의2 제4항을 위반하여 변경등록을 하지 아니한 자에게는 5천만원 이하의 과태료를 부과한다(법72①(5의2)).

2. 신용카드등부가통신업의 등록취소

(1) 등록취소 사유

금융위원회는 부가통신업자가 ⅰ) 거짓이나 그 밖의 부정한 방법으로 등록

---

5. 이 법 또는 금융관계법령에 따라 벌금 이상의 형을 선고받고 그 집행이 끝나거나(집행이 끝난 것으로 보는 경우를 포함) 집행이 면제된 날부터 5년이 지나지 아니한 사람
6. 다음의 어느 하나에 해당하는 조치를 받은 금융회사의 임직원 또는 임직원이었던 사람(그 조치를 받게 된 원인에 대하여 직접 또는 이에 상응하는 책임이 있는 사람으로서 대통령령으로 정하는 사람으로 한정)으로서 해당 조치가 있었던 날부터 5년이 지나지 아니한 사람
   가. 금융관계법령에 따른 영업의 허가 · 인가 · 등록 등의 취소
   나. 「금융산업의 구조개선에 관한 법률」 제10조 제1항에 따른 적기시정조치
   다. 「금융산업의 구조개선에 관한 법률」 제14조 제2항에 따른 행정처분
7. 이 법 또는 금융관계법령에 따라 임직원 제재조치(퇴임 또는 퇴직한 임직원의 경우 해당 조치에 상응하는 통보를 포함)를 받은 사람으로서 조치의 종류별로 5년을 초과하지 아니하는 범위에서 대통령령으로 정하는 기간이 지나지 아니한 사람
8. 해당 금융회사의 공익성 및 건전경영과 신용질서를 해칠 우려가 있는 경우로서 대통령령으로 정하는 사람

을 한 경우, ⅱ) 등록 부적격자에 해당하는 경우, ⅲ) 법 제53조 제4항에 따른 금융위원회의 조치를 정당한 사유 없이 이행하지 아니한 경우, ⅳ) 정당한 사유 없이 1년 이상 계속하여 영업을 하지 아니한 경우, ⅴ) 법인의 합병·파산·폐업 등으로 사실상 영업을 끝낸 경우에는 등록을 취소할 수 있다(법27의3①).

(2) 청문

금융위원회는 등록을 취소하려는 경우에는 청문을 하여야 한다(법27의3②).

(3) 등록취소 후 대금결제업무

부가통신업자는 등록이 취소된 경우에도 그 처분 전에 행하여진 신용카드등에 따른 대금의 결제를 위한 업무를 계속 할 수 있다(법27의3③).

3. 신용카드 단말기의 등록

(1) 신용카드 단말기의 의의

(가) 신용카드 단말기의 개념

신용카드 단말기("단말기")라 함은 신용카드거래를 위해 신용카드가맹점에 설치되거나 가맹점 사업자가 사용하는 민감한 신용카드 정보를 전달하는 장치를 말한다. 단, 실시간 승인이 이루어지지 않는 경우로서 신용카드 번호만 전달하는 경우에 한하여 단말기로 보지 않는다(신용카드 단말기 시험·인증 및 등록관리 규정 2(1), 이하 "등록관리규정"). 즉 신용카드 단말기는 가맹점이 회원의 신용카드로부터 신용카드 정보를 읽어 신용카드회사에 전송하고 다시 신용카드회사로부터의 거래 승인정보를 전달받는 장치를 말한다.[23] 여신전문금융업법 제27조의4(2015. 7. 21. 시행) 등에 의하면 부가통신업자는 2015. 7. 21.부터 자신이 전기통신서비스를 제공하는 신용카드 단말기를 금융위원회에 등록하고 등록된 신용카드 단말기에 대하여만 신용카드 등의 대금결제를 승인·중계하기 위한 전기통신서비스를 제공하여야 한다.

(나) 신용카드 단말기의 유형

신용카드 단말기 유형은 CAT 단말기와 POS 단말기 등으로 구분할 수 있다(신용카드 단말기 정보보호 기술기준 제5절 용어의 정의).

---

23) 석일홍(2018), 293쪽.

1) CAT 단말기

"CAT(Credit Authorization Terminal) 단말기"란 신용카드가맹점 등에서 신용카드 등의 거래승인을 위해 사용되는 발행회사, 회원번호 등을 자동 판독해 통신회선을 통하여 신용카드업체로 전달하고 정산해주는 일반 결제 단말기를 말한다.

2) POS 단말기

"POS(Point of Sale) 단말기"란 신용카드가맹점에 설치되어 판매상품조회, 매출조회 등 다양한 판매시점 관리기능과 신용카드에 의한 거래발생 건에 대하여 신용카드업체로부터 거래승인을 받기 위하여 거래승인 기능을 제공하는 단말장치를 말하며, POS 단말기 본체(PC 또는 전용 하드웨어)와 카드리더기로 구성된다. POS 단말기 본체와 카드리더기는 유·무선으로 연결되거나 카드리더기가 POS 단말기 본체에 내장될 수 있다. "카드리더기(Card Reader)"란 신용카드거래를 발생시키기 위해 필요한 정보를 읽을 수 있는 기능을 제공하는 다양한 형태의 기계장치를 말한다.

(2) 등록시기

(가) 2015. 7. 21. 이후 신규 설치된 단말기

부가통신업자는 자신이 "전기통신서비스를 제공하는 신용카드 단말기"를 금융위원회에 등록하여야 한다(법27의4① 본문). 밴사 변경, 고장(A/S) 등의 사유로 단말기를 교체하는 경우에도 신규설치로 간주하므로 등록된 단말기로 교체하여야 한다(금융위원회 법령해석, 2015. 12. 7). 부가통신업자가 전기통신서비스를 제공하지 아니하는 신용카드 단말기의 경우에는 신용카드가맹점이 금융위원회에 등록하여야 한다(법27의4① 단서).

(나) 2015. 7. 21. 이전 기설치된 단말기

여신전문금융업법 부칙 <법률 제13068호, 2015. 1. 20> 제4조에 따라 법 시행 당시 신용카드 거래와 관련된 부가통신서비스를 제공하는 신용카드 단말기는 2015. 7. 21. 이후 3년간은 등록을 한 것으로 본다(부칙4 본문). 2015. 7. 21. 이전에 설치된 H/W와 POS S/W의 변경 없이 밴사를 변경하는 경우, 종전에 부가통신서비스를 제공하던 단말기의 S/W만 업그레이드하는 경우 등은 3년간 개정 여신전문금융업법의 적용 유예대상에 포함된다(금융위원회 법령해석, 2015. 12. 7).

2018. 7. 21.부터 설치 및 사용되는 단말기는 설치시점에 관계없이 모두 등록된 단말기이어야 한다(부칙4 단서).

(3) 등록 주체 및 신청

부가통신업자는 자신이 전기통신서비스를 제공하는 신용카드 단말기를 금융위원회에 등록하여야 한다(법27의4① 본문).[24] 다만, 부가통신업자가 전기통신서비스를 제공하지 아니하는 신용카드 단말기의 경우에는 신용카드가맹점이 금융위원회에 등록하여야 한다(법27의4① 단서).

신용카드 단말기를 등록하려는 자는 금융위원회가 정하여 고시하는 등록신청서를 금융위원회에 제출하여야 한다(영9의10①).

(4) 신용카드 단말기 기술기준

등록하려는 신용카드 단말기는 신용카드회원의 정보보호를 위하여 금융위원회가 정하는 기술기준에 적합하여야 한다(법27의4②). 금융위원회가 정하는 신용카드 단말기 기술수준은 ⅰ) 신용카드등의 거래와 관련하여 안전성 및 신뢰성을 갖추고, ⅱ) 신용카드 정보 등 중요데이터에 대한 정보보호가 가능하여야 한다(감독규정26의3①).

세부기준은 여신전문금융업협회장이 정하는 기술기준에 따른다(감독규정26의3②). 따라서 신용카드 단말기는 보안시험을 통한 인증을 받아 금융위원회에 등록하여야 하고 가맹점은 등록된 단말기만을 설치·이용하여야 한다. 여신전문금융협회에서는 "신용카드 단말기 정보보호 기술기준"을 마련하여 신용카드 단말기가 갖추어야 할 정보보호 요구사항 12개 항목을 제시하였다.

(5) 협회 위탁

금융위원회는 신용카드 단말기의 등록 및 기술기준에 관한 업무를 여신전문금융업협회장에게 위탁한다(법27의4④). 신용카드 단말기를 등록하려는 자는 별지 제4호의 신용카드 단말기 등록신청서를 여신전문금융업협회장에게 제출하여

---

24) 미등록단말기에 대한 부가통신서비스 제공: 여신전문금융업법 제27조의4 등에 의하면 부가통신업자는 금융위원회에 등록한 단말기에 대해서만 신용카드 등의 대금결제를 승인·중계하기 위한 서비스를 제공하여야 하는데도, ㈜에스피씨네트웍스는 2015. 7. 21.~2018. 5. 31. 기간 중 132개 신용카드가맹점에 설치된 금융위원회에 등록하지 않은 단말기 145대에 대해 대금결제를 승인·중계하기 위한 서비스를 제공한 사실이 있어 과징금 제재를 받았다.

야 한다(감독규정5의3). 금융위원회로부터 업무를 위탁받은 여신금융협회에서 기술기준을 제정하고 등록업무를 수행한다(법27의4, 감독규정 26의3).

여신전문금융업협회는 "신용카드 단말기 시험·인증 및 등록관리 규정"과 "신용카드 단말기 정보보호 기술기준"을 제정하여 위탁업무를 수행 중이며, 시험업무는 여신전문금융업협회에서 전문성을 갖춘 기관을 지정하여 재위탁하고 있다.

여신전문금융업협회는 신용카드 단말기 등록정보, 사용연장 신용카드 단말기 등록정보, 신용카드 단말기 시험 접수 및 진행현황을 인터넷 홈페이지를 통해 공시하고 있다.

(6) 위반시 제재

금융위원회는 부가통신업자가 법 제27조의4를 위반한 경우 2억원 이하의 과징금을 부과할 수 있다(법58③(4)).

4. 영세한 중소신용카드가맹점 대상 부가통신업자 지정

(1) 지정요건

금융위원회는 영세한 중소신용카드가맹점을 대상으로 전기통신서비스를 제공하는 부가통신업자를 지정할 수 있다(법27의5①).

영세한 중소신용카드가맹점을 대상으로 전기통신서비스를 제공하는 부가통신업자로 지정받으려는 자는 ⅰ) 부가통신업자이고, ⅱ) 최근 3년간 금융관계법령에 따라 경고 이상의 제재 처분을 받은 사실이 없으며, ⅲ) 건전한 재무상태와 사회적 신용을 갖추고 있어야 하며, ⅳ) 자문 및 교육 업무와 신용카드 단말기의 설치·관리 업무(영9의11①)를 수행하기 위한 전문인력 및 물적시설을 갖추어야 한다(영9의12①).

(2) 지정취소

여신전문금융업협회의 장("여신전문금융업협회장")은 지정된 부가통신업자가 ⅰ) 거짓이나 그 밖의 부정한 방법으로 지정을 받은 경우, ⅱ) 금융관계법령에 따른 명령이나 처분을 위반한 경우, ⅲ) 자문 및 교육 업무와 신용카드 단말기의 설치·관리 업무(영9의11①)를 성실히 수행하지 아니하는 경우, ⅳ) 재무구조 악화 등으로 자문 및 교육 업무와 신용카드 단말기의 설치·관리 업무(영9의11①)를 계속하는 것이 적합하지 아니하다고 인정되는 경우에는 해당 부가통신업자에 대한 지정을 취소할 수 있다(영9의12② 본문). 다만, 위 ⅰ)의 거짓이나 그 밖의 부정한 방법으로 지정을 받은 경우에는 지정을 취소하여야 한다(영9의12② 단서).

(3) 선정위원회 설치·운영

여신전문금융업협회장은 부가통신업자의 지정 및 그 지정의 취소를 위하여 영세한 중소신용카드가맹점 대상 부가통신업자 선정위원회("선정위원회")를 설치·운영할 수 있다(영9의12③ 전단). 이 경우 여신전문금융업협회장은 선정위원회의 설치·운영에 필요한 규정을 정할 수 있다(영9의12③ 후단).

(4) 지정자격

부가통신업자는 ⅰ) 민법 제32조(비영리법인의 설립과 허가) 또는 다른 법률에 따라 설립된 비영리법인, 또는 ⅱ) 그 밖에 영세한 중소신용카드가맹점 자문 및 교육 업무와 신용카드 단말기의 설치·관리 업무(영9의11①)를 수행하는 것이 적합하다고 인정되는 법인 중에서 지정한다(법27의5②).

(5) 업무

지정된 부가통신업자는 신용카드등부가통신업과 관련하여 영세한 중소신용카드가맹점에 대한 자문 및 교육 업무와 신용카드 단말기의 설치·관리 업무(영9의11①)를 할 수 있다(법27의5③, 영9의11②).

(6) 자료제출 및 의결진술 요청

금융위원회는 신용카드등부가통신업의 건전한 거래질서 확립 및 영세한 중소신용카드가맹점 보호를 위하여 필요한 경우에는 지정된 부가통신업자에게 자료의 제출이나 의견의 진술을 요청할 수 있다. 이 경우 요청을 받은 부가통신업자는 특별한 사유가 없으면 요청에 따라야 한다(법27의5④).

(7) 위탁

금융위원회는 법 제27조 제1항부터 제4항까지와 관련된 업무를 여신전문금융업협회장에게 위탁한다(법27의5⑥).

제2절 자본건전성규제

Ⅰ. 경영건전성기준

1. 경영지도의 기준

금융위원회는 여신전문금융회사의 건전한 경영을 지도하고 금융사고를 예방하기 위하여 ⅰ) 자본의 적정성에 관한 사항, ⅱ) 자산의 건전성에 관한 사항, ⅲ) 유동성에 관한 사항, ⅳ) 그 밖에 경영의 건전성 확보를 위하여 필요한 사항에 해당하는 경영지도의 기준을 정할 수 있다(법53의3①).

경영지도의 기준에는 ⅰ) 자기자본[25]의 보유기준에 관한 사항, ⅱ) 대출채권 등 여신전문금융회사가 보유하는 자산의 건전성 분류기준 및 운용기준에 관한 사항, ⅲ) 충당금 및 적립금의 적립기준에 관한 사항, ⅳ) 금융회사지배구조법 제27조 제1항[26]에 따른 위험관리기준 및 회계처리기준에 관한 사항이 포함되어야 한다(영19의20).

여신전문금융회사의 자기자본은 채권자에 대한 채무상환능력을 유지시키는 손실규모의 최대한계를 나타내는 것으로서 영업의 계속성을 유지하는 과정에서 발생 가능한 불특정 손실의 보전에 충당하고 파산하는 경우 채무에 대한 상환보장기능을 한다.

2. 위험관리체제의 구축·운영

여신전문금융회사는 각종 업무를 영위함에 따라 발생하는 위험을 사전에 예방하고 효율적으로 관리하기 위하여 이를 인식·측정·감시·통제할 수 있는 종

---

25) 자기자본이란 납입자본금·자본잉여금 및 이익잉여금 등의 합계액으로서 외부감사법 제2조 제2호에 따른 재무제표의 납입자본금·자본잉여금 및 이익잉여금 등의 합계액에 결산상 오류에 따른 금액을 더하거나 뺀 금액을 말한다(법2(19), 영2의5).
26) ① 금융회사는 자산의 운용이나 업무의 수행, 그 밖의 각종 거래에서 발생하는 위험을 제때에 인식·평가·감시·통제하는 등 위험관리를 위한 기준 및 절차("위험관리기준")를 마련하여야 한다.

합적인 관리체제를 구축·운영하여야 한다(감독규정12①). 여신전문금융회사는 위험을 효율적으로 관리하기 위하여 부서별 또는 사업부문별 위험 부담한도 및 거래한도 등을 적절히 설정·운영하여야 한다(감독규정12②).

Ⅱ. 재무건전성규제

1. 경영지도비율

(1) 경영지도비율의 유지의무

여신전문금융회사는 ⅰ) 조정총자산에 대한 조정자기자본 비율은 7%(신용카드업자는 8%) 이상, ⅱ) 원화유동성부채에 대한 원화유동성자산 비율은 100% 이상, ⅲ) 1개월 이상 연체채권비율은 10% 미만(신용카드업자에 한한다)으로 경영지도비율을 유지하여야 한다(법53의3, 영19의20, 감독규정8①).

(2) 경영지도비율의 산정

경영지도비율을 산정함에 있어 조정총자산, 조정자기자본, 원화유동성부채, 원화유동성자산 및 1개월 이상 연체채권의 구체적인 범위는 금융감독원장이 정한다(감독규정8② 본문). 경영지도비율의 산정기준은 [별표 1]과 같다(시행세칙3).

다만, 여신전문금융업감독규정 제8조 제1항 제1호의 조정총자산 및 조정자기자본은 여신전문금융회사의 대차대조표를 기준으로 하되 국제결제은행이 제시한 기준을 참작하고 여신전문금융회사의 업무의 특성을 반영하여 ⅰ) 조정총자산은 총자산에서 현금,[27] 담보약정이 없는 단기성예금, 만기 3개월 이내의 국공채 및 공제항목을 차감한 금액으로 한다(제1호). ⅱ) 조정자기자본은 기본자본 및

---

27) 여신전문금융회사는 수신기능이 없어 은행 등 여타 금융기관과는 달리 많은 현금을 보유할 필요가 없으며, 예치금 또한 일시여유자금을 은행 등에 예치한 것이 대부분이다. 현금은 본점의 경우 일반관리비 등의 지출에 대비하여 소액의 현금(수표 포함)을 보유하고 있으며, 영업점의 경우 전일 마감 후 입금된 여신 상환자금을 일시 보유하고 있는 경우가 대부분이다. 원화예치금은 소비임치계약에 의해 타금융기관에 예치한 자금으로 예금은행 및 비통화금융기관 등에 예치한 원화자산을 말하는데, 제2금융권에 대한 예치금은 종금사의 발행어음, 표지어음 및 CMA(어음관리구좌), 생명보험사의 단체퇴직보험 등이 여기에 해당한다. 외화예치금의 경우 리스사를 제외한 여타 여전사는 외화예치금을 보유하는 경우가 거의 없으나 리스사의 경우 외화자금 조달 및 운용을 위해 은행에 외화보통예금과 외화정기예금을 보유하고 있다.

보완자본(기본자본 범위 내에 한한다)을 더한 금액에서 공제항목을 차감한 금액으로 한다(제2호), iii) 제1호 및 제2호의 총자산, 공제항목, 기본자본 및 보완자본의 범위는 금융감독원장이 정하는 바에 따른다(감독규정8② 단서).

(3) 경영지도비율 개선 계획 또는 약정서 제출요구

금융감독원장은 여신전문금융업감독규정 제16조의 규정에 의한 경영실태분석 및 평가결과 경영지도비율이 악화될 우려가 있거나 경영상 취약부문이 있다고 판단되는 여신전문금융회사에 대하여 이의 개선을 위한 계획 또는 약정서를 제출토록 하거나 당해 금융기관과 경영개선협약을 체결할 수 있다(감독규정8③ 본문). 다만, 경영개선권고, 경영개선요구 또는 경영개선명령을 받고 있는 여신전문금융회사의 경우에는 그러하지 아니하다(감독규정8③ 단서).

2. 자산건전성 분류기준

여신전문금융회사의 자산건전성 분류는 은행의 경우처럼 미래상환능력 기준 자산건전성 분류기준(FLC: Forward Looking Criteria)을 채택하지 않고 금융거래내용, 신용상태, 연체기간 및 부도 여부 등을 기준으로 하여 분류대상 자산별로 5단계로 분류하고 있다. 이는 FLC를 운용할 능력이 미흡한 여신전문금융업계의 현실을 감안하여 동 제도의 적용을 당분간 유예한다는 취지이다. 다만 PF대출의 경우 PF사업의 사업을 평가하여 자산건전성 분류에 활용하도록 함으로써 미래상환능력 기준 자산건전성 분류기준을 일부 도입하고 있다.

(1) 정기적 건전성 분류의무

여신전문금융회사는 허가 받거나 등록받은 업별로 ⅰ) 신용카드업은 카드자산, 신용카드약정(제1호), ⅱ) 시설대여업은 리스자산(제2호), ⅲ) 할부금융업은 할부금융(제3호), ⅳ) 신기술사업금융업은 투자주식(사채포함), 리스자산(제4호)으로 보유자산과 대출금, 할인어음,[28] 팩토링,[29] 유가증권,[30] 미수금, 가지급금, 확

---

28) 어음할인은 상거래에 수반하여 차주가 취득한 진성어음과 순수 자금융통만을 목적으로 발행한 융통어음을 근거로 취급하는 대출이다.
29) 팩토링이란 상업어음할인과 유사한 형태의 거래로 물품 및 용역 공급자가 공급을 받는 자로부터 수취한 매출채권(상업어음도 포함됨)을 매입하고 자금을 공여하는 것을 말한다.
30) 여신전문금융회사가 보유하는 유가증권은 대부분 주식, 국공채, 금융채 및 회사채 등 채권과 단기금융시장에서 유통되는 CP 및 수익증권 등으로 구성되어 있으며, 「기업회계기준

정지급보증에 대하여 정기적으로 건전성을 분류하여야 한다(감독규정9①).

(2) 자산의 건전성 분류 구분

자산에 대한 건전성은 "정상", "요주의", "고정", "회수의문", "추정손실"의 5단계로 구분하되, 유가증권의 경우에는 "고정" 분류를, 가지급금(여신성 가지급금을 제외)의 경우에는 "요주의" 및 "고정" 분류를 제외하며, 신용카드업자의 대환대출채권에 대하여는 대환취급 이전 및 이후의 기간을 합산하여 분류한다(감독규정9②).

(3) 거래처 단위의 총채권등 기준으로 분류

여신전문금융회사는 위 제9조 제1항에서 정하는 자산(계정과목과 관계없이 자산의 실질내용에 의한다)에 대하여 건전성을 거래처 단위의 총채권등을 기준으로 분류하여야 한다(감독규정9③ 본문). 다만, ⅰ) 정상 자금결제가 확실시 되는 팩토링 및 상업어음할인, ⅱ) 기업인수합병시의 인수채권등, ⅲ) 산업합리화 관련채권등(산업정책심의회의 합리화기준에서 정하는 바에 따라 합리화지정기업에 지원한 채권등[31]을 말하며, 인수기업의 인수채권등을 포함), ⅳ) [별표 1]의 자산건전성 분류기준 예시에 따라 거래처 단위의 총채권등과 구분하여 분류할 수 있도록 별도로 명시된 채권등의 자산은 거래처 단위의 총채권등과 구분하여 별도로 분류할 수 있다(감독규정9③ 단서).

(4) 유가증권 및 가지급금 분류

자산 중 유가증권 및 가지급금(여신성 가지급금 제외)은 취급건별 금액을 기준으로 분류한다(감독규정9④).

(5) 분기별 분류

여신전문금융회사는 보유자산에 대하여 [별표 1]의 자산건전성 분류기준에 따라 매분기마다 건전성을 분류하여야 한다(감독규정9⑤ 본문). 다만, 유가증권에

서 제8호 유가증권」에 따라 만기보유증권, 단기매매증권 및 매도가능증권으로 구분하여 계리하고 있다. 수신기능이 없는 여신전문금융회사는 은행 등 여타 금융기관에 비해 많은 여유자금을 보유하고 있지 아니하므로 유가증권의 보유규모가 크지 않으며, 주로 계열사 또는 업무제휴 회사의 지분확보를 목적으로 취득한 주식과 자산 유동화와 관련된 후순위채권 등 투자유가증권을 보유하는 경우가 대부분이다.

31) "채권등"이라 함은 채권, 리스자산, 카드자산, 투자, 여신성가지급금을 말한다(감독규정 2(6)).

대한 평가는 원칙적으로 매월 1회 정기적으로 실시하되 평가일의 종가를 적용한
다(감독규정9⑤ 단서).

(6) 자산건전성 분류기준 적용제외

다음의 채권등, 즉 ⅰ) 대한민국 정부가 보증한 외국정부 또는 외국중앙은
행에 대한 채권등, ⅱ) 정부투자기관관리기본법 제2조에서 정하는 정부투자기관
에 대한 채권등 및 정부투자기관이 보증한 채권등, ⅲ) 업종전환 및 구조조정과
정에서 시설자금 차입으로 금융기관 차입금액이 매출액을 초과하고 있으나 업체
의 성장전망에 비추어 초과상태가 일시적인 것으로 판단되는 업체에 대한 채권
등, ⅳ) 기타 거래처의 재무상태, 자금사정, 수익성, 거래실적 등 객관적으로 인
정할 수 있는 자료를 근거로 제반 사정을 감안할 때 [별표 1]에서 정하는 기준을
적용함이 부당하다고 판단되는 업체에 대한 채권등에 대하여는 [별표 1]에서 정
하는 기준을 적용하지 아니할 수 있다(감독규정9⑥).

(7) 시정요구 및 부실자산 상각 요구

금융감독원장은 여신전문금융회사의 자산건전성 분류가 부적정하다고 판단
되는 경우 이의 시정을 요구할 수 있다(감독규정9⑦). 금융감독원장은 여신전문금
융회사가 보유하고 있는 부실자산의 상각실적이 미흡하거나 그 밖에 필요하다고
인정하는 경우 당해 여신전문금융회사에 대하여 특정 부실자산의 상각을 요구할
수 있다(감독규정9⑧).

(8) 회수예상가액 산정

여신전문금융회사는 "고정" 이하로 분류된 채권등을 보유한 업체의 채권등
에 대하여 금융감독원장이 정하는 바에 따라 회수예상가액을 산정하여야 한다
(감독규정10).

감독규정 제10조에 의하여 금융감독원장이 정하는 회수예상가액 산정기준
은 [별표 2]와 같다(시행세칙4① 본문). 다만, ⅰ) "고정" 이하 분류 사유 발생일이
3월 이내인 경우, ⅱ) 3월 이내에 담보물 처분과 관련한 법적 절차가 착수될 예
정인 경우, ⅲ) 금융기관(금융위원회법 제38조의 규정에 의한 기관)의 예·적금, 신
탁, 지급보증 또는 유가증권 이외의 담보(경매 진행 중인 담보 제외)로서 담보의 최
종감정일 또는 최종 회수예상가액 산정일이 2년 이내인 경우, ⅳ) 총채권액에 대

한 담보비율이 150% 이상인 경우, ⅴ) 유효담보가액 합계액이 3억원 미만인 경우, ⅵ) 기업정상화금융 수혜기업, 회사정리법에 의한 회사정리절차 진행(신청 포함) 중인 기업, 화의법에 따라 화의절차 진행(신청 포함) 중인 기업 및 은행여신관리업무시행세칙에서 정하는 금융기관 임의관리기업체인 경우에는 최종 담보평가액(감정가 또는 종전 건전성 분류시 산정한 회수예상가액 등)을 회수예상가액으로 볼 수 있다(시행세칙4① 단서).

여신전문금융회사는 동일거래처에 대한 부동산 유효담보가액의 합계액이 10억원 이상인 경우 본점의 전담부서에서 부동산담보물에 대한 회수예상가액을 산정하여야 한다(시행세칙4②).

3. 대손충당금 적립

(1) 의의

자산포트폴리오에 대한 신용위험 평가에 기초하여 손실예상액을 산정하고 이를 흡수할 수 있는 충분한 수준의 대손충당금을 적립할 필요가 있다. 대손충당금 적립을 통한 내부유보 확대 및 자기자본의 충실화를 도모하고, 정상화가 어려운 부실자산에 대하여는 대손충당금을 재원으로 한 조기상각을 유도함으로써 부실자산 감축을 통한 자산건전성을 확보하기 위한 것이다. 금융감독원은 자산건전성 분류단계별 최저 대손충당금 적립비율을 제시하고 있다. 여신전문금융회사는 채권건별 또는 채권종류별 손실예상액을 산출하여 대손충당금을 차등화하여 적립하되, 자산건전성 분류단계별 대손충당금 적립액의 합계는 금융감독원이 정한 최저 적립비율 이상으로 유지할 필요가 있다.

여신전문금융회사는 보유자산의 건전성을 5단계(정상, 요주의, 고정, 회수의문, 추정손실)로 분류하고 적정수준의 대손충당금을 적립·유지하여야 한다.

(2) 대손충당금 적립의무

여신전문금융회사는 결산시(매분기 가결산을 포함) 결산일 현재 채권 및 리스자산(미수금 중 관련분 포함, 운용리스자산 제외), 카드자산, 신용카드 미사용약정, 여신성가지급금, 미수이자에 대하여 충당금을 적립하여야 한다(감독규정11①).

(3) 대손준비금 적립의무

한국채택국제회계기준을 적용하는 여신전문금융회사는 동 회계기준에 따라 충당금을 적립하고, 동 충당금 적립액이 다음에서 정하는 금액의 합계금액에 미달하는 경우 그 미달하는 금액 이상을 대손준비금으로 적립하여야 한다(감독규정 11②).

(가) 채권 및 리스자산, 여신성가지급금, 미수이자

결산일 현재 채권(신용카드업자의 가계신용대출 제외) 및 리스자산(미수금 중 관련분 포함, 운용리스자산 제외), 여신성가지급금, 미수이자에 대하여는 건전성 분류 결과에 따라 ⅰ) "정상"분류 자산의 0.5% 이상. 다만 할부금융업자의 개인에 대한 할부금융자산 및 가계대출에 대해서는 1% 이상(가목), ⅱ) "요주의"분류 자산의 1% 이상. 다만 개인에 대한 할부금융자산 및 가계대출에 대해서는 10% 이상(나목), ⅲ) "고정"분류 자산의 20% 이상(다목), ⅳ) "회수의문"분류 자산의 75% 이상(라목), ⅴ) "추정손실"분류 자산의 100% 이상(마목)의 금액(다만, 연간 적용금리 또는 연환산 적용금리가 20% 이상인 대손충당금 설정 대상 자산에 대하여는 앞에서 정하는 금액에 30%를 가산한 금액으로서 대손충당금 설정 대상 자산의 금액을 초과하지 아니하는 금액)(제1호).

(나) 부동산프로젝트 파이낸싱 대출채권 및 채무보증

부동산프로젝트 파이낸싱 대출채권 및 채무보증[32]에 대하여는 ⅰ) "정상"분류 자산 중 원만기가 경과되지 아니한 자산은 해당 자산의 2% 이상(가목), ⅱ) "정상"분류 자산 중 원만기가 경과된 자산은 해당 자산의 3% 이상(나목), ⅲ) "요주의"분류 자산의 10% 이상(다목), ⅳ) "고정"분류 자산의 30% 이상(라목), ⅴ) "회수의문"분류 자산의 75% 이상(마목), ⅵ) "추정손실"분류 자산의 100% 이상(바목)의 금액(제2호).

(다) 신용판매자산, 그 밖의 카드자산 및 해당 미수이자

결산일 현재 신용판매자산, 그 밖의 카드자산 및 해당 미수이자에 대하여

---

32) "채무보증"이라 함은 명칭의 여하를 불문하고 타인의 채무이행을 직접 또는 간접으로 보장하기 위하여 행하는 보증·배서·담보제공·채무인수·추가투자의무·매입보장약정·유동성공급계약·신용파생상품에서의 보장의 매도, 그 밖에 이에 준하는 것을 말한다(감독규정2(11)).

건전성 분류결과에 따라 ⅰ) "정상"분류 자산의 1.1% 이상(가목), ⅱ) "요주의"분류 자산의 40% 이상(나목), ⅲ) "고정"분류 자산의 60% 이상(다목), ⅳ) "회수의문"분류 자산의 75% 이상(라목), ⅴ) "추정손실"분류 자산의 100% 이상(마목)의 금액(제3호).

(라) 카드대출자산, 신용카드업자의 가계신용대출, 리볼빙자산 및 해당 미수이자

결산일 현재 카드대출자산, 신용카드업자의 가계신용대출, 일부결제금액이 월약정자산(리볼빙자산) 및 해당 미수이자에 대한 건전성 분류결과에 따라 ⅰ) "정상"분류 자산의 2.5% 이상(가목), ⅱ) "요주의"분류 자산의 50% 이상(나목), ⅲ) "고정"분류 자산의 65% 이상(다목), ⅳ) "회수의문"분류 자산의 75% 이상(라목), ⅴ) "추정손실"분류 자산의 100% 이상(마목)의 금액[다만, 2개 이상의 신용카드업자에 장기카드대출(신용카드업자의 가계신용대출을 포함) 잔액을 보유한 자에 대한 장기카드대출자산 및 해당 미수이자에 대하여는 앞에서 정하는 금액에 30%를 가산한 금액으로서 대손충당금 설정 대상 자산의 금액을 초과하지 아니하는 금액](제4호).

(마) 신용카드 미사용약정

결산일 현재 신용카드 미사용약정에 대하여 (라) 및 (마)에서 정하는 적립률에 50%를 곱하여 산정한 금액(제5호).

(4) 대손준비금 환입 및 적립

한국채택국제회계기준을 적용하는 여신전문금융회사는 기존에 적립한 대손준비금이 결산일 현재 적립하여야 하는 대손준비금을 초과하는 경우에는 그 초과하는 금액만큼 기존에 적립된 대손준비금을 환입할 수 있으며 미처리결손금이 있는 경우에는 미처리결손금이 처리된 때부터 대손준비금을 적립하여야 한다(감독규정11③).

(5) 대손준비금 적립액의 재무제표 공시

한국채택국제회계기준을 적용하는 여신전문금융회사는 매 결산시 대손준비금 적립액(상반기 가결산시로서 대손준비금 적립이 확정되지 않은 경우에는 적립예정금액)을 재무제표에 공시하여야 한다(감독규정11④).

(6) 일반회계기준을 적용하는 여신전문금융회사

일반기업회계기준을 적용하는 여신전문금융회사는 자산건전성 분류결과에 따라 위 제2항의 각 호에서 정하는 금액을 대손충당금으로 적립하여야 한다(감독규정11⑤).

4. 여신한도규제

(1) 주택관련 담보대출에 대한 위험관리

여신전문금융회사는 주택관련 담보대출 및 주택할부금융("주택담보대출등") 취급시 경영의 건전성이 유지되도록 [별표 3]에서 정하는 담보인정비율, 총부채상환비율, 기타 주택담보대출 등의 취급 및 만기연장에 대한 제한 등을 준수하여야 한다(감독규정11의2①). 금융감독원장은 여신전문금융회사의 경영건전성 등을 감안하여 긴급하다고 인정하는 경우 [별표 3]에서 정한 담보인정비율 및 총부채상환비율을 10퍼센트포인트 범위 이내에서 가감조정할 수 있다. 이 경우 금융감독원장은 그 내용을 지체 없이 금융위원회에 보고하여야 한다(감독규정11의2②).

(2) 부동산PF 대출에 대한 여신한도

여신전문금융회사는 부동산PF 대출 취급시 취급잔액이 여신성 자산((할부, 리스, 카드, 대출, 신기술금융 등)의 30%를 초과할 수 없다(감독규정11의3①). 여신성 자산이란 채권, 리스자산 및 카드자산과 여신성가지급금을 말한다(감독규정11의3②).

5. 부동산의 취득제한

(1) 의의

여신전문금융회사는 영업상 필요에 의하여 유형·무형의 고정자산(업무용 고정자산)을 취득함은 물론 대출 등 채권의 저당권 등 담보권의 실행에 따라 취득한 자산(비업무용 자산)을 보유하게 된다. 업무용 부동산의 취득은 자금운용의 고정화 및 투기목적의 부동산 취득을 방지하기 위하여 여신전문금융업법 등 관련 법규에 따라 엄격히 규제하고 있으며, 비업무용 부동산 취득은 리스업자가 리스의 목적물로서 취득하는 경우와 담보권의 실행으로 인하여 취득하는 경우로 제한하고 있다.

(2) 취득가능 업무용 부동산

여신전문금융회사가 취득할 수 있는 업무용 부동산은 ⅰ) 본점·지점, 그 밖의 사무소, ⅱ) 임직원용 사택, 합숙소 및 직원 연수원, ⅲ) 시설대여업자의 시설대여용 자산을 보관하기 위한 창고 및 그 부지로서 법인세법 시행령 제49조 제1항 제1호 각 목33)의 어느 하나에 해당되지 아니하는 것에 해당하는 것으로 제한한다(법49①, 시행규칙10).

(3) 취득가능 업무용 부동산 총액 제한

금융위원회는 여신전문금융회사가 너무 많은 부동산을 보유하는 것을 제한할 필요가 있다고 인정하면 여신전문금융회사가 취득할 수 있는 업무용 부동산의 총액을 자기자본의 100% 이상 일정 비율 이내로 제한할 수 있다(법49②). 법제49조 제2항의 규정에 의하여 여신전문금융회사가 취득할 수 있는 업무용부동산의 총액은 자기자본의 100%로 한다(감독규정7의4).

(4) 업무용 부동산 총액 산출기준

업무용 부동산의 총액은 장부가액을 기준으로 산출한다(법49③).

(5) 업무용 부동산 외의 취득가능 부동산

여신전문금융회사는 ⅰ) 해당 부동산이 시설대여나 연불판매의 목적물인 경우, ⅱ) 담보권을 실행하여 부동산을 취득하는 경우에만 업무용 부동산 외의 부동산을 취득할 수 있다(법49④).

(6) 위반시 제재

금융위원회는 여신전문금융회사가 법 제49조 제1항·제4항을 위반하여 부동산을 취득한 경우 취득한 부동산 취득가액의 30% 이하(3호)의 범위에서, 제49조 제2항에 따른 금융위원회의 명령을 위반한 경우 초과 취득한 부동산 취득가액의 30% 이하(4호)의 범위에서 과징금을 부과할 수 있다(법58④(3)(4)).

---

33) 가. 법인의 업무에 직접 사용하지 아니하는 부동산. 다만, 기획재정부령이 정하는 기간("유예기간")이 경과하기 전까지의 기간 중에 있는 부동산을 제외한다.
　　나. 유예기간 중에 당해 법인의 업무에 직접 사용하지 아니하고 양도하는 부동산. 다만, 기획재정부령이 정하는 부동산매매업을 주업으로 영위하는 법인의 경우를 제외한다.

Ⅲ. 경영실태평가와 적기시정조치

1. 의의

경영실태평가제도는 개별금융기관의 경영부실 위험을 적기에 파악하여 대처하는 한편 금융시스템의 안정을 제고시키기 위하여 금융기관의 경영상태를 체계적이고 객관적으로 평가하는 제도를 말한다. 경영실태평가의 목적은 개별 금융기관의 재무상태 및 경영관리능력, 법규준수사항 등 종합적인 경영수준을 체계적으로 측정하여 문제 금융기관 및 경영상 취약부문을 식별하고 이의 시정을 위한 감독상의 노력과 관심을 집중시킴으로써 감독업무의 실효성을 제고하는 데 있다.

금융감독원이 검사를 실시하는 모든 여신전문금융회사를 대상으로 하며, 경영의 종합적인 건전도를 CAMEL 방식에 의거 실시한다. CAMEL은 금융기관 경영의 주요 평가부문인 자본적정성(Capital Adequacy), 자산건전성(Asset Quality), 경영관리능력(Management), 수익성(Earnings), 유동성(Liquidity)을 의미한다.

2. 경영실태평가

금융감독원장은 여신전문금융회사의 경영실태를 분석하여 경영의 건전성 여부를 감독하여야 한다(감독규정16①). 금융감독원장은 여신전문금융회사에 대한 검사등을 통하여 경영실태를 평가하고 그 결과를 감독 및 검사업무에 반영할 수 있다(감독규정16②). 경영실태평가는 여신전문금융회사에 대한 검사시에 검사기준일 현재의 경영상태를 기준으로 실시한다(감독규정16③).

경영실태평가는 여신전문금융회사의 본점을 대상으로 자본적정성, 자산건전성, 경영관리능력, 수익성, 유동성의 5개 부문에 대하여 부문별평가와 부문별 평가결과를 감안한 종합평가를 1등급(우수), 2등급(양호), 3등급(보통), 4등급(취약), 5등급(위험) 등 5단계 등급으로 구분하여 실시하며 부문별 평가항목은 <별표 2>와 같다(감독규정16⑤). 경영실태평가 부문별 평가항목은 계량지표 14개, 비계량평가항목 25개로 구성되어 있다(별표 2).

검사 이외의 기간에는 부문별 평가항목 중 계량평가가 가능한 항목에 대해서만 평가하며 분기별로 실시함을 원칙으로 하되 금융감독원장이 필요하다고 인정하는 경우에는 수시로 실시할 수 있다(감독규정16④).

경영실태분석·경영실태평가에 관한 구체적인 사항은 금융감독원장이 정하며 이 경우 지배·종속관계에 있는 여신전문금융회사의 종속회사 중 금융·보험업을 영위하는 회사의 경영실태를 감안할 수 있다(감독규정16⑥).

3. 적기시정조치

(1) 경영개선권고

(가) 사유

금융위원회는 여신전문금융회사가 ⅰ) 조정자기자본비율이 7%(신용카드업자는 8%) 미만인 경우(제1호), ⅱ) 경영실태평가 결과 종합평가등급이 4등급으로서 자산건전성 또는 자본적정성 부문의 평가등급을 3등급(보통) 이상으로 판정받은 경우(다만, 신용카드업자는 경영실태평가 결과 종합평가등급이 1등급 내지 3등급으로서 자산건전성 또는 자본적정성 부문의 평가등급을 4등급 또는 5등급으로 판정받은 경우)(제2호), 또는 ⅲ) 거액의 금융사고 또는 부실채권의 발생으로 위 ⅰ) 또는 ⅱ)의 기준에 해당될 것이 명백하다고 판단되는 경우(제3호)에는 당해 여신전문금융회사에 대하여 필요한 조치를 이행하도록 권고하여야 한다(감독규정17①).

(나) 조치

금융위원회는 여신전문금융회사에 ⅰ) 인력 및 조직운영의 개선, ⅱ) 경비절감, ⅲ) 영업소 관리의 효율화, ⅳ) 유형자산·투자자산·무형자산투자, 신규업무영역에의 진출 및 신규출자의 제한, ⅴ) 부실자산의 처분, ⅵ) 자본금의 증액 또는 감액, ⅶ) 이익배당의 제한, ⅷ) 특별대손충당금의 설정의 일부 또는 전부에 해당하는 조치를 이행하도록 권고하여야 한다(감독규정17②). 금융위원회는 경영개선권고를 하는 경우 당해 여신전문금융회사 또는 관련 임원에 대하여 주의 또는 경고조치를 취할 수 있다(감독규정17③).

(2) 경영개선요구

(가) 사유

금융위원회는 여신전문금융회사가 ⅰ) 조정자기자본비율이 4%(신용카드업자

는 6%) 미만인 경우(제1호), ⅱ) 경영실태평가 결과 종합평가등급이 4등급으로서
자산건전성 및 자본적정성 부문의 평가등급을 4등급(취약) 이하로 판정받은 경우
(다만, 신용카드업자는 경영실태평가 결과 종합평가등급이 4등급 또는 5등급으로 판정받
은 경우)(제2호), ⅲ) 거액의 금융사고 또는 부실채권의 발생으로 위 ⅰ) 또는 ⅱ)
의 기준에 해당될 것이 명백하다고 판단되는 경우(제3호), ⅳ) 경영개선권고를 받
은 금융기관이 경영개선계획을 성실히 이행하지 아니하는 경우(제4호)에는 당해
여신전문금융회사에 대하여 필요한 조치를 이행하도록 요구하여야 한다(감독규정
18①).

(나) 조치

금융위원회는 여신전문금융회사에 ⅰ) 조직의 축소, ⅱ) 신규영업의 제한,
ⅲ) 자회사의 정리, ⅳ) 위험자산보유 제한 및 자산의 처분, ⅴ) 차입의 제한, ⅵ)
임원진의 교체, ⅶ) 경영개선권고 사유에 해당하여 금융위원회가 취하는 조치의
일부 또는 전부에 해당하는 조치를 이행하도록 요구하여야 한다(감독규정18②).

(3) 경영개선명령

(가) 사유

금융위원회는 여신전문금융회사가 ⅰ) 조정자기자본비율이 1%(신용카드업자
는 2%) 미만인 경우(제1호), ⅱ) 경영실태평가 결과 종합평가등급이 5등급으로 판
정받은 경우(신용카드업자는 제외)(제2호), ⅲ) 경영개선요구를 받은 여신전문금융
회사가 경영개선계획의 주요사항을 이행하지 않아 이행촉구를 받았음에도 이를
이행하지 아니하거나 이행이 곤란하여 정상적인 경영이 어려울 것으로 인정되는
경우(제3호)에는 당해 여신전문금융회사에 대해 기간을 정하여 필요한 조치를 이
행하도록 명령하고, 금융감독원장은 동 조치내용이 반영된 계획을 2월의 범위
내에서 금융위원회가 정하는 기한 내에 제출받아 그 이행 여부를 점검하여야 한
다(감독규정19①).

(나) 조치

금융위원회는 여신전문금융회사에 ⅰ) 주식의 일부 또는 전부의 소각, ⅱ)
임원의 직무집행 정지 및 관리인의 선임, ⅲ) 합병, 제3자 인수 또는 금융지주회
사의 자회사로의 편입, ⅳ) 영업의 전부 또는 일부의 양도, ⅴ) 6월 이내의 업무

의 전부 또는 일부의 정지, vi) 계약의 전부 또는 일부 이전, vii) 경영개선요구
사유에 해당하여 금융위원회가 취하는 조치의 일부 또는 전부에 해당하는 조치
를 이행하도록 명령하여야 한다(감독규정19②).

4. 적기시정조치의 유예

경영개선권고, 경영개선요구 및 경영개선명령 사유에 해당하는 금융기관이
자본의 확충 또는 자산의 매각 등으로 기준을 충족시킬 것이 확실시되거나 단기
간에 충족시킬 수 있다고 판단되는 경우, 거래자보호 및 금융질서 안정 등 기타
불가피한 사유가 있다고 금융위원회가 인정하는 경우에는 일정기간 동안 조치를
유예할 수 있다(감독규정20①).

5. 경영개선계획 제출 및 평가

(1) 경영개선계획 제출

여신전문금융회사가 경영개선권고, 경영개선요구 및 경영개선명령("경영개선
권고 등")을 받은 경우 동 조치를 받은 후 2월 이내의 범위에서 금융위원회가 정
하는 기간 내에 경영개선권고 등의 내용이 반영된 계획("경영개선계획")을 금융감
독원장에게 제출하여야 한다(감독규정21①).

(2) 승인 여부 결정

제출된 경영개선계획에 대하여 금융위원회는 계획을 제출받은 후 1월 이내
에 승인 여부를 결정하여야 한다(감독규정21②).

(3) 경영평가위원회의 사전심의

금융감독원장은 금융위원회의 승인여부 결정에 앞서 외부전문가로 구성된
경영평가위원회의 사전심의를 거쳐야 한다(감독규정21③ 본문). 다만, 긴급을 요하
거나 심의의 실익이 크지 아니하다고 금융감독원장이 인정하는 경우에는 그러하
지 아니하다(감독규정21③ 단서).

(4) 의견청취

경영평가위원회가 사전심의를 하는 경우에는 당해 여신전문금융회사를 출
석시켜 의견을 청취할 수 있다(감독규정21④).

(5) 경영개선권고와 경영개선계획

금융위원회는 경영개선권고를 받은 여신전문금융회사가 제출한 경영개선계획의 타당성이 인정되지 아니하는 경우 동 계획을 불승인한다. 이 경우 또는 경영개선계획을 제출하지 아니하는 경우 금융위원회는 경영개선요구 사유에 해당하여 금융위원회가 취하는 조치의 일부 또는 전부를 이행하도록 요구하여야 한다(감독규정21⑤).

(6) 경영개선요구와 경영개선계획

금융위원회는 경영개선요구를 받은 여신전문금융회사가 경영개선계획을 제출하지 아니하는 경우 또는 제출한 경영개선계획의 타당성이 인정되지 아니하여 동 계획을 불승인하는 경우 경영개선요구 사유에 해당하여 금융위원회가 취하는 조치의 일부 또는 전부를 이행하도록 요구하고, 이를 이행하지 아니한 경우 경영개선명령을 할 수 있다(감독규정21⑥).

(7) 경영개선명령과 경영개선계획

금융위원회는 경영개선명령을 받은 여신전문금융회사가 경영개선계획을 제출하지 아니하는 경우 또는 제출한 계획의 타당성이 인정되지 아니하여 동 계획을 불승인하는 경우 경영개선명령 사유에 해당하여 금융위원회가 취하는 조치의 일부 또는 전부를 일정기간 내에 이행하도록 명령할 수 있다(감독규정21⑦).

(8) 경영개선계획의 승인과 이행실적 제출

경영개선계획의 승인을 받은 여신전문금융회사는 매분기말 다음달 10일까지 동 계획의 분기별 이행실적을 금융감독원장에게 제출하여야 하며 금융감독원장은 그 이행실적을 점검하여 이행실적이 미흡하거나 관련제도의 변경 등으로 인하여 이행이 곤란하다고 판단되는 경우에는 경영개선계획의 수정요구, 일정기간내 이행촉구 등 필요한 조치를 취할 수 있다(감독규정21⑧ 본문). 다만, 경영개선권고 등을 받은 여신전문금융회사에게 수정요구 또는 이행촉구를 하는 경우에는 금융위원회에 사전보고하여야 한다(감독규정21⑧ 단서).

6. 경영개선계획 이행기간 등

(1) 이행기간

여신전문금융회사의 경영개선계획 이행기간은 경영개선권고의 경우 경영개선계획 승인일로부터 1년 이내, 경영개선요구의 경우 1년 6월 이내로 하며, 경영개선명령의 이행기간은 금융위원회가 정한다(감독규정22①).

(2) 적기시정조치의 완화 또는 이행 면제

경영개선권고 등을 받은 여신전문금융회사가 자본확충 또는 부실채권 정리 등 경영개선계획의 주요사항을 조기에 달성하여 경영상태가 현저히 개선된 경우 금융위원회는 당초의 적기시정조치의 내용을 완화 또는 그 이행을 면제할 수 있다(감독규정22②).

(3) 당초의 조치종료 통지 등

경영개선권고 등을 받은 여신전문금융회사의 경영개선계획 이행기간이 만료되어 경영상태가 충분히 개선되었다고 인정되는 경우 금융위원회는 당초의 조치가 종료되었음을 통지하여야 하며, 경영상태가 경영개선권고 사유, 경영개선요구 사유 또는 경영개선명령 사유에 해당하는 경우에는 동 조항에 따라 별도의 경영개선권고, 경영개선요구 또는 경영개선명령을 하여야 한다(감독규정22③).

Ⅳ. 경영정보의 공시

1. 업무보고서 등의 제출

(1) 업무 및 경영실적 보고서 제출

(가) 업무보고서 제출

여신전문금융회사등과 부가통신업자는 금융위원회가 정하는 바에 따라 업무 및 경영실적에 관한 보고서를 작성하여 금융위원회에 제출하여야 한다(법54①). 이에 따라 여신전문금융회사등과 부가통신업자는 금융감독원장이 정하는 바에 따라 업무보고서(대주주거래 현황에 대한 분기별 보고를 포함)를 금융감독원장에게 제출하여야 한다(감독규정37①).

여신전문금융회사등은 업무보고서를 <별지 제3호서식>, <별지 제6호서식>, <별지 제7호서식>에서 정하는 기준에 의해 금융감독원장에게 제출하여야 한다(시행세칙9① 본문). 여신전문금융업 외의 업종의 해외점포를 운영하는 경우에는 해당 업종 감독업무시행세칙에서 정한 해외점포 업무보고서 서식에 의한다(시행세칙9① 단서). 부가통신업자는 업무보고서를 <별지 제13호서식>에서 정하는 기준에 의해 금융감독원장에게 제출하여야 한다(시행세칙9②).

업무보고서 제출은 정보통신망을 이용한 전자문서의 방법에 의할 수 있다(감독규정37②).

(나) 결산결과 보고

여신전문금융회사와 부가통신업자는 결산일로부터 1월 이내에 회계연도 결산결과를 각각 <별지 제3호서식>, <별지 제13호서식>에 의해 금융감독원장에게 보고하여야 한다(시행세칙9③). 여신전문금융회사와 부가통신업자는 분기별로 가결산을 실시하여야 하며, 가결산일로부터 1월 이내에 가결산 결과를 각각 <별지 제3호서식>, <별지 제13호서식>에 의해 금융감독원장에게 보고하여야 한다(시행세칙9④).

(2) 주요 변경사항의 보고

여신전문금융회사와 부가통신업자는 ⅰ) 상호 또는 명칭을 변경한 경우, ⅱ) 최대주주가 변경된 경우, ⅲ) 대주주 또는 그의 특수관계인의 소유주식이 의결권 있는 발행주식 총수의 1% 이상 변동된 경우(부가통신업자는 제외)에는 그 사유가 발생한 날부터 7일 이내에 금융위원회에 보고하여야 한다(법54②, 영19의21①). 이에 따라 여신전문금융회사와 부가통신업자는 앞의 ⅰ) ⅱ) ⅲ)의 사유가 발생한 경우에는 사유발생일부터 7일 이내에 금융감독원장에게 보고하여야 한다(감독규정37의2①). 보고의 서식은 금융감독원장이 정한다(감독규정37의2②).

(3) 보고의제

위 ⅲ)의 대주주 또는 그의 특수관계인의 소유주식이 의결권 있는 발행주식 총수의 1% 이상 변동된 경우에 해당 최대주주가 금융회사지배구조법 제31조 제1항 본문 및 같은 조 제2항[34]에 따라 대주주 승인을 받은 때에는 보고를 한 것

---

34) 금융회사지배구조법 제31조(대주주 변경승인 등) ① 금융회사(은행, 은행지주회사, 상호

으로 본다(영19의21②).

(4) 위반시 제재

법 제54조를 위반하여 보고서를 제출하지 아니하거나 보고를 하지 아니한 자(거짓의 보고서를 제출하거나 거짓으로 보고한 자를 포함)에게는 5천만원 이하의 과태료를 부과한다(법72①(10의4)).

2. 경영공시

(1) 주요 정보 및 자료 공시

금융위원회는 여신전문금융회사에 대하여 경영상황에 관한 주요 정보와 자료를 공시하게 할 수 있다(법54의2①). 이에 따라 여신전문금융회사는 결산일로부터 3월 이내에 ⅰ) 조직 및 인력에 관한 사항(제1호), ⅱ) 재무 및 손익에 관한 사항(제2호), ⅲ) 자금조달 및 운용에 관한 사항(제3호), ⅳ) 건전성·수익성·생산성 등을 나타내는 경영지표에 관한 사항(제4호), ⅴ) 경영방침, 리스크관리 등 경영에 중대한 영향을 미치는 사항으로 금융감독원장이 별도로 요구하는 사항(제5호)을 공시하여야 한다(감독규정23① 본문). 다만, 상반기 결산결과에 대한 공시자료는 상반기 결산일로부터 2월 이내에 공시하여야 한다(감독규정23① 단서).

(2) 관련내용 공시

여신전문금융회사는 다음에 해당되어 경영의 건전성을 크게 해치거나 해칠 우려가 있는 경우 관련내용을 공시하여야 한다(감독규정23②).

ⅰ) 거래처별로 50억원 이상 또는 여신전문금융회사의 전월말 현재 자기자

저축은행, 투자자문업자 및 투자일임업자, 시설대여업자, 할부금융업자, 신기술사업금융업자는 제외)가 발행한 주식을 취득·양수(실질적으로 해당 주식을 지배하는 것을 말하며, 이하 이 장에서 "취득등"이라 한다)하여 대주주(최대주주의 경우 최대주주의 특수관계인인 주주를 포함하며, 최대주주가 법인인 경우 그 법인의 중요한 경영사항에 대하여 사실상 영향력을 행사하고 있는 자로서 대통령령으로 정하는 자를 포함)가 되고자 하는 자는 건전한 경영을 위하여 공정거래법, 조세범 처벌법 및 금융과 관련하여 대통령령으로 정하는 법령을 위반하지 아니하는 등 대통령령으로 정하는 요건을 갖추어 미리 금융위원회의 승인을 받아야 한다. 다만, 대통령령으로 정하는 자는 그러하지 아니하다.
② 제1항에 따른 주식의 취득등이 기존 대주주의 사망 등 대통령령으로 정하는 사유로 인한 때에는 취득등을 한 날부터 3개월 이내에서 대통령령으로 정하는 기간 이내에 금융위원회에 승인을 신청하여야 한다.

본(자기자본이 자본금보다 작은 경우에는 자본금)의 10%에 상당하는 금액을 초과하는 부실채권등("회수의문", "추정손실"로 분류된 채권등의 합계액)이 신규로 발생한 경우(제1호)

ⅱ) 금융감독원장이 정하는 금융사고[35]가 발생하여 여신전문금융회사의 전월말 현재 자기자본의 2%에 상당하는 금액을 초과하는 손실이 발생하였거나 발생이 예상되는 경우. 다만, 손실금액 또는 손실예상금액이 10억원 이하인 경우와 금융감독원장이 사고내용을 조사하여 직접 발표하는 경우에는 그러하지 아니하다(제2호).

ⅲ) 민사소송 패소 등의 사유로 여신전문금융회사의 전월말 현재 자기자본의 2%에 상당하는 금액을 초과하는 손실이 발생한 경우. 다만, 그 금액이 10억원 이하인 경우에는 그러하지 아니하다(제3호).

ⅳ) 주권상장법인이 아닌 여신전문금융회사에 ㉠ 재무구조에 중대한 변경을 초래하는 사항, ㉡ 여신전문금융회사 경영환경에 중대한 변경을 초래하는 사항, ㉢ 재산등에 대규모변동을 초래하는 사항, ㉣ 채권채무관계에 중대한 변동을 초래하는 사항, ㉤ 투자 및 출자관계에 관한 사항, ㉥ 손익구조변경에 관한 사항, ㉦ 기타 여신전문금융회사 경영에 중대한 영향을 미칠 수 있는 사항이 발생하는 경우(제4호)

(3) 공시 항목 및 방법

위의 주요 정보 및 자료 공시, 관련내용 공시에 대한 구체적인 공시항목 및

---

35) 감독규정 제7조(특별대손충당금등적립) ① 감독규정 제23조 제2항 제2호에서 금융감독원장이 정하는 금융사고라 함은 금융기관검사및제재에관한규정에서 정하고 있는 금융사고를 말한다.
② 여신전문금융회사에서 제1항에서 정하는 금융사고가 발생한 경우 금융감독원장은 당해 여신전문금융회사에 대하여 해당 분기말까지 손실발생 또는 손실예상액 전액을 특별대손충당금으로 적립할 것을 요구할 수 있다. 다만, 금융감독원장이 필요하다고 인정하는 경우에는 연도별로 분할하여 적립하게 할 수 있다
③ 여신전문금융회사는 제2항의 규정에 따라 금융사고로 인한 손실발생 또는 손실예상분에 대한 특별대손충당금을 적립하였으나 추후 동 손실발생 또는 손실예상분에 대한 자산건전성분류가 확정되는 경우 동 충당금을 환입하고 감독규정 제11조 제1항에서 정하는 바에 따라 충당금을 적립하여야 한다.
④ 여신전문금융회사는 감독규정 제9조 제1항의 규정에 의하여 자산건전성을 분류하는 경우 그 명세표를 <별지 제1호서식>에 의거 작성하여야 한다.

방법은 여신전문금융업협회장이 정하는 여신전문금융회사통일경영공시기준에 따른다(감독규정23③).

(4) 정정공시 또는 재공시 요구

금융감독원장은 위의 제1항 내지 제3항에서 정하는 공시사항에 대하여 허위공시하거나 중요한 사항을 누락하는등 불성실하게 공시하는 경우에는 당해 여신전문금융회사에 대해 정정공시 또는 재공시를 요구할 수 있다(감독규정23⑤).

(5) 관련내용 공시 사전보고

여신전문금융회사는 위의 제2항 제1호 내지 제3호의 규정에 따라 공시하는 경우 공시 전에 금융감독원장에게 그 내용을 보고하여야 한다(감독규정23⑥).

(6) 위반시 제재

법 제54조의2에 따른 공시를 하지 아니하거나 거짓으로 공시한 자에게는 5천만원 이하의 과태료를 부과한다(법72①(11)).

3. 회계처리

(1) 의의

여신전문금융회사등은 자금운용과 업무성과를 분석할 수 있도록 허가를 받거나 등록을 한 여신전문금융업을 업종별로 다른 업무와 구분하여 회계처리를 하여야 한다(법55).

(2) 주권상장법인인 여신전문금융회사 및 신용카드업자의 회계처리

법 제53조의3 제1항 및 시행령 제19조의20 제4호의 규정에 의하여 주권상장법인인 여신전문금융회사 및 신용카드업자(겸영여신업자는 제외)는 한국채택국제회계기준을 준수하여야 한다(감독규정15①).

(3) 주권비상장법인인 여신전문금융회사

주권상장법인인 여신전문금융회사 이외의 여신전문금융회사는 한국채택국제회계기준 또는 일반기업회계기준을 적용하여야 한다(감독규정15② 전단). 이 경우 여신전문금융회사는 일반기업회계기준을 적용하다 나중에 한국채택국제회계기준으로 변경할 수 있으나, 한국채택국제회계기준을 적용하다 나중에 일반기업회계기준으로 변경할 수 없다(감독규정15② 후단).

(4) 업종별 구분 계리

여신전문금융회사는 한국채택국제회계기준 또는 일반기업회계기준 범위 내에서 금융감독원장이 정하는 대차대조표 및 손익계산서 서식에 따라 여신전문금융업을 업종별로 다른 업무와 구분하여 계리하여야 한다(감독규정15③).

(5) 세부기준 및 외국환계정의 계리기준

한국채택국제회계기준 또는 일반기업회계기준에서 정하지 않은 회계처리, 계정과목의 종류와 배열순서 등 세부기준 및 외국환거래법 시행령에서 위탁한 외국환계정의 계리기준은 금융감독원장이 정하는 바에 따른다(감독규정15④).

(6) 위반시 제재

법 제55조를 위반하여 다른 업무와 구분하여 회계처리를 하지 아니한 자에게는 5천만원 이하의 과태료를 부과한다(법72①(13)).

V. 총자산 한도 및 대주주와의 거래규제

1. 총자산 한도(외형확대 위주의 경영제한)

(1) 총자산

(가) 총자산의 의의

총자산이란 유동자산 및 비유동자산 등의 합계액으로서 대차대조표상의 자산액(한국채택국제회계기준을 적용하지 아니하는 여신전문금융회사의 경우에는 실질적인 신용위험을 부담하는 자산액을 포함)을 말한다(법2(20), 영2의6).

(나) 총자산 산정 원칙

총자산은 ⅰ) 한국채택국제회계기준을 적용하는 여신전문금융회사의 경우는 대차대조표상 자산, ⅱ) 한국채택국제회계기준을 적용하지 아니하는 여신전문금융회사의 경우는 대차대조표상 자산과 자산유동화법 및 상법에 의해 유동화된 자산 중 자산교체의무, 신용보강 등 실질적 신용위험이 있는 대차대조표 외의 자산의 합계액이다(감독규정7의3② 본문).

(다) 총자산 산정 제외 대출

다만, 중소기업기본법에 따른 중소기업 또는 중견기업 성장촉진 및 경쟁력 강화에 관한 특별법에 따른 중견기업에 대해 한국산업은행으로부터 차입한 자금을 이용한 대출은 제외한다(감독규정7의3② 단서).

(2) 자기자본 대비 총자산 한도

(가) 원칙

여신전문금융회사는 총자산이 자기자본의 10배의 범위에서 금융위원회가 정하는 배수("자기자본 대비 총자산 한도")에 해당하는 금액을 초과하여서는 아니 된다(법48①). 여기서 "금융위원회가 정하는 배수"라 함은 ⅰ) 신용카드업을 영위하는 여신전문금융회사는 8배를 말한다. 다만, 국내외 금융시장의 급격한 변동 등 부득이한 사유로 자기자본 대비 총자산 한도를 준수하기가 어려울 것으로 예상되는 경우 금융위원회 의결로 일정 기간 동안 배수를 달리 정할 수 있다. ⅱ) 신용카드업을 영위하지 아니하는 여신전문금융회사는 10배 말한다(감독규정7의3① 본문). 다만, 법인회원에 한하여 신용카드업을 영위하는 여신전문금융회사에 대해서는 신용카드업을 영위하지 않는 여신전문금융회사의 배수를 적용한다(감독규정7의3① 단서).

(나) 예외

금융위원회는 자기자본 대비 총자산 한도를 정함에 있어 여신전문금융업별 자산의 성격 및 건전성 등을 감안하여 신용카드업을 영위하는 여신전문금융회사와 신용카드업을 영위하지 아니하는 여신전문금융회사에 적용되는 한도를 달리 정할 수 있다(법48②).

즉 다음에 해당하는 경우, 즉 ⅰ) 여신전문금융회사가 국내외 금융시장의 급격한 변동 등 부득이한 사유로 자기자본 대비 총자산 한도를 준수하기가 어려울 것으로 예상되는 경우에는 금융위원회 의결로 정하는 배수를 적용한다. ⅱ) 신용카드업자가 직전 회계연도 당기순이익 대비 30% 이상 이익배당(직전 회계연도 결산배당 및 직전 회계연도중 지급을 결정한 중간배당을 포함하고, 보완자본으로 인정되는 후순위 채무로 인한 배당은 제외)을 지급한 경우에는 7배를 적용한다. 다만 이는 당해 회계연도 개시 이후 3개월이 경과한 날로부터 다음 회계연도 개시 이후 3개월이 되는 날까지 적용한다(감독규정7의3③).

(3) 위반시 제재

금융위원회는 여신전문금융회사가 법 제48조를 위반하여 자기자본 대비 총자산 한도를 초과한 경우 초과액의 30% 이하의 범위에서 과징금을 부과할 수 있다(법48④(2)).

2. 대주주에 대한 신용공여한도 등

(1) 신용공여총액한도

(가) 한도 제한

여신전문금융회사가 그의 대주주에게 제공할 수 있는 신용공여의 합계액은 그 여신전문금융회사의 자기자본의 50%를 넘을 수 없으며, 대주주는 그 여신전문금융회사로부터 그 한도를 넘겨 신용공여를 받아서는 아니 된다(법49의2①).[36]

(나) 대주주의 범위

대주주에는 최대주주의 특수관계인을 포함한다(법49의2①, 영19의2① 본문). 다만, 여신전문금융회사가 합병을 목적으로 계열회사가 아닌 다른 회사의 주식을 취득하여 새롭게 계열회사가 된 경우로서 ⅰ) 해당 계열회사가 여신전문금융회사이고, ⅱ) 해당 계열회사의 발행주식을 여신전문금융회사가 취득한 날로부터 1년이 경과하지 아니하며, ⅲ) 해당 계열회사와 여신전문금융회사가 합병하는 것을 가정할 경우 주식 취득일 현재를 기준으로 자기자본의 150%를 준수하고 있는 계열회사는 제외한다(영19의2① 단서, 감독규정5의9).

(2) 이사회 의결

(가) 재적이사 전원 찬성 의결

여신전문금융회사는 그의 대주주에게 신용공여총액한도의 범위에서 "대통령령으로 정하는 금액" 이상의 신용공여를 하려는 경우에는 미리 이사회의 결의

---

36) 대주주 신용공여한도 초과 취급: 여신전문금융업법 제49조의2 제1항에 의하면 여신전문금융회사가 그의 대주주에게 제공할 수 있는 신용공여의 합계액은 그 여신전문금융회사 자기자본의 100분의 50을 넘을 수 없는데도, ㈜위드윈인베스트먼트는 2014. 9. 15.−2018. 7. 26. 기간 중 동사의 최대주주 ㈜위드윈홀딩스에 대하여 대출 125건(총 453억 77백만원)을 취급하는 과정에서 대주주 신용공여 한도[2017. 12. 31. 현재 자기자본 221억 37백만원의 50%(110억 69백만원)/2018. 3. 31. 현재 자기자본 218억 10백만원의 50%(109억 5백만원)]를 최대 11억 99백만원 초과하여 과징금 제재를 받았다.

를 거쳐야 한다(법49의2② 전단). 이 경우 이사회는 재적이사 전원의 찬성으로 의결한다(법49의2② 후단). 신용공여에는 모집 또는 매출의 방법으로 발행되는 사채권을 취득하는 거래를 포함한다(법49의2②, 영19의3②).

(나) 대통령령으로 정하는 금액

위에서 "대통령령으로 정하는 금액"이란 금융위원회가 정하여 고시하는 단일거래금액("단일거래금액")이 자기자본의 1만분의 10에 해당하는 금액과 10억원 중 적은 금액을 말한다(영19의3① 본문). 여기서 "금융위원회가 정하여 고시하는 단일거래금액"은 신용공여의 경우에는 동일한 개인 또는 법인 각각에 대한 개별 신용공여약정(기존의 신용공여약정을 갱신·대환·연장하는 경우를 포함)상의 약정금액(모집 또는 매출의 방법으로 발행되는 사채권 취득의 경우에는 단일한 매매계약에 의한 취득금액)을 기준으로 산정하되, 동일한 개인 또는 법인에 대하여 같은 날에 다수의 약정이 체결되는 경우에는 개별 약정금액의 합계액을 기준으로 산정하며, 주식취득의 경우에는 단일한 매매계약에 의한 취득금액을 기준으로 산정하되, 같은 날에 다수의 매매계약이 체결되는 경우에는 그 합계액을 기준으로 산정한다(감독규정5의7①).

다만, 주식취득의 경우에는 증권시장, 다자간매매체결회사 또는 이와 비슷한 시장으로서 외국에 있는 시장에서 취득하는 금액은 단일거래금액에서 제외한다(영19의3① 단서).

(3) 금융위원회 보고 및 공시

(가) 보고

여신전문금융회사는 그의 대주주에게 금융위원회가 정하여 고시하는 단일거래금액이 자기자본의 1만분의 10에 해당하는 금액과 10억원 중 적은 금액 이상의 신용공여를 한 경우에는 그 사실을 금융위원회에 지체 없이 보고하고, 인터넷 홈페이지 등을 이용하여 공시하여야 한다(법49의2③).[37] 이에 따라 여신전문

---

37) 대주주 신용공여 등 보고 및 공시 의무 위반: 여신전문금융업법 제49조의2 제3항 및 제50조 제3항 등에 의하면 여신전문금융회사는 그의 대주주(특수관계인 포함)에게 "자기자본의 1만분의 10에 해당하는 금액과 10억원 중 적은 금액"(기준금액) 이상으로 신용공여를 하거나 대주주가 발행한 주식을 취득한 경우 그 사실을 지체 없이 금융감독원장에게 보고하고 인터넷 홈페이지 등을 이용하여 공시하여야 하는데도, 비씨카드㈜는 기준금액을 초과하여 2016. 1. 19.–2017. 11. 1. 기간 중 4차례에 걸쳐 인도네시아 현지법인 ◆◆◆◆의

금융회사는 대주주에 대한 신용공여현황을 금융감독원장이 정하는 바에 따라 금융감독원장에게 보고하여야 한다(감독규정5의7②).

(나) 공시

여신전문금융회사는 보고사항 중 ⅰ) 분기 말 현재 대주주에 대한 신용공여의 규모, ⅱ) 분기 중 신용공여의 증감액 및 신용공여의 거래조건, ⅲ) 분기 말 현재 대주주가 발행한 주식을 취득한 규모, ⅳ) 분기 중 보유주식의 증감액 및 보유주식의 취득가격, ⅴ) 대주주에 대한 신용공여의 경우 신용공여 형태별로 자금용도, 신용공여기간·적용금리 등 거래조건, 담보의 종류 및 평가액, 주요 특별약정내용을 말하며, 대주주 발행 주식취득의 경우 취득목적, 분기말 현재 보유주식의 지분율, 분기말 현재 보유주식의 시가, 당해분기 중 보유주식을 처분한 경우 처분주식수, 처분가격 및 동 처분에 따른 손익현황을 종합하여 분기별로 금융위원회에 보고하고, 인터넷 홈페이지 등을 이용하여 공시하여야 한다(법49의2④, 영19의4①, 감독규정5의7③).[38]

(다) 보고 및 공시 시한

여신전문금융회사는 위의 사항을 매 분기 말일부터 1개월 이내에 보고·공시하여야 한다(영19의4②). 여신전문금융회사는 대주주와의 거래 현황을 금융감독원장이 정하는 바에 따라 분기별로 금융감독원장에게 보고하여야 하며, 공시하는 경우 대주주 전체에 대한 신용공여현황은 동일한 개인 및 법인 각각에 대한 신용공여현황을 포함하여 공시하여야 하며, 대주주 발행주식 취득현황은 발행회사별로 구분하여 공시하여야 한다(감독규정5의7④).[39]

주식(233억원 상당)을 취득하고, 2016. 3. 7. 동 현지법인에 대하여 112억원 상당의 지급보증을 제공하고도 지체 없이 금융감독원장에게 보고하거나 인터넷 홈페이지 등을 이용하여 공시하지 않아 과태료 제재를 받았다.

38) 분기별 대주주 거래현황 보고 및 공시의무 위반: 여신전문금융업법 제49조의2 제4항 등에 의하면 여신전문금융회사는 대주주와의 거래현황(규모, 증감액 등)을 분기별로 금융감독원장에게 보고하고 인터넷 홈페이지 등을 이용하여 공시하여야 하는데도, 시너지아이비투자㈜는 2016. 3. 11.–2016. 8. 23. 기간 중 동사의 최대주주 시너지넷㈜ 등 2개사에 대한 신용공여 거래가 있었음에도 총 4개 분기(2016년 1분기-2016년 4분기)에 대한 대주주 거래현황을 금융감독원장에게 보고하지 않거나 인터넷 홈페이지 등에 공시하지 않아 과태료 제재를 받았다.

39) 구 여신전문금융업법 제50조 제4항 등에 의하면 여신전문금융회사는 대주주와의 거래 현황(규모, 증감액 등)을 분기별로 금융감독원장에게 보고하고 인터넷 홈페이지 등을 이용

(4) 신용공여 한도초과 유예기간

여신전문금융회사는 추가적인 신용공여를 하지 아니하였음에도 불구하고 자기자본의 변동, 대주주의 변경 등으로 한도를 넘게 되는 경우에는 1년 내에 한도에 적합하도록 하여야 한다(법49의2⑤, 영19의5). 다만 여신전문금융회사는 신용공여의 기한 및 규모 등에 따른 부득이한 사유가 있으면 금융위원회의 승인을 받아 그 기간을 연장할 수 있다(법49의2⑥).

금융위원회의 승인을 받으려는 여신전문금융회사는 1년의 기간이 만료되기 3개월 전까지 신용공여 한도에 적합하도록 하기 위한 세부계획서를 금융위원회에 제출하여야 하고, 금융위원회는 세부계획서를 제출받은 날부터 1개월 내에 승인 여부를 결정·통보하여야 한다(법49의2⑦).

(5) 신용공여 대상의 제한

여신전문금융회사는 그의 대주주의 다른 회사에 대한 출자를 지원하기 위한 목적으로 신용공여를 하여서는 아니 된다(법49의2⑧).

(6) 위반시 제재

(가) 형사제재

법 제49조의2 제1항 또는 제8항을 위반하여 대주주에게 신용공여를 한 여신전문금융회사와 그로부터 신용공여를 받은 대주주 또는 대주주의 특수관계인은 7년 이하의 징역 또는 5천만원 이하의 벌금에 처한다(법70①(9)).

(나) 과징금

금융위원회는 여신전문금융회사가 제49조의2 제1항에 따른 신용공여한도를 초과하여 신용공여를 한 경우 초과한 신용공여액 이하(5호)의 범위에서, 제49조의2 제8항을 위반하여 신용공여를 한 경우 신용공여액 이하(6호)의 범위에서 과징금을 부과할 수 있다(법58④(5)(6)).

(다) 과태료

법 제49조의2 제2항을 위반하여 이사회의 결의를 거치지 아니한 자(6호), 제49조의2 제3항·제4항을 위반하여 보고 또는 공시를 하지 아니한 자(7호)에게는

하여 공시하여야 하는데도, 효성캐피탈㈜는 2012. 12. 31. 최대주주(㈜효성)의 특수관계인 ◆◆◆◆㈜에 대한 신용공여를 하였음에도 2014년 3분기 대주주 거래현황을 인터넷 홈페이지 등에 공시하지 않아 과태료 제재를 받았다.

5천만원 이하의 과태료를 부과한다(법72①(6)(7)).

3. 대주주가 발행한 주식의 소유한도 등

(1) 주식소유총액한도

(가) 한도 제한

여신전문금융회사는 자기자본의 150%(영19의2②)를 초과하여 그 여신전문금융회사의 대주주가 발행한 주식을 소유하여서는 아니 된다(법50①).

(나) 대주주의 범위

대주주에는 최대주주의 특수관계인을 포함한다(법50①, 영19의2① 본문). 다만, 여신전문금융회사가 합병을 목적으로 계열회사가 아닌 다른 회사의 주식을 취득하여 새롭게 계열회사가 된 경우로서 ⅰ) 해당 계열회사가 여신전문금융회사이어야 하고, ⅱ) 해당 계열회사의 발행주식을 여신전문금융회사가 취득한 날로부터 1년이 경과하지 아니하여야 하며, ⅲ) 해당 계열회사와 여신전문금융회사가 합병하는 것을 가정할 경우 주식 취득일 현재를 기준으로 자기자본의 150%를 준수하고 있는 계열회사는 제외한다(영19의2① 단서, 감독규정5의9).

(2) 이사회 의결

여신전문금융회사는 그의 대주주가 발행한 주식을 소유한도의 범위에서 금융위원회가 정하여 고시하는 단일거래금액("단일거래금액")이 자기자본의 1만분의 10에 해당하는 금액과 10억원 중 적은 금액(영19의3① 본문) 이상으로 취득하려는 경우에는 미리 이사회의 결의를 거쳐야 한다(법50② 전단). 이 경우 이사회는 재적이사 전원의 찬성으로 의결한다(법50② 후단).[40] 다만, 주식 취득의 경우에는 증권시장, 다자간매매체결회사 또는 이와 비슷한 시장으로서 외국에 있는 시장에서 취득하는 금액은 단일거래금액에서 제외한다(영19의3① 단서).

---

40) 대주주 발행 주식취득시 사전 이사회 전원 의결 의무 위반: 여신전문금융업법 제50조 제2항에 의하면 여신전문금융회사는 그의 대주주(특수관계인 포함)가 발행한 주식을 일정금액(자기자본의 1만분의 10에 해당하는 금액과 10억원 중 적은 금액) 이상으로 취득하려는 경우 이사회 재적이사 전원의 찬성으로 의결하여야 하는데도, 비씨카드㈜는 2015. 9. 21. 자회사인 인도네시아 현지법인(◈◈◈◈)의 주식을 취득하기 위한 이사회 결의시 재적이사 전원의 의결을 거치지 아니하여 과태료 제재를 받았다.

(3) 금융위원회 보고 및 공시

(가) 보고

여신전문금융회사는 그의 대주주가 발행한 주식을 자기자본의 1만분의 10에 해당하는 금액과 10억원 중 적은 금액 이상으로 취득한 경우에는 그 사실을 금융위원회에 지체 없이 보고하고, 인터넷 홈페이지 등을 이용하여 공시하여야 한다(법50③).[41] 이에 따라 여신전문금융회사는 대주주 발행주식 취득현황을 금융감독원장이 정하는 바에 따라 금융감독원장에게 보고하여야 한다(감독규정5의7②).

(나) 공시

여신전문금융회사는 위의 보고사항 중 ⅰ) 분기 말 현재 대주주에 대한 신용공여의 규모, ⅱ) 분기 중 신용공여의 증감액 및 신용공여의 거래조건, ⅲ) 분기 말 현재 대주주가 발행한 주식을 취득한 규모, ⅳ) 분기 중 보유주식의 증감액 및 보유주식의 취득가격, ⅴ) 대주주에 대한 신용공여의 경우 신용공여 형태별로 자금용도, 신용공여기간·적용금리 등 거래조건, 담보의 종류 및 평가액, 주요 특별약정내용을 말하며, 대주주 발행 주식취득의 경우 취득목적, 분기말 현재 보유주식의 지분율, 분기말 현재 보유주식의 시가, 당해분기중 보유주식을 처분한 경우 처분주식수, 처분가격 및 동 처분에 따른 손익현황을 종합하여 분기별로 금융위원회에 보고하고, 인터넷 홈페이지 등을 이용하여 공시하여야 한다(법50④, 영19의4①, 감독규정5의7③).[42]

---

41) 대주주 발행주식 취득사실 보고 및 공시의무 위반: 여신전문금융업법 제50조 제3항 등에 의하면 여신전문금융회사는 그의 대주주(특수관계인 포함)가 발행한 주식을 자기자본의 1만분의 10에 해당하는 금액과 10억원 중 적은 금액("기준금액") 이상으로 취득한 경우 금융감독원장에게 지체 없이 보고하고, 인터넷 홈페이지 등을 이용하여 공시하여야 하는데도, ㈜우리카드는 2018. 9. 25. 기준금액(10억원)(직전분기말 자기자본의 0.1%(2018. 6월말 16.4억원)와 10억원 중 적은 금액)을 초과하여 최대주주의 특수관계인인 미얀마 현지법인(◆◆◆◆ ◆◆◆◆◆◆-◆◆◆: 우리카드가 100% 출자한 현지법인으로 우리카드 지분 100%를 보유한 우리은행의 특수관계인에 해당)의 주식 50만 주를 55.9억원에 취득하고도 동 사실을 지체 없이 금융감독원장에게 보고하거나 인터넷 홈페이지 등에 공시하지 않아 기관에 대한 과태료 제재와 직원제재를 받았다.

42) 분기별 대주주 거래현황 공시의무 위반: 여신전문금융업법 제50조 제4항 등에 의하면 여신전문금융회사는 대주주와의 거래현황(분기 말 현재 대주주가 발행한 주식을 취득한 규

(4) 한도초과 유예기간

여신전문금융회사의 대주주가 아닌 자가 새로 대주주가 됨에 따라 여신전문금융회사가 한도를 초과하게 되는 경우 그 여신전문금융회사는 1년 내에 그 한도를 초과한 주식을 처분하여야 한다(법50⑤, 영19의5). 다만 여신전문금융회사는 소유한 대주주 주식의 규모 등에 따른 부득이한 사유가 있으면 금융위원회의 승인을 받아 그 기간을 연장할 수 있다(법50⑥).

금융위원회의 승인을 받으려는 여신전문금융회사는 위의 1년의 기간이 만료되기 3개월 전까지 주식 소유 한도에 적합하도록 하기 위한 세부계획서를 금융위원회에 제출하여야 하고, 금융위원회는 세부계획서를 제출받은 날부터 1개월 내에 승인 여부를 결정·통보하여야 한다(법50⑦).

(5) 위반시 제재

(가) 형사제재

법 제50조 제1항을 위반하여 대주주가 발행한 주식을 소유한 여신전문금융회사는 7년 이하의 징역 또는 5천만원 이하의 벌금에 처한다(법70①(9의2)).

(나) 과징금

금융위원회는 여신전문금융회사가 제50조 제1항에 따른 주식의 소유한도를 초과하여 대주주가 발행한 주식을 소유한 경우 초과 소유한 주식 장부가액 합계액 이하의 범위에서 과징금을 부과할 수 있다(법58④(7)).

(다) 과태료

법 제50조 제2항을 위반하여 이사회의 결의를 거치지 아니한 자(6호), 제50조 제3항·제4항을 위반하여 보고 또는 공시를 하지 아니한 자(7호)에게는 5천만원 이하의 과태료를 부과한다(법72①(6)(7)).

모 등)을 분기별로 인터넷 홈페이지 등을 이용하여 공시하여야 하는데도, ㈜우리카드는 2018. 9. 25. 미얀마 현지법인(◆◆◆ ◆◆◆◆◆-◆◆◆)의 주식 50만 주를 55.9억원에 취득하고도 동 거래현황을 분기별(2018. 3분기 및 4분기)로 인터넷 홈페이지 등에 공시하지 않아[분기별(2018. 3분기 및 4분기) 대주주 거래현황 보고는 이행하였음] 기관제재인 과태료 제재를 받았다(우리카드는 2019. 4. 8. 금융감독원에 동 위반사실을 자진신고하고 지연 보고·공시하였음).

4. 자금지원 관련 금지행위 등

(1) 주식교차 보유 등의 금지

여신전문금융회사는 다른 금융기관(금융산업구조개선법 제2조 제1호[43])에 따른 금융기관) 또는 다른 회사와 ⅰ) 여신전문금융업법 제49조의2 제1항에 따른 신용공여한도의 제한을 피하기 위하여 의결권 있는 주식을 서로 교차하여 보유하거나 신용공여를 하는 행위, ⅱ) 상법 제341조 또는 자본시장법 제165조의3에 따른 자기주식 취득의 제한을 피하기 위하여 주식을 서로 교차하여 취득하는 행위, ⅲ) 그 밖에 거래자의 이익을 크게 해칠 우려가 있는 행위로서 대통령령으로 정하는 행위를 하여서는 아니 된다(법50의2①).

(2) 의결권행사 제한

주식교차 보유 등의 금지규정(법50의2①)을 위반하여 취득한 주식에 대하여는 의결권을 행사할 수 없다(법50의2②).

(3) 자금중개 등의 행위 금지

여신전문금융회사는 해당 여신전문금융회사의 주식을 매입하도록 하기 위한 여신이나 제49조의2 제1항에 따른 신용공여한도의 제한을 피하기 위한 자금중개 등의 행위를 하여서는 아니 된다(법50의2③).

(4) 주식처분 및 신용공여액 회수 명령

금융위원회는 여신전문금융업법 제50조의2 제1항이나 제3항을 위반하여 주식을 취득하거나 신용공여를 한 여신전문금융회사에 대하여 그 주식의 처분 또는 신용공여액의 회수를 명하는 등 필요한 조치를 할 수 있다(법50의2④).

(5) 대주주의 부당한 영향력 행사금지

여신전문금융회사의 대주주(그의 특수관계인을 포함)는 회사의 이익에 반하여 대주주 자신의 이익을 목적으로 ⅰ) 부당한 영향력을 행사하기 위하여 여신전문금융회사에 대하여 외부에 공개되지 아니한 자료나 정보의 제공을 요구하는 행

---

43) 1. "금융기관"이란 다음의 어느 하나에 해당하는 것을 말한다. 은행, 중소기업은행, 투자매매업자·투자중개업자, 집합투자업자, 투자자문업자 또는 투자일임업자, 보험회사, 상호저축은행, 신탁업자, 종합금융회사, 금융지주회사, 그 밖의 법률에 따라 금융업무를 하는 기관으로서 대통령령으로 정하는 기관.

위를 하여서는 아니 된다. 다만, 금융회사지배구조법 제33조 제6항[44])에 따라 주주의 권리를 행사하는 경우는 제외한다. ii) 경제적 이익 등 반대급부의 제공을 조건으로 다른 주주와 담합하여 여신전문금융회사의 인사 또는 경영에 부당한 영향력을 행사하는 행위를 하여서는 아니 된다. iii) 여신전문금융회사로 하여금 위법행위를 하도록 요구하는 행위를 하여서는 아니 된다. iv) 금리, 수수료, 담보에 관하여 통상적인 거래조건과 다른 조건으로 대주주 자신 또는 제3자와 거래를 하도록 요구하는 행위를 하여서는 아니 된다(법50의2⑤, 영19의6).

(6) 위반시 제재

법 제50조의2 제5항을 위반하여 같은 항 각 호의 어느 하나에 해당하는 행위를 한 대주주 또는 대주주의 특수관계인은 7년 이하의 징역 또는 5천만원 이하의 벌금에 처한다(법70①(10)). 법 제50조의2 제1항·제3항을 위반한 자는 1년 이하의 징역 또는 1천만원 이하의 벌금에 처한다(법70④(7)).

5. 여신전문금융회사 등에 대한 자료제출의 요구 등

(1) 자료제출요구

금융위원회는 여신전문금융회사 또는 그의 대주주가 제49조의2 제1항부터 제5항까지, 제50조 제1항부터 제5항까지 및 제50조의2 제1항부터 제3항까지와 제5항을 위반한 혐의가 있다고 인정되면 여신전문금융회사 또는 그의 대주주에게 필요한 자료의 제출을 요구할 수 있다(법50의8①).

(2) 대주주와의 거래제한 사유와 조치

금융위원회는 여신전문금융회사의 대주주(회사만 해당)의 부채가 자산을 넘는 등 재무구조의 부실로 그 여신전문금융회사의 경영 건전성을 뚜렷이 해칠 우려가 있는 경우로서 i) 대주주(회사만 해당하며, 회사인 특수관계인을 포함)의 부채가 자산을 초과하는 경우, ii) 대주주에 대한 신용공여가 가장 많은 금융기관(해당 대주주가 대주주인 금융기관은 제외)이 당해 금융기관에 적용되는 자산건전성 분류기준에 따라 분류한 결과 "고정" 이하로 분류된 경우, iii) 대주주가 신용평가

---

44) ⑥ 6개월 전부터 계속하여 금융회사의 발행주식 총수의 10만분의 50 이상(대통령령으로 정하는 금융회사의 경우에는 10만분의 25 이상)에 해당하는 주식을 대통령령으로 정하는 바에 따라 보유 한 자는 상법 제466조에 따른 주주의 권리를 행사할 수 있다.

회사 중 둘 이상의 신용평가회사에 의하여 투자부적격 등급으로 평가받은 경우에는 그 여신전문금융회사에 대하여 ⅰ) 그 대주주에 대한 신규 신용공여의 금지, ⅱ) 그 대주주가 발행한 유가증권의 신규 취득 금지, ⅲ) 그 밖에 그 대주주에 대한 자금지원 성격의 거래제한 등 대통령령으로 정하는 조치를 할 수 있다(법50의8②, 영19의13, 감독규정5의8①).

(3) 보고의무

여신전문금융회사는 그 대주주가 거래제한 사유에 해당하게 된 때에는 그 사실을 지체없이 금융감독원장에게 보고하여야 한다(감독규정5의8②).

(4) 위반시 제재

법 제50조의8 제1항에 따른 자료제출 요구에 따르지 아니한 자에게는 5천만원 이하의 과태료를 부과한다(법72①(10)).

제3절 지배구조건전성규제

Ⅰ. 서설

금융기관은 업종별로 진입규제와 건전성규제, 영업행위규제 등이 다르게 마련되어 있는데, 영위하는 업무에 따라 예금자, 투자자, 보험계약자 등 특별한 보호를 필요로 하는 금융소비자의 존부나 범위, 금융시스템에 대한 영향 등이 다르기 때문에 영위하는 업무에 맞추어 적정한 요건을 요구하고 있다. 업종별로 다르지만 대부분 자본금 요건, 업무수행에 필요한 인적·물적 시설의 구비, 사업계획의 타당성 등과 함께 주주 또는 출자자의 출자능력, 재무건전성 및 사회적 신용 등을 심사요건으로 하고 있다. 특히 대주주 또는 주요 출자자에 대한 심사는 ⅰ) 금융기관의 설립 및 인허가단계에서의 자격심사, ⅱ) 기존 금융기관의 경영권 변동에 따른 변경승인 심사, ⅲ) 금융기관 존속기간 중 자격유지의무 및 주기적 심사의 3단계로 나눌 수 있다.

설립 및 인허가단계에서의 대주주 요건은 업권별로 요구하는 내용이 다르기 때문에 개별 업권을 규율하는 법에서 업권별로 정하고 있다. 진입규제에서 인허가를 요구하지 않고 등록제로 운용하는 업권(금융투자업과 여신전문금융업 중 일부)에서는 대체로 이에 맞추어 대주주 변경도 승인대상이 아닌 신고대상으로 규정한다.

은행, 은행지주회사 및 상호저축은행은 해당 법률에서 인가단계, 변경승인단계 및 주기적 적격성에 대하여 규정하고 있으며, 금융회사지배구조법의 적용대상이 되는 것은 금융투자업자, 보험회사, 신용카드업자와 비은행금융지주 등 제2금융권이다. 특히 이들 제2금융권에 대하여는 금융회사지배구조법에 따라 주기적 적격성심사가 새로 도입되었다. 자본시장법에 의한 금융투자업자와 여신전문금융업법에 의한 신용카드업자의 경우 인허가요건을 유지할 의무를 법률에서 규정하고 있었으나 실제로 구체적인 심사규정이 없었으므로 금융회사지배구조법에 따라 신설된 것으로 보아야 할 것이다.[45]

Ⅱ. 대주주 변경승인

1. 의의

금융기관의 대주주는 해당 금융기관의 건전성과 영업행위규제를 비롯한 조직문화 전반에 걸쳐 영향을 미칠 수 있다. 따라서 금융감독당국은 대주주가 금융회사를 건전하게 영위할 만한 자격이 있는지 여부를 정기적으로 또는 수시로 점검하고 있다. 이와 관련하여 개별 금융업법은 최초 인허가·등록 시에 대주주의 적격요건을 심사하고, 대주주 변경시에는 금융회사지배구조법("법")에서 금융위원회가 이를 승인하거나 금융위원회에 사후 보고를 하도록 하고 있다.

제2금융권에 속하는 금융회사[46]가 발행한 주식을 취득·양수하여 새로이 대

---

45) 김연미(2016), "금융회사 지배구조법에 따른 대주주 건전성 및 소수주주권", 금융법연구 제13권 제3호(2016. 12), 40–41쪽.
46) 인가대상 금융투자업자, 보험회사, 신용카드사와 비은행금융지주회사가 이에 속하며, 은행, 은행지주회사 및 상호저축은행은 은행법 등 해당 법령에서 규율한다. 등록대상 금융기관은 적용범위에 들어가지 않는다.

주주가 되려는 자는 금융회사지배구조법 제31조에 따라 사전에 변경승인을 받아야 한다. 변경승인의 요건은 금융회사지배구조법 시행령("영") 제26조 제3항 별표 1에서 상세하게 규정하고 있는데, 대주주가 금융기관인지 개인인지 외국인인지 집합투자기구인지 등에 따라 재무건전성 등 여러 요건을 다르게 요구한다. 대주주의 분류에도 불구하고 일반적으로 적용되는 내용으로 대주주의 법령위반이 없는 등 사회적 신용요건이 있다.

대주주 변경승인제도에 위반하면 금융위원회의 처분명령의 대상이 될 수 있으며, 의결권행사가 제한된다. 다만 불가피한 사유로 변경대상 대주주가 된 경우에는 사후승인을 신청할 수 있다.

2. 승인대상

금융회사[47]가 발행한 주식을 취득·양수(실질적으로 해당 주식을 지배하는 것을 말하며, 이하 "취득등"이라 한다)하여 대주주[48](최대주주의 경우 최대주주의 특수관계인인 주주를 포함하며, 최대주주가 법인인 경우 그 법인의 중요한 경영사항에 대하여 사실상 영향력을 행사하고 있는 자로서 대통령령으로 정하는 자[49]를 포함)가 되고자 하는 자는 건전한 경영을 위하여 공정거래법, 조세범 처벌법 및 금융관련법령(영26

---

[47] 은행법에 따른 인가를 받아 설립된 은행, 금융지주회사법에 따른 은행지주회사, 상호저축은행법에 따른 인가를 받아 설립된 상호저축은행, 자본시장법에 따른 투자자문업자 및 투자일임업자, 여신전문금융업법에 따른 시설대여업자, 할부금융업자, 신기술사업금융업자는 제외한다(법31①).

[48] "대주주"란 다음 각 목의 어느 하나에 해당하는 주주를 말한다(법2(6)).
   가. 금융회사의 의결권 있는 발행주식(출자지분을 포함) 총수를 기준으로 본인 및 그와 대통령령으로 정하는 특수한 관계가 있는 자("특수관계인")가 누구의 명의로 하든지 자기의 계산으로 소유하는 주식(그 주식과 관련된 증권예탁증권을 포함)을 합하여 그 수가 가장 많은 경우의 그 본인(이하 "최대주주"라 한다)
   나. 다음 각 1) 및 2)의 어느 하나에 해당하는 자(이하 "주요주주"라 한다)
      1) 누구의 명의로 하든지 자기의 계산으로 금융회사의 의결권 있는 발행주식 총수의 100분의 10 이상의 주식(그 주식과 관련된 증권예탁증권을 포함)을 소유한 자
      2) 임원(업무집행책임자는 제외)의 임면 등의 방법으로 금융회사의 중요한 경영사항에 대하여 사실상의 영향력을 행사하는 주주로서 대통령령으로 정하는 자

[49] "대통령령으로 정하는 자"란 다음의 자를 말한다(영26①).
   1. 최대주주인 법인의 최대주주(최대주주인 법인의 주요 경영사항을 사실상 지배하는 자가 그 법인의 최대주주와 명백히 다른 경우에는 그 사실상 지배하는 자를 포함)
   2. 최대주주인 법인의 대표자

②)을 위반하지 아니하는 등 대통령령으로 정하는 요건[50]을 갖추어 미리 금융위
원회의 승인을 받아야 한다(법31①). 다만, 대통령령으로 정하는 자[51]는 그러하지
아니하다(법31①).

3. 승인요건

승인요건은 다음과 같다(영26③ 별표1 요건).

가. 해당 금융기관에 적용되는 재무건전성에 관한 기준으로서 금융위원회가 정
  하는 기준을 충족할 것

나. 해당 금융기관이 상호출자제한기업집단등이거나 주채무계열에 속하는 회사
  인 경우에는 해당 상호출자제한기업집단등 또는 주채무계열의 부채비율이
  300% 이하로서 금융위원회가 정하는 기준을 충족할 것

다. 다음의 요건을 충족할 것. 다만, 그 위반 등의 정도가 경미하다고 금융위원
  회가 인정하거나, 그 사실이 건전한 업무수행을 어렵게 한다고 볼 수 없는
  경우에는 그렇지 않다.

  1) 최근 5년간 금융관련법령, 공정거래법 또는 조세범 처벌법을 위반하여
    벌금형 이상에 상당하는 처벌받은 사실이 없을 것

  2) 최근 5년간 채무불이행 등으로 건전한 신용질서를 저해한 사실이 없을 것

  3) 금융산업구조개선법에 따라 부실금융기관으로 지정되거나 금융관련법령

---

50) "대통령령으로 정하는 요건"이란 별표 1의 요건을 말한다(영26③).
51) "대통령령으로 정하는 자"란 다음의 어느 하나에 해당하는 자를 말한다(영26④).
  1. 국가
  2. 예금보험공사
  3. 한국산업은행(금융산업구조개선법에 따라 설치된 금융안정기금의 부담으로 주식을 취
    득하는 경우만 해당)
  4. 자본시장법에 따른 전문사모집합투자업자 및 온라인소액투자중개업자의 대주주가 되
    려는 자. 다만, 자본시장법 시행령 별표 1에 따른 금융투자업 인가를 받은 자의 대주주
    가 되려는 자는 제외한다.
  5. 최대주주 또는 그의 특수관계인인 주주로서 금융회사의 의결권 있는 발행주식 총수 또
    는 지분의 100분의 1 미만을 소유하는 자. 다만, 제4조 각 호의 어느 하나에 해당하는
    자는 제외한다.
  6. 한국자산관리공사
  7. 국민연금공단
  8. 회사의 합병·분할에 대하여 금융관련법령에 따라 금융위원회의 승인을 받은 금융회사
    의 신주를 배정받아 대주주가 된 자

에 따라 허가·인가 또는 등록이 취소된 금융기관의 대주주 또는 그의 특수관계인이 아닐 것. 다만, 법원의 판결에 의하여 부실책임이 없다고 인정된 자 또는 부실에 따른 경제적 책임을 부담한 경우 등 금융위원회가 정하는 기준에 해당하는 자는 제외한다.

4) 그 밖에 1)부터 3)까지의 규정에 준하는 것으로서 금융위원회가 정하여 고시하는 건전한 금융거래질서를 저해한 사실이 없을 것

한편 대주주가 법인인 경우 형식적으로는 사회적 신용에 관한 결격사유에 해당하나 현재의 법인에 대하여 그 결격사유에 대한 귀책사유가 있다고 보기 어려운 경우에는 특례를 인정하여 결격사유에 해당하지 않는 것으로 본다.52)

4. 승인신청

승인을 받으려는 자는 ⅰ) 신청인에 관한 사항, ⅱ) 대주주가 되려고 금융회사의 주식을 취득하려는 경우 그 금융회사가 발행한 주식의 소유현황, ⅲ) 대주주가 되려는 자가 주식취득대상 금융회사가 발행하였거나 발행할 주식을 취득하려는 경우 그 취득계획, ⅳ) 그 밖에 승인요건 심사에 필요한 사항으로서 금융위원회가 정하여 고시하는 사항이 기재된 대주주 변경승인신청서를 금융위원회에 제출하여야 한다(영26⑥).

---

52) 금융회사 지배구조 감독규정 별표 4 [대주주 변경승인의 요건] 제8호
(1) 대주주가 합병회사로서 합병전 피합병회사의 사유로 인하여 제1호 다목 및 제3호 마목에서 정하는 사실에 해당하는 경우(그 사실에 직접 또는 간접으로 관련되는 피합병회사의 임원, 최대주주 및 주요주주가 합병회사의 경영권에 관여하지 아니하거나 사실상 영향력을 행사할 수 없는 경우에 한한다)
(2) 대주주가 경영권이 변경된 회사로서 경영권 변경 전의 사유로 인하여 제1호 다목 및 제3호 마목에서 정하는 사실에 해당할 경우 (그 사실에 직접 또는 간접으로 관련되는 경영권변경 전의 임직원, 최대주주 및 주요주주가 그 사실이 종료될 때까지 경영에 관여하거나 사실상 영향력을 행사하는 경우는 제외한다. 이와 관련하여 금융회사는 그 사실에 직접 또는 간접으로 관련되는 경영권변경 전의 임직원, 최대주주 및 주요주주를 그 사실이 종료될 때까지 경영에 관여하는 직위에 임명할 수 없다.)
(3) 그 밖에 (1) 및 (2)와 유사한 경우로서 지분변동 등으로 실질적으로 대주주의 동일성이 유지되고 있다고 인정하기 어려운 경우에 지배주주가 지분변동 등의 전의 사유로 인하여 제1호 다목 및 제3호 마목에서 정하는 사실에 해당하는 경우

5. 승인심사기간

(1) 원칙

금융위원회는 변경승인신청서를 제출받은 경우에는 그 내용을 심사하여 60일 이내에 승인 여부를 결정하고, 그 결과와 이유를 지체 없이 신청인에게 문서로 통지하여야 한다(영26⑨ 전단). 이 경우 변경승인신청서에 흠결이 있는 경우에는 보완을 요구할 수 있다(영26⑨ 후단).

(2) 예외

심사기간을 계산할 때 변경승인신청서의 흠결 보완기간 등 금융위원회가 정하여 고시하는 기간은 심사기간에 넣지 아니한다(영26⑩).

여기서 "금융위원회가 정하여 고시하는 기간"이란 다음의 어느 하나에 해당하는 기간을 말한다(금융회사 지배구조 감독규정16③). 실무에서는 심사대상자가 아래 제3호의 사유에 해당하여 심사가 중단되는 경우가 종종 있다.

1. 법 제31조 제1항의 요건을 충족하는지를 확인하기 위하여 다른 기관 등으로부터 필요한 자료를 제공받는 데에 걸리는 기간
2. 영 제26조 제9항 후단에 따라 변경승인신청서 흠결의 보완을 요구한 경우에는 그 보완기간
3. 금융회사의 대주주가 되려는 자를 상대로 형사소송 절차가 진행되고 있거나 금융위원회, 공정거래위원회, 국세청, 검찰청 또는 감독원 등(외국 금융회사인 경우에는 이들에 준하는 본국의 감독기관 등을 포함)에 의한 조사·검사 등의 절차가 진행되고 있고, 그 소송이나 조사·검사 등의 내용이 심사에 중대한 영향을 미칠 수 있다고 인정되는 경우에는 그 소송이나 조사·검사 등의 절차가 끝날 때까지의 기간
4. 천재·지변 그 밖의 사유로 불승인사유를 통지할 수 없는 기간

6. 사후승인

금융회사지배구조법에서는 불가피한 사유에 의한 대주주 변경의 경우 사후승인을 얻도록 규정하고 있다. 이는 저축은행에 대하여 규정하던 내용을 모든 금

융기관에 확대한 것이다. 즉 현실적으로 사전승인을 받기 어려운 점을 감안하여 사후승인을 받도록 한 것으로 ⅰ) 기존 주주의 사망에 따른 상속 등으로 인해 주식을 취득 등 하는 경우에는 사망한 날부터 3개월, ⅱ) 담보권의 실행, 대물변제의 수령 등으로 취득하는 경우에는 취득 등을 한 날부터 1개월, ⅲ) 다른 주주의 감자 또는 주식처분 등의 원인에 의하여 대주주가 되는 경우에는 대주주가 된 날부터 1개월 이내에 금융위원회에 승인을 신청하여야 한다(법31②, 영26⑤).

7. 의결권행사 제한 및 처분명령

대주부 변경승인을 받지 아니한 자는 승인 없이 취득하거나 취득 후 승인을 신청하지 아니한 주식에 대하여 의결권을 행사할 수 없다(법31④). 승인을 받지 아니하고 취득등을 한 주식에 대하여 6개월 이내의 기간을 정하여 처분을 명할 수 있다(법31③).

8. 보고대상

금융기관의 진입규제가 인가제가 아닌 등록제인 경우에는 대주주 변경의 경우에도 승인대상이 아니고 사후적 보고의무만을 부담한다. 즉 투자자문업자 및 투자일임업자, 시설대여업자, 할부금융업자, 신기술사업금융업자는 대주주가 변경된 경우에는 이를 2주 이내에 금융위원회에 보고하여야 한다(법31⑤).

Ⅲ. 대주주 적격성 심사

1. 의의

대주주의 적격성 심사제도는 은행에 대하여 규정되어 있던 제도로, 저축은행 사태 이후 저축은행에도 도입되었으며, 동양그룹 사태 이후 제2금융권 전반에 확대해야 한다는 논의가 촉발되어 현재 금융회사지배구조법에 도입되었다. 도입 과정에서 적용대상이 되는 제2금융권 중 특히 보험업계에서 반발이 심하였다.[53]

---

53) 김연미(2016), 47쪽.

대주주 적격성 심사제도의 적용대상은 대주주 변경승인 대상과 동일한 제2 금융권 금융기관이다. 금융위원회가 해당 금융기관에 대하여 주기적으로 최대주주 중 최다출자자 1인의 자격요건 유지 여부를 심사하여, 자격 미달의 경우 금융위원회는 적격성 유지요건을 충족하기 위한 조치를 취할 것을 명할 수 있고, 2년 이내의 기간으로 심사대상이 보유한 주식의 일정 부분에 대하여 의결권행사를 제한할 수 있다.

은행, 은행지주회사, 상호저축은행은 금융회사지배구조법이 아닌 은행법 등에서 대주주 적격성 심사를 받고 있다. 또한 자본시장법에 따른 투자자문업자 및 투자일임업자, 여신전문금융업법에 따른 시설대여업자, 할부금융업자, 신기술사업금융업자는 제외되는데, 이들은 진입규제에서 인가제가 아닌 등록제를 취하고 있기 때문에 더 엄격한 주기적 심사의 대상이 되지 않는다.

2. 승인대상

최대주주(특수관계인을 포함하며, 법인인 경우 그 최대주주 및 대표자를 포함)와 주요주주에 대하여 모두 요건 충족을 요구하는 대주주 변경승인과 달리, 대주주의 주기적 적격성은 최대주주의 최다출자자 개인에 한정하여 적용된다.

금융위원회는 금융회사(제31조 제1항의 적용대상인 금융회사에 한정)의 최대주주 중 최다출자자 1인(최다출자자 1인이 법인인 경우 그 법인의 최대주주 중 최다출자자 1인을 말하며, 그 최다출자자 1인도 법인인 경우에는 최다출자자 1인이 개인이 될 때까지 같은 방법으로 선정한다. 다만, 법인 간 순환출자 구조인 경우에는 최대주주 중 대통령령으로 정하는 최다출자자[54] 1인으로 한다. 이하 "적격성 심사대상"이라 한다)에 대하여 대통령령으로 정하는 기간[55]마다 변경승인요건 중 공정거래법, 조세범 처

---

54) "대통령령으로 정하는 최다출자자"란 순환출자 구조의 법인이 속한 기업집단(공정거래법」 제2조 제2호에 따른 기업집단을 말한다)의 동일인(같은 호에 따른 동일인을 말한다) 또는 그 밖에 이에 준하는 자로서 금융위원회가 정하는 자를 말한다. 다만, 동일인이 법인인 경우에는 그 법인의 최대주주 중 최다출자자 1인을 말하며, 그 최다출자자 1인도 법인인 경우에는 최다출자자 1인이 개인이 될 때까지 같은 방법으로 선정한다(영27①).

55) "대통령령으로 정하는 기간"이란 2년을 말한다. 다만, 법 제32조 제2항에 따라 해당 금융회사가 금융위원회에 보고하는 경우 또는 법 제32조 제1항에 따른 적격성 심사대상과 금융회사의 불법거래 징후가 있는 등 특별히 필요하다고 인정하는 경우에는 2년 이내의 기간으로 할 수 있다(영27②).

벌법 및 금융관련법령을 위반하지 아니하는 등 대통령령으로 정하는 요건("적격성 유지요건")에 부합하는지 여부를 심사하여야 한다(법32①). 금융회사는 해당 금융회사의 적격성 심사대상이 적격성 유지요건을 충족하지 못하는 사유가 발생한 사실을 알게 된 경우에는 그 사실을 알게 된 날부터 7영업일 이내에 ⅰ) 적격성 심사대상이 충족하지 못하는 적격성 유지요건의 내용 및 충족하지 못하게 된 사유(제1호), ⅱ) 향후 적격성 유지요건 충족 가능 여부(제2호), ⅲ) 적격성 심사대상과 해당 금융회사의 거래 관계(제3호) 등을 금융위원회에 보고하여야 한다(법32②, 영27⑤).

3. 적격성 유지요건

"대통령령으로 정하는 요건"(적격성 유지요건)이란 다음의 요건을 말한다(영27④).

1. 법 제5조 제1항 제1호·제2호·제5호·제6호·제7호에 해당하지 아니할 것[56]
2. 다음 각 목의 요건을 모두 충족할 것. 다만, 그 위반 등의 정도가 경미하다고 인정되거나 해당 금융회사의 건전한 업무 수행을 어렵게 한다고 볼 수 없는 경우는 제외한다.
   가. 최근 5년간 금융관계법령, 공정거래법률 또는 조세범 처벌법을 위반하여 벌금형 이상에 상당하는 형사처벌을 받은 사실이 없을 것

---

56) 다음의 어느 하나에 해당하는 사람은 금융회사의 임원이 되지 못한다(법5①).
  1. 미성년자·피성년후견인 또는 피한정후견인
  2. 파산선고를 받고 복권되지 아니한 사람
  5. 이 법 또는 금융관계법령에 따라 벌금 이상의 형을 선고받고 그 집행이 끝나거나(집행이 끝난 것으로 보는 경우를 포함) 집행이 면제된 날부터 5년이 지나지 아니한 사람
  6. 다음 각 목의 어느 하나에 해당하는 조치를 받은 금융회사의 임직원 또는 임직원이었던 사람(그 조치를 받게 된 원인에 대하여 직접 또는 이에 상응하는 책임이 있는 사람으로서 대통령령으로 정하는 사람으로 한정)으로서 해당 조치가 있었던 날부터 5년이 지나지 아니한 사람
    가. 금융관계법령에 따른 영업의 허가·인가·등록 등의 취소
    나. 금융산업구조개선법 제10조 제1항에 따른 적기시정조치
    다. 금융산업구조개선법 제14조 제2항에 따른 행정처분
  7. 이 법 또는 금융관계법령에 따라 임직원 제재조치(퇴임 또는 퇴직한 임직원의 경우 해당 조치에 상응하는 통보를 포함)를 받은 사람으로서 조치의 종류별로 5년을 초과하지 아니하는 범위에서 대통령령으로 정하는 기간이 지나지 아니한 사람

나. 금융산업구조개선률에 따라 부실금융기관으로 지정되었거나 금융관계법
령에 따라 영업의 허가·인가·등록 등이 취소된 금융기관의 대주주 또
는 그 특수관계인이 아닐 것. 다만, 법원의 판결에 따라 부실책임이 없다
고 인정된 자 또는 부실에 따른 경제적 책임을 부담하는 등 금융위원회
가 정하여 고시하는 기준에 해당하는 자는 제외한다.

다. 최근 5년간 부도발생 및 그 밖에 이에 준하는 사유로 은행거래정지처분
을 받은 사실이 없을 것

라. 최근 3년간 신용정보법에 따른 종합신용정보집중기관에 금융질서 문란
정보 거래처 또는 약정한 기일 내에 채무를 변제하지 아니한 자로 등록
된 사실이 없을 것

마. 최근 5년간 채무자회생법에 따른 회생절차 또는 파산절차를 진행 중인
기업의 최대주주 또는 주요주주로서 해당 기업을 회생절차 또는 파산절
차에 이르게 한 책임이 인정되지 아니하고 이에 직접 또는 간접으로 관
련된 사실이 없을 것

4. 요건 미충족시의 조치

위반분 전체에 대한 의결권 제한과 처분명령을 규정하고 있는 대주주 변경
승인의 경우와 달리, 주기적 적격성 심사에서는 금융위원회에 6개월 이내의 기
간을 정하여 해당 금융회사의 경영건전성을 확보하기 위한 ⅰ) 적격성 유지요건
을 충족하기 위한 조치, ⅱ) 해당 적격성 심사대상과의 거래의 제한 등 이해상충
방지를 위한 조치, ⅲ) 그 밖에 금융회사의 경영건전성을 위하여 필요하다고 인
정되는 조치로서 대통령령으로 정하는 조치57)를 이행할 것을 명하는 권한만이
부여되어 있다(법32④).

금융위원회는 심사 결과 적격성 심사대상이 ⅰ) 제1항에 규정된 법령의 위

---

57) "대통령령으로 정하는 조치"란 다음의 조치를 말한다(영27⑥).
　1. 적격성 심사대상의 적격성 유지조건을 충족하지 못하는 사유 및 법 제32조 제4항 제1
　　호 및 제2호의 조치와 관련한 사항을 해당 금융회사의 주주 및 금융소비자들이 알 수
　　있도록 인터넷 홈페이지 등에 공시
　2. 그 밖에 금융회사의 경영건전성을 위하여 필요하다고 인정되는 조치로서 금융위원회가
　　정하여 고시하는 조치

반으로 금고 1년 이상의 실형을 선고받고 그 형이 확정된 경우, ⅱ) 그 밖에 건전한 금융질서 유지를 위하여 대통령령으로 정하는 경우[58]로서 법령위반 정도를 감안할 때 건전한 금융질서와 금융회사의 건전성이 유지되기 어렵다고 인정되는 경우 5년 이내의 기간으로서 대통령령으로 정하는 기간[59] 내에 해당 적격성 심사대상이 보유한 금융회사의 의결권 있는 발행주식(최다출자자 1인이 법인인 경우 그 법인이 보유한 해당 금융회사의 의결권 있는 발행주식을 말한다) 총수의 10% 이상에 대하여는 의결권을 행사할 수 없도록 명할 수 있다(법32⑤).

의결권 행사금지는 5년 이내의 기간으로 명할 수 있으며, 대상은 해당 적격성 심사대상이 보유한 금융회사의 의결권 있는 발행주식 총수의 10% 이상이다. 예컨대 적격성 심사대상이 해당 금융회사의 주식을 15% 소유하고 있다면 10% 이상이 되는 부분인 5% 부분에 대하여 의결권 행사금지를 명할 수 있다.[60]

Ⅳ. 지배구조규제

1. 경영진구성과 관련한 규제

금융회사지배구조법("법")상 금융회사의 임원의 범위는 이사, 감사, 집행임원(상법상 집행임원을 둔 경우로 한정) 및 업무집행책임자로 한정하고(법2(2)), 금융회사는 임원의 자격요건을 충족하는지를 확인하여 선임하여야 하며(법7①), 임원의 선임 및 해임 내용을 인터넷 홈페이지에 공시하고 금융위원회에 보고하여야 한다(법7②③). 특히 사외이사의 경우는 임원요건을 충족하여야 함은 물론 해당

---

58) "대통령령으로 정하는 경우"란 다음의 어느 하나에 해당하는 경우를 말한다. 다만, 제2호 및 제3호는 그 사실이 발생한 날부터 1개월 이내에 그 사실이 해소된 경우는 제외한다(영 27⑧).
  1. 제4항 제2호 나목의 요건을 충족하지 못하는 경우
  2. 최근 5년간 부도발생 및 그 밖에 이에 준하는 사유로 인하여 은행거래정지처분을 받은 경우
  3. 최근 3년간 신용정보법에 따른 종합신용정보집중기관에 금융질서 문란정보 거래처 또는 약정한 기일내에 채무를 변제하지 아니한 자로 등록된 경우
59) "대통령령으로 정하는 기간"이란 5년을 말한다. 다만, 금융위원회는 적격성 심사대상의 법령 위반 정도를 고려하여 그 기간을 줄일 수 있다(영27⑦).
60) 김태진(2016), "금융회사의 지배구조에 관한 법률에서의 주주통제", 서울대학교 금융법센터 BFL 제79호(2016. 9), 66쪽.

금융회사 또는 그 계열사와 일정한 관계에 있는 자뿐만 아니라 최대주주 및 주요주주 등과 일정한 관계에 있는 자에 대하여는 사외이사 선임을 배제함으로써 사외이사들이 대주주 및 경영진으로부터 독립성을 확보할 수 있도록 하고 있다(법6). 또한 사외이사, 대표이사, 대표집행임원, 감사위원은 임원후보추천위원회의 추천에 의해 주주총회에서 선임하여야 한다(법17).

금융회사의 상근임원은 다른 영리법인에 상근으로 종사하는 것이 원칙적으로 금지된다(법10① 본문).[61] 다만 금융지주회사는 금융자회사를 지배하는 것이 고유업무이므로 금융지주회사의 임직원이 자회사 등의 임직원을 겸직하는 것은 허용되며, 금융지주회사 자회사의 임직원이 동일 금융지주회사 산하 다른 자회사의 임직원을 겸직하는 것도 허용된다(법10②④).

대규모 금융회사(은행, 금융지주회사, 자산규모가 5조원 이상인 금융투자업자·보험회사·여신전문금융회사, 자산규모가 7천억원 이상인 저축은행이 이에 해당)의 경우에는 이사회에 사외이사를 3명 이상 두어야 하며(법12①), 사외이사의 수가 이사 총수의 과반수가 되어야 한다(법 12②). 또한 이러한 대규모 금융회사는 지배구조 내부규범을 마련하여 이사회의 구성과 운영, 이사회 내 위원회의 설치, 임원의 전문성요건, 임원 성과평가 및 최고경영자의 자격 등 경영승계에 관한 사항 등에 관하여 지켜야 할 구체적인 원칙과 절차를 마련하여야 한다(법14①). 또한 이사회 내 위원회로 임원후보추천위원회, 감사위원회, 위험관리위원회, 보수위원회를 설치하여야 하며(법16①), 위원회 위원의 과반수는 사외이사로 구성하고(법16③), 위원회의 대표는 사외이사로 한다(법16④).

2. 내부통제

(1) 내부통제기준

금융회사는 법령을 준수하고, 경영을 건전하게 하며, 주주 및 이해관계자 등

---

61) 구 금융회사지배구조법 제11조 등에 의하면 금융회사는 해당 금융회사의 임직원이 다른 회사의 상근임직원을 겸직하려는 경우에는 미리 금융위원회의 승인을 받아야 하는데도, 현대커머셜㈜는 ○○이사 ◇◇◇이 2017. 3. 24. 동사 ○○이사로 재선임되었음에도 ㈜ㅁㅁㅁㅁㅁ ◎◎이사 겸직에 대하여 미리 금융위원회의 승인을 받지 않아 과태료 제재를 받았다.

을 보호하기 위하여 금융회사의 임직원이 직무를 수행할 때 준수하여야 할 기준 및 절차인 내부통제기준을 마련하여야 한다(법24①).

내부통제기준에는 금융회사의 내부통제가 실효성있게 이루어질 수 있도록 ⅰ) 업무의 분장 및 조직구조(제1호), ⅱ) 임직원이 업무를 수행할 때 준수하여야 하는 절차(제2호), ⅲ) 내부통제와 관련하여 이사회, 임원 및 준법감시인이 수행하여야 하는 역할(제3호), ⅳ) 내부통제와 관련하여 이를 수행하는 전문성을 갖춘 인력과 지원조직(제4호), ⅴ) 경영의사결정에 필요한 정보가 효율적으로 전달될 수 있는 체제의 구축(제5호), ⅵ) 임직원의 내부통제기준 준수 여부를 확인하는 절차·방법과 내부통제기준을 위반한 임직원의 처리(제6호), ⅶ) 임직원의 금융관계법령 위반행위 등을 방지하기 위한 절차나 기준(임직원의 금융투자상품 거래내용의 보고 등 불공정행위를 방지하기 위한 절차나 기준을 포함)(제7호), ⅷ) 내부통제기준의 제정 또는 변경 절차(제8호), ⅸ) 준법감시인의 임면절차(제9호), ⅹ) 이해상충을 관리하는 방법 및 절차 등(금융회사가 금융지주회사인 경우는 예외로 한다)(제10호), ⅺ) 상품 또는 서비스에 대한 광고의 제작 및 내용과 관련한 준수사항(제11호), ⅻ) 법 제11조 제1항에 따른 임직원 겸직이 제11조 제4항 제4호 각 목의 요건을 충족하는지에 대한 평가·관리(제12호), ⅹⅲ) 그 밖에 내부통제기준에서 정하여야 할 세부적인 사항으로서 금융위원회가 정하여 고시하는 사항(제13호)이 포함되어야 한다(영19①).[62]

---

62) 금융회사 지배구조 감독규정 제11조(내부통제기준 등) ① 금융회사는 내부통제기준을 설정·운용함에 있어 별표 2에서 정하는 기준을 준수하여야 한다.
② 금융회사는 다음의 사항및 별표 3의 기준에 따른 사항을 내부통제기준에 포함하여야 한다.
 1. 내부고발자 제도의 운영에 관한 다음 각 목의 사항
   가. 내부고발자에 대한 비밀보장
   나. 내부고발자에 대한 불이익 금지 등 보호조치
   다. 회사에 중대한 영향을 미칠 수 있는 위법·부당한 행위를 인지하고도 회사에 제보하지 않는 사람에 대한 불이익 부과
 2. 위법·부당한 행위를 사전에 방지하기 위하여 명령휴가제도 도입 및 그 적용대상, 실시주기, 명령휴가 기간, 적용 예외 등 명령휴가제도 시행에 필요한 사항
 3. 사고발생 우려가 높은 단일거래에 대해 복수의 인력 또는 부서가 참여하도록 하는 직무분리 기준에 대한 사항
 4. 새로운 금융상품 개발 및 금융상품 판매 과정에서 금융소비자 보호 및 시장질서 유지 등을 위하여 준수하여야 할 업무절차에 대한 사항

금융지주회사가 금융회사인 자회사등의 내부통제기준을 마련하는 경우 그 자회사등은 내부통제기준을 마련하지 아니할 수 있다(법24②). 금융회사(소규모 금융회사는 제외)는 내부통제기준의 운영과 관련하여 최고경영자를 위원장으로 하는 내부통제위원회를 두어야 한다(영19②).[63] 금융회사는 금융위원회가 정하여 고시하는 바에 따라 내부통제를 전담하는 조직을 마련하여야 한다(영19③).[64]

(2) 준법감시인

(가) 의의

준법감시인은 금융회사(자산규모 등을 고려하여 대통령령으로 정하는 투자자문업자 및 투자일임업자[65]는 제외)에서 내부통제기준의 준수 여부를 점검하고 내부통제

---

    5. 영업점 자체점검의 방법·확인사항·실시 주기 등에 대한 사항
    6. 특정금융정보법 제2조 제4호에 따른 자금세탁행위 및 같은 조 제5호에 따른 공중협박자금조달행위("자금세탁행위등")를 방지하기 위한 다음의 사항(법 제2조 제1호 나목의 금융투자업자 중 투자자문업자는 제외)
       가. 특정금융정보법 제2조 제2호에 따른 금융거래에 내재된 자금세탁행위 등의 위험을 식별, 분석, 평가하여 위험도에 따라 관리 수준을 차등화하는 자금세탁 위험평가체계의 구축 및 운영
       나. 자금세탁행위등의 방지 업무를 수행하는 부서로부터 독립된 부서 또는 외부전문가가 그 업무수행의 적절성, 효과성을 검토·평가하고 이에 따른 문제점을 개선하기 위한 독립적 감사체계의 마련 및 운영
       다. 소속 임직원이 자금세탁행위등에 가담하거나 이용되지 않도록 하기 위한 임직원의 신원사항 확인 및 교육·연수
63) 내부통제위원회는 다음의 사항을 준수하여야 한다(금융회사 지배구조 감독규정11⑦).
    1. 매반기별 1회 이상 회의를 개최할 것
    2. 대표이사를 위원장으로 하고 준법감시인, 위험관리책임자 및 그 밖에 내부통제 관련 업무 담당 임원을 위원으로 할 것
    3. 다음의 역할을 수행할 것
       가. 내부통제 점검결과의 공유 및 임직원 평가 반영 등 개선방안 검토
       나. 금융사고 등 내부통제 취약부분에 대한 점검 및 대응방안 마련
       다. 내부통제 관련 주요 사항 협의
       라. 임직원의 윤리의식·준법의식 제고 노력
    4. 회의결과를 의사록으로 작성하여 보관할 것
64) 내부통제업무가 효율적으로 수행될 수 있도록 충분한 경험과 능력을 갖춘 적절한 수의 인력으로 지원조직을 구성·유지하여 준법감시인의 직무수행을 지원하여야 한다. 다만, 자산총액이 1천억원 미만인 금융회사의 경우에는 준법감시인 본인만으로 내부통제 조직을 운영할 수 있다(금융회사 지배구조 감독규정11③).
65) "대통령령으로 정하는 투자자문업자 및 투자일임업자"란 자본시장법에 따른 투자자문업이나 투자일임업 외의 다른 금융투자업을 겸영하지 아니하는 자로서 최근 사업연도 말 현재 운용하는 투자일임재산의 합계액이 5천억원 미만인 자를 말한다(영20①).

기준을 위반하는 경우 이를 조사하는 등 내부통제 관련 업무를 총괄하는 사람을 말하는데(법25①), 준법감시인은 필요하다고 판단하는 경우 조사결과를 감사위원회 또는 감사에게 보고할 수 있다(법25①). 금융회사는 준법감시인에 대하여 회사의 재무적 경영성과와 연동하지 아니하는 별도의 보수지급 및 평가 기준을 마련하여 운영하여야 한다(법25⑥).

(나) 선임과 해임

금융회사는 준법감시인을 1명 이상 두어야 하며(법25①), 사내이사 또는 업무집행책임자 중에서 준법감시인을 선임하여야 한다(법25② 본문). 다만, 자산규모, 영위하는 금융업무 등을 고려하여 대통령령으로 정하는 금융회사66) 또는 외국금융회사의 국내지점은 사내이사 또는 업무집행책임자가 아닌 직원 중에서 준법감시인을 선임할 수 있다(법25② 단서). 준법감시인을 직원 중에서 선임하는 경우 「기간제 및 단시간근로자 보호 등에 관한 법률」에 따른 기간제근로자 또는 단시간근로자를 준법감시인으로 선임하여서는 아니 된다(법25⑤). 금융회사(외국금융회사의 국내지점은 제외)가 준법감시인을 임면하려는 경우에는 이사회의 의결을 거쳐야 하며, 해임할 경우에는 이사 총수의 3분의 2 이상의 찬성으로 의결한다(법25③). 준법감시인의 임기는 2년 이상으로 한다(법25④).

(다) 자격요건

준법감시인은 다음의 요건을 모두 충족한 사람이어야 한다(법26①). 즉 ⅰ) 최근 5년간 금융회사지배구조법 또는 금융관계법령을 위반하여 금융위원회 또는 금융감독원의 원장, 그 밖에 대통령령으로 정하는 기관67)으로부터 문책경고 또

---

66) "대통령령으로 정하는 금융회사"란 다음의 어느 하나에 해당하는 자를 말한다. 다만, 해당 금융회사가 주권상장법인으로서 최근 사업연도 말 현재 자산총액이 2조원 이상인 자는 제외한다(영20②).
  1. 최근 사업연도 말 현재 자산총액이 7천억원 미만인 상호저축은행
  2. 최근 사업연도 말 현재 자산총액이 5조원 미만인 금융투자업자. 다만, 최근 사업연도 말 현재 운용하는 집합투자재산, 투자일임재산 및 신탁재산의 전체 합계액이 20조원 이상인 금융투자업자는 제외한다.
  3. 최근 사업연도 말 현재 자산총액이 5조원 미만인 보험회사
  4. 최근 사업연도 말 현재 자산총액이 5조원 미만인 여신전문금융회사
  5. 그 밖에 자산규모, 영위하는 금융업무 등을 고려하여 금융위원회가 정하여 고시하는 자
67) "대통령령으로 정하는 기관"이란 다음의 기관을 말한다(영21①).

는 감봉요구 이상에 해당하는 조치를 받은 사실이 없을 것(제1호), ⅱ) 다음 각 목의 어느 하나에 해당하는 사람. 다만, 다음 각 목(라목 후단의 경우는 제외)의 어느 하나에 해당하는 사람으로서 라목 전단에서 규정한 기관에서 퇴임하거나 퇴직한 후 5년이 지나지 아니한 사람은 제외한다(제2호). ㉠ 금융위원법법 제38조에 따른 검사 대상 기관(이에 상당하는 외국금융회사를 포함)에서 10년 이상 근무한 사람(가목), ㉡ 금융 관련 분야의 석사학위 이상의 학위소지자로서 연구기관 또는 대학에서 연구원 또는 조교수 이상의 직에 5년 이상 종사한 사람(나목), ㉢ 변호사 또는 공인회계사의 자격을 가진 사람으로서 그 자격과 관련된 업무에 5년 이상 종사한 사람(다목), ㉣ 기획재정부, 금융위원회, 증권선물위원회, 감사원, 금융감독원, 한국은행, 예금보험공사, 그 밖에 금융위원회가 정하여 고시하는 금융 관련 기관에서 7년 이상 근무한 사람. 이 경우 예금보험공사의 직원으로서 부실금융회사 또는 부실우려금융회사와 정리금융회사의 업무 수행을 위하여 필요한 경우에는 7년 이상 근무 중인 사람을 포함한다(라목), ㉤ 그 밖에 가목부터 라목까지의 규정에 준하는 자격이 있다고 인정되는 사람으로서 대통령령으로 정하는 사람[68](마목)이어야 한다.

---

1. 해당 임직원이 소속되어 있거나 소속되었던 기관
2. 금융위원회와 금융감독원장이 아닌 자로서 금융관계법령에서 조치 권한을 가진 자
68) "대통령령으로 정하는 사람"이란 다음의 사람을 말한다(영21②).
   1. 보험계리사 자격을 취득한 후 그 자격과 관련된 업무에 5년 이상 종사한 사람(보험회사에 두는 준법감시인만 해당)
   2. 다음의 기관에서 7년 이상 종사한 사람
      가. 전국은행연합회
      나. 한국금융투자협회
      다. 보험협회 중 생명보험회사로 구성된 협회
      라. 보험협회 중 손해보험회사로 구성된 협회
      마. 상호저축은행중앙회
      바. 여신전문금융업협회
      사. 그 밖에 가목부터 바목까지의 기관에 준하는 기관으로서 금융위원회가 정하여 고시하는 기관[＝한국거래소, 한국예탁결제원, 한국투자공사(준법감시인을 선임하려는 금융회사가 금융 투자업자인 경우에 한한다): 금융회사 지배구조 감독규정 제12조].

3. 위험관리

(1) 위험관리기준

금융회사는 자산의 운용이나 업무의 수행, 그 밖의 각종 거래에서 발생하는 위험을 제때에 인식·평가·감시·통제하는 등 위험관리를 위한 기준 및 절차("위험관리기준")를 마련하여야 한다(법27①). 위험관리기준에는 ⅰ) 위험관리의 기본방침(제1호), ⅱ) 금융회사의 자산운용 등과 관련하여 발생할 수 있는 위험의 종류, 인식, 측정 및 관리(제2호), ⅲ) 금융회사가 부담 가능한 위험 수준의 설정(제3호), ⅳ) 적정투자한도 또는 손실허용한도의 승인(제4호), ⅴ) 위험관리를 전담하는 조직의 구조 및 업무 분장(제5호), ⅵ) 임직원이 업무를 수행할 때 준수하여야 하는 위험관리 절차(제6호), ⅶ) 임직원의 위험관리기준 준수 여부를 확인하는 절차·방법과 위험관리기준을 위반한 임직원의 처리(제7호), ⅷ) 위험관리기준의 제정이나 변경(제8호), ⅸ) 위험관리책임자의 임면(제9호), ⅹ) 그 밖에 위험관리기준에서 정하여 할 세부적인 사항으로서 금융위원회가 정하여 고시하는 사항(제10호)[69]이 포함되어야 한다(영22①). 그러나 금융지주회사가 금융회사인 자회사등

---

[69] 금융회사 지배구조 감독규정 제13조(위험관리기준 등) ① 영 제22조 제1항 제10호에서 "금융위원회가 정하여 고시하는 사항"이란 다음을 말한다.
  1. 금융사고 등 우발상황에 대한 위험관리 비상계획
  2. 영 제22조 제2항에 따른 위험관리전담조직의 구성 및 운영
  3. 부서별 또는 사업부문별 위험부담한도 및 거래한도 등의 설정·운영
  4. 개별 자산 또는 거래가 금융회사에 미치는 영향(잠재적인 영향을 포함)의 평가
  5. 위험한도의 운영상황 점검 및 분석
  6. 위험관리정보시스템의 운영
  7. 장부외 거래기록의 작성·유지
  8. 내부적으로 관리할 지급여력수준(해당 금융회사가 보험회사인 경우에 한하여 적용)
  ② 금융회사가 금융투자업자인 경우에는 위험관리기준에서 다음의 사항을 포함하여야 한다.
  1. 금융투자업자가 내부적으로 관리하여야 할 다음의 구분에 따른 항목
    가. 1종 금융투자업자: 순자본비율 및 자산부채비율의 수준(일정한 변동범위를 포함)
    나. 2종 금융투자업자: 자기자본 및 최소영업자본액의 수준(일정한 변동범위를 포함)
    다. 3종 금융투자업자: 영업용순자본비율 및 자산부채비율의 수준(일정한 변동범위를 포함)
  2. 운용자산의 내용과 위험의 정도
  3. 자산의 운용방법
  4. 고위험 자산의 기준과 운용한도
  5. 자산의 운용에 따른 영향

의 위험관리기준을 마련하는 경우 그 자회사등은 위험관리기준을 마련하지 아니할 수 있다(법27②). 법 제27조 제1항을 위반하여 위험관리기준을 마련하지 아니한 자(제21호)에게는 1억원 이하의 과태료를 부과한다(법43①).

(2) 위험관리책임자

금융회사(자산규모 및 영위하는 업무 등을 고려하여 대통령령으로 정하는 투자자문업자 및 투자일임업자70)는 제외)는 자산의 운용이나 업무의 수행, 그 밖의 각종 거래에서 발생하는 위험을 점검하고 관리하는 위험관리책임자를 1명 이상 두어야 한다(법28①). 위험관리책임자의 임면, 임기 등에 관하여는 준법감시인의 임면에 관한 제25조 제2항부터 제6항까지를 준용한다. 이 경우 "준법감시인"은 "위험관리책임자"로 본다(법28②).

위험관리책임자는 위험관리에 대한 전문적인 지식과 실무경험을 갖춘 사람으로서 ⅰ) 최근 5년간 금융회사지배구조법 또는 금융관계법령을 위반하여 금융위원회 또는 금융감독원장, 그 밖에 대통령령으로 정하는 기관으로부터 문책경고 또는 감봉요구 이상에 해당하는 조치를 받은 사실이 없을 것(제1호), ⅱ) 다음 각 목의 어느 하나에 해당하는 사람일 것. 다만, 다음 각 목의 어느 하나에 해당하는 사람으로서 다목에서 규정한 기관에서 퇴임하거나 퇴직한 후 5년이 지나지 아니한 사람은 제외한다(제2호). ㉠ 금융위원회의 설치 등에 관한 법률 제38조에 따른 검사 대상 기관(이에 상당하는 외국금융회사를 포함)에서 10년 이상 근무한 사

---

6. 콜차입 등 단기차입금 한도
7. 내부적인 보고 및 승인체계
8. 고유재산과 투자자재산 등 자산 및 집합투자재산을 운용하면서 발생하는 위험을 효율적으로 관리하기 위한 다음의 사항
   가. 자산 및 집합투자재산의 운용시 발생할 수 있는 위험의 종류, 인식, 측정 및 관리 체계에 관한 내용
   나. 금융투자업자 또는 집합투자기구가 수용할 수 있는 위험수준의 설정에 관한 내용
   다. 금융투자업규정 제4-14조에 따른 장부외거래기록의 작성·유지에 관한 사항
   라. 개별 자산 또는 거래가 금융투자업자 또는 집합투자기구에 미치는 영향(잠재적인 영향을 포함)의 평가에 관한 내용
   마. 그 밖의 건전한 자산운용을 위해 필요한 사항
70) "대통령령으로 정하는 투자자문업자 및 투자일임업자"란 자본시장법에 따른 투자자문업이나 투자일임업 외의 다른 금융투자업을 겸영하지 아니하는 자로서 최근 사업연도 말 현재 운용하는 투자일임재산의 합계액이 5천억원 미만인 자를 말한다(영23①, 영20①).

람(가목), ㉡ 금융 관련 분야의 석사학위 이상의 학위소지자로서 연구기관 또는
대학에서 위험관리와 관련하여 연구원 또는 조교수 이상의 직에 5년 이상 종사
한 사람(나목), ㉢ 금융감독원, 한국은행, 예금보험공사, 그 밖에 금융위원회가 정
하는 금융 관련 기관에서 위험관리 관련 업무에 7년 이상 종사한 사람(다목), ㉣
그 밖에 가목부터 다목까지의 규정에 준하는 자격이 있다고 인정되는 사람으로
서 대통령령으로 정하는 사람(라목)의 요건을 모두 충족한 사람이어야 한다(법28
③).

　　위험관리책임자가 된 사람이 제3항 제1호의 요건을 충족하지 못하게 된 경
우에는 그 직을 잃는다(법28④).

4. 선관주의의무와 겸직금지

　　준법감시인 및 위험관리책임자는 선량한 관리자의 주의로 그 직무를 수행하
여야 하며, ⅰ) 자산운용에 관한 업무(제1호), ⅱ) 해당 금융회사의 본질적 업무
(해당 금융회사가 인가를 받거나 등록을 한 업무와 직접적으로 관련된 필수업무로서 대통
령령으로 정하는 업무71)) 및 그 부수업무(제2호), ⅲ) 해당 금융회사의 겸영업무(제3
호), ⅳ) 금융지주회사의 경우에는 자회사등의 업무(금융지주회사의 위험관리책임자
가 그 소속 자회사등의 위험관리업무를 담당하는 경우는 제외)(제4호), ⅴ) 그 밖에 이

---

71) "대통령령으로 정하는 업무"란 다음의 어느 하나에 해당하는 업무를 말한다(영24①).
　　1. 은행법 제27조에 따른 은행업무
　　2. 자본시장법에 따라 해당 금융투자업자가 영위하고 있는 업무로서 같은 법 시행령 제47
　　　조 제1항에 따른 금융투자업의 종류별로 정한 업무
　　3. 보험업법에 따라 해당 보험회사가 취급하는 보험에 관한 업무로서 다음에서 정하는
　　　업무
　　　가. 보험상품 개발에 관한 업무
　　　나. 보험계리에 관한 업무(위험관리책임자가 해당 업무를 수행하는 사람인 경우는 예외)
　　　다. 모집 및 보험계약 체결에 관한 업무
　　　라. 보험계약 인수에 관한 업무
　　　마. 보험계약 관리에 관한 업무
　　　바. 보험금 지급에 관한 업무
　　　사. 재보험에 관한 업무
　　　아. 그 밖에 보험에 관한 업무로서 금융위원회가 정하여 고시하는 업무
　　4. 상호저축은행법 제11조에 따른 상호저축은행의 업무
　　5. 여신전문금융업법 제46조 제1항에 따른 여신전문금융회사의 업무

해가 상충할 우려가 있거나 내부통제 및 위험관리업무에 전념하기 어려운 경우로서 대통령령으로 정하는 업무(제5호)[72]를 수행하는 직무를 담당해서는 아니 된다(법29).

5. 금융회사의 의무

금융회사는 준법감시인 및 위험관리책임자가 그 직무를 독립적으로 수행할 수 있도록 하여야 하고(법30①), 준법감시인 및 위험관리책임자를 임면하였을 때에는 대통령령으로 정하는 바에 따라 그 사실을 금융위원회에 임면일부터 7영업일 이내에 보고하여야 한다(법30② 및 영25①).[73] 금융회사 및 그 임직원은 준법감시인 및 위험관리책임자가 그 직무를 수행할 때 필요한 자료나 정보의 제출을 요구하는 경우 이에 성실히 응하여야 한다(법30③). 금융회사는 준법감시인 및 위험관리책임자였던 사람에 대하여 그 직무수행과 관련된 사유로 부당한 인사상의 불이익을 주어서는 아니 된다(법30④).

---

72) "대통령령으로 정하는 업무"란 다음의 구분에 따른 업무를 말한다. 다만, 제20조 제2항에 따른 금융회사 및 외국금융회사의 자산총액 7천억원 미만인 국내지점(자본시장법 제3조 제2항 제2호에 따른 파생상품을 대상으로 하는 투자매매업을 겸영하지 아니하는 경우에 한정)의 경우에는 다음의 구분에 따른 업무를 겸직할 수 있다(영24②).
   1. 위험관리책임자: 법 제25조 제1항에 따른 준법감시인의 내부통제 관련 업무
   2. 준법감시인: 법 제28조 제1항에 따른 위험관리책임자의 위험 점검·관리 업무
73) 금융회사는 영 제25조 제1항에 따라 준법감시인 및 위험관리책임자를 임면하였을 때에는 다음의 사항을 금융감독원장에게 보고하여야 한다(금융회사 지배구조 감독규정14①).
   1. 선임한 경우: 성명 및 인적사항, 법에서 정한 자격요건에 적합하다는 사실, 임기 및 업무범위에 대한 사항
   2. 해임한 경우: 성명, 해임 사유, 향후 선임일정 및 절차

제4절 영업행위규제

Ⅰ. 신용카드의 발급

1. 발급신청

신용카드업자는 발급신청을 받아야만 신용카드나 직불카드를 발급할 수 있다(법14① 본문).

다만, 이미 발급한 신용카드나 직불카드를 갱신하거나 대체 발급하는 것에 대하여 신용카드회원이나 직불카드회원의 동의를 받은 경우에는 그러하지 아니하다(법14① 단서). 이에 따라 신용카드업자는 ⅰ) 갱신 또는 대체 발급 예정일 전 6개월 이내에 사용된 적이 없는 신용카드·직불카드의 경우에는 해당 신용카드·직불카드회원으로부터 갱신 또는 대체 발급에 대하여 서면(전자문서 및 전자거래 기본법 제2조 제1호에 따른 전자문서[74]를 포함) 또는 전화로 동의를 받은 경우, ⅱ) 갱신 또는 대체 발급 예정일 전 6개월 이내에 사용된 적이 있는 신용카드·직불카드의 경우에는 갱신 또는 대체 발급 예정일부터 1개월 전에 해당 신용카드·직불카드회원에게 발급 예정사실을 통보하고 그 후 20일 이내에 그 회원으로부터 이의 제기가 없는 경우 신용카드·직불카드를 갱신하거나 대체 발급할 수 있다(영6의6).

2. 미성년자 등에 대한 신용카드발급 금지

신용카드업자는 일정한 요건을 갖춘 자에게 신용카드를 발급할 수 있다(법14③). 그 요건 중 하나는 신용카드의 발급신청일 현재 민법 제4조(사람은 19세로 성년에 이르게 된다)에 따른 성년 연령 이상인 자이어야 한다(법14③(2), 영6의7② 본문).

---

74) 1. "전자문서"란 정보처리시스템에 의하여 전자적 형태로 작성·변환되거나 송신·수신 또는 저장된 정보를 말한다.

다만 다음의 어느 하나에 해당하는 경우, 즉 ⅰ) 아동복지법 제38조에 따른 자립지원 등 국가 또는 지방자치단체의 정책적 필요에 따라 불가피하게 신용카드를 발급하여야 하는 경우(제1호), ⅱ) 만 18세 이상으로 발급신청일 현재 재직을 증명할 수 있는 경우(제2호), ⅲ) 만 12세 이상으로 직불카드와 신용카드의 기능을 동시에 갖추고 있는 신용카드로서 대중교통의 육성 및 이용촉진에 관한 법률 제2조 제6호에 따른 교통카드 기능을 이용할 목적으로 발급하는 경우(제3호)에는 성년 연령 미만인 사람에게도 발급할 수 있다(영6의7② 단서).

3. 신용카드한도액 준수의무

신용카드업자는 신용카드 한도액이 신용카드업자가 정하는 ⅰ) 소득과 재산에 관한 사항, ⅱ) 타인에 대한 지급보증에 관한 사항, ⅲ) 신용카드이용대금을 결제할 수 있는 능력에 관한 사항, ⅳ) 신청인이 신용카드발급 당시 다른 금융기관으로부터 받은 신용공여액에 관한 사항, ⅴ) 신용카드의 발급신청인이 그 신용카드업자나 다른 금융기관(금융산업구조개선법 제2조에 따른 금융기관)에 상환 기일 내에 상환하지 못한 채무("연체채무")의 존재 여부, ⅵ) 채무가 상환되거나 변제된 경우에는 그 상환방법이나 변제방법의 신용한도 산정기준에 따른 개인신용한도를 넘지 않도록 하여야 한다(법14②(2), 영6의7①).

4. 부당한 경제적 이익제공 금지

신용카드업자는 신용카드발급과 관련하여 그 신용카드 연회비(연회비가 주요 신용카드의 평균연회비 미만인 경우에는 해당 평균연회비)의 10%를 초과하는 경제적 이익을 제공하거나 제공할 것을 조건으로 하는 모집행위를 할 수 없다. 다만 컴퓨터통신을 이용하여 스스로 신용카드회원이 되는 경우에는 그 신용카드 연회비의 100% 이하의 범위에서 경제적 이익을 제공하거나 제공할 것을 조건으로 하여 모집할 수 있다(법14④(3), 영6의7⑤(1)).

5. 길거리모집 금지

신용카드업자는 도로 및 사도(私道) 등 길거리에서 하는 신용카드회원을 모집해서는 아니 된다(법14④(3), 영6의7⑤(2)). 여기서 도로란 차도, 보도, 자전거도로, 측도(側道), 터널, 교량, 육교 등을 말하며, 도로의 부속물을 포함한다(도로법2(1)). 사도란 도로가 아닌 것으로서 그 도로에 연결되는 길을 말한다(사도법2). 또한 공원, 역, 여객자동차터미널, 놀이동산, 상가, 전시관, 운동장, 학교 등 공공의 시설 또는 장소 내에서 다수인이 통행하는 통로도 길거리에 해당한다(감독규정24의3).

6. 다단계판매를 통한 모집 및 방문모집 금지

신용카드업자는 방문판매법 제2조 제5호[75]에 따른 다단계판매를 통해 신용카드회원을 모집하여서는 아니 된다(법14④(1)). 또한 신용카드업자는 방문을 통해 신용카드회원을 모집할 수도 없다. 다만 미리 동의를 받은 후 방문하거나 사업장을 방문하는 경우는 제외한다(법14④(3), 영6의7⑤(3)).

7. 약관 및 서면 교부

신용카드업자는 신용카드나 직불카드를 발급하는 경우 그 약관과 함께 신용카드회원이나 직불카드회원의 권익을 보호하기 위하여 필요한 사항으로서 ⅰ) 연회비, 이자율, 수수료, 이용한도, 결제방법, 결제일, 신용카드 유효기간 및 개인신용평점 등 거래조건, ⅱ) 신용카드업자와 신용카드회원 또는 직불카드회원 간에 분쟁이 발생한 경우에 신용카드회원 또는 직불카드회원이 이의를 제기하는 절차, ⅲ) 신용카드 또는 직불카드의 도난·분실, 위조·변조가 발생한 경우에 신용카드회원 또는 직불카드회원에게 고의, 과실 또는 중과실이 있는 것으로 인정

---

75) 5. "다단계판매"란 다음 각 목의 요건을 모두 충족하는 판매조직("다단계판매조직")을 통하여 재화 등을 판매하는 것을 말한다.
　가. 판매업자에 속한 판매원이 특정인을 해당 판매원의 하위 판매원으로 가입하도록 권유하는 모집방식이 있을 것
　나. 가목에 따른 판매원의 가입이 3단계(다른 판매원의 권유를 통하지 아니하고 가입한 판매원을 1단계 판매원으로 한다. 이하 같다) 이상 단계적으로 이루어질 것. 다만, 판매원의 단계가 2단계 이하라고 하더라도 사실상 3단계 이상으로 관리·운영되는 경우로서 대통령령으로 정하는 경우를 포함한다.
　다. 판매업자가 판매원에게 제9호 나목 또는 다목에 해당하는 후원수당을 지급하는 방식을 가지고 있을 것

되는 사항, ⅳ) 연회비 반환사유, 연회비 반환금액 산정방식 및 연회비 반환금액의 반환기한을 신청자에게 서면으로 내주어야 한다(법14⑤ 본문, 영6의7⑦). 다만, 신청자가 동의하면 팩스나 전자문서로 보낼 수 있다(법14⑤ 단서).

Ⅱ. 신용카드회원의 모집

1. 신용카드모집을 할 수 있는 자의 자격제한

신용카드회원을 모집할 수 있는 자는 ⅰ) 해당 신용카드업자의 임직원, ⅱ) 신용카드업자를 위하여 신용카드 발급계약의 체결을 중개하는 자("모집인"), ⅲ) 신용카드업자와 신용카드회원의 모집에 관하여 업무 제휴 계약을 체결한 자(신용카드회원의 모집을 주된 업으로 하는 자는 제외) 및 그 임직원에 해당하는 자이어야 한다(법14의2①).

2. 모집자의 준수사항

(1) 모집자의 의의

여신전문금융업법은 "모집자"란 용어와 "모집인"이라는 용어를 구별하여 사용하고 있다. "모집인"이란 신용카드업자를 위하여 신용카드 발급계약의 체결을 중개하는 자를 말하고, "모집자"는 이러한 모집인 이외에 해당 신용카드업자의 임직원과 신용카드업자와 신용카드회원의 모집에 관하여 업무제휴 계약을 체결한 자(신용카드회원의 모집을 주된 업으로 하는 자는 제외) 및 그 임직원을 포괄하는 의미라고 생각된다.

(2) 모집자의 의무

신용카드회원을 모집하는 자("모집자")는 신용카드회원을 모집할 때 다음의 사항을 지켜야 한다(영6의8①).

1. 신청인에게 자신이 신용카드회원을 모집할 수 있는 사람임을 알릴 것
2. 신청인에게 신용카드에 대한 약관과 연회비 등 신용카드의 거래조건 및 제6조의7 제7항 제4호의 사항(＝연회비 반환사유, 연회비 반환금액 산정방식 및 연회비 반환금액의 반환기한)을 설명할 것

3. 신청인이 본인임을 확인하고, 신청인이 직접 신청서(전자문서로 된 신청서를 포함) 및 신용카드 발급에 따른 관련 서류(전자문서로 된 서류를 포함) 등을 작성하도록 할 것. 이 경우 다음 각 목의 사항을 지켜야 한다.

    가. 「장애인차별금지 및 권리구제 등에 관한 법률」 제2조에 따른 장애인에 대한 본인 확인 및 신용카드 발급신청 서류(전자문서로 된 서류를 포함) 등의 작성을 할 때에는 같은 법 제4조 제2항에 따른 정당한 편의를 제공할 것

    나. 전자문서로 된 신청서 및 서류 등을 작성하는 경우 신청인이 작성하는 정보는 암호화되어 신용카드업자에게 전달되도록 할 것

4. 신청인이 작성한 신용카드 발급신청서에 모집자의 성명과 등록번호(모집자임을 표시하는 다른 징표를 포함)를 적을 것

5. 신용카드업자 외의 자를 위하여 신용카드 발급계약의 체결을 중개하지 아니할 것

6. 신용카드회원을 모집할 때 법 제14조 제4항 및 이 영 제6조의7 제5항에 따른 방법으로 할 것

7. 신용카드회원을 모집할 때 알게 된 신청인의 신용정보(신용정보법 제2조 제1호에 따른 신용정보) 및 사생활 등 개인적 비밀을 업무 목적 외의 목적으로 누설하거나 이용하지 아니 할 것

8. 신용카드회원을 모집할 때 자금의 융통(법13①(1))을 권유하는 경우에는 대출금리, 연체료율 및 취급수수료 등의 거래조건을 감추거나 왜곡하지 아니하고, 이해할 수 있도록 설명할 것

3. 위반시 제재

법 제14조의2 제1항 각 호의 어느 하나에 해당하지 아니한 자로서 신용카드회원을 모집한 자는 1년 이하의 징역 또는 1천만원 이하의 벌금에 처한다(법70④(2의2)).

Ⅲ. 모집질서 유지

1. 신용카드업자의 금지행위

신용카드업자는 신용카드를 모집할 수 있는 자[해당 신용카드업자의 임직원, 신용카드업자를 위하여 신용카드 발급계약의 체결을 중개하는 자("모집인"), 신용카드업자와 신용카드회원의 모집에 관하여 업무제휴계약을 체결한 자(신용카드회원의 모집을 주된 업으로 하는 자는 제외) 및 그 임직원] 외의 자에게 신용카드회원의 모집을 하게 하거나 모집에 관하여 수수료·보수, 그 밖의 대가를 지급하지 못한다(법14의5①).

2. 모집인의 금지행위

모집인은 ⅰ) 자신이 소속된 신용카드업자 외의 자를 위하여 신용카드회원을 모집하는 행위(타사카드 모집), ⅱ) 신용카드회원을 모집할 때 알게 된 발급신청인의 개인식별정보(신용정보법 제34조에 따른 정보) 또는 신용정보(신용정보법 제2조 제1호에 따른 신용정보) 및 사생활 등 개인적 비밀을 업무 목적 외의 목적으로 누설하거나 이용하는 행위, ⅲ) 거짓이나 그 밖의 부정한 수단 또는 방법으로 취득하거나 제공받은 개인식별정보 또는 신용정보를 모집에 이용하는 행위를 하지 못한다(법14의5②).

3. 모집자(신용카드회원을 모집하는 자)의 금지행위

신용카드회원을 모집하는 자("모집자")는 제14조 제4항 각 호의 행위 및 제24조의2(신용카드회원 모집행위와 관련된 행위에 한한다)에 따른 금지행위를 하여서는 아니 된다(법14의5③).

(1) 다단계판매를 통한 모집

모집자는 방문판매법 제2조 제5호에 따른 다단계판매를 통해 신용카드회원을 모집하여서는 아니 된다(법14④(1)).

(2) 인터넷을 통한 모집

모집자는 인터넷을 통한 모집방법으로서 "대통령령으로 정하는 모집" 방법

으로 신용카드회원을 모집하여서는 아니 된다(법14④(2)). 여기서 "대통령령으로
정하는 모집"이란 신용카드업자가 전자서명법 제2조 제2호[76])에 따른 전자서명
(사용자의 실지명의를 확인할 수 있는 것으로 한정)을 통하여 본인 여부를 확인하지
아니한 신용카드회원 모집을 말한다(영6의7④ 본문). 다만 신청인의 신분증 발급
기관·발급일 등 본인임을 식별할 수 있는 정보와 본인의 서명을 받는 방법 등으
로 본인이 신청하였음을 확인할 수 있는 경우는 제외한다(영6의7④ 단서).

(3) 과다경품 제공 · 길거리 모집 · 방문모집

모집자는 ⅰ) 신용카드발급과 관련하여 그 신용카드 연회비(연회비가 주요 신
용카드의 평균연회비 미만인 경우에는 해당 평균연회비)의 10%를 초과하는 경제적 이
익을 제공하거나 제공할 것을 조건으로 하는 신용카드회원을 모집할 수 없다. 다
만, 컴퓨터통신을 이용하여 스스로 신용카드회원이 되는 경우에는 그 신용카드
연회비의 100% 이하의 범위에서 경제적 이익을 제공하거나 제공할 것을 조건으
로 하여 신용카드회원을 모집할 수 있다. ⅱ) 도로법 제2조 및 사도법 제2조에
따른 도로 및 사도(私道) 등 길거리에서 신용카드회원을 모집할 수 없다. ⅲ) 방
문을 통해 신용카드회원을 모집할 수 없다. 다만, 미리 동의를 받은 후 방문하거
나 사업장을 방문하는 경우는 제외한다(법14④(3), 영6의7⑤).[77]

(4) 신용카드업자 등의 금지행위

모집자는 제24조의2(신용카드회원 모집행위와 관련된 행위에 한한다)에 따른 금
지행위를 하여서는 아니 된다(법14의5③). 이에 관하여는 후술하기로 한다.

---

[76] 2. "전자서명"이란 다음의 사항을 나타내는 데 이용하기 위하여 전자문서에 첨부되거나
논리적으로 결합된 전자적 형태의 정보를 말한다.
가. 서명자의 신원
나. 서명자가 해당 전자문서에 서명하였다는 사실

[77] 여신전문금융업법 제14조, 제14조의2, 제14조의5 및 동법 시행령 제6조의7, 제6조의8 등
에 따르면 신용카드 모집인은 길거리 모집행위를 하거나, 소속된 신용카드업자 외의 자를
위하여 신용카드회원을 모집하거나, 타인에게 신용카드회원의 모집을 하게 하거나 그 위
탁을 하는 행위를 하거나, 신용카드 발급과 관련하여 그 신용카드 연회비의 100분의 10을
초과하는 경제적 이익을 제공하거나 제공할 것을 조건으로 하는 모집을 하여서는 아니 되
는데도, 현대카드㈜ 소속 카드모집인 ○○○ 등 90명은 다음과 같이 길거리 모집을 하거
나, 소속 신용카드업자 외의 자를 위해 신용카드회원을 모집하거나, 타인에게 신용카드회
원의 모집을 하게 하거나, 연회비의 10%를 초과하는 경제적 이익을 제공하는 조건으로
신용카드회원을 모집하여 각각 과태료 제재를 받았다.

4. 금융위원회의 조사

금융위원회는 건전한 모집질서의 확립을 위하여 필요하다고 인정되는 경우에는 신용카드회원을 모집하는 자에 대하여 대통령령으로 정하는 바에 따라 조사를 할 수 있다(법14의5④). 이에 따라 금융위원회는 조사를 위하여 필요하다고 인정되는 경우에는 모집자에 대하여 ⅰ) 조사사항에 대한 사실과 상황에 대한 진술서의 제출, ⅱ) 조사에 필요한 장부·서류와 그 밖의 물건의 제출을 요구할 수 있다(영6의8②). 조사를 하는 사람은 그 권한을 표시하는 증표를 지니고 관계인에게 보여 주어야 한다(영6의8③).

5. 금융위원회에의 신고

신용카드업자는 모집인의 행위가 여신전문금융업법 또는 여신전문금융업법에 따른 명령이나 조치에 위반된 사실을 알게 된 경우에는 이를 금융위원회에 신고하여야 한다(법14의5⑤).[78]

6. 모집인 교육

신용카드업자는 모집인에게 모집인이 신용카드회원을 모집할 때 지켜야 하는 사항을 교육하여야 한다(법14의5⑥). 교육 내용 및 방법에 관하여 필요한 사항은 금융위원회가 정하여 고시한다(법14의5⑦). 이에 따라 신용카드업자는 등록한 모집인에 대해 교육을 해당 모집인의 등록 시점 직전 1개월 동안 10시간 이상 실시하여야 한다(감독규정25의2① 본문). 다만 신용카드 모집경력이 1년 이상인 모집인의 경우 해당 모집인에 대한 교육은 등록시점 전·후 1개월 이내에 10시간 이상 실시하여야 한다(감독규정25의2① 단서).

신용카드업자는 모집인 교육시 여신전문금융업협회의 표준강의교재를 활용

---

78) 여신전문금융업법 제14조의5 등에 의하면 신용카드업자는 모집인의 행위가 여신전문금융업법 또는 동법에 따른 명령이나 조치에 위반된 사실을 알게 된 경우에는 이를 금융감독원장에게 신고하여야 하는데도, KB국민카드㈜ 준법지원부는 2015. 3. 9.~2015. 8. 31. 기간 중 ◆◆◆등 모집인 187명이 신용카드신청서를 대필하는 등 211건의 불법모집 사실을 인지하고도 검사 착수일(2015. 10. 5.) 현재까지 금융감독원장에게 신고하지 아니한 사실이 있어 과태료 제재 등을 받았다.

하여야 한다(감독규정25의2②). 여신전문금융업협회는 표준강의교재 제·개정시 그 사실과 내용을 금융감독원장에게 보고하여야 한다(감독규정25의2③). 여신전문 금융업협회는 「신용카드 모집인 교육 및 시험관리 지침」을 시행하고 있다.

7. 위반시 제재

법 제14조의5 제1항부터 제3항까지의 규정을 위반한 자, 법 제14조의5 제4 항에 따른 조사를 거부한 자, 법 제14조의5 제5항을 위반하여 모집인의 불법행위 신고를 하지 아니한 자에게는 5천만원 이하의 과태료를 부과한다(법72① (1)(2)(3)). 법 제14조의5 제6항을 위반하여 모집인에 대한 교육을 하지 아니한 자 에게는 1천만원 이하의 과태료를 부과한다(법72④(1)).

Ⅳ. 신용카드의 양도 등의 금지

1. 의의

신용카드는 양도·양수하거나 질권을 설정(設定)할 수 없다(법15).

2. 위반시 제재

법 제15조를 위반하여 신용카드에 질권을 설정하는 행위를 통하여 자금을 융통하여 준 자 또는 이를 중개·알선한 자는 3년 이하의 징역 또는 2천만원 이 하의 벌금에 처한다(법70③(2) 다목). 법 제15조를 위반하여 신용카드를 양도·양 수한 자는 1년 이하의 징역 또는 1천만원 이하의 벌금에 처한다(법70④(3)).

Ⅴ. 매출채권의 양도금지 등

1. 매출채권의 양수도금지

신용카드가맹점은 신용카드에 따른 거래로 생긴 채권(신용카드업자에게 가지 는 매출채권을 포함)을 신용카드업자와 은행(중소기업은행과 농협은행을 포함) 외의 자("신용카드업자등 외의 자")에게 양도하여서는 아니 되고, 신용카드업자등 외의

자는 이를 양수하여서는 아니 된다(법20① 본문).[79]

이는 주로 사업자들이 매출액을 축소하여 세금을 포탈하기 위한 목적으로 많이 행하여진다. 과거에는 "신용카드거래에 의해 작성된 매출전표"의 양도를 금지하고 있었으나, 최근 전자상거래의 발달로 매출전표가 작성되지 않는 신용카드거래의 급증으로 규제의 필요성이 증가되었다. 이에 신용카드거래에 의하여 발생한 "매출채권"의 양도를 금지하도록 법이 개정되어 모든 유형의 신용카드거래에 따른 매출채권의 양도 및 양수는 금지되었다.

2. 매출채권의 양수도 허용

신용카드가맹점이 신용카드업자에게 가지는 매출채권을 자산유동화법 제2조 제1호에 따른 자산유동화를 위하여 양도하는 경우에는 신용카드가맹점은 신용카드에 따른 거래로 생긴 채권을 신용카드업자등 외의 자에게 양도할 수 있고, 신용카드업자등 외의 자도 이를 양수할 수 있다(법20① 단서).

3. 신용카드가맹점 명의의 거래금지

신용카드가맹점이 아닌 자는 신용카드가맹점의 명의로 신용카드등에 의한 거래를 하여서는 아니 된다(법20②).

4. 위반시 제재

법 제20조 제1항을 위반하여 매출채권을 양도한 자 및 양수한 자[80]와 법 제

---

79) 대법원 2008. 1. 17. 선고 2006다56015 판결(여신전문금융업법 제20조 제1항은 "신용카드에 의한 거래에 의하여 발생한 매출채권은 이를 신용카드업자 외의 자에게 양도하여서는 아니 되며, 신용카드업자 외의 자는 이를 양수하여서는 아니 된다"고 규정하고 있는데, 위 규정의 입법 취지 및 그 문언 등에 비추어 보면, 위 규정에 정한 "신용카드에 의한 거래에 의하여 발생한 매출채권"은 신용카드 이용자가 신용카드가맹점에서 물건을 구매하거나 용역을 제공받고 신용카드를 사용함에 따라 발생한 신용카드가맹점의 신용카드 이용자에 대한 채권을 의미하고, 여신전문금융업법상의 결제대행업체가 가맹점계약에 기하여 신용카드업자에 대하여 가지는 대행결제대금채권은 위 규정에 의하여 양도가 금지되는 채권에 해당하지 않는다).

80) 대법원 2016. 7. 22. 선고 2016도5399 판결(구 여신전문금융업법(2009. 2. 6. 법률 제9459호로 개정되기 전의 것) 제20조 제1항은 "신용카드에 의한 거래에 의하여 발생한 매출채권은 이를 신용카드업자 외의 자에게 양도하여서는 아니 되며, 신용카드업자 외의 자는

20조 제2항을 위반하여 신용카드가맹점의 명의로 신용카드등에 의한 거래를 한 자는 3년 이하의 징역 또는 2천만원 이하의 벌금에 처한다(법70③(5)(6)).

Ⅵ. 신용카드등의 이용한도 제한 등

1. 신용카드업자의 준수사항과 금융위원회의 조치

금융위원회는 신용질서를 유지하고 소비자를 보호하기 위하여 신용카드업자가 지켜야 할 사항으로 ⅰ) 신용카드에 의한 현금융통의 최고한도, ⅱ) 직불카드의 1회 또는 1일 이용한도, ⅲ) 선불카드의 총발행한도와 발행권면금액의 최고한도, ⅳ) 신용카드업자가 정하는 신용한도 산정기준에 관한 사항, ⅴ) 신용카드 이용한도를 정할 때 지켜야 할 사항, ⅵ) 신용카드업자가 정하는 약관의 내용에 관한 사항, ⅶ) 가맹점 관리에 관한 사항, ⅷ) 채권을 추심할 때 지켜야 할 사항, ⅸ) 수수료율을 적용하기 위하여 회원을 분류할 때 지켜야 할 사항, ⅹ) 그 밖에

이를 양수하여서는 아니 된다"라고 규정하고 있고, 구 여신전문금융업법(2015. 1. 20. 법률 제13068호로 개정되기 전의 것) 제20조 제1항은 "신용카드가맹점은 신용카드에 따른 거래로 생긴 채권(신용카드업자에게 가지는 매출채권을 포함한다)을 신용카드업자 외의 자에게 양도하여서는 아니 되고, 신용카드업자 외의 자는 이를 양수하여서는 아니 된다"라고 규정하고 있다. 위와 같은 조항은 원래 1990. 12. 31. 법률 제4290호로 개정된 구 신용카드업법 제15조 제5항에서 "신용카드가맹점의 준수사항"의 하나로 최초 규정되었다가, 1994. 1. 5. 법률 제4699호로 개정된 구 신용카드업법(다음의 여신전문금융업법에 의하여 폐지) 제15조의2에서 "매출전표의 양도의 금지"라는 제목으로 "신용카드가맹점의 준수사항"을 정한 제15조와 별개로 매출채권 양도·양수행위 자체를 금지하는 내용으로 개정되었고, 이후 1997. 8. 28. 법률 제5374호로 제정·공포된 여신전문금융업법 제20조 제1항에 구 신용카드업법 제15조의2 규정이 그대로 옮겨진 이래, 현재까지 같은 조항에서 신용카드가맹점의 준수사항과 별개로 매출채권 양도·양수행위 자체를 금지하는 규율형태를 유지하고 있다. 이와 같이 신용카드에 의한 거래로 생긴 채권이 금전거래의 대상이 됨을 방지함으로써 신용질서 유지를 도모하려는 위 각 규정의 입법 취지와 연혁, 문언 등을 종합하여 보면, 위 각 규정의 후단은 신용카드업자 외의 자가 "신용카드에 의한 거래로 생긴 채권"을 양수하는 행위를 금지하는 것이고, 그 양수행위의 상대방이 신용카드가맹점으로 제한된다고 해석할 것은 아니다. 위 법리에 비추어 살펴보면, 원심판시와 같이 피고인 등이 위장 신용카드가맹점을 개설한 후 성명불상의 소규모 의류판매상 등으로부터 이들이 위 가맹점 명의의 신용카드 단말기를 이용하여 발생시킨 신용카드 매출채권을 양수한 행위는 위 각 규정 후단에서 정한 금지행위에 해당하고, 위 의류판매상들이 신용카드가맹점이 아니라 하여 달리 볼 것은 아니다. 같은 취지에서 이 부분을 유죄로 인정한 원심의 판단은 정당하고, 거기에 상고이유 주장과 같은 신용카드 매출채권 양도금지 등의 해석에 관한 법리오해 또는 이유모순의 잘못이 없다).

대통령령으로 정하는 사항에 대한 기준을 정하는 등 필요한 조치를 할 수 있다(법24).

2. 선불카드의 총발행한도와 발행권면금액의 최고한도

위 iii)과 관련하여 선불카드의 발행권면금액의 최고한도는 50만원으로 한다(영7의2① 본문). 다만, 기명식 선불카드의 경우는 500만원으로 하고, 「재난 및 안전관리 기본법」 제3조 제1호[81]의 재난에 대응하여 국가 또는 지방자치단체가 수급자, 사용처 및 사용기간 등을 정하여 지원금을 지급하기 위해 발행하는 무기명식 선불카드의 경우는 300만원으로 한다[82](영7의2① 단서).

3. 대통령령으로 정하는 사항

위 x)에서 "대통령령으로 정하는 사항"이란 다음의 사항을 말한다(영7의2②).

1. 신용정보의 제공 및 이용에 대한 신용카드회원등의 별도 동의절차, 신용정보의 제공 및 이용에 대한 동의가 없는 경우 신용카드발급 거절 금지 등을 포함한 신용정보의 보호 및 관리에 관한 사항
2. 법 제16조 제10항에 따라 신용카드회원이 이용금액에 대하여 이의를 제기한 경우 그 조사절차에 관한 사항
3. 신용카드회원의 신용카드 최종 이용일(발급 후 신용카드를 전혀 이용하지 아니한 경우에는 발급일)부터 1년 이상 이용실적이 없는 휴면신용카드의 해지

---

81) 1. "재난"이란 국민의 생명·신체·재산과 국가에 피해를 주거나 줄 수 있는 것으로서 다음의 것을 말한다.
　가. 자연재난: 태풍, 홍수, 호우(豪雨), 강풍, 풍랑, 해일(海溢), 대설, 한파, 낙뢰, 가뭄, 폭염, 지진, 황사(黃砂), 조류(藻類) 대발생, 조수(潮水), 화산활동, 소행성·유성체 등 자연우주물체의 추락·충돌, 그 밖에 이에 준하는 자연현상으로 인하여 발생하는 재해
　나. 사회재난: 화재·붕괴·폭발·교통사고(항공사고 및 해상사고 포함)·화생방사고·환경오염사고 등으로 인하여 발생하는 대통령령으로 정하는 규모 이상의 피해와 국가핵심기반의 마비, 「감염병의 예방 및 관리에 관한 법률」에 따른 감염병 또는 「가축전염병예방법」에 따른 가축전염병의 확산, 「미세먼지 저감 및 관리에 관한 특별법」에 따른 미세먼지 등으로 인한 피해
82) [2020. 9. 30까지 유효, 2020. 4. 21 제30629호 부칙 제2조: 제2호].

절차에 관한 사항

4. 모집자가 신용카드 회원을 모집할 때 준수해야 할 사항, 그 준수여부의 점검 방법 및 모집인이 준수사항을 이행하지 아니한 경우의 조치방법 등 신용카 드 회원 모집질서 유지에 관한 사항

5. 신용카드·직불카드 또는 선불카드("신용카드등")의 상품 설계 및 운용 시 지켜야 할 사항

4. 카드이용 대금에 대한 이의제기 절차

(1) 신용카드업자의 조사결과 통지의무

법 제24조 및 시행령 제7조의2 제2항 제2호에 따라 신용카드회원이 서면, 인터넷, 또는 전화로 신용카드 이용금액에 대하여 이의를 제기할 경우 신용카드 업자는 신용카드 발급경위 및 신용카드 사용일시·사용내역·사용주체 등을 철저 히 조사하여 그 결과를 회원에게 서면, 인터넷(회원에 도달된 것이 확인된 경우만 인 정) 또는 전화로 통지하여야 한다(감독규정24의9①).

(2) 금융감독원의 재조사와 카드대금 청구금지

신용카드업자는 신용카드회원이 조사결과 통지일로부터 7일 이내에 금융감 독원에 재조사를 요청하는 경우 금융감독원의 조사가 완료될 때까지 신용카드대 금을 청구할 수 없으며 신용카드대금 연체를 이유로 신용정보법 제25조에 의한 신용정보집중기관에 연체발생 정보를 등록할 수 없다(감독규정24의9②).

5. 휴면신용카드의 해지 절차

(1) 신용카드업자의 계약 해지 또는 유지 확인의무

신용카드업자는 시행령 제7조의2 제2항 제3호에 따라 신용카드가 휴면신용 카드로 된 지 1개월 이내에 서면, 전화 중 1가지 이상의 방법으로 신용카드회원 의 계약 해지 또는 유지 의사를 확인하여야 한다. 이 경우 신용카드업자는 회원 이 계약 유지 의사를 통보하지 아니하면 제3항에 따라 계약이 정지되고 제4항에 따라 휴면신용카드는 갱신 또는 대체 발급이 제한된다는 내용을 포함하여 회원 에게 알려야 한다(감독규정24의11①).

(2) 신용카드 이용계약 해지의무

회원이 서면, 전화로 해지 의사를 밝힌 경우 신용카드업자는 신용카드 이용계약을 즉시 해지하여야 한다(감독규정24의11②).

(3) 신용카드 이용 정지의무

신용카드업자는 통보가 회원에게 도달한 날로부터 1개월이 경과될 때까지 회원이 신용카드업자에게 계약 유지 의사를 통보하지 않은 경우 즉시 신용카드의 이용을 정지하여야 한다(감독규정24의11③).

(4) 휴면신용카드의 갱신 또는 대체발급 금지

제3항에 따라 이용정지가 시작된 휴면신용카드의 경우 회원이 이용정지에 대한 해제 신청을 하지 않는 한 시행령 제6조의6 제1호에 따른 갱신 또는 대체발급을 할 수 없다(감독규정24의11④).

6. 신용카드등의 수익성 유지를 위한 사항

시행령 제7조의2 제2항 제5호에 따라 신용카드업자가 신용카드등의 상품을 설계 및 변경하고자 하는 경우에는 신용카드등 상품의 설계기준을 포함하여 해당 상품의 수익성 분석을 실시하여야 한다(감독규정24의12①). 신용카드업자는 수익성 분석과 관련한 내부 통제기준을 마련하여야 한다(감독규정24의12②).

Ⅶ. 신용카드업자 및 부가통신업자의 금지행위

1. 금지행위

신용카드업자는 소비자 보호 목적과 건전한 영업질서를 해칠 우려가 있는 금지행위인 신용카드업자의 경영상태를 부실하게 할 수 있는 모집행위 또는 서비스 제공 등으로 신용카드등의 건전한 영업질서를 해치는 행위를 하여서는 아니 된다(법24의2①).

여신전문금융업법 제24조의2 등에 따라 부가통신업자는 대형신용카드가맹점이 자기와 거래하도록 대형신용카드가맹점 및 특수관계인에게 부당하게 보상금등을 제공하는 것이 금지되어 있다(법24의2③). 부가통신업자가 대형신용카드가맹점에게 과도한 금품 및 서비스 등을 제공하는 관행을 차단하고 공정한 시장 경쟁을 촉진하기 위함이다.

2. 세부적인 유형과 기준

금지행위의 세부적인 유형과 기준은 [별표 1의3]과 같다(법24의2②, 영7의3 ①).83)

(1) 신용카드회원등의 권익을 부당하게 침해하는 행위

신용카드상품에 관한 충분한 정보를 제공하지 아니하거나, 과장되거나 거짓된 설명 등으로 신용카드회원등의 권익을 부당하게 침해하는 행위는 금지된다 (법24의2①(1)). 구체적인 금지행위는 다음과 같다(영 별표 1의3 제1호).

ⅰ) 신용카드회원등에 대하여 연회비, 이자율, 수수료, 이용한도 등 신용카

---

83) 대법원 2019. 5. 30. 선고 2016다276177 판결(법 제24조의2 제1항은 신용카드업자에 대하여 '소비자 보호 목적과 건전한 영업질서를 해칠 우려가 있는 행위'의 금지를 명하는 한편 그러한 금지행위 중 하나로 '신용카드 상품에 관한 충분한 정보를 제공하지 아니하는 등으로 신용카드회원 등의 권익을 부당하게 침해하는 행위'를 제시하고 있다. 법 제24조의2 제2항은 시행령에 위임하는 것이 '금지행위의 세부적인 유형과 기준'임을 명시하고 있다. 시행령 제7조의3의 규율 내용 및 재위임 취지 역시 분명하다. 시행령 제7조의3은, 법 제24조의2 제2항의 위임 취지에 부합되게, 신용카드회원 등의 권익을 부당하게 침해하는 행위의 여러 유형을 제시하였는데 그중 하나가 '부가서비스를 부당하게 변경하는 행위'([별표 1의3] 제1호 (마)목]이다. 한편 시행령 제7조의3은 금융위원회가 시행령에서 규정된 금지행위 중 특정한 금지행위에 적용하기 위하여 필요하다고 인정할 경우 '시행령에 규정된 금지행위의 유형과 기준에 대한 세부적인 기준'을 정할 수 있다고 위임하였다. 이는 가령 '부가서비스를 부당하게 변경하는 행위'처럼 시행령에 규정된 금지행위가 '부당성'과 같은 추상적 개념으로 구성되어 있어서 그것이 의미하는 바가 여전히 분명하지 않을 경우엔 금융위원회 고시를 통하여 보다 실질적이고 세부적인 기준을 설정하는 방법으로 금지행위를 구체화할 필요성이 있기 때문으로 보인다. 그런데 이 사건 고시규정은, '부가서비스를 부당하게 변경하는 행위'에 해당하는지 여부를 판단할 수 있는 보다 구체화된 기준과 요건 등을 제시하거나 위 기준 등에 근거한 금지행위의 유형화는 전혀 시도하지 않은 채, 신용카드업자가 부가서비스를 변경할 경우 일정 기간 동안 부가서비스를 유지해 왔고 6개월 이전에 변경 사유 등을 정해진 방법으로 고지하는 등의 절차만 준수한다면 그 부가서비스 변경이 신용카드회원 등의 권익을 부당하게 침해하는지 여부에 대한 어떠한 고려도 없이 그 변경행위가 금지되지 않는 것으로 정하고 있다. 이는 법과 시행령의 위임 범위를 벗어난 고시규정을 통하여 '부가서비스를 부당하게 변경하는 행위'를 금지하고자 한 법과 시행령의 입법 취지를 본질적으로 변질시킨 것으로도 볼 수 있다. 결국 이 사건 고시규정은 그 내용이 법과 시행령의 위임 범위를 벗어난 것으로서 법규명령으로서의 대외적 구속력을 인정할 수 없다).

드등의 거래조건 및 그 밖에 신용카드회원등의 신용카드등 이용시 제공되는 추가적인 혜택과 관련된 사항("신용카드등이용조건")과 그 변경에 관련된 사항을 사실과 다르게 설명하거나 지나치게 부풀려서 설명하는 행위(가목)

ⅱ) 신용카드등이용조건을 감추거나 축소하는 등의 방법으로 설명하는 행위(나목), ⅲ) 신용카드등이용조건의 비교대상 및 기준을 명확하게 설명하지 않거나 객관적인 근거 없이 다른 회사의 것보다 유리하다고 설명하는 행위(다목)

ⅳ) 다른 회사의 신용카드등이용조건을 객관적인 근거가 없는 내용으로 비방하거나 불리한 사실만을 설명하는 행위(라목), ⅴ) 신용카드등의 이용 시 제공되는 추가적인 혜택을 부당하게 변경하는 행위(마목), ⅵ) 신용카드회원등의 계약해지 신청 및 그 처리를 정당한 이유 없이 거절하거나 지연하는 행위(바목)

ⅶ) 신용카드회원등의 사전 동의 없이 신용카드의 이용 또는 자금의 융통을 권유하는 행위

(2) 신용카드등의 건전한 영업질서를 해치는 행위

신용카드업자의 경영상태를 부실하게 할 수 있는 모집행위 또는 서비스 제공 등으로 신용카드등의 건전한 영업질서를 해치는 행위는 금지된다(법24의2①(2)). 구체적인 금지행위는 다음과 같다(영 별표 1의3 제2호). 아래 [별표 1의3 제2호 바목은 신용카드사 간 과당경쟁에 따른 마케팅비용 상승이 가맹점 수수료 부담으로 전가되는 것 등을 방지하기 위해 신용카드사가 법인회원에 과도한 경제적 이익을 제공하지 못하도록 제한하기 위한 것으로 2020년 12월 29일 개정되었다.

ⅰ) 신용카드업자의 비영업직 임직원에 대하여 과도한 성과금[84]을 지급하는 등의 방법으로 신용카드회원등을 모집하는 행위(가목)

ⅱ) 신용카드회원등에게 신용카드등의 이용시 추가적인 혜택을 주기 위하여 신용카드가맹점과 신용카드업자가 가맹점수수료 외에 별도의 비용을 부담하는 계약을 체결하는 경우 해당 계약 체결과 관련된 사항("신용카드가맹점제휴조건")과 그 변경에 관련된 사항을 사실과 다르게 설명하거나 지나치게 부풀려서 설명하는 행위(나목)

---

84) "과도한 성과금"이란 신용카드 연회비(연회비가 평균연회비 미만인 경우에는 평균연회비)의 100%를 초과하는 성과금을 말한다(여신전문금융업감독규정25⑥).

iii) 신용카드가맹점제휴조건을 감추거나 축소하는 방법으로 설명하는 행위(다목), iv) 신용카드가맹점제휴조건의 비교대상 및 기준을 명확하게 설명하지 않거나 객관적인 근거 없이 다른 회사의 것보다 유리하다고 설명하는 행위(라목), ⅴ) 다른 회사의 신용카드가맹점제휴조건을 객관적인 근거가 없는 내용으로 비방하거나 불리한 사실만을 설명하는 행위(마목)

vi) 신용카드업 허가를 받은 날부터 1년이 지난 신용카드업자가 법인(국가 및 지방자치단체를 포함)인 신용카드회원등("법인회원")의 신용카드등(법인회원과의 계약을 통해 해당 법인의 임직원 등을 위해 발급한 신용카드등을 포함) 이용을 촉진하기 위해 다음의 어느 하나에 해당하는 과도한 경제적 이익을 제공하는 행위, 여기서 다음의 어느 하나에 해당하는 행위는 ㉠ 법인회원의 신용카드등 이용으로 발생하는 신용카드업자의 연간 총수익 및 총비용 등을 고려하여 금융위원회가 정하여 고시하는 기준을 초과하는 경제적 이익, ㉡ 법인회원(법인회원의 규모 등을 고려하여 금융위원회가 정하여 고시하는 법인은 제외)의 연간 신용카드등 이용 총액 대비 해당 연도에 제공한 경제적 이익이 금융위원회가 정하여 고시하는 비율을 초과하는 경제적 이익. 다만, 해당 법인의 임직원 등을 위해 발급한 신용카드등의 이용시 제공되는 추가적인 혜택 등 부가서비스는 제외한다(바목).[85]

3. 직무수행 기본 절차와 기준 제정

금융위원회는 위 금지행위 중 특정한 금지행위에 적용하기 위하여 필요하다고 인정하는 경우에는 금지행위의 유형과 기준에 대한 세부적인 기준을 정하여 고시할 수 있다(영7의3②).

법 제24조의2 제2항 및 시행령 제7조의3 제2항에 따라 신용카드업자는 모

---

85) 부 칙[2020. 12. 29 제31335호]
　　제1조(시행일) 이 영은 공포한 날부터 시행한다. 다만, 별표 1의3 제2호 바목의 개정규정은 2021년 7월 1일부터 시행한다.
　　제2조(법인회원에 대한 경제적 이익 제공 제한에 관한 적용례) 별표 1의3 제2호 바목의 개정규정은 부칙 제1조 단서에 따른 시행일 이후 경제적 이익을 제공하는 경우부터 적용한다. 이 경우 2021년 7월 1일부터 2021년 12월 31일까지는 같은 기간 동안 법인회원의 신용카드등(법인회원과의 계약을 통해 해당 법인의 임직원 등을 위해 발급한 신용카드등을 포함한다) 이용으로 발생한 총수익·총비용 및 이용 총액 등을 기준으로 별표 1의3 제2호 바목에 따른 초과 여부를 판단한다.

집질서를 유지하기 위해 임직원 및 소속 모집인이 직무를 수행할 때 지켜야 할 기본적인 절차와 기준을 정하여야 한다(감독규정24의13①).

위의 절차와 기준에는 ⅰ) 법 제14조의2 제2항, 법 제14조의5 제2항 및 제3항에서 정하는 준수사항 및 그 밖의 모집질서 유지를 위해 신용카드업자와 소속 모집인이 준수하여야 할 사항(제1호), ⅱ) 제1호에 따른 준수사항의 이행여부 점검을 위한 전담 점검부서, 점검방법, 정기적 점검 의무(제2호), ⅲ) 제1호의 준수사항 위반이 발생한 경우 재발 방지를 위한 대책 수립 및 이행(제3호), ⅳ) 제1호를 위반한 모집행위에 대해 인터넷 홈페이지 및 우편 등을 통한 신고제도 운영(제4호) 사항이 포함되어야 한다(감독규정24의13②).

4. 부당한 보상금등 제공금지

(1) 의의

신용카드업자와 부가통신업자는 대형신용카드가맹점이 자기와 거래하도록 대형신용카드가맹점 및 특수관계인에게 부당하게 보상금등을 제공하여서는 아니 된다(법24의2③). 부가통신사업자(밴사: VAN사)는 가맹점의 카드거래에 따라 카드회사에게 승인대행 또는 매입대행 수수료를 받는 구조를 갖고 있으므로 가맹점을 유치하는 것이 매우 중요하다. 이는 결국 리베이트로 나타났고, 과거 특히 대형가맹점의 경우 밴사가 카드사로부터 받는 수수료의 대부분을 해당 대형가맹점에 대한 리베이트로 지급하는 문제점이 있었다. 2015년 1월 20일 여신전문금융업법 개정으로 밴사가 대형가맹점에게 리베이트를 제공하는 행위가 금지되었다. 이는 신용카드가맹점 수수료를 인하하기 위하여는 신용카드회사가 밴사에 지급하는 수수료를 낮출 필요가 있고, 이를 위하여는 밴사가 대형가맹점에게 지급하는 막대한 리베이트를 먼저 금지하는 조치가 선행되어야 한다는 판단 때문이었다.[86]

(2) 부당한 보상금등의 범위

"부당한 보상금등"은 보상금, 사례금 등 명칭 또는 방식 여하를 불문하고 모든 대가를 포함하는 폭넓은 개념으로 신용카드거래와 관련한 단말기, 포스(POS),

---

86) 석일홍(2018), 121쪽.

서명패드 등 모든 대가의 제공은 부당한 보상금등의 범위에 포함된다(금융위원회 법령해석, 2015. 7. 3.). 예를 들어 ⅰ) 거래 건과 관련된 현금(승인건당 00원, 일명 캐시백) 지급, ⅱ) 카드사, 밴사 또는 밴대리점과 계약시 지원받는 유·무형의 보상, ⅲ) 신용카드거래를 위한 장비 무상 지원(무상임대 포함), ⅳ) 신용카드거래를 위한 전용회선비, ⅴ) 신용카드거래를 위한 프로그램 개발 등과 관련된 용역비, ⅵ) 기타 명칭 또는 방식 여하를 불문한 모든 유·무형의 대가 등이다.

(3) 주요사례

밴사 등과 관련된 부당한 보상금 제공행위의 예를 들면 다음과 같다. ⅰ) 가맹점주가 직접 또는 관련자를 통해 현금을 전달받는 행위, ⅱ) 계열사나 친인척, 미등록 대리점 등 제3자 계좌를 통해 일시불 또는 월별로 금전을 지급받는 행위, ⅲ) 가맹점주가 아니라 그 특수관계인이 리베이트를 제공받는 행위, ⅳ) 계약기간 중 밴사 등을 교체함에 따라 발생하는 위약금 등을 신규 밴사 등으로부터 지원받는 행위, ⅴ) 신용카드 등 결제를 위하여 필요한 포스(POS)단말기 등을 무상 지원받거나 시가에 비해 현저히 낮은 가격으로 임대·매입(할부구매 등)하는 행위, ⅵ) 가맹점에서 필요한 용품이나 사은품 등을 밴사 등이 대신 구매하여 제공해 주는 것을 받는 행위, ⅶ) 밴사 등의 조력으로 무이자 대출을 받거나, 대출 수수료를 할인받는 행위, ⅷ) 회식비, 행사비, 여행경비 등 각종 비용을 지원받는 행위, ⅸ) 기부금 형태로 금품을 수수하는 행위, ⅹ) 가맹점이 밴대리점으로 위장하고 실제 밴대리점 업무 수행과 무관하게 대리점 용역비 명목 등으로 금원을 지급받는 행위, ⅺ) 프랜차이즈 본사를 통하여 대형신용카드가맹점에 해당하는 점포에 금지품목이 제공되는 행위 등이다.

(4) 적용시기

여신전문금융업법 개정(2015. 7. 21. 시행) 이전에 체결된 계약에 의하여 부당한 보상금등을 제공하는 경우에도 개정 여신전문금융업법에 따른 금지대상에 해당된다(금융위원회 법령해석, 2015. 7. 14.). 예를 들어 2015. 7. 10. 대형신용카드가맹점에 부당한 보상금등을 제공하기로 약정하였더라도 2015. 7. 21. 이후에는 제공하여서는 아니 된다.

여신전문금융업법 시행령 개정(2016. 4. 26.) 이전에 발생한 신용카드거래 등에 따른 보상금을 자금정산 지연 등의 "불가피한" 사유로 인하여 2016. 4. 26. 지급·수취할 경우에는 법상 부당한 보상금에 해당하지 않을 수 있다(금융위원회 법령해석, 2016. 6. 7.). 다만 자금정산 과정에서 통상적인 거래 수준에 비하여 과도하게 높은 금액을 수취·지급하거나 2016. 4. 26. 이후 발생한 거래에 대한 보상금을 포함하여 지급할 경우에는 법상 부당한 보상금에 해당할 수 있다.

(5) 적용대상자

(가) 부가통신업자(밴사) 등

부가통신업자(밴사) 및 소속 가맹점모집인(밴대리점)에 적용된다.

(나) 대형신용카드가맹점

여신전문금융업법 시행령에 따라 직전 연도 1년 동안의 매출액이 3억원을 초과하는 개인 또는 법인 신용카드가맹점으로 여신전문금융협회의 인터넷 홈페이지를 통해 연 2회 공시되는 신용카드가맹점에 적용된다. 매출액의 산정 등에 관한 세부기준은 금융위원회가 정하여 고시하며(감독규정25의7), 2016. 4. 26. 이후 대상가맹점 확대되었다.

(다) 대형신용카드가맹점의 특수관계인

대형신용카드가맹점이 개인인 경우 대표자의 배우자(사실상의 혼인관계에 있는 사람 포함), 대형신용카드가맹점이 법인인 경우 대주주 또는 임원, 계열회사(공정거래법 제2조 제3호에 따른 계열회사)와 계열회사의 대주주 또는 임원, 그 밖에 대용신용카드가맹점에 대하여 사실상의 영향력을 행사하고 있는 자로서 금융위원회가 정하여 고시하는 자이다(영6의15).

5. 위반시 제재

법 제24조의2 제3항을 위반한 자는 5년 이하의 징역 또는 3천만원 이하의 벌금에 처한다(법70②).

부가통신업자(밴사)는 업무정지(법57①(2)), 가맹점모집인(밴대리점)은 업무정지·등록취소(법16의4)를 받는다.

Ⅷ. 공탁 및 공탁물의 배당

1. 공탁

(1) 공탁금액

금융위원회는 선불카드를 발행한 신용카드업자에게 선불카드 발행총액의 10%의 범위에서 매 분기 말 현재 선불카드 발행총액의 3%에 상당하는 금액을 공탁할 것을 명할 수 있다(법25①, 영8).

(2) 공탁장소

공탁은 선불카드를 발행한 신용카드업자의 본점 또는 주된 사무소의 소재지에서 하여야 한다(법25②).

(3) 공탁이행의 신고

공탁명령을 받은 자가 이를 이행한 때에는 지체 없이 그 사실을 금융위원회에 신고하여야 한다(법25③).

(4) 공탁물 반환

공탁을 한 신용카드업자는 금융위원회의 승인을 받아 공탁물을 반환받을 수 있다(법25④).

(5) 공탁물의 종류

공탁물의 종류는 ⅰ) 현금, ⅱ) 한국거래소에 상장된 국채·공채·사채, ⅲ) 한국거래소에 상장된 후 3개월이 지난 주권 또는 출자지분으로 하되, ⅱ)의 한국거래소에 상장된 국채·공채·사채 및 ⅲ)의 한국거래소에 상장된 후 3개월이 지난 주권 또는 출자지분의 평가는 「상속세 및 증여세법」 제63조 제1항에 따른다(시행규칙5①).

(6) 공탁의 시기

신용카드업자는 공탁금액을 매 분기 말의 다음 달 말일까지 공탁하여야 한다(시행규칙5②).

2. 공탁물의 배당

(1) 권리실행자의 지정 및 공고

금융위원회는 공탁을 한 신용카드업자가 선불카드에 의하여 물품을 판매하거나 용역을 제공한 신용카드가맹점에 지급하여야 할 선불카드대금 및 미상환선불카드의 잔액을 상환할 수 없게 된 때에는 해당 신용카드업자가 공탁한 공탁물을 출급하여 해당 신용카드가맹점 및 미상환선불카드의 소지자("미상환채권자")에게 배당을 실행할 자("권리실행자")를 지정하고 그 사실을 관보에 게재하여야 한다(법26①, 시행규칙6).

(2) 공탁의 권리실행자

권리실행자가 될 수 있는 자는 ⅰ) 은행법에 따라 인가를 받은 은행, ⅱ) 특별법에 따라 설립된 금융기관, 또는 ⅲ) 여신전문금융업협회 등 금융위원회의 인가를 받아 설립된 사단법인으로 한다(영9).

(3) 미상환채권자의 배당

미상환채권자는 권리실행자에게 상환받지 못한 금액을 신고하여 배당을 받을 수 있다(법26③).

(4) 공탁물 배당의 공고

권리실행자는 ⅰ) 신고기간은 2주 이상으로 하고, ⅱ) 신고방법은 구술, 서면, 팩스 또는 정보통신망으로 할 수 있음을 밝히고, ⅲ) 신고장소는 권리실행자의 본점 또는 지점으로 정하여 이를 전국적으로 보급되는 2개 이상의 일간신문에 공고하여야 한다(시행규칙7①). 이 공고에는 채권의 상환일, 상환방법, 그 밖에 채권의 상환과 관련하여 필요한 사항을 포함할 수 있다(시행규칙7②).

(5) 공탁물의 우선 출급

권리실행자는 다른 채권에 우선하여 신고된 금액의 합계액과 소요비용을 합산한 총액의 범위에서 금융위원회의 승인을 받아 공탁물을 출급할 수 있다(법26⑤).

(6) 출급한 공탁물의 배당

권리실행자는 출급한 공탁물을 금융위원회가 정하는 방법 및 절차에 따라 미상환채권자에게 배당하여야 한다(법26⑥).

(7) 공탁물 반환 금지

공탁을 한 신용카드업자는 배당절차가 완료되기 전에는 해당 공탁물을 반환 받을 수 없다(법26⑦).

Ⅸ. 광고의 자율심의

1. 금융상품 광고의 자율심의

여신전문금융회사와 겸영여신업자("여신전문금융회사등")가 신용카드회원에 대한 자금의 융통(법13①(1)), 허가를 받거나 등록을 한 여신전문금융업(시설대여 업의 등록을 한 경우에는 연불판매업무를 포함)(법46①(1)), 대출(어음할인을 포함)업무 (법46①(3)), 그 밖에 대통령령으로 정하는 업무와 관련하여 취급하는 금융상품 중 대통령령으로 정하는 금융상품에 관하여 광고를 하려는 경우에는 광고계획신 고서와 광고안을 협회에 제출하여 심의를 받아야 한다(법50의10①).

2. 광고 자율심의 대상

법 제50조의10 제1항에서 "대통령령으로 정하는 여신금융상품"이 광고의 자율심의 대상인데, 그 대상은 개인을 대상으로 하는 여신금융상품으로서 다음 의 어느 하나에 해당하는 금융상품을 말한다(영19의15).

1. 허가를 받거나 등록을 한 여신전문금융업(시설대여업의 등록을 한 경우에는 연불판매업무를 포함)(법46①(1))과 관련하여 취급하는 금융상품
2. 대출(어음할인을 포함)업무(법46①(3)) 및 신용카드회원에 대한 자금의 융통 업무와 관련하여 취급하는 금융상품
3. 여신전문금융업에 부수하는 업무로서 소유하고 있는 인력·자산 또는 설비를 활용하는 업무(법46①(7))에 따른 부수업무 중 금융위원회가 정하여 고시하 는 업무와 관련하여 취급하는 금융상품

3. 협회의 광고 시정 또는 사용중단요구

협회는 심의 결과 광고의 내용이 사실과 다르거나 금융소비자보호법 제22
조를 위반하여 광고하려는 경우에는 해당 여신전문금융회사등에 대하여 광고의
시정이나 사용중단을 요구할 수 있다(법50의10② 전단). 이 경우 해당 여신전문금
융회사등은 정당한 사유가 없으면 협회의 요구에 성실히 응하여야 한다(법50의10
② 후단).

4. 광고심의결과의 금융위원회 보고

협회는 매분기별 광고 심의 결과를 해당 분기의 말일부터 1개월 이내에 금
융위원회에 보고하여야 한다(법50의10③).

X. 고객응대직원에 대한 보호조치의무

1. 보호조치의무

여신전문금융회사는 고객을 직접 응대하는 직원을 고객의 폭언이나 성희롱,
폭행 등으로부터 보호하기 위하여 ⅰ) 직원이 요청하는 경우 해당 고객으로부터
의 분리 및 업무담당자 교체, ⅱ) 직원에 대한 치료 및 상담 지원, ⅲ) 고객을 직
접 응대하는 직원을 위한 상시적 고충처리 기구 마련. 다만, 「근로자참여 및 협
력증진에 관한 법률」 제26조에 따라 고충처리위원을 두는 경우에는 고객을 직접
응대하는 직원을 위한 고충처리위원의 선임 또는 위촉, ⅳ) 고객의 폭언이나 성
희롱, 폭행 등("폭언등")이 관계 법률의 형사처벌규정에 위반된다고 판단되고, 그
행위로 피해를 입은 직원이 요청하는 경우에는 관할 수사기관 등에 고발, ⅴ) 고
객의 폭언등이 관계 법률의 형사처벌규정에 위반되지는 아니하나 그 행위로 피
해를 입은 직원의 피해정도 및 그 직원과 다른 직원에 대한 장래 피해 발생 가능
성 등을 고려하여 필요하다고 판단되는 경우에는 관할 수사기관 등에 필요한 조
치요구, ⅵ) 직원이 직접 폭언등의 행위를 한 고객에 대한 관할 수사기관 등에
고소, 고발, 손해배상청구 등의 조치를 하는 데 필요한 행정적, 절차적 지원, ⅶ)

고객의 폭언등을 예방하거나 이에 대응하기 위한 직원의 행동요령 등에 대한 교육실시, ⅷ) 그 밖에 고객의 폭언등으로부터 직원을 보호하기 위하여 필요한 사항으로서 금융위원회가 정하여 고시하는 조치를 하여야 한다(법50의12①, 영19의17②).

직원은 여신전문금융회사에 대하여 위의 보호조치를 요구할 수 있다(법50의12②).

2. 위반시 제재

법 제50조의12를 위반하여 직원의 보호를 위한 조치를 하지 아니하거나 직원에게 불이익을 준 자에게는 3천만원 이하의 과태료를 부과한다(법72②).

XI. 금리인하요구

1. 금리인하요구 사유

여신전문금융회사와 신용공여 계약을 체결한 자는 ⅰ) 개인이 신용공여 계약을 체결한 경우에는 취업, 승진, 재산 증가 또는 신용평가등급 상승 등 신용상태의 개선이 나타났다고 인정되는 경우, ⅱ) 개인이 아닌 자(개인사업자를 포함)가 신용공여 계약을 체결한 경우에는 재무상태 개선 또는 신용평가등급 상승 등 신용상태의 개선이 나타났다고 인정되는 경우 여신전문금융회사에 금리인하를 요구할 수 있다(법50의13①, 영19의18①).

2. 통지의무

여신전문금융회사는 신용공여 계약을 체결하려는 자에게 금리인하를 요구할 수 있음을 알려야 한다(법50의13②). 여신전문금융회사는 금리인하요구를 받은 날부터 10영업일 이내(금리인하요구자에게 자료의 보완을 요구하는 날부터 자료가 제출되는 날까지의 기간은 포함하지 않는다)에 해당 요구의 수용 여부 및 그 사유를 금리인하요구자에게 전화, 서면, 문자메시지, 전자우편, 팩스 또는 그 밖에 이와 유사한 방법으로 알려야 한다(영19의18③).

3. 금리인하 수용 여부 판단시 고려사항

금리인하요구를 받은 여신전문금융회사는 해당 요구가 ⅰ) 신용공여 계약을 체결할 때, 계약을 체결한 자의 신용상태가 금리 산정에 영향을 미치지 아니한 경우, ⅱ) 신용상태의 개선이 경미하여 금리 재산정에 영향을 미치지 아니하는 경우를 고려하여 수용 여부를 판단할 수 있다(영19의18②, 감독규정26의6①).

4. 자료제출요구

여신전문금융회사는 신용공여 계약을 체결한 자가 금리인하를 요구하는 때에는 신용상태 개선을 확인하는 데 필요한 자료제출을 요구할 수 있다(감독규정 26의6②).

5. 금리인하요구 인정 요건 및 절차 공시

여신전문금융회사는 금리인하요구 인정 요건 및 절차 등을 인터넷 홈페이지 등을 이용하여 안내하여야 한다(감독규정26의3③).

6. 기록 보관 및 관리

여신전문금융회사는 금리인하를 요구받은 경우 접수, 심사결과 등 관련 기록을 보관·관리하여야 한다(감독규정26의3④).

7. 위반시 제재

법 제50조의13 제2항을 위반하여 신용공여 계약을 체결하려는 자에게 금리인하를 요구할 수 있음을 알리지 아니한 자에게는 2천만원 이하의 과태료를 부과한다(법72③).

XII. 약관규제

1. 금융약관 제정·변경의 보고와 신고

(1) 사후보고

여신전문금융회사등은 금융이용자의 권익을 보호하여야 하며, 금융거래와 관련된 약관("금융약관")을 제정하거나 개정하는 경우에는 금융약관의 제정 또는 개정 후 10일 이내에 금융위원회에 보고하여야 한다(법54의3① 본문).

(2) 사전신고사항

금융이용자의 권리나 의무에 중대한 영향을 미칠 우려가 있는 경우로서 ⅰ) 금융거래와 관련된 약관("금융약관")의 제정으로서 기존 금융서비스의 제공 내용·방식·형태 등과 차별성이 있는 내용을 포함하는 경우(다만, 신용카드포인트 등 신용카드 이용시 제공되는 경제적 이익과 관련된 내용을 포함하는 경우는 제외) ⅱ) 금융이용자의 권리를 축소하거나 의무를 확대하기 위한 금융약관의 개정으로서, 개정 전 금융약관을 적용받는 기존 금융이용자에게 개정된 금융약관을 적용하는 경우, 또는 기존 금융서비스의 제공 내용·방식·형태 등과 차별성이 있는 내용을 포함하는 경우, ⅲ) 그 밖에 금융이용자 보호 등을 위하여 금융위원회가 정하여 고시하는 경우에는 금융약관의 제정 또는 개정 전에 미리 금융위원회에 신고하여야 한다(법54의3① 단서, 영19의22①).[87]

(3) 사전신고 제외사항

그러나 ⅰ) 보고 또는 신고된 금융약관과 동일하거나 유사한 내용으로 금융약관을 제정하거나 개정하는 경우, ⅱ) 표준약관의 제정 또는 개정에 따라 금융약관을 제정하거나 개정하는 경우, ⅲ) 변경명령에 따라 금융약관을 제정하거나 개정하는 경우, ⅳ) 법령의 제정 또는 개정에 따라 금융약관을 제정하거나 개정하는 경우, ⅴ) 부가서비스 내용의 동일성을 유지하면서 부가서비스를 제공하는

---

[87] 신용카드 등의 약관 신고의무 위반: 여신전문금융업법 제54조의3 등에 의하면 신용카드업자는 금융거래와 관련된 약관(금융약관)을 개정하는 경우로서 금융이용자의 권리·의무와 관련이 있는 사항인 경우 미리 금융감독원장에게 신고하여야 하는데도, 신한카드㈜는 2014. 6. 24. "S20/S20 Pink 체크카드"의 약관 중 부가서비스 관련 내용을 개정하였으나 금융감독원장에게 이를 미리 신고하지 않은 사실이 있어 과태료 제재를 받았다.

제휴업체의 폐업·휴업·부도·파산 등으로 제휴업체를 변경하기 위해 금융약관을 개정하는 경우, vi) 고시의 제정 또는 개정에 따라 금융약관을 제정하거나 개정하는 경우, vii) 정부 또는 지방자치단체와의 협약 등을 통해 공공의 목적만을 위해 부가서비스가 없는 상품의 약관을 제정 또는 개정하는 경우는 사전신고하는 경우에 해당하지 않는다(영19의22②, 감독규정26의2①).

(4) 공시의무

여신전문금융회사등은 금융약관을 제정하거나 개정한 경우에는 인터넷 홈페이지 등을 이용하여 공시하여야 한다(법54의3②).

2. 표준약관의 제정·변경과 사전신고

여신전문금융업협회는 건전한 거래질서를 확립하고 불공정한 내용의 금융약관이 통용되는 것을 막기 위하여 여신전문금융업 금융거래와 관련하여 표준이 되는 약관("표준약관")을 제정하거나 개정할 수 있다(법54의3③). 여신전문금융업협회는 표준약관을 제정하거나 개정하려는 경우에는 금융위원회에 미리 신고하여야 한다(법54의3④).

3. 공정거래위원회에의 통보

금융약관의 신고 또는 보고를 받거나 표준약관을 신고받은 금융위원회는 그 금융약관 또는 표준약관의 내용을 공정거래위원회에 통보하여야 한다(법54의3⑤). 공정거래위원회는 통보받은 금융약관 또는 표준약관의 내용이 약관규제법 제6조부터 제14조까지의 규정에 위반된다고 인정하면 금융위원회에 그 사실을 통보하고 그 시정에 필요한 조치를 하도록 요청할 수 있으며, 금융위원회는 특별한 사유가 없으면 이에 따라야 한다(법54의3⑥).

4. 약관변경명령

금융위원회는 금융약관 또는 표준약관이 여신전문금융업법 또는 금융관련 법령에 위반되거나 그 밖에 금융이용자의 이익을 해칠 우려가 있다고 인정하면 여신전문금융회사등 또는 여신전문금융업협회에 그 내용을 구체적으로 적은 서면으로 금융약관 또는 표준약관을 변경할 것을 명령할 수 있다(법54의3⑦ 전단). 금융위원회는 이 변경명령을 하기 전에 공정거래위원회와 협의하여야 한다(법54의3⑦ 후단).

5. 위반시 제재

법 제54조의3을 위반하여 금융위원회에 신고하거나 보고하지 아니하고 금융약관 또는 표준약관을 제정하거나 개정한 자에게는 5천만원 이하의 과태료를 부과한다(법72①(12)).

XⅢ. 안전성확보의무

1. 선관주의의무

여신전문금융회사등과 부가통신업자는 금융거래가 안전하게 처리될 수 있도록 선량한 관리자로서의 주의를 다하여야 한다(법54의4①).

2. 정보기술부문 및 전자금융업무 기준준수의무

여신전문금융회사등과 부가통신업자는 금융거래의 안전성과 신뢰성을 확보할 수 있도록 전자적 전송이나 처리를 위한 인력, 시설, 전자적 장치, 소요경비 등의 정보기술부문 및 전자금융업무에 관하여 금융위원회가 정하는 기준을 준수하여야 한다(법54의4②). 여기서 "금융위원회가 정하는 기준"에 대해서는 「전자금융감독규정」 제13조부터 제15조까지의 규정[88]을 준용한다(감독규정26의4).

3. 정보기술부문에 대한 계획제출의무

여신전문금융회사등과 부가통신업자는 안전한 금융거래를 위하여 정보기술부문에 대한 계획을 매년 수립하여 대표자의 확인·서명을 받아 금융위원회에 제출하여야 한다(법54의4③). 이에 따라 정보기술부문에 대한 계획에 포함되어야 하

---

88) 전자금융감독규정 제13조는 전산자료 보호대책, 제14조는 정보처리시스템 보호대책, 제14조의2는 클라우드컴퓨팅서비스 이용절차 등, 제15조는 해킹 등 방지대책을 규정하고 있다.

는 사항, 해당 계획의 제출시기·방법 등에 대해서는 「전자금융거래법 시행령」 제11조의2 제2항부터 제4항[89])까지의 규정을 준용한다(영19의23).

4. 위반시 제재

금융위원회는 여신전문금융회사등(신용카드업은 제외)이나 부가통신업자가 제54조의4를 위반한 경우에는 대통령령으로 정하는 바에 따라 2억원 이하의 과 징금을 부과할 수 있다(법58③(4)).

XIV. 신용정보보호

1. 신용정보의 보호 및 관리 조치의무

여신전문금융회사등과 부가통신업자는 신용정보가 분실·도난·유출·변조되 지 아니하도록 신용정보의 보호 및 관리에 관한 조치를 하여야 한다(법54의5①).

여신전문금융회사등과 부가통신업자의 신용정보의 보호 및 관리에 관한 조 치의 세부내용에 대해서는 신용정보법 제19조[90]) 및 신용정보법 시행령 제16

---

89) 전자금융거래법 시행령 제11조의2(정보기술부문 계획수립의 대상 금융회사 등) ② 법 제 21조 제4항에 따른 정보기술부문에 대한 계획에는 다음의 사항이 포함되어야 한다.
1. 정보기술부문의 추진목표 및 추진전략
2. 정보기술부문의 직전 사업연도 추진실적 및 해당 사업연도 추진계획
3. 정보기술부문의 조직 등 운영 현황
4. 정보기술부문의 직전 사업연도 및 해당 사업연도 예산
5. 그 밖에 안전한 전자금융거래를 위하여 정보기술부문에 필요한 사항으로서 금융위원회 가 정하여 고시하는 사항
③ 법 제21조 제4항에 따른 정보기술부문에 대한 계획은 매 사업연도 초일(初日)부터 3개 월 이내에 금융위원회에 제출하여야 한다.
④ 제2항에 따라 정보기술부문에 대한 계획에 포함되어야 하는 사항의 세부내용이나 제 출방법 등에 관하여 필요한 사항은 금융위원회가 정하여 고시한다.

90) 신용정보법 제19조(신용정보전산시스템의 안전보호) ① 신용정보회사등은 신용정보전산 시스템(제25조 제6항에 따른 신용정보공동전산망을 포함)에 대한 제3자의 불법적인 접근, 입력된 정보의 변경·훼손 및 파괴, 그 밖의 위험에 대하여 대통령령으로 정하는 바에 따 라 기술적·물리적·관리적 보안대책을 수립·시행하여야 한다.
② 신용정보제공·이용자가 다른 신용정보제공·이용자 또는 개인신용평가회사, 개인사업 자신용평가회사, 기업신용조회회사와 서로 이 법에 따라 신용정보를 제공하는 경우에는 금융위원회가 정하여 고시하는 바에 따라 신용정보 보안관리 대책을 포함한 계약을 체결 하여야 한다.

조[91])를 준용한다(영19의24① 전단). 이 경우 "신용정보제공·이용자"는 "여신전문
금융회사등과 부가통신업자"로 본다(영19의24① 후단).

2. 제3자 제공 및 이용시 동의

여신전문금융회사등과 부가통신업자는 신용정보를 제3자에 제공하거나 이
용하는 경우 신용정보 주체로부터 별도의 동의를 받아야 한다(법54의5②).

이에 따라 여신전문금융회사등과 부가통신업자가 신용정보주체로부터 동의
를 받는 방식 및 절차 등에 대해서는 신용정보법 제32조 제1항[92]) 및 신용정보법
시행령 제28조 제2항 및 제3항[93])의 규정을 준용한다(영19의24② 전단). 이 경우

---

91) 신용정보법 시행령 제16조(기술적·물리적·관리적 보안대책의 수립) ① 법 제19조 제1항
에 따라 신용정보회사등은 신용정보전산시스템의 안전보호를 위하여 다음의 사항이 포함
된 기술적·물리적·관리적 보안대책을 세워야 한다.
 1. 신용정보에 제3자가 불법적으로 접근하는 것을 차단하기 위한 침입차단시스템 등 접근
  통제장치의 설치·운영에 관한 사항
 2. 신용정보전산시스템에 입력된 정보의 변경·훼손 및 파괴를 방지하기 위한 사항
 3. 신용정보 취급·조회 권한을 직급별·업무별로 차등 부여하는 데에 관한 사항 및 신용
  정보 조회 기록의 주기적인 점검에 관한 사항
 4. 그 밖에 신용정보의 안정성 확보를 위하여 필요한 사항
 ② 금융위원회는 제1항 각 호에 따른 사항의 구체적인 내용을 정하여 고시할 수 있다.
92) 신용정보법 제32조(개인신용정보의 제공·활용에 대한 동의) ① 신용정보제공·이용자가
 개인신용정보를 타인에게 제공하려는 경우에는 대통령령으로 정하는 바에 따라 해당 신
 용정보주체로부터 다음의 어느 하나에 해당하는 방식으로 개인신용정보를 제공할 때마다
 미리 개별적으로 동의를 받아야 한다. 다만, 기존에 동의한 목적 또는 이용 범위에서 개인
 신용정보의 정확성·최신성을 유지하기 위한 경우에는 그러하지 아니하다.
 1. 서면
 2. 전자서명법 제2조 제3호에 따른 공인전자서명이 있는 전자문서(「전자문서 및 전자거래
  기본법」 제2조 제1호에 따른 전자문서)
 3. 개인신용정보의 제공 내용 및 제공 목적 등을 고려하여 정보제공 동의의 안정성과 신
  뢰성이 확보될 수 있는 유무선 통신으로 개인비밀번호를 입력하는 방식
 4. 유무선 통신으로 동의 내용을 해당 개인에게 알리고 동의를 받는 방법. 이 경우 본
  인 여부 및 동의 내용, 그에 대한 해당 개인의 답변을 음성녹음하는 등 증거자료를
  확보·유지하여야 하며, 대통령령으로 정하는 바에 따른 사후 고지절차를 거친다.
 5. 그 밖에 대통령령으로 정하는 방식
93) 신용정보법 시행령 제28조(개인신용정보의 제공·활용에 대한 동의) ② 신용정보제공·이
 용자는 법 제32조 제1항 각 호 외의 부분 본문에 따라 해당 신용정보주체로부터 동의를
 받으려면 다음의 사항을 미리 알려야 한다. 다만, 동의 방식의 특성상 동의 내용을 전부
 표시하거나 알리기 어려운 경우에는 해당 기관의 인터넷 홈페이지 주소나 사업장 전화번
 호 등 동의 내용을 확인할 수 있는 방법을 안내하고 동의를 받을 수 있다.

"신용정보제공·이용자"는 "여신전문금융회사등과 부가통신업자"로, "개인신용정보"는 "신용정보"로 본다(영19의24② 후단).

3. 신용정보 수집 또는 사용 제한

여신전문금융회사등과 부가통신업자는 여신전문금융업법에서 정한 업무 외의 목적을 위하여 신용정보를 수집 또는 사용하여서는 아니 된다(법54의5③).

4. 위반시 제재

금융위원회는 여신전문금융회사등(신용카드업은 제외)이나 부가통신업자가 제54조의5를 위반한 경우에는 대통령령으로 정하는 바에 따라 2억원 이하의 과징금을 부과할 수 있다(법58③(4)).

제5절 금융소비자보호법

Ⅰ. 서설

1. 금융소비자보호법의 제정과정

「금융소비자 보호에 관한 법률」("금융소비자보호법")은 금융상품판매업자등의 영업행위 준수사항, 금융교육 지원 및 금융분쟁조정 등 금융소비자 관련 제도

---

1. 개인신용정보를 제공받는 자
2. 개인신용정보를 제공받는 자의 이용 목적
3. 제공하는 개인신용정보의 내용
4. 개인신용정보를 제공받는 자(개인신용평가회사, 개인사업자신용평가회사, 기업신용조회회사 및 신용정보집중기관은 제외)의 정보 보유 기간 및 이용 기간
5. 동의를 거부할 권리가 있다는 사실 및 동의 거부에 따른 불이익이 있는 경우에는 그 불이익의 내용
③ 신용정보제공·이용자는 법 제32조 제1항 제4호에 따라 유무선 통신을 통하여 동의를 받은 경우에는 1개월 이내에 서면, 전자우편, 휴대전화 문자메시지, 그 밖에 금융위원회가 정하여 고시하는 방법으로 제2항 각 호의 사항을 고지하여야 한다.

를 규정함으로써 금융소비자 보호에 관한 정책을 일관되게 추진할 수 있는 제도적 기반을 마련94)하는 것을 제안이유로 2020년 3월 24일 법률 제17112호로 제정됨으로써 2021년 3월 25일 시행을 앞두고 있다.95) 「금융소비자 보호에 관한 법률 시행령」 제정령안(이하 "영")은 2020년 10월 28일 입법예고되었다. 여기서는 아직 시행령이 제정되지 않은 관계로 위 제정령안의 내용을 참고하여 살펴보기로 한다.

2008년 금융위기 당시 신한·산업·우리·하나·씨티·대구은행 등이 기업들이 수출로 번 돈의 가치가 환율변동으로 떨어지는 것을 막기 위해 고안된 파생금융상품인 키코(KIKO)를 판매하여 150여 개 중소기업들이 30억에서 800억원, 최대 4,000억원 정도의 피해를 본 키코(KIKO) 사건과 2013년 자금난에 몰린 동양그룹이 동양증권을 통해 상환능력이 없음에도 1조 3,000억원 정도의 기업어음(CP)과 회사채 등을 발행한 후 약 1조원을 지급불능으로 처리함으로써 피해자 4만여 명이 1조 7,000억원 정도의 피해를 본 동양증권후순위채 사건 등으로 인한 대형 금융소비자 피해가 발생하자 이에 대한 반성으로 금융소비자보호법 제정이 논의되기 시작하였다. 2012년 국회에 금융소비자보호법이 처음 제출된 이후 활발한 논의가 진행되지 못한 채 19대 국회에서 자동 폐기되는 등 난항을 겪었으나, 최초 정부안 제출 이후 입법 환경의 변화 등을 반영하여 20대 국회에서 금융소비자보호법의 제정을 재추진한 결과 지난 2016년 6월 27일 「금융소비자보호기본법」 제정안 입법예고 등을 거쳐 마침내 2020년 3월 「금융소비자 보호에 관한 법률」이라는 이름으로 국회 본회의를 통과하여 제정되었다.96)

---

94) 「금융소비자 보호에 관한 법률안(대안)」(의안번호 24775), 3-4쪽.
95) 부칙 제1조(시행일) 이 법은 공포 후 1년이 경과한 날(2021년 3월 25일)부터 시행한다. 다만, 제1호의 규정 중 금융상품자문업자 관련 부분과 제2호의 규정은 공포 후 1년 6개월이 경과한 날(2021년 9월 25일)부터 시행한다.
　　1. 제10조, 제11조, 제12조 제1항·제2항·제4항부터 제6항까지, 제13조부터 제15조까지, 제16조 제1항, 제17조, 제19조부터 제21조까지, 제22조, 제23조, 제27조, 제32조 제2항부터 제4항까지, 제44조, 제46조부터 제56조까지, 제57조 제1항·제3항·제4항, 제58조부터 제64조까지, 제67조 제1호·제2호, 제68조, 제69조 제1항 제1호부터 제5호까지, 제7호, 제9호부터 제13호까지, 같은 조 제2항 제1호·제2호 및 같은 조 제3항
　　2. 제16조 제2항 및 제28조
96) 맹수석·이형욱(2020), "사후적 피해구제제도 개선을 통한 금융소비자보호법 실효성 제고 방안", 금융소비자연구 제10권 제1호(2020. 4), 64-65쪽.

2019년 KEB하나은행과 우리은행이 판매한 해외금리 연계 파생결합펀드 (DLF, DLS)의 적합성원칙 위반 및 설명의무 불이행 등에 따른 불완전판매로 인해 금융소비자들의 피해가 급증함에 따라 동 법률의 제정과 시행에 대한 관심이 모아지고 있다.

2. 금융소비자보호법의 주요 내용

금융소비자보호법("법")은 ⅰ) 금융상품 유형 분류 및 금융회사등 업종 구분, ⅱ) 금융상품판매업자 및 금융상품자문업자 등록 근거 마련, ⅲ) 금융상품판매업자등의 영업행위 준수사항 마련, ⅳ) 금융교육 지원 및 금융교육협의회 설치 등, ⅴ) 금융분쟁 조정제도 개선, ⅵ) 금융상품판매업자등의 손해배상책임 강화, ⅶ) 금융소비자의 청약 철회권 및 위법한 계약해지권 도입, ⅷ) 금융상품판매업자가 설명의무 등 영업행위 준수사항 위반시 과징금 제도의 도입 등을 주요 내용[97]으로 하여, 금융소비자의 권익 증진과 금융상품판매업 및 금융상품자문업의 건전한 시장질서 구축을 위하여 금융상품판매업자 및 금융상품자문업자의 영업에 관한 준수사항과 금융소비자 권익 보호를 위한 금융소비자정책 및 금융분쟁 조정절차 등에 관한 사항을 규정함으로써 금융소비자 보호의 실효성을 높이고 국민경제 발전에 이바지함(법1)을 목적으로 하고 있다.

특히 금융소비자보호법은 금융상품 및 판매행위의 속성을 재분류·체계화하고, 동일기능·동일규제를 원칙으로 하는 체계를 도입했다는 점에서 성과가 인정되는데, 금융소비자보호정책의 패러다임이 변화하고 있는 추세 속에서 금융소비자보호법은 금융상품을 예금성·대출성·투자성·보장성 상품으로 재분류하고, 판매업자 등을 직판업자·판매대리 및 중개업자·자문업자 등으로 구분하여 규제하는 것을 전제로 금융소비자에 대한 사전 정보제공을 강화하는 한편 개별 금융법상 판매행위 규제를 총망라하여 모든 금융상품의 판매에 관한 6대 판매행위 원칙(적합성원칙, 적정성원칙, 설명의무, 불공정영업행위 금지, 부당권유금지, 광고규제)을 규정하였으며, 특히 징벌적 과징금 제도의 도입을 통해 금융회사의 자율적 규제 준수 노력을 확보할 수 있는 발판을 마련하였다. 따라서 금융소비자보호법을

---

97) 「금융소비자 보호에 관한 법률안(대안)」(의안번호 24775), 4-6쪽.

통해 사전 정보제공부터 판매행위 규제, 사후구제에 걸쳐 실효성 있는 금융소비자보호의 기반을 다질 수 있을 것으로 기대된다.

그러나 금융소비자의 사후 피해구제의 측면에서 금융소비자보호법 논의 초기 단계부터 제시되었던 집단소송, 금융감독체계 개편을 통한 별도의 금융소비자보호기구 설치 및 금융소비자보호기금의 설치, 분쟁조정위원회 조정결과에 대한 편면적 구속력 부여, 대표소송제도의 도입, 징벌적 손해배상제도의 도입 등은 반영하지 못한 채 제정되었는데, 금융소비자보호와 금융소비자보호 관련 정책의 일관된 추진이라는 금융소비자보호법의 취지에 부합하기 위해서는 위와 같은 실효적인 사후적 피해구제제도를 적극적으로 검토하여 도입할 필요가 있다.

3. 금융소비자보호법의 적용범위 등

금융소비자보호법은 자본시장법 제6조 제5항 제1호에 해당하는 경우에는 적용하지 아니한다(법5). 자본시장법 제6조 제5항 제1호는 부동산투자회사법 등 개별법에 의한 사모펀드를 말한다. 집합투자기구에 대해서는 자본시장법에서 규정하고 있지만, 자본시장법뿐 아니라 다른 개별법에서도 집합투자기구에 대해 다루고 있다.

금융소비자 보호에 관하여 다른 법률에서 특별히 정한 경우를 제외하고는 금융소비자보호법에서 정하는 바에 따른다(법6).

Ⅱ. 금융상품과 금융소비자

1. 금융상품

(1) 금융상품의 정의

금융상품이란 ⅰ) 은행법에 따른 예금 및 대출(가목), ⅱ) 자본시장법에 따른 금융투자상품(나목), ⅲ) 보험업법에 따른 보험상품(다목), ⅳ) 상호저축은행법에 따른 예금 및 대출(라목), ⅴ) 여신전문금융업법에 따른 신용카드, 시설대여, 연불판매, 할부금융(마목), ⅵ) 그 밖에 가목부터 마목까지의 상품과 유사한 것으로서 대통령령으로 정하는 것(바목)을 말한다(법2(1)).

위 vi)에서 "대통령령으로 정하는 것"이란 다음의 어느 하나에 해당하는 것을 말한다(영2①).

1. 다음 각 목의 자가 계약에 따라 금융소비자로부터 금전을 받고 장래에 금융소비자로부터 받은 금전 및 그에 따른 이자 등 대가를 지급하기로 하는 계약
   가. 금융산업구조개선법에 따라 종합금융회사와 합병한 기관(예금자보호법 제2조 제1호 가목부터 사목[98])까지의 부보금융회사)
   나. 농협은행
   다. 상호저축은행
   라. 수협은행
   마. 신용협동조합
   바. 은행
   사. 증권금융회사
   아. 종합금융회사
   자. 중소기업은행
   차. 한국산업은행
2. 다음 각 목의 자가 금융소비자에 어음 할인·매출채권 매입(각각 금융소비자에 금전의 상환을 청구할 수 있는 계약으로 한정)·대출·지급보증 또는 이와 유사한 것으로서 금전 또는 그 밖의 재산적 가치가 있는 것("금전등")을 제공하고 장래에 금전등 또는 그에 따른 이자 등 대가를 받기로 하는 계약
   가. 제1호 가목부터 차목까지의 자
   나. 대부업법 제3조 제2항에 따라 금융위원회에 등록한 대부업자
   다. 보험회사
   라. 신용협동조합중앙회
   마. 여신전문금융회사 및 겸영여신업자
   바. 온라인투자연계금융업자
   사. 자본시장법 따른 다음의 자

---

98) 은행, 한국산업은행, 중소기업은행, 농협은행, 수협은행, 외국은행의 국내 지점 및 대리점(대통령령으로 정하는 외국은행의 국내 지점 및 대리점은 제외), 투자매매업자·투자중개업자(다자간매매체결회사, 예금등이 없는 투자매매업자·투자중개업자로서 대통령령으로 정하는 자 및 「농업협동조합의 구조개선에 관한 법률」 제2조 제1호에 따른 조합은 제외)(예금자보호법 시행령2(1) 가목-사목).

      1) 금융투자업자

      2) 단기금융회사

      3) 자금중개회사

  3. 온라인투자연계금융업법에 따른 연계투자에 관한 계약("연계투자계약")

  4. 자본시장법 제9조 제4항[99])에 따른 신탁계약 및 투자일임계약

  5. 신용협동조합법에 따른 공제계약

  6. 그 밖에 제1호부터 제5호까지의 금융상품과 유사한 것으로서 금융위원회가
     정하여 고시하는 계약

(2) 금융상품의 유형

금융소비자보호법은 위의 모든 금융상품을 예금성 상품, 대출성 상품, 투자성 상품, 보장성 상품으로 재분류(법3)하였다. 금융상품의 유형은 다음과 같이 구분한다(법3 본문). 다만, 개별 금융상품이 상품유형 중 둘 이상에 해당하는 속성이 있는 경우에는 해당 상품유형에 각각 속하는 것으로 본다(법3 단서).

(가) 예금성 상품

예금성 상품은 은행법·상호저축은행법에 따른 예금 및 이와 유사한 것으로서 대통령령으로 정하는 금융상품을 말한다(법3(1)). 여기서 "대통령령으로 정하는 금융상품"은 영 제2조 제1항 제1호 및 제6호에 따른 금융상품을 말한다(영3①).

(나) 대출성 상품

대출성 상품은 은행법·상호저축은행법에 따른 대출, 여신전문금융업법에 따른 신용카드·시설대여·연불판매·할부금융 및 이와 유사한 것으로서 대통령령으로 정하는 금융상품을 말한다(법3(2)). 여기서 "대통령령으로 정하는 금융상품"은 영 제2조 제1항 제2호 및 제6호에 따른 금융상품을 말한다(영3②).

(다) 투자성 상품

투자성 상품은 자본시장법에 따른 금융투자상품 및 이와 유사한 것으로서

---

99) ④ 이 법에서 "투자권유"란 특정 투자자를 상대로 금융투자상품의 매매 또는 투자자문계약·투자일임계약·신탁계약(관리형신탁계약 및 투자성 없는 신탁계약을 제외)의 체결을 권유하는 것을 말한다.

대통령령으로 정하는 금융상품을 말한다(법3(3)). 여기서 "대통령령으로 정하는 금융상품"은 영 제2조 제1항 제3호·제4호 및 제6호에 따른 금융상품을 말한다(영3③).

(라) 보장성 상품

보장성 상품은 보험업법에 따른 보험상품 및 이와 유사한 것으로서 대통령령으로 정하는 금융상품을 말한다(법3(4)). 여기서 "대통령령으로 정하는 금융상품"은 영 제2조 제1항 제5호 및 제6호에 따른 금융상품을 말한다(영3④).

2. 금융소비자

(1) 금융소비자의 정의

금융소비자란 금융상품에 관한 계약의 체결 또는 계약체결의 권유를 하거나 청약을 받는 것("금융상품계약체결등")에 관한 금융상품판매업자의 거래상대방 또는 금융상품자문업자의 자문업무의 상대방인 전문금융소비자 또는 일반금융소비자를 말한다(법2(8)).

(2) 전문금융소비자의 정의

(가) 의의

1) 전문금융소비자의 개념

전문금융소비자란 금융상품에 관한 전문성 또는 소유자산규모 등에 비추어 금융상품 계약에 따른 위험감수능력이 있는 금융소비자로서 ⅰ) 국가(가목), ⅱ) 한국은행(나목), ⅲ) 대통령령으로 정하는 금융회사(다목), ⅳ) 주권상장법인(투자성 상품 중 대통령령으로 정하는 금융상품계약체결등을 할 때에는 전문금융소비자와 같은 대우를 받겠다는 의사를 금융상품판매업자등에게 서면으로 통지하는 경우만 해당)(라목), ⅴ) 그 밖에 금융상품의 유형별로 대통령령으로 정하는 자(마목)를 말한다(법2(9) 본문). ⅲ), ⅳ), ⅴ)는 아래서 구체적으로 살펴본다.

2) 대통령령으로 정하는 금융회사(다목)

"대통령령으로 정하는 금융회사"는 법 제2조 제6호에 따른 금융회사(겸영금융투자업자는 제외)를 말한다(영⑧). 금융회사란 ⅰ) 은행(은행법의 적용을 받는 중소기업은행, 한국산업은행, 신용협동조합중앙회의 신용사업 부문, 농협은행, 수협은행 및 상호저축은행중앙회를 포함), ⅱ) 투자매매업자, 투자중개업자, 투자자문업자, 투자일임업자, 신탁업자 또는 종합금융회사, ⅲ) 보험회사(농협생명보험 및 농협손해보험을 포함), ⅳ) 상호저축은행, ⅴ) 여신전문금융회사, ⅵ) 등록을 한 금융상품자문업자, ⅶ) 겸영금융투자업자를 말한다(법2(6), 영2⑤).

3) 대통령령으로 정하는 금융상품계약체결등(라목)

주권상장법인은 전문금융소비자에 해당한다. 다만 투자성 상품 중 장외파생상품(자본시장법5③)에 관한 계약의 체결 또는 계약체결의 권유를 하거나 청약을 받는 것("계약체결등")을 할 때에는 전문금융소비자와 같은 대우를 받겠다는 의사를 금융상품판매업자등에게 서면으로 통지하는 경우만 전문금융소비자에 해당한다(영2⑨).

4) 대통령령으로 정하는 자(마목)

"대통령령으로 정하는 자"는 다음의 구분에 따른 자를 말한다(영2⑩).

가) 모든 금융상품

지방자치단체, 국가재정법 [별표 2]에 규정된 법률에 따라 설치된 기금("기금")을 관리·운용하는 자, 금융감독원, 예금보험공사 및 정리금융회사, 한국자산관리공사, 한국주택금융공사, 한국투자공사, 한국예탁결제원, 한국거래소, 한국금융투자협회, 생명보험협회, 손해보험협회, 상호저축은행중앙회, 여신전문금융업협회, 대부업협회, 전국은행연합회, 신용협동조합중앙회, 온라인투자연계금융협회, 대부업자 및 대부중개업자, 신용협동조합중앙회의 공제사업 부문, 신용협동조합, 온라인투자연계금융업자, 집합투자업자, 증권금융회사, 단기금융회사, 자금중개회사, 금융지주회사, 농업협동조합중앙회, 산림조합중앙회, 새마을금고중앙회, 수산업협동조합중앙회, 신용협동조합중앙회, 금융투자상품거래청산회사, 한국수출입은행, 법률에 따라 공제사업을 영위하는 법인, 자본시장법에 따른 집합투자기구, 주권을 외국 증권시장에 상장한 법인, 외국정부, 국제기구, 외국 중앙은행 등이다(영2⑩(1)).

나) 예금성 상품

법인, 조합 및 그 밖의 단체("법인등"), 민법 제4조[100])에 따른 성년에 해당하

---

100) 민법 제4조(성년) 사람은 19세로 성년에 이르게 된다.

는 자. 다만, 피성년후견인, 피한정후견인 및 고령자(만 65세 이상인 자)는 제외한
다(영2⑩(2)).

다) 대출성 상품

상시근로자가 5인 이상인 법인등, 여신전문금융업법 제3조 제3항 제2호101)
에 해당하는 겸영여신업자, 대출성 상품에 관한 금융상품판매대리·중개업자이
다(영2⑩(3)).

라) 투자성 상품

자본시장법 시행령 제10조(전문투자자의 범위 등) 제3항 제16호102)에 해당하
는 법인등, 자본시장법 시행령 제10조 제3항 제17호103)에 해당하는 개인, 앞의
법인등과 개인에 준하는 외국인, 자본시장법 제51조(투자권유대행인의 등록 등) 제
9항에 따른 투자권유대행인, 전자증권법에 따른 전자등록기관이다(영2⑩(4)).

마) 보장성 상품

보장성 상품을 취급하는 금융상품판매대리·중개업자, 보험요율 산출기관

---

101) 2. 경영하고 있는 사업의 성격상 신용카드업을 겸하여 경영하는 것이 바람직하다고 인정
되는 자로서 대통령령으로 정하는 자. 여기서 "대통령령으로 정하는 자"란 ⅰ) 유통산업
발전법 제2조 제3호에 따른 대규모점포를 운영하는 자와, ⅱ) 계약에 따라 같은 업종의
여러 도매·소매점포에 대하여 계속적으로 경영을 지도하고 상품을 공급하는 것을 업(業)
으로 하는 자를 말한다(여신전문금융업법 시행령3②).
102) 16. 다음의 요건을 모두 충족하는 법인 또는 단체(외국 법인 또는 외국 단체는 제외)
가. 금융위원회에 나목의 요건을 충족하고 있음을 증명할 수 있는 관련 자료를 제출할 것
나. 관련 자료를 제출한 날 전날의 금융투자상품 잔고가 100억원(외부감사법에 따라 외
부감사를 받는 주식회사는 50억원) 이상일 것
다. 관련 자료를 제출한 날부터 2년이 지나지 아니할 것
103) 17. 다음의 요건을 모두 충족하는 개인. 다만, 외국인인 개인, 조세특례제한법 제91조의18
제1항에 따른 개인종합자산관리계좌에 가입한 거주자인 개인(같은 조 제3항 제2호에 따
라 신탁업자와 특정금전신탁계약을 체결하는 경우 및 이 영 제98조 제1항 제4호의2 및
같은 조 제2항에 따라 투자일임업자와 투자일임계약을 체결하는 경우로 한정) 및 전문투
자자와 같은 대우를 받지 않겠다는 의사를 금융투자업자에게 표시한 개인은 제외한다.
가. 금융위원회가 정하여 고시하는 금융투자업자에게 나목부터 다목까지의 요건을 모두
충족하고 있음을 증명할 수 있는 관련 자료를 제출할 것
나. 관련 자료를 제출한 날의 전날을 기준으로 최근 5년 중 1년 이상의 기간 동안 금융위
원회가 정하여 고시하는 금융투자상품을 월말 평균잔고 기준으로 5천만원 이상 보유
한 경험이 있을 것
다. 금융위원회가 정하여 고시하는 소득액·자산 기준이나 금융 관련 전문성 요건을 충족
할 것

(보험업법176), 보험 관계 단체(보험업법178), 보험업법 시행령 제6조의2(전문보험계약자의 범위 등) 제3항 제18호[104]에 해당하는 자, 앞의 4가지의 자에 준하는 외국인이다(영2⑩(5)).

(나) 일반금융소비자 의제

전문금융소비자 중 "대통령령으로 정하는 자"가 일반금융소비자와 같은 대우를 받겠다는 의사를 금융상품판매업자 또는 금융상품자문업자("금융상품판매업자등")에게 서면으로 통지하는 경우 금융상품판매업자등은 정당한 사유가 있는 경우를 제외하고는 이에 동의하여야 하며, 금융상품판매업자등이 동의한 경우에는 해당 금융소비자는 일반금융소비자로 본다(법2(9) 단서). 여기서 "대통령령으로 정하는 자"란 다음의 구분에 따른 자를 말한다(영2⑦).

1) 대출성 상품

대출성 상품의 경우 상시근로자가 5인 이상인 법인등이다(영2⑦(1)).

2) 투자성 상품

투자성 상품의 경우 다음에 해당하는 자이다(영2⑦(2)). 즉 ⅰ) 주권상장법인(투자성 상품 중 대통령령으로 정하는 금융상품계약체결등을 할 때에는 전문금융소비자와 같은 대우를 받겠다는 의사를 금융상품판매업자등에게 서면으로 통지하는 경우만 해당)이다. 다만, 계약의 체결 또는 계약체결의 권유를 하거나 청약을 받는 경우는 제외한다. ⅱ) 지방자치단체, 국가재정법 [별표 2]에 규정된 법률에 따라 설치된 기금("기금")을 관리·운용하는 자, 법률에 따라 공제사업을 영위하는 법인, 주권을 외국 증권시장에 상장한 법인이다. 다만, 기술보증기금과 신용보증기금은 제외한다. ⅲ) 자본시장법 시행령 제10조(전문투자자의 범위 등) 제3항 제16호에 해당하는 법인등, 자본시장법 시행령 제10조 제3항 제17호에 해당하는 개인, 앞의 법인등과 개인에 준하는 외국인이다. ⅳ) 위 ⅱ)에 준하는 외국인이다.

3) 보장성 상품

보장성 상품의 경우 다음에 해당하는 자이다(영2⑦(3)). 즉 ⅰ) 주권상장법인(투자성 상품 중 대통령령으로 정하는 금융상품계약체결등을 할 때에는 전문금융소비자

---

104) 18. 그 밖에 보험계약에 관한 전문성, 자산규모 등에 비추어 보험계약의 내용을 이해하고 이행할 능력이 있는 자로서 금융위원회가 정하여 고시하는 자

와 같은 대우를 받겠다는 의사를 금융상품판매업자등에게 서면으로 통지하는 경우만 해당)이다. ⅱ) 지방자치단체, 국가재정법 [별표 2]에 규정된 법률에 따라 설치된 기금("기금")을 관리·운용하는 자, 주권을 외국 증권시장에 상장한 법인이다. 다만, 기술보증기금과 신용보증기금은 제외한다. ⅲ) 법 제2조 제6호에 따른 금융회사(겸영금융투자업자는 제외) 및 대부업자 및 대부중개업자(대부업자가 취급하는 대출성 상품에 관한 금융상품판매대리·중개업을 영위하는 자), 신용협동조합중앙회의 공제사업 부문, 신용협동조합, 온라인투자연계금융업자, 집합투자업자, 증권금융회사, 단기금융회사, 자금중개회사, 금융지주회사, 농업협동조합중앙회, 대부업자 및 대부중개업자(대부업자가 취급하는 대출성 상품에 관한 금융상품판매대리·중개업을 영위하는 자는 제외), 산림조합중앙회, 새마을금고중앙회, 수산업협동조합중앙회, 신용협동조합중앙회, 금융투자상품거래청산회사 및 국가재정법 제8조 제1항[105]에 따른 기금관리주체(이에 준하는 외국기관으로서 대통령령으로 정하는 자를 포함)(자본시장법6⑤(1)), 한국수출입은행에 준하는 외국 금융회사등이다. ⅳ) 보험업법 시행령 제6조의2(전문보험계약자의 범위 등) 제3항 제18호에 해당하는 자이다.

(3) 일반금융소비자의 정의

"일반금융소비자"란 전문금융소비자가 아닌 금융소비자를 말한다(법2(10)).

Ⅲ. 금융상품의 판매방식 등

1. 금융상품판매업과 금융상품판매업자

(1) 금융상품판매업

금융상품판매업이란 이익을 얻을 목적으로 계속적 또는 반복적인 방법으로 하는 행위로서 ⅰ) 금융상품직접판매업은 자신이 직접 계약의 상대방으로서 금융상품에 관한 계약의 체결을 영업으로 하는 것 또는 투자중개업(가목)을 말하고, ⅱ) 금융상품판매대리·중개업은 금융상품에 관한 계약의 체결을 대리하거나 중

---

105) 국가재정법 제8조(성과중심의 재정운용) ① 각 중앙관서의 장과 법률에 따라 기금을 관리·운용하는 자(기금의 관리 또는 운용 업무를 위탁받은 자를 제외하며, 이하 "기금관리주체"라 한다)는 재정활동의 성과관리체계를 구축하여야 한다.

개하는 것을 영업으로 하는 것(나목)을 말한다(법2(2) 본문).

다만, 해당 행위의 성격 및 금융소비자 보호의 필요성을 고려하여 금융상품 판매업에서 제외할 필요가 있는 것으로서 ⅰ) 담보부사채신탁법에 따른 신탁업, ⅱ) 자본시장법 제7조 제6항 각 호106)의 어느 하나에 해당하는 업, ⅲ) 저작권법 에 따른 저작권신탁관리업, ⅳ) 그 밖에 해당 행위의 성격 및 금융소비자 보호의 필요성을 고려하여 금융상품판매업에서 제외할 필요가 있다고 금융위원회가 정 하여 고시하는 업(영2②)은 제외한다(법2(2) 단서, 영2②).

(2) 금융상품판매업자

금융상품판매업자란 금융상품판매업을 영위하는 자로서 대통령령으로 정하 는 금융관계법률("금융관계법률")107)에서 금융상품판매업에 해당하는 업무에 대하 여 인허가 또는 등록을 하도록 규정한 경우에 해당 법률에 따른 인허가를 받거 나 등록을 한 자(금융관계법률에서 금융상품판매업에 해당하는 업무에 대하여 해당 법 률에 따른 인허가를 받거나 등록을 하지 아니하여도 그 업무를 영위할 수 있도록 규정한 경우에는 그 업무를 영위하는 자를 포함) 및 금융상품판매업의 등록을 한 자를 말하 며, 금융상품직접판매업자는 금융상품판매업자 중 금융상품직접판매업을 영위하 는 자를 말하고, 금융상품판매대리·중개업자는 금융상품판매업자 중 금융상품 판매대리·중개업을 영위하는 자를 말한다(법2(3)).

---

106) 1. 거래소가 증권시장 또는 파생상품시장을 개설·운영하는 경우
   2. 투자매매업자를 상대방으로 하거나 투자중개업자를 통하여 금융투자상품을 매매하는 경우
   3. 전문사모집합투자업자가 자신이 운용하는 전문투자형 사모집합투자기구의 집합투자증 권을 판매하는 경우
   4. 그 밖에 해당 행위의 성격 및 투자자 보호의 필요성 등을 고려하여 금융투자업의 적용 에서 제외할 필요가 있는 것으로서 대통령령으로 정하는 경우
107) "대통령령으로 정하는 금융관계법률"이란 퇴직급여법, 농업협동조합법, 대부업법, 보험업 법, 상호저축은행법, 수산업협동조합법, 신용협동조합법, 여신전문금융업법, 온라인투자 연계금융업법, 은행법, 인터넷전문은행법, 자본시장법, 중소기업은행법, 한국산업은행법, 그 밖에 금융위원회가 정하여 고시하는 법률을 말한다(영2③).

2. 금융상품자문업과 금융상품자문업자

(1) 금융상품자문업

금융상품자문업이란 이익을 얻을 목적으로 계속적 또는 반복적인 방법으로 금융상품의 가치 또는 취득과 처분 결정에 관한 자문("금융상품자문")에 응하는 것을 말한다(법2(4) 본문). 다만, ⅰ) 불특정 다수인을 대상으로 발행되거나 송신되고, 불특정 다수인이 수시로 구입하거나 수신할 수 있는 간행물·출판물·통신물 또는 방송 등을 통하여 조언을 하는 것, ⅱ) 감정인, 공인회계사, 변호사, 변리사, 세무사, 집합투자기구평가회사, 채권평가회사, 신용평가회사, 그 밖에 이에 준하는 자로서 영업의 근거가 되는 법률에 따라 용역을 제공하는 자(소속단체를 포함)가 업무와 관련된 분석정보 등을 제공하는 경우, ⅲ) 따로 대가를 받지 않고 금융상품판매업에 부수하여 금융상품의 가치 또는 취득과 처분결정에 관한 자문에 응하는 경우, 또는 ⅳ) 그 밖에 해당 행위의 성격 및 금융소비자 보호의 필요성을 고려하여 금융상품자문업에서 제외할 필요가 있는 것으로서 금융위원회가 정하여 고시하는 것은 제외한다(법2(4) 단서, 영2④).

(2) 금융상품자문업자

금융상품자문업자란 금융상품자문업을 영위하는 자로서 금융관계법률에서 금융상품자문업에 해당하는 업무에 대하여 인허가 또는 등록을 하도록 규정한 경우에 해당 법률에 따른 인허가를 받거나 등록을 한 자 및 금융상품자문업의 등록을 한 자를 말한다(법2(5)).

3. 금융회사와 금융회사등

(1) 금융회사

금융회사란 ⅰ) 은행(은행법의 적용을 받는 중소기업은행, 한국산업은행, 신용협동조합중앙회의 신용사업 부문, 농협은행, 수협은행 및 상호저축은행중앙회를 포함), ⅱ) 투자매매업자, 투자중개업자, 투자자문업자, 투자일임업자, 신탁업자 또는 종합금융회사, ⅲ) 보험회사(농협생명보험 및 농협손해보험을 포함), ⅳ) 상호저축은행, ⅴ) 여신전문금융회사, ⅵ) 등록을 한 금융상품자문업자, ⅶ) 겸영금융투자업자를 말한다(법2(6), 영2⑤).

(2) 금융회사등

금융회사등이란 금융회사, 투자권유대행인, 보험설계사, 보험대리점, 보험중개사, 겸영여신업자, 여신전문금융업법에 따른 모집인, 등록을 한 금융상품판매대리·중개업자, 대부업자 및 대부중개업자(대부업자가 취급하는 대출성 상품에 관한 금융상품판매대리·중개업을 영위하는 자), 신용협동조합중앙회의 공제사업 부문, 신용협동조합, 온라인투자연계금융업자, 집합투자업자, 증권금융회사, 단기금융회사, 자금중개회사, 그 밖에 금융위원회가 정하여 고시하는 자를 말한다(법2(7), 영2⑥).

(3) 금융회사등의 업종구분

금융회사등은 금융소비자보호법에 따라 ⅰ) 은행, 투자매매업자, 투자중개업자, 신탁업자, 종합금융회사, 보험회사, 상호저축은행, 여신전문금융회사·겸영여신업자, 신용협동조합, 온라인투자연계금융업자, 집합투자업자는 금융상품직접판매업자 또는 금융상품판매대리·중개업자로, ⅱ) 투자자문업자는 금융상품자문업자로, ⅲ) 투자일임업자, 대부업자, 신용협동조합중앙회의 공제사업 부문, 증권금융회사, 단기금융회사는 금융상품직접판매업자로, ⅳ) 투자권유대행인, 보험설계사, 보험대리점, 보험중개사, 여신전문금융업법상의 모집인, 대부중개업자는 금융상품판매대리·중개업자로 구분한다(법4 본문, 영4).

다만, 앞의 금융회사등이 앞에서 열거하지 아니하는 금융상품판매업등(금융상품판매업과 금융상품자문업)을 다른 법률에 따라 겸영하는 경우에는 겸영하는 업에 해당하는 금융상품판매업자등에도 해당하는 것으로 본다(법4 단서).

Ⅳ. 금융소비자의 권리와 책무 및 국가와 금융상품판매업자등의 책무

1. 금융소비자의 기본적 권리

금융소비자는 ⅰ) 금융상품판매업자등의 위법한 영업행위로 인한 재산상 손해로부터 보호받을 권리, ⅱ) 금융상품을 선택하고 소비하는 과정에서 필요한 지식 및 정보를 제공받을 권리, ⅲ) 금융소비생활에 영향을 주는 국가 및 지방자치단체의 정책에 대하여 의견을 반영시킬 권리, iv) 금융상품의 소비로 인하여 입은 피해에 대하여 신속·공정한 절차에 따라 적절한 보상을 받을 권리, v) 합리적인 금융소비생활을 위하여 필요한 교육을 받을 권리, vi) 금융소비자 스스로의 권익을 증진하기 위하여 단체를 조직하고 이를 통하여 활동할 수 있는 권리를 가진다(법7).

2. 금융소비자의 책무

금융소비자는 금융상품판매업자등과 더불어 금융시장을 구성하는 주체임을 인식하여 금융상품을 올바르게 선택하고, 금융소비자의 기본적 권리를 정당하게 행사하여야 한다(법8①). 금융소비자는 스스로의 권익을 증진하기 위하여 필요한 지식과 정보를 습득하도록 노력하여야 한다(법8②).

3. 국가의 책무

국가는 금융소비자의 기본적 권리가 실현되도록 하기 위하여 ⅰ) 금융소비자 권익 증진을 위하여 필요한 시책의 수립 및 실시, ⅱ) 금융소비자 보호 관련 법령의 제정·개정 및 폐지, ⅲ) 필요한 행정조직의 정비 및 운영 개선, ⅳ) 금융소비자의 건전하고 자주적인 조직활동의 지원·육성의 책무를 진다(법9).

4. 금융상품판매업자등의 책무

금융상품판매업자등은 금융소비자의 기본적 권리가 실현되도록 하기 위하여 ⅰ) 국가의 금융소비자 권익 증진 시책에 적극 협력할 책무, ⅱ) 금융상품을 제공하는 경우에 공정한 금융소비생활 환경을 조성하기 위하여 노력할 책무, ⅲ) 금융상품으로 인하여 금융소비자에게 재산에 대한 위해가 발생하지 아니하도록 필요한 조치를 강구할 책무, ⅳ) 금융상품을 제공하는 경우에 금융소비자의 합리적인 선택이나 이익을 침해할 우려가 있는 거래조건이나 거래방법을 사용하지 아니할 책무, v) 금융소비자에게 금융상품에 대한 정보를 성실하고 정확하게 제공할 책무, vi) 금융소비자의 개인정보가 분실·도난·누출·위조·변조 또는 훼손되지 아니하도록 개인정보를 성실하게 취급할 책무를 진다(법10).

Ⅴ. 금융상품판매업자등의 등록 등

1. 금융상품판매업자등을 제외한 영업행위 금지

누구든지 금융소비자보호법에 따른 금융상품판매업자등을 제외하고는 금융상품판매업등을 영위해서는 아니 된다(법11).

2. 금융상품판매업자등의 등록

(1) 등록 여부

금융상품판매업등을 영위하려는 자는 금융상품직접판매업자, 금융상품판매대리·중개업자 또는 금융상품자문업자별로 예금성 상품, 대출성 상품, 투자성 상품 및 보장성 상품 중 취급할 상품의 범위를 정하여 금융위원회에 등록하여야 한다(법12① 본문). 다만, ⅰ) 금융관계법률에서 금융상품판매업등에 해당하는 업무에 대하여 인허가를 받거나 등록을 하도록 규정한 경우, ⅱ) 금융관계법률에서 금융상품판매업등에 해당하는 업무에 대하여 해당 법률에 따른 인허가를 받거나 등록을 하지 아니하여도 업무를 영위할 수 있도록 규정한 경우에는 등록을 하지 아니하고 금융상품판매업등을 영위할 수 있다(법12① 단서).

(2) 금융상품직접판매업자 또는 금융상품자문업자 등록요건

금융상품직접판매업자 또는 금융상품자문업자로 등록하려는 자는 다음의 요건을 모두 갖추어야 한다(법12② 본문). 다만, 금융상품직접판매업자에게는 금융상품판매업자와 이해관계를 갖지 않는 자에 관한 요건(제6호의 요건)을 적용하지 아니한다(법12② 단서).

금융상품자문업자로 등록하려는 자는 취급할 금융상품의 유형("상품유형") 각각에 대하여 등록요건을 모두 갖추어야 한다(영5① 본문). 다만, 대출성 상품, 보장성 상품 또는 투자성 상품에 대하여 등록요건을 갖춘 경우에는 예금성 상품에 대하여 등록요건을 갖춘 것으로 본다(영5① 단서). 아래서는 등록요건을 살펴본다.

(가) 인력·물적 설비요건

금융소비자 보호 및 업무수행이 가능하도록 인력과 전산 설비, 그 밖의 물적 설비를 갖추어야 한다(법12②(1), 영5②). 즉 ⅰ) 금융상품의 가치 또는 취득과 처분결정에 관한 자문("금융상품자문")에 응하는 업무를 수행하는데 필요한 전문성 및 윤리성을 갖춘 사람으로서 ㉠ 해당 상품유형의 금융상품자문업을 영위하는데 필요한 연수과정을 금융위원회가 정하여 고시하는 바에 따라 이수한 사람, 또는 ㉡ 해당 상품유형의 금융상품판매업에 3년 이상 종사한 경력이 있는 사람 (등록 신청일부터 5년 내에 해당 업무에 종사한 사람으로 한정)으로서 금융위원회가 정하는 바에 따라 해당 상품유형의 금융상품, 금융소비자 보호 관련 제도 및 분쟁사례 등에 대한 교육을 받은 사람을 1명 이상 두어야 하고, ⅱ) 전산설비 운용·관리 관련 업무수행이 가능한 전문인력을 1명 이상 두어야 하며, ⅲ) 금융소비자의 개인정보가 분실·도난·누출·위조·변조 또는 훼손되지 아니하도록 개인정보를 성실하게 취급할 책무의 이행, 내부통제기준의 운영 및 자료의 기록·유지·관리 등에 필요한 전산설비·통신수단을 갖추어야 하고, ⅳ) 금융위원회가 정하여 고시하는 바에 따라 고정사업장 및 사무장비를 갖추어야 하며, ⅴ) 전산설비, 통신수단, 그 밖에 물적설비를 안전하게 보호할 수 있는 검증된 보안설비를 갖추어야 하고, ⅵ) 정전·화재 등의 사고가 발생할 경우 업무의 연속성을 유지할 수 있는 설비를 확보하여야 한다.

(나) 자기자본 요건

등록하려는 업무별로 일정 금액 이상의 자기자본을 갖추어야 한다(법12② (2), 영5③). 즉 ⅰ) 금융상품자문의 대상이 투자성 상품인 경우는 집합투자증권, 파생결합증권 및 이와 유사한 증권으로서 금융위원회가 정하여 고시하는 증권, 또는 환매조건부매매에 해당하는 투자성 상품으로 한정하는 경우는 1억원 이상, 그 밖의 경우는 2.5억원 이상이어야 하고, ⅱ) 금융상품자문의 대상이 예금성 상품, 대출성 상품 또는 보장성 상품인 경우는 각각 1억원 이상이어야 한다.

(다) 사회적 신용 요건

자기자본 대비 부채비율이 200% 이하이고 사회적 신용을 갖추어야 한다(법 12②(3), 영5④). 여기서 "사회적 신용"이란 [별표 1]의 기준을 말한다(영5⑤). [별표 1]의 금융상품자문업자 및 금융상품대리·중개업자의 사회적 신용 요건은 다음과 같다. 법령위반 등의 정도가 경미하다고 금융위원회가 인정하는 경우에는 아래의 사회적 신용 요건을 갖춘 것으로 본다(별표 1, 비고 제1호).

1. 최근 3년간(대주주[108]의 경우 "5년간") 금융회사지배구조법 시행령 제5조에 따른 법령("금융관련법령"), 공정거래법 또는 조세범 처벌법을 위반하여 벌금형 이상에 상당하는 형사처벌을 받은 사실이 없을 것. 다만, 법 제68조(양벌규정), 그 밖에 해당 법률의 양벌규정에 따라 처벌을 받은 경우는 제외한다.

2. 최근 3년간(대주주의 경우 "5년간") 채무불이행 등으로 건전한 신용질서를 해친 사실이 없을 것

3. 최근 5년간 금융산업구조개선법에 따라 부실금융기관으로 지정되었거나 금융관련법령에 따라 영업의 허가·인가·등록 등이 취소된 자가 아닐 것

4. 금융관련법령이나 외국 금융관련법령(금융관련법령에 상당하는 외국 법령)에 따라 금융위원회, 외국 금융감독기관(국제금융감독기구를 포함) 등으로부터 지점, 그 밖의 영업소의 폐쇄나 그 업무의 전부 또는 일부의 정지 이상의 조치(이에 상당하는 행정처분을 포함)를 받은 후 다음의 구분에 따른 기간이 지났을 것
   가. 지점, 그 밖의 영업소의 폐쇄 또는 그 업무의 전부나 일부의 정지: 해당 조치를 받은 날부터 1년
   나. 업무의 일부정지: 업무정지가 끝난 날부터 2년
   다. 업무의 전부정지: 업무정지가 끝난 날부터 3년

5. 대주주가 금융산업구조개선법에 따라 부실금융기관으로 지정되었거나 금융관련법령에 따라 영업의 허가·인가·등록 등이 취소된 금융회사등(법 제2조 제7호에 따른 "금융회사등")의 대주주 또는 그 특수관계인(부실금융기관으로 지정되거나 영업의 허가 등이 취소될 당시 공정거래법 시행령 제3조의2 제1항 제2호 가목에 따른 독립경영자에 해당하거나 같은 목에 따라 공정거래위원회로부터 동일인관련자의 범위에서 분리되었다고 인정을 받은 자는 제외)이 아닐 것. 다만, 법원의 판결에 따라 부실책임이 없다고 인정된 자 또는 부실에 따른 경제적 책임을 부담하는 등 금융위원회가 정하여 고시하는 기준에 해당하는 자는 제외한다.

6. 대주주가 외국 법령에 따라 설립된 외국 법인인 경우에 해당 대주주는 다음

---

[108] 위 제1호·제2호·제5호·제6호에서의 "대주주"는 금융회사지배구조법 제2조 제6호에 따른 "대주주"를 준용한다. 이경우 신청인이 상법에 따른 주식회사가 아닌 경우에는 대주주에 준하는 사원(상법에 따른 "사원"을 말한다) 등을 대주주로 본다(별표 1, 비고 제2호).

의 기준을 충족할 것(신청인이 금융상품자문업자인 경우에만 적용)

가. 최근 3년간 금융업에 상당하는 영업과 관련하여 본국에서 벌금형 이상에 상당하는 형사처벌을 받은 사실이 없을 것

나. 등록을 신청한 날을 기준으로 외국에서 금융상품자문업에 상당하는 영업을 하고 있을 것

(라) 임원 요건

임원이 뒤에서 살펴보는 금융상품직접판매업자 또는 금융상품자문업자의 임원 결격 요건(법12④(1) 각목)에 해당하지 아니하여야 한다(법12②(4)).

다음에 해당하는 자는 임원이 될 수 없다. ⅰ) 미성년자, 피성년후견인 또는 피한정후견인, ⅱ) 파산선고를 받고 복권되지 아니한 사람, ⅲ) 금고 이상의 실형을 선고받고 그 집행이 끝나거나(집행이 끝난 것으로 보는 경우를 포함) 집행이 면제된 날부터 5년이 지나지 아니한 사람, ⅳ) 금고 이상의 형의 집행유예를 선고받고 그 유예기간 중에 있는 사람, ⅴ) 금융소비자보호법, 대통령령으로 정하는 금융 관련 법률109) 또는 외국 금융 관련 법령에 따라 벌금 이상의 형을 선고받고 그 집행이 끝나거나(집행이 끝난 것으로 보는 경우를 포함) 집행이 면제된 날부터 5년이 지나지 아니한 사람, ⅵ) 금융소비자보호법 또는 대통령령으로 정하는 금융 관련 법률110)에 따라 임직원 제재조치(퇴임 또는 퇴직한 임직원의 경우 해당 조치에 상응하는 통보를 포함)를 받은 사람으로서 그 조치의 종류별로 5년을 초과하지 아니하는 범위에서 대통령령으로 정하는 기간111)이 지나지 아니한 사람,

---

109) "대통령령으로 정하는 금융 관련 법률"은 금융회사지배구조법 시행령 제5조에 따른 법령("금융관련법령")을 말한다(영7①).

110) "대통령령으로 정하는 금융 관련 법률"은 금융회사지배구조법 시행령 제5조에 따른 법령("금융관련법령")을 말한다(영7①).

111) "대통령령으로 정하는 기간"이란 금융회사지배구조법 시행령 제7조(임원의 자격요건) 제2항에 따른 기간을 말한다(영7②). 여기서 "대통령령으로 정하는 기간"이란 다음의 구분에 따른 기간을 말한다(금융회사지배구조법 시행령7②).

1. 임원에 대한 제재조치의 종류별로 다음에서 정하는 기간
    가. 해임(해임요구 또는 해임권고를 포함): 해임일(해임요구 또는 해임권고의 경우에는 해임요구일 또는 해임권고일)부터 5년
    나. 직무정지(직무정지의 요구를 포함) 또는 업무집행정지: 직무정지 종료일(직무정지 요구의 경우에는 직무정지 요구일) 또는 업무집행정지 종료일부터 4년
    다. 문책경고: 문책경고일부터 3년

vii) 금융소비자 보호 및 건전한 거래질서를 해칠 우려가 있는 경우로서 대통령령으로 정하는 사람

(마) 이해상충방지체계

금융소비자와의 이해 상충을 방지하기 위한 체계로서 소속 임직원이 법 제27조(금융상품자문업자의 영업행위준칙 등)를 준수하도록 관리하는데 필요한 기준 및 절차 요건을 갖추어야 한다(법12②(5), 영5⑥).

(바) 이해관계를 갖지 않는 자 요건

금융상품판매업자와 이해관계를 갖지 않는 자로서 다음의 요건을 갖추어야 한다(법12②(6)).

1) 금융 및 보험업 겸영 금지

금융상품판매업(투자일임업은 제외)과 통계법 제22조 제1항[112]에 따른 한국표준산업분류의 "금융 및 보험업"을 겸영하지 아니하여야 한다(법12②(6) 가목, 영5⑦ 본문). 다만, 공정거래법에 따른 지주회사 중 금융지주회사법에 따른 금융지주회사가 아닌 자, 공공기관운영법에 따른 공공기관, 그 밖에 금융위원회가 정하여 고시하는 자가 영위하는 업은 제외한다(영5⑦ 단서).

2) 계열회사 제외

금융상품판매업자(투자일임업자는 제외)와 공정거래법 제2조 제3호[113]에 따른 계열회사 또는 외부감사법 시행령 제26조 제1항 각 호[114]의 회사("계열회사

---

2. 직원에 대한 제재조치의 종류별로 다음에서 정하는 기간
   가. 면직요구: 면직요구일부터 5년
   나. 정직요구: 정직요구일부터 4년
   다. 감봉요구: 감봉요구일부터 3년
3. 재임 또는 재직 당시 금융관계법령에 따라 그 소속기관 또는 금융위원회·금융감독원장 외의 감독·검사기관으로부터 제1호 또는 제2호의 제재조치에 준하는 조치를 받은 사실이 있는 경우 제1호 또는 제2호에서 정하는 기간
4. 퇴임하거나 퇴직한 임직원이 재임 또는 재직 중이었더라면 제1호부터 제3호까지의 조치를 받았을 것으로 인정되는 경우 그 받았을 것으로 인정되는 조치의 내용을 통보받은 날부터 제1호부터 제3호까지에서 정하는 기간

112) 통계법 제22조(표준분류) ① 통계청장은 통계작성기관이 동일한 기준에 따라 통계를 작성할 수 있도록 국제표준분류를 기준으로 산업, 직업, 질병·사인(死因) 등에 관한 표준분류를 작성·고시하여야 한다. 이 경우 통계청장은 미리 관계 기관의 장과 협의하여야 한다.

113) 3. "계열회사"라 함은 2 이상의 회사가 동일한 기업집단에 속하는 경우에 이들 회사는 서로 상대방의 계열회사라 한다.

등")가 아니어야 한다(법12②(6) 나목, 영5⑧).

3) 겸직 또는 파견 금지

임직원이 금융상품판매업자의 임직원 직위를 겸직하거나 그로부터 파견받은 자가 아니어야 한다(법12②(6) 다목).

4) 이해상충 방지와 전자적 장치 설치

금융소비자와의 이해상충을 방지할 수 있도록 금융위원회가 정하는 사항을 갖춘 소프트웨어를 설치한 전자적 장치(전자금융거래법에 따른 전자적 장치)를 갖추어야 한다(법12②(6) 라목, 영5⑨). 이 요건은 전자적 장치를 통하여 금융소비자와 직접 대면하거나 의사소통을 하지 않고 자동화된 방식으로 서비스를 제공하는 형태로 금융상품자문업을 영위하는 법인에만 적용한다(영5⑨).

(3) 금융상품판매대리 · 중개업자 등록요건

금융상품판매대리 · 중개업자로 등록하려는 자는 다음의 요건을 모두 갖추어야 한다(법12③).

(가) 교육 이수 및 사회적 신용 요건

대출성 상품(개인이 등록하려는 경우 금융상품판매대리 · 중개업자가 취급하는 금융상품은 제외)을 취급하는 금융상품판매대리 · 중개업자는 교육 이수 및 사회적 신용 요건을 갖추어야 한다(법12③(1), 영6①).

1) 개인이 등록하려는 경우

대출성 상품에 관한 계약의 체결을 대리하거나 중개하는데 필요한 전문성 및 윤리성을 갖춘 사람으로서 ⅰ) 대출성 상품을 취급하는 금융상품판매대리 · 중개업을 영위하는데 필요한 연수과정을 금융위원회가 정하여 고시하는 바에 따라 이수한 사람(가목)이거나, 또는 ⅱ) 대출성 상품을 취급하는 금융상품직접판매업에 3년 이상 종사한 경력이 있는 사람(등록신청일부터 5년 이내에 해당 업무에 종사한 사람으로 한정)으로서 금융위원회가 정하는 바에 따라 대출성 상품, 관련 금융

---

114) 1. 제3조 제1항에 따른 지배 · 종속의 관계에 있는 종속회사
    2. 회계처리기준에 따른 관계기업(종속회사는 아니지만 투자자가 일정한 영향력을 보유하는 기업)
    3. 회계처리기준에 따른 공동기업(둘 이상의 투자자가 공동으로 지배하는 기업)
    4. 그 밖에 해당 회사와 이해관계가 있는 것으로 금융위원회가 정하는 회사

소비자 보호 관련 제도 및 분쟁사례 등에 대한 교육을 받은 사람(나목)115)에 해당하여야 한다(영6①(1)).

2) 법인이 등록하려는 경우

[별표 1]의 기준을 모두 갖추어야 한다. 이에 관하여는 앞에서 살펴보았다.

(나) 임원 등 요건

금융상품판매대리·중개업자로 등록하려는 자가 개인의 경우에는 그 개인이 임원 결격 요건(법12④(2))에 해당하지 아니하여야 하고, 금융상품판매대리·중개업자로 등록하려는 법인의 경우에는 임원이 임원 결격 요건(법12④(2))에 해당하지 아니하여야 한다(법12③(2)).

금융상품판매대리·중개업자로 등록하려는 자는 다음에 해당하지 않아야 한다. ⅰ) 미성년자, 피성년후견인 또는 피한정후견인, ⅱ) 파산선고를 받고 복권되지 아니한 사람, ⅲ) 금고 이상의 형의 집행유예를 선고받고 그 유예기간 중에 있는 사람, ⅳ) 금고 이상의 실형을 선고받고 그 집행이 끝나거나(집행이 끝난 것으로 보는 경우를 포함) 집행이 면제된 날부터 2년이 지나지 아니한 사람, ⅴ) 금융소비자보호법, 대통령령으로 정하는 금융 관련 법률116) 또는 외국 금융 관련 법령에 따라 벌금 이상의 형을 선고받고 그 집행이 끝나거나(집행이 끝난 것으로 보는 경우를 포함) 집행이 면제된 날부터 2년이 지나지 아니한 사람

(다) 업무 수행기준 등

대출성 상품을 취급하는 금융상품판매대리·중개업자가 되려는 법인은 업무

---

115) 부칙 제3조(금융상품판매대리·중개업자의 등록요건에 관한 경과조치) 2021년 1월 13일 이전에 다음의 기관에 등록된 금융상품판매대리·중개업자(대출성 상품을 취급하는 자에 한정한다. 다만, 신용카드만을 취급하는 금융상품판매대리·중개업자는 제외한다)는 제6조 제1항 제1호 나목에 따른 "금융상품직접판매업에 3년 이상 종사한 경력이 있는 사람"으로 간주한다.
   1. 생명보험협회
   2. 손해보험협회
   3. 여신금융협회
   4. 은행연합회
   5. 저축은행중앙회
   6. 신용협동조합중앙회
116) "대통령령으로 정하는 금융 관련 법률"은 금융회사지배구조법 시행령 제5조에 따른 법령("금융관련법령")을 말한다(영7①).

수행기준, 필요한 인력의 보유 등 다음의 요건을 갖추어야 한다(법12③(3), 영6②
본문).

1) 업무 수행기준

금융상품판매대리·중개업자가 되려는 법인은 업무 수행기준(다음의 사항이
금융위원회가 정하는 바에 따라 포함된 기준)을 갖추어야 한다(영6②(1)). 업무 수행
기준에는 ⅰ) 영업 관련 직무수행에 관한 절차·방법 및 기준, ⅱ) 영업 관련 직
무를 수행하는 임직원등이 이수해야 하는 교육 또는 자격요건, ⅲ) 광고물 제작
시 준수해야 할 절차·방법 및 기준, ⅳ) 금융소비자와의 이해상충 방지에 관한
절차·방법 및 기준, ⅴ) 금융소비자의 신용정보 관리에 관한 절차·방법 및 기준
이 포함되어야 한다.

2) 필요적 인력 보유 요건

금융상품판매대리·중개업자가 되려는 법인은 ⅰ) 대출성 상품을 취급하는
금융상품판매대리·중개업을 영위하는데 필요한 연수과정을 금융위원회가 정하
여 고시하는 바에 따라 이수한 사람이거나, 또는 ⅱ) 대출성 상품을 취급하는 금
융상품직접판매업에 3년 이상 종사한 경력이 있는 사람(등록신청일부터 5년 이내에
해당 업무에 종사한 사람으로 한정)으로서 금융위원회가 정하는 바에 따라 대출성
상품, 관련 금융소비자 보호 관련 제도 및 분쟁사례 등에 대한 교육을 받은 사람
을 1명 이상 두어야 하고, 전산설비 운용·관리 관련 업무수행이 가능한 전문인
력도 1명 이상 두어야 한다(영6②(2)).

3) 물적 설비 요건

금융상품판매대리·중개업자가 되려는 법인은 ⅰ) 금융소비자의 개인정보가
분실·도난·누출·위조·변조 또는 훼손되지 아니하도록 개인정보를 성실하게
취급할 책무의 이행, 내부통제기준의 운영 및 자료의 기록·유지·관리 등에 필
요한 전산설비·통신수단을 갖추어야 하고, ⅱ) 금융위원회가 정하여 고시하는
바에 따라 고정사업장 및 사무장비를 갖추어야 하며, ⅲ) 전산설비, 통신수단, 그
밖에 물적설비를 안전하게 보호할 수 있는 검증된 보안설비를 갖추어야 하고,
ⅳ) 정전·화재 등의 사고가 발생할 경우 업무의 연속성을 유지할 수 있는 설비
를 확보하여야 한다(영6②(3)).

4) 보증금 예탁 또는 보장성 상품 가입 요건

금융상품판매대리·중개업자가 되려는 법인은 금융상품판매업자등의 손해배상책임에 따른 손해(법44①)를 배상할 책임을 보장하기 위하여 5천만원 이상을 금융위원회가 정하는 기관에 보증금으로 예탁하거나 같은 금액을 최소 보장금액으로 하는 보장성 상품에 가입하여야 한다. 이 경우 금융위원회는 법인의 거래규모 등을 고려하여 금융소비자 보호를 위해 필요하다고 인정되는 경우에는 그 금액의 증액을 요구할 수 있다(영6②(4)).

이 요건은 대출성 상품에 관한 금융상품판매대리·중개업을 전자금융거래(금융상품판매업자등이 전자적 장치를 통하여 서비스를 제공하고 금융소비자가 금융상품판매업자등과 직접 대면하거나 의사소통을 하지 아니하고 자동화된 방식으로 이를 이용하는 거래) 방식으로만 영위하는 법인("대출성 상품 온라인 판매 대리·중개업자")에 한정하여 적용한다(영6② 단서).

5) 이해상충 방지와 전자적 장치 설치 요건

금융상품판매대리·중개업자가 되려는 법인은 금융소비자와의 이해상충을 방지할 수 있도록 금융위원회가 정하여 고시하는 요건을 갖춘 소프트웨어를 전자적 장치에 설치하여야 한다(영6②(5)). 이 요건은 대출성 상품에 관한 금융상품판매대리·중개업을 전자금융거래(금융상품판매업자등이 전자적 장치를 통하여 서비스를 제공하고 금융소비자가 금융상품판매업자등과 직접 대면하거나 의사소통을 하지 아니하고 자동화된 방식으로 이를 이용하는 거래) 방식으로만 영위하는 법인("대출성 상품 온라인 판매 대리·중개업자")에 한정하여 적용한다(영6② 단서).

(4) 금융상품판매업자등의 임원

다음에 해당하는 사람은 등록을 한 금융상품직접판매업자, 금융상품자문업자 또는 법인인 금융상품판매대리·중개업자의 임원이 될 수 없다(법12④).

1) 금융상품직접판매업자 또는 금융상품자문업자의 경우

금융상품직접판매업자 또는 금융상품자문업자의 경우 다음의 사람은 임원이 될 수 없다(법12④). ⅰ) 미성년자, 피성년후견인 또는 피한정후견인, ⅱ) 파산선고를 받고 복권되지 아니한 사람, ⅲ) 금고 이상의 실형을 선고받고 그 집행이 끝나거나(집행이 끝난 것으로 보는 경우를 포함) 집행이 면제된 날부터 5년이 지나지 아니한 사람, ⅳ) 금고 이상의 형의 집행유예를 선고받고 그 유예기간 중에 있는 사람, ⅴ) 금융소비자보호법, 대통령령으로 정하는 금융 관련 법률 또는 외국 금융 관련 법령에 따라 벌금 이상의 형을 선고받고 그 집행이 끝나거나(집행이 끝난 것으로 보는 경우를 포함) 집행이 면제된 날부터 5년이 지나지 아니한 사람, ⅵ) 금융소비자보호법 또는 대통령령으로 정하는 금융 관련 법률에 따라 임직원 제재조치(퇴임 또는 퇴직한 임직원의 경우 해당 조치에 상응하는 통보를 포함)를 받은 사람으로서 그 조치의 종류별로 5년을 초과하지 아니하는 범위에서 대통령령으로 정하는 기간이 지나지 아니한 사람, ⅶ) 금융소비자 보호 및 건전한 거래질서를 해칠 우려가 있는 경우로서 대통령령으로 정하는 사람

　2) 법인인 금융상품판매대리·중개업자의 경우

　　법인인 금융상품판매대리·중개업자의 경우 다음의 사람은 임원이 될 수 없다(법12④(2)). ⅰ) 미성년자, 피성년후견인 또는 피한정후견인, ⅱ) 파산선고를 받고 복권되지 아니한 사람, ⅲ) 금고 이상의 형의 집행유예를 선고받고 그 유예기간 중에 있는 사람, ⅳ) 금고 이상의 실형을 선고받고 그 집행이 끝나거나(집행이 끝난 것으로 보는 경우를 포함) 집행이 면제된 날부터 2년이 지나지 아니한 사람, ⅴ) 금융소비자보호법, 대통령령으로 정하는 금융 관련 법률 또는 외국 금융 관련 법령에 따라 벌금 이상의 형을 선고받고 그 집행이 끝나거나(집행이 끝난 것으로 보는 경우를 포함) 집행이 면제된 날부터 2년이 지나지 아니한 사람

(5) 등록수수료

　　금융상품판매업자등으로 등록을 신청하려는 자는 등록요건 심사 및 관리에 필요한 비용을 고려하여 수수료를 내야 한다(법12⑤). 여기서 수수료란 법인인 금융상품판매대리·중개업자는 20만원, 개인인 금융상품판매대리·중개업자는 2만원을 말한다(영8).

(6) 등록신청

(가) 등록신청서 제출

　　금융상품판매업자 또는 금융상품자문업자로 등록하려는 자("신청인")는 등록신청서를 작성하여 금융위원회에 제출하여야 한다(영9①). 신청인이 등록신청서에 기재해야 할 사항 및 첨부해야 할 서류는 [별표 2]와 같다(영9②). 시행령 [별표 2]는

등록신청서 기재사항 및 첨부서류(제9조 제2항 관련)를 규정하고 있다.

1) 기재사항

가) 금융상품자문업자로 등록하려는 자

금융상품자문업자로 등록하려는 자의 기재사항은 상호, 본점의 소재지, 임원에 관한 사항, 취급하고자 하는 금융상품에 관한 사항, 자기자본 등 재무에 관한 사항, 인력과 전산설비 등의 물적 설비에 관한 사항, 이해상충방지체계에 관한 사항, 금융상품판매업자와 이해관계를 갖지 않는 자에 관한 사항, 그 밖에 등록의 검토에 필요한 사항으로서 금융위원회가 정하여 고시하는 사항이다.

나) 금융상품판매대리 · 중개업자로 등록하려는 자

(ㄱ) 개인

금융상품판매대리 · 중개업자로 등록하려는 자가 개인의 경우 기재사항은 신청인의 인적 사항, 취급하고자 하는 금융상품에 관한 사항, 교육 이수 등 자격에 관한 사항, 신청인에게 금융상품계약체결등을 대리 또는 중개하는 업무를 위탁하는 금융상품직접판매업자 또는 금융상품판매대리 · 중개업자에 관한 사항, 그 밖에 등록의 검토에 필요한 사항으로서 금융위원회가 정하여 고시하는 사항이다.

(ㄴ) 법인

금융상품판매대리 · 중개업자로 등록하려는 자가 법인의 경우 기재사항은 상호, 본점의 소재지, 임원에 관한 사항, 취급하고자 하는 금융상품에 관한 사항, 교육 이수 등 자격에 관한 사항, 업무 수행기준, 필요인력 보유 등에 관한 사항, 신청인에게 금융상품계약체결등을 대리 또는 중개하는 업무를 위탁하는 금융상품직접판매업자 또는 금융상품판매대리 · 중개업자에 관한 사항, 그 밖에 등록의 검토에 필요한 사항으로서 금융위원회가 정하여 고시하는 사항이다.

2) 첨부서류

가) 금융상품자문업자로 등록하려는 자

금융상품자문업자로 등록하려는 자의 첨부서류는 정관(이에 준하는 것을 포함), 본점의 위치와 명칭을 기재한 서류, 임원의 이력서와 경력증명서, 취급하고자 하는 금융상품의 유형 등을 기재하는 서류, 최근 3개 사업연도의 재무제표와 그 부속명세서(설립 중인 법인은 제외하며, 설립일부터 3개 사업연도가 지나지 아니한 법인의 경우에는 설립일부터 최근 사업연도까지의 재무제표와 그 부속명세서), 인력과 전산설비 등의 물적 설비에 관한 사항, 이해상충방지체계를 갖추었는지를 확인할 수 있는 서류, 금융상품판매업자와 이해관계를 갖지 않는 자임을 확인할 수 있는 서류, 그 밖에 등록의 검토에 필요한 서류로서 금융위원회가 정하여 고시하는 서류이다.

나) 금융상품판매대리·중개업자로 등록하려는 자

(ㄱ) 개인

금융상품판매대리·중개업자로 등록하려는 자가 개인의 경우 첨부서류는 신청인의 인적 사항을 확인할 수 있는 서류, 취급하고자 하는 금융상품의 유형 등을 기재하는 서류, 교육 이수 등 자격을 확인할 수 있는 서류, 신청인에게 금융상품계약체결등을 대리 또는 중개하는 업무를 위탁하는 금융상품직접판매업자 또는 금융상품판매대리·중개업자에 관한 서류, 그 밖에 등록의 검토에 필요한 서류로서 금융위원회가 정하여 고시하는 서류이다.

(ㄴ) 법인

금융상품판매대리·중개업자로 등록하려는 자가 법인의 경우 첨부서류는 정관(이에 준하는 것을 포함), 본점의 위치와 명칭을 기재한 서류, 임원의 이력서와 경력증명서, 취급하고자 하는 금융상품의 유형 등을 기재하는 서류, 교육 이수 등 자격을 확인할 수 있는 서류, 업무 수행기준, 필요인력 보유 등에 관한 사항을 확인할 수 있는 서류, 신청인에게 금융상품계약체결등을 대리 또는 중개하는 업무를 위탁하는 금융상품직접판매업자 또는 금융상품판매대리·중개업자에 관한 서류, 그 밖에 등록의 검토에 필요한 서류로서 금융위원회가 정하여 고시하는 서류이다.

(나) 등록 여부 결정 통지 및 보완요구

금융위원회는 등록신청서를 제출받은 경우에 그 내용이 등록요건을 갖추었는지를 확인·검토하여 2개월 이내에 등록 여부를 결정하고, 그 결과와 이유를 지체 없이 신청인에 서면으로 알려야 한다(영9③ 전단). 이 경우 등록신청서에 흠이 있는 경우에는 보완을 요구할 수 있다(영9③ 후단). 검토기간을 산정하는 경우에 신청인이 등록신청서의 흠을 보완하는 기간 등 금융위원회가 정하여 고시하는 기간은 검토기간에서 제외한다(영9④).

(다) 등록거부

금융위원회는 신청인이 ⅰ) 등록요건을 갖추지 않은 경우, ⅱ) 등록신청서를 거짓으로 작성한 경우, ⅲ) 보완요구를 정당한 사유 없이 이행하지 않은 경우에 등록을 거부할 수 있다(영9⑤).

(라) 등록 여부 통지와 게시

금융위원회는 등록 여부를 결정한 경우에는 지체 없이 그 결과를 신청인에게 문서로 알리고 인터넷 홈페이지(모바일 응용프로그램 및 이에 준하는 전자적 시스템을 포함)에 게시하여야 한다(영9⑥).

Ⅵ. 금융상품판매업자등의 영업행위 준수사항

1. 영업행위 일반원칙

(1) 영업행위 준수사항 해석의 기준

누구든지 영업행위 준수사항에 관한 규정을 해석·적용하려는 경우 금융소비자의 권익을 우선적으로 고려하여야 하며, 금융상품 또는 계약관계의 특성 등에 따라 금융상품 유형별 또는 금융상품판매업자등의 업종별로 형평에 맞게 해석·적용되도록 하여야 한다(법13).

(2) 신의성실의무 등

금융상품판매업자등은 금융상품 또는 금융상품자문에 관한 계약의 체결, 권리의 행사 및 의무의 이행을 신의성실의 원칙에 따라 하여야 한다(법14①). 금융상품판매업자등은 금융상품판매업등을 영위할 때 업무의 내용과 절차를 공정히 하여야 하며, 정당한 사유 없이 금융소비자의 이익을 해치면서 자기가 이익을 얻거나 제3자가 이익을 얻도록 해서는 아니 된다(법14②).

(3) 차별금지

금융상품판매업자등은 금융상품 또는 금융상품자문에 관한 계약을 체결하는 경우 정당한 사유 없이 성별·학력·장애·사회적 신분 등을 이유로 계약조건에 관하여 금융소비자를 부당하게 차별해서는 아니 된다(법15).

(4) 금융상품판매업자등의 관리책임

금융상품판매업자등은 임직원 및 금융상품판매대리·중개업자(보험중개사는 제외)가 업무를 수행할 때 법령을 준수하고 건전한 거래질서를 해치는 일이 없도록 성실히 관리하여야 한다(법16①).

(5) 내부통제기준

(가) 내부통제기준 마련의무

1) 법인인 금융상품판매업자등의 관리업무 수행과 내부통제기준

법인인 금융상품판매업자등은 관리업무를 이행하기 위하여 그 임직원 및 금융상품판매대리·중개업자가 직무를 수행할 때 준수하여야 할 기준 및 절차("내부통제기준")를 마련하여야 한다(법16②, 영10① 본문).

2) 내부통제기준 마련의무의 제외 대상법인

다음의 어느 하나에 해당하는 법인, 즉 대부업자 및 대부중개업자, 상호저축은행중앙회, 신기술사업금융업자·신기술사업금융전문회사, 온라인투자연계금융업자, 온라인소액투자중개업자, 금융상품직접판매업자 및 금융상품자문업자로서 상시근로자가 5명 미만인 경우, 금융상품판매대리·중개업자로서 ⅰ) 하나의 금융상품직접판매업자가 취급하는 금융상품에 관한 계약의 체결만 대리·중개하는 것을 영업으로 하는 경우(다만, 그 금융상품직접판매업자가 이 항 단서에 해당하는 경우에는 내부통제기준을 마련하여야 한다), ⅱ) 소속된 개인 금융상품판매대리·중개업자가 5명 미만인 경우(다만, 전자금융거래방식만으로 금융상품판매업등을 영위하는 법인은 상시근로자가 3명 미만인 경우에 내부통제기준을 마련하지 않을 수 있다), 그 밖에 금융상품판매업자등의 특성상 내부통제기준을 운영하기 어렵거나 내부통제기준을 마련해야 할 필요성이 낮은 법인으로서 금융위원회가 정하여 고시하는 법인은 제외한다(영10① 단서).

(나) 내부통제기준 마련시 준수사항

금융상품판매업자등은 내부통제기준을 마련하는 경우에 다음 사항을 지켜야 한다(영10②).

1) 내부통제기준 필요적 포함사항

[별표 3]의 기준을 내부통제기준에 포함시켜야 한다. 다만, [별표 3]의 기준

중 일부는 금융상품판매업자등의 영업규모 등을 고려하여 금융위원회가 정하는 바에 따라 내부통제기준에 포함하지 않을 수 있다(영10②(1)). [별표 3]의 내부통제기준에 포함되어야 하는 사항(제10조 제2항 관련)은 다음과 같다.

가) 내부통제기준의 설정·운영에 관한 사항(별표 3 제1호)

내부통제기준의 설정·운영에 관한 사항은 ⅰ) 내부통제기준을 운영하는데 필요한 전담 조직 및 담당 임직원의 직무 및 자격요건에 관한 사항, ⅱ) 대표이사, 이사 등 법인의 업무집행에 관한 의사결정 권한을 가진 자의 내부통제기준 운영에 관한 권한 및 책임에 관한 사항, ⅲ) 내부통제기준 신설·변경 및 평가에 관한 사항, ⅳ) 임직원 및 금융상품판매대리·중개업자(보험중개사는 제외)의 법령·내부통제기준 위반 예방에 관한 사항, ⅴ) 임직원 및 금융상품판매대리·중개업자("임직원등")가 법령·내부통제기준을 충실히 준수하는지에 대한 점검에 관한 사항, ⅵ) 임직원등의 법령·내부통제기준 위반에 대한 조치에 관한 사항, ⅶ) 임직원등의 법령·내부통제기준 위반 사실 신고를 접수·처리하는 체계에 관한 사항이다.

나) 금융소비자 보호를 전담하는 조직에 관한 사항(별표 3 제2호)

금융소비자 보호를 전담하는 조직에 관한 사항은 ⅰ) 금융소비자 보호에 관한 중요사항을 조정하는 위원회("금융소비자보호협의회")의 설치·권한 및 운영 등에 관한 사항, ⅱ) 금융소비자 보호를 전담하는 조직의 설치·권한 및 운영 등에 관한 사항. 이 경우 해당 조직은 금융소비자 보호 관련 업무 수행 시 영업행위로부터 독립성을 확보하여야 한다. ⅲ) 금융소비자 보호를 전담하는 임직원의 임명·자격요건·권한 및 직무 등에 관한 사항. 다만, 금융소비자 보호를 전담하는 임원("금융소비자보호책임자")을 별도로 두어야 할 필요성이 크지 않거나 경영에 과중한 부담을 준다고 볼 수 있는 경우로서 금융위원회가 정하여 고시하는 경우에는 내부통제기준 운영 담당 임원이 금융소비자보호책임자의 직무를 수행하게 할 수 있다.

다) 금융상품판매업등의 업종별 영업행위에 관한 사항(별표 3 제3호)

(ㄱ) 금융상품직접판매업자

금융상품직접판매업자의 영업행위에 관한 사항은 ⅰ) 금융상품의 개발 및 판매에 관한 정책 수립 시 금융소비자 보호를 전담하는 조직과 다른 조직 간의 협의 및 정보공유, 민원, 외부전문가 의견 또는 금융소비자 의견 등의 반영, 금융상품 판매 시 금융소비자에 발생할 수 있는 잠재적 위험요인에 대한 평가를 준수하도록 하는데 필요한 절차·방법 및 기준, ⅱ) 광고물 제작 시 준수해야 할 절차·방법 및 기준, ⅲ) 광고내용(금융상품판매대리·중개업자의 광고내용을 포함)의 법령 준수 여부 및 내부통제기준 부합 여부를 점검하는 절차·방법 및 기준, ⅳ) 영업 관련 직무를 수행하는 임직원등이 이수해야 하는 교육 또는 자격요건, ⅴ) 영업 관련 직무수행에 관한 절차·방법 및 기준, ⅵ) 임직원등의 이해상충 방지에 관한 사항, ⅶ) 금융소비자의 신용정보 관리에 관한 절차·방법 및 기준, ⅷ) 계약체결 이후 그 계약으로 인해 금융소비자가 재산상 피해를 입을 우려가 있는 경우에 해당 정보를 신속하게 관련 임직원 등 및 금융소비자에 알리는데 필요한 절차·방법 및 기준, ⅸ) 금융상품에 관한 계약의 체결을 대리·중개하는 업무를 위탁하는 경우 준수해야 할 사항이다.

(ㄴ) 금융상품자문업자

금융상품자문업자의 영업행위에 관한 사항은 ⅰ) 광고물 제작 시 준수해야 할 절차·방법 및 기준, ⅱ) 광고내용(금융상품판매대리·중개업자의 광고내용을 포함)의 법령 준수 여부 및 내부통제기준 부합 여부를 점검하는 절차·방법 및 기준, ⅲ) 영업 관련 직무를 수행하는 임직원등이 이수해야 하는 교육 또는 자격요건, ⅳ) 영업 관련 직무수행에 관한 절차·방법 및 기준, ⅴ) 임직원등의 이해상충 방지에 관한 사항, ⅵ) 금융소비자의 신용정보 관리에 관한 절차·방법 및 기준, ⅶ) 계약체결 이후 그 계약으로 인해 금융소비자가 재산상 피해를 입을 우려가 있는 경우에 해당 정보를 신속하게 관련 임직원 등 및 금융소비자에 알리는데 필요한 절차·방법 및 기준이다. 위의 ⅰ)의 광고물 제작 시 준수해야 할 절차·방법 및 기준에서 광고물은 금융상품자문업자의 광고물을 말한다.

(ㄷ) 금융상품판매대리·중개업자

금융상품판매대리·중개업자의 영업행위에 관한 사항은 ⅰ) 광고물 제작 시 준수해야 할 절차·방법 및 기준, ⅱ) 광고내용(금융상품판매대리·중개업자의 광고내용을 포함)의 법령 준수 여부 및 내부통제기준 부합 여부를 점검하는 절차·방

법 및 기준, iii) 영업 관련 직무를 수행하는 임직원등이 이수해야 하는 교육 또
는 자격요건, iv) 영업 관련 직무수행에 관한 절차 · 방법 및 기준, v) 임직원등
의 이해상충 방지에 관한 사항, vi) 금융소비자의 신용정보 관리에 관한 절차 ·
방법 및 기준, vii) 금융상품직접판매업자로부터 받는 수수료에 관한 기준이다.
위의 ⅰ)의 광고물 제작 시 준수해야 할 절차 · 방법 및 기준에서 광고물은 금융
상품판매대리 · 중개업자의 광고물을 말한다.

라) 금융상품판매업자등의 성과 보상에 관한 사항(별표 3 제4호)

금융상품판매업자등의 성과 보상에 관한 사항은 ⅰ) 영업 담당 임직원과 금
융소비자 간에 이해상충이 발생하지 않도록 하는 성과 보상체계의 설계 · 운영에
관한 절차 · 방법 및 기준, ⅱ) 금융소비자보호책임자가 성과 보상체계를 주기적
으로 평가하고 그 결과를 금융소비자보호협의회에서 논의하는 체계의 구축에 관
한 절차 · 방법 및 기준이다.

마) 기타 사항(별표 3 제5호)

고령자 및 장애인의 금융거래 편의성을 높이고 재산상 피해를 방지하기 위
해 준수하여야 할 절차 · 방법 및 기준이다.

2) 관리업무를 위한 필요적 포함사항

다음의 어느 하나에 해당하는 경우, 즉 ⅰ) 자체 점검, 금융소비자 보호실태
평가 또는 금융상품판매업자등에 대한 검사 결과 내부통제기준이 관리업무에 상
당한 지장을 주는 경우, ⅱ) 임직원 또는 금융상품판매대리 · 중개업자의 법 위반
이 반복적으로 발생하는 경우, iii) 내부통제기준에 규정된 사항과 관련된 법령의
중요한 변경내용이 제때 반영되지 않은 경우에는 관리업무를 위해 필요한 사항
을 내부통제기준에 포함시켜야 한다(영10②(2)).

3) 금융위원회가 정하여 고시하는 사항 준수의무

그 밖에 금융상품판매업자등은 임직원 및 금융상품판매대리 · 중개업자(보험
중개사는 제외)가 업무를 수행할 때 법령을 준수하고 건전한 거래질서를 해치는
일이 없도록 성실히 관리(법16①)하여야 하는데, 이 관리를 위해 필요한 사항으로
서 금융위원회가 정하여 고시하는 사항을 지켜야 한다(영10②(3)).

(다) 내부통제기준 신설·변경과 이사회 의결 등

내부통제기준을 신설하거나 변경하는 경우에 이사회 또는 이에 준하는 기관 (이사회가 없는 경우에 한정)의 승인을 받는 절차를 거쳐야 한다(영10③ 본문). 다만, 신설·변경하는 사항이 경미한 경우에는 대표이사의 승인으로 갈음할 수 있다(영 10③ 단서).

(6) 위반시 제재

법 제16조 제2항을 위반하여 내부통제기준을 마련하지 아니한 자에게는 1 억원 이하의 과태료를 부과한다(법69①(1)).

2. 금융상품 유형별 영업행위 준수사항

(1) 적합성원칙

(가) 소비자 분류 확인의무(소비자 유형 구분)

금융상품판매업자등은 금융상품계약체결등을 하거나 자문업무를 하는 경우 에는 상대방인 금융소비자가 일반금융소비자인지 전문금융소비자인지를 확인하 여야 한다(법17①).

(나) 소비자 정보 파악·확인의무

금융상품판매업자등은 일반금융소비자에게 다음의 금융상품 계약체결을 권 유(금융상품자문업자가 자문에 응하는 경우를 포함)하는 경우에는 면담·질문 등을 통하여 다음의 구분에 따른 정보를 파악하고, 일반금융소비자로부터 서명(전자서 명을 포함), 기명날인, 녹취 또는 서명(전자서명을 포함), 기명날인, 녹취 각각에 준 하여 안정성·신뢰성이 확보될 수 있는 전자적 확인방식으로 확인을 받아 이를 유지·관리하여야 하며, 확인받은 내용을 일반금융소비자에게 지체 없이 제공하 여야 한다(법17②, 영11①).

1) 보장성 상품 계약체결을 권유하는 경우

보장성 상품인 변액보험계약[117] 및 이와 유사한 금융상품으로서 금융상품 직접판매업자가 보험료(공제계약의 경우 공제료) 중 일부를 금융투자상품의 취득·

---

117) 변액보험계약은 보험금이 자산운용의 성과에 따라 변동하는 보험계약을 말한다(보험업법 108①(3)).

처분 또는 그 밖의 방법으로 운용하여 발생한 수익이나 손실이 보험금 또는 해약환급금(금융소비자가 계약의 해지를 요구하여 계약이 해지된 경우에 금융상품판매업자가 금융소비자에게 환급해주는 금액)에 반영되는 상품 계약체결을 권유하는 경우에는 일반금융소비자의 연령, 재산상황(부채를 포함한 자산 및 소득에 관한 사항), 보장성 상품 계약체결의 목적을 파악하고 확인하여야 한다(법17②(1), 영11②).

2) 투자성 상품 등의 계약체결을 권유하는 경우

투자성 상품 및 운용실적에 따라 수익률 등의 변동 가능성이 있는 금융상품으로서 대통령령으로 정하는 예금성 상품 계약체결을 권유하는 경우에는 일반금융소비자의 해당 금융상품 취득 또는 처분 목적, 재산상황, 취득 또는 처분 경험을 파악하고 확인하여야 한다(법17②(2)). 다만 온라인소액투자중개의 대상이 되는 증권, 연계투자계약, 그 밖에 금융위원회가 정하여 고시하는 금융상품(영11③)은 제외한다(법17②(2))

3) 대출성 상품 계약체결을 권유하는 경우

대출성 상품 계약체결을 권유하는 경우에는 일반금융소비자의 재산상황, 신용 및 변제계획을 파악하고 확인하여야 한다(법17②(3)).

4) 적합한 계약체결을 권유하기 위한 정보

그 밖에 일반금융소비자에게 적합한 금융상품 계약의 체결을 권유하기 위하여 필요한 정보로서 다음의 사항을 파악하고 확인하여야 한다(법17②(4), 영11④).

가) 보장성 상품

보장성 상품(법17②(1))의 경우 금융상품을 취득·처분한 경험, 금융상품을 이해하는데 필요한 지식의 수준, 위험에 대한 태도를 파악하고 확인하여야 한다(영11④(1)).

나) 투자성 상품

투자성 상품(법17②(2))의 경우 일반금융소비자의 연령, 금융상품을 이해하는데 필요한 지식의 수준, 위험에 대한 태도를 파악하고 확인하여야 한다(영11④(2)).

다) 대출성 상품

대출성 상품(법17②(3))의 경우 일반금융소비자의 연령, 금융상품을 이해하는데 필요한 지식의 수준을 파악하고 확인하여야 하며, 다음의 대출성 상품, 즉

은행법에 따른 예금 및 대출과 상호저축은행법에 따른 예금 및 대출, 어음할인·매출채권 매입(각각 금융소비자에 금전의 상환을 청구할 수 있는 계약으로 한정)·대출·지급보증 또는 이와 유사한 것으로서 금전 또는 그 밖의 재산적 가치가 있는 것("금전등")을 제공하고 장래에 금전등 또는 그에 따른 이자 등 대가를 받기로 하는 계약의 경우는 계약체결의 목적을 파악하고 확인하여야 한다(영11④(3)).

라) 기타 적합성 판단에 상당한 정보

그 밖에 금융상품판매업자등이 적합성 판단기준(법17③ 후단)을 일반금융소비자에 적용하기 위하여 필요하다고 인정할 만한 상당한 이유가 있는 정보를 파악하고 확인하여야 한다(영11④(4)).

(다) 부적합 계약체결 권유 금지 의무

금융상품판매업자등은 확인한 정보를 고려하여 그 일반금융소비자에게 적합하지 아니하다고 인정되는 계약체결을 권유해서는 아니 된다(법17③ 전단).[118] 이 경우 적합성 판단기준은 [별표 4]와 같다(법17③ 후단, 영11⑤). 시행령 [별표 4]는 적합성 및 적정성 판단기준(제11조 제5항 및 제12조 제6항 관련)을 규정하고 있다. [별표 4]의 적합성 판단기준은 다음과 같다.

일반금융소비자가 다음의 구분에 따른 사항 중 어느 하나에 해당한다는 합리적 근거가 있는 경우에는 해당 금융상품을 권유하지 아니하여야 한다. 이 경우 금융상품판매업자는 그 합리적 근거에 관한 사항을 금융위원회가 정하는 바에

---

118) 서울중앙지방법원 2008. 12. 30.자 2008카합3816 결정(피신청인 은행은 이 사건 계약의 내용이 신청인들의 주된 거래 목적인 환위험 회피에 적합한 것인지, 그리고 그 계약으로 인하여 신청인들이 그 재무구조나 영업상황, 위험관리능력 등에 비하여 과도한 위험에 노출되지는 않는지 등을 미리 점검하여 그 계약의 내용이 신청인들에게 적합하지 아니하다고 인정되는 경우에는 그러한 계약의 체결을 권유하지 않거나 혹은 계약의 내용을 신청인들에게 적합하도록 변경하여 계약의 체결을 권유하여야 할 의무가 있다고 할 것이다. 그런데 이 사건 계약에 의하면 환율이 급등하는 경우에 신청인들은 무제한의 손실의 위험에 노출되는바, 신청인들의 거래 목적, 재무구조 및 영업상황, 위험관리능력 등에 비추어 이는 신청인들에게 적합하지 않은 거래조건이라 할 것이므로, 피신청인 은행으로서는 신청인들에게 이 사건 계약의 체결을 권유함에 있어 신청인들의 손실을 제한할 수 있는 다른 거래조건(예컨대 신청인들의 손실 총액에 제한을 둔다든가, 환율이 일정 수준 이상으로 오르는 경우에 신청인들이 합리적인 금액을 배상하고 계약을 장래를 향하여 해지할 수 있도록 한다든가, 피신청인 은행의 넉인 콜옵션에 다시 넉아웃 조건을 둔다든가 하는 등의 방식)을 모색하여 이를 권유하여야 할 의무가 있다고 할 것임에도 그러한 의무를 이행하지 않았다).

따라 기록하여야 한다(별표 4 제1호 본문).

1) 보장성 상품·투자성 상품(별표 4 제1호 가목)

ⅰ) 거래목적, 위험감수능력(금융상품 처분 시 감수할 수 있는 손실 수준을 객관적·합리적으로 평가한 결과) 또는 거래성향에 해당 금융상품이 부합하지 않는 경우

ⅱ) 투자성 상품을 취득·처분한 경험 또는 설명의무에 따른 설명을 이해할 수 있는 능력이 해당 금융상품의 위험에 비해 상당히 부족한 경우

2) 대출성 상품(별표 4 제1호 나목)

ⅰ) 일반기준: 계약기간 내 원리금을 상환할 수 있는 능력(일반금융소비자가 계약에 따라 금전을 제때 지급할 수 있는지를 현재·미래 소득, 부채, 신용점수 등을 고려하여 객관적·합리적으로 평가한 결과를 말한다. 이하 이 별표에서 "상환능력"이라 한다)이 상당히 부족한 경우. 이 경우, 일반금융소비자가 제공한 담보의 가치만으로 상환능력을 판단하여서는 아니 된다.

ⅱ) 서민의 금융생활 지원에 관한 법률("서민금융법") 제2조 제5호[119])에 따른 신용대출사업 등 서민의 생활안정을 위해 자금을 지원하는 상품의 경우: 해당 상품에 관한 계약을 체결할 수 있는 요건에 해당하지 않는 경우

(라) 금융상품 유형별 정보내용

금융상품판매업자등이 금융상품의 유형별로 파악하여야 하는 정보의 세부적인 내용은 시행령 [별표 5]와 같다(법17④, 영11⑥). 시행령 [별표 5]는 금융상품판매업자등이 금융상품의 유형별로 파악하여야 하는 일반금융소비자 정보의 세부적인 내용(제11조 제6항 및 제12조 제7항 관련)을 규정하고 있다. [별표 5]의 금융상품 유형별 정보의 세부 내용을 다음과 같다.

1) 보장성 상품

보장성 상품의 경우 ⅰ) 거래목적은 보장기간, 보장받고자 하는 위험의 내용, 기대이익 및 감수할 수 있는 손실 수준을 말하고, ⅱ) 재산상황은 개인의 경

---

119) 5. "서민 금융생활 지원사업"이란 다음의 사업을 말한다.
　　가. 저소득층의 창업, 취업, 주거, 의료 및 교육을 지원하기 위한 신용대출사업
　　나. 금융채무 불이행자의 경제적 회생을 지원하기 위한 신용대출사업
　　다. 저소득층의 보험계약 체결 및 유지를 지원하기 위한 사업
　　라. 저소득층의 원활한 금융생활 지원을 위한 종합상담 및 금융상품 등의 소개 사업
　　마. 그 밖에 서민생활의 안정을 위한 사업으로서 대통령령으로 정하는 사업

우 보유자산, 연간 소득 및 부채(원리금 연체 상황도 포함)를 말하고, 법인등은 회계정보를 말한다. iii) 상품 취득·처분 경험 또는 그 밖의 정보의 경우 과거 취득·처분한 상품에 관한 다음의 사항, 즉 상품의 내용, 취득·처분의 목적 및 금액, 유사 금융상품의 거래기간 및 거래빈도를 말하고, 또한 해당 금융상품에 대한 이해도, 연령, 위험에 대한 태도를 말한다.

2) 투자성 상품

투자성 상품의 경우 i) 거래목적은 투자기간, 기대이익 및 감수할 수 있는 손실 수준을 말하고, ii) 재산상황은 보장성 상품의 경우와 같다. iii) 상품 취득·처분 경험 또는 그 밖의 정보의 경우도 보장성 상품의 경우와 같다.

3) 대출성 상품

대출성 상품의 경우 i) 거래목적은 대출 용도를 말하는데, 고객의 거래목적을 파악하여야 하는 대출성 상품은 대출(법 제2조 제1호 가목·라목에 따른 대출 또는 영 제2조 제1항 제2호 본문 및 같은 항 제6호에 따른 대출)로 한정한다. ii) 재산상황은 보장성 상품의 경우와 같다. iii) 상품 취득·처분 경험 또는 그 밖의 정보의 경우는 신용점수, 계약기간 동안의 변제계획, 해당 금융상품에 대한 이해도, 연령을 말한다. 금융상품판매업자 등이 대출성 상품 중 신용카드에 관한 계약체결을 권유하는 경우에 파악하여야 하는 정보는 일반금융소비자의 연간 소득, 신용점수 및 신용카드 이용대금 결제계획으로 한정한다.

(마) 전문투자형 사모집합투자기구의 집합투자증권 판매

금융상품판매업자등이 전문투자형 사모집합투자기구의 집합투자증권을 판매하는 경우에는 소비자 분류 확인의무(법17①), 소비자 정보 파악·확인의무(법17②), 부적합 계약체결 권유 금지 의무(법17③) 규정을 적용하지 아니한다(법17⑤ 본문).

다만, 적격투자자(자본시장법249의2) 중 일반금융소비자 등 투자성 상품에 관한 계약의 일반금융소비자가 소비자 분류 확인의무(법17①), 소비자 정보 파악·확인의무(법17②), 부적합 계약체결 권유 금지 의무(법17③) 규정을 적용받겠다는 의사를 금융상품판매업자등에 서면 또는 우편 또는 팩스에 따른 서신전달, 전화, 전자우편, 또는 이에 준하는 전자적 의사표시, 그 밖에 상대방에 의사를 표시하였다는 사실을 객관적으로 입증할 수 있는 방법("서면등")으로 알린 경우(영11⑧)에는 그러하지 아니하다(법17⑤ 단서, 영11⑦).

(바) 투자성 상품과 별도 요청 시 준수사항

금융상품판매업자등이 투자성 상품에 관한 계약의 일반금융소비자에 소비자 분류 확인의무(법17①), 소비자 정보 파악·확인의무(법17②), 부적합 계약체결 권유 금지 의무(법17③) 규정의 적용을 별도로 요청할 수 있음을 알리는 경우에 다음의 사항을 지켜야 한다(법17⑥, 영11⑦⑨).

ⅰ) 계약체결의 권유를 하기 전에 알려야 하고(영11⑨(1)), ⅱ) 소비자 분류 확인의무(법17①), 소비자 정보 파악·확인의무(법17②), 부적합 계약체결 권유 금지 의무(법17③) 규정의 적용을 별도로 요청할 수 있다는 사실 및 요청 방법, 소비자 분류 확인의무(법17①), 소비자 정보 파악·확인의무(법17②), 부적합 계약체결 권유 금지 의무(법17③) 규정의 적용을 별도로 요청하지 않을 경우에는 일반금융소비자에 적합하지 않은 계약의 체결로 인한 손해에 대해 금융상품판매업자등이 해당 규정에 따른 책임을 지지 않는다는 사실을 일반금융소비자에 서면등(전화를 제외)으로 알리고 그 사실에 대해 서명 또는 그 밖에 전자금융거래법 제21조 제2항[120]에 따른 기준을 지키는 안전성과 신뢰성이 확보될 수 있는 수단을 통해 확인을 받아야 하고(영11⑨(2)), ⅲ) 그 밖에 일반금융소비자의 보호를 위하여 금융위원회가 정하여 고시하는 사항을 지켜야 한다(영11⑨(3)).

(사) 위반시 제재

법 제17조 제2항을 위반하여 정보를 파악하지 아니하거나 확인을 받지 아니하거나 이를 유지·관리하지 아니하거나 확인받은 내용을 지체 없이 제공하지 아니한 자(제1호), 법 제17조 제3항을 위반하여 계약체결을 권유한 자(제2호)에게는 3천만원 이하의 과태료를 부과한다(법69②(1)(2)).

---

120) 전자금융거래법 제21조(안전성의 확보의무) ② 금융회사등은 전자금융거래의 안전성과 신뢰성을 확보할 수 있도록 전자적 전송이나 처리를 위한 인력, 시설, 전자적 장치, 소요경비 등의 정보기술부문, 전자금융업무 및 전자서명법에 의한 인증서의 사용 등 인증방법에 관하여 금융위원회가 정하는 기준을 준수하여야 한다.

(2) 적정성원칙

(가) 소비자 정보파악의무

금융상품판매업자는 "대통령령으로 각각 정하는 보장성 상품, 투자성 상품 및 대출성 상품"("적용대상 상품")에 대하여 일반금융소비자에게 계약체결을 권유하지 아니하고 금융상품 판매계약을 체결하려는 경우에는 미리 면담·질문 등을 통하여 다음의 구분에 따른 정보를 파악하여야 한다(법18①).

1) 적용대상 상품

"대통령령으로 각각 정하는 보장성 상품, 투자성 상품 및 대출성 상품"이란 다음의 구분에 따른 상품을 말한다(영12①). 적정성원칙의 적용대상 상품은 다음과 같다. 적정성원칙은 키코(KIKO)상품의 불완전판매가 사회적 이슈가 되어 2009년 2월 3일 자본시장법 개정 시 되입되었다.

가) 보장성 상품

보장성 상품은 변액보험계약 및 이와 유사한 금융상품으로서 금융상품직접판매업자가 보험료(공제계약의 경우 공제료) 중 일부를 금융투자상품의 취득·처분 또는 그 밖의 방법으로 운용하여 발생한 수익이나 손실이 보험금 또는 해약환급금(금융소비자가 계약의 해지를 요구하여 계약이 해지된 경우에 금융상품판매업자가 금융소비자에게 환급해주는 금액)에 반영되는 상품을 말한다. 또한 그 밖에 금융위원회가 정하여 고시하는 금융상품을 말한다(영12①(1), 영11②).

나) 투자성 상품

투자성 상품은 ⅰ) 자본시장법에 따른 파생상품, ⅱ) 자본시장법 따른 파생결합증권(다만, 자본시장법 시행령 제7조 제2항 각 호[121]의 증권은 제외), ⅲ) 자본시장법에 따른 집합투자재산을 금융위원회가 정하는 기준을 초과하여 파생상품이나

---

121) 1. 제4조 각 호의 어느 하나에 해당하는 자("은행등")가 투자자와 체결하는 계약에 따라 발행하는 금적립계좌 또는 은적립계좌[투자자가 은행등에 금전을 지급하면 기초자산인 금(金) 또는 은(銀)의 가격 등에 따라 현재 또는 장래에 회수하는 금전등이 결정되는 권리가 표시된 것으로서 금융위원회가 정하여 고시하는 기준에 따른 파생결합증권을 말한다]
   2. 그 밖에 증권 및 장외파생상품에 대한 투자매매업의 인가를 받은 자가 투자자와 체결하는 계약에 따라 발행하는 파생결합증권으로서 금융위원회가 투자에 따른 위험과 손익의 구조 등을 고려하여 고시하는 파생결합증권

파생결합증권으로 운용하는 집합투자기구에 대한 집합투자증권(다만, 금융위원회
가 정하여 고시하는 집합투자기구의 집합투자증권은 제외), ⅳ) 이익참가부사채·교환
사채·상환사채·파생결합사채(상법469②), 전환사채(상법513) 및 신주인수권부사
채(상법516의2)에 따른 사채와 다른 종류의 사채로서 일정한 사유가 발생하는 경
우 주식으로 전환되거나 원리금을 상환해야 할 의무가 감면될 수 있는 사채,
ⅴ) 고난도금융투자상품, ⅵ) 앞의 5가지의 금융상품 중 어느 하나를 취득·처
분하는 금전신탁계약의 수익증권(이와 유사한 것으로서 신탁계약에 따른 수익권이
표시된 것을 포함), ⅶ) 고난도금전신탁계약, ⅷ) 고난도투자일임계약, ⅸ) 그 밖에
금융위원회가 정하여 고시하는 금융상품을 말한다(영12①(2)).

다) 대출성 상품

대출성 상품은 ⅰ) 주택(주택법 제2조 제1호[122])에 따른 주택)을 담보로 하여 계
약을 체결하는 대출성 상품, ⅱ) 증권 등 시장가치가 크게 변동될 수 있는 재산
을 담보로 하여 계약을 체결하는 대출성 상품, ⅲ) 그 밖에 금융위원회가 정하여
고시하는 금융상품을 말한다(영12①(3)).

2) 정보파악의무의 내용

가) 보장성 상품

보장성 상품은 일반금융소비자의 연령, 재산상황(부채를 포함한 자산 및 소득
에 관한 사항), 보장성 상품 계약체결의 목적을 파악하여야 한다(법18①(1)).

나) 투자성 상품

투자성 상품은 일반금융소비자의 해당 금융상품 취득 또는 처분 목적, 재산
상황, 취득 또는 처분 경험을 파악하여야 한다(법18①(2)).

다) 대출성 상품

대출성 상품은 일반금융소비자의 재산상황, 신용 및 변제계획을 파악하여야

---

122) 1. "주택"이란 세대(世帶)의 구성원이 장기간 독립된 주거생활을 할 수 있는 구조로 된 건
축물의 전부 또는 일부 및 그 부속토지를 말하며, 단독주택과 공동주택으로 구분한다.
   2. "단독주택"이란 1세대가 하나의 건축물 안에서 독립된 주거생활을 할 수 있는 구조로
된 주택을 말하며, 그 종류와 범위는 대통령령으로 정한다.
   3. "공동주택"이란 건축물의 벽·복도·계단이나 그 밖의 설비 등의 전부 또는 일부를 공
동으로 사용하는 각 세대가 하나의 건축물 안에서 각각 독립된 주거생활을 할 수 있는
구조로 된 주택을 말하며, 그 종류와 범위는 대통령령으로 정한다.

한다(법18①(3)).

라) 적정성 판단 정보

금융상품판매업자가 금융상품 판매계약이 일반금융소비자에게 적정한지를 판단하는 데 필요하다고 인정되는 정보로서 다음 구분에 따른 정보를 파악하여야 한다(법18①(4), 영12②, 영11④).

(ㄱ) 보장성 상품

보장성 상품(법17②(1))의 경우 금융상품을 취득·처분한 경험, 금융상품을 이해하는데 필요한 지식의 수준, 위험에 대한 태도를 파악하여야 한다(영11④(1)).

(ㄴ) 투자성 상품

투자성 상품(법17②(2))의 경우 일반금융소비자의 연령, 금융상품을 이해하는데 필요한 지식의 수준, 위험에 대한 태도를 파악하여야 한다(영11④(2)).

(ㄷ) 대출성 상품

대출성 상품(법17②(3))의 경우 일반금융소비자의 연령, 금융상품을 이해하는데 필요한 지식의 수준을 파악하여야 하며, 다음의 대출성 상품, 즉 은행법에 따른 예금 및 대출과 상호저축은행법에 따른 예금 및 대출, 어음할인·매출채권 매입(각각 금융소비자에 금전의 상환을 청구할 수 있는 계약으로 한정)·대출·지급보증 또는 이와 유사한 것으로서 금전 또는 그 밖의 재산적 가치가 있는 것("금전등")을 제공하고 장래에 금전등 또는 그에 따른 이자 등 대가를 받기로 하는 계약의 경우는 계약체결의 목적을 파악하여야 한다(영11④(3)).

(ㄹ) 기타 적정성 판단시 상당한 정보

그 밖에 금융상품판매업자등이 적성성 판단기준을 일반금융소비자에 적용하기 위하여 필요하다고 인정할 만한 상당한 이유가 있는 정보를 파악하여야 한다(영11④(4)).

(나) 부적정 판단 사실 통지·확인의무 등

1) 통지·확인

금융상품판매업자는 확인한 사항을 고려하여 해당 금융상품이 그 일반금융소비자에게 적정하지 아니하다고 판단되는 경우에는 서면등으로 그 사실을 알리고, 그 일반금융소비자로부터 서명, 기명날인, 녹취, 서명(전자서명 포함), 기명날인, 녹취 각각에 준하여 안정성·신뢰성이 확보될 수 있는 전자적 확인방식으로 확인을 받아야 한다(법18② 전단, 영12③⑤).

　2) 적정성 판단기준

　부적정 판단 사실을 통지·확인하는 경우 적정성 판단기준은 시행령 [별표 4]와 같다(법18② 후단, 영12⑥). 일반금융소비자가 보장성 상품·투자성 상품과 대출성 상품의 구분에 따른 사항 중 어느 하나에 해당한다는 합리적 근거가 있는 경우에는 해당 금융상품이 적정하지 아니하다는 사실을 일반금융소비자에게 알려야 한다. 이 경우 금융상품판매업자는 그 검토내역을 구체적으로 작성하여야 한다(별표 4 제2호). 보장성 상품·투자성 상품과 대출성 상품에 관한 적정성 판단기준은 위에서 살펴본 적합성 판단기준의 내용과 같다.

　3) 적정성 판단 보고서와 설명서 제공

　해당 금융상품이 적정하지 않다는 사실을 알리는 경우에 ⅰ) 적정성 판단 보고서(적정성 판단기준을 적용한 결과 및 판단근거를 금융위원회가 정하는 바에 따라 작성한 문서), ⅱ) 금융상품에 관한 설명서를 일반금융소비자에 서면등으로 제공하여야 한다(영12④ 본문). 다만, 일반금융소비자가 원하지 않는 경우에는 제공하지 않을 수 있다(영12④ 단서).

　(다) 금융상품 유형별 정보내용

　금융상품판매업자가 금융상품의 유형별로 파악하여야 하는 정보의 세부적인 내용은 [별표 5]와 같다(법18③, 영12⑦). 이에 관하여는 앞에서 살펴보았다.

　(라) 전문투자형 사모집합투자기구의 집합투자증권 판매

　금융상품판매업자가 전문투자형 사모집합투자기구의 집합투자증권을 판매하는 경우에는 소비자 정보파악의무(법18①) 및 부적정 판단 사실 통지·확인의무(법18②) 규정을 적용하지 아니한다(법18④ 본문).

　다만, 적격투자자 중 일반금융소비자 등 투자성 상품에 관한 계약의 일반금융소비자가 소비자 정보파악의무(법18①) 및 부적정 판단 사실 통지·확인의무(법18②) 규정을 적용받겠다는 의사를 금융상품판매업자에 서면등으로 알린 경우에는 그러하지 아니하다(법18④ 단서, 영12⑧⑨).

(마) 투자성 상품과 별도 요청 통지 및 준수사항

금융상품판매업자는 법 제18조 제4항 단서에 따라 투자성 상품에 관한 계약의 일반금융소비자에게 소비자 정보파악의무(법18①) 및 부적정 판단 사실 통지·확인의무(법18②) 규정을 별도로 요청할 수 있음을 미리 알려야 한다(법18⑤, 영12⑧).

이에 따라 금융상품판매업자는 소비자 정보파악의무(법18①) 및 부적정 판단 사실 통지·확인의무(법18②) 규정의 적용을 별도로 요청할 수 있음을 알리는 경우에 ⅰ) 계약체결의 권유를 하기 전에 알려야 하고, ⅱ) 소비자 정보파악의무(법18①) 및 부적정 판단 사실 통지·확인의무(법18②) 규정의 적용을 별도로 요청할 수 있다는 사실 및 요청 방법, 소비자 정보파악의무(법18①) 및 부적정 판단 사실 통지·확인의무(법18②) 규정의 적용을 별도로 요청하지 않을 경우에는 일반금융소비자에 적정하지 않은 계약의 체결로 인한 손해에 대해 금융상품판매업자등이 해당 규정에 따른 책임을 지지 않는다는 사실을 일반금융소비자에 서면 등으로 알리고 그 사실에 대해 서명 또는 그 밖에 전자금융거래법 제21조 제2항에 따른 기준을 지키는 안전성과 신뢰성이 확보될 수 있는 수단을 통해 확인을 받아야 하며, ⅲ) 그 밖에 일반금융소비자의 보호를 위하여 금융위원회가 정하여 고시하는 사항을 지켜야 한다(영12⑩).

(바) 위반시 제재

법 제18조 제1항을 위반하여 정보를 파악하지 아니한 자(제3호), 법 제18조 제2항을 위반하여 해당 금융상품이 적정하지 아니하다는 사실을 알리지 아니하거나 확인을 받지 아니한 자(제4호)에게는 3천만원 이하의 과태료를 부과한다(법69②(3)(4)).

(3) 설명의무

(가) 중요한 사항 설명의무

금융상품판매업자등은 일반금융소비자에게 계약체결을 권유(금융상품자문업자가 자문에 응하는 것을 포함)하는 경우 및 일반금융소비자가 설명을 요청하는 경우에는 다음의 금융상품에 관한 중요한 사항(일반금융소비자가 특정 사항에 대한 설명만을 원하는 경우 해당 사항으로 한정)을 일반금융소비자가 이해할 수 있도록 설명하여야 한다(법19①).

1) 금융상품의 유형에 관한 사항

가) 보장성 상품

금융상품판매업자등은 보장성 상품의 경우 보장성 상품의 내용인 위험보장의 내용, 보험료 납입기간, 해약을 하거나 만기가 도래한 경우 각각의 환급금에 관한 사항(영13①), 보험료(공제료를 포함), 보험금(공제금을 포함) 지급제한 사유 및 지급절차, 위험보장의 범위, 위험보장 기간, 계약의 취소 및 무효에 관한 사항, 일반금융소비자 또는 피보험자(계약체결 이후 위험을 보장받는 자)가 고지의무 및 통지의무를 각각 위반한 경우에 금융상품직접판매업자가 계약을 해지할 수 있다는 사실, 상법 제647조[123])에 따라 보험료의 감액을 청구할 수 있는 권리, 일반금융소비자가 제공받는 서비스별 수수료 등 부대비용(영19②)을 설명하여야 한다(법19①(1) 가목).

나) 투자성 상품

금융상품판매업자등은 투자성 상품의 경우 "투자성 상품의 내용", "투자에 따른 위험", "대통령령으로 정하는 투자성 상품"의 경우 "대통령령으로 정하는 기준"에 따라 금융상품직접판매업자가 정하는 위험등급, 그 밖에 금융소비자가 부담해야 하는 수수료 등 투자성 상품에 관한 중요한 사항으로서 ⅰ) 일반금융소비자가 제공받는 서비스별 수수료 등 부대비용, ⅱ) 계약의 해제·해지에 관한 사항(일반금융소비자가 계약을 해지할 경우 받는 불이익을 포함)을 설명하여야 한다(법19①(1) 나목, 영13⑦).

(ㄱ) 투자성 상품의 내용

"투자성 상품의 내용"이란 ⅰ) 연계투자계약의 경우 온라인투자연계금융업법 제22조 제1항 각 호[124])(제3호는 제외)에 해당하는 정보를 말하고, ⅱ) 그 밖의

---

123) 상법 제647조(특별위험의 소멸로 인한 보험료의 감액청구) 보험계약의 당사자가 특별한 위험을 예기하여 보험료의 액을 정한 경우에 보험기간중 그 예기한 위험이 소멸한 때에는 보험계약자는 그 후의 보험료의 감액을 청구할 수 있다.

124) 온라인투자연계금융업법 제22조(투자자에게 제공하는 정보) ① 온라인투자연계금융업자는 투자자에게 다음에 해당하는 정보를 투자자가 쉽게 이해할 수 있도록 온라인플랫폼을 통하여 제공하여야 한다.
　　1. 대출예정금액, 대출기간, 대출금리, 상환 일자·일정·금액 등 연계대출의 내용

투자성 상품의 경우 계약기간, 금융상품의 구조, 기대수익(객관적·합리적인 산출근거가 있는 경우에 한정)을 말한다. 기대수익의 경우 객관적·합리적인 근거를 포함하여 설명하여야 한다(영13③).

(ㄴ) 투자에 따른 위험

"투자에 따른 위험"이란 ⅰ) 연계투자계약의 경우 연계투자에 따른 위험(온라인투자연계금융업법22①(3))을 말하고, ⅱ) 그 밖의 투자성 상품의 경우 손실이 발생할 수 있는 상황(최대 손실이 발생할 수 있는 상황을 포함) 및 그에 따른 손실 추정액을 말한다. 이 경우 객관적·합리적인 근거를 포함하여 설명하여야 한다(영13④).

(ㄷ) 대통령령으로 정하는 투자성 상품

"대통령령으로 정하는 투자성 상품"은 투자성 상품을 말한다(영13⑤ 본문). 다만, ⅰ) 연계투자계약, ⅱ) 증권, 금전채권, 동산, 부동산, 지상권, 전세권, 부동산임차권, 부동산소유권 이전등기청구권, 그 밖의 부동산 관련 권리, 무체재산권(지식재산권을 포함)(자본시장법103①(2)-(7))에 관한 신탁계약의 금융상품은 제외한다(영13⑤).

(ㄹ) 대통령령으로 정하는 기준

"대통령령으로 정하는 기준"이란 금융상품직접판매업자가 ⅰ) 금융상품의 가치변동 위험에 관한 다음의 사항인 금융상품 또는 금융상품의 가치에 영향을 주는 기초자산(자본시장법4⑩)의 변동성과 환율의 변동성(외국화폐로 투자하는 경우에 한정), ⅱ) 금융상품의 신용등급 및 해당 금융상품을 발행한 자의 신용위험(신

---

2. 제20조 제1항에 따라 확인한 차입자에 관한 사항
3. 연계투자에 따른 위험
4. 수수료·수수료율
5. 이자소득에 대한 세금·세율
6. 연계투자 수익률·순수익률
7. 투자자가 수취할 수 있는 예상 수익률
8. 담보가 있는 경우에는 담보가치, 담보가치의 평가방법, 담보설정의 방법 등에 관한 사항
9. 채무불이행 시 추심, 채권매각 등 원리금상환 절차 및 채권추심수수료 등 관련비용에 관한 사항
10. 연계대출채권 및 차입자 등에 대한 사항에 변경이 있는 경우에는 그 변경된 내용
11. 그 밖에 투자자 보호를 위하여 필요한 정보로서 금융위원회가 정하여 고시하는 사항

용등급의 변동, 파산, 기업구조조정 촉진법 제2조 제9호[125])에 따른 채무조정 또는 그 밖에 이에 준하는 경우)에 관한 사항, ⅲ) 금융상품의 구조 및 원금손실가능 범위에 관한 사항, ⅳ) 그 밖에 위험등급을 정하는 경우에 고려해야 할 사항으로서 금융위원회가 정하여 고시하는 사항을 고려하여 금융위원회가 정하는 바에 따라 마련한 기준을 말한다(영13⑥).

다) 예금성 상품

금융상품판매업자등은 예금성 상품의 경우 예금성 상품의 내용인 계약기간, 이자·수익의 지급시기 및 지급제한 사유(영13⑧), 이자율(계약을 해지할 경우 적용되는 이자율 및 만기 후 적용되는 이자율을 포함) 또는 수익률(이 경우 산출근거를 포함하여 설명하여야 한다), 일반금융소비자가 제공받는 서비스별 수수료 등 부대비용, 일반금융소비자가 계약을 해지할 경우 받는 불이익, 계좌이체 제한 등 금융상품 이용 관련 제한사항(영13⑨)을 설명하여야 한다(법19①(1) 다목).

라) 대출성 상품

금융상품판매업자등은 대출성 상품의 경우 ⅰ) 금리 및 변동 여부, 중도상환수수료(금융소비자가 대출만기일이 도래하기 전 대출금의 전부 또는 일부를 상환하는 경우에 부과하는 수수료) 부과 여부·기간 및 수수료율 등 대출성 상품의 내용인 계약기간, 일반금융소비자가 적용받을 수 있는 이자율 및 산출기준, 중도상환수수료에 관한 사항(영13⑩), ⅱ) 상환방법에 따른 상환금액·이자율·시기, ⅲ) 저당권 등 담보권 설정에 관한 사항, 담보권 실행사유 및 담보권 실행에 따른 담보목적물의 소유권 상실 등 권리변동에 관한 사항, ⅳ) 대출원리금, 수수료 등 금융소비자가 대출계약을 체결하는 경우 부담하여야 하는 금액의 총액, ⅴ) 그 밖에 대출계약의 해지에 관한 사항 등 대출성 상품에 관한 중요한 사항으로서 일반금융소비자가 계약을 해지할 경우 받는 불이익, 신용점수(법인인 경우 신용등급)에 미치는 영향, 원리금 납부 연체 시 적용되는 이자율("연체이자율") 및 그 밖에 원리금 납부 연체에 따른 불이익(일정 기간 납부해야 할 원리금이 연체될 경우에 계약만료 기한이 도래하기 전에 모든 원리금을 변제해야 할 의무가 발생할 수 있다는 사실

---

125) 9. "채무조정"이란 금융채권자가 보유한 금융채권에 대하여 상환기일 연장, 원리금 감면, 채권의 출자전환 및 그 밖에 이에 준하는 방법으로 채무의 내용을 변경하는 것을 말한다.

을 포함), 계약의 연장 거부 등 금융상품 이용 관련 제한사항(영13⑪)을 설명하여야 한다(법19①(1) 라목).

2) 연계 · 제휴서비스등에 관한 사항

금융상품판매업자등은 위 1)의 보장성 상품, 투자성 상품, 예금성 상품, 대출성 상품과 연계되거나 제휴된 금융상품 또는 서비스 등("연계 · 제휴서비스등")이 있는 경우 연계 · 제휴서비스등의 내용, 연계 · 제휴서비스등의 이행책임에 관한 사항, 금융상품과 연계되거나 제휴된 금융상품 또는 서비스 등("연계 · 제휴서비스등")의 제공기간, 연계 · 제휴서비스등의 변경에 관하여 변경내용 및 그 사유 등을 일반금융소비자에 사전에 알린다는 사실 및 알리는 방법을 설명하여야 한다(법19①(2), 영13②).

3) 청약 철회의 기한 · 행사방법 · 효과에 관한 사항

금융상품판매업자등은 청약 철회(법46)의 기한 · 행사방법 · 효과에 관한 사항을 설명하여야 한다(법19①(3)).

4) 기타 금융소비자보호를 위한 사항

금융상품판매업자등은 민원처리 및 분쟁조정 절차에 관한 사항을 설명하여야 하고, 금융상품판매업자는 ⅰ) 예금보험기금 등 법률상 기금에 따라 보호되는지에 관한 사항을 설명하여야 하고, ⅱ) 위법계약해지권(법47) 행사에 관한 사항(자동차손해배상 보장법에 따른 책임보험 등 법률에 가입해야 할 의무가 부과되는 보장성 상품의 경우에는 계약해지 전까지 해당 금융상품에 관한 다른 계약을 체결해야 한다는 사실을 포함해야 한다)을 설명하여야 한다. 다만 예금보험기금 등 법률상 기금에 따라 보호되는지에 관한 사항의 경우는 대출성 상품에 적용하지 않는다. 또한 금융상품판매업자등은 그 밖에 일반금융소비자의 합리적 의사결정 지원 또는 권익보호를 위해 필요한 정보로서 금융위원회가 정하여 고시하는 사항을 설명하여야 한다(법19①(4), 영13③).

(나) 설명서 포함사항

설명서에는 위에서 살펴본 금융상품의 유형에 관한 사항, 연계 · 제휴서비스등에 관한 사항, 청약 철회의 기한 · 행사방법 · 효과에 관한 사항, 그리고 기타 금융소비자보호를 위한 사항(법19① 각 호)이 포함되어야 하고, 설명을 한 내용과 설명서의 내용이 동일하다는 사실 및 그 사실을 확인하는 서명(금융상품직접판매업자의 임직원, 금융상품판매대리·중개업자 등 설명을 직접 수행한 사람의 서명)이 포함되어야 한다(영14③(1)(2) 본문). 다만, 예금성 상품·대출성 상품에 관한 계약의 경우와 전자금융거래 방식으로 계약을 체결하는 경우는 서명이 포함되지 않아도 된다(영14③(2) 단서).

(다) 설명서 교부 및 확인의무

금융상품판매업자등은 설명에 필요한 설명서를 일반금융소비자에게 제공하여야 하며, 설명한 내용을 일반금융소비자가 이해하였음을 서명, 기명날인, 녹취 또는 전자적 확인방식으로 확인을 받아야 한다(법19② 본문, 영13⑭).

금융상품판매업자등은 설명을 할 때 일반금융소비자에 설명서(금융상품자문에 응하는 경우에는 금융상품자문서)를 서면등으로 제공하여야 하고, 전화를 이용하여 설명을 하는 경우에는 설명 후 지체 없이 설명서를 제공하여야 한다(영14①).

(라) 설명서 제공·확인의무의 예외

금융소비자 보호 및 건전한 거래질서를 해칠 우려가 없는 경우로서 ⅰ) 기본계약을 체결하고 그 계약내용에 따라 계속적·반복적으로 거래를 하는 경우, ⅱ) 기존계약을 같은 내용으로 갱신하는 경우, ⅲ) 금융상품자문업자가 금융소비자보호법 제27조(금융상품자문업자의 영업행위준칙 등) 제3항 각 호의 사항, 자문업무 관련 금융상품에 관한 세부정보를 확인할 수 있는 방법, 그 밖에 금융위원회가 정하여 고시하는 사항을 포함한 서류("금융상품자문서")를 일반금융소비자에게 제공하는 경우, ⅳ) 온라인투자연계금융업자가 일반금융소비자에 온라인투자연계금융업법 제22조 제1항 각 호의 정보를 제공하거나 같은 법 제24조 제1항 각 호[126]의 사항을 모두 설명한 경우, ⅴ) 대부업자 또는 대부중개업자가 일반금융

---

126) 온라인투자연계금융업법 제24조(연계대출계약의 체결 등) ① 온라인투자연계금융업자는 차입자와 연계대출계약을 체결하는 경우에는 다음의 사항이 포함된 계약서를 차입자에게 교부하여야 한다.
　　1. 온라인투자연계금융업자 및 차입자의 명칭 또는 성명 및 주소 또는 소재지
　　2. 계약일자
　　3. 대출금액
　　4. 대출이자율 및 연체이자율
　　5. 수수료 등 부대비용
　　6. 변제기간 및 변제방법

소비자에 대부업법 제6조 제1항 각 호[127)의 사항을 모두 설명한 경우, vi) 그 밖에 금융소비자 보호 및 건전한 거래질서를 해칠 우려가 없다고 금융위원회가 정하여 고시하는 경우에는 설명서를 제공하지 아니할 수 있다(법19② 단서, 영13⑮).

(마) 핵심설명서 제공의무

금융상품판매업자는 설명서를 제공하는 경우에 금융상품의 유형에 관한 사항, 연계·제휴서비스등에 관한 사항, 청약 철회의 기한·행사방법·효과에 관한 사항, 그리고 기타 금융소비자보호를 위한 사항(법19① 각 호) 중 ⅰ) 일반금융소비자의 계약체결 여부 판단에 중요한 영향을 줄 수 있는 사항, ⅱ) 일반금융소비자의 권익 보호에 중요한 사항을 금융위원회가 정하는 바에 따라 작성한 요약서("핵심설명서")를 함께 제공하여야 한다(영14② 본문). 다만, 예금성 상품에 관한 계약체결을 권유하는 경우에는 그러하지 아니하다(영14② 단서).

(바) 중요한 사항의 거짓·왜곡 설명 및 누락 금지

금융상품판매업자등은 설명을 할 때 앞에서 살펴본 금융상품의 유형에 관한 사항, 연계·제휴서비스등에 관한 사항, 청약 철회의 기한·행사방법·효과에

---

7. 손해배상액 또는 강제집행에 관한 약정이 있는 경우에는 그 내용
8. 채무의 조기상환 조건
9. 그 밖에 차입자를 보호하기 위하여 필요한 사항으로서 대통령령으로 정하는 사항

127) 대부업법 제6조(대부계약의 체결 등) ① 대부업자가 그의 거래상대방과 대부계약을 체결하는 경우에는 거래상대방이 본인임을 확인하고 다음의 사항이 적힌 대부계약서를 거래상대방에게 교부하여야 한다.
1. 대부업자(그 영업소를 포함) 및 거래상대방의 명칭 또는 성명 및 주소 또는 소재지
2. 계약일자
3. 대부금액
3의2. 제8조 제1항에 따른 최고이자율
4. 대부이자율(제8조 제2항에 따른 이자율의 세부내역 및 연 이자율로 환산한 것을 포함)
5. 변제기간 및 변제방법
6. 제5호의 변제방법이 계좌이체 방식인 경우에는 변제를 받기 위한 대부업자 명의의 계좌번호
7. 해당 거래에 관한 모든 부대비용
8. 손해배상액 또는 강제집행에 관한 약정이 있는 경우에는 그 내용
9. 보증계약을 체결한 경우에는 그 내용
10. 채무의 조기상환수수료율 등 조기상환조건
11. 연체이자율
12. 그 밖에 대부업자의 거래상대방을 보호하기 위하여 필요한 사항으로서 대통령령으로 정하는 사항

관한 사항, 그리고 기타 금융소비자보호를 위한 사항(법19① 각 호)을 거짓으로 또는 왜곡(불확실한 사항에 대하여 단정적 판단을 제공하거나 확실하다고 오인하게 할 소지가 있는 내용을 알리는 행위)하여 설명하거나 금융상품의 유형에 관한 사항, 연계·제휴서비스등에 관한 사항, 청약 철회의 기한·행사방법·효과에 관한 사항, 그리고 기타 금융소비자보호를 위한 사항(법19① 각 호)을 빠뜨려서는 아니 된다(법19③, 영13⑥).

(사) 설명서·핵심설명서 및 금융상품자문서 성립요건

설명서·핵심설명서 및 금융상품자문서는 각각 다음의 요건, 즉 ⅰ) 금융상품직접판매업자가 작성하여야 하고,[128] ⅱ) 일반금융소비자가 쉽게 이해할 수 있도록 알기 쉬운 용어를 사용하여야 하며, ⅲ) 일반금융소비자의 이익에 중요한 영향을 줄 수 있는 사항으로서 일반금융소비자가 선택해야 하는 항목의 경우 항목들 간의 비교가 쉽도록 관련 정보를 제공하여야 하고, ⅳ) 중요한 내용은 부호, 색채, 굵고 큰 글자 등으로 명확하게 표시하여 알아보기 쉽게 작성하여야 하며, ⅴ) 일반금융소비자가 해당 금융상품에서 얻는 편익 및 그 편익을 얻는 데 필요한 요건을 함께 알 수 있도록 하여야 하고, ⅵ) 그 밖에 일반금융소비자가 설명서를 쉽게 이해하는데 필요한 사항으로서 금융위원회가 정하여 고시하는 사항의 요건을 모두 갖춰야 한다(영14④ 본문). 다만, 금융상품자문서의 경우 금융상품직접판매업자가 작성하지 않아도 된다(영14④ 단서).

그 밖에 설명서·핵심설명서 및 금융상품자문서 각각의 내용 및 제공 방법·절차 관련 구체적인 사항은 금융위원회가 정하여 고시한다(영14⑤).

(아) 위반시 제재

법 제19조 제1항을 위반하여 중요한 사항을 설명하지 아니하거나 같은 조 제2항을 위반하여 설명서를 제공하지 아니하거나 확인을 받지 아니한 자에게는 1억원 이하의 과태료를 부과한다(법69①(2)).

금융상품판매대리·중개업자가 금융상품계약체결등의 업무를 대리하거나

---

128) 다만, 해당 집합투자증권의 발행인이 작성한 자본시장법 제123조 제1항에 따른 투자설명서 및 간이투자설명서를 금융상품직접판매업자가 검증(법 제19조 제3항에 해당되는지에 대한 확인)하여 금융소비자에 제공한 경우에 그 검증된 사항은 설명서 및 핵심설명서에 작성하지 않아도 된다(영14④(1) 단서).

중개하게 한 금융상품판매대리·중개업자가 법 제19조 제1항을 위반하여 중요한 사항을 설명하지 아니하거나 법 제19조 제2항을 위반하여 설명서를 제공하지 아니하거나 확인을 받지 아니한 경우에 그 업무를 대리하거나 중개하게 한 금융상품판매대리·중개업자에게는 1억원 이하의 과태료를 부과한다(법69①(6) 본문 가목). 다만, 업무를 대리하거나 중개하게 한 금융상품판매대리·중개업자로서 그 위반행위를 방지하기 위하여 해당 업무에 관하여 적절한 주의와 감독을 게을리 하지 아니한 자는 제외한다(법69①(6) 단서).

(4) 불공정영업행위의 금지
(가) 우월적 지위 이용금지

금융상품판매업자등은 우월적 지위를 이용하여 금융소비자의 권익을 침해하는 다음의 어느 하나에 해당하는 행위("불공정영업행위")를 해서는 아니 된다(법20①).

1) 금융소비자의 의사에 반한 금융상품의 계약체결 강요행위 금지

대출성 상품, 채무증권, 지분증권, 집합투자증권, 그 밖에 금융소비자에 대한 자금지원 성격의 거래로서 금융위원회가 정하여 고시하는 금융상품에 관한 계약체결과 관련하여 금융소비자의 의사에 반하여 다른 금융상품의 계약체결을 강요하는 행위는 금지된다(법20①(1), 영15①).

2) 부당한 담보·보증 요구행위 금지

대출성 상품, 채무증권, 지분증권, 집합투자증권, 그 밖에 금융소비자에 대한 자금지원 성격의 거래로서 금융위원회가 정하여 고시하는 금융상품에 관한 계약체결과 관련하여 부당하 게 담보를 요구하거나 보증을 요구하는 행위는 금지된다(법20①(2), 영15①).

3) 편익 요구·제공받는 행위 금지

금융상품판매업자등 또는 그 임직원이 업무와 관련하여 편익을 요구하거나 제공받는 행위는 금지된다(법20①(3)).

4) 대출상품의 경우 금지행위

대출성 상품의 경우 다음이 행위는 금지된다(법20①(4)).

가) 자기 또는 제3자 이익 위한 특정 대출 상환방식 강요행위 금지

자기 또는 제3자의 이익을 위하여 금융소비자에게 특정 대출 상환방식을 강요하는 행위는 금지된다(법20①(4) 가목).

나) 수수료, 위탁금 또는 중도상환수수료 부과행위 금지

수수료, 위약금 또는 그 밖에 어떤 명목이든 중도상환수수료를 부과하는 행위는 금지된다. 다만 대출계약이 성립한 날부터 3년 이내에 상환하는 경우, 다른 법령에 따라 중도상환수수료 부과가 허용되는 경우, 금융소비자가 시설대여·연불판매 또는 할부금융에 관한 계약을 해지한 경우는 허용된다. 다만, 이 경우 ⅰ) 계약에 따른 재화를 인도받지 않은 경우, ⅱ) 금융소비자의 고의·과실이 없었으나 시설대여연불판매·할부금융에 관한 계약에 따라 취득한 재화가 재해 등으로 멸실되거나 정상적인 사용이 어려운 경우, ⅲ) 그 밖에 중도상환수수료 부과가 부당한 경우로서 금융위원회가 정하여 고시하는 경우는 예외로 한다. 또한 그 밖에 계약의 해지로 인해 금융상품판매업자등이 부담하게 되는 손실 등을 고려하여 중도상환수수료 부과가 필요한 경우로서 금융위원회가 정하여 고시하는 경우는 중도상환수수료를 부과할 수 있다(법20①(4) 나목, 영15②).

다) 제3자의 연대보증 요구행위 금지

개인에 대한 대출 등 "대통령령으로 정하는 대출상품"의 계약과 관련하여 제3자의 연대보증을 요구하는 행위는 금지된다(법20①(4) 다목). 여기서 "대통령령으로 정하는 대출상품"이란 금융소비자가 개인인 대출과 금융소비자가 법인인 대출이 있다. 여기의 대출에는 은행의 대출, 상호저축은행의 대출, 금융소비자에 어음할인·매출채권 매입(각각 금융소비자에 금전의 상환을 청구할 수 있는 계약으로 한정)·대출·지급보증 또는 이와 유사한 것으로서 금전 또는 그 밖의 재산적 가치가 있는 것("금전등")을 제공하고 장래에 금전등 또는 그에 따른 이자 등 대가를 받기로 하는 계약이 해당한다(영15③(1)(2) 본문).

다만, 금융소비자가 법인인 대출의 경우 ⅰ) 대표이사 또는 무한책임사원, ⅱ) 상법에 따른 최대주주, ⅲ) 의결권 있는 발행 주식 총수의 30%(배우자·4촌 이내의 혈족 및 인척이 보유한 의결권 있는 발행 주식을 합산)을 초과하여 보유한 자, ⅳ) 그 밖에 앞의 3가지에 준하는 자로서 금융위원회가 정하여 고시하는 자에 대

한 연대보증을 요구하는 대출은 제외한다(영15③(2) 단서).

5) 연계·제휴서비스등의 부당 축소·변경행위 금지

연계·제휴서비스등이 있는 경우 연계·제휴서비스등을 부당하게 축소하거나 변경하는 행위로서 ⅰ) 연계·제휴서비스등이 축소·변경된다는 사실을 금융위원회가 정하여 고시하는 바에 따라 금융소비자에 충분히 알리지 않은 경우, ⅱ) 연계·제휴서비스등을 금융소비자에 불리하게 축소·변경하는 경우(다만, 연계·제휴서비스등이 3년 이상 제공된 상태에서 해당 연계·제휴서비스등으로 인해 금융상품의 수익성이 현저히 낮아져 축소·변경하는 경우는 제외), ⅲ) 그 밖에 앞의 2가지와 유사한 행위로서 금융위원회가 정하여 고시하는 행위(제3호)는 금지된다(법20①(5) 본문, 영15④). 다만, 연계·제휴서비스등을 불가피하게 축소하거나 변경하더라도 금융소비자에게 그에 상응하는 다른 연계·제휴서비스등을 제공하는 경우와 금융상품판매업자등의 휴업·파산·경영상의 위기 등에 따른 불가피한 경우는 제외한다(법20①(5) 단서).

그러나 ⅰ) 금융상품판매업자등 또는 연계·제휴서비스등을 제공하는 자의 휴업·파산·경영상의 위기, 천재지변이 발생한 경우, ⅱ) 연계·제휴서비스등을 제공하는 자가 금융상품판매업자등의 의사에 반하여 해당 연계·제휴서비스등을 축소하거나 변경한 경우(이 경우 금융상품판매업자등은 다른 연계·제휴서비스등을 제공하는 자를 통해 유사한 연계·제휴서비스등을 제공하여야 한다), ⅲ) 그 밖에 앞의 2가지 사유와 유사한 경우로서 금융위원회가 정하여 고시하는 경우에는 연계·제휴서비스등을 부당하게 축소하거나 변경하는 행위로 보지 않는다(영15⑤).

6) 기타 권익 침해행위 금지

그 밖에 금융상품판매업자등이 우월적 지위를 이용하여 금융소비자의 권익을 침해하는 행위는 금지된다(법20①(6)).

(나) 불공정영업행위 유형 또는 기준

불공정영업행위에 관하여 구체적인 유형 또는 기준은 대통령령으로 정한다(법20②). 이에 따라 금융상품판매업자등은 다음의 어느 하나에 해당하는 행위를 해서는 안 된다(영15⑥).

1. 대출, 그 밖에 금융위원회가 정하여 고시하는 금융상품에 관한 계약체결과 관련하여 금융 소비자로 하여금 제3자의 명의를 사용하거나 다른 기관과 계약을 체결하는 방법을 통해 다른 금융상품에 관한 계약을 체결하도록 강요하는 행위

2. 부당하게 담보를 요구하거나 보증을 요구하는 행위로서 다음의 어느 하나에 해당하는 행위

   가. 금융소비자 또는 제3자로부터 담보 또는 보증을 취득할 때 정당한 사유 없이 포괄근담보(包括根擔保: 현재 발생하였거나 장래에 발생할 다수의 채무 또는 불확정 채무를 일정한 한도에서 담보하기 위한 물건 또는 권리를 제공하는 것) 또는 포괄근보증(包括根保證: 현재 발생하였거나 장래에 발생할 다수의 채무 또는 불확정 채무를 일정한 한도에서 보증하는 것)을 요구하는 행위. 다만, 포괄근담보가 금융소비자에 객관적으로 편리한 경우 등 금융위원회가 정하여 고시하는 경우에 해당하는 행위는 제외한다.

   나. 대출금액에 대하여 통상적인 담보를 취득하였거나 기금에서 채무보증이 가능한 경우에도 정당한 사유 없이 추가적으로 제3자의 보증을 요구하는 행위

3. 대출, 그 밖에 금융위원회가 정하여 고시하는 금융상품에 관한 계약체결과 관련하여 다음의 어느 하나에 해당하는 행위를 하는 경우

   가. 금융소비자가 중소기업(중소기업기본법에 따른 중소기업 중 금융위원회가 정하여 고시하는 중소기업)인 경우 그 금융소비자의 대표자 또는 관계인(금융위원회가 정하여 고시하는 자에 한정)에 다른 금융상품의 계약체결을 강요하는 행위

   나. 계약체결 이후 단기간 내 동일한 금융소비자와 다른 금융상품에 관한 계약을 체결하는 행위 등 금융소비자에 다른 금융상품의 계약체결을 강요하였다고 볼 수 있는 행위로서 금융위원회가 정하여 고시하는 행위(금융소비자가 다음의 어느 하나에 해당하는 자인 경우에 한정)

      1) 중소기업, 그 기업의 대표자 또는 금융위원회가 정하여 고시하는 관계인

      2) 신용점수가 금융위원회가 정하여 고시하는 수준 이하에 해당하는 사람

4. 대출에 관한 계약("기존계약")을 체결했던 금융소비자와 기존계약과 동일한

금전등을 제공하는 새로운 대출에 관한 계약("신규 계약)을 체결한 후에 기존계약의 유지기간과 신규 계약의 유지기간을 합하여 3년이 넘었음에도 대출계약이 성립한 날부터 3년 이내에 상환하는 경우(법20①(4) 나목)에 해당한다는 이유로 금융소비자의 계약해지에 대해 중도상환 수수료를 부과하는 행위 등 계약의 변경·해지를 이유로 금융소비자에 수수료 등 금전의 지급을 부당하게 요구하는 행위

5. 정당한 사유 없이 금융상품에 관한 계약의 체결·해지 또는 계약에 따른 금융상품의 이용을 제한하는 행위

6. 금융상품에 관한 계약체결 이후 자체 점검, 민원 또는 감독(법48①)·검사를 통해 다음의 사항이 확인된 후에도 그 사실을 금융소비자에 알리지 않는 행위
   가. 계약체결 과정에서의 법 위반 사실
   나. 계약으로 인해 금융소비자의 재산에 현저한 손실이 발생할 위험이 높다는 사실

7. 금융소비자가 청약을 철회(법46①)하였다는 이유로 금융상품에 관한 계약에 불이익을 부과하는 행위. 다만, 같은 금융상품판매업자등에 같은 상품유형의 금융상품에 관한 계약에 대하여 1개월 내 두 번 이상 청약의 철회의사를 표시한 경우 및 그 밖에 금융위원회가 정하여 고시하는 경우는 제외한다.

8. 금융소비자가 위법계약의 해지(법47①)를 요구하거나 금융상품판매업자등이 정당한 사유 없이 해지 요구를 따르지 않아 계약을 해지한 경우(법47②) 계약을 해지하였다는 이유로 금융상품에 관한 계약에 불이익을 부과하는 행위

9. 금융상품에 대한 계약해지 신청 또는 법령에 따른 이자율·보험료 인하 요구를 정당한 사유 없이 거절하거나 그 처리를 상당 기간 지연시키는 행위

10. 이자율 및 대여 가능한 금전의 한도에 다음의 사항을 정당한 사유 없이 반영하지 않는 행위
    가. 금융소비자가 제공한 정보
    나. 금융소비자의 신용 및 상환능력

11. 그 밖에 제1호부터 제10호까지의 행위와 유사한 행위로서 금융위원회가 정하여 고시하는 행위

(다) 위반시 제재

법 제20조 제1항 각 호의 어느 하나에 해당하는 행위를 한 자에게는 1억원

이하의 과태료를 부과한다(법69①(3)).

　　금융상품판매대리·중개업자가 금융상품계약체결등의 업무를 대리하거나 중개하게 한 금융상품판매대리·중개업자가 법 제20조 제1항 각 호의 어느 하나에 해당하는 행위를 한 경우에 그 업무를 대리하거나 중개하게 한 금융상품판매대리·중개업자에게는 1억원 이하의 과태료를 부과한다(법69①(6) 본문 나목). 다만, 업무를 대리하거나 중개하게 한 금융상품판매대리·중개업자로서 그 위반행위를 방지하기 위하여 해당 업무에 관하여 적절한 주의와 감독을 게을리하지 아니한 자는 제외한다(법69①(6) 단서).

(5) 부당권유행위 금지
(가) 금지행위

　　금융상품판매업자등은 계약체결을 권유(금융상품자문업자가 자문에 응하는 것을 포함)하는 경우에 다음의 어느 하나에 해당하는 행위를 해서는 아니 된다(법21 본문, 영16③).

　　ⅰ) 불확실한 사항에 대하여 단정적 판단을 제공하거나 확실하다고 오인하게 할 소지가 있는 내용을 알리는 행위는 금지된다(법21(1)). ⅱ) 금융상품의 내용을 사실과 다르게 알리는 행위는 금지된다(법21(2)). ⅲ) 금융상품의 가치에 중대한 영향을 미치는 사항을 미리 알고 있으면서 금융소비자에게 알리지 아니하는 행위는 금지된다(법21(3)).

　　ⅳ) 금융상품 내용의 일부에 대하여 비교대상 및 기준을 밝히지 아니하거나 객관적인 근거 없이 다른 금융상품과 비교하여 해당 금융상품이 우수하거나 유리하다고 알리는 행위는 금지된다(법21(4)). ⅴ) 보장성 상품의 경우 다음의 어느 하나에 해당하는 행위, 즉 금융소비자[이해관계인으로서 피보험자를 포함(영16②)]가 보장성 상품 계약의 중요한 사항을 금융상품직접판매업자에게 알리는 것을 방해하거나 알리지 아니할 것을 권유하는 행위는 금지되고, 금융소비자가 보장성 상품 계약의 중요한 사항에 대하여 부실하게 금융상품직접판매업자에게 알릴 것을 권유하는 행위는 금지된다(법21(5)).

　　ⅵ) 투자성 상품의 경우 다음의 어느 하나에 해당하는 행위, 즉 금융소비자로부터 계약의 체결권유를 해줄 것을 요청받지 아니하고 방문·전화 등 실시간

대화의 방법을 이용하는 행위(가목)는 금지되고, 계약의 체결권유를 받은 금융소비자가 이를 거부하는 취지의 의사를 표시하였는데도 계약의 체결권유를 계속하는 행위(나목)는 금지된다(법21(6)). vii) 금융상품에 관한 중요한 사항을 설명하는데 필요한 역량을 법령, 내부통제기준 등에 따라 갖추지 않은 사람이 권유하는 행위는 금지된다(법21(7), 영16③(1)).

viii) 기존에 보유한 금융상품에 관한 계약을 해지하고 그 금융상품보다 불리한 금융상품을 취득할 것을 일반금융소비자에 권유하는 행위는 금지된다(법21(7), 영16③(2)). ix) 소비자 정보 파악·확인의무(법17②) 및 부적정 판단 사실 통지·확인의무(법18②)에 따라 확인해야 하는 일반금융소비자의 정보를 일반금융소비자가 조작하도록 유도하거나 조작하여 권유하는 행위는 금지된다(법21(7), 영16③(3)). x) 적합성원칙(법17)을 적용받지 않기 위해 일반금융소비자로부터 계약체결의 권유를 원하지 않는다는 의사를 서면등으로 받는 행위는 금지된다(법21(7), 영16③(4)).

xi) 일반금융소비자가 금전의 대여나 그 대리·중개를 요청하지 않았으나 금전의 대여와 연계하여 투자성 상품을 권유하는 행위는 금지된다(법21(7), 영16③(5)). xii) 그 밖에 금융소비자의 합리적 판단을 저해하거나 이해 상충이 발생하는 등 금융소비자 보호 또는 건전한 거래질서를 해칠 우려가 있는 행위로서 금융위원회가 정하여 고시하는 행위는 금지된다(법21(7), 영16③(6)).

(나) 금지행위의 제외

금융소비자 보호 및 건전한 거래질서를 해칠 우려가 없는 행위로서 다음의 행위는 제외한다(법21 단서, 영16①). 즉 금융소비자로부터 계약의 체결권유를 해줄 것을 요청받지 아니하고 방문·전화 등 실시간 대화의 방법을 이용하는 행위(법21(6) 가목)는 금지되는데, 금융소비자로부터 계약의 체결권유를 해줄 것을 요청받지 않고 방문·전화 등 실시간 대화의 방법을 이용하여 증권 또는 장내파생상품을 권유하는 행위는 제외된다(영16①(1)). 계약의 체결권유를 받은 금융소비자가 이를 거부하는 취지의 의사를 표시하였는데도 계약의 체결권유를 계속하는 행위(법21(6) 나목)는 금지되는데, 계약체결을 권유받은 금융소비자가 이를 거부하는 취지의 의사를 표시한 때로부터 금융위원회가 정하여 고시하는 기간이 지난 후에 다시 계약체결을 권유하는 행위는 제외되고(영16①(2) 가목), 다른 유형의 금융투자상품을 권유하는 행위도 제외된다. 이 경우 다른 유형인지에 대한 판단에 필요한 기준은 금융위원회가 정하여 고시한다(영16①(2) 나목).

(다) 위반시 제재

법 제21조 각 호의 어느 하나에 해당하는 행위를 한 자에게는 1억원 이하의 과태료를 부과한다(법69①(4)).

금융상품판매대리·중개업자가 금융상품계약체결등의 업무를 대리하거나 중개하게 한 금융상품판매대리·중개업자가 법 제21조 각 호의 어느 하나에 해당하는 행위를 한 경우에 그 업무를 대리하거나 중개하게 한 금융상품판매대리·중개업자에게는 1억원 이하의 과태료를 부과한다(법69①(6) 본문 다목). 다만, 업무를 대리하거나 중개하게 한 금융상품판매대리·중개업자로서 그 위반행위를 방지하기 위하여 해당 업무에 관하여 적절한 주의와 감독을 게을리하지 아니한 자는 제외한다(법69①(6) 단서).

(6) 금융상품등에 관한 광고 관련 준수사항

(가) 광고주체

1) 광고할 수 없는 자

금융상품판매업자등이 아닌 자 및 금융상품판매대리·중개업자는 금융상품에 관한 광고를 할 수 없다(법22① 본문, 영17①(1) 본문). 다만, 금융상품직접판매업자의 승인을 받은 경우(투자성 상품에 관한 금융상품판매대리·중개업자가 금융상품직접판매업자로부터 승인을 받는 경우는 제외)는 금융상품에 관한 광고를 할 수 있다(영17①(1) 단서).

금융상품판매업자등이 아닌 자 및 투자성 상품에 관한 금융상품판매대리·중개업자는 금융상품판매업자등의 업무(금융상품에 관한 계약의 체결 또는 금융상품자문을 유인할 목적이 아닌 업무로서 금융위원회가 정하여 고시하는 업무는 제외)에 관한 광고를 할 수 없다(법22① 본문, 영17①(2)).

2) 광고할 수 있는 자

다음의 어느 하나에 해당하는 기관("협회등"), 즉 ⅰ) 한국금융투자협회, ⅱ) 생명보험협회, ⅲ) 손해보험협회, ⅳ) 상호저축은행중앙회, ⅴ) 여신전문금융업

협회, vi) 대부업협회, 전국은행연합회, 신용협동조합중앙회, 온라인투자연계금
융협회, 그 밖에 금융위원회가 정하여 고시하는 기관(영17③), vii) 그 밖에 금융
상품판매업자등이 아닌 자로서 금융상품판매업자등을 자회사 또는 손자회사로
하는 금융지주회사 등, 즉 금융지주회사법에 따른 금융지주회사(이 경우 자회사·
손자회사가 운영하는 금융상품판매업등에 대한 광고로 한정), 증권의 발행인 또는 매
출인(이 경우 해당 증권에 대한 광고로 한정), 집합투자업자, 그 밖에 금융위원회가
지정하여 고시하는 자(영17②)는 금융상품등에 관한 광고(금융상품에 관한 광고 및
금융상품판매업자등의 업무에 관한 광고)를 할 수 있다(법22① 단서).

(나) 금융상품 내용의 명확·공정한 전달의무

금융상품판매업자등(위의 광고를 할 수 있는 자를 포함)이 금융상품등에 관한
광고를 하는 경우에는 금융소비자가 금융상품의 내용을 오해하지 아니하도록 명
확하고 공정하게 전달하여야 한다(법22②).

(다) 광고포함사항

금융상품판매업자등이 하는 금융상품등에 관한 광고에는 다음의 내용이 포
함되어야 한다(법22③ 본문). 다만, 전문투자형 사모집합투자기구의 집합투자증권
을 판매하는 경우(법17⑤ 본문)에 따른 투자성 상품에 관한 광고에 대해서는 그러
하지 아니하다(법22③ 단서).

1) 설명서 및 약관 읽어 볼 것을 권유하는 내용

금융상품판매업자등이 하는 금융상품등에 관한 광고에는 금융상품에 관한
계약을 체결하기 전에 금융상품 설명서 및 약관을 읽어 볼 것을 권유하는 내용
이 포함되어야 한다(법22③(1)).

2) 금융상품판매업자등의 명칭과 금융상품의 내용

금융상품판매업자등이 하는 금융상품등에 관한 광고에는 금융상품판매업자
등의 명칭 및 "금융상품의 내용"이 포함되어야 한다(법22③(2)). 여기서 "금융상
품의 내용"이란 다음의 구분에 따른 사항을 말한다(영17④). 즉 ⅰ) 보장성 상품
은 금융상품의 명칭, 보험금 지급제한 사유를 말한다(영17④(1)). ⅱ) 투자성 상품
은 연계투자계약의 경우 온라인투자연계금융업법 제19조 제4항[129])에 따른 연계

---

129) 온라인투자연계금융업법 제19조(광고) ④ 온라인투자연계금융업자는 특정 연계투자 상품

투자 상품의 내용을 말하고, 그 밖의 경우 이자·수익의 지급시기 및 지급제한 사유를 말한다(영17④(2)). iii) 예금성 상품은 이자·수익의 지급시기 및 지급제한 사유를 말한다(영17④(3)). iv) 대출성 상품의 경우 신용카드는 연회비, 이자율(연체이자율을 포함), 연계·제휴서비스등의 이용조건(연계·제휴서비스등을 포함하여 광고하는 경우에 한정)을 말하고, 시설대여·연불판매·할부금융은 이자율(연체이자율을 포함), 금융소비자가 계약기간 중 금전·재화를 상환하는 경우 적용받는 조건을 말하며, 그 밖의 대출성 상품은 이자율(연체이자율을 포함)을 말한다(영17④(4)).

3) 보장성 상품

금융상품판매업자등이 하는 금융상품등에 관한 광고에는 보장성 상품의 경우 기존에 체결했던 계약을 해지하고 다른 계약을 체결하는 경우에는 계약체결의 거부 또는 보험료 등 금융소비자의 지급비용("보험료등")이 인상되거나 보장내용이 변경될 수 있다는 사항이 포함되어야 한다(법22③(3) 가목).

4) 투자성 상품

금융상품판매업자등이 하는 금융상품등에 관한 광고에는 투자성 상품의 경우 "투자에 따른 위험", 과거 운용실적을 포함하여 광고를 하는 경우에는 그 운용실적이 미래의 수익률을 보장하는 것이 아니라는 사항이 포함되어야 한다(법22③(3) 나목).

여기서 "투자에 따른 위험"이란 연계투자계약의 경우 온라인투자연계금융업법 제19조 제4항에 따른 연계투자에 따른 위험을 말한다. 그 밖의 경우 ⅰ) 투자원금의 손실이 발생할 수 있으며, 그 손실은 투자자에게 귀속된다는 사실을 말하고, ⅱ) 손실이 발생할 수 있는 상황(최대 손실이 발생할 수 있는 상황을 포함) 및 그에 따른 손실 추정액을 말한다. 이 경우 객관적·합리적인 근거를 포함하여야 한다(영17⑤).

5) 예금성 상품

금융상품판매업자등이 하는 금융상품등에 관한 광고에는 예금성 상품의 경

또는 연계투자 조건에 관한 광고를 하는 경우에는 자신의 명칭, 연계투자 상품의 내용, 연계투자에 따른 위험, 그 밖에 대통령령으로 정하는 사항이 포함되도록 하여야 한다. 다만, 다른 매체를 이용하여 광고하는 경우에는 해당 연계투자 상품을 해당 매체의 운영자가 제공하는 것으로 오인하지 않도록 대통령령으로 정하는 사항을 준수하여야 한다.

우 만기지급금 등을 예시하여 광고하는 경우에는 해당 예시된 지급금 등이 미래의 수익을 보장하는 것이 아니라는 사항(만기 시 지급금이 변동하는 예금성 상품으로서 수익이 기초자산의 가치에 따라 변동하는 예금성 상품의 경우에 한정)이 포함되어야 한다(법22③(3) 다목, 영17⑥).

6) 대출성 상품

금융상품판매업자등이 하는 금융상품등에 관한 광고에는 대출성 상품의 경우 대출조건이 포함되어야 한다(법22③(3) 라목). 여기서 "대출조건"이란 신용점수 등 금융소비자의 자격요건(담보를 조건으로 하는 대출인 경우에 담보에 관한 사항을 포함)과 원리금 상환방법을 말한다(영17⑦).

7) 기타 금융소비자 보호를 위한 사항

금융상품판매업자등이 하는 금융상품등에 관한 광고에는 그 밖에 금융소비자 보호를 위하여 "대통령령으로 정하는 내용"이 포함되어야 한다(법22③(4)). 여기서 "대통령령으로 정하는 내용"이란 다음의 구분에 따른 사항을 말한다(영17⑧).

가) 금융상품판매업자

금융상품판매업자는 다음의 구분에 따른 사항을 말한다(영17⑧(1)).

(ㄱ) 모든 금융상품 및 그에 관한 업무

모든 금융상품 및 그에 관한 업무는 ⅰ) 해당 광고가 법령 또는 내부통제기준에 따른 심의 또는 승인을 받았다는 사실, ⅱ) 일반금융소비자는 금융상품판매업자로부터 충분한 설명을 받을 권리가 있으며, 그 설명을 이해한 후 거래할 것을 권고하는 내용(금융상품에 관한 광고에만 적용), ⅲ) 예금보험기금 등 법률상 기금에 의해 보호되는지에 관한 사항(대출성 상품 및 금융상품자문업에는 적용하지 않는다)을 말한다(영17⑧(1) 가목).

(ㄴ) 보장성 상품 및 그에 관한 금융상품판매업자의 업무

보장성 상품 및 그에 관한 금융상품판매업자의 업무는 ⅰ) 변액보험계약 및 이와 유사한 금융상품으로서 금융상품직접판매업자가 보험료(공제계약의 경우 공제료) 중 일부를 금융투자상품의 취득·처분 또는 그 밖의 방법으로 운용하여 발생한 수익이나 손실이 보험금 또는 해약환급금(금융소비자가 계약의 해지를 요구하여 계약이 해지된 경우에 금융상품판매업자가 금융소비자에게 환급해주는 금액)에 반영되는 상품을 광고하는 경우 보험료 중 일부를 금융투자상품을 취득·처분하는데 사용하거나 그 밖의 방법으로 운용한 결과에 따라 보험금 또는 해약환급금에 손실이 발생할 수 있다는 사실을 말하고, ⅱ) 보험료·보험금 각각의 예시를 광고에 포함하는 경우 주된 위험보장사항·부수적인 위험보장사항 및 각각의 보험료·보험금 예시, 해약을 하거나 만기에 이른 경우 각각의 환급금 예시 및 산출근거, 해약 시 환급금이 이미 납부한 보험료보다 적거나 없을 수 있다는 사실을 말한다(영17⑧(1) 나목).

(ㄷ) 투자성 상품 및 그에 관한 금융상품판매업자의 업무

투자성 상품 및 그에 관한 금융상품판매업자의 업무는 수수료 부과기준 및 절차를 말한다(영17⑧(1) 다목).

(ㄹ) 대출성 상품 및 그에 관한 금융상품판매업자등의 업무

대출성 상품 및 그에 관한 금융상품판매업자등의 업무는 다음의 사항 및 관련 경고문구를 말한다(영17⑧(1) 라목). 여기서 다음의 사항이란 ⅰ) 상환능력에 비해 대출금, 신용카드 사용액이 과도할 경우 신용점수가 하락할 수 있다는 사실, ⅱ) 신용점수 하락으로 금융거래와 관련된 불이익이 발생할 수 있다는 사실, ⅲ) 일정 기간 납부해야 할 원리금이 연체될 경우에 계약만료 기한이 도래하기 전에 모든 원리금을 변제해야 할 의무가 발생할 수 있다는 사실을 말한다.

나) 금융상품판매대리·중개업자

금융상품판매대리·중개업자는 금융상품판매대리·중개업자가 대리·중개하는 금융상품직접판매업자의 명칭 및 업무 내용, 하나의 금융상품직접판매업자만을 대리하거나 중개하는 금융상품판매대리·중개업자인지 여부, 금융상품직접판매업자로부터 금융상품 계약체결권을 부여받지 아니한 금융상품판매대리·중개업자의 경우 자신이 금융상품계약을 체결할 권한이 없다는 사실(법26①(1)-(3)), 그리고 금융관련법령에 따라 등록되어 있다는 사실을 말한다(영17⑧(2)).

다) 금융상품자문업자

금융상품자문업자는 ⅰ) 독립금융상품자문업자[금융 및 보험업 겸영 금지, 계열회사 제외, 겸직 또는 파견 금지, 이해상충 방지와 전자적 장치 설치 요건(법12②(6))을

갖춘 자]인지 여부, ⅱ) 금융상품판매업자로부터 자문과 관련한 재산상 이익을 제공받는 경우 그 재산상 이익의 종류 및 규모(다만, 경미한 재산상 이익으로서 대통령령으로 정하는 경우는 제외), ⅲ) 금융상품판매업을 겸영하는 경우 자신과 금융상품계약체결등 업무의 위탁관계에 있는 금융상품판매업자의 명칭 및 위탁내용, ⅳ) 자문업무를 제공하는 금융상품의 범위를 말한다(영17⑧(3), 법27③(1)-(4)).

라) 그 밖의 사항

그 밖의 사항은 금융소비자의 계약체결 여부 판단이나 금융소비자의 권리·의무에 중요한 영향을 줄 수 있는 사항으로서 금융위원회가 정하여 고시하는 사항을 말한다(영17⑧(4)).

(라) 금지행위

금융상품판매업자등이 금융상품등에 관한 광고를 하는 경우 다음의 구분에 따른 행위를 해서는 아니 된다(법22④).

1) 보장성 상품

금융상품판매업자등이 금융상품등에 관한 광고를 하는 경우 ⅰ) 보장한도, 보장 제한 조건, 면책사항 또는 감액지급 사항 등을 빠뜨리거나 충분히 고지하지 아니하여 제한 없이 보장을 받을 수 있는 것으로 오인하게 하는 행위(가목), ⅱ) 보험금이 큰 특정 내용만을 강조하거나 고액 보장 사례 등을 소개하여 보장내용이 큰 것으로 오인하게 하는 행위(나목), ⅲ) 보험료를 일(日) 단위로 표시하거나 보험료의 산출기준을 불충분하게 설명하는 등 보험료등이 저렴한 것으로 오인하게 하는 행위(다목), ⅳ) 만기 시 자동갱신되는 보장성 상품의 경우 갱신 시 보험료등이 인상될 수 있음을 금융소비자가 인지할 수 있도록 충분히 고지하지 아니하는 행위(라목), ⅴ) 금리 및 투자실적에 따라 만기환급금이 변동될 수 있는 보장성 상품의 경우 만기환급금이 보장성 상품의 만기일에 확정적으로 지급되는 것으로 오인하게 하는 행위 등 금융소비자 보호를 위하여 대통령령으로 정하는 행위(마목)130)는 금지된다(법22④(1)).

---

130) 법 제22조 제4항 제1호 마목, 같은 항 제2호 다목, 같은 항 제3호 나목 및 같은 항 제4호 나목에서 "대통령령으로 정하는 행위"란 다음의 행위를 말한다(영17⑩).
   1. 이자율 및 투자실적에 따라 만기환급금이 변동될 수 있는 보장성 상품과 관련하여 만기환급금이 보장성 상품의 만기일에 확정적으로 지급되는 것으로 오인하게 하는 행위

2) 투자성 상품

금융상품판매업자등이 금융상품등에 관한 광고를 하는 경우 ⅰ) 손실보전 (損失補塡) 또는 이익보장이 되는 것으로 오인하게 하는 행위는 금지된다. 다만, 금융소비자를 오인하게 할 우려가 없는 경우로서 자본시장법 시행령 제104조 제 1항 단서[131])에 따라 손실을 보전하거나 이익을 보장하는 경우(영17⑪)는 제외한 다(가목). ⅱ) 집합투자증권(영17②)에 대하여 해당 투자성 상품의 특성을 고려하 여 대통령령으로 정하는 사항[132]) 외의 사항을 광고에 사용하는 행위는 금지된다

등 금융상품등의 거래조건, 편익 등과 관련하여 확정되지 않은 사항을 확정적인 것으 로 표현하거나 그 변동가능성에 관한 사항 등을 제시하지 않는 행위

2. 수익률이나 운용실적을 표시하는 경우 수익률이나 운용실적이 좋은 기간의 수익률이나 운용실적만을 표시하는 행위 등 금융상품 및 금융상품판매업자등의 업무("금융상품 등")와 관련하여 해당 계약체결 여부 판단에 중요한 영향을 줄 수 있는 사항 또는 금융 소비자의 권리·의무에 중대한 영향을 주는 사항을 과장·왜곡·은폐(일부 축소하는 행 위를 포함)하거나 분명하지 않은 표현을 사용하는 행위

3. 대출이자를 일 단위로 표시하는 행위 등 보통의 주의력을 가진 일반적인 금융소비자가 금융상품등의 편익이나 불리한 사항을 잘못 인식할 수 있는 내용을 광고하는 행위

4. 비교대상 및 기준을 분명하게 밝히지 않거나 객관적인 근거 없이 다른 금융상품등과 비교를 하여 우월함을 강조하거나 다른 금융상품등이 열등한 것으로 표현하는 행위

5. 객관적인 근거 없이 해당 금융상품등의 편익만을 강조하거나 다른 금융상품등의 불리 한 사실만을 강조하는 행위

6. 광고에서 금융상품과 관련하여 해당 광고매체 또는 금융상품판매대리·중개업자의 상 호를 부각시키는 등 금융소비자가 금융상품직접판매업자를 올바르게 인지하는 것을 방해하는 행위

7. 그 밖에 금융소비자의 합리적 의사결정을 저해하거나 건전한 시장질서를 훼손할 우려 가 있는 행위로서 금융위원회가 정하여 고시하는 행위

131) 신탁업자는 수탁한 재산에 대하여 손실의 보전이나 이익의 보장을 하여서는 아니 된다. 다만, 연금이나 퇴직금의 지급을 목적으로 하는 신탁으로서 금융위원회가 정하여 고시하 는 경우에는 손실의 보전이나 이익의 보장을 할 수 있다(자본시장법 시행령104①).

132) "대통령령으로 정하는 사항"이란 다음의 사항을 말한다(영17⑬).

1. 집합투자업자, 집합투자재산을 보관·관리하는 신탁업자와 집합투자증권을 판매하는 투자매매업자·투자중개업자(일반사무관리회사가 있는 경우에는 그 회사를 포함)의 상 호 등 그 업자에 관한 사항

2. 제1호의 자가 받는 보수나 수수료에 관한 사항

3. 집합투자재산 운용 인력에 관한 사항

4. 과거의 집합투자재산 운용실적(운용실적이 있는 경우에 한정)

5. 집합투자증권의 환매에 관한 사항

6. 그 밖에 광고에 포함해도 금융소비자 보호를 해치지 않는다고 인정되는 사항으로서 금 융위원회가 정하여 고시하는 사항

(나목). iii) 수익률이나 운용실적을 표시하는 경우 수익률이나 운용실적이 좋은 기간의 수익률이나 운용실적만을 표시하는 행위 등 금융소비자 보호를 위하여 대통령령으로 정하는 행위(다목)는 금지된다(법22④(2)).

3) 예금성 상품

금융상품판매업자등이 금융상품등에 관한 광고를 하는 경우 ⅰ) 이자율의 범위·산정방법, 이자의 지급·부과 시기 및 부수적 혜택·비용을 명확히 표시하지 아니하여 금융소비자가 오인하게 하는 행위(가목), ⅱ) 수익률이나 운용실적을 표시하는 경우 수익률이나 운용실적이 좋은 기간의 것만을 표시하는 행위 등 금융소비자 보호를 위하여 대통령령으로 정하는 행위(나목)는 금지된다(법22④(3)).

4) 대출성 상품

금융상품판매업자등이 금융상품등에 관한 광고를 하는 경우 ⅰ) 대출이자율의 범위·산정방법, 대출이자의 지급·부과 시기 및 부수적 혜택·비용을 명확히 표시하지 아니하여 금융소비자가 오인하게 하는 행위(가목), ⅱ) 대출이자를 일 단위로 표시하여 대출이자가 저렴한 것으로 오인하게 하는 행위 등 금융소비자 보호를 위하여 대통령령으로 정하는 행위(나목)는 금지된다(법22④(4)).

(마) 광고의 방법 및 절차

1) 광고의 방법

광고물은 그 글자의 색깔·크기 또는 음성의 속도·크기 등이 보통의 주의력을 가진 일반적인 금융소비자가 해당 금융상품으로 인해 입을 수 있는 불이익을 충분히 인지할 수 있도록 만드는 등 광고의 방법에 관한 구체적인 사항은 금융위원회가 정하여 고시한다(영19①).

2) 준법감시인의 심의

금융상품판매업자등은 광고를 하려는 경우에 준법감시인(준법감시인이 없는 경우에는 감사 등 이에 준하는 자)의 심의를 받는 등 내부통제기준에 따른 절차를 거쳐야 한다(영19②).

3) 광고물 회수

금융상품판매업자등은 ⅰ) 광고의 유효기간이 있는 경우 해당 유효기간의 종료일까지, ⅱ) 금융상품의 주요사항이 변경된 경우 변경된 사항 시행일의 전일까지 광고물을 회수해야 한다(영19③ 본문). 다만, 광고물 일체를 회수하기 곤란한 경우로서 금융위원회가 인정하는 경우에는 그러하지 아니하다(영19③ 단서).

(바) 표시광고법 적용

금융상품등에 관한 광고를 할 때 표시광고법 제4조 제1항[133])에 따른 표시·광고사항이 있는 경우에는 표시광고법에서 정하는 바에 따른다(법22⑤).

(사) 협회등 광고심의 등

1) 협회등의 광고 관련 기준 준수 확인 및 통보

협회등은 금융상품판매업자등의 금융상품등에 관한 광고와 관련하여 광고주체(법22①), 금융상품 내용의 명확·공정한 전달의무(법22②), 광고포함사항(법22③), 금융상품에 관한 광고를 하는 경우 금지행위(법22④)의 광고 관련 기준을 준수하는지를 확인하고 그 결과에 대한 의견을 해당 금융상품판매업자등에게 통보할 수 있다(법22⑥).

2) 광고심의

협회등(은행연합회는 제외)은 다음의 구분에 따른 광고가 광고주체(법22①), 금융상품 내용의 명확·공정한 전달의무(법22②), 광고포함사항(법22③), 금융상품에 관한 광고를 하는 경우 금지행위(법22④)의 규정을 준수하는지를 확인("광고심의")할 수 있다(영18①).

ⅰ) 대부업협회는 대부업자 및 대부업자가 취급하는 대출성 상품에 관한 금

---

133) 표시광고법 제4조(중요정보의 고시 및 통합공고) ① 공정거래위원회는 상품등이나 거래 분야의 성질에 비추어 소비자 보호 또는 공정한 거래질서 유지를 위하여 필요한 사항으로서 다음의 어느 하나에 해당하는 사항인 경우에는 사업자등이 표시·광고에 포함하여야 하는 사항("중요정보")과 표시·광고의 방법을 고시(인터넷 게재를 포함)할 수 있다. 다만, 다른 법령에서 표시·광고를 하도록 한 사항은 제외한다.
  1. 표시·광고를 하지 아니하여 소비자 피해가 자주 발생하는 사항
  2. 표시·광고를 하지 아니하면 다음의 어느 하나에 해당하는 경우가 생길 우려가 있는 사항
    가. 소비자가 상품등의 중대한 결함이나 기능상의 한계 등을 정확히 알지 못하여 구매 선택을 하는 데에 결정적인 영향을 미치게 되는 경우
    나. 소비자의 생명·신체 또는 재산에 위해(危害)를 끼칠 가능성이 있는 경우
    다. 그 밖에 소비자의 합리적인 선택을 현저히 그르칠 가능성이 있거나 공정한 거래질서를 현저히 해치는 경우

융상품판매대리·중개업을 영위하는 자의 광고를 심의할 수 있다(영18①(1)). ⅱ) 생명보험협회는 생명보험회사 및 그 회사가 취급하는 보장성 상품·대출성 상품에 관한 금융상품판매대리·중개업을 영위하는 자의 광고를 심의할 수 있다(영18①(2)). ⅲ) 손해보험협회는 손해보험회사 및 그 회사가 취급하는 보장성 상품·대출성 상품에 관한 금융상품판매대리·중개업을 영위하는 자의 광고를 심의할 수 있다(영18①(3)). ⅳ) 상호저축은행중앙회는 상호저축은행 및 상호저축은행이 취급하는 예금성 상품·대출성 상품에 관한 금융상품판매대리·중개업을 영위하는 자의 광고를 심의할 수 있다(영18①(4)).

ⅴ) 신용협동조합중앙회는 신용협동조합(금융상품직접판매업자인 경우에 한정) 및 신용협동조합이 취급하는 예금성 상품·대출성 상품·보장성 상품에 관한 금융상품판매대리·중개업을 영위하는 자의 광고를 심의할 수 있다(영18①(5)). ⅵ) 여신전문금융업협회는 여신전문금융회사(겸영여신업자를 포함) 및 여신전문금융회사가 취급하는 대출성 상품을 취급하는 금융상품판매대리·중개업을 영위하는 자의 광고를 심의할 수 있다(영18①(6)). ⅶ) 온라인투자연계금융협회는 온라인투자연계금융업자의 광고를 심의할 수 있다(영18①(7)). ⅷ) 한국금융투자협회는 금융투자업자(겸영금융투자업자를 포함)의 광고를 심의할 수 있다(영18①(8)).

3) 자료 징구

협회등은 광고가 광고주체(법22①), 금융상품 내용의 명확·공정한 전달의무(법22②), 광고포함사항(법22③), 금융상품에 관한 광고를 하는 경우 금지행위(법22④)의 광고 관련 기준을 지키는지를 확인하는 과정에서 그 확인에 필요한 객관적·합리적인 자료를 해당 금융상품판매업자로부터 징구하고 보관하여야 한다(영18②).

(아) 위반시 제재

법 제22조 제1항·제3항 또는 제4항을 위반하여 금융상품등에 관한 광고를 한 자에게는 1억원 이하의 과태료를 부과한다(법69①(5)).

금융상품판매대리·중개업자가 금융상품계약체결등의 업무를 대리하거나 중개하게 한 금융상품판매대리·중개업자가 광고포함사항(법22③) 또는 금융상품에 관한 광고를 하는 경우 금지행위(법22④) 규정을 위반하여 금융상품등에 관한 광고를 한 경우에 그 업무를 대리하거나 중개하게 한 금융상품판매대리·중개업자에게는 1억원 이하의 과태료를 부과한다(법69①(6) 본문 라목). 다만, 업무를 대리하거나 중개하게 한 금융상품판매대리·중개업자로서 그 위반행위를 방지하기 위하여 해당 업무에 관하여 적절한 주의와 감독을 게을리하지 아니한 자는 제외한다(법69①(6) 단서).

(7) 계약서류의 제공의무

(가) 금융상품 유형별 제공

금융상품직접판매업자 및 금융상품자문업자는 금융소비자와 금융상품 또는 금융상품자문에 관한 계약을 체결하는 경우 금융상품의 유형별로 ⅰ) 금융상품직접판매업자의 경우에는 계약서(보장성 상품의 경우에 보험업법에 따른 청약서), 약관, 설명서 및 핵심설명서(영13⑮(3) = 금융상품자문업자가 금융상품자문서를 일반금융소비자에게 제공하는 경우는 제외), 보험증권(상법640)[134] 또는 보험증권에 준하는 공제증권, ⅱ) 금융상품자문업자의 경우에는 계약서(보장성 상품의 경우에 보험업법에 따른 청약서) 및 약관을 금융소비자에게 지체 없이 제공하여야 한다(법23① 본문, 영20①).

(나) 금융상품 유형별 제공 예외

계약내용 등이 금융소비자 보호를 해칠 우려가 없는 경우로서 ⅰ) 기본계약을 체결하고 그 계약내용에 따라 계속적·반복적으로 거래를 하는 경우 또는 기존계약을 같은 내용으로 갱신하는 경우(영13⑮(1)(2)), ⅱ) 대부업자, 온라인소액투자중개업자, 온라인투자연계금융업자와 계약을 체결하는 경우, ⅲ) 보장성 상품에 관한 기존의 계약을 변경하는 경우에 기존계약에 따른 보험증권에 그 사실을 쓰는 경우, ⅳ) 그 밖에 계약서류를 제공하지 않아도 금융소비자 보호가 저해될 우려가 없는 경우로서 금융위원회가 정하여 고시하는 경우에는 계약서류를 제공하지 아니할 수 있다(법23① 단서, 영20②).

---

134) 상법 제640조(보험증권의 교부) ① 보험자는 보험계약이 성립한 때에는 지체없이 보험증권을 작성하여 보험계약자에게 교부하여야 한다. 그러나 보험계약자가 보험료의 전부 또는 최초의 보험료를 지급하지 아니한 때에는 그러하지 아니하다.
② 기존의 보험계약을 연장하거나 변경한 경우에는 보험자는 그 보험증권에 그 사실을 기재함으로써 보험증권의 교부에 갈음할 수 있다.

(다) 계약서류 제공 시기 및 방식

계약서류는 계약이 체결된 후 즉시 금융소비자가 요청하거나 동의하는 방식에 따라 서면등(전화는 제외)으로 제공하여야 한다(영20③ 본문). 다만, 금융소비자가 계약서류의 제공을 원하지 않은 경우에는 ⅰ) 금융소비자가 계약서류의 제공을 원하지 않는다는 사실, ⅱ) 계약서류를 제공받지 않을 경우 추후 권리행사 시불리할 수 있다는 사실을 금융상품직접판매업자가 계약이 체결된 후 즉시 설명하였다는 사실에 대해 금융소비자로부터 서명 또는 그 밖에 전자금융거래법 제21조 제2항에 따른 기준을 지키는 안전성과 신뢰성이 확보될 수 있는 수단을 통해 확인을 받은 경우에 한정하여 제공하지 않을 수 있다(영20③ 단서).

(라) 계약서류 제공사실 확인

금융상품직접판매업자 및 금융상품자문업자는 계약서류를 제공한 사실에 대해 금융소비자로부터 서명 또는 그 밖에 전자금융거래법 제21조 제2항에 따른 기준을 지키는 안전성과 신뢰성이 확보될 수 있는 수단을 통해 확인을 받아야한다(영20④).

(마) 계약서류 제공사실 증명책임

계약서류의 제공 사실에 관하여 금융소비자와 다툼이 있는 경우에는 금융상품직접판매업자 및 금융상품자문업자가 이를 증명하여야 한다(법23②).

(바) 위반시 제재

법 제23조 제1항을 위반하여 금융소비자에게 계약서류를 제공하지 아니한자에게는 1억원 이하의 과태료를 부과한다(법69①(7)).

3. 금융상품판매업자등의 업종별 영업행위 준수사항

(1) 미등록자를 통한 금융상품판매 대리·중개 금지

금융상품판매업자는 금융상품판매대리·중개업자가 아닌 자에게 금융상품계약체결등을 대리하거나 중개하게 해서는 아니 된다(법24).

(2) 금융상품판매대리·중개업자의 금지행위

(가) 급부 수령·대가제공 금지 등

금융상품판매대리·중개업자는 다음의 어느 하나에 해당하는 행위를 해서는 아니 된다(법25①).

1) 투자금, 보험료 등 계약의 이행으로서 급부를 받는 행위 금지

가) 원칙

금융상품판매대리·중개업자는 금융소비자로부터 투자금, 보험료 등 계약의 이행으로서 급부를 받는 행위를 할 수 없다(법25①(1) 본문).

나) 예외

금융상품직접판매업자로부터 급부 수령에 관한 권한을 부여받은 경우로서 특정 금융상품직접판매업자를 위해 보장성 상품에 관한 계약의 체결을 대리·중개하는 것을 영업으로 하는 자가 금융소비자로부터 보험료를 수령하는 행위는 제외한다(법25①(1) 단서, 영25① 전단). 이 경우 해당 금융상품판매대리·중개업자가 금융상품직접판매업자로부터 계약에 관한 의사표시를 할 수 있는 권한을 부여받지 않은 경우에는 금융상품직접판매업자가 작성한 영수증을 금융소비자에게 교부하여야 한다(영21① 후단).

2) 대리·중개업무의 제3자 위탁 및 대가 지급 행위 금지

가) 원칙

금융상품판매대리·중개업자가 대리·중개하는 업무를 제3자에게 하게 하거나 그러한 행위에 관하여 수수료·보수나 그 밖의 대가를 지급하는 행위는 금지된다(법25①(2) 본문).

나) 예외

금융상품직접판매업자의 이익과 상충되지 아니하고 금융소비자 보호를 해치지 아니하는 경우로서 다음의 행위는 제외한다(법25①(2) 단서). 여기서 다음의 행위란 다음의 구분에 따른 행위를 말한다(영21②).

(ㄱ) 보장성 상품

보장성 상품의 경우 ⅰ) 보험설계사는 같은 보험회사·보험대리점 또는 보험중개사에 소속된 다른 보험설계사에 계약의 체결을 대리·중개하는 업무를 하게 하거나 그러한 행위에 대해 수수료·보수나 그 밖의 대가를 지급하는 행위를 할 수 있다. ⅱ) 보험대리점은 소속 보험설계사 또는 같은 보험회사와 모집에 관한 위탁계약을 체결한 다른 보험대리점에 계약의 체결을 대리·중개하는 업무를

하게 하거나 그러한 행위에 대해 수수료·보수나 그 밖의 대가를 지급하는 행위를 할 수 있다. 다만, 다른 보험대리점과 위탁계약을 체결하기 위해서는 금융상품직접판매업자로부터 그 계약의 내용에 대해 동의를 받아야 한다. iii) 보험중개사는 소속 보험설계사 또는 다른 보험중개사에 계약의 체결을 대리·중개하는 업무를 하게 하거나 그러한 행위에 대해 수수료·보수나 그 밖의 대가를 지급하는 행위를 할 수 있다(영21②(1)).

(ㄴ) 예금성 상품·대출성 상품

예금성 상품·대출성 상품의 경우 법인인 금융상품판매대리·중개업자가 자신과 위탁계약을 체결하고 예금성 상품 또는 대출성 상품에 관한 계약의 체결을 대리·중개하는 사람에게 계약의 체결을 대리·중개하는 업무를 하게 하거나 그러한 행위에 관하여 수수료·보수나 그 밖의 대가를 지급하는 행위를 할 수 있다(영21②(2))

3) 기타 금지행위

금융상품판매대리·중개업자는 금융소비자 보호 또는 건전한 거래질서를 해칠 우려가 있는 행위로서 "대통령령으로 정하는 행위"를 할 수 없다(법25①(3)). 여기서 "대통령령으로 정하는 행위"란 다음의 어느 하나에 해당하는 행위를 말한다(영21③).

1. 금융상품직접판매업자 또는 금융소비자를 대리하여 계약을 체결하는 행위. 다만, 보험대리점이 해당 금융상품직접판매업자로부터 계약에 관한 의사표시를 할 수 있는 권한을 받은 경우는 제외한다.
2. 같은 상품유형의 금융상품에 대하여 둘 이상의 금융상품직접판매업자를 위해 금융상품에 관한 계약의 체결을 대리·중개하는 행위(동일인이 다수의 금융상품판매대리·중개업자에 각각 사실상 영향력을 행사하는 경우에 해당 법인들은 모두 하나의 금융상품판매대리·중개업자로 본다). 다만, 다음의 행위는 제외한다.
    가. 보장성 상품을 취급하는 금융상품판매대리·중개업자가 둘 이상의 금융상품직접판매업자를 위해 보장성 상품에 관한 계약의 체결을 대리·중개하는 행위

　　나. 대출성 상품을 취급하는 금융상품직접판매업자가 다른 금융상품직접판매업자의 대출성 상품에 관한 계약의 체결을 대리·중개하는 행위

　　다. 신용카드, 시설대여, 연불판매 또는 할부계약에 관한 계약의 체결을 대리·중개하는 자가 다른 하나의 금융상품직접판매업자를 위해 대출 계약의 체결을 대리·중개하는 행위

　　라. 시설대여, 연불판매 또는 할부계약에 관한 계약의 체결을 대리·중개하는 자가 다른 하나의 금융상품직접판매업자를 위해 신용카드에 관한 계약의 체결을 대리·중개하는 행위

　　마. 다음의 자가 둘 이상의 금융상품직접판매업자를 위해 대출성 상품에 관한 계약의 체결을 대리·중개하는 행위
　　　1) 대부중개업자
　　　2) 대출성 상품에 관한 금융상품판매대리·중개업을 전자금융거래 방식으로만 영위하는 법인

　　바. 시설대여·연불판매·할부금융 또는 이와 유사한 금융상품에 관한 계약의 체결을 대리·중개하는 행위

　　사. 그 밖에 금융소비자 보호 및 건전한 거래질서를 해칠 가능성이 낮은 행위로서 금융위원회가 정하여 고시하는 행위

3. 금융상품판매대리·중개업자라는 사실을 나타내는 표지나 증표(법26②)를 위조하여 게시하거나 금융소비자에 제시하는 행위

4. 금융소비자로 하여금 금융상품판매대리·중개업자를 정부, 금융감독원, 공공기관운영법에 따른 공공기관, 금융상품직접판매업자, 금융상품자문업자 또는 그 밖에 이와 유사한 자로 오인할 수 있는 상호를 광고 등 영업에 사용하는 행위

5. 자신이 아닌 다른 금융상품판매대리·중개업자에 대리·중개 업무를 위탁하거나 위탁하지 않도록 금융상품직접판매업자에 직접적·간접적으로 강요하는 행위

6. 다른 금융상품판매대리·중개업자의 명의(성명 또는 상호)를 사용하거나 다른 금융상품판매 대리·중개업자가 자신의 명의를 사용하도록 하는 행위

7. 대출성 상품에 관한 계약의 체결을 대리하거나 중개하는 자가 다음의 업을 영위하는 행위
　　가. 대부업법에 따른 대부업·대부중개업

나. 방문판매법에 따른 다단계판매업

다. 사행산업통합감독위원회법에 따른 사행산업

라. 식품위생법 시행령에 따른 단란주점영업 및 유흥주점영업

마. 그 밖에 금융소비자와 이해상충이 발생하거나 시장의 질서를 저해할 우려가 있는 업으로서 금융위원회가 정하여 고시하는 업

8. 투자성 상품에 관한 계약의 체결을 대리하거나 중개하는 행위로서 다음의 어느 하나에 해당하는 행위

가. 투자일임재산이나 신탁재산을 각각의 금융소비자별 또는 재산별로 운용하지 않고 모아서 운용하는 것처럼 투자일임계약이나 신탁계약의 계약체결등을 대리·중개하거나 광고하는 행위

나. 금융소비자로부터 금융투자상품을 매매할 수 있는 권한을 위임받는 행위

다. 투자성 상품에 관한 계약의 체결과 관련하여 제3자가 금융소비자에 금전을 대여하도록 대리하거나 중개하는 행위

라. 보험설계사가 위탁계약을 체결하지 않은 보험회사의 투자성 상품에 관한 계약의 체결을 대리하거나 중개하는 행위

9. 그 밖에 금융소비자 보호 또는 건전한 거래질서를 해칠 우려가 있는 행위로서 금융위원회가 정하여 고시하는 행위

(나) 수수료 외의 재산상 이익 요구·수령 금지

금융상품판매대리·중개업자는 금융상품판매 대리·중개 업무를 수행할 때 금융상품직접판매업자로부터 정해진 수수료 외의 금품, 그 밖의 재산상 이익을 요구하거나 받아서는 아니 된다(법25②).

1) 수수료

수수료란 금융상품에 관한 계약체결의 대리·중개 업무에 대한 대가로서 유사한 금융상품에 관한 계약체결의 대리·중개 업무에 통상적으로 적용되거나 적용될 것으로 판단되는 금액을 과도하게 초과하지 않는 범위 내에서 지급되는 대가를 말한다(영21④ 전단). 이 경우 금융상품판매대리·중개업자는 수수료를 해당 금융상품의 유형과 거래규모, 업무의 난이도 및 그 계약의 체결로 인하여 금융상품직접판매업자가 얻게 되는 구체적 이익 등을 고려하여 객관적인 기준에 따라 합리적으로 정하여야 한다(영21④ 후단).

2) 재산상 이익

재산상 이익은 ⅰ) 금융상품직접판매업자가 제공하는 상품·서비스 가격의 할인, ⅱ) 금전등의 대여, ⅲ) 보험료 등의 예탁에 따른 수익, ⅳ) 계약체결의 대리·중개 과정에서 발생하는 비용의 보전 또는 손실에 대한 보상, ⅴ) 수수료 외에 금융상품판매대리·중개업자가 대리·중개한 계약에서 발생한 이익의 배분, ⅵ) 앞의 5가지의 사항에 준하여 금융상품판매대리·중개업자에 직접적·간접적으로 제공되는 재산상 이익을 말한다(영21⑤).

(다) 위반시 제재

금융상품직접판매업자가 금융상품계약체결등의 업무를 대리하거나 중개하게 한 금융상품판매대리·중개업자가 제25조 제1항 제2호에 해당하는 행위를 한 경우에 그 업무를 대리하거나 중개하게 한 금융상품직접판매업자에게는 1억원 이하의 과태료를 부과한다(법69①(8) 본문). 다만, 업무를 대리하거나 중개하게 한 금융상품직접판매업자로서 그 위반행위를 방지하기 위하여 해당 업무에 관하여 적절한 주의와 감독을 게을리하지 아니한 자는 제외한다(법69①(8) 단서).

법 제25조 제1항 각 호의 어느 하나에 해당하는 행위를 한 자(제5호), 법 제25조 제2항을 위반하여 수수료 외의 금품, 그 밖의 재산상 이익을 요구하거나 받은 자(제6호)에게는 3천만원 이하의 과태료를 부과한다(법69②(5)(6)).

(3) 금융상품판매대리·중개업자의 고지의무

(가) 고지사항

금융상품판매대리·중개업자는 금융상품판매 대리·중개 업무를 수행할 때 금융소비자에게 ⅰ) 금융상품판매대리·중개업자가 대리·중개하는 금융상품직접판매업자의 명칭 및 업무 내용, ⅱ) 하나의 금융상품직접판매업자만을 대리하거나 중개하는 금융상품판매대리·중개업자인지 여부, ⅲ) 금융상품직접판매업자로부터 금융상품 계약체결권을 부여받지 아니한 금융상품판매대리·중개업자의 경우 자신이 금융상품계약을 체결할 권한이 없다는 사실), ⅳ) 손해배상책임에 관한 사항, ⅴ) 예탁금(금융소비자가 금융투자상품의 매매, 그 밖의 거래와 관련하여 금융상품직접판매업자에 예탁하는 금전), 보험료 등 금융소비자가 계약에 따라 금융상품직접판매업자에 지급해야 하는 금전을 받을 수 있는 권한이 없다는 사실,

vi) 금융소비자로부터 청약, 해지 등 계약에 관한 의사표시를 수령할 수 있는 권한이 없다는 사실, vii) 법 제25조 제1항 제2호의 단서에 따라 금융상품판매대리·중개업자의 업무를 수탁받은 경우에 그 업무를 위탁한 금융상품판매대리·중개업자의 명의(증표·표지를 포함) 및 업무 내용, viii) 금융상품판매대리·중개업자가 대리·중개하는 금융상품직접판매업자의 명의 및 그 금융상품직접판매업자가 금융관련법령에 따라 인가·허가를 받거나 등록되었는지 여부, ix) 그 밖에 금융소비자 보호 또는 건전한 거래질서를 위하여 필요한 사항으로서 금융위원회가 정하는 사항 모두를 미리 알려야 한다(법26①, 영22①).

(나) 표지게시 또는 증표제시

금융상품판매대리·중개업자는 금융상품판매 대리·중개 업무를 수행할 때 자신이 금융상품판매대리·중개업자라는 사실을 나타내는 표지를 게시하거나 증표를 금융소비자에게 보여 주어야 한다(법26②).

표지게시 및 증표제시는 ⅰ) 법인인 경우는 금융상품판매대리·중개업자임을 나타내는 표지(등록기관, 등록번호, 등록기관의 기관장 직인 등 식별에 필요한 정보를 포함)를 사업장(인터넷 홈페이지가 있는 경우에는 인터넷 홈페이지를 포함)에 금융소비자가 명확하게 알 수 있노록 게시하여야 하고, ⅱ) 개인인 경우는 금융상품판매대리·중개업자임을 금융소비자가 명확하게 알 수 있는 증표(등록기관, 등록번호, 등록기관의 기관장 직인 등 식별에 필요한 정보를 포함한 문서)를 금융소비자에 제시하여야 하며, ⅲ) 그 밖에 금융위원회가 정하여 고시하는 사항을 지키는 방법으로 하여야 한다(영22②).

(다) 위반시 제재

법 제26조 제1항을 위반하여 같은 항 각 호의 어느 하나에 해당하는 사항을 미리 금융소비자에게 알리지 아니한 자 또는 같은 조 제2항을 위반하여 표지를 게시하지 아니하거나 증표를 보여 주지 아니한 자(제7호)에게는 3천만원 이하의 과태료를 부과한다(법69②(7)).

(4) 금융상품자문업자의 영업행위준칙 등

(가) 선관주의의무 및 충실의무

금융상품자문업자는 금융소비자에 대하여 선량한 관리자의 주의로 자문에 응하여야 하고(법27①), 금융소비자의 이익을 보호하기 위하여 자문업무를 충실하게 수행하여야 한다(법27②).

(나) 고지사항 및 표시게시 등

금융상품자문업자는 자문업무를 수행하는 과정에서 ⅰ) 독립금융상품자문업자[금융 및 보험업 겸영 금지, 계열회사 제외, 겸직 또는 파견 금지, 이해상충 방지와 전자적 장치 설치 요건(법12②(6))을 갖춘 자]인지 여부, ⅱ) 금융상품판매업자로부터 자문과 관련한 재산상 이익을 제공받는 경우 그 재산상 이익의 종류 및 규모[다만, 경미한 재산상 이익으로서 금융상품판매업자가 금융소비자에 제공하고자 하는 소액의 경품 및 금융위원회가 정하여 고시하는 재산상 이익(영23①)은 제외], ⅲ) 금융상품판매업을 겸영하는 경우 자신과 금융상품계약체결등 업무의 위탁관계에 있는 금융상품판매업자의 명칭 및 위탁내용, ⅳ) 자문업무를 제공하는 금융상품의 범위, ⅴ) 자문업무의 제공 절차, ⅵ) 금융상품자문에 관한 계약으로 정한 보수 외의 대가를 추가로 받지 않는다는 사실, ⅶ) 자문업무 제공에 따른 보수 및 그 부과기준, ⅷ) 금융소비자가 자문업무 제공내용에 따라 금융상품을 취득·처분한 결과에 대해 금융상품자문업자는 책임지지 않는다는 사실, ⅸ) 그 밖에 금융소비자 권익 보호 또는 건전한 거래질서를 위하여 금융위원회가 정하여 고시하는 사항을 금융소비자에게 알려야 하며, 자신이 금융상품자문업자라는 사실을 나타내는 표지를 게시하거나 증표를 금융소비자에게 내보여야 한다(법27③, 영23②).

(다) 독립금융상품자문업자의 독립문자 사용금지

독립금융상품자문업자가 아닌 자는 "독립"이라는 문자 또는 이와 같은 의미를 가지고 있는 외국어 문자로서 독립적, 중립적, 객관적 또는 이와 유사한 의미를 가지는 외국어 문자(한글표기를 포함)("독립문자")를 명칭이나 광고에 사용할 수 없다(법27④, 영23③).

(라) 독립금융상품자문업자의 금지행위

독립금융상품자문업자는 ⅰ) 금융소비자의 자문에 대한 응답과 관련하여 금융상품판매업자(임직원 포함)로부터 재산상 이익을 받는 행위(다만, 금융상품판매업자의 자문에 응하여 그 대가를 받는 경우 등 금융상품판매업자의 계산으로 하는 거래에 관한 자문에 응하여 대가를 받는 경우(영23④)는 제외), ⅱ) 해당 상품유형의 금융상

474 제 3 편 여신전문금융업자

품자문업을 영위하는데 필요한 연수과정을 금융위원회가 정하여 고시하는 바에 따라 이수한 사람 또는 해당 상품유형의 금융상품판매업에 3년 이상 종사한 경력이 있는 사람(등록신청일부터 5년 내에 해당 업무에 종사한 사람으로 한정)으로서 금융위원회가 정하는 바에 따라 해당 상품유형의 금융상품, 금융소비자 보호 관련 제도 및 분쟁사례 등에 대한 교육을 받은 사람(영5②(1) 가목 및 나목)에 해당하지 않는 사람(전자적 장치를 통하여 금융소비자와 직접 대면하거나 의사소통을 하지 않고 자동화된 방식으로 서비스를 제공하는 형태로 금융상품자문업을 영위하는 법인은 제외)이 자문업무를 수행하게 하는 행위, iii) 계약의 체결과 해지 업무 또는 자문에 응하여 금융상품의 가치 또는 취득과 처분결정에 관한 사항을 제공하는 업무를 제3자에 위탁하는 행위, iv) 다른 법인이 자신의 상호를 사용하여 금융상품자문업을 영위하게 하는 행위, v) 특정 금융상품직접판매업자의 금융상품에 한정하여 자문에 응하는 행위(다만, 해당 금융상품이 금융소비자에 유리한 경우는 제외), vi) 금융소비자로부터 금전등을 예탁받는 행위, vii) 금융소비자로부터 계약에 따라 정해진 보수 외 금전등을 요구하거나 받는 행위, viii) 특정 금융상품판매업자 또는 특정 금융상품을 광고하는 행위, ix) 그 밖에 금융소비자와의 이해상충이 발생할 수 있는 행위로서 금융위원회가 정하여 고시하는 행위를 해서는 아니 된다(법27⑤, 영23⑤).

(마) 위반시 제재

법 제27조 제3항을 위반하여 같은 항 각 호의 어느 하나에 해당하는 사항을 금융소비자에게 알리지 아니한 자 또는 표지를 게시하지 아니하거나 증표를 내보이지 아니한 자(제9호), 법 제27조 제4항을 위반하여 독립문자를 명칭에 사용하거나 광고에 사용한 자(제10호), 법 제27조 제5항 각 호의 어느 하나에 해당하는 행위를 한 자(제11호)에게는 1억원 이하의 과태료를 부과한다(법69①(9)(10)(11)).

(5) 자료의 기록 및 유지·관리 등

(가) 자료의 기록 및 유지·관리의무

금융상품판매업자등은 금융상품판매업등의 업무와 관련한 자료로서 대통령령으로 정하는 자료를(기록 자료) 기록하여야 하며, 자료의 종류별로 대통령령으로 정하는 기간(유지·관리 기간) 동안 유지·관리하여야 한다(법28①). 이에 따라 금융상품판매업자등은 기록 및 유지·관리하여야 하는 자료가 멸실 또는 위조되거나 변조되지 아니하도록 적절한 대책을 수립·시행하여야 한다(법28②).[135]

1) 기록 자료

금융상품판매업등의 업무와 관련한 자료로서 기록하여야 하는 자료는 다음과 같다(영24①).

가) 금융상품직접판매업자

금융상품직접판매업자는 ⅰ) 금융상품의 계약체결등 및 그 이행에 관한 자료, ⅱ) 내부통제기준(금융소비자보호기준을 포함) 및 그 준수에 관한 자료, ⅲ) 광고 관련 자료, ⅳ) 회계처리에 관한 자료, ⅴ) 금융소비자의 권리행사에 관한 청약의 철회 자료, 계약의 해제·해지 자료, 금융소비자의 자료 열람 요구 자료, ⅵ) 금융상품판매대리·중개업자 및 금융상품자문업자와의 업무위탁에 관한 자료를 기록하여야 한다(영24①(1)).

나) 금융상품판매대리·중개업자

금융상품판매대리·중개업자는 법인인 경우 ⅰ) 금융상품의 계약체결등 및 그 이행에 관한 자료, ⅱ) 내부통제기준(금융소비자보호기준을 포함) 및 그 준수에 관한 자료, ⅲ) 광고 관련 자료, ⅳ) 회계처리에 관한 자료, ⅴ) 금융상품직접판매업자 및 다른 금융상품판매대리·중개업자와의 위탁계약 체결에 관한 자료를 기록하여야 하고, 개인인 경우 금융상품직접판매업자 및 다른 금융상품판매대리·중개업자와의 위탁계약 체결에 관한 자료를 기록하여야 한다(영24①(2)).

다) 금융상품자문업자

금융상품자문업자는 ⅰ) 금융상품의 계약체결등 및 그 이행에 관한 자료, ⅱ) 내부통제기준(금융소비자보호기준을 포함) 및 그 준수에 관한 자료, ⅲ) 광고 관련 자료, ⅳ) 회계처리에 관한 자료, ⅴ) 금융소비자의 권리행사에 관한 청약의 철회 자료, 계약의 해제·해지 자료, 금융소비자의 자료 열람 요구 자료, ⅵ) 금융상품판매업자로부터 자문과 관련한 재산상 이익을 제공받는 경우 해당 금융상품판매업자와의 계약체결에 관한 자료를 기록하여야 한다(영24①(3)).

---

135) 부칙 제2조(자료의 기록 및 유지·관리 등에 관한 적용례) 제28조는 이 법 시행 이후 금융상품 또는 금융상품자문에 관한 계약의 체결을 권유(금융상품자문업자가 자문에 응하는 경우를 포함)하거나 계약을 체결하는 경우부터 적용한다.

2) 유지·관리 기간

금융상품판매업자등은 금융상품판매업등의 업무와 관련한 자료로서 자료의 종류별로 10년 동안 유지·관리하여야 한다(법28①, 영24② 본문). 보장성 상품에 관한 계약의 위험보장기간이 10년을 초과하는 경우에는 해당 계약 관련 금융상품의 계약체결등 및 그 이행에 관한 자료를 위험보장기간 동안 유지·관리해야 한다(영24② 본문). 다만 내부통제기준의 제정·변경 등 조직 내부 경영에 관한 자료와 금융상품판매업자로부터 자문과 관련한 재산상 이익을 제공받는 경우 해당 금융상품판매업자와의 계약체결에 관한 자료는 5년 이내의 범위에서 금융위원회가 자료를 유지·관리해야 하는 기간을 정하여 고시한다(영24② 단서).

그러나 금융상품직접판매업자 또는 금융상품자문업자가 금융소비자와 계약을 체결하지 않은 경우에는 금융상품의 계약체결등 및 그 이행에 관한 자료를 유지·관리해야 하는 기간을 3개월로 한다(영24③).

(나) 자료 열람 요구권

금융소비자는 분쟁조정 또는 소송의 수행 등 권리구제를 위한 목적으로 금융상품판매업자등이 기록 및 유지·관리하는 자료의 열람(사본의 제공 또는 청취를 포함)을 요구할 수 있고(법28③), 자료의 열람을 요구하는 경우에 열람 목적, 열람하고자 하는 자료의 구체적인 내용, 열람 방법을 금융위원회가 정하는 바에 따라 작성하여 금융상품판매업자등에 제출하여야 한다(영24④).

(다) 자료 열람 제공의무

금융상품판매업자등은 열람을 요구받았을 때에는 해당 자료의 유형에 따라 요구받은 날부터 8일 내에 금융소비자가 해당 자료를 열람할 수 있도록 하여야 한다(법28④ 전단, 영24⑤). 이 경우 해당 기간 내에 열람할 수 없는 정당한 사유가 있을 때에는 금융소비자에게 그 사유를 알리고 열람을 연기할 수 있으며, 그 사유가 소멸하면 지체 없이 열람하게 하여야 한다(법28④ 후단).

(라) 열람 여부의 통지

금융상품판매업자등은 금융소비자가 자료의 열람을 요구한 경우 지체 없이 다음의 구분에 따른 사항을 금융소비자에 알려야 한다(영24⑥). 즉 ⅰ) 열람이 가능한 경우 열람이 가능한 자료의 목록, 열람이 가능한 날짜 및 시간, 열람 방법,

ⅱ) 열람을 요구한 자료 중 일부만 열람이 가능한 경우 열람이 가능한 자료의 목록, 열람이 가능한 날짜 및 시간, 열람 방법, 열람을 요구한 자료 중 일부만 열람이 가능한 이유, 이의제기 방법, ⅲ) 열람이 불가한 경우 열람이 불가한 사유, 이의제기 방법을 알려야 한다.

(마) 자료 열람 제한·거절

금융상품판매업자등은 ⅰ) 법령에 따라 열람을 제한하거나 거절할 수 있는 경우, ⅱ) 다른 사람의 생명·신체를 해칠 우려가 있거나 다른 사람의 재산과 그밖의 이익을 부당하게 침해할 우려가 있는 경우, ⅲ) 금융상품판매업자등 또는 연계·제휴서비스등제공업자 등 관계되는 자의 영업비밀(부정경쟁방지법 제2조 제2호136)에 따른 영업비밀)이 현저히 침해되는 경우, ⅳ) 다른 사람의 성명·주민등록번호 등 개인에 관한 사항으로서 공개될 경우 사생활의 비밀 또는 자유를 침해할 우려가 있다고 인정되는 경우, ⅴ) 열람하고자 하는 자료가 열람목적과 관련이 없다는 사실이 명백한 경우, ⅵ) 그 밖에 금융소비자의 권리구제 필요성에도 불구하고 사회통념상 자료의 열람이 객관적으로 부적절하다고 볼 수 있는 경우로서 금융위원회가 정하여 고시하는 경우에는 금융소비자에게 그 사유를 알리고 열람을 제한하거나 거절할 수 있다(법28⑤, 영24⑦).

(바) 수수료와 우송료 청구

금융상품판매업자등은 금융소비자가 열람을 요구하는 경우 수수료와 우송료(사본의 우송을 청구하는 경우만 해당)를 청구할 수 있는데, 수수료는 자료 열람 관련 행정처리비용를 말하고, 우송료는 자료를 우편으로 보내는데 든 실제 비용을 말한다(법28⑥, 영24⑧).

(사) 위반시 제재

법 제28조 제1항을 위반하여 자료를 기록하지 아니하거나 자료의 종류별로 유지·관리하지 아니한 자에게는 1억원 이하의 과태료를 부과한다(법69①(12)).

---

136) 2. "영업비밀"이란 공공연히 알려져 있지 아니하고 독립된 경제적 가치를 가지는 것으로서, 비밀로 관리된 생산방법, 판매방법, 그 밖에 영업활동에 유용한 기술상 또는 경영상의 정보를 말한다.

Ⅶ. 금융소비자 보호

1. 금융소비자정책 수립 및 금융교육 등

(1) 금융소비자 보호와 금융교육

(가) 금융소비자 보호

금융위원회는 금융소비자의 권익 보호와 금융상품판매업등의 건전한 시장 질서 구축을 위하여 금융소비자정책을 수립하여야 하며(법29①), 금융소비자의 권익 증진, 건전한 금융생활 지원 및 금융소비자의 금융역량 향상을 위하여 노력하여야 한다(법29②).

(나) 금융교육

금융위원회는 금융교육을 통하여 금융소비자가 금융에 관한 높은 이해력을 바탕으로 합리적인 의사결정을 내리고 이를 기반으로 하여 장기적으로 금융복지를 누릴 수 있도록 노력하여야 하며, 예산의 범위에서 이에 필요한 지원을 할 수 있다(법30①). 금융위원회는 금융환경 변화에 따라 금융소비자의 금융역량 향상을 위한 교육프로그램을 개발하여야 한다(법30②). 금융위원회는 금융교육과 학교교육·평생교육을 연계하여 금융교육의 효과를 높이기 위한 시책을 수립·시행하여야 한다(법30③). 금융위원회는 3년마다 금융소비자의 금융역량에 관한 조사를 하고, 그 결과를 금융교육에 관한 정책 수립에 반영하여야 한다(법30④).[137]

(다) 교육업무위탁

금융위원회는 금융교육에 관한 업무를 금융감독원장 또는 금융교육 관련 기관·단체에 위탁할 수 있다(법30⑤). 이에 따라 금융위원회는 교육프로그램 개발, 시책의 시행, 금융역량 조사를 금융감독원장에 위탁한다(영25①). 금융감독원장은 위탁받은 업무수행계획 및 그 실적을 금융위원회가 정하는 바에 따라 금융위원회에 보고하여야 한다(영25②).

---

137) 부칙 제3조(금융소비자의 금융역량에 관한 조사에 관한 적용례) 제30조 제4항에 따라 최초로 실시하는 금융소비자의 금융역량에 관한 조사는 이 법 시행일 이후 3년 이내에 한다.

(라) 금융교육협의회

1) 협의회 설치 및 구성

금융교육에 대한 정책을 심의·의결하기 위하여 금융위원회에 금융교육협의회("협의회")를 둔다(법31①). 협의회는 의장 1명을 포함하여 25명 이내의 위원으로 구성하며(법31③), 협의회의 의장은 금융위원회 부위원장이 된다(법31④). 협의회의 위원은 금융위원회, 공정거래위원회, 기획재정부, 교육부, 행정안전부, 고용노동부, 여성가족부의 고위공무원단에 속하는 공무원으로서 소속기관의 장이 지명하는 사람, 금융소비자보호 업무를 담당하는 금융감독원의 부원장이 된다(법31⑤, 영26①).

2) 협의회 회의와 의결

협의회의 회의("회의")는 정기회의는 매년 2회 개최하고, 임시회의는 의장이 필요하다고 인정하는 경우에 개최한다(영26②). 회의는 위원 과반수의 출석으로 개의하며, 출석한 위원 과반수의 찬성으로 안건을 의결한다(영26③). 안건이 경미하거나 위원을 소집할 수 없는 불가피한 상황이 발생하는 등 의장이 필요하다고 판단한 경우에는 안건을 서면으로 의결할 수 있다(영26④). 의장은 안건의 효율적인 심의를 위하여 금융교육 관련 기관·단체 등 전문가를 회의에 참석시켜 의견을 들을 수 있다(영26⑤).

3) 협의회의 심의·의결사항

협의회는 ⅰ) 금융교육의 종합적 추진에 관한 사항, ⅱ) 금융소비자 교육과 관련한 평가, 제도개선 및 부처 간 협력에 관한 사항, ⅲ) 그 밖에 의장이 금융소비자의 금융역량 강화를 위하여 토의에 부치는 사항을 심의·의결한다(법31②).

4) 관련자료 제출요구권

협의회는 심의·의결을 위하여 필요한 경우 관련 자료의 제출을 위의 협의회 위원인 기관에 요구할 수 있다(법31⑥).

(2) 금융상품 비교공시

(가) 금융상품 유형별 비교공시

금융위원회는 금융소비자가 금융상품의 주요 내용을 알기 쉽게 비교할 수 있도록 금융상품의 유형별로 금융상품의 주요 내용을 비교하여 공시할 수 있다

(법32①). 여기서 "금융상품"이란 ⅰ) 금융산업구조개선법에 따라 종합금융회사와 합병한 기관, 농협은행, 상호저축은행, 수협은행, 신용협동조합, 은행, 증권금융회사, 종합금융회사, 중소기업은행, 한국산업은행(영2①(1))이 취급하는 예금·적금, ⅱ) 금융산업구조개선법에 따라 종합금융회사와 합병한 기관, 농협은행, 상호저축은행, 수협은행, 신용협동조합, 은행, 증권금융회사, 종합금융회사, 중소기업은행, 한국산업은행, 금융위원회에 등록한 대부업자, 보험회사, 신용협동조합중앙회, 여신전문금융회사 및 겸영여신업자, 온라인투자연계금융업자, 금융투자업자, 단기금융회사, 자금중개회사(영2①(2))가 취급하는 대출, ⅲ) 소득세법 제20조의3 제1항 제2호 각 목 외의 부분에 따른 연금계좌, ⅳ) 보험상품(법2(1) 다목), ⅴ) 집합투자증권, ⅵ) 그 밖에 일반금융소비자가 보편적으로 취득·처분할 수 있는 금융상품으로서 금융위원회가 정하여 고시하는 금융상품을 말한다(영27①).

(나) 비교공시 내용과 작성방법

비교공시의 내용은 일반금융소비자의 계약체결 여부 판단에 중요한 영향을 줄 수 있는 사항("비교항목")으로서 이자율, 보험료, 수수료 또는 금융위원회가 정하여 고시하는 사항을 말한다(영27②). 비교공시의 내용은 ⅰ) 금융소비자가 필요로 하는 정보를 간단명료하게 전달하여야 하고(제1호), ⅱ) 보통의 주의력을 가진 일반적인 금융소비자가 알기 쉽도록 하여야 하며(제2호), ⅲ) 내용의 정확성·중립성·적시성을 유지하여야 하고(제3호), ⅳ) 일관되고 통일된 기준에 따라 산출된 정보이어야 하며(제4호), ⅴ) 그 밖에 일반금융소비자가 비교공시 내용의 신뢰성 및 유용성을 확보하는데 필요한 사항으로서 금융위원회가 정하여 고시하는 사항(제5호)을 갖춰야 한다(영27③).

(다) 비교공시에 필요한 자료제출 요청

금융위원회는 협회등에 비교공시에 필요한 자료를 주기적으로 제출할 것을 요청할 수 있다(영27④ 전단). 이 경우 해당 자료를 제출하는 시기, 작성방법(제3항 각 호의 사항을 갖출 수 있는 방법을 포함), 제출방법 등에 대하여 협회등과 사전에 협의해야 한다(영27④ 후단).

(라) 일반금융소비자의 만족도 조사의무

금융위원회는 비교공시 시스템의 주기적인 개선을 위해 매년 비교공시 내용 및 관련 전산처리시스템에 대한 일반금융소비자의 만족도를 조사하여야 한다(영 27⑤).

(3) 금융소비자 보호실태평가

(가) 평가대상

금융감독원장은 금융감독원장이 금융위원회가 정하여 고시하는 바에 따라 ⅰ) 연간 영업규모 등 일반금융소비자에 미치는 영향, ⅱ) 금융감독원장이 접수한 민원, ⅲ) 그 밖에 금융소비자 보호에 관한 사항으로서 금융위원회가 정하여 고시하는 사항을 고려하여 매년 지정하는 금융상품판매업자등("평가대상")의 금융소비자 보호실태를 평가하고 그 결과를 공표할 수 있다(법32②, 영28①).

(나) 평가항목

평가항목인 "금융소비자 보호 실태"의 내용은 ⅰ) 내부통제기준(다만, [별표 3] 제1호의 내부통제기준의 설정·운영에 관한 사항은 제외), ⅱ) 금융소비자보호기준의 운영 및 이행의 충실도를 말한다(영28②).

(다) 평가 시기와 사전통지

평가는 매년 실시한다(영28③ 전단). 이 경우 금융감독원장은 평가를 실시하기 전에 평가대상에 평가의 기간, 방법, 내용 및 책임자를 미리 서면으로 알려야 한다(영28③ 후단).

(라) 평가시 준수사항

금융감독원장은 평가하는 경우에 ⅰ) 신뢰성과 타당성을 확보할 수 있는 계량적·비계량적 지표("평가지표")를 사용하여야 하고, ⅱ) 평가대상이 취급하는 금융상품의 특성을 반영하여야 하며, ⅲ) 평가지표는 평가항목을 확인하는데 적정하여야 하고, ⅳ) 평가결과(평가항목별 결과를 포함)에 대한 객관적인 근거를 확보하여야 한다(영28④).

(마) 평가결과 통지 및 게시

금융감독원장은 평가결과를 평가대상·관련 협회등 및 금융위원회에 알린 후 금융감독원의 인터넷 홈페이지에 지체 없이 게시하여야 한다(영28⑤). 통지를 받은 평가대상은 평가결과를 본점과 지점, 그 밖의 영업소에 금융소비자가 열람할 수 있도록 다음 평가를 받을 때까지 비치하고 인터넷 홈페이지에 게시하여야 한다(영28⑥).

(4) 금융소비자보호기준

(가) 금융소비자보호기준 제정

법인인 금융상품판매업자등("금융상품판매업자등")은 금융소비자 불만 예방 및 신속한 사후구제를 통하여 금융소비자를 보호하기 위하여 그 임직원이 직무를 수행할 때 준수하여야 할 기본적인 절차와 기준("금융소비자보호기준")을 정하여야 한다(법32③, 영29① 본문).

다만, 대부업자 및 대부중개업자, 상호저축은행중앙회, 신기술사업금융업자·신기술사업금융전문회사, 온라인투자연계금융업자, 온라인소액투자중개업자, 금융상품직접판매업자 및 금융상품자문업자가 상시근로자가 5명 미만인 경우, 금융상품판매대리·중개업자가 하나의 금융상품직접판매업자가 취급하는 금융상품에 관한 계약의 체결만 대리·중개하는 것을 영업으로 하는 경우, 또는 소속된 개인 금융상품판매대리·중개업자가 5명 미만인 경우(다만, 전자금융거래방식만으로 금융상품판매업등을 영위하는 법인은 상시근로자가 3명 미만인 경우에 금융소비자보호기준을 마련하지 않을 수 있다), 그 밖에 금융상품판매업자등의 특성상 금융소비자보호기준을 운영하기 어렵거나 금융소비자보호기준을 마련해야 할 필요성이 낮은 법인으로서 금융위원회가 정하여 고시하는 법인(영10① 각 호)은 제외한다(영29① 단서).

(나) 금융소비자보호기준의 내용

금융소비자보호기준은 금융소비자의 민원처리에 관한 절차 및 방법, 금융소비자의 민원 상황 및 처리결과, 금융소비자와의 분쟁조정·소송 진행상황 및 결과를 체계적으로 관리하기 위한 전자정보처리시스템에 관한 기준 및 절차를 정한다(영29②).

(다) 금융소비자보호기준 신설·변경 절차

금융소비자보호기준을 신설하거나 변경하는 경우에 이사회 또는 이에 준하는 기관(이사회가 없는 경우에 한정)의 승인을 받는 절차를 거쳐야 한다. 다만, 신

설변경하는 사항이 경미한 경우에는 대표이사의 승인으로 갈음할 수 있다(영29
③, 영10③).

2. 금융분쟁의 조정

(1) 분쟁조정기구 설치

조정대상기관, 금융소비자 및 그 밖의 이해관계인 사이에 발생하는 금융 관
련 분쟁의 조정에 관한 사항을 심의·의결하기 위하여 금융감독원에 금융분쟁조
정위원회("조정위원회")를 둔다(법33).

(2) 조정위원회의 구성 및 위원의 지명철회·위촉해제

(가) 조정위원회의 구성 및 위원의 자격

조정위원회는 위원장 1명을 포함하여 35명 이내의 위원으로 구성한다(법34
①). 조정위원회 위원장은 금융감독원장이 소속 부원장 중에서 지명한다(법34②).

조정위원회 위원은 금융감독원장이 소속 부원장보 중에서 지명하는 사람 및
ⅰ) 판사·검사 또는 변호사 자격이 있는 사람, ⅱ) 소비자기본법에 따른 한국소
비자원 및 같은 법에 따라 등록한 소비자단체의 임원, 임원으로 재직하였던 사람
또는 15년 이상 근무한 경력이 있는 사람, ⅲ) 조정대상기관 또는 금융 관계 기
관·단체에서 15년 이상 근무한 경력이 있는 사람, ⅳ) 금융 또는 소비자 분야에
관한 학식과 경험이 있는 사람, ⅴ) 전문의(專門醫) 자격이 있는 의사, ⅵ) 그 밖
에 분쟁조정과 관련하여 금융감독원장이 필요하다고 인정하는 사람 중에서 성별
을 고려하여 금융감독원장이 위촉한 사람으로 한다(법34③). 위원의 임기는 2년
으로 한다(법34④).

조정위원회 위원장이 부득이한 사유로 직무를 수행할 수 없을 때에는 금융
감독원장이 지명하는 조정위원회 위원이 직무를 대행한다(법34⑤). 조정위원회의
위원 중 공무원이 아닌 위원은 형법 제129조부터 제132[138]조까지의 규정을 적용
할 때에는 공무원으로 본다(법34⑥).

---

138) 제129조(수뢰, 사전수뢰), 제130조(제삼자뇌물제공), 제131조(수뢰후부정처사, 사후수뢰),
     제132조(알선수뢰).

(나) 위원의 지명철회 · 위촉해제

금융감독원장은 조정위원회 위원이 ⅰ) 심신장애로 인하여 직무를 수행할 수 없게 된 경우, ⅱ) 직무와 관련된 비위사실이 있는 경우, ⅲ) 직무태만, 품위 손상이나 그 밖의 사유로 위원에 적합하지 아니하다고 인정되는 경우, ⅳ) 제척 사유(법38①) 중 어느 하나에 해당함에도 불구하고 회피하지 아니한 경우, ⅴ) 위원 스스로 직무를 수행하기 어렵다는 의사를 밝히는 경우에는 해당 위원의 지명 을 철회하거나 해당 위원의 위촉을 해제할 수 있다(법35).

(다) 위원의 제척 · 기피 및 회피

1) 제척

조정위원회 위원은 ⅰ) 위원이나 그 배우자 또는 배우자였던 사람이 해당 사건의 당사자(당사자가 법인 · 단체 등인 경우에는 그 임원을 포함)가 되거나 그 사건 의 당사자와 공동권리자 또는 공동의무자인 경우, ⅱ) 위원이 해당 사건의 당사 자(당사자가 법인 · 단체 등인 경우에는 그 임원을 포함)와 친족이거나 친족이었던 경 우, ⅲ) 위원이 해당 사건의 당사자인 법인 또는 단체(계열회사등을 포함)에 속하 거나 조정신청일 전 최근 5년 이내에 속하였던 경우, ⅳ) 위원 또는 위원이 속한 법인 또는 단체, 사무소가 해당 사건에 관하여 증언 · 법률자문 또는 손해사정 등 을 한 경우, ⅴ) 위원 또는 위원이 속한 법인 또는 단체, 사무소가 해당 사건에 관하여 당사자의 대리인으로서 관여하거나 관여하였던 경우에는 그 분쟁조정신 청사건("사건")의 심의 · 의결에서 제척(除斥)된다(법38①).

2) 기피

당사자는 위원에게 공정한 심의 · 의결을 기대하기 어려운 사정이 있는 경우 에는 조정위원회 위원장에게 기피(忌避)신청을 할 수 있으며, 조정위원회 위원장 은 기피신청이 타당하다고 인정할 때에는 기피의 결정을 한다(법38②).

3) 회피

위원이 제척 사유에 해당하는 경우에는 스스로 그 사건의 심의 · 의결에서 회피(回避)하여야 한다(법38③).

(3) 분쟁의 조정

(가) 조정신청 주체

조정대상기관, 금융소비자 및 그 밖의 이해관계인은 금융과 관련하여 분쟁이 있을 때에는 금융감독원장에게 분쟁조정을 신청할 수 있다(법36①).

(나) 합의권고 여부

금융감독원장은 분쟁조정 신청을 받았을 때에는 관계 당사자에게 그 내용을 통지하고 합의를 권고할 수 있다(법36② 본문). 다만, 분쟁조정의 신청내용이 ⅰ) 신청한 내용이 분쟁조정대상으로서 적합하지 아니하다고 금융감독원장이 인정하는 경우, ⅱ) 신청한 내용이 관련 법령 또는 객관적인 증명자료 등에 따라 합의권고절차 또는 조정절차를 진행할 실익이 없는 경우, ⅲ) 신청 당시 이미 소가 제기되었거나 분쟁조정이 종결되지 않은 상태에서 소가 제기된 경우(다만, 법 제41조 제1항에 따라 소송절차가 중지된 경우는 제외), ⅳ) 신청서가 금융감독원장이 정한 바에 따라 작성되지 않아 금융감독원장이 영 제31조 제6항에 따른 보완을 요구하였으나 정해진 기간에 보완하지 않은 경우, ⅴ) 신청내용의 중요한 사항이 거짓으로 또는 왜곡되어 작성되어 있는 경우, ⅵ) 신청내용이 신청인과 직접적인 이해관계가 없는 경우, ⅶ) 신청인이 부당한 이익을 얻을 목적으로 분쟁조정을 신청하였다고 볼 수 있는 경우에는 합의를 권고하지 아니하거나 조정위원회에의 회부를 하지 아니할 수 있다(법36② 단서, 영32①).

금융감독원장은 합의권고를 하지 아니하거나 조정위원회에 회부하지 아니할 때에는 그 사실을 관계 당사자에게 서면으로 통지하여야 한다(법36③).

(다) 조정위원회 회의 및 회부

조정위원회의 회의는 조정위원회 위원장과 조정위원회 위원장이 회의마다 지명하는 6명 이상 10명 이하의 조정위원회 위원으로 구성하며, 회의는 조정위원회 위원장이 소집한다(법37①). 조정위원회는 구성원 과반수의 출석과 출석위원 과반수의 찬성으로 의결한다(법37②).

금융감독원장은 분쟁조정 신청을 받은 날부터 30일 이내에 합의가 이루어지지 아니할 때에는 지체 없이 조정위원회에 회부하여야 한다(법36④).

(라) 조정안 작성

조정위원회는 조정을 회부받았을 때에는 이를 심의하여 조정안을 60일 이내에 작성하여야 한다(법36⑤).

(마) 조정안 수락 권고

금융감독원장은 조정위원회가 조정안을 작성하였을 때에는 신청인과 관계 당사자에게 제시하고 수락을 권고할 수 있다(법36⑥).

(바) 조정안 수락 거부 의제

신청인과 관계 당사자가 조정안을 제시받은 날부터 20일 이내에 조정안을 수락하지 아니한 경우에는 조정안을 수락하지 아니한 것으로 본다(법36⑦).

(4) 조정의 효력

양 당사자가 조정안을 수락한 경우 해당 조정안은 재판상 화해와 동일한 효력을 갖는다(법39).

(5) 시효중단

분쟁조정의 신청은 시효중단의 효력이 있다(법40① 본문). 다만 합의권고를 하지 아니하거나 조정위원회에 회부하지 아니할 때에는 그러하지 아니하다(법40① 단서). 이 경우에 1개월 이내에 재판상의 청구, 파산절차참가, 압류 또는 가압류, 가처분을 한 때에는 시효는 최초의 분쟁조정의 신청으로 인하여 중단된 것으로 본다(법40②).[139]

중단된 시효는 ⅰ) 양 당사자가 조정안을 수락한 경우, ⅱ) 분쟁조정이 이루어지지 아니하고 조정절차가 종료된 경우에 해당하는 때부터 새로이 진행한다(법40③).

(6) 소송과의 관계

조정이 신청된 사건에 대하여 신청 전 또는 신청 후 소가 제기되어 소송이 진행 중일 때에는 수소법원은 조정이 있을 때까지 소송절차를 중지할 수 있다(법41①). 이에 따라 조정위원회는 소송절차가 중지되지 아니하는 경우에는 해당 사건의 조정절차를 중지하여야 한다(법40②). 조정위원회는 조정이 신청된 사건과

---

139) 부칙 제4조(조정신청의 시효중단 효력 등에 관한 적용례) 제40조부터 제42조까지의 규정은 이 법 시행 이후 분쟁조정을 신청하는 경우부터 적용한다.

동일한 원인으로 다수인이 관련되는 동종·유사 사건에 대한 소송이 진행 중인 경우에는 조정위원회의 결정으로 조정절차를 중지할 수 있다(법40③).

(7) 소액분쟁사건에 관한 특례

조정대상기관은 ⅰ) 일반금융소비자가 신청한 사건이고, ⅱ) 조정을 통하여 주장하는 권리나 이익의 가액이 2천만원 이내인 분쟁사건("소액분쟁사건")에 대하여 조정절차가 개시된 경우에는 조정안을 제시받기 전에는 소를 제기할 수 없다(법42 본문, 영35). 다만, 합의권고를 하지 아니하거나 조정위원회에 회부하지 아니한다는 사실을 서면으로 통지받거나 60일 내에 조정안을 제시받지 못한 경우에는 그러하지 아니하다(법42 단서).

Ⅷ. 감독 및 처분

1. 금융상품판매업자등에 대한 감독

(1) 명령·처분 준수 여부 감독

금융위원회는 금융소비자의 권익을 보호하고 건전한 거래질서를 위하여 금융상품판매업자등이 금융소비자보호법 또는 금융소비자보호법에 따른 명령이나 처분을 적절히 준수하는지를 감독하여야 한다(법48①).

(2) 금융상품자문업자의 업무보고서 제출의무

등록을 한 금융상품자문업자는 매 사업연도 개시일부터 3개월간·6개월간·9개월간 및 12개월간의 업무보고서를 작성하여 각각의 기간 경과 후 45일 내에 업무보고서를 금융위원회에 제출하여야 한다(법48②, 영39①).[140]

금융상품자문업자가 업무보고서에 기재해야 할 사항은 ⅰ) 금융상품자문업자의 상호, 소재지, 주주·임직원 현황 등 경영 일반, ⅱ) 자문업무를 제공하는 금융상품의 범위, ⅲ) 자문업무의 제공절차, ⅳ) 재무현황, ⅴ) 내부통제기준 및 금융소비자보호기준, ⅵ) 보수 부과기준 및 산정근거, ⅶ) 금융상품판매업자로부터 자문과 관련하여 대가 등 재산상 이익을 제공받은 경우 그 재산상 이익의

---

140) 부칙 제9조(업무보고서 제출에 관한 적용례) 제48조 제2항은 이 법 시행 이후 시작되는 사업연도부터 적용한다.

종류 및 규모, viii) 업무 위탁·제휴 관계에 있는 금융상품판매업자의 명칭 및 위탁·제휴 내용(금융상품판매업자와의 업무 위탁·제휴 관계가 있는 경우에 한정), ix) 금융상품자문업자 및 그 임직원이 최근 5년간 법 제12조(금융상품판매업자등의 등록) 제4항 제1호 다목부터 바목141)까지의 규정에 해당하는 사유가 발생한 경우 그 내용, x) 그 밖에 금융상품자문업자에 대한 감독에 필요한 사항으로서 금융위원회가 정하여 고시하는 사항이다(영39②).

(3) 금융상품판매업자등의 변동사항 보고의무

등록한 금융상품판매업자등은 등록요건(법12)이 변동된 경우 1개월 이내에 그 변동사항을 금융위원회에 보고하여야 한다(법48③, 영40①②). 변경보고의 보고서에는 금융위원회가 정하여 고시하는 방법에 따라 변경사유 및 변경내용을 써야 하며, 이를 증명할 수 있는 서류를 첨부하여야 한다(영40③). 금융위원회는 변경보고의 내용에 관한 사실 여부를 확인하여야 한다(영40④).

(4) 위반시 제재

법 제48조 제3항을 위반하여 등록요건에 대한 변동사항을 보고하지 아니한 자에게는 1천만원 이하의 과태료를 부과한다(법69③).

2. 금융위원회의 명령권

(1) 금융상품판매업자등에 대한 시정·중지 명령

금융위원회는 금융소비자의 권익 보호 및 건전한 거래질서를 위하여 필요하다고 인정하는 경우에는 금융상품판매업자등에게 ⅰ) 금융상품판매업자등의 경영 및 업무개선에 관한 사항, ⅱ) 영업의 질서유지에 관한 사항, ⅲ) 영업방법에

---

141) 다. 금고 이상의 실형을 선고받고 그 집행이 끝나거나(집행이 끝난 것으로 보는 경우를 포함) 집행이 면제된 날부터 5년이 지나지 아니한 사람
    라. 금고 이상의 형의 집행유예를 선고받고 그 유예기간 중에 있는 사람
    마. 금융소비자보호법, 대통령령으로 정하는 금융관련법률 또는 외국 금융 관련 법령에 따라 벌금 이상의 형을 선고받고 그 집행이 끝나거나(집행이 끝난 것으로 보는 경우를 포함) 집행이 면제된 날부터 5년이 지나지 아니한 사람
    바. 금융소비자보호법 또는 대통령령으로 정하는 금융관련법률에 따라 임직원 제재조치(퇴임 또는 퇴직한 임직원의 경우 해당 조치에 상응하는 통보를 포함)를 받은 사람으로서 그 조치의 종류별로 5년을 초과하지 아니하는 범위에서 대통령령으로 정하는 기간이 지나지 아니한 사람

관한 사항, ⅳ) 금융상품에 대하여 투자금 등 금융소비자가 부담하는 급부의 최
소 또는 최대한도 설정에 관한 사항, ⅴ) 내부통제기준 및 금융소비자보호기준의
운영에 관한 사항, ⅵ) 금융소비자 보호를 위해 필요한 공시에 관한 사항, ⅶ) 금
융상품판매업자등의 업무범위에 관한 사항, ⅷ) 금융소비자 또는 금융상품판매
업자등으로부터 받는 재산상 이익에 관한 사항, ⅸ) 금융상품판매업자등의 업무
내용 보고에 관한 사항에 관하여 시정·중지 등 필요한 조치를 명할 수 있다(법49
①, 영41①).

(2) 금융상품판매업자에 대한 계약체결 권유 금지 또는 계약체결 제한·금지 명령

(가) 원칙

금융위원회는 금융상품으로 인하여 금융소비자의 재산상 현저한 피해가 발
생할 우려가 있다고 명백히 인정되는 경우로서 ⅰ) 금융상품의 구조로 인해 금
융소비자에 현저한 손실이 발생할 가능성이 높으며, 해당 금융상품의 복잡성, 영
업방식 등으로 인해 금융소비자가 그 위험을 고려하지 않고 계약을 체결할 가능
성이 상당히 높은 경우, ⅱ) 금융상품으로 인해 심각한 손실이 발생하였고 손실
이 더 늘어날 것으로 예상되는 경우, ⅲ) 그 밖에 앞의 2가지 사유에 준하는 경
우로서 금융위원회가 정하여 고시하는 경우에는 그 금융상품을 판매하는 금융상
품판매업자에 대하여 해당 금융상품 계약체결의 권유 금지 또는 계약체결의 제
한·금지를 명할 수 있다(법49②, 영41②).

(나) 예외

다음의 어느 하나에 해당하는 경우, 즉 ⅰ) 공시 등 다른 조치가 보다 효율
적인 경우, ⅱ) 해당 금융상품판매업자가 금융소비자의 재산상 현저한 피해가 발
생할 우려를 없애거나 해당 금융상품에 관한 계약체결을 중단한 경우, ⅲ) 그 밖
에 앞의 2가지 사유에 준하는 경우로서 금융위원회가 정하여 고시하는 경우에는
그 금융상품을 판매하는 금융상품판매업자에 대하여 해당 금융상품 계약체결의
권유 금지 또는 계약체결의 제한·금지 명령을 하지 않을 수 있다(영41③).

3. 금융상품판매업자등에 대한 검사

(1) 업무와 재산상황 검사

금융상품판매업자등은 그 업무와 재산상황에 관하여 금융감독원장의 검사를 받아야 한다(법50①).

(2) 업무 또는 재산에 관한 보고 등

금융감독원장은 검사를 할 때 필요하다고 인정하는 경우에는 금융상품판매업자등에게 업무 또는 재산에 관한 보고, 자료의 제출, 관계인의 출석 및 의견진술을 요구하거나 금융감독원 소속 직원으로 하여금 금융상품판매업자등의 사무소나 사업장에 출입하여 업무상황이나 장부·서류·시설 또는 그 밖에 필요한 물건을 검사하게 할 수 있다(법50②).

(3) 증표제시

검사를 하는 사람은 그 권한을 표시하는 증표를 지니고 관계인에게 보여주어야 한다(법50③).

(4) 보고 및 의견서 첨부

금융감독원장은 검사를 한 경우에는 그 결과를 금융위원회에 보고하여야 한다(법50④ 전단). 이 경우 금융소비자보호법 또는 금융소비자보호법에 따른 명령이나 처분을 위반한 사실이 있을 때에는 그 처리에 관한 의견서를 첨부하여야 한다(법50④ 후단).

(5) 외부감사인에 대한 자료제출요구

금융감독원장은 외부감사법에 따라 금융상품판매업자등이 선임한 외부감사인에게 해당 금융상품판매업자등을 감사한 결과 알게 된 정보, 그 밖에 영업행위와 관련되는 자료의 제출을 사용목적에 필요한 최소한의 범위에서 서면으로 요구할 수 있다(법50⑤).

(6) 위반시 제재

법 제50조 제1항에 따른 검사를 정당한 사유 없이 거부·방해 또는 기피한 자에게는 1억원 이하의 과태료를 부과한다(법69①(13)).

4. 금융상품판매업자등에 대한 처분 등

(1) 등록취소

금융위원회는 금융상품판매업자등 중 등록을 한 금융상품판매업자등이 ⅰ) 거짓이나 그 밖의 부정한 방법으로 등록을 한 경우, ⅱ) 금융상품직접판매업자 또는 금융상품자문업자의 등록요건(법12②) 또는 금융상품판매대리·중개업자의 등록요건(법12③)을 유지하지 아니하는 경우(다만, 일시적으로 등록요건을 유지하지 못한 경우로서 대통령령으로 정하는 경우142)는 제외), ⅲ) 업무의 정지기간 중에 업무를 한 경우, ⅳ) 금융위원회의 시정명령 또는 중지명령을 받고 금융위원회가 정한 기간 내에 시정하거나 중지하지 아니한 경우, ⅴ) 금융상품판매업자에 대한 계약체결 권유 금지 또는 계약체결 제한·금지 명령(법49②)에 따르지 않은 경우, ⅵ) 등록을 한 날부터 1년 이내에 정당한 사유 없이 영업을 시작하지 않거나 영업을 시작한 후 정당한 사유 없이 1년 이상 계속하여 영업을 하지 않는 경우, ⅶ) 등록한 업무와 관련하여 제3자로부터 부정한 방법으로 금전등을 받거나 금융소비자에게 지급하여야 할 금전등을 받는 경우, ⅷ) 동일·유사한 위법행위를 계속하거나 반복하는 경우, ⅸ) 등록한 업무와 관련하여 신용정보법 제15조(수집 및 처리의 원칙), 제32조(개인신용정보의 제공·활용에 대한 동의), 제33조(개인신용정보의 이용) 및 제34조(개인식별정보의 수집·이용 및 제공)를 위반하여 같은 법에 따른 개인신용정보·개인식별정보를 수집·이용 및 제공하는 경우에는 금융상품판매업등의 등록을 취소할 수 있다(법51① 본문, 영42②). 다만, 위 사유 중 ⅰ)의 거

---

142) "대통령령으로 정하는 경우"란 다음의 어느 하나에 해당하는 경우를 말한다(영42①).
　　1. 임원이 퇴임하거나 직원이 퇴직하여 법 제12조 제2항 제1호 또는 같은 조 제3항 제3호를 충족하지 못하는 상황이 발생한 날부터 60일이 지나지 않은 경우
　　2. 임원이 금융관련법령에 따라 문책경고를 받은 경우(법 제53조 전단에 따른 통보를 받은 경우를 포함)에 해당하여 법 제12조 제2항 제4호 또는 같은 조 제3항 제2호를 충족하지 못하는 경우. 이 경우 해당 임원의 남은 임기만료일과 퇴임일 중 먼저 도래하는 기간까지로 한다.
　　3. 금융상품판매업자등이 불가피하게 법 제12조 제2항 제2호에 따른 등록요건을 충족하지 못했으나 그 날부터 6개월 이내에 그 등록요건을 갖추고 이에 따라 금융위원회가 해당 금융상품판매업자등에 대해 등록취소를 하지 않기로 정한 경우
　　4. 그 밖에 일시적으로 등록요건을 유지하지 못하였으나 등록취소가 불필요한 경우로서 금융위원회가 정하여 고시하는 경우

짓이나 그 밖의 부정한 방법으로 등록을 한 경우에는 그 등록을 취소하여야 한다(법51① 단서).

(2) 금융상품판매업자등에 대한 조치

금융위원회는 금융상품판매업자등이 위의 등록취소 사유 중 거짓이나 그 밖의 부정한 방법으로 등록을 한 경우 이외의 사유에 해당하거나 금융소비자보호법 또는 금융소비자보호법에 따른 명령을 위반하여 건전한 금융상품판매업등을 영위하지 못할 우려가 있다고 인정되는 경우로서 시행령 [별표 6][143]에 해당하는 경우(영42③)에는 대통령령으로 정하는 바에 따라 ⅰ) 6개월 이내의 업무의 전부 또는 일부의 정지, ⅱ) 위법행위에 대한 시정명령, ⅲ) 위법행위에 대한 중지명령, ⅳ) 위법행위로 인하여 조치를 받았다는 사실의 공표명령 또는 게시명령, ⅴ) 기관경고, ⅵ) 기관주의, ⅶ) 특정 지점(영업소를 포함)의 폐쇄, ⅷ) 특정지점 업무의 전부 또는 일부의 정지, ⅸ) 경영이나 업무방법의 개선요구나 개선권고, ⅹ) 손해에 대한 변상 요구, ⅺ) 법 위반사실의 고발 또는 수사기관에의 통보, ⅻ) 다른 법률 위반사실의 관련 기관 또는 수사기관에의 통보, ⅹⅲ) 위법행위에 따른 조치를 받았다는 사실에 대한 공표명령 또는 게시명령을 할 수 있다(법51② 본문, 영42④). 다만, 위 사유 중 ⅰ)의 6개월 이내의 업무의 전부 또는 일부의 정지 조치는 금융상품판매업자등 중 등록을 한 금융상품판매업자등에 한정한다(법51② 단서).

(3) 은행, 보험회사, 여신전문금융회사 등의 금융상품판매업자에 대한 조치

은행(중소기업은행, 한국산업은행, 신용협동조합중앙회의 신용사업 부문, 농협은행, 수협은행 및 상호저축은행중앙회를 포함), 보험회사(농협생명보험 및 농협손해보험 포함), 여신전문금융회사, 보험대리점, 보험중개사, 겸영여신업자에 해당하는 금융상품판매업자에 대해서는 다음에서 정하는 바에 따른다(법51③).

(가) 은행과 특수은행 등의 금융상품판매업자등에 대한 조치

금융위원회는 은행(중소기업은행, 한국산업은행, 신용협동조합중앙회의 신용사업 부문, 농협은행, 수협은행 및 상호저축은행중앙회를 포함)에 해당하는 금융상품판매업

---

143) 시행령 [별표 6]은 금융상품판매업자등 및 그 임직원에 대한 처분 등 사유(제42조 제3항 및 제43조 관련)를 규정하고 있다.

자등에 대해서는 금융감독원장의 건의에 따라 ⅰ) 위법행위에 대한 시정명령, ⅱ) 위법행위로 인하여 조치를 받았다는 사실의 공표명령 또는 게시명령, ⅲ) 특정 지점(영업소를 포함)의 폐쇄, ⅳ) 특정 지점 업무의 전부 또는 일부의 정지, ⅴ) 경영이나 업무방법의 개선요구나 개선권고, ⅵ) 손해에 대한 변상 요구, ⅶ) 법 위반사실의 고발 또는 수사기관에의 통보, ⅷ) 다른 법률 위반사실의 관련 기관 또는 수사기관에의 통보, ⅸ) 위법행위에 따른 조치를 받았다는 사실에 대한 공표명령 또는 게시명령을 하거나 금융감독원장으로 하여금 위법행위에 대한 중지명령, 기관경고 또는 기관주의 조치를 하게 할 수 있다(법51③(1)).

(나) 보험회사, 여신전문금융회사 등의 금융상품판매업자등에 대한 조치

금융위원회는 보험회사(농협생명보험 및 농협손해보험 포함), 여신전문금융회사, 보험대리점, 보험중개사, 겸영여신업자에 해당하는 금융상품판매업자등에 대해서는 금융감독원장의 건의에 따라 ⅰ) 위법행위에 대한 시정명령, ⅱ) 위법행위에 대한 중지명령, ⅲ) 위법행위로 인하여 조치를 받았다는 사실의 공표명령 또는 게시명령, ⅳ) 기관경고, ⅴ) 기관주의, ⅵ) 특정 지점(영업소를 포함)의 폐쇄, ⅶ) 특정 지점 업무의 전부 또는 일부의 정지, ⅷ) 경영이나 업무방법의 개선 요구나 개선권고, ⅸ) 손해에 대한 변상 요구, ⅹ) 법 위반사실의 고발 또는 수사기관에의 통보, ⅺ) 다른 법률 위반사실의 관련 기관 또는 수사기관에의 통보, ⅻ) 위법행위에 따른 조치를 받았다는 사실에 대한 공표명령 또는 게시명령을 하거나 금융감독원장으로 하여금 기관경고 또는 기관주의 조치를 하게 할 수 있다(법51③(2)).

5. 금융상품판매업자등의 임직원에 대한 조치

(1) 금융상품판매업자등의 임원에 대한 조치

금융위원회는 법인인 금융상품판매업자등의 임원이 금융소비자보호법 또는 금융소비자보호법에 따른 명령을 위반하여 건전한 금융상품판매업등을 영위하지 못할 우려가 있다고 인정되는 경우로서 시행령 [별표 6]에 해당하는 경우(영43)에는 ⅰ) 해임요구, ⅱ) 6개월 이내의 직무정지, ⅲ) 문책경고, ⅳ) 주의적 경고, ⅴ) 주의 중 어느 하나에 해당하는 조치를 할 수 있다(법52①).

(2) 금융상품판매업자등의 직원에 대한 조치요구

금융위원회는 금융상품판매업자등의 직원이 금융소비자보호법 또는 금융소비자보호법에 따른 명령을 위반하여 건전한 금융상품판매업등을 영위하지 못할 우려가 있다고 인정되는 경우로서 시행령 [별표 6]에 해당하는 경우(영43)에는 ⅰ) 면직, ⅱ) 6개월 이내의 정직, ⅲ) 감봉, ⅳ) 견책, ⅴ) 주의 중 어느 하나에 해당하는 조치를 할 것을 그 금융상품판매업자등에게 요구할 수 있다(법52②).

(3) 은행, 보험회사, 여신전문금융회사 등의 임원에 대한 조치

은행(중소기업은행, 한국산업은행, 신용협동조합중앙회의 신용사업 부문, 농협은행, 수협은행 및 상호저축은행중앙회를 포함), 보험회사(농협생명보험 및 농협손해보험을 포함), 여신전문금융회사, 보험대리점, 보험중개사, 겸영여신업자에 해당하는 금융상품판매업자등의 임원에 대해서는 다음에 정하는 바에 따른다(법52③).

(가) 은행에 해당하는 금융상품판매업자등의 임원에 대한 조치

금융위원회는 은행(중소기업은행, 한국산업은행, 신용협동조합중앙회의 신용사업 부문, 농협은행, 수협은행 및 상호저축은행중앙회를 포함)에 해당하는 금융상품판매업자등의 임원에 대해서는 금융감독원장의 건의에 따라 해임요구 또는 6개월 이내의 직무정지의 조치를 할 수 있으며, 금융감독원장으로 하여금 문책경고, 주의적 경고, 주의 중 어느 하나에 해당하는 조치를 하게 할 수 있다(법52③(1)).

(나) 보험회사 등에 해당하는 금융상품판매업자등의 임원에 대한 조치

금융위원회는 보험회사(농협생명보험 및 농협손해보험을 포함), 여신전문금융회사, 보험대리점, 보험중개사, 겸영여신업자에 해당하는 금융상품판매업자등의 임원에 대해서는 금융감독원장의 건의에 따라 해임요구, 6개월 이내의 직무정지, 문책경고, 주의적 경고, 주의 중 어느 하나에 해당하는 조치를 하거나, 금융감독원장으로 하여금 문책경고, 주의적 경고, 주의 중 어느 하나에 해당하는 조치를 하게 할 수 있다(법52③(2)).

(4) 은행, 보험회사, 여신전문금융회사 등의 직원에 대한 조치요구

은행(중소기업은행, 한국산업은행, 신용협동조합중앙회의 신용사업 부문, 농협은행, 수협은행 및 상호저축은행중앙회를 포함), 보험회사(농협생명보험 및 농협손해보험을 포함), 여신전문금융회사, 보험대리점, 보험중개사, 겸영여신업자에 해당하는 금융상품판매업자등의 직원에 대해서는 다음에서 정하는 바에 따른다(법52④).

(가) 은행에 해당하는 금융상품판매업자등의 직원에 대한 조치요구

금융감독원장은 은행(중소기업은행, 한국산업은행, 신용협동조합중앙회의 신용사업 부문, 농협은행, 수협은행 및 상호저축은행중앙회를 포함)에 해당하는 금융상품판매업자등의 직원에 대해서는 면직, 6개월 이내의 정직, 감봉, 견책, 주의 중 어느 하나에 해당하는 조치를 그 금융상품판매업자에게 요구할 수 있다(법52④(1)).

(나) 보험회사 등에 해당하는 금융상품판매업자등의 직원에 대한 조치요구

금융위원회는 보험회사(농협생명보험 및 농협손해보험을 포함), 여신전문금융회사, 보험대리점, 보험중개사, 겸영여신업자에 해당하는 금융상품판매업자등의 직원에 대해서는 면직, 6개월 이내의 정직, 감봉, 견책, 주의 중 어느 하나에 해당하는 조치를 할 것을 금융감독원장의 건의에 따라 그 금융상품판매업자에게 요구하거나 금융감독원장으로 하여금 요구하게 할 수 있다(법52④(2)).

(5) 관리 · 감독 책임자의 공동책임

금융위원회 또는 금융감독원장은 금융상품판매업자등의 임직원에 대하여 조치를 하거나 금융상품판매업자등에게 조치를 요구하는 경우 그 임직원에 대해서 관리 · 감독의 책임이 있는 임직원에 대한 조치를 함께 하거나 이를 요구할 수 있다(법52⑤ 본문). 다만, 관리 · 감독의 책임이 있는 사람이 그 임직원의 관리 · 감독에 적절한 주의를 다한 경우에는 조치를 감경하거나 면제할 수 있다(법52⑤ 단서).

6. 퇴임(퇴직)한 임직원에 대한 조치내용 통보

금융위원회(금융상품판매업자등의 임직원에 대한 조치를 하거나 조치를 할 것을 요구할 수 있는 금융감독원장을 포함)는 금융상품판매업자등의 퇴임한 임원 또는 퇴직한 직원이 재임 또는 재직 중이었더라면 조치를 받았을 것으로 인정되는 경우에는 그 받았을 것으로 인정되는 조치의 내용을 해당 금융상품판매업자등의 장에게 통보할 수 있다(법53 전단). 이 경우 통보를 받은 금융상품판매업자등은 그 내용을 해당 임원 또는 직원에게 통보하여야 한다(법53 후단).

7. 청문

금융위원회는 ⅰ) 금융상품판매업자등에 대한 등록의 취소, ⅱ) 임원의 해임요구 또는 직원의 면직요구 중 어느 하나에 해당하는 처분 또는 조치를 하려면 청문을 하여야 한다(법54).

8. 이의신청

금융상품판매업자등에 대한 처분 등(법51) 및 금융상품판매업자등의 임직원에 대한 조치(법52)(등록의 취소, 해임요구 또는 면직요구는 제외)에 불복하는 자는 처분 또는 조치를 고지받은 날부터 30일 이내에 불복 사유를 갖추어 이의를 신청할 수 있다(법55①). 금융위원회는 이의신청에 대하여 60일 이내에 결정을 하여야 한다(법55② 본문). 다만, 부득이한 사정으로 그 기간 내에 결정을 할 수 없을 경우에는 30일의 범위에서 그 기간을 연장할 수 있다(법55② 단서).

9. 처분 등의 기록 등

(1) 금융위원회 및 금융감독원장의 처분 등의 기록 유지 · 관리의무

금융위원회 및 금융감독원장은 금융위원회의 명령권(법49), 금융상품판매업자등에 대한 처분 등(법51) 또는 금융상품판매업자등의 임직원에 대한 조치(법52)에 따라 처분 또는 조치를 한 경우에는 그 내용을 기록하고 유지 · 관리하여야 한다(법56①).

(2) 금융상품판매업자등의 임직원 조치 기록 유지 · 관리의무

금융상품판매업자등은 금융위원회 또는 금융감독원장의 요구에 따라 해당 임직원을 조치한 경우와 퇴임(퇴직)한 임직원에 대한 조치의 내용을 통보받은 경우에는 그 내용을 기록하고 유지 · 관리하여야 한다(법56②).

(3) 금융상품판매업자등 또는 그 임직원의 처분등 내용 조회요청

금융상품판매업자등 또는 그 임직원(임직원이었던 사람을 포함)은 금융위원회, 금융감독원 또는 금융상품판매업자등에게 자기에 대한 처분 또는 조치 여부 및 그 내용의 조회를 요청할 수 있다(법56③).

(4) 금융위원회 등의 조회요청에 대한 통보의무

금융위원회, 금융감독원 또는 금융상품판매업자등은 조회를 요청받은 경우에는 정당한 사유가 없으면 처분 또는 조치 여부 및 그 내용을 그 조회요청자에게 통보하여야 한다(법56④).

Ⅸ. 손해배상책임 등

1. 금융상품판매업자등의 손해배상책임

(1) 금융소비자보호법 위반

금융상품판매업자등이 고의 또는 과실로 금융소비자보호법을 위반하여 금융소비자에게 손해를 발생시킨 경우에는 그 손해를 배상할 책임이 있다(법44①).

(2) 설명의무위반과 입증책임의 전환

금융상품판매업자등이 설명의무(법19)를 위반하여 금융소비자에게 손해를 발생시킨 경우에는 그 손해를 배상할 책임을 진다(법44② 본문). 다만, 그 금융상품판매업자등이 고의 및 과실이 없음을 입증한 경우에는 그러하지 아니하다(법44② 단서).[144]

2. 금융상품직접판매업자의 손해배상책임

(1) 금융상품판매대리·중개업자등의 대리·중개 업무에 대한 책임

금융상품직접판매업자는 금융상품계약체결등의 업무를 대리·중개한 금융상품판매대리·중개업자(제25조 제1항 제2호 단서에서 정하는 바에 따라 대리·중개하는 제3자를 포함하고, 보험중개사는 제외) 또는 보험업법 제83조 제1항 제4호[145]에 해당하는 임원 또는 직원("금융상품판매대리·중개업자등")이 대리·중개 업무를 할 때 금융소비자에게 손해를 발생시킨 경우에는 그 손해를 배상할 책임이 있다(법

---

144) 부칙 제5조(금융상품판매업자등의 손해배상책임에 관한 적용례) 제44조 제2항은 이 법 시행 이후 금융상품판매업자등이 설명의무(법19를 위반하여 금융소비자에게 손해를 발생시킨 경우부터 적용한다.

145) 보험업법 제83조(모집할 수 있는 자) ① 모집을 할 수 있는 자는 다음 각 호의 어느 하나에 해당하는 자이어야 한다.
4. 보험회사의 임원(대표이사·사외이사·감사 및 감사위원은 제외) 또는 직원

45① 본문). 다만, 금융상품직접판매업자가 금융상품판매대리·중개업자등의 선임과 그 업무감독에 대하여 적절한 주의를 하였고 손해를 방지하기 위하여 노력한 경우에는 그러하지 아니하다(법45① 단서).[146)

(2) 구상권

금융상품직접판매업자의 손해배상책임은 금융상품판매대리·중개업자등에 대한 금융상품직접판매업자의 구상권 행사를 방해하지 아니한다(법45②).

3. 청약의 철회

(1) 청약철회기간

금융상품판매업자등과 "대통령령으로 각각 정하는 보장성 상품, 투자성 상품, 대출성 상품" 또는 금융상품자문에 관한 계약의 청약을 한 일반금융소비자는 다음의 구분에 따른 기간(거래 당사자 사이에 다음의 기간보다 긴 기간으로 약정한 경우에는 그 기간) 내에 청약을 철회할 수 있다(법46①).[147)

(가) 철회대상 상품

"대통령령으로 각각 정하는 보장성 상품, 투자성 상품, 대출성 상품"이란 다음의 구분에 따른 금융상품을 말한다(영37①).

1) 보장성 상품

보장성 상품에 관한 계약의 청약을 한 일반금융소비자는 철회기간 내에 청약을 철회할 수 있다. 다만, 다음에 해당하는 금융상품은 제외한다(영37①(1)). 즉 ⅰ) 보험증권을 받은 날부터 15일과 청약을 한 날부터 30일 중 먼저 도래하는 기간(법46①(1))에 해당 금융상품이 보장하는 혜택의 상당 부분을 금융소비자가 받을 수 있는 금융상품으로서 그 계약기간이 금융위원회가 정하는 기간 이내인 금융상품은 제외한다. ⅱ) 제3자를 위한 보증보험(보험업법4①(2) 라목)은 제외한다. 다만, 일반금융소비자가 제3자의 동의를 받은 경우는 철회할 수 있다. ⅲ) 그 밖에 금융위원회가 정하여 고시하는 보장성 상품은 제외한다

---

146) 부칙 제6조(금융상품직접판매업자의 손해배상책임에 관한 적용례) 제45조는 이 법 시행 이후 금융상품판매대리·중개업자가 대리·중개 업무를 하는 경우부터 적용한다.

147) 부칙 제7조(청약의 철회에 관한 적용례) 제46조는 이 법 시행 이후 계약의 청약을 한 경우부터 적용한다.

2) 투자성 상품

투자성 상품에 관한 계약의 청약을 한 일반금융소비자는 철회기간 내에 청약을 철회할 수 있다. 투자성 상품은 ⅰ) 고난도금융투자상품(집합투자업자가 기간을 정하여 금융소비자를 모집하고 그 기간이 종료된 후에 금융소비자가 지급한 금전등으로 집합투자를 실시하는 것을 내용으로 하는 계약에 한정), ⅱ) 고난도투자일임계약, ⅲ) 신탁계약(금전에 관한 신탁계약은 고난도금전신탁계약에 한정)에 해당하는 금융상품이다(영37①(2)).

3) 대출성 상품

대출성 상품에 관한 계약의 청약을 한 일반금융소비자는 철회기간 내에 청약을 철회할 수 있다. 다만, 다음에 해당하는 금융상품, 즉 ⅰ) 시설대여·할부금융·연불판매(다만, 계약에 따른 재화를 제공받지 않은 경우는 제외), ⅱ) 온라인투자연계금융업법에 따른 연계대출에 관한 계약, ⅲ) 자본시장법 제72조 제1항[148])에 따른 신용의 공여(금융상품판매업자가 일반금융소비자가 표시한 청약의 철회의사를 받기 전에 해당 대출성 상품과 관련하여 담보로 제공된 증권을 자본시장법에 따라 처분한 경우에 한정), ⅳ) 그 밖에 금융위원회가 정하여 고시하는 대출성 상품은 제외한다(영37①(3)).

(나) 철회기간

일반금융소비자는 다음의 구분에 따른 기간(거래 당사자 사이에 다음의 기간보다 긴 기간으로 약정한 경우에는 그 기간) 내에 청약을 철회할 수 있다(법46①).

1) 보장성 상품

보장성 상품은 일반금융소비자가 보험증권(상법640)을 받은 날부터 15일과 청약을 한 날부터 30일 중 먼저 도래하는 기간 내에 청약을 철회할 수 있다(법46①(1)).

2) 투자성 상품과 금융상품자문

투자성 상품과 금융상품자문은 ⅰ) 계약서류를 제공받은 날(법23① 본문), ⅱ)

---

148) 자본시장법 제72조(신용공여) ① 투자매매업자 또는 투자중개업자는 증권과 관련하여 금전의 융자 또는 증권의 대여의 방법으로 투자자에게 신용을 공여할 수 있다. 다만, 투자매매업자는 증권의 인수일부터 3개월 이내에 투자자에게 그 증권을 매수하게 하기 위하여 그 투자자에게 금전의 융자, 그 밖의 신용공여를 하여서는 아니 된다.

계약서류를 제공할 필요가 없어 제공받지 않는 경우에는 계약체결일(법23① 단서) 중 어느 하나에 해당하는 날부터 7일 내에 청약을 철회할 수 있다(법46①(2)).

3) 대출성 상품

대출성 상품은 계약서류를 제공받은 날(법23① 본문), 또는 계약서류를 제공할 필요가 없어 제공받지 않는 경우에는 계약체결일(법23① 단서) 중 어느 하나에 해당하는 날부터 14일 내에 청약을 철회할 수 있다(법46①(3)). 대출성 상품이 계약서류를 제공받은 날(법23① 본문), 또는 계약서류를 제공할 필요가 없어 제공받지 않는 경우에는 계약체결일(법23① 단서) 중 어느 하나에 해당하는 날보다 계약에 따른 금전·재화·용역("금전·재화등")의 지급이 늦게 이루어진 경우에는 그 지급일부터 14일 내에 청약을 철회할 수 있다(법46①(3)).

(2) 청약의 효력발생시기 등

청약의 철회는 다음에서 정한 시기에 효력이 발생한다(법46②).

(가) 보장성 상품, 투자성 상품, 금융상품자문

보장성 상품, 투자성 상품, 금융상품자문의 경우 일반금융소비자가 청약의 철회의사를 표시하기 위하여 서면등(우편 또는 팩스에 따른 서신전달, 전자우편 또는 이에 준하는 전자적 의사표시, 그 밖에 상대방에 의사를 표시하였다는 사실을 객관적으로 입증할 수 있는 방법)을 발송한 때에 효력이 발생한다(법46②(1), 영37②).

(나) 대출성 상품

대출성 상품의 경우 일반금융소비자가 청약의 철회의사를 표시하기 위하여 서면등을 발송하고, 다음의 금전·재화등(이미 제공된 용역은 제외하며, 일정한 시설을 이용하거나 용역을 제공받을 수 있는 권리를 포함), 즉 ⅰ) 이미 공급받은 금전·재화등, ⅱ) 이미 공급받은 금전과 관련하여 일반금융소비자가 금융상품판매업자등으로부터 금전을 지급받은 날부터 금전을 돌려준 날까지의 기간에 대해 약정된 이자율과 공급받은 금전을 곱한 금액(영37③), ⅲ) 해당 계약과 관련하여 금융상품판매업자등이 제3자에게 이미 지급한 수수료 등 금융상품직접판매업자가 계약체결등과 관련하여 제3자에 지급한 비용(영37④ 본문)을 반환한 때에 효력이 발생한다(법46②(2)). 다만 위 ⅲ)과 관련하여 금융상품직접판매업자가 금융상품판매대리·중개업자 또는 금융상품자문업자에 지급한 비용은 제외한다(영37④ 단서).

(다) 책임보험 등 법률에 가입의무가 부과되는 계약

일반금융소비자가 자동차손해배상 보장법에 따른 책임보험 등 법률에 따라 가입의무가 부과되는 계약에 대하여 청약의 철회의사를 표시하려는 경우에는 철회의사를 표시하기 전에 다른 금융상품직접판매업자와 해당 보험에 관한 계약을 체결하여야 한다(영37⑤).

(라) 신탁계약

신탁계약(영37①(2) 다목)으로 인해 금융상품직접판매업자가 부득이하게 재산세(신탁재산에 부과되는 조세) 등의 비용을 부담한 경우에는 일반금융소비자가 철회의사를 표시하기 전에 그 비용을 금융상품직접판매업자에 지급하여야 한다(영37⑥).

(마) 투자성 상품의 철회 제한

투자성 상품에 관한 계약의 경우 그 계약 내용에 금융상품직접판매업자가 계약서류를 제공받은 날(법23① 본문) 또는 계약체결일(법23① 단서)부터 7일 내에 일반금융소비자가 예탁한 금전등을 지체 없이 운용하는데 일반금융소비자가 동의한다는 사실이 포함된 경우에 그 일반금융소비자는 청약을 철회할 수 없다(영37⑦).

(3) 금전·재화등의 반환방법

청약이 철회된 경우 금융상품판매업자등이 일반금융소비자로부터 받은 금전·재화등의 반환은 다음의 어느 하나에 해당하는 방법으로 한다(법46③).

(가) 보장성 상품

보장성 상품의 경우 금융상품판매업자등은 청약의 철회를 접수한 날부터 3영업일 이내에 이미 받은 금전·재화등을 반환하고, 금전·재화등의 반환이 늦어진 기간에 대하여는 금전·재화등의 반환이 지연된 기간에 대하여 약관에 따라 보험금 지급이 지연되는 경우 적용되는 이자율을 금융소비자로부터 이미 받은 금전 또는 재화등의 대금에 적용하여 산정한 금액(영37⑧)을 더하여 지급하여야 한다(법46③(1)).

(나) 투자성 상품과 금융상품자문

1) 반환방법

투자성 상품과 금융상품자문의 경우 금융상품판매업자등은 청약의 철회를 접수한 날부터 3영업일 이내에 이미 받은 금전·재화등을 반환하고, 금전·재화등의 반환이 늦어진 기간에 대해서는 각각 금전·재화등의 반환이 늦어진 기간에 대하여 약관에 기재된 연체이자율을 금융소비자로부터 이미 받은 금전·재화 등에 적용하여 산정한 금액(영37⑨)을 더하여 지급하여야 한다(법46③(2) 본문).

2) 반환의 예외

다음의 구분에 따른 금액 이내인 경우에는 반환하지 아니할 수 있다(법46③(2) 단서, 영37⑩). 즉 금융상품자문에 관한 계약에 따른 자문에 응하지 않은 경우는 금융상품자문에 관한 계약을 체결하기 위하여 사회통념상 필요한 비용에 상당하는 금액 이내이고, 금융상품자문에 관한 계약에 따른 자문에 응한 경우는 다음의 구분에 따른 금액(자문에 응한 수수료로서 사회통념상 상당하다고 인정되는 금액을 초과하는 경우에는 그 초과한 금액을 뺀 금액) 이내인데, 구체적으로 살펴보면 ⅰ) 수수료를 자문에 응하는 횟수에 따라 산정하는 것으로 하고 있는 경우는 철회의 효력발생시기(법46②)까지 자문에 응한 횟수에 따라 산정한 수수료에 상당하는 금액 이내이고, ⅱ) 그 밖의 경우는 전체 계약기간에 대한 수수료를 그 계약기간의 총일수로 나눈 금액에 계약서류를 제공받은 날(법23①)부터 청약의 철회의사를 표시한 날까지의 일수를 곱한 금액 이내인 경우에는 반환하지 아니할 수 있다.

(다) 대출성 상품

대출성 상품의 경우 금융상품판매업자등은 일반금융소비자로부터 금전·재화등, 이자 및 수수료를 반환받은 날부터 3영업일 이내에 일반금융소비자에게 해당 대출과 관련하여 일반금융소비자로부터 받은 수수료를 포함하여 이미 받은 금전·재화등을 반환하고, 금전·재화등의 반환이 늦어진 기간에 대해서는 각각 금전·재화등의 반환이 늦어진 기간에 대하여 약관에 기재된 연체이자율을 금융소비자로부터 이미 받은 금전·재화 등에 적용하여 산정한 금액(영37⑨)을 더하여 지급하여야 한다(법46③(3)).

따라서 금융상품직접판매업자는 해당 대출과 관련하여 받은 금전·재화등을 모두 돌려주어야 한다(영37⑪ 본문). 다만, 금융상품직접판매업자가 계약체결등을 위하여 제3자(금융상품판매대리·중개업자는 제외)에 지급해야 할 비용을 일반금융소비자가 부담한 경우에 해당 금전은 돌려주지 않는다(영37⑪ 단서).

(4) 손해배상 또는 위약금 청구금지

청약이 철회된 경우 금융상품판매업자등은 일반금융소비자에 대하여 청약의 철회에 따른 손해배상 또는 위약금 등 금전의 지급을 청구할 수 없다(법46④).

(5) 보장성 상품의 경우 철회의 효력발생 여부

보장성 상품의 경우 청약이 철회된 당시 이미 보험금의 지급사유가 발생한 경우에는 청약 철회의 효력은 발생하지 아니한다(법46⑤ 본문). 다만, 일반금융소비자가 보험금의 지급사유가 발생했음을 알면서 청약을 철회한 경우에는 그러하지 아니하다(법46⑤ 단서).

(6) 일반금융소비자에 불리한 특약의 무효

청약철회기간(법46①), 청약의 효력발생시기(법46②), 금전·재화등의 반환방법(법46③), 손해배상 또는 위약금 청구금지(법46④), 보장성 상품의 경우 철회의 효력발생(법46⑤) 규정에 반하는 특약으로서 일반금융소비자에게 불리한 것은 무효로 한다(법46⑥).

4. 위법계약의 해지

(1) 금융소비자의 해지요구권과 금융상품판매업자등의 수락 여부 통지의무

금융소비자는 금융상품판매업자등이 부적합 계약체결 권유 금지 의무(법17③), 부적정 판단 사실 통지·확인의무(법18②), 중요한 사항 설명의무(법19①) 및 중요한 사항의 거짓·왜곡 설명 및 누락 금지 의무(법19③), 불공정영업행위의 금지 의무(법20①), 부당권유행위 금지 의무(법21) 규정을 위반하여 "대통령령으로 정하는 금융상품"(계약해지 요건 충족 금융상품)에 관한 계약을 체결한 경우 5년 이내의 "대통령령으로 정하는 기간"(계약해지기간) 내에 서면등으로 해당 계약의 해지를 요구할 수 있다(법47① 전단).[149]

---

149) 부칙 제8조(위법한 계약의 해지에 관한 적용례) 제47조는 이 법 시행 이후 계약을 체결하

(가) 계약해지 요건 충족 금융상품

"대통령령으로 정하는 금융상품"(계약해지 요건 충족 금융상품)이란 ⅰ) 계약의 형태가 계속적이어야 하고(계약의 체결로 집합투자규약이 적용되는 경우에는 그 적용기간을 포함), ⅱ) 계약기간 종료 전 금융소비자가 계약을 해지할 경우 그 계약에 따라 금융소비자의 재산에 불이익이 발생하여야 하며, ⅲ) 그 밖에 금융소비자 보호 및 건전한 거래질서를 유지하기 위해 필요한 사항으로서 금융위원회가 정하는 사항의 요건을 모두 충족하는 금융상품을 말한다(법38①).

(나) 계약해지기간

"대통령령으로 정하는 기간"(계약해지기간)이란 금융소비자가 금융상품판매업자등이 부적합 계약체결 권유 금지 의무(법17③), 부적정 판단 사실 통지·확인 의무(법18②), 중요한 사항 설명의무(법19①) 및 중요한 사항의 거짓·왜곡 설명 및 누락 금지 의무(법19③), 불공정영업행위의 금지 의무(법20①), 부당권유행위 금지 의무(법21) 규정을 위반한 사실("법 위반사실")을 안 날부터 1년 또는 계약서류를 받은 날(계약서류가 제공되지 않은 경우에는 계약체결일)과 ⅰ) 보장성 상품의 경우 최초로 보험료를 납부한 날, ⅱ) 투자성 상품의 경우 최초로 수수료를 납부한 날(다만, 금융소비자의 재산을 운용한 후 수수료를 지급받기로 약정한 경우에는 계약서류를 받은 날), ⅲ) 대출성 상품의 경우 금융상품직접판매업자가 계약에 따른 금전·재화 등을 최초로 지급한 날 중 늦은 때로부터 5년(예금성 상품은 계약서류를 받은 날로부터 5년) 중 먼저 도달한 기간을 말한다(영38②).

(다) 계약해지요구서 제출

금융소비자는 계약의 해지를 요구("계약해지요구")할 경우 ⅰ) 금융상품의 명칭, ⅱ) 법 위반사실, ⅲ) 법 위반사실 확인에 필요한 객관적·합리적인 근거자료, ⅳ) 그 밖에 금융위원회가 정하여 고시하는 사항을 작성한 문서("계약해지요구서")를 금융위원회가 정하는 바에 따라 금융상품직접판매업자 또는 금융상품자문업자("금융상품판매업자등")에 제출하여야 한다(영38③).

(라) 금융상품판매업자등의 수락 여부 통지의무

금융상품판매업자등은 해지를 요구받은 날부터 10일 이내에 금융소비자에

는 경우부터 적용한다.

게 수락 여부를 통지하여야 하며, 거절할 때에는 거절사유를 함께 통지하여야 한다(법47① 후단). 금융상품직접판매업자등은 금융소비자에 거절사유를 알리는 경우에 정당한 사유와 그에 대한 객관적·합리적 근거(설명의무 위반인 경우에는 해당 위반사실이 없다는 객관적·합리적 근거를 포함)를 함께 알려야 한다(영38⑤).

(2) 금융소비자의 계약해지권

금융소비자는 금융상품판매업자등이 정당한 사유 없이 해지 요구를 따르지 않는 경우 해당 계약을 해지할 수 있다(법47②).

(가) 정당한 사유

정당한 사유란 금융소비자가 ⅰ) 금융소비자가 계약해지요구서를 제출하지 않은 경우, ⅱ) 계약해지요구서의 중요한 사항이 거짓으로 기재되어 있거나 빠진 경우, ⅲ) 법 위반사실이 있는지를 확인하는데 필요한 객관적·합리적인 근거 자료를 제시하지 않은 경우, ⅳ) 금융소비자가 계약 후 발생한 자신의 사정변경을 이유로 해당 계약에 법 위반사실이 있다고 판단한 경우, ⅴ) 금융상품판매업자등이 경미한 위반행위에 대해 금융소비자의 동의를 받아 조치를 취한 경우, ⅵ) 금융소비자가 금융상품판매업자등의 행위에 법 위반사실이 있다는 사실을 계약을 체결하기 전에 이미 알고 있었다고 볼 수 있는 경우, ⅶ) 그 밖에 앞의 6가지 사유에 준하여 금융위원회가 정하여 고시한 경우를 말한다(영38④).

(나) 정당한 사유의 부존재 의제

금융상품판매업자등이 다음의 어느 하나에 해당하는 경우에는 정당한 사유가 없다고 본다(38⑥). 즉 ⅰ) 계약해지요구를 받은 날부터 10일 이내에 금융소비자에 수락 여부를 알리지 않은 경우에는 정당한 사유가 없다고 본다. 다만, 계약해지요구를 한 금융소비자의 연락처나 소재지를 확인할 수 없는 등 수락 여부를 알리기가 곤란한 경우는 제외되고, 관련 자료 확인 등을 이유로 금융소비자의 동의를 받아 통지를 일정 기간 유예한 경우도 제외된다. 이 경우 유예한 기간에 금융소비자에 수락 여부를 알리지 않은 경우에는 정당한 사유가 없다고 본다(영38⑥(1)).

ⅱ) 정당한 사유 및 그에 대한 객관적·합리적 근거를 금융소비자에 알리지 않은 경우(영38⑥(2))에도 정당한 사유가 없다고 보고, ⅲ) 계약해지요구와 관련

하여 기존계약과 관련이 없는 경제적 이익을 제공하거나 제공할 것을 약속하는
경우(영38⑥(3))에도 정당한 사유가 없다고 보며, iv) 다른 상품으로 변경할 것을
권유하는 경우(영38⑥(4) 본문)에도 정당한 사유가 없다고 본다. 다만, 금융소비자
가 변경을 요청한 경우에는 정당한 사유가 있다고 본다(영38⑥(4) 단서). ⅴ) 계약
해지요구서에 대한 의견은 제시하지 않고 계약해지에 따른 불이익만을 반복적으
로 설명하거나 그 불이익을 과장하여 설명하는 경우(영38⑥(5))에도 정당한 사유
가 없다고 보며, vi) 그 밖에 금융소비자가 계약해지요구 관련 절차를 이행하는
데 과중한 부담을 부과하는 등 계약해지요구를 수락하지 않을 정당한 사유가 없
다고 볼 수 있는 경우로서 금융위원회가 정하여 고시하는 경우(영38⑥(6))에도 정
당한 사유가 없다고 본다.

(3) 계약해지와 관련 비용 요구 금지

계약이 해지된 경우 금융상품판매업자등은 수수료, 위약금 등 계약의 해지
와 관련된 비용을 요구할 수 없다(법47③). 계약의 해지와 관련된 비용이란 계약
의 해지와 관련하여 금융상품직접판매업자등에 직접적·간접적으로 발생하는 일
체의 비용을 말한다(영38⑦).

Ⅹ. 과징금

1. 과징금 부과대상

(1) 금융상품직접판매업자 또는 금융상품자문업자의 위반행위
(가) 수입등의 50% 이내의 과징금 부과

금융소비자보호법은 징벌적 과징금 제도를 도입하였다. 금융위원회는 금융
상품직접판매업자 또는 금융상품자문업자가 ⅰ) 설명의무(법19①)를 위반하여 중
요한 사항을 설명하지 아니하거나 설명서 교부 및 확인의무(법19②)를 위반한 경
우(제1호), ⅱ) 불공정영업행위의 금지(법20① 각호) 규정을 위반한 경우(제2호),
ⅲ) 부당권유행위 금지(법21 각호) 규정을 위반한 경우(제3호), ⅳ) 금융상품등에
관한 광고 관련 준수사항(법22③④)을 위반하여 금융상품등에 관한 광고를 한 경
우(제4호) 그 위반행위와 관련된 계약으로 얻은 수입 또는 이에 준하는 금액("수

입등")의 50% 이내에서 과징금을 부과할 수 있다(법57① 본문).[150]

(나) 10억원 이하의 과징금 부과

위반행위를 한 자가 그 위반행위와 관련된 계약으로 얻은 수입등이 없거나 수입등의 산정이 곤란한 경우로서 ⅰ) 위반행위와 관련된 계약으로 얻은 수입 또는 이에 준하는 금액("수입등")이 영업을 개시하지 않거나 영업을 중단하는 등의 사유로 없는 경우, ⅱ) 재해 등으로 인하여 수입등을 산정하는데 필요한 자료가 소멸되거나 훼손되는 등 객관적으로 수입등을 산정하기가 곤란한 경우, ⅲ) 그 밖에 앞의 2가지 사유에 준하는 경우로서 금융위원회가 정하여 고시한 경우에는 10억원을 초과하지 아니하는 범위에서 과징금을 부과할 수 있다(법57① 단서, 영44①).

(2) 금융상품판매대리·중개업자 또는 금융상품직접판매업자의 소속 임직원의 위반행위

(가) 수입등의 50% 이내의 과징금 부과

금융위원회는 금융상품직접판매업자가 금융상품계약체결등을 대리하거나 중개하게 한 금융상품판매대리·중개업자(금융소비자법 또는 다른 금융 관련 법령에 따라 하나의 금융상품직접판매업자만을 대리하는 금융상품판매대리·중개업자로 한정) 또는 금융상품직접판매업자의 소속 임직원이 ⅰ) 설명의무(법19①)를 위반하여 중요한 사항을 설명하지 아니하거나 설명서 교부 및 확인의무(법19②)를 위반한 경우(제1호), ⅱ) 불공정영업행위의 금지(법20① 각호)규정을 위반한 경우(제2호), ⅲ) 부당권유행위 금지(법21 각호)규정을 위반한 경우(제3호), ⅳ) 금융상품등에 관한 광고 관련 준수사항(법22③④)을 위반하여 금융상품등에 관한 광고를 한 경우(제4호)에는 그 금융상품직접판매업자에 대하여 그 위반행위와 관련된 계약으로 얻은 수입등의 50% 이내에서 과징금을 부과할 수 있다(법57② 본문).

---

150) 부칙 제11조(과징금 등에 관한 경과조치) 이 법 시행 전에 부칙 제13조에 따라 개정되기 전의 법률("종전 법률")의 위반행위로서 이 법 시행 전에 종료되거나 이 법 시행 이후에도 그 상태가 지속되는 위반행위에 대하여 제49조에 따른 명령, 제51조에 따른 금융상품 판매업자등에 대한 처분, 제52조에 따른 임직원에 대한 조치, 제57조에 따른 과징금의 부과 등 행정처분을 할 때에는 그 위반한 행위에 대한 종전 법률의 규정에 따른다.

(나) 임의적 감면

금융상품직접판매업자가 그 위반행위를 방지하기 위하여 해당 업무에 관하여 적절한 주의와 감독을 게을리하지 아니한 경우에는 그 금액을 감경하거나 면제할 수 있다(법57② 단서).

(3) 업무정지처분 대체 과징금

금융위원회는 금융상품판매업자등에 대하여 6개월 이내의 업무의 전부 또는 일부의 정지(법51②(1))를 명할 수 있는 경우로서 업무정지가 금융소비자 등 이해관계인에게 중대한 영향을 미치거나 공익을 침해할 우려가 있는 경우에는 업무정지처분을 갈음하여 업무정지기간 동안 얻을 이익의 범위에서 과징금을 부과할 수 있다(법57③). 여기서 과징금은 시행령 [별표 7]에서 정하는 기준에 따라 부과하여야 한다(영44②). 시행령 [별표 7]은 과징금의 부과기준(제44조 제2항 및 제4항 관련)을 규정하고 있다.

(4) 수입등의 산정

위반행위와 관련된 계약으로 얻은 수입등의 산정에 관한 사항은 금융시장 환경변화로 인한 변동요인, 금융상품 유형별 특성, 금융상품계약체결등의 방식 및 금융상품판매업자등의 사업규모 등을 고려하여 대통령령으로 정한다(법57④).

여기서 "수입등"(수입 또는 이에 준하는 금액)이란 다음의 구분에 따른 금액, 즉 ⅰ) 예금성 상품은 계약에 따라 금융소비자로부터 받은 금액을 말하고, ⅱ) 대출성 상품은 계약에 따라 금융소비자에 지급한 금액 및 이자수입을 말하며, ⅲ) 보장성 상품은 금융소비자로부터 보험료로 받은 금액을 말하고, ⅳ) 투자성 상품은 계약에 따라 금융소비자로부터 받은 금전등 및 해당 금전등을 운용하여 얻은 수익을 말한다. 이 경우 수익은 금융시장 환경변화로 인한 변동요인, 금융상품계약체결등의 방식, 그 밖에 수입등을 산정하는데 필요하다고 금융위원회가 인정한 사항을 고려하여 산정한다. ⅴ) 금융상품자문업의 경우는 자문업무에 대한 대가를 말한다(영44③).

2. 과징금 부과요건과 절차

(1) 필요적 고려사항

금융위원회는 과징금을 부과하는 경우에는 시행령 [별표 7]에 따른 기준(영 44④)에 따라 ⅰ) 위반행위의 내용 및 정도, ⅱ) 위반행위의 기간 및 위반횟수, ⅲ) 위반행위로 인하여 취득한 이익의 규모, ⅳ) 업무정지기간(업무정지처분 대체 과징금을 부과하는 경우만 해당)을 고려하여야 한다(법58①).

(2) 합병의 경우

금융위원회는 금융소비자보호법을 위반한 법인이 합병을 하는 경우 그 법인이 한 위반행위는 합병 후 존속하거나 합병으로 신설된 법인이 행한 행위로 보아 과징금을 부과·징수할 수 있다(법58②).

(3) 과징금 부과 통지

과징금을 부과하는 경우에는 금융위원회가 정하여 고시하는 방법에 따라 그 위반행위의 종별과 해당 과징금의 금액을 명시하여 이를 납부할 것을 문서로 통지하여야 한다(영45①).

(4) 과징금 납부기한

과징금 부과 통지를 받은 자는 그 통지를 받은 날부터 60일 이내에 금융위원회가 정하여 고시하는 수납기관에 과징금을 납부하여야 한다(영45② 본문). 다만, 천재지변 및 그 밖에 부득이한 사유로 해당 기간에 납부할 수 없는 경우에는 그 사유가 없어진 날부터 30일 이내에 납부하여야 한다(영45② 단서).

3. 이의신청

과징금 부과처분에 불복하는 자는 처분을 고지받은 날부터 30일 이내에 불복 사유를 갖추어 금융위원회에 이의를 신청할 수 있다(법59①). 금융위원회는 이의신청에 대하여 60일 이내에 결정을 하여야 한다(법59② 본문). 다만, 부득이한 사정으로 그 기간 내에 결정을 할 수 없을 경우에는 30일의 범위에서 그 기간을 연장할 수 있다(법59② 단서).

4. 납부기한의 연장 및 분할납부

(1) 사유

금융위원회는 과징금납부의무자가 ⅰ) 재해 또는 도난 등으로 재산에 현저한 손실을 입은 경우, ⅱ) 사업여건의 악화로 사업이 중대한 위기에 처한 경우, ⅲ) 과징금의 일시납부에 따라 자금사정에 현저한 어려움이 예상되는 경우, ⅳ) 그 밖에 앞의 3가지의 사유에 준하는 사유가 있는 경우 과징금 전액을 일시에 납부하기가 어렵다고 인정되는 경우에는 그 납부기간을 연장하거나 분할납부하게 할 수 있다(법60① 전단). 이 경우 필요하다고 인정될 때에는 담보를 제공하게 할 수 있다(법60① 후단).

납부기한의 연장은 그 납부기한의 다음 날부터 1년을 초과할 수 없다(영46①). 금융위원회는 분할납부를 하도록 한 경우에는 각 분할된 납부기한 간의 간격은 6개월 이내, 분할 횟수는 3회 이내로 해야 한다(영46②).

(2) 신청

과징금납부의무자가 과징금 납부기간을 연장받거나 분할납부를 하려는 경우에는 그 납부기한의 10일 전까지 금융위원회에 신청하여야 한다(법60②).

(3) 취소

금융위원회는 따라 납부기간이 연장되거나 분할납부가 허용된 과징금납부의무자가 ⅰ) 분할납부 결정된 과징금을 그 납부기간 내에 납부하지 아니한 경우, ⅱ) 담보의 변경, 그 밖에 담보 보전에 필요한 금융위원회의 명령을 이행하지 아니한 경우, ⅲ) 강제집행, 경매의 개시, 파산선고, 법인의 해산, 국세 또는 지방세의 체납처분을 받는 등 과징금의 전부 또는 나머지를 징수할 수 없다고 인정되는 경우, ⅳ) 그 밖에 앞의 3가지의 사유에 준하는 사유가 있는 경우에는 그 납부기간의 연장 또는 분할납부 결정을 취소하고 과징금을 일시에 징수할 수 있다(법60③).

5. 과징금 징수 및 체납처분

(1) 징수 및 체납처분 절차

금융위원회는 과징금납부의무자가 납부기한까지 과징금을 납부하지 아니한 경우에는 납부기한의 다음 날부터 납부한 날의 전일까지의 기간에 대하여 체납된 과징금액에 연 6%를 적용하여 계산한 금액(영47① 전단)의 가산금을 징수할 수 있다(법61① 전단). 이 경우 가산금을 징수하는 기간은 60개월을 초과할 수 없으며(법61① 후단), 가산금을 가산하는 기간도 60개월을 초과하지 못한다(영47① 후단).

금융위원회는 과징금납부의무자가 납부기한까지 과징금을 납부하지 아니한 경우에는 기간을 정하여 독촉을 하고, 그 지정된 기간 내에 과징금과 가산금을 납부하지 아니한 경우에는 국세체납처분의 예에 따라 징수한다(법61②).

(2) 체납처분의 위탁

금융위원회는 과징금 및 가산금의 징수 또는 체납처분에 관한 업무를 국세청장에게 위탁할 수 있다(법61③).

6. 과오납금의 환급

금융위원회는 과징금납부의무자가 이의신청의 재결 또는 법원의 판결 등을 근거로 과징금 과오납금의 환급을 청구하는 경우에는 지체 없이 환급하여야 하며, 과징금납부의무자의 청구가 없는 경우에도 금융위원회가 확인한 과오납금은 환급하여야 한다(법62①). 금융위원회는 과오납금을 환급하는 경우 환급받을 자가 금융위원회에 납부하여야 하는 다른 과징금이 있으면 환급하는 금액을 그 과징금에 충당할 수 있다(법62②).

금융위원회는 과징금을 환급하는 경우에는 과징금을 납부한 날부터 환급한 날까지의 기간에 대하여 금융상품직접판매업자가 취급하는 예금성 상품의 이자율을 고려하여 금융위원회가 정하여 고시하는 이자율(영48)을 적용하여 환급가산금을 환급받을 자에게 지급하여야 한다(법63).

7. 결손처분

금융위원회는 과징금납부의무자에게 ⅰ) 체납처분이 끝나고 체납액에 충당된 배분금액이 체납액에 미치지 못하는 경우, ⅱ) 과징금 등의 징수권에 대한 소멸시효가 완성된 경우, ⅲ) 체납자의 행방이 분명하지 아니하거나 재산이 없다는 것이 판명된 경우, ⅳ) 체납처분의 목적물인 총재산의 추산가액이 체납처분 비용에 충당하면 남을 여지가 없음이 확인된 경우, ⅴ) 체납처분의 목적물인 총재산이 과징금 등보다 우선하는 국세, 지방세, 전세권·질권·저당권 및 동산채권담보법에 따른 담보권으로 담보된 채권 등의 변제에 충당하면 남을 여지가 없음이 확인된 경우, ⅵ) 채무자회생법 제251조[151])에 따라 면책된 경우, ⅶ) 불가피한 사유로 환수가 불가능하다고 인정되는 경우로서 금융위원회가 정하여 고시하는 경우에는 결손처분을 할 수 있다(법64, 영49).

XI. 과태료

금융소비자보호법 제69조는 일정한 위반행위에 대하여 1억원 이하의 과태료를 부과하는 경우(제1항), 3천만원 이하의 과태료를 부과하는 경우(제2항), 1천만원 이하의 과태료를 부과하는 경우(제3항)를 규정한다(법69①②③). 과태료는 대통령령으로 정하는 바에 따라 금융위원회가 부과·징수한다(법69④). 과태료를 부과하는 기준은 시행령 [별표 8]과 같다(영53).[152) 시행령 [별표 8]은 과태료의 부과기준(제53조 관련)을 규정하고 있다.

---

151) 채무자회생법 제251조(회생채권 등의 면책 등) 회생계획인가의 결정이 있는 때에는 회생계획이나 이 법의 규정에 의하여 인정된 권리를 제외하고는 채무자는 모든 회생채권과 회생담보권에 관하여 그 책임을 면하며, 주주·지분권자의 권리와 채무자의 재산상에 있던 모든 담보권은 소멸한다. 다만, 제140조 제1항의 청구권은 그러하지 아니하다.

152) 부칙 제12조(벌칙 등에 관한 경과조치) 이 법 시행 전에 행한 종전 법률의 위반행위에 대하여 벌칙 및 과태료를 적용할 때에는 그 위반한 행위에 대한 종전 법률의 규정에 따른다.

XII. 형사제재

1. 벌칙

다음의 어느 하나에 해당하는 자, 즉 ⅰ) 제12조(금융상품판매업자등의 등록)를 위반하여 금융상품판매업등의 등록을 하지 아니하고 금융상품판매업등을 영위한 자(제1호), ⅱ) 거짓이나 그 밖의 부정한 방법으로 제12조에 따른 등록을 한 자(제2호), 또는 ⅲ) 제24조(미등록자를 통한 금융상품판매 대리·중개 금지)를 위반하여 금융상품판매대리·중개업자가 아닌 자에게 금융상품계약체결등을 대리하거나 중개하게 한 자(제3호)는 5년 이하의 징역 또는 2억원 이하의 벌금에 처한다(법67).

2. 양벌규정

법인(단체를 포함)의 대표자나 법인 또는 개인의 대리인, 사용인, 그 밖의 종업원이 그 법인 또는 개인의 업무에 관하여 제67조의 위반행위를 하면 그 행위자를 벌하는 외에 그 법인 또는 개인에게도 해당 조문의 벌금형을 과한다(법68 본문). 다만, 법인 또는 개인이 그 위반행위를 방지하기 위하여 해당 업무에 관하여 적절한 주의와 감독을 게을리하지 아니한 경우에는 그러하지 아니하다(법68 단서).

제
3
장
/

신용카드범죄

제1절 서설

Ⅰ. 신용카드범죄의 의의

신용카드가 행위의 수단 또는 목적인 모든 범죄적 현상 내지 신용카드를 행위의 수단으로 하거나 신용카드제도를 악용하는 모든 범죄적 현상을 신용카드범죄로 파악할 필요가 있다. 따라서 자기 또는 타인의 신용카드의 부정사용은 물론 신용카드의 위조·절취 등 부정취득, 매출전표위조, 신용카드거래를 이용한 자금융통 등도 신용카드범죄에 해당한다.[1]

Ⅱ. 신용카드범죄의 보호법익

신용카드는 제3의 화폐 또는 플라스틱 화폐라고 불릴 정도로 경제생활에서

---

1) 강동범(2008), "여신전문금융업법상 신용카드의 취득·사용·처분범죄처벌규정의 검토", 법조(2008. 3), 44-47쪽.

필수불가결한 거래수단이 되었으므로 그것의 부정사용은 단순히 개인의 재산침해에 그치지 않고 경제제도의 하나인 신용카드거래의 존립 자체를 위협한다. 따라서 신용카드제도 내지 신용카드거래의 적정한 기능을 보호할 필요가 있으며, 신용카드범죄의 본질은 신용카드제도의 적정한 기능을 위태롭게 하는 반사회적 행위이다. 즉 신용카드범죄는 경제범죄의 하나로서 사회적 법익에 대한 죄로 파악하여야 한다. 따라서 신용카드부정사용죄를 포함한 신용카드범죄의 보호법익은 신용카드거래의 적정한 기능이라고 할 것이다. 판례도 신용카드부정사용죄의 보호법익을 신용카드를 사용한 거래의 안전 및 이에 대한 공중의 신뢰라고 하였다.[2]

제2절 신용카드취득 · 사용 · 처분범죄

Ⅰ. 신용카드 취득범죄

1. 타인명의의 신용카드 취득

(1) 신용카드 위조 · 변조에 의한 취득(제70조 제1항 제1호)

본죄의 미수범은 처벌한다(법70⑤ 및 법70①(1)). 본죄를 범할 목적으로 예비하거나 음모한 자는 3년 이하의 징역 또는 2천만원 이하의 벌금에 처한다(법70⑦ 본문). 다만, 그 목적한 죄를 실행하기 전에 자수한 자에 대하여는 그 형을 감경하거나 면제한다(법70⑦ 단서).

(가) 의의

1) 행사목적 불요

여신전문금융업법 제70조 제1항 제1호는 "신용카드등을 위조하거나 변조한 자"를 7년 이하의 징역 또는 5천만원 이하의 벌금으로 처벌하고 있다. 본죄의 보호법익은 사회일반이 신뢰하고 있는 신용카드의 진정이다. 형법상 통화 · 유가증권 · 문서의 위조 · 변조와 달리 본죄는 "행사할 목적"을 요하지 않는다.

---

2) 대법원 1996. 7. 12. 선고 96도1181 판결.

2) 위조와 변조

신용카드는 신용카드업자만이 발행할 수 있기 때문에 신용카드업자 아닌 자가 신용카드를 발행하는 것이 신용카드의 위조이다. 즉 신용카드의 위조란 신용카드의 모양·재질·디자인·카드회원 영문성명·카드회원번호·유효기간·자기띠 정보 등을 권한 없이 만드는 것이다. 신용카드의 변조란 신용카드업자가 발행한 신용카드에 동일성을 해하지 않는 범위 내에서 권한 없이 변경을 가하는 것을 말한다.

3) 위조 방법

신용카드를 위조하는 방법은 과거에는 마그네틱 스트라이프 track2에 들어있는 정보(카드번호, 유효기간, cvc 등)를 skimmer라는 장비를 통해 탈취하는 방법으로 카드정보를 빼내서 위조된 카드를 만드는 것이 통상의 방법이었으나, 모든 카드의 IC칩 장착, 가맹점에서 IC단말기 사용 의무화 등으로 최근에는 MS에서 카드정보를 빼는 것이 보편적인 방법이 아니다. 다만 IC카드로 거래하다가 오류가 발생하거나, MS기반의 카드를 사용하는 외국인들의 경우 일부 MS거래가 있어서 동 거래에서 유출될 가능성은 일부 있다. 최근 카드정보 유출은 주로 온라인 사이트 중에서 보안이 취약한 사이트를 중심으로 고객이 입력하여 보관하고 있는 카드번호, 유효기간 등의 정보를 해킹해서 탈취하는 방법이 점점 많아지고 있다.

(나) 회원권카드 또는 현금카드

ⅰ) 여신전문금융업법 제70조 제1항 제1호는 "신용카드등"을 위조하거나 변조한 자를 처벌하는 규정을 두고 있다. 그런데 위 법 제2조 제5호 (가)목은 "신용카드·직불카드 또는 선불카드"를 합하여 위 법에서 "신용카드 등"이라 한다고 규정하고, 같은 조 제3호는 "신용카드"란 "이를 제시함으로써 반복하여 신용카드가맹점에서 물품의 구입 또는 용역의 제공을 받거나 총리령으로 정하는 사항을 결제할 수 있는 증표로서 신용카드업자가 발행한 것을 말한다"고 규정하며, 같은 조 제6호는 "직불카드"란 "직불카드회원과 신용카드가맹점 간에 전자적 또는 자기적 방법으로 금융거래계좌에 이체하는 등의 방법으로 물품의 판매 또는 용역의 제공과 그에 대한 대가의 지급이 동시에 이루어질 수 있도록 신용카드업자가

발행한 증표를 말한다"고 규정하고, 같은 조 제8호는 "선불카드"란 "신용카드업자가 대금을 미리 받고 이에 해당하는 금액을 전자적 또는 자기적 방법에 따라 기록하여 발행한 증표로서 선불카드소지자가 제시하면 신용카드가맹점이 그 카드에 기록된 금액의 범위에서 물품 또는 용역을 제공할 수 있게 한 증표를 말한다"고 규정하고 있다.

ⅱ) 한편 회원권카드는 일반적으로 특정한 시설이용을 목적으로 하여 고객이 그 시설 경영 기업과 체결한 회원계약상의 지위를 나타낸 카드를 의미하고, 현금카드는 은행에 예금계좌를 설정하여 둔 고객이 출납창구 이외에서 현금자동입출금기 등을 이용하여 자신의 예금계좌로부터 현금을 인출할 수 있도록 은행이 고객에게 발급하여 준 카드를 의미한다. 따라서 위에서 본 여신전문금융업법의 규정들을 종합하여 보면, 위 법 제70조 제1항 제1호에서 그 위조행위를 처벌하고 있는 "신용카드등"은 신용카드업자가 발행한 신용카드 · 직불카드 또는 선불카드만을 의미할 뿐, 회원권카드나 현금카드 등은 신용카드 기능을 겸하고 있다는 등의 특별한 사정이 없는 한 이에 해당할 여지가 없는 것이다.[3]

(2) 위조 · 변조된 신용카드 취득(제70조 제1항 제5호)

(가) 행사목적 필요

여신전문금융업법 제70조 제1항 제5호는 "행사할 목적으로 위조되거나 변조된 신용카드등을 취득한 자"를 7년 이하의 징역 또는 5천만원 이하의 벌금으로 처벌하고 있다. 본죄는 주관적 구성요건으로 고의는 물론 행사할 목적을 필요로 하는 목적범이다. 본죄는 위조 · 변조된 신용카드가 범죄조직 등에 의해 거래될 위험이 있고, 이러한 신용카드를 취득하는 행위는 신용카드부정사용행위의 준비행위에 해당하여 신용카드에 의한 거래의 안전을 위협할 수 있다는 점을 고려한 것이다.

(나) 취득의 의미

취득이란 위조 또는 변조된 신용카드에 대해 사실상의 처분권을 얻는 것을 말하므로 단순히 보관하는 것은 취득에 해당하지 않는다. 또한 신용카드를 위조 · 변조한 자가 위조 또는 변조한 신용카드를 소지하는 것은 본죄를 구성하

---

3) 대법원 2010. 6. 10. 선고 2010도3409 판결.

지 않는다. 취득이 되려면 현실적으로 점유를 취득하여야 한다. 취득의 방법이나 대가지급의 유무를 묻지 않고 사실상의 처분권을 획득하면 족하므로, 매매·교환·증여와 같이 상대방의 의사에 기한 것은 물론 절취·강취·사취·갈취·횡령·습득 등에 의한 것도 포함한다. 그러나 공범자 사이에 위조신용카드를 수수하는 것은 취득에 해당하지 않는다.[4]

(3) 거짓 등의 부정한 방법으로 취득한 신용카드 정보보유(제70조 제1항 제6호)

(가) 의의

여신전문금융업법 제70조 제1항 제6호는 "거짓이나 그 밖의 부정한 방법으로 알아낸 타인의 신용카드정보를 보유한 자"를 7년 이하의 징역 또는 5천만원 이하의 벌금으로 처벌하고 있다. 이는 온라인 쇼핑몰에서의 신용카드거래는 신용카드 실물이 아닌 그 정보를 이용하여 이루어지므로, 부정한 방법으로 신용카드 정보를 알아내는 것은 신용카드 자체를 위조·변조·절취 등의 부정한 방법으로 취득하는 것과 동일하게 평가할 수 있다는 점을 고려하여 규정한 것이다.[5]

(나) 거짓이나 그 밖의 부정한 방법

거짓이나 그 밖의 부정한 방법으로 타인의 신용카드정보를 알아내는 방법으로는 신용카드회사 직원으로부터 신용카드정보를 빼돌리는 방법, 전문중개상을 통해 신용카드정보를 매입하는 방법, 카드깡업체·유흥업소 등을 통해 취득하는 방법, 아르바이트생을 정상가맹점에 위장취업시켜 카드판독기를 이용하여 회원정보를 취득하는 방법 등을 그 예로 들을 수 있다. 그러나 타인의 이름을 도용하여 그 타인명의의 신용카드를 발급받은 후에 그 번호 등을 보유하고 있는 것은 본죄에 해당되지 않는다. 본죄는 진정하게 발급된 타인의 신용카드를 전제로 해서 성립하는 것이기 때문이다.[6]

---

4) 강동범(2008), 53쪽.
5) 대법원 2008. 3. 27. 선고 2008도839 판결(여신전문금융업법 제70조 제1항 제6호는 "사위 그 밖의 부정한 방법으로 알아낸 타인의 신용카드 정보를 보유하거나 이를 이용하여 신용카드에 의한 거래를 한 자"를 처벌한다고 규정하고 있는바, 그 취지는 이미 존재하는 타인 소유의 신용카드 정보를 사위 기타 부정한 방법으로 알아내어 보유하거나 이를 이용하여 신용카드에 의한 거래를 한 것을 의미한다).
6) 신호진(2010), "신용카드 관련 범죄의 보호법익과 불법유형에 관한 연구", 고려대학교 대학원 박사학위논문(2010. 6), 147쪽.

(다) 기판력

판례는 타인의 신용카드 정보를 자신의 메일계정에 보유한 행위에 대해서 여신전문금융업법 제70조 제1항 제6호 위반죄로 처벌받은 후 계속하여 위 신용카드 정보를 보유한 경우, 별개의 범죄로서 종전 확정판결의 기판력이 미치지 않는다고 한다.[7]

2. 자기명의 신용카드 취득(자기명의 신용카드의 부정발급)

피고인이 카드사용으로 인한 대금결제의 의사와 능력이 없으면서도 있는 것 같이 가장하여 카드회사를 기망하고, 카드회사는 이에 착오를 일으켜 일정 한도 내에서 카드사용을 허용해 줌으로써 피고인은 기망당한 카드회사의 신용공여라는 하자 있는 의사표시에 편승하여 자동지급기를 통한 현금대출도 받고, 가맹점을 통한 물품구입대금 대출도 받아 카드발급회사로 하여금 같은 액수 상당의 피해를 입게 함으로써, 카드사용으로 인한 일련의 편취행위가 포괄적으로 이루어지는 것이다. 따라서 카드사용으로 인한 카드회사의 손해는 그것이 자동지급기에 의한 인출행위이든 가맹점을 통한 물품구입행위이든 불문하고 모두가 피해자

---

7) 대법원 2008. 5. 29. 선고 2008도2099 판결(피고인은 이 사건 공소제기 전에 여신전문금융업법위반죄 등으로 공소제기되어 2006. 4. 27. 항소심인 서울중앙지방법원에서 징역 1년 6월을 선고받고 상고하였다가 상고기각 되어 그 판결이 2006. 8. 24. 확정되었는데, 그 확정판결에서 인정된 범죄사실에는 이 사건 신용카드 정보를 '(주소 1 생략)@hanmail.net' 이메일 계정으로 전송받아 2004. 10. 31.부터 2005. 3. 24.까지 저장하여 두었다는 내용이 포함되어 있는 사실, 그 후 피고인은 2007. 6. 30.경 친구인 공소외인의 승낙을 받아 자신이 관리하던 공소외인 명의의 '(주소 2 생략)@naver.com' 이메일 계정에 종전부터 보관되어 있던 이 사건 신용카드 정보를 자신의 '(주소 1 생략)@hanmail.net' 이메일 계정으로 전송한 사실을 알 수 있는바, 여신전문금융업법 제70조 제1항 제6호는 "사위 기타 부정한 방법으로 알아낸 타인의 신용카드 정보를 보유한 자"를 처벌한다고 규정하고 있고, 위 규정의 위반죄는 이른바 계속범으로서 종전에 타인의 신용카드 정보를 보유하여 처벌받은 일이 있다고 하더라도 종전 재판 이후 다시 계속하여 타인의 신용카드 정보를 보유하는 행위는 그 타인의 신용카드 정보가 종전에 처벌받은 신용카드 정보와 동일하다 하더라도 다시 처벌 대상이 된다고 봄이 상당하고, 더욱이 이 사건 공소사실은 피고인이 2007. 6. 30.경 이 사건 신용카드 정보를 피고인 자신의 '(주소 1 생략)@hanmail.net' 이메일 계정으로 전송하여 보유하였다는 것으로서 이는 별개의 범죄행위로서 처벌 대상이 된다고 할 것이고, 이 사건 신용카드 정보가 위 확정판결에서 인정된 범죄사실 중의 신용카드 정보와 동일하다고 하더라도 이러한 사정만으로 위 확정판결의 기판력이 이 사건 공소사실에 미친다고 할 수는 없다 할 것이다).

인 카드회사의 기망당한 의사표시에 따른 카드발급에 터잡아 이루어지는 사기의 포괄일죄이다.[8]

Ⅱ. 신용카드 사용범죄(신용카드 부정사용)

1. 개요

　　신용카드는 신용카드업자의 재산이므로 신용카드부정사용죄는 개인적 법익에 대한 죄 중 재산죄이면서 또한 침해범의 성격을 갖는다. 따라서 신용카드업자의 재산을 침해하는 가장 기본적인 불법유형은 신용카드의 부정한 "사용"이다. 부정사용에는 타인의 신용카드를 부정사용하는 경우와 자기의 신용카드를 부정사용하는 경우가 있다. 전자는 여신전문금융업법에 처벌규정이 있으나, 후자에 대해서는 처벌규정이 없다. 여신전문금융업법 제70조는 타인의 신용카드를 부정사용하는 구성요건을 4가지로 나누어서 규정한다. ⅰ) 위조·변조된 신용카드등을 사용한 자(제1항 제2호), ⅱ) 분실·도난된 신용카드·직불카드를 사용한 자(제1항 제3호), ⅲ) 강취·횡령·사취·갈취한 신용카드·직불카드를 사용한 자(제1항 제4호)와, 신용카드 자체를 사용하는 것은 아니지만 실질적으로는 동일한 경우로서 ⅳ) 거짓이나 그 밖의 부정한 방법으로 알아낸 타인의 신용카드 정보를 이용하여 신용카드로 거래한 자(제1항 제6호)가 있다. 앞의 ⅰ) ⅱ) ⅲ)은 신용카드부정사용죄로 ⅳ)는 신용카드정보부정이용죄로 또다시 분류할 수 있다.

　　여기서는 위와 같은 부정사용행위에 대한 형사책임의 구체적 내용을 살펴

---

8) 대법원 1996. 4. 9. 선고 95도2466 판결(신용카드의 거래는 신용카드회사로부터 카드를 발급받은 사람이 위 카드를 사용하여 카드가맹점으로부터 물품을 구입하면 그 카드를 소지하여 사용하는 사람이 카드회사로부터 카드를 발급받은 정당한 소지인인 한 카드회사가 그 대금을 가맹점에 결제하고, 카드회사는 카드사용자에 대하여 물품구입대금을 대출해 준 금전채권을 가지는 것이고, 또 카드사용자가 현금자동지급기를 통해서 현금서비스를 받아 가면 현금대출관계가 성립되게 되는 것인바, 이와 같은 카드사용으로 인한 카드회사의 금전채권을 발생케 하는 카드사용 행위는 카드회사로부터 일정한 한도 내에서 신용공여가 이루어지고, 그 신용공여의 범위 내에서는 정당한 소지인에 의한 카드사용에 의한 금전대출이 카드 발급시에 미리 포괄적으로 허용되어 있는 것인바, 현금자동지급기를 통한 현금대출도 결국 카드회사로부터 그 지급이 미리 허용된 것이고, 단순히 그 지급방법만이 사람이 아닌 기계에 의해서 이루어지는 것에 불과하다).

본다.

2. 타인의 신용카드 부정사용

(1) 신용카드부정사용죄(제70조 제1항 제2호·제3호·제4호)

(가) 의의

여신전문금융업법 제70조 제1항은 "위조되거나 변조된 신용카드등을 사용한 자"(제2호), "분실되거나 도난당한 신용카드나 직불카드를 사용한 자"(제3호), "강취·횡령하거나 사람을 기망·공갈하여 취득한 신용카드나 직불카드를 사용한 자"(제4호)를 7년 이하의 징역 또는 5천만원 이하의 벌금에 처한다고 규정하고 있다.

(나) 신용카드의 불법취득

신용카드부정사용죄의 객체는 "위조·변조·분실·도난·강취·횡령·사취·갈취"한 신용카드이다. 위조·변조의 의미는 신용카드 위조·변조와 동일하다. 분실이란 카드소지자의 의사에 의하지 아니하고 그의 점유를 떠나 타인의 점유에 속하게 되었거나 아직 누구의 점유에도 속하지 않는 것이고, 도난이란 카드소지자의 의사에 반하여 그의 점유를 배제하고 행위자가 점유를 취득한 것으로 "절취"를 피해자의 입장에서 표현한 것이다. 강취·횡령하거나 기망·공갈하여 취득한 신용카드란 강도행위, 횡령행위, 사기행위, 공갈행위에 의해 행위자가 점유를 취득하게 된 타인의 신용카드를 말한다. 이러한 행위는 객관적 구성요건요소를 갖추면 족하고, 반드시 주관적 구성요건요소(위조·변조의 경우 행사할 목적, 강취·횡령·사기·공갈의 경우 불법영득의사)까지 갖출 것을 요하는 것은 아니다.

카드소지자의 의사에 반하여 신용카드에 대한 그의 점유를 배제하고 일시 사용한 후 신용카드를 돌려주었다고 하더라도 그 신용카드는 도난된 신용카드에 해당한다. 강취, 횡령, 기망 또는 공갈로 취득한 신용카드는 소유자 또는 점유자의 의사에 기하지 않고, 그의 점유를 이탈하거나 그의 의사에 반하여 점유가 배제된 신용카드를 가리킨다.[9]

---

9) 대법원 2006. 7. 6. 선고 2006도654 판결(피고인 1은 과다한 술값 청구에 항의하는 피해자들을 폭행 또는 협박하여 피해자들로부터 일정 금액을 지급받기로 합의한 다음 피해자들이 결제하라고 건네준 신용카드로, 합의한 대로 현금서비스를 받거나, 편의점에서 술과

(다) 부정사용의 의미

판례는 신용카드 부정사용죄의 사용을 신용카드의 소지인이 신용카드의 본래 용도인 대금결제를 위하여 가맹점에 신용카드를 제시하고 매출표에 서명하여 이를 교부하는 일련의 행위라 본다.10) 부정사용이란 불법취득한 신용카드를 본래의 용법에 따라 사용함을 의미한다.11) 즉 부정사용이라 함은 위조·변조 또는 도난·분실된 신용카드나 직불카드를 진정한 카드로서 신용카드나 직불카드의 본래의 용법에 따라 사용하는 경우를 말하는 것이므로, 절취한 신용카드를 온라인 현금자동지급기에 넣고 비밀번호 등을 입력하여 피해자의 예금을 인출한 행위는 부정사용의 개념에 포함될 수 없다.12) 또한 부정사용이라 함은 강취, 횡령, 기망 또는 공갈로 취득한 신용카드나 직불카드를 진정한 카드로서 본래의 용법에 따라 사용하는 경우를 말하는 것이다.13)

담배를 구입하는 것으로 매출전표를 작성하고 피해자들의 서명을 거쳐 매출전표의 작성을 완료한 후 2-3일 지나 편의점에서 신용카드 결제금액 상당의 술과 담배를 인도받아 술값에 충당한 사실을 알 수 있는바, 이와 같이 합의에 따라 피해자들이 건네준 신용카드로 현금서비스를 받거나 물품을 구입하고 매출전표를 작성하였고, 매출전표에 피해자들 본인이 서명까지 한 경우에는 비록 피고인 1 이 피해자들을 폭행 또는 협박하여 피해자들로 하여금 술값을 결제하도록 하기에 이르렀다고 하더라도 신용카드에 대한 피해자들의 점유가 피해자들의 의사에 기하지 않고 이탈하였다거나 배제되었다고 보기 어렵다).

10) 대법원 1993. 11. 23. 선고 93도604 판결.

11) 대법원 2013. 1. 24. 선고 2012도14174 판결(이 사건 공소사실 중 여신전문금융업법위반의 점 부분의 요지는, "피고인이 강○○ 소유의 신용카드를 절취한 후 현금지급기 등에서 현금서비스 기능을 이용하여 9회에 걸쳐 강○○의 예금 합계 179만원을 인출하여 절취한 신용카드를 사용하였다"는 것이다. 원심은, 이 부분 공소사실을 피고인이 절취한 신용카드의 현금카드 기능을 이용하여 예금을 인출하였다는 것으로 전제하여, 이러한 행위는 여신전문금융업법 제70조 제1항에서 정한 부정사용의 개념에 포함되지 않아 여신전문금융업법위반죄가 성립하지 않는다는 이유로 이에 대하여 무죄를 선고하였다. 그러나 이 부분 공소장에 "현금서비스 기능"이라고 명시되어 있는 점, 검사가 관련 증거로 제출한 강○○의 신용카드사용내역서와 예금계좌내역 등에 의하면 피고인이 신용카드를 이용하여 예금을 인출한 것이 아니라 현금서비스를 받은 사실이 명백한 점, 그 밖에 관련 법리와 공소장의 전체적인 기재 내용 등에 비추어 보면, 검사는 원심의 판단과 달리 피고인이 절취한 신용카드를 이용하여 예금을 인출한 행위가 아니라 현금서비스를 받은 행위에 대하여 이 부분 공소를 제기한 것으로 봄이 상당하다. 따라서 원심판결 중 무죄 부분에는 공소사실의 특정에 필요한 석명권의 행사를 다하지 않거나 불고불리의 원칙을 위반하여 검사가 기소하지 아니한 부분에 대하여 판단함으로써 판결에 영향을 미친 위법이 있다고 할 것이다. 이 점을 지적하는 검사의 상고이유의 주장은 이유 있다).

12) 대법원 2005. 7. 29. 선고 2005도4233 판결; 대법원 2003. 11. 14. 선고 2003도3977 판결.

13) 대법원 2006. 7. 6. 선고 2006도654 판결.

　"사용"은 물건 등을 구매하기 위하여 신용카드를 제시한 행위만으로는 기수에 이르지 못하며, 매출전표에 서명한 후 교부할 것을 요하며, 불법취득한 신용카드를 수차례 반복사용할 경우 신용카드 부정사용죄의 포괄일죄에 해당한다.[14]

(라) 행위객체

　본죄의 적용대상인 카드는 모든 종류의 카드 전부가 아니라 신용카드 · 직불카드에 한정된다. 선불카드는 제70조 제1항 제1호의 위조 · 변조의 경우와는 달리, 본죄의 적용대상이 아니다. 현금카드 역시 본죄의 적용대상이 아니다. 기업구매전용카드는 신용카드가 아니다.[15] 현금카드 기능이 부가된 겸용카드인 신용카드 · 직불카드를 그 본래의 용법이 아니라 "현금카드의 용법대로" 사용하는 것은 본죄의 적용대상이 아니다.[16]

(마) 부정사용의 내용

1) 물품구입

가) 형법상 사기죄

　타인의 신용카드를 자기의 신용카드인 것처럼 제시하는 행위는 신용카드의 효력 및 회원의 동일성 등 형식적 요건을 신용카드가맹점에 속이고 적극적으로 잘못된 표상을 갖게 하였기 때문에 기망행위와 착오가 인정된다. 그리고 신용카드가맹점은 부정사용자가 신용카드회원 본인인 것으로 믿고 상품대금이 지급될 것으로 오신하여 상품을 판매하였기 때문에 재산적 처분행위도 인정된다. 또한

---

14) 대법원 1996. 7. 12, 선고 96도1181 판결.

15) 대법원 2013. 7. 25. 2011도14687 판결(기업구매전용카드는 여전법 제2조 제3호에서 규정한 신용카드처럼 실물형태의 "증표"가 발행되는 것이 아니라 단지 구매기업이 이용할 수 있는 카드번호만이 부여될 뿐이며, 거래방법도 구매기업이 판매기업에 기업구매전용카드를 "제시"할 것이 요구되지 않고 구매기업이 카드회사에 인터넷 등을 통하여 구매 사실을 통보하면 카드회사가 판매기업에 물품대금을 지급하여 결제가 이루어지게 하는 온라인거래 수단을 지칭하는 데 지나지 않는 점, 구매기업은 카드회사와 가맹점가입계약을 체결한 모든 판매기업과 거래를 할 수 있는 것은 아니고 구매기업이 지정한 특정한 판매기업과 사이에서만 기업구매전용카드를 이용한 거래를 할 수 있을 뿐이므로, 판매기업을 일반 신용카드거래의 가맹점과 동일하게 보기 어려운 점 등을 종합할 때, 기업구매전용카드가 신용카드에 해당하지 않는다).

16) 대판 2003. 11. 14. 2003도3977 판결; 2005. 7. 29. 2005도4233 판결(현금카드 겸용 신용카드의 예금인출기능을 사용한 행위는 단지 예금자의 재산권이 침해될 뿐이므로 절도죄 등으로 처벌하면 족하다).

신용카드가맹점의 처분행위를 통하여 신용카드회사와 신용카드회원에게 손해를 야기하고 부정사용자는 재산상 이익을 취득했기 때문에 손해와 이익 간에 자료 동질성도 인정된다. 따라서 이 경우에는 형법상의 사기죄(제347조)가 성립한다.

강취한 신용카드를 가지고 자신이 그 신용카드의 정당한 소지인인양 가맹점의 점주를 속이고 그에 속은 점주로부터 주류 등을 제공받아 이를 취득한 것이라면 신용카드부정사용죄와 별도로 사기죄가 성립한다.[17]

피고인은 절취한 카드로 가맹점들로부터 물품을 구입하겠다는 단일한 범의를 가지고 그 범의가 계속된 가운데 동종의 범행인 신용카드 부정사용행위를 동일한 방법으로 반복하여 행하였고, 또 위 신용카드의 각 부정사용의 피해법익도 모두 위 신용카드를 사용한 거래의 안전 및 이에 대한 공중의 신뢰인 것으로 동일하므로, 피고인이 동일한 신용카드를 위와 같이 부정사용한 행위는 포괄하여 일죄에 해당하고, 신용카드를 부정사용한 결과가 사기죄의 구성요건에 해당하고 그 각 사기죄가 실체적 경합관계에 해당한다고 하여도 신용카드부정사용죄와 사기죄는 그 보호법익이나 행위의 태양이 전혀 달라 실체적 경합관계에 있으므로 신용카드 부정사용행위를 포괄일죄로 취급하는데 아무런 지장이 없다.[18]

나) 여신전문금융업법상 신용카드부정사용죄

(ㄱ) 부정사용하는 신용카드의 범위

여신전문금융업법 제70조 제1항 제3호는 분실 또는 도난된 신용카드를 사용한 자를 처벌하도록 규정하고 있는데, 여기서 분실 또는 도난된 신용카드라 함은 소유자 또는 점유자의 의사에 기하지 않고, 그의 점유를 이탈하거나 그의 의사에 반하여 점유가 배제된 신용카드를 가리키는 것으로서, 소유자 또는 점유자의 점유를 이탈한 신용카드를 취득하거나 그 점유를 배제하는 행위를 한 자가 반드시 유죄의 처벌을 받을 것을 요하지 아니한다.[19]

훔친 신용카드를 사용하여 현금서비스를 제공받는 행위 등은 여신전문금융업법 제70조 제1항 제3호 위반죄에 해당하고 이는 그 신용카드에 대한 절도죄와

17) 대법원 1997. 1. 21. 선고, 96도2715 판결.
18) 대법원 1996. 7. 12. 선고 96도1181 판결.
19) 대법원 1999. 7. 9. 선고 99도857 판결.

실체적 경합관계에 있다.[20]

(ㄴ) 기수시기

위조 신용카드의 부정사용행위는 미수범이 처벌되지만 분실·도난된 신용카드와 강취·횡령·사취·갈취한 신용카드의 부정사용행위는 미수범이 처벌되지 않는다(법70⑥). 따라서 신용카드부정사용죄, 특히 분실·도난·강취·횡령·사취·갈취 신용카드의 부정사용죄의 기수시기가 문제된다.

여신전문금융업법 제70조 제1항 제2호는 분실 또는 도난된 신용카드 또는 직불카드를 판매하거나 사용한 자는 7년 이하의 징역 또는 5천만원 이하의 벌금에 처한다고 규정하고 있다. 위 부정사용죄의 구성요건적 행위인 신용카드의 사용이라 함은 신용카드의 소지인이 신용카드의 본래 용도인 대금결제를 위하여 가맹점에 신용카드를 제시하고 매출전표에 서명하여 이를 교부하는 일련의 행위를 가리키므로,[21] 단순히 신용카드를 제시하는 행위만으로는 신용카드 부정사용죄의 실행에 착수한 것이라고 할 수는 있을지언정 그 사용행위를 완성한 것으로 볼 수 없고, 신용카드를 제시한 거래에 대하여 카드회사의 승인을 받았다고 하더라도 마찬가지라 할 것이다. 카드가 없어진 사실을 알게 된 피해자에 의해 거래가 취소되어 최종적으로 매출취소로 거래가 종결된 사실이 인정된다. 피고인의 행위는 신용카드 부정사용의 미수행위에 불과하다 할 것인데 여신전문금융업법에서 위와 같은 미수행위를 처벌하는 규정을 두고 있지 아니한 이상 피고인을 위 법률위반죄로 처벌할 수 없다.[22][23]

---

20) 대법원 2006. 7. 27. 선고 2006도3194 판결.
21) 대법원 1992. 6. 9. 선고 92도77 판결.
22) 대법원 2008. 2. 14. 선고, 2007도8767 판결.
23) 대법원 1993. 11. 23. 선고 93도604 판결(신용카드거래는 통상 카드회원이 가맹점에서 카드를 제시하고 매출전표에 서명함으로써 상품을 구입하거나 용역을 제공받는 형태로 이루어진다. 따라서 신용카드의 사용이란 신용카드를 거래수단으로 제공하여 거래를 완성시키는 행위를 말한다. 신용카드부정사용죄의 구성요건적 행위인 신용카드의 사용이라 함은 신용카드의 소지인이 신용카드의 본래 용도인 대금결제를 위하여 가맹점에 신용카드를 제시하고 매출표에 서명하여 이를 교부하는 일련의 행위를 가리키므로, 단순히 신용카드를 제시하는 행위만으로는 신용카드부정사용죄의 실행에 착수한 것에 불과하고 그 사용행위를 완성한 것으로 볼 수 없다).

2) 예금인출 및 현금서비스

가) 형법상 재산죄

(ㄱ) 절취 · 강취 · 부정발급받은 신용카드로 현금을 인출한 경우

ⅰ) 절취한 타인의 신용카드를 이용하여 현금자동지급기로부터 예금을 인출하거나 현금서비스를 받은 경우에 대해서 판례는 컴퓨터사용사기죄의 성립을 부정하고 절도죄를 인정하고 있다. 그 이유는 현금자동지급기에서 인출한 현금은 컴퓨터사용사기죄의 객체인 재산상 이익이 아니고,[24] 현금인출은 "현금자동인출기 관리자의 의사"에 반하기 때문이다.[25] 형법 제347조의2에서 규정하는 컴퓨터 등 사용사기죄의 객체는 재물이 아닌 재산상의 이익에 한정되어 있으므로, 타인의 명의를 모용하여 발급받은 신용카드로 현금자동지급기에서 현금을 인출하는 행위를 이 법조항을 적용하여 처벌할 수는 없다.[26]

ⅱ) 강취한 타인의 현금카드로 현금을 인출한 경우에는 피해자로부터 현금카드의 사용에 관한 승낙의 의사표시가 있었다고 볼 여지가 없으므로 강도죄와는 별도로 절도죄를 구성한다.[27]

ⅲ) 타인의 명의를 모용하여 발급받은 신용카드를 사용하여 현금자동지급기에서 현금대출을 받는 행위도 카드회사에 의하여 미리 포괄적으로 허용된 행위가 아니라, 현금자동지급기의 관리자의 의사에 반하여 그의 지배를 배제한 채 그 현금을 자기의 지배하에 옮겨 놓는 행위로서 절도죄에 해당한다.[28]

---

24) 대법원 2003. 5. 13 선고 2003도1178 판결; 대법원 2002. 7. 12. 선고 2002도2134 판결.
25) 대법원 1995. 7. 28. 선고 95도997(피해자 명의의 신용카드를 부정사용하여 현금자동인출기에서 현금을 인출하고 그 현금을 취득까지 한 행위는 신용카드업법 제25조 제1항의 부정사용죄에 해당할 뿐 아니라 그 현금을 취득함으로써 현금자동인출기 관리자의 의사에 반하여 그의 지배를 배제하고 그 현금을 자기의 지배하에 옮겨 놓는 것이 되므로 별도로 절도죄를 구성하고, 위 양 죄의 관계는 그 보호법익이나 행위태양이 전혀 달라 실체적 경합관계에 있는 것으로 보아야 한다).
26) 대법원 2003. 5. 13 선고 2003도1178 판결; 대법원 2002. 7. 12. 선고 2002도2134 판결.
27) 대법원 2007. 5. 10. 선고 2007도1375 판결(강도죄는 공갈죄와는 달리 피해자의 반항을 억압할 정도로 강력한 정도의 폭행 · 협박을 수단으로 재물을 탈취하여야 성립하므로, 피해자로부터 현금카드를 강취하였다고 인정되는 경우에는 피해자로부터 현금카드의 사용에 관한 승낙의 의사표시가 있었다고 볼 여지가 없다. 따라서 강취한 현금카드를 사용하여 현금자동지급기에서 예금을 인출한 행위는 피해자의 승낙에 기한 것이라고 할 수 없으므로, 현금자동지급기 관리자의 의사에 반하여 그의 지배를 배제하고 그 현금을 자기의 지배하에 옮겨 놓는 것이 되어서 강도죄와는 별도로 절도죄를 구성한다).

(ㄴ) 갈취·편취한 현금카드로 현금을 인출한 경우

ⅰ) 예금주인 현금카드 소유자를 협박하여 그 카드를 갈취한 다음 피해자의 승낙에 의하여 현금카드를 사용할 권한을 부여받아 이를 이용하여 현금자동지급기에서 현금을 인출한 행위는 모두 피해자의 예금을 갈취하고자 하는 피고인의 단일하고 계속된 범의 아래에서 이루어진 일련의 행위로서 포괄하여 하나의 공갈죄를 구성하므로, 현금자동지급기에서 피해자의 예금을 인출한 행위를 현금카드 갈취행위와 분리하여 따로 절도죄로 처단할 수는 없다.[29]

ⅱ) 예금주인 현금카드 소유자로부터 그 카드를 편취하여, 비록 하자 있는 의사표시이기는 하지만 현금카드 소유자의 승낙에 의하여 사용권한을 부여받은 이상, 그 소유자가 승낙의 의사표시를 취소하기까지는 현금카드를 적법, 유효하게 사용할 수 있으며, 은행 등 금융기관은 현금카드 소유자의 지급정지 신청이 없는 한 카드 소유자의 의사에 따라 그의 계산으로 적법하게 예금을 지급할 수밖에 없는 것이므로, 피고인이 현금카드의 소유자로부터 현금카드를 사용한 예금인출의 승낙을 받고 현금카드를 교부받은 행위와 이를 사용하여 현금자동지급기에서 예금을 여러 번 인출한 행위들은 모두 현금카드 소유자의 예금을 편취하고자 하는 피고인의 단일하고 계속된 범의 아래에서 이루어진 일련의 행위로서 포괄하여 하나의 사기죄를 구성한다고 볼 것이지, 현금자동지급기에서 카드 소유자의 예금을 인출, 취득한 행위를 현금자동지급기 관리자의 의사에 반하여 그가 점유하고 있는 현금을 절취한 것이라 하여 이를 현금카드 편취행위와 분리하여 따로 절도죄로 처단할 수는 없다.[30]

---

28) 대법원 2002. 7. 12. 선고 2002도2134 판결(피고인이 타인의 명의를 모용하여 신용카드를 발급받은 경우, 비록 카드회사가 피고인으로부터 기망을 당한 나머지 피고인에게 피모용자 명의로 발급된 신용카드를 교부하고, 사실상 피고인이 지정한 비밀번호를 입력하여 현금자동지급기에 의한 현금대출(현금서비스)을 받을 수 있도록 하였다 할지라도, 카드회사의 내심의 의사는 물론 표시된 의사도 어디까지나 카드명의인인 피모용자에게 이를 허용하는 데 있을 뿐, 피고인에게 이를 허용한 것은 아니라는 점에서 피고인이 타인의 명의를 모용하여 발급받은 신용카드를 사용하여 현금자동지급기에서 현금대출을 받는 행위는 카드회사에 의하여 미리 포괄적으로 허용된 행위가 아니라, 현금자동지급기의 관리자의 의사에 반하여 그의 지배를 배제한 채 그 현금을 자기의 지배하에 옮겨 놓는 행위로서 절도죄에 해당한다).

29) 대법원 2007. 5. 10. 선고 2007도1375 판결.

30) 대법원 2005. 9. 30. 선고 2005도5869 판결.

나) 여신전문금융업법상 신용카드부정사용죄

(ㄱ) 예금인출

판례는 "피고인이 강취한 신용카드를 온라인 현금자동지급기에 주입하고 비밀번호 등을 조작하여 피해자의 예금을 인출한 행위는 재정경제원장관의 인가를 받아 신용카드업자가 시행하고 있는 신용카드의 현금카드 기능을 사용한 것으로 이와 같은 일련의 행위도 신용카드 본래 용도에 따라 사용하는 것으로 보아야 할 것이므로 구 신용카드업법 제25조 제1항 소정의 부정사용의 개념에 포함된다"고 함으로써 적극설의 입장을 취한 경우가 있다.[31]

그러나 그 후의 판례는 "여신전문금융업법 제70조 제1항 소정의 부정사용이라 함은 위조·변조 또는 도난·분실된 신용카드나 직불카드를 진정한 카드로서 신용카드나 직불카드의 본래의 용법에 따라 사용하는 경우를 말하는 것이므로, 절취한 직불카드를 온라인 현금자동지급기에 넣고 비밀번호 등을 입력하여 피해자의 예금을 인출한 행위는 여신전문금융업법 제70조 제1항 소정의 부정사용의 개념에 포함될 수 없다"고 하여 소극설의 입장을 취하였다.[32]

(ㄴ) 현금서비스

신용카드는 현금 없는 물품구매뿐만 아니라 신용제공(현금대출)도 가능하며, 여신전문금융업법은 신용카드업자에게 부대업무이기는 하지만 자금의 융통을 허용하고 있다. 따라서 현금서비스를 받기 위하여 타인의 신용카드를 현금자동지급기에 투입하는 것도 신용카드의 본래의 용법에 따른 사용에 해당하므로 위조·변조·분실·도난된 타인의 신용카드나 강취·횡령·사취·갈취한 타인의 신용카드를 현금자동지급기에 투입하여 현금서비스를 받는 행위는 신용카드부정사용죄에 해당한다.[33]

---

31) 대법원 1998. 2. 27. 선고 97도2974 판결.
32) 대법원 2003. 11. 14. 선고, 2003도3977 판결.
33) 대법원 1995. 7. 28. 선고 95도997 판결(신용카드업법 제6조 제2항에 의하면 신용카드업자는 신용카드회원에 대한 물품 및 용역의 할부구매 또는 연불구매를 위한 자금의 융통(신용구매)을 위한 업무(같은 항 제2호)와 신용카드회원에 대한 자금의 융통(신용대출)을 위한 업무(같은 항 제1호)를 함께 영위할 수 있도록 규정하고 있고, 통상 신용카드업자는 신용카드회원에 대한 신용대출의 한 방법으로 현금자동인출기에 의한 현금서비스를 제공하고 있으므로, 신용카드회원이 대금결제를 위하여 가맹점에 신용카드를 제시하고 매출표에 서명하는 일련의 행위뿐 아니라 신용카드를 현금인출기에 주입하고 비밀번호를 조작

(2) 신용카드정보 부정이용죄(제70조 제1항 제6호)

(가) 의의

여신전문금융업법 제70조 제1항 제6호는 "거짓이나 그 밖의 부정한 방법으로 알아낸 타인의 신용카드정보를 이용하여 신용카드로 거래한 자"는 7년 이하의 징역 또는 5천만원 이하의 벌금으로 처벌하고 있다. 이는 이미 존재하는 타인 소유의 신용카드 정보를 이미 존재하는 타인 소유의 신용카드 정보를 거짓이나 그 밖의 부정한 방법으로 알아내어 이를 이용하여 신용카드에 의한 거래를 한 것을 의미한다. 따라서 허락 없이 타인 명의의 신용카드를 발급받아 소지하면서 이를 사용한 경우에는 여기서 말하는 "거짓이나 그 밖의 부정한 방법으로 알아낸 타인의 신용카드 정보를 이용한 신용카드에 의한 거래"에 해당하지 않는다.[34]

여신전문금융업법은 신용카드 자체를 부정하게 사용하는 행위를 처벌할 뿐만 아니라 거짓이나 그 밖의 부정한 방법으로 알아낸 타인의 신용카드 정보를 이용한 카드거래도 처벌한다. 이 규정은 오프라인상 신용카드부정사용죄에 대응하여 온라인상 신용카드 부정사용행위를 처벌하기 위한 것이다.

(나) 온라인상 신용카드 사용의 특징

개인용 컴퓨터(PC)와 정보통신기술의 발달에 따라 인터넷이 일상화되면서 온라인상에서 신용카드를 이용하여 물품을 구매하는 경우가 빈번하다. 온라인에서 신용카드를 이용하는 형태는 오프라인에서의 이용과는 다르다. 물품(용역)을 구입하는 경우를 보면, 오프라인에서는 가맹점의 점주나 종업원(즉 사람)에게 신용카드를 제시하고 매출전표에 서명한 후 이를 교부함으로써 거래가 성립하지만, 온라인에서는 판매자의 요구에 따라 신용카드의 정보(통상 카드번호, 유효기간, 비밀번호)를 키보드로 입력함으로써 거래가 이루어진다. 또한 신용카드에 의한 현금대출의 경우 신용카드의 번호와 그 비밀번호를 이용하여 ARS 전화서비스나 인

하여 현금서비스를 제공받는 일련의 행위도 신용카드의 본래 용도에 따라 사용하는 것으로 보아야 한다. 한편 신용카드업법 제25조 제1항 소정의 부정사용이라 함은 도난 분실 또는 위조 변조된 신용카드를 진정한 카드로서 신용카드의 본래의 용법에 따라 사용하는 경우를 말하는 것인데, 절취한 신용카드를 현금인출기에 주입하고 비밀번호를 조작하여 현금서비스를 제공받으려는 일련의 행위도 앞서 실시한 바와 같이 신용카드의 본래 용도에 따라 사용하는 경우에 해당하므로 같은 법 조항 소정의 부정사용의 개념에 포함된다).

34) 대법원 2008. 3. 27. 선고 2008도839 판결.

터넷 등을 통해 신용대출을 받게 된다. 이처럼 온라인쇼핑몰에서의 물품(용역)구입이 오프라인공간에서의 물품구입과 다른 점은 매매계약의 성립과정에 사람이 개입되지 않는다는 점과 신용카드 자체를 사용하지 않고 신용카드의 정보를 이용한다는 점이다. 그리고 인터넷뱅킹이나 ARS 전화서비스를 통한 현금대출은 기계를 이용한다는 점에서는 현금자동지급기를 통한 현금대출과 동일하지만, 신용카드 자체가 아닌 신용카드 정보를 이용한다는 점 및 대출받은 현금을 직접 취득하는 것이 아니라 계좌이체에 의해 사후에 인출할 수 있는 상태가 된다는 점이 다르다. 이러한 차이로 인해 성립하는 범죄가 달라질 수 있다.[35]

(다) 물품구입과 현금대출

1) 물품구입

본죄는 거짓이나 그 밖의 부정한 방법으로 알아낸 타인의 신용카드 정보를 이용하여 신용카드에 의한 거래를 함으로써 성립한다. 본죄의 행위는 거짓이나 그 밖의 부정한 방법으로 알아낸 "타인의 신용카드 정보를 이용하여 신용카드로 거래한 자"이다. 신용카드에 의한 거래를 한다는 것은 오프라인 공간에서 신용카드를 사용하는 것에 대응하는 것으로 신용카드에 의한 거래를 완성하는 것을 말한다. 따라서 부정한 방법으로 알아낸 타인의 신용카드 정보를 이용하여 거래를 시작하였으나 거래를 완성하지 못하였다면 본죄의 미수에 해당하는데, 본죄의 미수범은 불가벌이므로 처벌되지 않을 것이다.[36]

2) 인터넷뱅킹이나 폰뱅킹을 이용한 현금대출

거짓이나 그 밖의 부정한 방법으로 알아낸 타인의 신용카드 정보를 이용하여 인터넷뱅킹이나 폰뱅킹을 통하여 현금대출을 받는 것은 신용의 공여라는 신용카드에 의한 거래를 한 것이므로 신용카드정보 부정이용죄에 해당한다.

---

35) 강동범(2008), 68쪽.
36) 강동범(2008), 69쪽.

3. 자기의 신용카드 부정사용

(1) 지불능력·의사 없는 물건·용역 구입

(가) 부정발급 후의 부정사용(사기죄)

　　신용카드의 거래는 신용카드업자로부터 카드를 발급받은 사람(카드회원)이 신용카드를 사용하여 가맹점으로부터 물품을 구입하면 신용카드업자는 그 카드를 소지하여 사용한 사람이 신용카드업자로부터 신용카드를 발급받은 정당한 카드회원인 한 그 물품구입대금을 가맹점에 결제하는 한편, 카드회원에 대하여 물품구입대금을 대출해 준 금전채권을 가지는 것이고, 또 카드회원이 현금자동지급기를 통해서 현금서비스를 받아 가면 현금대출관계가 성립되어 신용카드업자는 카드회원에게 대출금채권을 가지는 것이므로, 궁극적으로는 카드회원이 신용카드업자에게 신용카드거래에서 발생한 대출금채무를 변제할 의무를 부담하게 되고, 그렇다면 이와 같이 신용카드사용으로 인한 신용카드업자의 금전채권을 발생케 하는 행위는 카드회원이 신용카드업자에 대하여 대금을 성실히 변제할 것을 전제로 하는 것이므로, 카드회원이 일시적인 자금궁색 등의 이유로 그 채무를 일시적으로 이행하지 못하게 되는 상황이 아니라 이미 과다한 부채의 누적 등으로 신용카드사용으로 인한 대출금채무를 변제할 의사나 능력이 없는 상황에 처하였음에도 불구하고 신용카드를 사용하였다면 사기죄에 있어서 기망행위 내지 편취의 범의를 인정할 수 있다.[37]

　　한편 판례는 "신용카드의 속성상 현재는 비록 채무초과상태에 있는 사람이라도 장래의 신용을 담보로 하여 신용카드를 사용할 수 있는 것이고, 또한 적법하게 신용공여를 받아 신용카드를 사용하는 자가 그 신용카드를 사용할 때마다 신용카드회사에게 자신의 신용상태를 고지해야 할 계약상·법률상 의무가 있다고 할 수 없으므로, 단순히 채무초과의 상태에서 신용카드를 사용하였다는 점만으로는 신용카드사용행위가 카드회사에 대한 사기죄를 구성한다고 할 수 없다"고 판시하였다.[38]

---

37) 대법원 2005. 8. 19. 선고 2004도6859 판결.
38) 대법원 2004. 7. 22. 선고 2004도3146 판결.

(나) 정상발급 후의 부정사용(사기죄)

판례는 자기명의의 신용카드를 정상취득한 후 부정사용한 사례(정상발급 후 부정사용)에서도 사기죄의 포괄일죄를 인정하면서 그 근거는 부정발급 후 부정사용의 경우와 동일하게 보고 있다.[39] 또한 판례는 신용카드를 정상발급 받았지만 일정한 수입과 특별한 재산이 없는 신용카드회원이 과다한 부채의 누적상태에서 현금서비스나 대출을 받은 경우에 대해서도 사기죄의 성립을 인정하였다.[40]

(2) 지불능력·의사 없는 현금서비스(사기죄)

판례는 "피고인이 신용카드사용으로 인한 대금결제의 의사와 능력이 없으면서도 있는 것 같이 가장하여 카드회사를 기망하고, 카드회사는 이에 착오를 일으켜 일정 한도 내에서 신용카드사용을 허용해 줌으로써 피고인은 기망당한 카드회사의 신용공여라는 하자 있는 의사표시에 편승하여 자동지급기를 통한 현금대출도 받고, 가맹점을 통한 물품구입대금 대출도 받아 카드발급회사로 하여금 같은 액수 상당의 피해를 입게 함으로써, 신용카드사용으로 인한 일련의 편취행위

---

39) 대법원 1996. 5. 28. 선고 96도908 판결(피고인이 신용카드를 사용하고 대금을 결제할 의사와 능력이 없으면서도 있는 것 같이 가장하여 신용카드회사를 기망하고, 신용카드회사는 이에 착오를 일으켜 일정한도 내에서의 카드사용을 허용해 줌으로써 피고인이 기망당한 신용카드회사의 신용공여에 편승하여 현금자동지급기를 통하여 현금대출도 받고, 가맹점을 통한 물품구입대금 대출도 받아 신용카드발급회사로 하여금 같은 금액 상당의 피해를 입게 한 것이라면 그와 같은 현금의 지급이 사람이 아닌 기계에 의하여 이루어졌다 하더라도 피고인이 현금자동지급기에서 현금을 인출한 행위는 가맹점에서 물품을 구입한 행위와 함께 모두가 피해자인 삼성신용카드 주식회사의 기망당한 의사표시에 따른 신용카드발급에 터잡아 이루어지는 사기의 포괄일죄를 구성한다 할 것이다).
40) 대법원 2005. 10. 27. 선고 2004도3408 판결(신용카드의 거래는 카드회원이 신용카드를 사용하여 가맹점으로부터 물품을 구입하면 신용카드업자는 그 카드를 소지하여 사용한 사람이 신용카드업자로부터 신용카드를 발급받은 정당한 카드회원인 한 그 물품구입대금을 가맹점에 결제하는 한편, 카드회원에 대하여 물품구입대금을 대출해 준 금전채권을 가지는 것이고, 또 카드회원이 현금자동지급기를 통해서 현금서비스를 받아 가면 현금대출 관계가 성립되어 신용카드업자는 카드회원에게 대출금채권을 가지는 것이므로(대법원 1996. 4. 9. 선고 95도2466 판결 참조), 궁극적으로는 카드회원이 신용카드업자에게 신용카드 거래에서 발생한 대출금 채무를 변제할 의무를 부담하게 된다. 그렇다면 이와 같이 신용카드사용으로 인한 신용카드업자의 금전채권을 발생케 하는 행위는 카드회원이 신용카드업자에 대하여 대금을 성실히 변제할 것을 전제로 하는 것이므로, 카드회원이 일시적인 자금 궁색 등의 이유로 그 채무를 일시적으로 이행하지 못하게 되는 상황이 아니라 이미 과다한 부채의 누적 등으로 신용카드 사용으로 인한 대출금 채무를 변제할 의사나 능력이 없는 상황에 처하였음에도 불구하고 신용카드를 사용하였다면 사기죄에 있어서 기망행위 내지 편취의 범의를 인정할 수 있다).

가 포괄적으로 이루어지는 것이다. 따라서 신용카드사용으로 인한 카드회사의 손해는 그것이 자동지급기에 의한 인출행위이든 가맹점을 통한 물품구입행위이든 불문하고 모두가 피해자인 카드회사의 기망당한 의사표시에 따른 카드발급에 터잡아 이루어지는 사기의 포괄일죄이다"라고 판시하여 물품구입행위와 현금서비스에 대해서 모두 사기죄를 인정하고 있다.[41]

Ⅲ. 신용카드 처분범죄

1. 신용카드판매죄

(1) 의의(제70조 제1항 제2호 · 제3호 · 제4호)

신용카드판매죄는 위조 · 변조 · 분실 · 도난된 신용카드나 직불카드 또는 강취 · 횡령하거나 사람을 기망 · 공갈하여 취득한 신용카드나 직불카드[42]를 판매함으로써 성립하는 범죄이다(법70①(2)(3)(4)). 신용카드 자체의 물질적 가치는 경미하지만 그것의 경제적 효용성은 매우 크기 때문에 신용카드가 거래의 대상이 될 수 있다. 그리하여 여신전문금융업법은 정상적으로 발행된 진정한 신용카드에 대하여 양도와 질권설정을 처벌할 뿐 아니라, 위조 · 변조 · 분실 · 도난된 신용카드나 강취 · 횡령하거나 사람을 기망 · 공갈하여 취득한 신용카드를 판매하는 행위를 처벌한다. 본죄는 재물로서의 신용카드에 대한 재산권을 보호하기 위한 것이 아니라 신용카드부정사용죄의 예비단계의 행위를 처벌함으로써 신용카드제도의

---

41) 대법원 1996. 4. 9. 선고 95도2466 판결.

42) 대법원 2006. 3. 9. 선고 2005도7819 판결(은행이 발급한 직불카드를 사용하여 타인의 예금계좌에서 자기의 예금계좌로 돈을 이체시켰다 하더라도 직불카드 자체가 가지는 경제적 가치가 계좌이체된 금액만큼 소모되었다고 할 수는 없으므로 이를 일시 사용하고 곧 반환한 경우에는 그 직불카드에 대한 불법영득의 의사는 없다고 보아야 할 것인바(대법원 1998. 11. 10. 선고 98도2642 판결 등 참조), 이와 같은 취지에서 피고인이 2002. 4. 11. 오전 일자불상경 공소외 1이 자리를 비운 틈을 이용하여 공소외 1의 핸드백에서 공소외 2 소유의 중소기업은행 직불카드를 꺼내어 간 뒤 광주은행 광산지점에서 위 직불카드를 사용하여 공소외 2의 중소기업은행 예금계좌에서 피고인의 광주은행 계좌로 1,700만원을 이체시킨 다음 공소외 1과 헤어진 뒤로부터 3시간가량 지난 무렵에 공소외 1에게 전화로 위와 같은 사실을 말하고 공소외 1을 만나 즉시 위 직불카드를 반환한 이상, 피고인에게 직불카드에 대한 불법영득의 의사가 있었다고 볼 수 없다는 이유로 이 부분 절도의 공소사실에 대하여 무죄를 선고한 원심의 조치는 위 법리에 따른 것으로 정당하다).

적정한 기능을 보호하기 위한 구성요건이다.

본죄의 구성요건적 행위인 "판매"는 유상으로 신용카드에 대한 점유를 이전해주는 행위를 말한다. 따라서 무상으로 신용카드에 대한 점유를 이전해 주는 행위는 여기에 해당하지 않는다. 본죄는 매매계약의 체결만으로는 부족하고 신용카드에 대한 점유를 현실적으로 이전했을 때 기수가 되며, 매매대금을 수령하였는가는 본죄의 기수 여부에 영향이 없다.

(2) 신용카드의 불법취득

본죄의 객체는 신용카드부정사용죄의 객체와 동일하므로, 분실·도난·강취·횡령·사취·갈취한 신용카드란 소유자 또는 점유자의 의사에 기하지 않고, 그의 점유를 이탈하거나 그의 의사에 반하여 점유가 배제된 신용카드를 가리킨다.[43] 이와 관련하여 신용카드를 발급받은 회원이 관련서류 등을 위조하거나 허위서류를 제출하여 카드회사를 기망함으로써 신용카드를 발급받은 경우 당해 신용카드가 본죄의 객체인 "사람을 기망하여 취득한 신용카드"에 해당하느냐가 문제된다. 이러한 경우에도 신용카드 자체에 대한 사기죄가 성립한다고 보아야 하기 때문에 그러한 신용카드도 본죄의 객체에 해당한다. 그러한 신용카드의 부정사용에 의해서도 신용카드제도의 적정한 기능이 위태롭게 되기 때문이다.[44]

(3) 미수범 및 매수자의 처벌 여부

여신전문금융업법은 신용카드부정사용죄와 동일하게, 위조·변조된 신용카드에 대하여만 판매죄의 미수범을 처벌하고(법70⑥ 및 법70①(2)), 분실·도난된 신용카드를 판매하는 행위(법70①(3))와 강취·횡령하거나 사람을 기망·공갈하여 취득한 신용카드를 판매하는 행위(법70①(4))에 대하여는 미수범 처벌규정을 두고 있지 않다. 따라서 판매행위가 미수에 그친 경우, 예컨대 판매계약을 체결하려다 실패하였거나 판매계약은 성립되었으나 현실적으로 인도하지 못한 경우 판매자가 판매하려던 신용카드가 위조·변조된 것이었다면 본죄의 미수범으로 처벌되지만, 분실·도난·강취·횡령·사취·갈취된 신용카드이었다면 불가벌이 된다.[45]

---

43) 대법원 1999. 7. 9. 선고 99도857 판결; 대법원 2006. 7. 6. 선고 2006도654 판결.
44) 강동범(2008), 74쪽.
45) 강동범(2008), 75쪽.

신용카드 판매행위는 매수행위를 전제로 하는 대향범이다. 그런데 여신전문 금융업법은 신용카드판매죄의 경우 판매자만 처벌하고 매수자를 처벌하는 규정을 두지 않았다. 다만 매수자가 행사할 목적으로 위조·변조된 신용카드를 매수하는 경우에는 제70조 제1항 제5호(위조·변조신용카드 취득죄)에 의해 처벌될 것인데, 이것은 판매죄의 상대방이 처벌되는 것과는 무관하게 취득자 본인의 행위를 처벌하는 별개의 구성요건이 있기 때문에 처벌되는 것이라는 점에서, 판매죄의 상대방으로서의 매수자의 처벌과는 다르다. 판매행위를 처벌하면서 그와 대향적 협력관계에 있는 매수행위를 처벌하는 규정이 없는 것은 신용카드에 대한 질권설정에서 살펴본 바와 동일하므로, 결국 판매자만 처벌되고 매수자는 판매죄의 정범은 물론 공범으로도 처벌할 수 없다.

2. 신용카드의 양도 · 질권설정

(1) 의의

재물로 인정되는 신용카드의 소유권은 카드발행인에게 있으며 카드회원은 이를 사용할 권한을 가질 뿐이므로 신용카드회원은 선량한 관리자의 주의로 관리하여야 한다. 즉 카드회원은 타인의 재물인 신용카드를 보관하는 자이므로 카드회원이 이를 불법 처분하면 횡령죄(형법355①)를 구성할 수 있다. 그런데 여신전문금융업법이 신용카드를 양도·양수하거나 질권을 설정하는 행위를 처벌하고 있으므로 양수도·질권설정의 경우에는 횡령죄가 아닌 여신전문금융업법위반죄가 된다. 신용카드의 양도·양수나 질권설정은 제3자에 의한 신용카드부정사용으로 이어지기 때문에 이러한 행위를 특별히 처벌하는 것이다.

(2) 신용카드의 양도 · 양수(제70조 제4항 제3호)

법 제70조 제4항 제3호는 "신용카드를 양도·양수한 자"는 1년 이하의 징역 또는 1천만원 이하의 벌금으로 처벌하고 있다. 신용카드의 양도란 신용카드에 대한 사용·수익·처분 등 사실상의 처분권을 넘겨주는 것을 말하고, 양수는 처분권을 넘겨받는 것을 말한다. 유상이든 무상이든 묻지 않는다. 양도와 양수는 필요적 공범 중 대향범의 성격을 갖는다.

(3) 신용카드에 대한 질권설정(제70조 제3항 제2호 다목)

법 제70조 제3항 제2호 다목은 "신용카드에 질권을 설정하는 행위"를 처벌한다. 신용카드회원이 채권자로부터 금원을 차용하면서 그 담보로 신용카드의 점유를 채권자에게 넘겨줌으로써 신용카드에 대한 질권이 설정될 수 있다. 경제상황이 어려워지고 경제적 능력이 담보되지 않는 사람에게도 쉽게 신용카드가 발급됨으로써 신용카드 사용대금에 대한 연체가 빈번하게 발생하면서 연체된 신용카드 사용대금을 대납해주는 업자들이 연체회원의 신용카드를 담보로 취득하는 상황이 나타나고 있다.

연체된 신용카드대금을 대납해주는 대신 신용카드를 담보로 넘겨받는 것은 신용카드 자체로부터 채무액(대납해 준 연체대금)을 변제받기 위함이 아니라(신용카드 자체의 물질적 교환가치는 극히 경미하기 때문) 연체회원의 신용카드를 사용하여 채무액과 이자(또는 대납수수료)를 합한 금액의 물품을 구입한 후 이를 처분하기 위한 것이다. 따라서 연체대납을 위한 신용카드의 교부(즉 질권설정)는 필연적으로 신용카드회원 아닌 자에 의한 신용카드사용으로 이어지게 된다. 이러한 경우 연체된 사용대금을 대납하는 것 자체는 불법이 아니지만 연체대납의 담보로 신용카드를 넘겨받는 경우에는 신용카드에 대한 질권설정이 되어 처벌대상이 된다.[46]

신용카드양도의 경우에는 양수인도 함께 처벌하는 반면, 질권설정의 경우에는 질권설정자(신용카드회원)만 처벌하고 질권자(채권자)에 대한 처벌규정은 두고 있지 않다. 따라서 신용카드에 대하여 질권을 설정한 신용카드회원만 처벌되고 그 상대방인 질권자는 처벌되지 않는다.

---

46) 강동범(2008), 72쪽.

제3절 신용카드이용 불법적 자금융통 · 중개 · 알선

Ⅰ. 신용카드이용 불법적 자금융통

1. 자금융통죄의 의의

여신전문금융업법 제70조 제3항 제2호는 "물품의 판매 또는 용역의 제공 등을 가장하거나 실제 매출금액을 넘겨 신용카드로 거래하거나 이를 대행하게 하는 행위(가목), 신용카드회원으로 하여금 신용카드로 구매하도록 한 물품·용역 등을 할인하여 매입하는 행위(나목), 신용카드에 질권을 설정하는 행위(다목)를 통하여 자금을 융통하여 준 자"를 3년 이하의 징역 또는 2천만원 이하의 벌금에 처한다고 규정하고 있다. 여신전문금융업법은 자금을 융통하여 준 자만을 처벌하고 융통받은 자는 처벌하지 않는다.

본죄는 자금의 융통은 물론 자금융통을 중개·알선하는 행위도 처벌한다. 현실적으로 자금을 융통하여 준 때에 성립하며, 중개·알선의 경우에도 자금융통과의 균형상 중개나 알선에 착수한 것만으로는 부족하고 현실적으로 융통이 이루어져야 처벌할 수 있다.[47)]

2. 매출가장방식 자금융통

(1) 개요

물품의 판매 또는 용역의 제공 등을 가장하거나 실제 매출금액을 넘겨 신용카드로 거래하거나 이를 대행하게 하는 행위를 통하여 자금을 융통하는 방법이다(법70③(2) 가목).

제2호 가목 전단의 행위 중 매출가장은 실물거래가 없는 카드할인을 의미하므로 실제 거래가 있었다면, 현금융통을 위한 것이었다고 하더라도 나목에 해당

---

47) 강동범(2013), "신용카드 불법할인행위의 형사책임과 대책", 형사정책 제25권 제2호(2013. 8), 19-20쪽.

하느냐는 별론으로 하고 가목에는 해당하지 않는다. 구성요건을 충족하기 위하여는 실제로 신용카드거래가 없었음에도 불구하고, 신용매출이 있었던 것으로 가장하거나 실제의 매출금액을 초과하여 신용카드에 의한 거래를 할 것을 요하고, 실제로 신용카드에 의한 물품거래가 있었을 뿐만 아니라 그 매출금액 그대로 매출전표를 작성한 경우는 위 법조에서 규정하는 처벌대상에 포함되지 아니한다.[48] 따라서 비록 상품권을 이용하여 자금의 융통을 알선하였다고 하더라도 실제로 신용카드에 의한 상품권거래가 있었고 그 매출금액대로 매출전표가 작성된 경우[49]나 편의점 업주가 인근 유흥주점 업주의 부탁을 받고 유흥주점 손님인 피해자들의 신용카드로 술값을 결제하도록 하고 결제대금 상당의 물품을 제공하여 유흥주점 업주가 이를 다른 사람들에게 정상가격이나 할인가격으로 처분한 경우[50])에는 "물품의 판매 또는 용역의 제공 등을 가장한 행위"라고 할 수 없다.

(2) 불법자금융통의 방법

매출가장방식 자금융통은 신용카드를 이용한 불법자금융통의 방법 중 가장

---

48) 대법원 2006. 7. 6. 선고 2006도654 판결; 대법원 2004. 3. 11. 선고 2003도6606 판결.
49) 대법원 2004. 3. 11. 선고 2003도6606 판결(제1심 공동피고인으로부터 위 신용카드 5매의 할인을 의뢰받은 피고인 1 및 피고인 1로부터 다시 신용카드 할인을 의뢰받은 피고인 2는 위 신용카드 5매가 도난카드임을 몰랐던 사실, 이러한 피고인 2로부터 상품권 판매를 의뢰받은 주식회사 아람마트 밀리오레점 직원인 박희석도 피고인 2가 위 신용카드 5매의 명의자는 아니지만 명의자와 친인척이라는 말만 믿고 위 밀리오레점의 매출을 올릴 목적으로 위 신용카드가 도난카드인 것을 모른 채 피고인 2에게 상품권을 판매하고 그 매출금액대로 매출전표를 작성한 다음 실제로 상품권을 피고인 2에게 교부한 사실, 위 밀리오레점은 위와 같이 작성된 매출전표를 근거로 카드회사에 대해 상품권 판매대금을 정상적으로 청구하였으나 나중에 위 신용카드 5매가 도난카드임이 밝혀져 카드회사로부터 상품권 판매대금을 지급받지 못한 사실을 알 수 있는바, 이와 같이 실제로 신용카드에 의한 상품권거래가 있었고 그 매출금액대로 매출전표가 작성된 경우에는 비록 피고인들이 상품권을 이용하여 자금의 융통을 알선하였다고 하더라도 이를 위 법조 소정의 "물품의 판매 또는 용역의 제공 등을 가장한 행위"라고 할 수 없으므로 위 법조에서 규정하는 처벌대상에 포함된다고 할 수 없다).
50) 대법원 2006. 7. 6. 선고 2006도654 판결(편의점 업주가 인근 유흥주점 업주의 부탁을 받고 유흥주점 손님인 피해자들의 신용카드로 술값을 결제하도록 하고 결제대금 상당의 물품을 제공하여 유흥주점 업주가 이를 다른 사람들에게 정상가격이나 할인가격으로 처분한 사안에서, 피해자들에게 신용카드대금에 대한 결제의사는 있었으나 자금융통에 대한 의사는 없었고, 실제로 신용카드에 의한 물품거래가 있었으며 그 매출금액대로 매출전표가 작성된 이상 편의점 업주의 행위는 여신전문금융업법상 물품의 판매 또는 용역의 제공 등을 가장한 행위라고 보기 어렵다고 하였다).

일반적인 수법으로서, 본인 또는 타인의 명의로 신용카드가맹점을 개설한 후 생활정보지 등 광고를 통해 카드할인 수요자를 유인한 후 실제 물품이나 용역의 거래 없이 카드할인금액에 수수료를 가산한 만큼의 허위매출을 발생시키거나 실제 매출금액을 초과하는 허위매출을 발생시켜 현금을 융통하여 주는 방법이다. 카드할인 수수료는 가맹점수수료, 처벌 리스크에 대한 대가, 가맹점 운용비용 등이 포함된 금액으로서 통상 신용카드거래액의 10-15% 수준이라고 한다. 최근에는 오프라인이 아닌 온라인상의 카드할인이 증가하고 있는데, 이를 "사이버카드깡"이라고 부른다. 사이버카드깡은 깡업자가 인터넷쇼핑몰에서 매출을 가장하거나, 경매를 가장하여 PG가맹점 또는 인터넷경매사이트를 통해 허위매출을 발생시켜 현금을 융통하는 방식이다.[51]

(3) 위조·변조된 신용카드의 사용에 의한 가장거래에 따라 이루어진 자금융통행위

여신전문금융업법 제70조 제2항 제2호 (가)목에서는 신용카드를 이용한 변칙대출을 제재하고 소비자금융의 증가에 따른 신용거래질서의 확립을 도모하기 위하여 물품의 판매 또는 용역의 제공 등을 가장하거나 실제 매출금액을 넘겨 신용카드로 거래하거나 이를 대행하게 하는 행위를 통하여 자금을 융통하여 주는 행위를 처벌하는 규정을 마련하고 있고, 이와 같은 신용카드 이용 자금융통행위에 있어서 신용카드라 함은 같은 법 제2조 제3호에서 규정한 신용카드의 정의에 따를 때, 이를 제시함으로써 반복하여 신용카드가맹점에서 결제(단, 금전채무의 상환, 금융상품의 대가, 사행성 게임물 혹은 사행행위의 대가 등은 결제 대상에서 제외된다)할 수 있는 증표(증표)로서 신용카드업자(외국에서 신용카드업에 상당하는 영업을 영위하는 자를 포함한다)가 발행한 것을 말한다고 할 것이므로, 이때 신용카드는 신용카드업자가 진정하게 발행한 신용카드만을 의미하며, 신용카드업자가 발행하지 아니한 위조·변조된 신용카드의 사용에 의한 가장거래에 따라 이루어진 자금융통행위는 이에 해당한다고 볼 수 없다(대법원 1996. 5. 31. 선고 96도449 판결 참조).[52]

---

51) 신호진(2010), 155-156쪽.
52) 대법원 2015. 6. 11. 선고 2014도14550 판결.

(4) 매출가장의 자금융통 포함 여부

구 여신전문금융업법(2015. 1. 20. 법률 제13068호로 개정되기 전의 것) 제70조 제2항 제2호 (가)목은 "물품의 판매 또는 용역의 제공 등을 가장하거나 실제 매출금액을 넘겨 신용카드로 거래하거나 이를 대행하게 하는 행위"를 통하여 자금을 융통하여 준 자 또는 이를 중개·알선한 자를 처벌하도록 규정하고 있다. 죄형법정주의의 원칙상 형벌법규는 특별한 사정이 없는 한 문언에 따라 엄격하게 해석하여야 하므로, 위 규정은 신용카드로 대가를 지급할 실질 거래가 없음에도 마치 실제 거래가 있었던 것처럼 가장하여 신용카드를 사용하거나 실제의 거래 금액을 초과하여 신용카드에 의한 결제를 하게 함으로써 자금을 융통하여 주거나 이를 중개·알선한 경우에 한하여 적용된다. 따라서 신용카드에 의한 결제 대상인 지급원인이 실제로 존재하고 원인 금액 그대로 결제가 이루어진 경우에는 신용카드를 사용한 실질 목적이 자금의 융통에 있더라도 위 규정에 의한 처벌 대상은 되지 않는다.[53]

위 법조에서 규정하는 요건을 충족하기 위하여는 실제로 신용카드거래가 없었음에도 불구하고, 신용매출이 있었던 것으로 가장하거나 실제의 매출금액을 초과하여 신용카드에 의한 거래를 할 것을 요하고, 실제로 신용카드에 의한 물품 거래가 있었을 뿐만 아니라 그 매출금액 그대로 매출전표를 작성한 경우는 위 법조에서 규정하는 처벌대상에 포함되지 아니한다.[54] 따라서 편의점 업주가 인근 유흥주점 업주의 부탁을 받고 유흥주점 손님인 피해자들의 신용카드로 술값

---

53) 대법원 2016. 10. 27. 선고 2015도11504 판결(공소사실에 의하면, 피고인들은 성명불상의 브로커와 공모하여 피고인 1이 근무하는 법무사 사무실의 고객이 취득세, 등록세 등 지방세의 납부 대행을 의뢰하면서 현금을 맡긴 것을 기화로, 그 현금으로 지방세를 납부하는 대신 자금 융통을 원하는 제3자 명의의 신용카드거래에 의하여 세금을 납부한 다음, 납세의무자가 맡긴 현금에서 피고인들 및 위 성명불상 브로커의 각자 몫에 해당하는 수수료를 차례로 공제하고 남은 최종 액수의 현금을 신용카드 명의자에게 지급하여 자금을 융통하여 주었다는 것이다. 그런데 이와 같이 신용카드 사용의 대상인 지방세 납부 거래가 실제로 존재하고 그 원인 금액 그대로 결제가 이루어진 이상, 설령 위와 같이 신용카드를 사용한 것이 실질적으로는 신용카드 명의자로 하여금 자금 융통을 받을 수 있도록 하려는 목적으로 이루어진 것이라고 하더라도 이를 물품의 판매 또는 용역의 제공 등을 가장한 경우라고 보기는 어렵다).

54) 대법원 2005. 7. 15. 선고 2004도9079 판결; 대법원 2004. 3. 11. 선고 2003도6606 판결 참조.

을 결제하도록 하고 결제대금 상당의 물품을 제공하여 유흥주점 업주가 이를 다른 사람들에게 정상가격이나 할인가격으로 처분한 사안에서, 피해자들에게 신용카드대금에 대한 결제의사는 있었으나 자금융통에 대한 의사는 없었고, 실제로 신용카드에 의한 물품거래가 있었으며 그 매출금액대로 매출전표가 작성된 이상 편의점 업주의 행위는 여신전문금융업법상 물품의 판매 또는 용역의 제공 등을 가장한 행위라고 보기 어렵다.[55]

(5) 기업구매전용카드

(가) 신용카드에 의한 거래에의 해당 여부

다음의 이유로 기업구매전용카드에 의한 거래를 여신전문금융업법 제70조 제3항 제2호가 규정한 "신용카드에 의한 거래"에 해당한다고 볼 수 없다.[56]

ⅰ) 기업구매전용카드는 여신전문금융업법 제2조 제3호가 규정한 "신용카드"처럼 실물 형태의 "증표"가 발행되는 것이 아니라 단지 구매기업이 이용할 수 있는 카드번호만이 부여될 뿐이며, 그 거래방법도 구매기업이 판매기업에게 기업구매전용카드를 "제시"할 것이 요구되지 아니하고, 구매기업이 카드회사에 인터넷 등을 통하여 구매 사실을 통보하면 카드회사가 판매기업에게 물품대금을 지급하여 결제가 이루어지게 하는 온라인거래의 수단을 지칭하는 데 불과하다.

ⅱ) 구매기업은 카드회사와 가맹점가입계약을 체결한 모든 판매기업과 거래를 할 수 있는 것은 아니고 구매기업이 지정한 특정한 판매기업과 사이에서만 기업구매전용카드를 이용한 거래를 할 수 있을 뿐이므로, 판매기업을 일반 신용

---

55) 대법원 2006. 7. 6. 선고 2006도654 판결(피고인 1이 합의에 따라 피해자들이 건네준 신용카드로 현금서비스를 받거나 물품을 구입하고 매출전표를 작성하였고, 매출전표에 피해자들 본인이 서명까지 한 사실은 앞서 본 바와 같고, 한편 기록에 의하면, 피고인 2가 피고인 1이 피해자들의 신용카드로 결제하고 피고인 2의 편의점으로부터 인도받은 술과 담배를 다른 사람들에게 정상가격 또는 할인가격으로 처분한다는 것을 알면서도 자신의 편의점에서 피고인 1로 하여금 계속 피해자들의 신용카드로 술값을 결제하도록 하고 2-3일 후에 결제대금 상당의 술과 담배를 제공하여 준 사실을 알 수 있는바, 이와 같이 피해자들에게는 신용카드대금에 대한 결제의사는 있었으나 자금융통에 대한 의사는 없었고, 실제로 신용카드에 의한 물품거래가 있었으며, 그 매출금액대로 매출전표가 작성된 경우에는 비록 피고인 1이 제공받은 물품을 정상가격 또는 할인가격으로 처분한다는 것을 피고인 2가 알았다고 하더라도 이를 물품의 판매 또는 용역의 제공 등을 가장한 행위라고 보기 어렵다).
56) 대법원 2013. 8. 22. 선고 2011도15577 판결.

카드거래에 있어서의 가맹점과 동일하게 볼 수 없다.

iii) 기업구매전용카드는 어음제도의 문제점을 개선하기 위한 어음대체결제수단으로 도입된 것으로서, 일반 소비자들을 대상으로 발급되는 신용카드의 회원과 달리 구매기업은 카드회사에 별도의 담보나 보증을 제공하여야 하는 경우도 있는 등 거래구조가 다르고, 기업구매전용카드로 거래를 가장하여 자금을 융통함으로써 신용거래 질서를 해할 우려가 있다고 하는 등의 이유만으로 형벌법규를 확장해석하거나 유추적용할 충분한 근거가 된다고 할 수 없다.

iv) 한편 조세특례제한법 제7조의2 제3항 제5호에서는 기업구매전용카드란 "구매기업이 구매대금을 지급하기 위하여 여신전문금융업법에 따른 신용카드업자로부터 발급받는 신용카드 또는 직불카드로서 일반적인 신용카드 가맹점에서는 사용할 수 없고, 구매기업·판매기업 및 신용카드업자 간의 계약에 의하여 해당 판매기업에 대한 구매대금의 지급만을 목적으로 발급하는 것을 말한다"고 규정하여, 기업구매전용카드도 마치 여신전문금융업법에 따른 "신용카드 또는 직불카드"의 일종인 듯이 규정하고 있다. 그러나 다른 한편 여신전문금융업법 시행령(2010. 5. 4. 대통령령 제22151호로 일부 개정되기 전의 것) 제6조의5 제2항 제1호는 신용카드업자가 신용카드회원에 대한 자금의 융통으로 인하여 발생한 채권의 평균잔액이 일정한 한도를 초과하지 아니하도록 제한하면서도 그 제한금액에서 "조세특례제한법 제7조의2 제3항 제5호에 따른 기업구매전용카드로 물품을 구입하거나 용역을 제공받는 등으로 인하여 발생한 채권은 제외한다"고 규정하고 있다. 이는 기업구매전용카드는 여신전문금융업법상으로도 일반 신용카드나 직불카드와는 달리 취급되어야 한다는 것을 전제한 것으로 볼 수 있다.

(나) 사기죄의 성립 여부

기업구매전용카드를 사용한 거래에서 판매기업(가맹점)이 카드회사로부터 금원을 교부받을 당시 구매기업(회원)이 카드회사에 전송한 납품내역이 허위로 작성된 것임을 고지하지 아니한 채 대금을 청구하였고, 카드회사가 전송받은 납품내역에 기재된 것과 같은 판매기업의 용역제공이 실제로 있는 것으로 오신하여 그 대금 상당의 금원을 교부한 경우, 카드회사가 판매기업의 용역제공을 가장한 허위 내용의 납품내역에 의한 대금청구에 대하여는 이를 거절할 수 있는 등

납품내역이 허위임을 알았더라면 판매기업에 그 대금의 지급을 하지 아니하였을 관계가 인정된다면, 판매기업이 용역제공을 가장한 허위의 납품내역임을 고지하지 아니한 채 카드회사에 대금을 청구한 행위는 사기죄의 실행행위로서의 기망행위에 해당하고, 판매기업에 이러한 기망행위에 관한 범의가 있었다면, 비록 당시 그 운영자에게 카드 이용대금을 변제할 의사와 능력이 있었다고 하더라도 사기죄의 범의가 있었음이 인정되어 사기죄가 성립한다.[57)]

3. 물품매입방식 자금융통

(1) 의의

신용카드회원으로 하여금 신용카드로 구매하도록 한 물품·용역 등을 할인하여 매입하는 행위를 통하여 자금을 융통하는 방법이다(법70③(2) 나목). 이는 카드할인을 의뢰한 신용카드회원이 신용카드를 이용하여 실제로 물품을 구입하게 한 후 그 물품을 재구입하는 형식을 취하면서 선이자 명목으로 구입대금의 35-45%를 공제한 금액을 지급하여 줌으로써 자금을 융통해 주는 방법이다.[58)] 이 방법은 실물거래가 존재한다는 점에서 그것이 존재하지 않는 첫째 방법(가목)과 다르다. 그래서 이를 "현물깡"이라고도 부른다. 이 방식은 실제로 물품의 구입행위가 있었기 때문에 그 적발이 매우 어렵다.[59)]

(2) 신용카드회원이 구매한 물품 등의 할인매입행위의 인정 범위

여신전문금융업법 제70조 제2항 제3호 (나)목은 "신용카드회원으로 하여금 신용카드에 의하여 물품·용역 등을 구매하도록 한 후 신용카드회원이 구매한 물품·용역 등을 할인하여 매입하는 행위"를 통하여 자금을 융통하여 준 자 또는 이를 중개·알선한 자를 처벌하도록 규정한다. 이는 신용카드회원이 신용카드에

---

57) 대법원 2013. 7. 26. 선고 2012도4438 판결; 대법원 1999. 2. 12. 선고 98도3549 판결.
58) 대법원 2009. 5. 28. 선고 2008도11982 판결(원심이, 여행사를 운영하는 피고인이 원심 공동피고인 김○○과 공모하여, 항공권 구매를 원하는 고객으로부터 미리 항공권 구입대금을 현금으로 지급받는 점을 이용하여, 김○○이 보내주는 신용카드회원의 신용카드로 위 고객의 항공권을 구매한 다음, 그 대금의 8%를 수수료 명목으로 떼고 나머지를 김○○을 통하여 신용카드회원에게 지급하여 주는 방법으로 자금을 융통하여 주었다는 이 사건 공소사실을 여신전문금융업법 제70조 제2항 제3호 (나)목 위반의 유죄로 인정한 것은 정당하다).
59) 신호진(2010), 157쪽.

의하여 구매한 물품 등을 자금을 융통하여 주는 자가 직접 할인하여 매입함으로써 신용카드회원에게 그 매입대금 상당의 자금을 융통하여 주는 경우뿐만 아니라, 신용카드회원이 신용카드에 의하여 구매한 물품 등을 자금을 융통하여 주는 자가 제3자로 하여금 할인하여 매입하도록 하고 그 매입대금의 전액 또는 일부를 신용카드회원에게 지급하는 방법으로 자금을 융통하여 주는 경우에도 적용되는 것으로 봄이 상당하다.[60]

4. 질권설정방식 자금융통

신용카드에 질권을 설정하는 행위를 통하여 자금을 융통하는 방법이다(법70③(2) 다목). 신용카드에 대한 질권설정은 질권자의 부정사용으로 이어질 가능성이 높다. 왜냐하면 대다수의 신용카드 연체·결제대납업자들은 대납금 회수가 어려울 경우 담보로 제공받은 신용카드를 이용하여 카드할인을 하여 현금을 회수할 것이기 때문이다. 여기서 질권자를 처벌하는 규정의 존재의의가 있다. 이에 관하여는 앞에서 살펴보았다.

Ⅱ. 신용카드이용 불법적 자금융통의 중개·알선

여신전문금융업법 제70조 제3항 제2호는 "물품의 판매 또는 용역의 제공 등을 가장하거나 장하거나 실제 매출금액을 넘겨 신용카드로 거래하거나 이를 대행하게 하는 행위(가목), 신용카드회원으로 하여금 신용카드로 구매하도록 한 물품·용역 등을 할인하여 매입하는 행위(나목), 신용카드에 질권을 설정하는 행위(다목)를 중개·알선한 자"를 "3년 이하의 징역 또는 2천만원 이하의 벌금"으로 처벌하고 있다. 중개·알선을 처벌하는 규정을 둔 것은 신용카드를 이용하는 불법적 자금융통행위가 여러 단계를 통해서 이루어지는 것이 일반적이기 때문에 이를 처벌하려는 것이다.

여기서 중개란 카드할인을 받으려는 신용카드회원과 자금을 융통해 수익을 올리려는 카드할인업자 사이에서 신용카드를 이용하는 불법자금융통행위를 주선

---

60) 대법원 2008. 5. 29. 선고 2007도1925 판결.

하는 행위를 말하고, 알선이란 신용카드를 이용하는 불법자금융통행위를 매개하거나 주선하는 행위를 말한다.

제4절 그 밖의 불법 유형

Ⅰ. 제3자가 행위주체인 경우

1. 가맹점 아닌 자와 관련된 벌칙규정

가맹점 아닌 자와 관련된 벌칙규정이 있다. 여신전문금융업법상 신용카드가맹점이 아닌 자는 신용카드가맹점의 명의로 신용카드 등에 의한 거래를 하여서는 아니 되는데(법20②), 이에 위반하여 신용카드가맹점의 명의로 신용카드등에 의한 거래를 한 자는 3년 이하의 징역 또는 2천만원 이하의 벌금에 처한다(법70③(6)).

2. 신용카드업 자체와 관련된 벌칙규정

신용카드업 자체와 관련된 벌칙규정이 있다.

(1) 허가 · 등록 관련 벌칙규정

ⅰ) 신용카드업을 하려는 자는 금융위원회의 허가를 받거나 금융위원회에 등록하여야 신용카드업을 할 수 있는데(법3①), 이에 따른 허가를 받지 아니하거나 등록을 하지 아니하고 신용카드업을 한 자(제7호), 거짓이나 그 밖의 부정한 방법으로 허가를 받거나 등록을 한 자(제8조)는 7년 이하의 징역 또는 5천만원 이하의 벌금에 처한다(법70①(7)(8)).

ⅱ) 시설대여업 · 할부금융업 또는 신기술사업금융업을 하고 있거나 하려는 자로서 여신전문금융업법을 적용받으려는 자는 업별(業別)로 금융위원회에 등록하여야 하는데(법3②), 거짓이나 그 밖의 부정한 방법으로 등록을 한 자(제1호)는 3년 이하의 징역 또는 2천만원 이하의 벌금에 처한다(법70③(1)).

iii) 신용카드등부가통신업을 하려는 자는 대통령령으로 정하는 기준에 따른 시설·장비 및 기술능력을 갖추어 금융위원회에 등록하여야 하는데(법27의2①), 이에 따른 등록을 하지 아니하고 신용카드부가통신업을 한 자(제7호), 거짓이나 그 밖의 부정한 방법으로 신용카드부가통신업 등록을 한 자(제8호)는 3년 이하의 징역 또는 2천만원 이하의 벌금에 처한다(법70③(7)(8)).

(2) 명칭사용 관련 벌칙규정

신용카드업자가 아니면 그 상호에 신용카드 또는 이와 비슷한 명칭을 사용하지 못하고(법27), 여신전문금융회사가 아닌 자는 그 상호에 여신·신용카드·시설대여·리스·할부금융 또는 신기술금융과 같거나 비슷한 표시를 하여서는 아니 되는데(법51), 이를 위반한 자는 1년 이하의 징역 또는 1천만원 이하의 벌금에 처한다(법70④(7)).

3. 기타 벌칙규정

(1) 1년 이하의 징역 또는 1천만원 이하

신용카드회원을 모집할 수 있는 자는 해당 신용카드업자의 임직원, 신용카드업자를 위하여 신용카드 발급계약의 체결을 중개하는 자(모집인), 신용카드업자와 신용카드회원의 모집에 관하여 업무제휴 계약을 체결한 자(신용카드회원의 모집을 주된 업으로 하는 자는 제외) 및 그 임직원 중 어느 하나에 해당하는 자이어야 하는데(법14의2①), 이 중 어느 하나에 해당하지 아니한 자로서 신용카드회원을 모집한 자는 1년 이하의 징역 또는 1천만원 이하의 벌금에 처한다(법70④(2의2)).

(2) 500만원 이하의 벌금

해당 특정물건의 시설대여 등을 한 시설대여업자 외의 자는 시설대여 등을 나타내는 표지를 손괴 또는 제거하거나 그 내용 또는 붙인 위치를 변경하여서는 아니 되는데(법36②), 이를 위반한 자는 500만원 이하의 벌금에 처한다(법70⑤).

Ⅱ. 신용카드가맹점이 행위주체인 경우

1. 5년 이하의 징역 또는 3천만원 이하의 벌금

대형신용카드가맹점은 거래상의 우월적 지위를 이용하여 신용카드와 관련한 거래를 이유로 부당하게 보상금, 사례금 등 명칭 또는 방식 여하를 불문하고 대가("보상금등")를 요구하거나 받는 행위를 하여서는 아니 되는데(법18의3④(2)) 이를 위반한 자, 대형신용카드가맹점 및 그와 대통령령으로 정하는 특수한 관계에 있는 자("특수관계인")는 신용카드부가통신서비스 이용을 이유로 부가통신업자에게 부당하게 보상금등을 요구하거나 받아서는 아니 되는데(법19⑥) 이를 위반한 자, 신용카드업자와 부가통신업자는 대형신용카드가맹점이 자기와 거래하도록 대형신용카드가맹점 및 특수관계인에게 부당하게 보상금등을 제공하여서는 아니 되는데(법24의2③) 이를 위반한 자는 5년 이하의 징역 또는 3천만원 이하의 벌금에 처한다(법70②).

2. 3년 이하의 징역 또는 2천만원 이하의 벌금

신용카드가맹점은 다른 신용카드가맹점의 명의를 사용하여 신용카드로 거래하는 행위를 할 수 없는데(법19⑤(3)) 이를 위반하여 다른 신용카드가맹점의 명의를 사용하여 신용카드로 거래한 자(제3호), 신용카드가맹점은 신용카드에 의한 거래를 대행하는 행위를 할 수 없는데(법19⑤(5)) 이를 위반하여 신용카드에 의한 거래를 대행한 자(제4호), 신용카드가맹점은 신용카드에 의한 거래로 생긴 매출채권을 신용카드업자 외의 자에게 양도하여서는 아니 되며, 신용카드업자 외의 자는 이를 양수하여서는 아니 되는데(법20①) 이를 위반하여 매출채권을 양도한 자 및 양수한 자(제5호)는 3년 이하의 징역 또는 2천만원 이하의 벌금에 처한다(법70③(3)(4)(5)).

3. 1년 이하의 징역 또는 1천만원 이하의 벌금

대형신용카드가맹점은 거래상의 우월적 지위를 이용하여 신용카드업자에게 부당하게 낮은 가맹점수수료율을 정할 것을 요구하는 행위를 하여서는 아니 되는데(법18의3④(1)) 이를 위반한 자(제3의2호), 신용카드가맹점은 신용카드로 거래한다는 이유로 물품의 판매 또는 용역의 제공 등을 거절하거나 신용카드회원을 불리하게 대우하지 못하는데(법19①) 이를 위반하여 신용카드로 거래한다는 이유로 물품의 판매 또는 용역의 제공 등을 거절하거나 신용카드회원을 불리하게 대우한 자(제4호), 신용카드가맹점은 가맹점수수료를 신용카드회원이 부담하게 하여서는 아니 되는데(법19④) 이를 위반하여 가맹점수수료를 신용카드회원이 부담하게 한 자(제5호), 신용카드가맹점은 신용카드가맹점의 명의를 타인에게 빌려주는 행위를 하여서는 아니 되는데(법19⑤(4)) 이를 위반하여 신용카드가맹점의 명의를 타인에게 빌려준 자(제6호)는 1년 이하의 징역 또는 1천만원 이하의 벌금에 처한다(법70④(3의2)(4)(5)(6)).

Ⅲ. 여신전문금융회사가 행위주체인 경우

여신전문금융회사는 다른 금융기관(금융산업의 구조개선에 관한 법률 제2조 제1호에 따른 금융기관) 또는 다른 회사와 제50조에 따른 여신한도의 제한을 피하기 위하여 의결권 있는 주식을 서로 교차하여 보유하거나 여신을 하는 행위, 상법 제341조 또는 자본시장법 제165조의2에 따른 자기주식 취득의 제한을 피하기 위하여 주식을 서로 교차하여 취득하는 행위, 그 밖에 거래자의 이익을 크게 해칠 우려가 있는 행위로서 대통령령으로 정하는 행위(법50의2①), 해당 여신전문금융회사의 주식을 매입하도록 하기 위한 여신이나 제50조에 따른 여신한도의 제한을 피하기 위한 자금중개 등의 행위를 하여서는 아니 되는데(법50의2③) 이를 위반한 자는 1년 이하의 징역 또는 1천만원 이하의 벌금에 처한다(법70④(7)).

Ⅳ. 여신전문금융회사의 대주주가 행위주체인 경우

여신전문금융회사가 그의 대주주(대주주의 특수관계인을 포함)에게 제공할 수 있는 신용공여의 합계액은 그 여신전문금융회사의 자기자본의 50%를 넘을 수 없으며, 대주주는 그 여신전문금융회사로부터 그 한도를 넘겨 신용공여를 받아서는 아니 되며(법49의2①), 또한 여신전문금융회사는 그의 대주주의 다른 회사에 대한 출자를 지원하기 위한 목적으로 신용공여를 하여서는 아니 되는데(법49의2 ⑧) 이에 위반하여 대주주에게 신용공여를 한 여신전문금융회사와 그로부터 신용공여를 받은 대주주 또는 대주주의 특수관계인(제9호), 또는 여신전문금융회사는 자기자본의 100분의 150의 범위에서 대통령령으로 정하는 비율에 해당하는 금액을 초과하여 그 여신전문금융회사의 대주주(대주주의 특수관계인을)가 발행한 주식을 소유하여서는 아니 되는데(법50①), 이에 위반하여 대주주가 발행한 주식을 소유한 여신전문금융회사(제9호의2), 또는 여신전문금융회사의 대주주(그의 특수관계인을 포함)는 회사의 이익에 반하여 대주주 자신의 이익을 목적으로 부당한 영향력을 행사하기 위하여 여신전문금융회사에 대하여 외부에 공개되지 아니한 자료나 정보의 제공을 요구하는 행위, 또는 경제적 이익 등 반대급부의 제공을 조건으로 다른 주주와 담합하여 여신전문금융회사의 인사 또는 경영에 부당한 영향력을 행사하는 행위를 하여서는 아니 되는데(법50의2⑤), 이에 위반하는 행위를 한 대주주 또는 대주주의 특수관계인(제10호)은 7년 이하의 징역 또는 5천만원 이하의 벌금에 처한다(법70①(9)(9의2)(10)).

제5절 양벌규정

Ⅰ. 의의

법인의 대표자나 법인 또는 개인의 대리인, 사용인, 그 밖의 종업원이 그 법인 또는 개인의 업무에 관하여 법 제70조의 위반행위를 하면 그 행위자를 벌하는 외에 그 법인 또는 개인에게도 해당 조문의 벌금형을 과한다(법71 본문).[61]

---

61) 대법원 2011. 7. 14. 선고 2009도7180 판결(원심은 피고인 1, 3, 6이 각각 피고인 2 주식회사, 피고인 4 유한회사, 피고인 5 주식회사의 업무와 관련하여 다른 신용카드가맹점 명의로 신용카드거래를 하였다는 이유로 피고인 1에 대하여는 2009. 2. 6. 법률 제9459호로 개정되기 전의 구 여신전문금융업법(이하 '법'이라고 한다) 제70조 제2항 제4호, 제19조

여기서 법인이란 대표자, 대리인, 사용인, 그 밖의 종업원의 사업주인 법인이고, 대표자란 당해 법인의 대표권한을 가지는 자를 말하며, 개인이란 대리인, 사용인, 그 밖의 종업원의 사업주인 개인을 말한다.

Ⅱ. 업무관련성

양벌규정에서 "그 법인 또는 개인의 업무에 관하여"라는 의미는 법인의 대표자, 법인 또는 개인의 대리인, 사용인, 그 밖의 종업원이 개인적으로 한 위반행위를 제외하는 취지이다. 즉 위반행위가 그 법인 또는 개인의 업무에 관하여 이루어진 경우이다.

Ⅲ. 이익의 판단기준

법인에게 부과되는 벌금형은 법인이 대표자의 위반행위로 인하여 얻은 이익

제4항 제3호를, 피고인 3, 6에 대하여는 법 제70조 제2항 제7호, 제20조 제2항을 각 적용하고, 피고인 2 주식회사, 피고인 4 유한회사, 피고인 5 주식회사에 대하여는 위 각 조항과 함께 법인에 대한 양벌규정인 법 제71조를 적용하여 피고인들에 대한 공소사실을 모두 유죄로 인정한 제1심판결을 그대로 유지하였다. 원심이 적법하게 채택하여 조사한 증거들에 비추어 살펴보면 피고인 1, 3, 6의 행위에 관한 위와 같은 사실인정은 정당하다고 수긍할 수 있고 그 적용법조에 관하여도 법리를 오해한 위법이 없다. 그러나 피고인 회사들에 대한 양벌규정으로 적용한 법 제71조는 2009. 2. 6. 법률 제9459호로 개정되어 사업주인 법인이 직원 등의 위반행위를 방지하기 위하여 해당 업무에 관하여 상당한 주의와 감독을 게을리하지 아니한 경우에는 처벌할 수 없다는 내용의 단서 규정이 추가되었는데, 이는 범죄 후 법률의 변경에 의하여 그 행위가 범죄를 구성하지 아니하거나 형이 구법보다 가벼운 경우에 해당한다고 할 것이므로 형법 제1조 제2항에 따라 피고인 회사들에는 위와 같이 개정된 양벌규정이 적용되어야 하고, 따라서 원심이 피고인 회사들에 대하여 위와 같이 개정되기 전의 법 제71조를 적용한 것은 잘못이다. 다만, 원심이 적법하게 확정한 사실관계와 원심판결의 이유에 나타난 여러 사정을 종합하면, 피고인 1, 3, 6의 위 행위는 사업주인 피고인 회사들을 위한 의약품 판매대금 수금의 방편으로 이루어진 것인데다가 이는 피고인 회사들과 그 거래상대방인 제약회사 사이의 상호 양해를 전제로 한 것이어서 피고인 회사들이 그 내용을 알고 있었음이 충분히 인정되므로, 피고인 회사들이 피고인 1, 3, 6의 위반행위를 방지하려고 하였다거나 이를 위하여 상당한 주의와 감독을 기울였다고는 볼 수 없고, 따라서 피고인 회사들은 위와 같이 개정된 법 제71조의 양벌규정에 의하더라도 유죄라고 할 것이므로 원심의 이 부분 적용법조에 관한 잘못은 판결 결과에 영향이 없다).

또는 회피한 손실액을 기준으로 그 상한을 정하여야 한다.

Ⅳ. 면책

다만, 법인 또는 개인이 그 위반행위를 방지하기 위하여 해당 업무에 관하여 상당한 주의와 감독을 게을리하지 아니한 경우에는 그러하지 아니하다(법71 단서).

참고문헌

강경민·이한비·진미주·최예설·박철용(2020), "대학생의 체크카드 사용실태와 만족도에 미치는 영향요인에 대한 연구", 한국데이터정보과학회지 제31권 제2호(2020. 3).

강동범(2008), "여신전문금융업법상 신용카드의 취득·사용·처분범죄처벌규정의 검토", 법조(2008. 3).

강동범(2013), "신용카드 불법할인행위의 형사책임과 대책", 형사정책 제25권 제2호(2013. 8).

고상현(2016), "부동산리스계약에 관한 법적 고찰", 토지법학 제32권 제1호(2016. 6).

고형석(2014), "통신과금서비스와 소비자보호에 관한 연구", 동북아법연구 제8권 제2호(2014. 10).

금융감독원(2016), "카드사의 불합리한 영업관행 개선, 금융감독원 여신전문검사실"(2016. 5. 16), 보도자료.

금융감독원(2013), "금융소비자리포트 제2호 자동차금융", 금융감독원(2013. 1).

금융감독원(2020), 「금융감독개론」, 금융감독원(2020. 3).

금융위원회(2013), "여신전문금융업법 시행령 및 감독규정 개정"(2013. 9. 11), 보도자료.

김건호(2015), "자동차 리스계약에서의 소유권 귀속에 관한 연구: 대법원 2000. 10. 27. 선고 2000다40025 판결을 중심으로", 유통법연구 제2권 제2호(2015. 12).

김나래·정순희(2015), "자동차금융상품에 대한 소비자인지에 관한 연구", Financial Planning Review 제8권 제2호(2015. 5).

김성조(2008), "記名式 先拂카드 活性化에 관한 研究", 단국대학교 경영대학원 석사학위논문(2008. 12).

김시홍(2015), "전자지급수단의 법적 규제방안", 가천대학교 대학원 박사학위논문(2015. 12).

김연미(2016), "금융회사 지배구조법에 따른 대주주 건전성 및 소수주주권", 금융법연구 제13권 제3호(2016. 12).

김인범(2018), "自動車金融의 法的問題에 관한 研究: 擔保目的物確保및 執行節次改善을 中心으로", 동국대학교 대학원 박사학위논문(2018. 7).

김정렬(2019), "가맹점수수료 인하와 간편결제 확대가 신용카드사에 미치는 영향 분석", 신용카드리뷰 제13권 제4호(2019. 12).

김태진(2016), "금융회사의 지배구조에 관한 법률에서의 주주통제", 서울대학교 금융법센터 BFL 제79호(2016. 9).

남승오(2018), "신용카드 가맹점수수료에 대한 카드 고객의 지불의사액", 지급결제학회지 제10권 제2호(2018. 12).

맹수석·이형욱(2020), "사후적 피해구제제도 개선을 통한 금융소비자보호법 실효성 제고 방안", 금융소비자연구 제10권 제1호(2020. 4).

박원주·정운영(2019), "소비자관점에서 본 할부금융의 문제점 및 개선방향", 소비자정책동향 제98호(2019. 6).

박준·한민(2019), 「금융거래와 법」, 박영사(2019. 8).

박효근(2019), "행정질서벌의 체계 및 법정책적 개선방안", 법과 정책연구 제19권 제1호(2019. 3).

배사라(2014), "間接割賦去來에 관한 研究: 消費者保護의 觀點에서", 명지대학교 대학원 석사학위논문(2014. 2).

서희석(2016), "한국에서 전자지급결제에 대한 법적 규제의 현황: 핀테크와 규제완화의 관점에서", 소비자법연구 제2권 제2호(2016. 9).

석일홍(2018), "신용카드가맹점의 법적 쟁점에 관한 연구: 결제대행가맹점을 포함하여", 고려대학교 대학원 박사학위논문(2018. 6).

소건영(2011), "리스자동차의 유지·관리책임에 관한 私法的 고찰", 사법발전재단 사법 제1권 제18호(2011. 11).

송윤아·마지혜(2016), "보험유사 부가서비스 규제방향: DCDS 운영사례", 보험연구원 포커스 제406권(2016. 11).

신호진(2010), "신용카드 관련 범죄의 보호법익과 불법유형에 관한 연구", 고려대학교 대학원 박사학위논문(2010. 6).

윤민섭(2014), 「금융소비자보호관련 법제 정비방안 연구(Ⅰ): 여신상품을 중심으로」, 한국소비자원 정책연구보고서(2014. 8).

이석정(2002) "조세부담의 공평화를 위한 신용카드 및 직불카드의 사용유인에 관한 연구", 고려대학교 경영대학원 석사학위논문(2002. 12).

이수영(2020), "포스트 코로나, 자동차금융의 변화와 대응", 하나금융 포커스 제10권 19호(2020. 9).

이승민(2013), "금융기관 및 그 임직원에 대한 제재의 실효성 제고방안", 서울대학교 대학원 석사학위논문(2013. 12).

이은희·이영애·조홍제(2013), "아주캐피탈의 소비자중심경영 사례연구", 소비자정책 교육연구 제9권 3호(2013. 9).

이재연(2017), "VAN 수수료 체계의 문제점 및 개선방안", 한국금융연구원 주간금융브리프 26권 3호(2017. 2).

정병국(2019), "체크카드에 대한 대학생의 사용패턴과 브랜드디자인의 중요성에 관한 연구", 한국디자인리서치 제4권 제3호(2019. 9).

하상석(2019), "채무면제·유예상품의 교훈을 통한 소비자신용보험 활용방안", 상사법 연구 제38권 제3호(2019. 12).

한국소비자원(2011), "중고차 할부금융 실태 및 개선방안 조사연구", 조사보고서(2011. 12).

한국은행(2018), 「한국의 금융제도」, 한국은행(2018.12).

함상문(1995), "직불카드의 의의 및 활성화 방안", 한국금융연구원 기타보고서(1995. 3).

황혜선·조연행(2013), "소비자의 신용카드 대출서비스 이용유형과 이용의도: 현금서비스와 리볼빙서비스를 중심으로", 소비자정책교육연구 제9권 제4호(2013. 4).

찾아보기

저자소개

이상복

서강대학교 법학전문대학원 교수. 연세대학교 경제학과를 졸업하고, 고려대학교에서 법학 석사와 박사학위를 받았다. 사법연수원 28기로 변호사 일을 하기도 했다. 미국 스탠퍼드 로스쿨 방문학자, 숭실대학교 법과대학 교수를 거쳐 서강대학교에 자리 잡았다. 서강대학교 금융법센터장, 서강대학교 법학부 학장 및 법학전문대학원 원장을 역임하고, 재정경제부 금융발전심의회 위원, 기획재정부 국유재산정책 심의위원, 관세청 정부업무 자체평가위원, 한국공항공사 비상임이사, 금융감독원 분쟁조정위원, 한국거래소 시장감시위원회 비상임위원, 한국증권법학회 부회장, 한국법학교수회 부회장으로 활동했다. 현재 금융위원회 증권선물위원회 비상임위원으로 활동하고 있다.

저서로는 〈금융법강의 1: 금융행정〉(2020), 〈금융법강의 2: 금융상품〉(2020), 〈금융법강의 3: 금융기관〉(2020), 〈금융법강의 4: 금융시장〉(2020), 〈경제민주주의, 책임자본주의〉(2019), 〈기업공시〉(2012), 〈내부자거래〉(2010), 〈헤지펀드와 프라임 브로커: 역서〉(2009), 〈기업범죄와 내부통제〉(2005), 〈증권범죄와 집단소송〉(2004), 〈증권집단소송론〉(2004) 등 법학 관련 저술과 철학에 관심을 갖고 쓴 〈행복을 지키는 法〉(2017), 〈자유·평등·정의〉(2013)가 있다. 연구 논문으로는 '기업의 컴플라이언스와 책임에 관한 미국의 논의와 법적 시사점'(2017), '외국의 공매도규제와 법적 시사점'(2009), '기업지배구조와 기관투자자의 역할'(2008) 등이 있다. 문학에도 관심이 많아 장편소설 〈모래무지와 두우쟁이〉(2005)와 에세이 〈방황도 힘이 된다〉(2014)를 쓰기도 했다.

여신전문금융업법

초판발행	2021년 3월 10일
지은이	이상복
펴낸이	안종만·안상준
편 집	심성보
기획/마케팅	장규식
표지디자인	조아라
제 작	우인도·고철민·조영환
펴낸곳	(주) **박영사**
	서울특별시 금천구 가산디지털2로 53, 210호(가산동, 한라시그마밸리)
	등록 1959. 3. 11. 제300-1959-1호(倫)
전 화	02)733-6771
f a x	02)736-4818
e-mail	pys@pybook.co.kr
homepage	www.pybook.co.kr
ISBN	979-11-303-3825-5 93360

정 가   38,000원